Diagnostische Verfahren in der Psychotherapie

**Diagnostik für Klinik und Praxis
Band 1**

Diagnostische Verfahren in der Psychotherapie
Dr. Kristina Geue, Prof. Dr. Bernhard Strauß, Prof. Dr. Elmar Brähler (Hrsg.)

Herausgeber der Reihe:
Prof. Dr. Elmar Brähler, Prof. Dr. Bernhard Strauß

Kristina Geue
Bernhard Strauß
Elmar Brähler
(Hrsg.)

Diagnostische Verfahren in der Psychotherapie

3., überarbeitete und erweiterte Auflage

Dr. Kristina Geue, geb. 1977. Studium der Psychologie in Leipzig. Seit 2009 Wissenschaftliche Mitarbeiterin an der Abteilung für Medizinische Psychologie und Medizinische Soziologie der Universität Leipzig. 2012 Promotion. Seit 2013 Weiterbildung zur systemischen Familientherapeutin (DGSF). Seit 2014 Psychologin in der Familienberatungsstelle Kinderschutzzentrum Leipzig.

Prof. Dr. Bernhard Strauß, geb. 1956. Studium der Psychologie in Konstanz. Seit 1996 Direktor des Instituts für Psychosoziale Medizin und Psychotherapie an der Friedrich-Schiller-Universität Jena.

Prof. Dr. Elmar Brähler, geb. 1946. Studium der Mathematik und Physik in Gießen. 1976 Promotion in Ulm zur Psychotherapieforschung. 1980 Habilitation in Gießen für Medizinische Psychologie. 1994-2013 Leiter der Abteilung für Medizinische Psychologie und Medizinische Soziologie der Universität Leipzig.

Wichtiger Hinweis: Der Verlag hat gemeinsam mit den Autoren bzw. den Herausgebern große Mühe darauf verwandt, dass alle in diesem Buch enthaltenen Informationen (Programme, Verfahren, Mengen, Dosierungen, Applikationen, Internetlinks etc.) entsprechend dem Wissensstand bei Fertigstellung des Werkes abgedruckt oder in digitaler Form wiedergegeben wurden. Trotz sorgfältiger Manuskriptherstellung und Korrektur des Satzes und der digitalen Produkte können Fehler nicht ganz ausgeschlossen werden. Autoren bzw. Herausgeber und Verlag übernehmen infolgedessen keine Verantwortung und keine daraus folgende oder sonstige Haftung, die auf irgendeine Art aus der Benutzung der in dem Werk enthaltenen Informationen oder Teilen davon entsteht. Geschützte Warennamen (Warenzeichen) werden nicht besonders kenntlich gemacht. Aus dem Fehlen eines solchen Hinweises kann also nicht geschlossen werden, dass es sich um einen freien Warennamen handelt.

Bibliografische Information der Deutschen Nationalbibliothek

Die Deutsche Nationalbibliothek verzeichnet diese Publikation in der Deutschen Nationalbibliografie; detaillierte bibliografische Daten sind im Internet über http://dnb.dnb.de abrufbar.

Das Werk einschließlich aller seiner Teile ist urheberrechtlich geschützt. Jede Verwertung außerhalb der engen Grenzen des Urheberrechtsgesetzes ist ohne Zustimmung des Verlags unzulässig und strafbar. Das gilt insbesondere für Vervielfältigungen, Übersetzungen, Mikroverfilmungen und die Einspeicherung und Verarbeitung in elektronischen Systemen.

Hogrefe Verlag GmbH & Co. KG
Merkelstraße 3
37085 Göttingen
Deutschland
Tel.: +49 551 999 50 0
Fax: +49 551 999 50 111
E-Mail: verlag@hogrefe.de
Internet: www.hogrefe.de

Satz: Barbara Brendel, Leipzig
Druck: Hubert & Co, Göttingen
Printed in Germany
Auf säurefreiem Papier gedruckt

3., überarbeitete und erweiterte Auflage 2016
© 2002, 2003 und 2016 Hogrefe Verlag GmbH & Co. KG, Göttingen
(E-Book-ISBN [PDF] 978-3-8409-2700-3)
ISBN 978-3-8017-2700-0
http://doi.org/10.1026/02700-000

Inhaltsverzeichnis

Psychodiagnostik in der Psychotherapie – Eine Einführung		11
AASE-G	Alcohol Abstinence Self-Efficacy Scale – Deutsche Version	19
ADHS-E	ADHS-Screening für Erwachsene	25
ADNM-20	Adjustment Disorder – New Module Fragebogen zur Erfassung von Anpassungsstörungen	29
ADS	Allgemeine Depressionsskala	33
AKV	Fragebogen zu körperbezogenen Ängsten, Kognitionen und Vermeidung	36
BAI	Beck Angst-Inventar	41
BCQ	Body Checking Questionnaire – Deutsche Version	45
BDI II	Beck Depressions-Inventar – Revision	49
Bf-SR/Bf-SR'	Befindlichkeitsskala – Revidierte Fassung	52
B-IKS	Beck Inventar für Kognitive Schemata	56
BIS-11	Barratt Impulsiveness Scale – Deutsche Version	61
BIT	Berner Inventar für Therapieziele	66
B-LR/B-LR'	Beschwerden-Liste – Revidierte Fassung	69
BPI	Borderline-Persönlichkeits-Inventar	72
BTSTB-2000/ BPSTB-2000	Berner Therapeuten- und Patientenstundenbogen 2000	78
BRI	Berner Ressourceninventar	81
BRMS	Bech-Rafaelsen-Melancholie-Skala	86
BSS	Beeinträchtigungs-Schwere-Score	90
BVB-2000	Bochumer Veränderungsbogen-2000	95
CBS-G	Compulsive Buying Scale – Deutsche Version	99
CTQ	Childhood Trauma Questionnaire – Deutsche Version	102
DAPP-BQ	Dimensional Assessment of Personality Pathology – Basic Questionnaire	107
DAS	Skala dysfunktionaler Einstellungen	113
DKB-43/DKB-35	Dresdner Körperbildfragebogen	116
DMQ-R	Fragebogen zur Erfassung von Alkoholkonsummotiven	122

EAT-26D	Eating Attitudes Test	127
ECR-RD	Experiences in Close Relationships – Revised, deutsche Version	133
EDE-Q	Eating Disorder Examination-Questionnaire	139
EDI-2	Eating Disorder Inventory-2	144
FAMOS	Fragebogen zur Analyse Motivationaler Schemata	149
FBeK	Fragebogen zur Beurteilung des eigenen Körpers	153
FDS	Fragebogen zu Dissoziativen Symptomen	157
FEP	Fragebogen zur Evaluation von Psychotherapieverläufen	162
FEVER	Fragebogen zur Erfassung der Veränderungsbereitschaft	167
FMP	Fragebogen zur Messung der Psychotherapiemotivation	170
FPTM	Fragebogen zur Psychotherapiemotivation	174
F-SozU	Fragebogen zur Sozialen Unterstützung	180
FTNA	Fagerström-Test für Nikotinabhängigkeit	184
FZH	Fragebogen zum zwanghaften Horten	188
GAD-7	Generalized Anxiety Disorder Scale	192
GAF	Skala zur Globalen Erfassung des Funktionsniveaus	198
GAS	Goal Attainment Scaling	204
GBB-24	Gießener Beschwerdebogen	209
GHQ-28	General Health Questionnaire 28	215
GQ-D	Gruppenfragebogen	221
GRQ	Group Readiness Questionnaire	225
GT-II	Gießen-Test – II	229
HADS-D	Hospital Anxiety and Depression Scale – Deutsche Version	235
HAMA	Hamilton Anxiety Scale	239
HAQ	Health Anxiety Questionnaire – Deutsche Version	242
HAQ	Helping Alliance Questionnaire	245
HDRS	Hamilton Depression Rating Skala	249
HSCL-25	Hopkins-Symptom-Checkliste-25 – Deutsche Version	253
HZI-K	Hamburger Zwangsinventar – Kurzform	258

Inhaltsverzeichnis

IAS	Illness Attitude Scales	263
IES-R	Impact of Event Scale (Revidierte Form)	268
IIM	Inventar zur Erfassung interpersonaler Motive	271
IIP-D	Inventar zur Erfassung interpersonaler Probleme – Deutsche Version	275
IMI-R	Impact Message Inventory	280
INK	Inkongruenzfragebogen	284
IPO-2001/ IPO-16	Inventar der Persönlichkeitsorganisation	288
ISS-20	Internetsuchtskala	294
KKG	Fragebogen zur Erhebung von Kontrollüberzeugungen zu Krankheit und Gesundheit	300
KPD-38	Klinisch Psychologisches Diagnosesystem 38	304
LAST	Lübecker Alkoholabhängigkeits- und -missbrauchs-Screening-Test	308
LSAS	Liebowitz-Soziale-Angst-Skala	313
MDBF	Mehrdimensionaler Befindlichkeitsfragebogen	318
Munich ED-Quest	Munich Eating and Feeding Disorder Questionnaire	322
MVS-G	Material Values Scale – Deutsche Version	326
NEQ	Night Eating Questionnaire	329
NISS	Need Inventory of Sensation Seeking	333
OBQ-D	Obsessive-Beliefs Questionnaire – Deutsche Version	339
OCI-R	Obsessive-Compulsive Inventory-Revised	344
OPD-SF	Operationalisierte Psychodynamische Diagnostik – Strukturfragebogen	350
OQ®-45.2	Outcome-Questionnaire-45.2	355
OSV-S	Skala zum Onlinesuchtverhalten	361
PAS	Panik- und Agoraphobie-Skala	367
PHQ-15	Gesundheitsfragebogen für Patienten – Modul Somatische Symptome	371
PHQ-9	Gesundheitsfragebogen für Patienten – Modul Depressivität	377
POCA-G	Processes of Change Alcohol – Deutsche Version	383
PPI-R	Psychopathic Personality Inventory-Revised – Deutsche Version	389

PSSI	Persönlichkeits-Stil- und Störungs-Inventar	393
PSWQ-PW	Penn State Worry Questionnaire – Past Week	400
PTSD-7	Kurze Screeningskala für Posttraumatische Belastungsstörung	405
ROMA-P/T	Ressourcenorientierte Mikroprozess-Analyse Patient/Therapeut	409
RS	Resilienzskala	412
RSES	Rosenberg Skala zum Selbstwertgefühl (Rosenberg Self-Esteem-Scale)	416
RSQ-D	Response Styles Questionnaire – Deutsche Version	420
SCL-90®-S	Symptom-Checklist-90®-Standard	426
SEQ-D	Session Evaluation Questionnaire – Deutsche Version (Stundenfragebogen)	432
SESA	Skala zur Erfassung der Schwere der Alkoholabhängigkeit	436
SIAB-S	Strukturiertes Inventar für Anorektische und Bulimische Essstörungen (Fragebogen zur Selbstbeurteilung)	440
SIAS	Soziale-Interaktions-Angst-Skala	445
SOC	Sense-of-Coherence-Fragebogen	450
SOMS	Screening für Somatoforme Störungen	456
SPAI	Soziale Phobie und Angstinventar	461
SPIN	Soziale-Phobie-Inventar	466
SPS	Soziale-Phobie-Skala	470
SSS-8	Somatic Symptom Scale–8	475
STADI	State-Trait-Angst-Depressions-Inventar	478
STEP	Stundenbogen für die Allgemeine und Differentielle Einzelpsychotherapie	484
SWE	Skala zur Allgemeinen Selbstwirksamkeitserwartung	490
TAS-20/TAS-26	Toronto-Alexithymie-Skala	494
TeF	Therapieerleben-Fragebogen für Patienten und Angehörige	500
TSEB	Tagesklinik- und Stationserfahrungsbogen	503
VEV	Veränderungsfragebogen des Erlebens und Verhaltens	507
WAI-SR	Working Alliance Inventory – Revidierte Kurzversion	511
WHO ASSIST	WHO Alcohol, Smoking and Substance Involvement Screening Test – Deutsche Version	515

Inhaltsverzeichnis

WI	Whiteley-Index zur Erfassung hypochondrischer Merkmale	520
WIFA-K	Wirkfaktoren-Skalen-Kurz	525
Y-BOCS	Yale-Brown Obsessive Compulsive Scale	528
Testverzeichnis nach Konstrukten		533
Register der Testautorinnen und Testautoren		539

Psychodiagnostik in der Psychotherapie – Eine Einführung

Bernhard Strauß, Elmar Brähler, Kristina Geue

Stellenwert von Psychodiagnostik innerhalb der Psychotherapie

Die Psychodiagnostik hatte innerhalb der Psychotherapie lange Zeit einen ausgesprochen schweren Stand. Insbesondere gegenüber standardisierten psychodiagnostischen Verfahren (Tests) haben zum Teil bis heute viele Psychotherapeuten[1] ein gewisses Misstrauen bzw. eine ablehnende Haltung. Hatfield und Ogles (2004, 2007) haben mehrfach gezeigt, dass psychotherapeutisch Tätige nur wenig bereit sind, standardisierte Instrumente in der Alltagspraxis einzusetzen.

Die Skepsis gegenüber Psychodiagnostik war besonders unter Vertretern der Psychoanalyse lange Zeit verbreitet, während Verhaltenstherapeuten schon immer aufgeschlossener waren, im Rahmen der Verhaltensdiagnostik und -analyse zumindest auf standardisierte Ratingskalen oder Tagebücher zurückzugreifen. In den letzten Jahren ist aber auch innerhalb der Psychoanalyse und anderen Therapierichtungen eine zunehmende Bereitschaft zu erkennen, die Erhebung diagnostischer Informationen anhand klinischer Selbst- und Fremdbeurteilungsskalen oder strukturierter Interviews durchzuführen (vgl. Benecke, 2014).

In jüngster Zeit haben Fragen und Probleme der Psychodiagnostik in der psychotherapeutischen Forschung und Praxis noch mehr Beachtung gefunden. Davon zeugt eine wachsende Zahl von Büchern und Einzelbeiträgen, die sich mit diesem Themenbereich auseinandersetzen (z. B. Herzberg et al., 2015; Hinz & Brähler, 2012). Hintergründe sind neben der kontinuierlichen Weiterentwicklung psychologischer Behandlungsmethoden und -verfahren sowie der Klassifikation psychischer Störungen (z. B. im DSM-5; American Psychiatric Association, 2015) auch die Forderungen nach einem Wirksamkeitsnachweis (Evaluation), nach einer Qualitätssicherung von Psychotherapie bzw. nach dem Feedback von Behandlungsergebnissen (z. B. Lambert, 2007).

In den letzten Jahren sind wiederholt Empfehlungen zur Standardisierung von Diagnostik und Dokumentation in der Psychotherapie gegeben worden. Dabei wurde immer wieder betont, dass es erst durch einen systematischen Einsatz erprobter und zuverlässiger psychodiagnostischer Verfahren und Dokumentationssysteme möglich wird, klinisch-psychologische Praxis und Psychotherapie zu evaluieren und ihre Qualität zu überprüfen und zu sichern. Unter Qualitätssicherung wird dabei eine kontinuierliche Erfassung und selbstkritische Überprüfung der Ergebnis- und Prozessqualität der eigenen psychotherapeutischen Arbeit verstanden. Eine gewisse Standardisierung diagnostischer Instrumente wird seit Langem auch für die Forschung gefordert. Ogles (2013) stellte kürzlich dar, dass nach wie vor viele Prozess- und Ergebnisstudien in der Psychotherapie immer wieder neue Erhebungsinstrumente anwenden, wodurch ein „multidimensionales Chaos" entstünde. Tatsächlich macht die hohe Variabilität metaanalytische Betrachtungen von Therapieergebnissen naturgemäß schwierig. Dies hat dazu geführt, dass immer wieder Vorschläge für eine Kernbatterie von Methoden für die Psychotherapie und Psychotherapieforschung formuliert wurden. Für den angloamerikanischen Raum sei beispielsweise Strupp et al. (1997) genannt oder für den Bereich der Gruppenpsychotherapie die Arbeit von Strauss et al. (2008).

---

[1] Aus Gründen der besseren Lesbarkeit wird auf die gleichzeitige Verwendung männlicher und weiblicher Sprachformen verzichtet. Sämtliche Personenbezeichnungen gelten gleichwohl für beide Geschlechter.

Aufgaben und Funktionen der Psychodiagnostik in der Psychotherapie

Die psychologische Diagnostik im Bereich der Psychotherapie hat in Anlehnung an Baumann und Stieglitz (2003) folgende Aufgaben:
- *Beschreibung:* steht für die qualitative und quantitative Erhebung des Ausgangszustandes und gegebenenfalls für die Darstellung von Veränderungen. Unterschieden wird dabei zumeist zwischen den Ebenen Symptom, Syndrom und Diagnose/Störung.
- *Klassifikation:* ordnet eine Person zu Klassen eines Klassifikationssystems zu (z. B. ICD-10; WHO/ Dilling et al., 2013; DSM-5; American Psychiatric Association, 2015), unter Berücksichtigung von Differenzialdiagnosen und Komorbiditäten.
- *Erklärung:* ist nötig, um neben der reinen Beschreibung der Symptom- und Merkmalsausprägungen Informationen über die möglichen Ursachen für die Entstehung, Auslösung und Aufrechterhaltung der psychischen Auffälligkeiten oder Störungen bereitzustellen.
- *Prognose:* bedeutet Vorhersage des natürlichen oder durch Interventionen beeinflussten Verlaufs psychischer Störungen sowie der Abschätzung der Erfolgswahrscheinlichkeit von therapeutischen Interventionen.
- *Evaluation:* ist die Bewertung der durch Intervention(en) induzierten Veränderungen (formative Evaluation) und der Zielerreichung (summative Evaluation). Der Fokus der Evaluation kann auf die Intervention (Wirksamkeitsnachweis) oder den Therapeuten bzw. die Versorgungseinrichtung (Qualitätssicherung) gerichtet sein (vgl. Herzberg et al., 2015).

Andere Autoren (vgl. Hautzinger, 2001; Laireiter, 2000) halten Psychodiagnostik im Rahmen der Psychotherapie von großer Bedeutung und geradezu unverzichtbar für die folgenden Aufgabenbereiche:
1. Bestimmung und Deskription der Ausgangslage des Klienten,
2. Konzeption therapeutischer Problemstellungen (Fallkonzeption),
3. Selektion und Beschreibung therapeutischer Problem- und Zielbereiche,
4. Klassifikation der Symptomatik des Klienten,
5. Erklärung und Analyse von Ätiologie und Genese der Symptomatik des Klienten,
6. Selektion angemessener Interventionsstrategien und Zuordnung zu spezifischen therapeutischen Vorgehensweisen (differenzielle und selektive Indikation),
7. Abschätzung der Entwicklung und Therapierbarkeit der Symptomatik sowie des Entwicklungsverlaufes der Therapie (Prognose),
8. Qualitäts- und Prozesskontrolle sowie Therapie- und Prozesssteuerung (adaptive Indikation),
9. Beurteilung des Erfolges und der Effektivität der Therapie (Evaluation) und
10. Dokumentation des Behandlungsverlaufes.

Daneben spielt Psychodiagnostik auch bei der Supervision von Psychotherapie eine wichtige Rolle, wenn die diagnostischen Grundlagen therapeutischer Entscheidungen auch für Außenstehende transparent und nachvollziehbar dargestellt werden sollen.

Nicht zuletzt kommt der Psychodiagnostik auch eine eigenständige therapeutische Funktion zu, wenn etwa diagnostische Erkenntnisse dazu beitragen, dass Klienten Einsicht in ihre eigenen Problemzusammenhänge gewinnen und dadurch Selbstreflexion und Selbstmanagement gefördert werden.

Betrachtet man den Verlauf des therapeutischen Prozesses, so lassen sich unter einer solchen zeitlichen Perspektive drei Funktionen der Psychodiagnostik abgrenzen (vgl. Laireiter, 2000):
- Diagnostik vor und zu Beginn der Therapie: *Indikationsorientierte Diagnostik.*
- Diagnostik im Verlauf der Therapie: *Verlaufs- und Prozessdiagnostik.*
- Diagnostik am Ende und nach der Therapie: *Evaluative Diagnostik.*

Einleitung

Vor und zu Beginn der Therapie sind vor allem selektive Indikationsentscheidungen von Bedeutung. Dabei geht es um die Entscheidung zwischen mehreren therapeutischen Behandlungsmöglichkeiten, mit dem Ziel einer möglichst optimalen Zuordnung von Klient, Therapeut und Behandlungsmethode. Da zur Behandlung psychischer und psychosomatischer Störungen oftmals mehrere und zum Teil sehr unterschiedliche Methoden, Programme und Techniken zur Verfügung stehen, ist damit auch die Frage verknüpft, mit welchem Therapieverfahren eine vorliegende Störung am wirkungsvollsten zu behandeln ist (prognostische Indikation). Selektive Indikationsentscheidungen sollten somit vor oder zu Beginn einer Therapie getroffen werden und auf diagnostischen Informationen über den Klienten sowie auf Erfahrungswissen über die Spezifik und Leistungsfähigkeit von Psychotherapiemethoden basieren.

Die Indikationsentscheidung stellt somit neben der Auswahl geeigneter Behandlungsmethoden, der Ablaufplanung (Behandlungsrahmen, Kombination und Reihenfolge der Methoden) und der Konkretisierung auf den Einzelfall ein wesentliches Element der Therapieplanung dar, sie betrifft vor allem die Vorausplanung der Therapie. In der Praxis erfolgt allerdings zumeist eine pragmatische selektive Indikation, bei der unter Berücksichtigung des verfügbaren und realisierbaren Behandlungsangebotes, der Ziele und Änderungspräferenzen des Klienten und der zur Verfügung stehenden Zeit ein Behandlungsplan formuliert wird. Im Zusammenhang mit der selektiven Indikationsfrage sind auch Selbstselektionen bzw. -indikationen von Klienten zu berücksichtigen, die zumeist auf subjektiven Theorien („Laientheorien") über Ursachen, Behandelbarkeit und Prognose der eigenen Probleme sowie auf Wissen und Einstellungen zu professioneller Psychotherapie beruhen und gegebenenfalls auch die Behandlungsmotivation der Patienten anzeigen.

Im weiteren Verlauf der Therapie spielen psychodiagnostische Verfahren insbesondere bei der Verlaufsanpassung von Indikationsentscheidungen an Veränderungen des Problemverhaltens und/oder der Therapieziele eine bedeutsame Rolle (adaptive Indikation; auch prozessuale oder verlaufsorientierte Indikation). Adaptive Indikationsentscheidungen betreffen somit Art und Umfang der Modifikationen von Faktoren des psychotherapeutischen Prozesses. Basierend auf der Diagnostik der Veränderungen des Klientenverhaltens soll der Therapieverlauf durch diese Modifikationen auf bestimmte Zielgrößen hin optimiert werden. Letztlich geht es um die Anpassung des therapeutischen Vorgehens an den Einzelfall. Zentrale Bedeutung kommt hierbei der Therapieprozessdiagnostik sowie der therapiebegleitenden Veränderungsmessung zu.

Bei der Erfassung von Veränderungen im Verlauf der Therapie und im Rahmen der Evaluation des Therapieerfolgs sind psychodiagnostische Verfahren von großer Bedeutung. Zu den wichtigsten Ansätzen, mit denen es möglich ist, Veränderungen im Verlauf bzw. nach Abschluss therapeutischer Interventionen zu erfassen, zählen nach Stieglitz und Baumann (2001):
– die indirekte Veränderungsdiagnostik,
– die direkte Veränderungsdiagnostik,
– die Beurteilung der Therapiezielerreichung und
– die Beurteilung des (psychopathologischen) Status nach Therapieende.

Bei der indirekten Veränderungsdiagnostik werden Veränderungsinformationen zumeist durch die Differenzbildung zwischen zwei Statusmessungen (zu Beginn und nach Abschluss der Therapie) gewonnen. Von besonderer Relevanz ist hier das Paralleltestkonzept, das den Vorteil bietet, dass Gedächtnis- und Erinnerungseffekte bei Messwiederholungen weitgehend ausgeschaltet werden können. Allerdings liegen derzeit nur für sehr wenige klinische Selbstbeurteilungsverfahren Parallelformen vor. Einen weiteren wichtigen Ansatz der indirekten Veränderungsdiagnostik stellt die Entwicklung von änderungssensitiven Items und Skalen dar.

Bei der direkten Veränderungsdiagnostik werden hingegen Erhebungsinstrumente verwendet, die es einer Person erlauben, stattgefundene Veränderungen direkt einzustufen, wobei die Aussagen zur Beschreibung der subjektiv erlebten Veränderungen in der Komparativform gehalten sind (z. B. besser, schlechter). Im Unterschied zur indirekten Veränderungsdiagnostik, die mindestens zwei Erhebungszeitpunkte voraussetzt, ist für die direkte Veränderungsdiagnostik eine einmalige Erhebung zu Therapieende ausreichend.

Bei der Beurteilung der Therapiezielerreichung kommen Verfahren zum Einsatz, bei denen versucht wird, die Veränderung von einem Ausgangszustand (Therapiebeginn) in einen Zielzustand (Therapieende) abzubilden, wobei hier zumeist eine individuumszentrierte, einzelfallanalytische Vorgehensweise gewählt wird. Als bekannteste Methode zur Evaluation psychotherapeutischer Maßnahmen und zur zielorientierten Erfolgsmessung ist hier die Zielerreichungsskalierung (Goal Attainment Scaling [GAS], vgl. den Beitrag in diesem Band) zu nennen (vgl. Kordy & Hannöver, 1999; Scholz, 1996).

Für die Beurteilung des (psychopathologischen) Status nach Therapieende wird überprüft, inwieweit interventionsabhängige Veränderungen innerhalb oder außerhalb eines bestimmten Normbereiches liegen. Diese Vorgehensweise ist vor allem dann von praktischer Relevanz, wenn für ein Testverfahren Normwerte für gesunde Probanden vorliegen. In diesem Fall kann nach Beendigung einer Therapie der erhobene individuelle Wert eines Klienten in Beziehung zu den vorliegenden Normwerten gesetzt werden.

Auch wenn sich für die einzelnen Phasen des therapeutischen Prozesses jeweils spezifische psychodiagnostische Aufgaben formulieren lassen, sind andere Aufgaben nicht an bestimmte Phasen gebunden. So ist es beispielsweise für die indirekte Veränderungsmessung notwendig, eine Statusdiagnostik der psychischen Probleme und Störungen des Klienten sowohl zu Beginn als auch am Ende der Therapie durchzuführen. Auch für eine lückenlose Dokumentation der psychotherapeutischen Behandlung sind diagnostische Informationen aus allen Phasen der Psychotherapie von großer Relevanz.

In der Psychotherapie kommt neben den Testverfahren auch weiteren psychodiagnostischen Methoden eine große Bedeutung zu. Zu nennen sind hier insbesondere Interviewverfahren und klinische Ratings (vgl. Strauß & Schumacher, 2005), auf die in diesem Band nicht eingegangen wird. Ebenso werden Testverfahren zur Leistungsdiagnostik sowie zur neuropsychologischen Funktionsdiagnostik im vorliegenden Buch nicht aufgeführt, auch wenn diese im psychotherapeutischen Kontext nicht zu unterschätzen sind (z. B. bei Patienten mit depressiven Störungen, komorbidem Alkohol- und Drogenmissbrauch). Projektive Testverfahren stehen in relativ enger (theoretischer) Beziehung vor allem zu psychoanalytischen und psychodynamischen Therapieansätzen (Rauschfleisch, 2006), werden aber in der Routinepraxis nur noch selten verwendet. Auch mehrdimensionale Persönlichkeitsfragebögen werden in der Psychotherapie gelegentlich noch verwendet (z. B. Freiburger Persönlichkeitsinventar, FPI; aktuelle Fassung FPI-R), die man auch an anderen Stellen ausführlich beschrieben findet (z. B. Brähler et al., 2002).

Anliegen und Aufbau des vorliegenden Buches

Die im Jahre 2002 erstmalig für den deutschsprachigen Raum vorgelegte Sammlung diagnostischer Verfahren speziell für den Bereich der psychotherapeutischen Forschung und Praxis wird mit dem vorliegenden Buch komplett neu aufgelegt. Es soll damit ein neuerlicher Überblick über derzeit wichtige Verfahren gegeben und die Auswahl geeigneter Verfahren für spezifische Fragestellungen der psychotherapeutischen Forschung und Praxis erleichtert werden. Andere im deutschsprachigen Bereich vorliegende Übersichtsarbeiten und Sammelbände zu psychodiagnostischen Verfahren sind zu-

Einleitung

meist breiter angelegt und nicht speziell auf den Bereich der Psychotherapie zugeschnitten (vgl. Brähler et al., 2002; Collegium Internationale Psychiatriae Scalarum, 2015; Westhoff, 1993).

Wir verweisen ergänzend ausdrücklich auf die Bände der Reihe „Diagnostik für Klinik und Praxis". Diese beziehen sich auf Klinische Interviews und Ratingskalen (Strauß & Schumacher, 2005), Diagnostische Verfahren in der Rehabilitation (Bengel et al., 2008), Psychodiagnostische Verfahren für die Dermatologie (Kupfer et al., 2006), Diagnostische Verfahren zu Lebensqualität und Wohlbefinden (Schumacher et al., 2003), Klinisch-psychiatrische Ratingskalen für das Kindes- und Jugendalter (Barkmann et al., 2011) und Diagnostische Verfahren in den Sexualwissenschaften (Richter et al., 2014). In diesen Bänden finden sich gewiss auch eine Reihe spezifischer Testverfahren, die für die psychotherapiebezogene Diagnostik im weiteren Sinne brauchbar sein können.

Es sei jedoch darauf hingewiesen, dass mit dem vorliegenden Buch keine grundlegende Darstellung der theoretischen Hintergründe, Probleme und Perspektiven der Psychodiagnostik in der Psychotherapie angestrebt wird (vgl. z. B. Herzberg et al., 2015).

In diesem Band werden sowohl störungsübergreifende als auch störungsbezogene Selbstbeurteilungsverfahren dargestellt, die meist auch zur Bestimmung von Therapieergebnissen eingesetzt werden können.

Zu den störungsübergreifenden Verfahren gehören solche, die sich auf Merkmale beziehen, welche prinzipiell im Zusammenhang mit sehr unterschiedlichen psychischen Störungen von Bedeutung sein können. Zu solchen Bereichen gehören beispielsweise körperliche Beschwerden, das emotionale Befinden, das subjektive Erleben des eigenen Körpers, die Qualität der sozialen Beziehungen, soziale Kompetenzdefizite oder wahrgenommene Probleme im Umgang mit anderen Menschen. Wichtig im Kontext psychotherapeutischer Interventionen sind auch mental repräsentierte Beziehungsschema, deren subjektiver Anteil mit Instrumenten, die sich am interpersonalen Modell orientieren, oder mit Bindungsfragebögen erfasst werden können. Damit können die therapeutische Haltung und spezifische Interventionen auf den jeweiligen Beziehungs- oder Bindungsstil eingestellt werden, um typische Fehler aus den mit maladaptiven Stilen verbundenen Interaktionsmustern zu vermeiden. Eine Reihe der hier aufgeführten Methoden dient der Erfassung personaler und sozialer Ressourcen, wie z. B. der Resilienz oder des Kohärenzgefühls. Zu den wichtigsten sozialen Ressourcen gehören die sozialen Netzwerke eines Patienten und die daraus resultierende soziale Unterstützung (vgl. Laireiter, 1993).

Für die störungsspezifischen Verfahren werden die Bereiche Abhängigkeit (Nikotin, Alkohol, Kauf- und Internetsucht), Angst, Anpassungsstörung, Depression, Essstörungen, Persönlichkeitsstörungen, Posttraumatische Belastungsstörungen, Somatoforme Störungen, Traumata und Zwangsstörung abgebildet.

Schließlich umfasst dieser Band eine Vielzahl von Verfahren zur therapiebezogenen Diagnostik, die den oben genannten Vorgehensweisen zur Therapieprozessdiagnostik sowie der therapiebegleitenden Veränderungsmessung zuzuordnen sind (Baumann & Stieglitz, 2001).Sowohl bei der Erfassung von Veränderungen im Verlauf der Therapie (Prozessfaktoren) wie auch im Rahmen der Evaluation des Therapieerfolgs (Outcome-Diagnostik) spielen psychodiagnostische Verfahren eine bedeutsame Rolle.

Die Auswahl der Verfahren für das vorliegende Buch erfolgte auf der Basis einer umfänglichen Expertenbefragung. In das Buch wurden schließlich Verfahren aufgenommen, die die folgenden Kriterien erfüllt haben:
1. Das Verfahren muss im deutschsprachigen Raum entwickelt worden sein bzw. es muss eine deutsche Fassung existieren.

2. Es liegt als Selbst- und/oder Fremdbeurteilungsinstrument vor. Die für die Psychotherapie gleichfalls sehr relevanten klinischen Interviews wurden nicht in dieses Buch aufgenommen (vgl. Strauß & Schumacher, 2005).
3. Das Verfahren wurde teststatisch überprüft, d. h. Reliabilität und Validität müssen in empirischen Studien nachgewiesen worden sein. Die Testkonstruktion und Testevaluation müssen auf anerkannten methodischen Standards basieren (vgl. Häcker et al., 1998).
4. Es liegen bevölkerungsrepräsentative Normwerte oder zumindest Vergleichswerte für klinische Gruppen vor.
5. Das Verfahren findet eine hohe Akzeptanz und weite Verbreitung in der psychotherapeutischen Forschung und Praxis.

Für das Buch wurden neben psychodiagnostischen Verfahren, die bereits in einem Verlag publiziert worden sind, auch solche berücksichtigt, die bisher lediglich als Forschungsinstrumente vorliegen oder zum Teil nur über die Autoren zu beziehen sind. Die Mehrzahl der in diesem Buch enthaltenen Verfahrensbeschreibungen wurde von den Testautoren selbst verfasst, in einigen Fällen konnten andere kompetente Autoren gewonnen werden.

Dieses Buch kann und will keinen Anspruch auf Vollständigkeit diagnostischer Verfahren in der Psychotherapie erheben. Es kann jedoch davon ausgegangen werden, dass die wesentlichen und derzeit häufig in der psychotherapeutischen Praxis verwendeten Verfahren beschrieben werden. Die bereits in der Erstauflage aufgenommenen Beschreibungen wurden allesamt sorgfältig überarbeitet und aktualisiert. Einige Verfahren der Erstauflage sind in diesem Band nicht mehr enthalten, da sie nach Meinung der befragten Experten veraltet sind oder aber bereits in anderen Bänden der Reihe ausführlich dargestellt wurden. Ferner wurde eine ganze Reihe neuer und bereits etablierter Testverfahren der letzten 15 Jahre aufgenommen.

Hinweise zum Gebrauch des Handbuches

Die allen Verfahrensbeschreibungen zugrunde liegende einheitliche Gliederung soll dem Leser und Nutzer des Buches eine schnelle Orientierung und eine gezielte Auswahl geeigneter Verfahren ermöglichen.

Neben den Autoren wird zu Beginn jeder Verfahrensbeschreibung auch die Bezugsquelle für das Verfahren genannt. Dies ist vor allem dann von großer praktischer Bedeutung, wenn es (bisher) nicht in einem Verlag publiziert wurde und deshalb nicht ohne Weiteres zu beziehen ist. In einem weiteren Gliederungspunkt wird auf eventuell vorhandene Vorgänger- oder Originalversionen des Verfahrens verwiesen, ebenso werden eventuell vorhandene Kurzversionen benannt und beschrieben. Eine Kurzbeschreibung des Verfahrens gibt Auskunft über die diagnostische Zielstellung und die verwendete Erhebungsmethodik. Die nächsten Gliederungspunkte sprechen die für den praktischen Einsatz des Verfahrens zentralen Punkte des Anwendungsbereiches und der Bearbeitungszeit an. Danach wird auf die theoretischen Hintergründe der Verfahrensentwicklung sowie auf den Bezug zur Psychotherapie eingegangen. Dem folgt eine kurze Beschreibung der Testentwicklung sowie des Aufbaus und der Auswertung des Verfahrens. In den nächsten Punkten wird auf die Gütekriterien des Verfahrens (Objektivität, Reliabilität und Validität) eingegangen und auf vorhandene Norm- und/oder Vergleichswerte verwiesen. Der Punkt Ressourcen gibt Auskunft darüber, ob ein Verfahren im Internet frei zugänglich ist. Abschließend folgen die Literaturübersicht, die Autoren der Verfahrensbeschreibung sowie die Kontaktdaten des Erstautors des Beitrags.

Einleitung

Zur besseren Übersicht über die eingeschlossenen Verfahren sind die Testbeschreibungen innerhalb des Buches alphabetisch nach ihren Abkürzungen sortiert. Das Inhaltsverzeichnis bietet mit der alphabetischen Liste der Namenskürzel inklusive der Volltitel der Verfahren eine erste Orientierung.

Für die schnelle und unkomplizierte Suche von spezifischen Testverfahren findet der Leser am Ende des Buches ein Verzeichnis, welches eine Übersicht der Testverfahren, deren Zuordnung und die Seitenzahl enthält. Ebenso findet sich eine Übersicht aller Testautoren in alphabetischer Reihenfolge.

Abschließend sei allen Autoren dieses Buches gedankt, die sich bereit erklärt haben, Verfahrensbeschreibungen zu verfassen und dann doch etwas Geduld aufbringen mussten, bis das fertige Buch nun vorliegt. Zu danken ist auch den zahlreichen psychotherapeutischen und psychodiagnostischen Experten, die bei der ersten Selektion geeigneter und relevanter Verfahren für dieses Buch einen wichtigen Dienst geleistet haben. Nicht zuletzt sei Frau Barbara Brendel gedankt, die in bewährter Weise das überzeugende Layout und die Druckfassung des Buches erstellt hat.

Literatur

American Psychiatric Association (2015). *Diagnostisches und Statistisches Manual Psychischer Störungen – DSM-5* (Deutsche Ausgabe herausgegeben von Peter Falkai und Hans-Ulrich Wittchen, mitherausgegeben von Manfred Döpfner et al.). Göttingen: Hogrefe.

Barkmann, C., Schulte-Markwort, M. & Brähler, E. (Hrsg.). (2011). *Klinisch-psychiatrische Ratingsskalen für das Kindes- und Jugendalter.* Göttingen: Hogrefe.

Baumann, U. & Stieglitz, R.-D. (2001). Psychodiagnostik psychischer Störungen: Allgemeine Grundlagen. In R.-D. Stieglitz, U. Baumann & H. J. Freyberger (Hrsg.), *Psychodiagnostik in Klinischer Psychologie, Psychiatrie, Psychotherapie* (2. Aufl., S. 3–20). Stuttgart: Thieme.

Baumann, U. & Stieglitz, R.-D. (2003). Klinisch-psychologische Diagnostik. In K. D. Kubinger & R. S. Jäger (Hrsg.), *Schlüsselbegriffe der Psychologischen Diagnostik* (S. 242–248). Weinheim: Beltz PVU.

Benecke, C. (2014). *Klinische Psychologie und Psychotherapie.* Stuttgart: Kohlhammer.

Bengel, J., Wirtz, M. & Zwingmann, C. (Hrsg.). (2008). *Diagnostische Verfahren in der Rehabilitation.* Göttingen: Hogrefe.

Brähler, E., Holling, H., Leutner, D. & Petermann, F. (Hrsg.). (2002). *Brickenkamp Handbuch psychologischer und pädagogischer Tests* (3. Aufl.). Göttingen: Hogrefe.

Collegium Internationale Psychiatrae Scalarum (CIPS) (Hrsg.). (2015). *Internationale Skalen für Psychiatrie* (6., überarb. und erw. Aufl.). Göttingen: Beltz-Test.

Häcker, H., Leutner, D. & Amelang, M. (Hrsg.). (1998). Standards für pädagogisches und psychologisches Testen. *Diagnostica und Zeitschrift für Differentielle und Diagnostische Psychologie, Suppl. 1.*

Hatfield, D. R. & Ogles, B. M. (2004). The Use of Outcome Measures by Psychologists in Clinical Practice. *Professional Psychology: Research and Practice, 35,* 485–491.

Hatfield, D. R. & Ogles, B. M. (2007). Why some clinicians use outcome measures and others do not. *Administration and Policy in Mental Health and Mental Health Services Research, 34* (3), 283–291.

Hautzinger, M. (2001). Diagnostik in der Psychotherapie. In R.-D. Stieglitz, U. Baumann & H. J. Freyberger (Hrsg.), *Psychodiagnostik in Klinischer Psychologie, Psychiatrie und Psychotherapie* (2. Aufl., S. 351–364). Stuttgart: Thieme.

Herzberg, P. Y., Brähler, E. & Strauß, B. (2015). Psychodiagnostik. In W. Rief & P. Henningsen (Hrsg.), *Psychosomatik und Verhaltensmedizin* (S. 313–329). Stuttgart: Schattauer.

Hinz, A. & Brähler, E. (2012). Medizinisch-psychologische Diagnostik. In E. Brähler, B. Strauß (Hrsg.), *Grundlagen der Medizinischen Psychologie* (Enzyklopädie der Psychologie, Serie Medizinische Psychologie, Bd. 1, S. 73–110). Göttingen: Hogrefe.

Kordy, H. & Hannöver, W. (1999). Zur Evaluation psychotherapeutischer Behandlungen anhand individueller Therapieziele. In H. Ambühl & B. Strauß (Hrsg.), *Therapieziele* (S. 75–90). Göttingen: Hogrefe.

Kupfer, J., Schmidt, S. & Brähler, E. (Hrsg.). (2006). *Psychodiagnostische Verfahren für die Dermatologie.* Göttingen: Hogrefe.

Laireiter, A. R. (1993). Begriffe und Methoden der Netzwerk- und Unterstützungsforschung. In A. Laireiter (Hrsg.), *Soziales Netzwerk und soziale Unterstützung: Konzepte, Methoden und Befunde* (S. 14–54). Bern: Huber.

Laireiter, A.-R. (Hrsg.). (2000). *Diagnostik in der Psychotherapie.* Wien: Springer.

Lambert, M. J. (2007). What we have learned from adecade of research aimed at improving psychotherapy outcome in routine care? *Psychotherapy Research, 17,* 1–14.

Ogles, B. (2013). Measuring change in psychotherapy research. In M. J. Lambert (Ed.), *Bergin and Garfield's handbook of psychotherapy and behavior change* (6th ed., pp. 134–166). New York: Wiley & Sons.

Rauschfleisch, U. (2006). Projektive Tests. In F. Petermann & M. Eid (Hrsg.), *Handbuch der Psychologischen Diagnostik* (S. 127–134). Göttingen: Hogrefe.

Richter, D., Brähler, E. & Strauß, B. (Hrsg.). (2014). *Diagnostische Verfahren in der Sexualwissenschaft.* Göttingen: Hogrefe.

Scholz, O. B. (1996). Therapieplanung des Einzelfalles – Voraussetzungen, Methoden, Anwendungen. In F. Petermann (Hrsg.), *Einzelfallanalyse* (3. Aufl., S. 264–283). München: Oldenbourg.

Schumacher, J., Klaiberg, A. & Brähler, E. (Hrsg.). (2003). *Diagnostische Verfahren zu Lebensqualität und Wohlbefinden.* Göttingen: Hogrefe.

Stieglitz, R.-D. & Baumann, U. (2001). Veränderungsmessung. In R.-D. Stieglitz, U. Baumann & H. J. Freyberger (Hrsg.), *Psychodiagnostik in Klinischer Psychologie, Psychiatrie und Psychotherapie* (2. Aufl., S. 21–38). Stuttgart: Thieme.

Strauß, B. & Schumacher, J. (Hrsg.). (2005). *Klinische Interviews und Ratingskalen.* Göttingen: Hogrefe.

Strauss, B., Burlingame, G. M. & Borman, B. (2008). Using the CORE-R-Battery in group psychotherapy. *Journal of Clinical Psychology, 64,* 1225–1237.

Strupp, H. H., Horowitz, L. M. & Lambert, M. J. (Eds.). (1997). *Measuring patient changes.* Washington: American Psychological Association.

Westhoff, G. (Hrsg.). (1993). *Handbuch psychosozialer Meßinstrumente.* Göttingen: Hogrefe.

WHO/Dilling, H., Mombour, W. & Schmidt, M. H. (2013). *Internationale Klassifikation psychischer Störungen. ICD-10 Kapitel V (F) Klinisch-diagnostische Leitlinien* (9., überarb. Aufl.). Bern: Huber.

AASE-G
Alcohol Abstinence Self-Efficacy Scale – Deutsche Version

Autoren des Testverfahrens	Carlo C. DiClemente, Joseph P. Carbonari, Rosario P. G. Montgomery und Sheryl O. Hughes
Quelle	Bott, K., Rumpf, H.-J., Bischof, G., Meyer, C., Hapke, U. & John, U. (2003). Der Alkoholabstinenz-Selbstwirksamkeitsfragebogen: deutsche Version (AASE-G). In A. Glöckner-Rist, F. Rist & H. Küfner (Hrsg.), *Elektronisches Handbuch zu Erhebungsinstrumenten im Suchtbereich (EHES), Version 3.00.* Mannheim: Zentrum für Umfragen, Methoden und Analysen.
Vorgänger-/ Originalversionen	*Originalversion:* DiClemente, C. C., Carbonari, J. P., Montgomery, R. P. & Hughes, S. O. (1994). The alcohol abstinence self-efficacy scale. *Journal of Studies on Alcohol, 55,* 141–148.
Kurzversionen	McKiernan, P., Cloud, R., Patterson, D. A., Wolf, S., Golder, S. & Besel, K. (2011). Development of a Brief Abstinence Self-Efficacy Measure. *Journal of Social Work Practice in the Addictions, 11* (3), 245–253. Die Kurzform enthält 12 Items, die mit je sechs Items die Skalen *Zuversicht* und *Versuchung* erfasst.
Kurzbeschreibung	Bei der AASE-G handelt es sich um ein Selbstbeurteilungsverfahren zur Erfassung von Selbstwirksamkeitserwartungen bezüglich Alkoholabstinenz. Durch den Fragebogen werden die beiden Skalen *Versuchung* und *Zuversicht* mit insgesamt 40 Items erhoben (Bott et al., 2003; DiClemente et al., 1994), wobei für jeweils 20 typische Trigger-Situationen die Befragten einschätzen, wie groß (a) die Versuchung zum Alkoholkonsum wäre und (b) wie zuversichtlich sie sind, in diesem Kontext nicht rückfällig zu werden. Die beschriebenen Situationen wurden faktoranalytisch den Subskalen (1) *Negativer Affekt*, (2) *Soziale Situationen bzw. positive Zustände durch Alkohol verstärken*, (3) *Somatisches Unwohlsein, Schmerzen oder Bedenken* und (4) *Entzugserscheinungen/starkes Verlangen* zugeordnet. Für jede Subskala werden fünf Items beantwortet. Das für Forschung und Suchttherapie entwickelte Instrument wird als Papier-Bleistift-Verfahren bearbeitet (Bott et al., 2003).
Anwendungsbereich	Die AASE-G eignet sich als Verfahren der klinischen Psychodiagnostik zum Einsatz bei Erwachsenen im Rahmen von Suchttherapien und in der Alkoholrehabilitation (Bott et al., 2003). Ein weiteres Anwendungsgebiet ist die klinische Forschung, insbesondere in der Psychotherapieforschung und in Rückfallstudien. Untersuchungen haben gezeigt, dass der Fragebogen sensibel für Rückfälle und Veränderungen im Trinkverhalten ist (DiClemente et al., 2001). Er

ermöglicht es, Selbstwirksamkeitseinschätzungen als Outcome oder als Mediator des Trinkverhaltens zu erheben und zwischen verschiedenen Messzeitpunkten zu vergleichen (Bott et al., 2003, Di Clemente et al., 1994).

Bearbeitungszeit

Die Durchführungszeit liegt bei 10 Minuten, für die Auswertung werden circa 5 bis 10 Minuten benötigt (DiClemente et al., 1994).

Theoretischer Hintergrund

Selbstwirksamkeit ist nach Bandura (1997) die subjektive Gewissheit, schwierige Anforderungssituationen mit der eigenen Kompetenz bewältigen zu können. Es handelt sich um ein dynamisches Konstrukt, das sich dem jeweiligen situativen Kontext angleicht. Selbstwirksamkeitserwartungen verändern und verfestigen sich auf Grundlage vorhergehender Erfolgs- bzw. Misserfolgserlebnisse, Beobachtungen, sozialer Einflüsse und physiologischer Zustände. Diese Überzeugungen einer Person bezüglich ihrer Kompetenzen beeinflussen Wahrnehmung, Motivation, Ausdauer und damit auch den Handlungserfolg (Bandura, 1997; Marlatt & Gordon, 1985).

In der Suchtforschung und -therapie gelten Selbstwirksamkeitserwartungen als bedeutsame Wirkfaktoren. In diesem Zusammenhang betreffen sie die Zuversicht in die eigenen Fähigkeiten, eine konstruktive Veränderung des Trinkverhaltens herbeizuführen (DiClemente et al., 1995).

Marlatt und Gordon (1985) postulieren in ihrem Rückfallmodell die Annahme, dass die Selbstwirksamkeitserwartungen die psychischen Mechanismen der Alkoholabhängigkeit und darüber das Rückfallrisiko beeinflussen. Sie gehen davon aus, dass die Erfahrung, eine Risikosituation bewältigen zu können, die Selbstwirksamkeit erhöht und so die Wahrscheinlichkeit eines Rückfalls verringert. Misslingt die Bewältigung der Situation führt dies zu einer Abnahme der Selbstwirksamkeitserwartung, die Situation ohne Alkoholkonsum zu meistern. Untersuchungen zeigen, dass Alkoholiker mit hohen Selbstwirksamkeitserwartungen weniger rückfallgefährdet sind, mehr Bewältigungsstrategien einsetzen und insgesamt günstigere Krankheitsverläufe zeigen, als solche mit niedrigen Selbstwirksamkeitserwartungen (Westerberg, 1998).

Ausgehend von diesen Überlegungen fokussiert die AASE-G einerseits die subjektive Versuchung in potenziellen Rückfallsituationen und andererseits die Zuversicht, nicht rückfällig zu werden (Bott et al., 2003).

Bezug zur Psychotherapie

Die AASE-G kann in der Psychotherapie von alkoholabhängigen Patienten Hinweise für Behandlungsplanung, Therapieverlauf und Rückfallrisiko liefern. Die Berücksichtigung individueller Risikosituationen aus dem Testprofil kann zur individuellen Anpassung der Intervention herangezogen werden und der Rückfallprophylaxe dienen. Nach Bandura (1997) stellt die Verbesserung der Selbstwirksamkeitserwartung ein zentrales Wirkprinzip von Psychotherapie dar. Durch die Möglichkeit des wiederholten Einsatzes eignet sich die AASE-G zur Abbildung von Therapieverläufen bzw. abschließend auch zur Bewertung des Behandlungserfolges.

AASE-G

Testentwicklung

Ausgangspunkt für die Entwicklung des Fragebogens waren die Annahmen des Rückfallmodells nach Marlatt und Gordon (1985) und der darauf aufbauende Situational Confidence Questionaire (SCQ) von Annis und Graham (1990). Dieser erfasst in typischen Rückfallsituationen die Selbstwirksamkeitserwartung, dem Alkoholkonsum zu widerstehen.

Mit der englischen AASE sollte ein Verfahren geschaffen werden, dass einerseits die *Versuchung* in risikohaften Rückfallsituationen und andererseits die *Zuversicht,* nicht rückfällig zu werden, erfasst. Orientiert an Selbstwirksamkeitsskalen zum Tabakrauchen wurde die erste, 49 Items umfassende Version der AASE konstruiert und in zwei Pilotstudien getestet (DiClemente et al., 1994).

Die endgültige Form wurde anhand der Daten von $N = 266$ ambulanten Patienten einer Behandlungseinrichtung für Alkoholabhängigkeit ($N = 174$ Männer, $M = 34$ Jahre) gewonnen (DiClemente et al., 1994). Die Patienten hatten im Durchschnitt mit 16 Jahren begonnen zu trinken und wiesen im Mittel seit 9 Jahren eine Trinkproblematik auf. Aus ursprünglich 49 Items wurden faktor- und itemanalytisch zwei Skalen mit je 20 Items extrahiert (*Versuchung* und *Zuversicht*), deren Skalenkorrelation $r = -.65$ betrug. Mit Strukturgleichungsmodellanalysen wurden vier Subskalen identifiziert: *Negativer Affekt, Soziale Situationen bzw. positive Zustände durch Alkohol verstärken, Somatisches Unwohlsein, Schmerzen oder Bedenken* und *Entzugserscheinungen/starkes Verlangen.* Dabei zeigte eine Vier-Faktoren-Lösung mit einem Faktor 2. Ordnung (*Zuversicht* bzw. *Versuchung*) die beste Anpassung. Männer und Frauen unterschieden sich nicht maßgeblich in ihrem Antwortverhalten (DiClemente et al., 1995).

Die Übersetzung und psychometrische Überprüfung einer deutschen Version (AASE-G) erfolgte im Rahmen der Studie Transitions in Alcohol Consumption and Smoking (TACOS; Bischof et al., 2000; Rumpf et al., 2000).

Die Ermittlung der Testgüte erfolgte anhand der Daten aus zwei klinischen Stichproben. Bei der ersten handelte es sich um $N = 230$ ohne formelle Hilfe remittierte Alkoholabhängige (23.9 % Frauen, $M = 48.2$ Jahre). Die zweite Stichprobe bestand aus $N = 221$ Patienten einer stationären Motivationsbehandlung (28.3 % Frauen, $M = 43.6$ Jahre). Die Faktorenstruktur der englischen AASE konnte für die deutsche Version nicht repliziert werden. Bott und Kollegen weisen darauf hin, dass die Unterschiede durch den Zeitpunkt der Untersuchung bedingt sein könnten. In der amerikanischen Studie beantworteten die Probanden die Fragen vor Beginn, in der deutschen Untersuchung während der Behandlung (Bott et al., 2003).

Aufbau und Auswertung

Die AASE-G umfasst 20 Schilderungen von potenziellen Rückfallsituationen. Jede Situation wird einmal für die Skala *Versuchung* und einmal für die Skala *Zuversicht* bewertet; demnach sind insgesamt 40 Items zu beantworten. Die Beantwortung erfolgt auf einer fünfstufigen Likert-Skala (1 = überhaupt keine Versuchung bzw. überhaupt nicht sicher bis 5 = sehr starke Versuchung bzw. absolut sicher). Die Instruktionen unterscheiden sich zwischen den Skalen. Die Situationen sind vier Subskalen mit jeweils fünf Items zugeordnet:

- *Negativer Affekt* (Bsp.: „Wenn ich mich traurig fühle."),
- *Soziale Situationen/positive Zustände durch Alkohol verstärken* (Bsp.: „Wenn Menschen, mit denen ich früher getrunken habe, mich zum Alkoholtrinken auffordern."),
- *Somatisches Unwohlsein/Schmerzen/Bedenken* (Bsp.: „Wenn ich Kopfschmerzen habe.") und
- *Entzugserscheinungen/starkes Verlangen* (Bsp.: „Wenn es mich quält, dass ich mit dem Trinken aufgehört habe oder Entzugserscheinungen habe.").

Für die Auswertung werden die Itemwerte in Werte zwischen 0 bis 4 umkodiert. Die Werte werden für die Skalen getrennt aufsummiert, hohe Werte entsprechen einer starken Zuversicht bzw. Versuchung. Es kann ein Differenzwert berechnet werden, indem der Summenwert der Skala *Zuversicht* vom Summenwert der Skala *Versuchung* subtrahiert wird (DiClemente et al., 1995). Ein Verhältnis der Werte, in dem auf der Skala *Versuchung* hohe Werte und auf der Skala *Zuversicht* niedrige Werte erreicht werden, weist auf eine stärkere Abhängigkeit hin (Bott et al., 2003).

Gütekriterien

Die Durchführungs- und Auswertungsobjektivität sind aufgrund der standardisierten Instruktion und der Hinweise zur Auswertung gegeben. Bezüglich der Interpretation liegen Empfehlungen, jedoch keine manualisierten Richtlinien vor (Bott et al., 2003; DiClemente et al., 1995).

Die interne Konsistenz (Cronbachs α) der beiden Skalen ist mit Werten von $\alpha = .97$ für die Skala *Zuversicht* und $\alpha = .95$ für die Skala *Versuchung* als gut zu beurteilen (Bott et al., 2003).

Die teststatistische Überprüfung für die deutsche Fassung erfolgte anhand der Daten der beiden bereits beschriebenen Stichproben (Bischof et al., 2000; Rumpf et al., 2000). Es zeigte sich, dass die AASE-G zwischen verschiedenen Gruppen alkoholabhängiger Probanden differenzieren konnte. In der Überprüfung mittels U-Test erzielten die ohne formelle Hilfe remittierten Alkoholabhängigen ($N = 230$) signifikant höhere Werte für die Skala *Zuversicht* und niedrigere Werte für die Skala *Versuchung* als die Gruppe der Patienten, die sich in einer stationären Motivationsbehandlung befanden ($N = 221$). Das Antwortverhalten erwies sich als vom Geschlecht unabhängig. Im Sinne der konvergenten Validität korrelierten die Subskalen der AASE-G positiv mit dem Alcohol Use Inventory (AUI). Geringe Zusammenhänge zwischen den Subskalen der AASE-G und den Motivationsskalen des University of Rhode Island Change Assessment (URICA) belegen eine weitgehende Unabhängigkeit vom Konstrukt Motivation. Die Skalen-Interkorrelation betrug für die Gesamtstichprobe $r = -.83$, für die remittierten Probanden $r = -.79$ und für die Patienten in Behandlung $r = -.64$ (Bott et al., 2003).

Die Faktorstruktur des Fragebogens wurde mit den Daten der Patienten in Motivationsbehandlung anhand explorativer Faktorenanalysen (Hauptachsenmethode, oblique Rotation) ermittelt. Ohne Vorgabe eines Extraktionskriteriums konnten für die beiden Skalen *Zuversicht* und *Versuchung* (Faktoren 2. Ordnung) nach dem Kaiser-Guttman-

Kriterium jeweils drei Faktoren extrahiert werden. Die Itemzuordnung der für die englische Originalversion berichteten Subskalen konnte jedoch nicht repliziert werden. In der dreifaktoriellen Lösung erklärte in der Skala *Zuversicht* der erste Faktor 52 % der Varianz, der zweite bzw. dritte Faktor zusätzlich noch 7 % bzw. 4.7 %. Für die Items der Skala *Versuchung* betrugen die entsprechend aufgeklärten Varianzanteile 42 %, 5.3 % und 3.6 %. Bott und Kollegen gehen davon aus, dass der deutschen Version AASE-G eine eindimensionale Struktur zugrunde liegt. Sie weisen jedoch darauf hin, dass weitere Validierungsstudien im deutschen Sprachraum erforderlich sind. Die für die englische Originalversion ermittelte vierdimensionale Struktur konnte für keine der beiden Skalen repliziert werden.

Vergleichswerte/ Normen

Normwerte der englischen Originalversion können auf Anfrage von den Testautoren bezogen werden. Verfügbar sind einerseits die Daten einer Subgruppe von Alkoholabhängigen sowie einer ambulanten Patientenstichprobe (DiClemente et al., 1995, 2001).

Eine umfassende Normierung der deutschen Version anhand einer größeren Stichprobe steht bislang noch aus (Bott et al., 2003).

WWW-Ressourcen

Es liegen keine zusätzlichen Ressourcen vor.

Literatur

Annis, H. M. & Graham, J. M. (1990). *Situational Confidence Questionnaire.* Toronto: Addiction Research Foundation.

Bandura, A. (1997). *Self-efficacy: The exercise of control.* New York: Freeman.

Bischof, G., Rumpf, H.-J., Hapke, U., Meyer, C. & John, U. (2000). Remission ohne formelle Hilfen und Inanspruchnahme stationärer Behandlung bei Alkoholabhängigen. Ein Vergleich auslösender Faktoren. *Sucht, 46* (1), 54–61.

Bott, K. E., Rumpf, H.-J., Bischof, G., Meyer, C., Hapke, U. & John, U. (2003). Der Alkoholabstinenz-Selbstwirksamkeitsfragebogen: deutsche Version (AASE-G). In A. Glöckner-Rist, F. Rist & H. Küfner (Hrsg.), *Elektronisches Handbuch zu Erhebungsinstrumenten im Suchtbereich (EHES).* Version 3.00. Mannheim: Zentrum für Umfragen, Methoden und Analysen.

DiClemente, C. C., Carbonari, J. P., Daniels, J. W., Donovan, D. M., Bellino, L. E. & Neavins, T. M. (2001). Self-efficacy as a matching hypothesis: Causal chain analysis. In R. Longabaugh & P. W. Wirtz (Eds.), *Project MATCH Hypotheses: Results and Causal Chain Analyses* (pp. 239–259). Project MATCH Monograph Series, Vol. 8. Rockville, MD: National Institute on Alcohol Abuse and Alcoholism.

DiClemente, C. C., Carbonari, J. P., Montgomery, R. P. G. & Hughes, S. O. (1994). The Alcohol Abstinence Self-Efficacy Scale. *Journal of Studies on Alcohol, 55,* 141–148.

DiClemente, C. C., Fairhurst, S. & Piotrowski, N. (1995). The role of self-efficacy in the addictive behaviors. In J. Maddux (Ed.), *Self-Efficacy, Adaption and Adjustment: Theory, Research and Application* (pp. 109–142). New York: Plenum Press.

Marlatt, G. A., Gordon, J. R. (1985). *Relapse prevention: maintenance strategies in the treatment of addictive behaviors.* New York: Guilford.

Rumpf, H.-J., Bischof, G., Hapke, U., Meyer, C. & John, U. (2000). Studies on natural recovery from alcohol dependence: sample selection bias by media solicitation. *Addiction, 95,* 765–775.

Westerberg, V. S. (1998). What predicts success? In W. R. Miller & R. Heather (Eds.), *Treating addictive behaviors* (pp. 301–315). New York: Plenum Press.

Autoren des Beitrags

Lena M. Becker und Elmar Brähler

Kontaktdaten der Erstautorin

M.Sc. Lena M. Becker
Gärtnerstraße 24a
12207 Berlin
lena.mb@gmx.de

ADHS-E
ADHS-Screening für Erwachsene

Autoren des Testverfahrens	Sören Schmidt und Franz Petermann
Quelle	Schmidt, S. & Petermann, F. (2013). *ADHS-Screening für Erwachsene (ADHS-E)* (2. überarb. und erw. Aufl.). Frankfurt am Main: Pearson Assessment.
Vorgänger-/ Originalversionen	keine
Kurzversionen	Das Kernscreening (ADHS-E) ist mit 25 Items als zeitökonomisches Verfahren einsetzbar.
Kurzbeschreibung	Das ADHS-E setzt sich aus einem Kernscreening (ADHS-E) und einer Langform (ADHS-LE) zusammen. Es handelt sich um ein mehrdimensionales Beurteilungsinstrument zur Erfassung von Symptomen einer Aufmerksamkeitsdefizit-/Hyperaktivitätsstörung (ADHS) im Erwachsenenalter. Im Kernscreening sind dies die Bereiche: – *Emotion und Affekt,* – *Aufmerksamkeitssteuerung,* – *Unruhe/Überaktivität,* – *Impulskontrolle/Disinhibition,* – *Stressintoleranz.* Die Langform enthält die Skalen der Kurzform und umfasst zusätzlich die Bereiche – *Extraversion* und – *Retrospektive Angaben.* Die Langform erfasst die angeführten Dimensionen über eine höhere Anzahl spezifischer Items. Sie enthält zudem ein Screening zum Substanzmittelkonsum, mit welchem der Anwender Alkohol, Drogen und Medikamentenkonsum erfassen kann. Beide Testformen sowie ein Auswertungsbogen zum Substanzmittelscreening liegen als Papier-Bleistift-Verfahren vor. Potenzielle Anwender sind Psychologen/Psychotherapeuten, Ärzte/Psychiater, Ergotherapeuten sowie im Bereich der ADHS tätige Wissenschaftler.
Anwendungsbereich	Das ADHS-E eignet sich zur differenzierten Symptomerfassung von ADHS-Symptomen und ist somit in der klinischen Praxis (Psychotherapie, Psychiatrie) einsetzbar. Weiterhin ist der Einsatz in Anwendungsfeldern, in denen der Einfluss von ADHS-spezifischen Symptomen anzunehmen ist, möglich. Dies betrifft insbesondere die Verkehrspsychologie, forensische und rechtspsychologische Fragestellungen sowie neuropsychologische Einsatzbereiche (Schmidt & Petermann, 2012).

Bearbeitungszeit

Die Kurzform (ADHS-E) ist im Durchschnitt in 7 bis 10 Minuten durchzuführen, die Bearbeitung der Langform (ADHS-LE) dauert etwa 10 bis 15 Minuten.

Theoretischer Hintergrund

Der ADHS im Erwachsenenalter liegt eine genetisch-neurobiologische Disposition zugrunde, welche einen spezifischen Einfluss auf das Verhalten ausübt. Daraus resultieren die störungsspezifischen Symptomtrias der Unaufmerksamkeit, Impulsivität und Hyperaktivität, wie sie in der ICD-10 oder auch im DSM-5 beschrieben sind. Während diese Kriterien im Kindes- und Jugendalter die Störung vergleichsweise gut umschreiben, entsprechen betroffene Erwachsene diesen in vielen Fällen nicht mehr. Hier sind zusätzliche Verhaltensauffälligkeiten anzuführen, deren Basis zwar die zugrunde liegende Aufmerksamkeitsstörung darstellt, deren Ausprägung aber häufig nicht mehr über die diagnostischen Kriterien abbildbar sind, wie sie in der ICD-10 angeführt werden. Das DSM-5 tritt diesem Umstand etwas eher entgegen, indem es für konkrete Symptome eine erwachsenentypische Beschreibung gibt. Am ausführlichsten sind diagnostische Kriterien für das Erwachsenenalter in der 2003 entwickelten Leitlinie auf der Basis eines Expertenkonsensus mit der Deutschen Gesellschaft für Psychiatrie, Psychotherapie und Nervenheilkunde (DGPPN; vgl. Ebert et al., 2003) dargestellt. Dies gelingt, indem nicht nur ICD- und DSM-Kriterien berücksichtigt wurden, sondern auch die in den USA entwickelten Symptomkriterien von der Arbeitsgruppe um Paul Wender, welche sich explizit auf die Ausprägung der Störung im Erwachsenenalter fokussierte (vgl. Wender, 2000).

Das ADHS-E integriert die diagnostischen Anforderungen der Klassifikationssysteme und der Leitlinien gleichermaßen, indem nicht nur Skalen zu den Symptomtrias enthalten sind (z. B. Aufmerksamkeitssteuerung oder Unruhe und Überaktivität), sondern auch erwachsenenspezifische Symptome, wie zum Beispiel die Affektlabilität (Skala *Emotion und Affekt*) berücksichtigt werden.

Bezug zur Psychotherapie

Das ADHS-E eignet sich zur differenzierten Symptomerfassung vor dem Hintergrund unterschiedlicher Fragestellungen. Im klinischen Kontext dient es dem Anwender zur Ermittlung diagnostischer und therapierelevanter Informationen (inkl. der Verlaufskontrolle). In der Forschung hat sich das Verfahren zur Erfassung der Komorbidität mit anderen psychischen Störungen und auch körperlichen Belastungsfaktoren (Schmidt et al., 2010) sowie zur Erfassung altersspezifischer psychischer Beeinträchtigungen (Schmidt et al., 2012) bewährt. Ebenso eignet sich das ADHS-E für Studien zur Differenzialdiagnostik bei Verdacht auf ADHS (Witt et al., 2014) und zur Untersuchung spezieller Gruppen (z. B. Verkehrsdelinquenten), in denen ADHS als Einflussfaktor angenommen werden kann (Schmidt et al., 2015).

Testentwicklung

Die Konstruktion erfolgte nach klassisch-testtheoretischen Vorgaben. Nach Abschluss vorbereitender Analysen anhand eines großen Itempools verblieben 84 Items, die an einer Konstruktionsstichprobe von $N = 118$ Erwachsenen mit der gesicherten Diagnose einer ADHS erhoben wurden. Die Stichprobe verfügte über ein ausgewogenes Ge-

ADHS-E

schlechterverhältnis (52.5 % Männer, 47.5 % Frauen) mit einem Altersmittel von 31.62 Jahren bei einem Altersrange von 18 bis 69 Jahren. In einem ersten Schritt wurden Item- und Trennschärfeanalysen durchgeführt, wodurch sich der Datenpool von 84 auf 64 Items reduzierte. Anschließend wurden explorative Faktorenanalysen berechnet, aus welcher sich mit einer Varianzaufklärung von insgesamt 48.80 % die Skalen des ADHS-LE ergaben. Da ein Kernscreening (ADHS-E) geplant war, anhand dessen eine zeitökonomische Erfassung gegenwärtig vorhandener diagnostischer Symptome realisiert werden sollte, wurden die Skalen *Retrospektive Angaben* und *Extraversion* darin nicht berücksichtigt und zudem pro Skala nur jeweils fünf Items mit der höchsten Faktorladung ausgewählt. Nach erneuter Berechnung einer Faktorenanalyse auf der Basis dieser 25 Items resultierte eine Faktorlösung mit einer Varianzaufklärung von insgesamt 57.18 %, in welcher sich die fünf Kernskalen des ADHS-E eindeutig bestätigen ließen.

Aufbau und Auswertung

Die Items im ADHS-E werden über eine vierstufige Skala erfasst (Likert-Skala) und in einem Wertebereich von 0 bis 3 kodiert. Einzelne Items sind invers skaliert, sodass die Auswertung nur unter Einbezug einer Schablone (ADHS-LE) bzw. des vorgegebenen Auswertungsrasters (ADHS-E) möglich ist. Die Rohwerte werden sowohl skalenweise als auch für den Gesamtwert summiert und schließlich in vorgegebene Kästchen auf dem Auswertungsbogen eingetragen. Den Normtabellen im Manual lassen sich die Vergleichswerte entnehmen, die sich in ein Profil überführen lassen. Auf diesem Wege erhält der Anwender eine differenzierte grafische Darstellung über die Ausprägung konkreter Problembereiche.

Gütekriterien

Objektivität: Bei strikter Orientierung an die vorgegebenen Instruktionen sowie der standardisierten Auswertung mittels Schablonen und einem Auswertungsraster ist von einer hohen Objektivität des Verfahrens auszugehen.

Reliabilität: Die interne Konsistenz (Cronbachs α) des ADHS-E erstreckt sich innerhalb einer klinischen Stichprobe (N = 183) über einen Wertebereich von α = .73 bis .87. Die Split-Half-Reliabilität (Spearman-Brown-Korrektur) liegt mit einem Koeffizienten von r_k = .81 in einem guten Bereich. Die Retest-Reliabilität kann ebenfalls als äußerst zufriedenstellend angesehen werden und variiert skalenabhängig zwischen r_{tt} =.85 und .94.

Validität: Faktorenanalysen ergaben differenzierte Skalen und eine insgesamt gut interpretierbare Faktorenstruktur. Korrelationen mit konstruktnahen Verfahren sowie fehlende signifikante Korrelationen mit konstruktfernen Instrumenten bescheinigen sowohl ADHS-E als auch ADHS-LE eine hohe konvergente und divergente Validität. Signifikante Unterschiede zwischen einer klinischen Stichprobe (N = 183) und einer zufällig aus der Normgruppe gezogenen Kontrollgruppe von gleichem Umfang verweisen auf eine hohe klinische Validität. Beide Verfahren verfügen zudem über eine hohe Sensitivität und Spezifität in der Erfassung störungsspezifischer Merkmale.

Vergleichswerte/ Normen

Das Kernscreening (ADHS-E) wurde an einer bevölkerungsrepräsentativen Stichprobe von $N = 1\,845$ Personen normiert. Die Normierung des ADHS-LE erfolgte anhand einer nicht klinischen Vergleichsgruppe von $N = 1\,296$ Personen. Dem Anwender stehen Prozentränge und T-Werte zur Verfügung.

WWW-Ressourcen

Es liegen keine zusätzlichen Ressourcen vor.

Literatur

Ebert, D., Krause, J. & Roth-Sackenheim, C. (2003). ADHS im Erwachsenenalter – Leitlinien auf der Basis eines Expertenkonsensus mit Unterstützung der DGPPN. *Der Nervenarzt, 10,* 939–946.

Schmidt, S., Brähler, E., Petermann, F. & Koglin, U. (2012). Komorbide Belastungen bei Jugendlichen und jungen Erwachsenen mit ADHS. *Zeitschrift für Psychiatrie, Psychologie und Psychotherapie, 60,* 15–26.

Schmidt, S. & Petermann, F. (2012). Neuropsychologische Diagnostik bei ADHS im Erwachsenenalter. *Zeitschrift für Neuropsychologie, 23,* 225–235.

Schmidt, S., Waldmann, H.-C., Petermann, F. & Brähler, E. (2010). Wie stark sind Erwachsene mit ADHS und komorbiden Störungen in ihrer gesundheitsbezogenen Lebensqualität beeinträchtigt? *Zeitschrift für Psychiatrie, Psychologie und Psychotherapie, 58,* 9–21.

Schmidt, S., Wendler, K., Brieler, P., Kollra, H.-G. & Petermann, F. (2015). Zum Einfluss von ADHS im Straßenverkehr: Ergebnisse einer Querschnittsuntersuchung bei deliktauffälligen Kraftfahrern. *Zeitschrift für Psychiatrie, Psychologie und Psychotherapie, 63,* 53–58.

Wender, P. H. (2000). *Attention-Deficit Hyperactivity Disorder in children, adolescents and adults.* Oxford: University Press.

Witt, O., Brücher, K., Biegel, G., Petermann, F. & Schmidt, S. (2014). ADHS im Erwachsenenalter versus Borderline Persönlichkeitsstörung: Kriterien zur Differenzialdiagnostik. *Fortschritte der Neurologie – Psychiatrie, 82,* 337–345.

Autoren des Beitrags

Sören Schmidt und Franz Petermann

Kontaktdaten des Erstautors

Prof. Dr. Sören Schmidt
Hochschule Fresenius, University of Applied Sciences
Im MediaPark 4c
50670 Köln
soeren.schmidt@hs-fresenius.de

ADNM-20

Adjustment Disorder – New Module
Fragebogen zur Erfassung von Anpassungsstörungen

Autoren des Testverfahrens	Andreas Maercker, Franziska Einsle und Volker Köllner
Quelle	Einsle, F., Köllner, V., Dannemann, S. & Maercker, A. (2010). Development and validation of a self-report for the assessment of adjustment disorders. *Psychology, Health & Medicine, 15,* 584–595. Der ADNM-20 steht zum Public-use zur Verfügung und kann kostenlos im Internet bezogen werden.
Vorgänger-/ Originalversionen	*Deutschsprachige Ursprungsversion mit 29 Items:* Maercker, A., Einsle, F. & Köllner, V. (2007). Adjustment disorders as stress response syndromes: A new diagnostic concept and its exploration in a medical sample. *Psychopathology, 40* (3), 135–146.
Kurzversionen	*Kurzversion mit sechs Items:* Bachem, R. & Maercker, A. (2014). ADNM-6: Anpassungsstörungs-Screeningskala. In C. J. Kemper, E. Brähler & M. Zenger (Hrsg.), *Psychologische und sozialwissenschaftliche Kurzskalen* (S. 9–11). Berlin: MWV.
Kurzbeschreibung	Der ADNM-20 besteht aus 20 Items, welche die Symptome von Anpassungsstörungen im Selbstbericht erfassen, die im diagnostischen Konzept der zukünftigen ICD-11 vorgesehen sind. Im Zentrum stehen die Hauptsymptomgruppen Präokkupationen und Fehlanpassung. Weiterhin werden Begleitsymptome der funktionalen Beeinträchtigung, Vermeidungs- und Angstsymptome, Depressivität und Impulskontrollprobleme erfasst. Der ADNM-20 liegt als Papier-Bleistift-Verfahren vor.
Anwendungsbereich	Der ADNM-20 richtet sich an erwachsene Personen, welche ein kritisches Lebensereignis erlebt haben und sich dadurch belastet fühlen. Er kann sowohl für klinische Zwecke als auch in der Forschung eingesetzt werden.
Bearbeitungszeit	Die durchschnittliche Durchführungszeit liegt bei 10 bis 15 Minuten, variiert jedoch in Abhängigkeit der Anzahl belastender Lebensereignisse.
Theoretischer Hintergrund	Dem ADNM-20 liegt ein neues diagnostisches Konzept zugrunde, welches Anpassungsstörungen ähnlich der Posttraumatischen Belastungsstörung (PTSD) als Stress-response-Syndrom beschreibt (Maercker et al., 2007). Demnach sind Anpassungsstörungen maladaptive Reaktionen auf psychosoziale Stressoren, welche durch zwei Symptomcluster charakterisiert werden. Präokkupationen (auch Intrusionen genannt) umfassen wiederkehrende belastende Erinnerungen an die Stresssituation und ihre Konsequenzen und können spontan auftreten oder durch Trigger in der Umwelt ausgelöst werden. Fehlanpassungs-

symptome, das zweite Hauptsymptomcluster, bezieht sich auf Veränderungen im Verhalten und der Persönlichkeit der Betroffenen. Solche Fehlanpassungssymptome wie Konzentrationsschwierigkeiten, Probleme bei der Alltagsbewältigung oder verringertes Selbstbewusstsein müssen eine deutliche Beeinträchtigung in persönlichen, familiären, sozialen oder beruflichen Lebensbereichen verursachen. Weiterhin werden im ADNM-20 verschiedene Zusatzsymptome (Vermeidung, Ängstlichkeit, Depressivität oder Impulskontrollprobleme) erfasst, welche zur Bestimmung des Subtyps herangezogen werden können.

Die beiden Kernsymptombereiche sind ähnlich jener der PTSD und der akuten Belastungsreaktion, welche zusammen mit der Anpassungsstörung zu den Stress-response-Syndromen gezählt werden können (Horowitz, 1997, 2004). Im Unterschied zur PTSD und der akuten Belastungsstörung ist das Auslöseereignis einer Anpassungsstörung jedoch nicht lebensbedrohlicher oder traumatischer Natur, sondern ein belastendes Lebensereignis, welches psychosozialen Stress auslöst, wie z. B. Scheidung, finanzielle Probleme, schwere Erkrankungen oder Konflikte am Arbeitsplatz.

Bezug zur Psychotherapie

Im klinischen Alltag gehören Anpassungsstörungen zu den am häufigsten gestellten Diagnosen. Die Diagnose ist jedoch in den Diagnostikmanualen nur unklar definiert und darf nur vergeben werden, wenn die Kriterien für keine weitere psychische Störung vorliegen. Das neue, dem ADNM-20 zugrunde liegende diagnostische Konzept ermöglicht eine klarere Abgrenzung von anderen Störungen, was sowohl Klinikern als auch der Forschung Nutzen bringt. Anhand des ADNM-20 können Symptome der Anpassungsstörung gemäß der zukünftigen ICD-11 Diagnosedefinitionen erfasst werden (Maercker et al., 2013). Darüber hinaus handelt es sich beim ADNM-20 um den bisher einzigen Selbstbeurteilungsfragebogen für Anpassungsstörungen sowohl nach dem bisherigen ICD-10/DSM-5 als auch nach dem zukünftigen ICD-11 Konzept.

Testentwicklung

Bei der Testentwicklung wurde ein iteratives Verfahren angewendet. Zuerst wurden 55 Statements auf Basis des diagnostischen Konzepts der Anpassungsstörung als Stress-response-Syndrom (Maercker et al., 2007) formuliert. Anschließend wurde dieser Itempool 22 erfahrenen Klinikern vorgelegt, welche die Bedeutsamkeit jedes einzelnen Symptoms in Bezug auf den jeweiligen Symptombereich (Intrusionen, Fehlanpassung, Vermeidung, Ängstlichkeit, Depressivität oder Impulskontrollprobleme) einschätzten. Die 29 Statements, welche auf einer vierstufigen Skala eine Bewertung > 2 erhielten, wurden in die erste Version des ADNM (ADNM-29) aufgenommen und anhand einer Gruppe von 160 Patienten (90.6 % Männer) mit Herzerkrankungen validiert. Das Durchschnittsalter betrug 62.7 Jahre. Die Kürzung auf 20 Items wurde aufgrund von Faktoranalysen sowie klinischen Plausibilitätserwägungen vorgenommen.

Aufbau und Auswertung

Der ADNM-20 besteht aus zwei Teilen: einer Liste mit belastenden Lebensereignissen sowie einer Symptomliste. Im ersten Teil des Frage-

ADNM-20

bogens werden sechs Arten akuter Stressereignisse (z. B. Scheidung, Umzug) sowie 10 Arten chronischer Stressoren (z. B. schwere Krankheit, Konflikte mit Nachbarn) aufgelistet. Es wird erfasst, ob eine Person von den Stressereignissen während der vergangenen 2 Jahre betroffen war. Drei offene Fragen ermöglichen es, weitere Ereignisse hinzuzufügen. Für jedes Stressereignis wird jeweils der Zeitraum erfragt, in dem die Belastung auftrat.

Im zweiten Teil des ADNM-20 beziehen sich die Betroffenen auf das am stärksten belastende Ereignis und bewerten 20 störungsrelevante Symptome auf einer vierstufigen Antwortskala (1 = nie, 2 = selten, 3 = manchmal, 4 = oft). Zusätzlich wird angegeben, seit wann die Reaktion auftritt (< 1 Monat, 1 bis 6 Monate, 6 Monate bis 2 Jahre). *Präokkupationen* werden anhand von vier Items erfasst (Bsp.: „Meine Gedanken kreisen um alles, was mit der belastenden Situation zu tun hat"). Das zweite Hauptsymptomcluster besteht aus drei Items zur Einschätzung von *Fehlanpassungssymptomen* (Bsp.: „Seit der belastenden Situation kann ich mich nur schwer auf bestimmte Dinge konzentrieren") sowie dem Item zur Einschätzung der funktionalen Beeinträchtigung („Insgesamt beeinträchtigt mich die Situation stark spürbar in meinem Zusammenleben mit anderen, meinen Freizeitbeschäftigungen oder in anderen wichtigen Lebensbereichen"). Zusätzlich werden folgende Symptomgruppen gemessen: *Vermeidung* (4 Items), *depressive Stimmung* (3 Items), *Ängstlichkeit* (2 Items) und *Impulsivität* (3 Items). Die Kriterien für eine Anpassungsstörung gelten als erfüllt, wenn beide Kernsymptomgruppen mindestens einmal ≥ 3 und mindestens zweimal ≥ 2 eingeschätzt werden und zusätzlich das Kriterium der funktionalen Beeinträchtigung erfüllt ist (≥ 3).

Gütekriterien

Der ADNM-29 wurde an zwei belasteten Stichproben (687 Herzpatienten und 135 Patienten einer psychosomatischen Klinik) evaluiert (Einsle et al., 2010), während der ADNM-20 in einer bevölkerungsrepräsentativen deutschen Stichprobe ($N = 2\,512$) im Alter von 14 bis 93 Jahren teststatistisch überprüft wurde (Glaesmer et al., 2015).

Objektivität: Der ADNM-20 ist ein standardisiertes Instrument in Bezug auf Erhebung und Auswertung und kann folglich als objektiv eingeschätzt werden.

Reliabilität: Für alle Skalen des ADNM-29 wurde zufriedenstellende interne Konsistenz festgestellt (Cronbachs α zwischen .71 und .90). Es wurde zudem eine adäquate Retest-Reliabilität über einen Zeitraum von 6 Wochen ermittelt (Einsle et al., 2010). Für den ADNM-20 wurden mit Werten zwischen .68 und .89 ebenfalls gute interne Konsistenzen auf Skalenniveau aufgezeigt (Glaesmer et al., 2015), es liegt jedoch noch keine Einschätzung der Retest-Reliabilität vor.

Validität: Die Skalen des ADNM-29 weisen signifikante Zusammenhänge mittlerer Höhe mit herkömmlichen Instrumenten zur Erfassung von PTSD (IES-R) sowie Angst und Depression (HADS) auf (Einsle et al., 2010).

Die faktorielle Validität der Subskalen des ADNM-20 wurde anhand von konfirmativen Faktoranalysen ermittelt und ergab eine akzeptable Passung. Die Faktoren waren jedoch hoch korreliert (.74 bis .97) und folglich schlecht voneinander abgrenzbar. Dieses Resultat deutet darauf hin, dass es sich bei der Kernsymptomatik der Anpassungsstörung um ein einfaktorielles Konzept handelt und die Unterscheidung von Subtypen nicht sinnvoll ist (Glaesmer et al., 2015).

Vergleichswerte/ Normen

Zum ADNM-20 liegen noch keine Normwerte vor. In der repräsentativen Studie der deutschen Allgemeinbevölkerung (14 bis 93 Jahre) wurde anhand des ADNM-20 eine Punktprävalenz von 2 % festgestellt (Glaesmer et al., 2015).

WWW-Ressourcen

Der ADNM-20 kann kostenfrei bezogen werden unter:
http://www.psychometrikon.de/inhalt/suchen/test.php?id=866e60ee7a3044797fc9ecc65516086e.

Literatur

Einsle, F., Köllner, V., Dannemann, S. & Maercker, A. (2010). Development and validation of a self-report for the assessment of adjustment disorders. *Psychology, Health & Medicine, 15,* 584–595.

Glaesmer, H., Romppel, M., Brähler, E., Hinz, A. & Maercker, A. (2015). Adjustment Disorder as proposed for ICD-11: Dimensionality and symptom differentiation. *Psychiatry Research, 229* (3), 940–948.

Horowitz, M. J. (1997). *Stress response syndromes* (3rd ed.). Northvale, NJ: Aronson.

Horowitz, M. J. (2004). *Stress response syndromes: PTSD, grief and adjustment disorders* (4th ed.). Northvale, NJ: Aronson.

Maercker, A., Brewin, C. R., Bryant, R. A., Cloitre, M., Ommeren, M., Jones, L. M. et al. (2013). Diagnosis and classification of disorders specifically associated with stress: proposals for ICD-11. *World Psychiatry, 12* (3), 198–206.

Maercker, A., Einsle, F. & Köllner, V. (2007). Adjustment disorders as stress response syndromes: A new diagnostic concept and its exploration in a medical sample. *Psychopathology, 40* (3), 135–146.

Autoren des Beitrags

Rahel Bachem und Andreas Maercker

Kontaktdaten des Zweitautors

Prof. Dr. Dr. Andreas Maercker
Universität Zürich
Psychopathologie und Klinische Intervention
Binzmühlestr. 14/17
CH-8050 Zürich
maercker@psychologie.uzh.ch

ADS
Allgemeine Depressionsskala

Autor des Testverfahrens	Martin Hautzinger
Quelle	Hautzinger, M., Bailer, M., Hofmeister, D. & Keller, F. (2012). *Allgemeine Depressionsskala (ADS)* (2., überarb. und neu norm. Aufl.). Göttingen: Hogrefe. Das Copyright liegt beim Hogrefe Verlag.
Vorgänger-/ Originalversionen	Radloff, L. S. (1977). The CES-D Scale: A self-report depression scale for research in the general population. *Applied Psychological Measurement, 1,* 385–401.
Kurzversionen	*Es existiert eine Kurzform mit 15 Fragen:* Hautzinger, M., Bailer, M., Hofmeister, D. & Keller, F. (2012). *Allgemeine Depressionsskala (ADS)* (2., überarb. und neu norm. Aufl.). Göttingen: Hogrefe.
Kurzbeschreibung	Die ADS erfasst die aktuelle depressive Symptomatik mit 20 Fragen. Jede Frage soll auf einer vierstufigen Likert-Skala dahingehend beantwortet werden, wie häufig während der letzten Woche das eigene Befinden der formulierten Aussage entsprach. Dabei werden emotionale, motivationale, kognitive, somatische und motorisch/interaktionale Beschwerden erfragt.
Anwendungsbereich	Die ADS kann in Bevölkerungsstichproben, in epidemiologischen Untersuchungen, klinischen und nicht klinischen Stichproben zur Erfassung aktueller depressiver Beschwerden sowie zur Messung der Schwere einer depressiven Störung und zur Vorauswahl (Screening) von Personen zur genaueren klinischen Beurteilung einer affektiven Beeinträchtigung angewendet werden. Der Einsatz ist bei Jugendlichen (ab 12 Jahre) bis ins hohe Alter (85 Jahre) möglich (Matschinger et al., 2000).
Bearbeitungszeit	Die Bearbeitung und die Auswertung dauern 5 bis 10 Minuten.
Theoretischer Hintergrund	Das heterogene Störungsbild depressiver Beeinträchtigungen umfasst Symptome auf der emotionalen, motivationalen, kognitiven, somatischen und motorischen Ebene. Der Fragebogen berücksichtigt alle Ebenen, hat jedoch seinen Schwerpunkt im affektiven Bereich (7 Items) und im somatischen Bereich (6 Items). Ferner gibt es Items zu zwischenmenschlichen Erfahrungen und positivem Affekterleben. Da mit der ADS eine Beschreibung depressiver Störungen bzw. eine Auswahl von Personen mit möglichen depressiven Störungen angestrebt wird, bildet der international übliche Kanon an typischen depressiven Symptomen (wie im DSM-IV bzw. ICD-10 festgelegt) den Hintergrund dieser Skala. Ein Bezug zu einer ätiologischen Konzeption der Depression liegt nicht vor.

Bezug zur Psychotherapie

Die ADS bietet sich als Erfolgs- und als Verlaufsmaß bei jeglicher Form antidepressiv wirkender Intervention an. Erfahrungen liegen insbesondere bei Psychotherapiestudien (z. B. bei Depressionen), jedoch auch bei Schmerzstörungen, Somatoformen Störungen und Angststörungen unter ambulanten Bedingungen vor. Durch den wöchentlichen Bezugsrahmen, stellt dieses einfache Instrument ein rasch beantwortetes Verlaufsmaß bei ambulanten Psychotherapien dar und kann gut zur Dokumentation (Qualitätskontrolle) eingesetzt werden.

Testentwicklung

Speziell für den Bedarf epidemiologischer Studien an großen amerikanischen Bevölkerungsstichproben wurde der Fragebogen entworfen und umfangreich erprobt (Radloff, 1977). Ähnlich wurde bei der Adaptation der Übersetzung vorgegangen (Hautzinger, 1988). Die Skala erwies sich als sensibel, doch wenig spezifisch. Es werden unverhältnismäßig viele Personen mit der ADS als depressiv beurteilt, obgleich diese Beurteilung bei einer ausführlichen klinischen Diagnostik nicht aufrechterhalten werden kann. Patienten mit anderen Störungen als Depressionen, auch körperlichen und chronischen Krankheiten, erzielen auf der ADS leicht erhöhte Werte, was im Sinne von Resignation und Demoralisierung zu verstehen ist.

Aufbau und Auswertung

Die 20 Fragen (Kurzform 15 Items) erfragen folgende depressive Symptome: Verunsicherung, Erschöpfung, Hoffnungslosigkeit, Selbstabwertung, Niedergeschlagenheit, Einsamkeit, Traurigkeit, Antriebslosigkeit, Gefühl der Ablehnung, Weinen, Genussunfähigkeit, Rückzug, Angst, fehlende affektive Reagibilität, Schlafstörungen, Appetitstörungen, Konzentrationsschwierigkeiten und Pessimismus. Bezogen auf die zurückliegende Woche gibt es vier Antwortmöglichkeiten: 0 = selten und überhaupt nicht (weniger als 1 Tag lang), 1 = manchmal (1 bis 2 Tage lang), 2 = öfters (3 bis 4 Tage lang) und 3 = meistens, die ganze Zeit (5 und mehr Tage lang). Vier Items drücken einen positiven Zustand aus und sind bei der Auswertung entsprechend umgepolt zu verrechnen. Anhand des Antwortmusters können Personen identifiziert werden, die den Fragebogen unaufmerksam oder unehrlich beantwortet haben. Die angekreuzten Antworten werden aufaddiert und in einem Gesamtwert (Summenwert) ausgedrückt. Der Gesamtwert kann mit den vorliegenden Normwerten verglichen werden. Gesunde, unauffällige Stichproben erzielen Werte unter 17 Punkten (Frauen 16, Männer 14), während depressive Patienten Werte über 27 Punkten erzielen. Andere Patientengruppen (Somatoforme Störungen, Angstpatienten usw.) liegen mit 18 bis 22 Punkten dazwischen. Die Verwendung des kritischen, klinisch sinnvollen Wertes von 22 (hohe Spezifizität) wird empfohlen.

Gütekriterien

Die Skalenitems sind gut konstruiert und zeigen eine hohe Trennschärfe. Die interne Konsistenz (Cronbachs α) der ADS, auch die der Kurzform, liegt über .90 und die Testhalbierungsreliabilität bei .89. Die nach dem Rasch-Modell kalkulierte Reliabilität liegt bei .87. Mit anderen Selbstbeurteilungsmaßen depressiver Symptome (z. B. Beck Depressions-Inventar, Geriatric Depression Scale) korreliert die ADS

ADS

mit $r = .64$ bis .88. Mit Fremdbeurteilungsmaßen (z. B. Hamilton Angst Skala usw.) liegen die Zusammenhänge zwischen $r = .43$ und .49. Eine Faktorenanalyse repliziert zwar die von Radloff (1977) interpretierten vier Faktoren (Konstruktvalidität), doch laden alle Items auf dem ersten Faktor, während die anderen drei Faktoren nur durch wenige Items markiert werden. Dies spricht dafür, den ADS-Summenwert als einzig sinnvolle Messgröße zuzulassen.

Vergleichswerte/ Normen

Aufgrund großer epidemiologischer Stichproben und zahlreicher klinischer Studien liegen differenzierte Vergleichs- und Normwerte für verschiedene Altersgruppen (12- bis 85-Jährige) und beide Geschlechter vor (Hautzinger et al., 2012).

WWW-Ressourcen

Es liegen keine zusätzlichen Ressourcen vor.

Literatur

Hautzinger, M. (1988). Die CES-D Skala. Ein Depressionsinstrument für Untersuchungen in der Allgemeinbevölkerung. *Diagnostica, 34,* 167–173.

Hautzinger, M., Bailer, M., Hofmeister, D. & Keller, F. (2012). *Allgemeine Depressionsskala (ADS)* (2., überarb. und neu norm. Aufl.). Göttingen: Hogrefe.

Matschinger, H., Schork, A., Riedel-Heller, S. & Angermeyer, M. (2000). Zur Anwendung des CES-D bei älteren Menschen. Dimensionsstruktur und Messartefakte. *Diagnostica, 46,* 29–37.

Radloff, L. S. (1977). The CES-D Scale: A self-report depression scale for research in the general population. *Applied Psychological Measurement, 1,* 385–401.

Autoren des Beitrags

Martin Hautzinger und Kristina Geue

Kontaktdaten des Erstautors

Prof. Dr. Martin Hautzinger
Eberhard Karls Universität Tübingen
Fachbereich Psychologie
Klinische Psychologie und Psychotherapie
Schleichstr. 4
72076 Tübingen
hautzinger@uni-tuebingen.de

AKV
Fragebogen zu körperbezogenen Ängsten, Kognitionen und Vermeidung

Autoren des Testverfahrens	Anke Ehlers, Jürgen Margraf und Dianne L. Chambless
Quelle	Ehlers, A., Margraf, J. & Chambless, D. (2001). *Fragebogen zu körperbezogenen Ängsten, Kognitionen und Vermeidung* (2., überarb. und neu norm. Aufl.). Weinheim: Beltz Test.
Vorgänger-/ Originalversionen	*Originalversionen:* *Agoraphobic Cognitions Questionnaire (ACQ) und Body Sensations Questionnaire (BSQ):* Chambless, D. L., Caputo, G. C., Bright, P. & Gallagher, R. (1984). Assessment of fear of fear in agoraphobics: The Body Sensations Questionnaire and the Agoraphobic Cognitions Questionnaire. *Journal of Consulting and Clinical Psychology, 52,* 1090–1097. *Mobility Inventory (MI):* Chambless, D. L., Caputo, G. C., Jasin, S. E., Gracely, E. J. & Williams, C. (1985). The mobility inventory for agoraphobia. *Behaviour Research and Therapy, 23,* 35–44.
Kurzversionen	keine
Kurzbeschreibung	Der AKV ist ein Selbstbeurteilungsverfahren, der aus den folgenden drei Fragebögen besteht: – Der Agoraphobic Cognitions Questionnaire (ACQ) erfasst die Häufigkeit, mit der 14 katastrophisierende Kognitionen auftreten, wenn die Person ängstlich ist. Die Items beschreiben zum einen erwartete körperliche Krisen und zum anderen den erwarteten Kontrollverlust. – Der Body Sensations Questionnaire (BSQ) erhebt das Ausmaß der Angst vor 17 körperlichen Symptomen wie Herzklopfen oder Atemnot. – Das Mobility Inventory (MI) beinhaltet das Ausmaß der Vermeidung von 27 Situationen, vor denen Patienten mit Agoraphobie oft Angst haben. Die Vermeidung wird getrennt erfasst, einmal für den Fall, dass die Person allein ist, und für den Fall, dass sie begleitet wird.
Anwendungsbereich	Der AKV wurde entwickelt für Patienten mit Paniksyndrom und/oder Agoraphobie. Sie sind auch für Patienten mit Somatoformen Störungen und psychosomatischen Beschwerden von Interesse.
Bearbeitungszeit	Die Bearbeitungszeit liegt für den ACQ und den BSQ bei etwa 5 Minuten und für den MI bei circa 10 Minuten.
Theoretischer Hintergrund	ACQ/BSQ: Die Fragenbögen messen die sogenannte Angst vor der Angst, die Patienten mit Paniksyndrom und/oder Agoraphobie kenn-

zeichnet (Ehlers & Margraf, 1993). Es wird angenommen, dass diese Personen Angst vor den körperlichen Begleiterscheinungen von Angst wie Herzklopfen oder Schwindelgefühlen haben und deswegen solche Situationen vermeiden, in denen diese Symptome auftreten. Das „Angst vor der Angst"-Konzept überschneidet sich mit der kognitiven Theorie des Paniksyndroms (Clark, 1986). Nach dieser Theorie haben Patienten mit Paniksyndrom eine überdauernde Tendenz, körperliche Symptome als Anzeichen einer unmittelbaren Bedrohung für die körperliche oder seelische Gesundheit zu interpretieren.

MI: Patienten mit Agoraphobien vermeiden eine Vielzahl unterschiedlicher Situationen wie Kaufhäuser, Autofahren, Schlangestehen, Brücken, Höhen oder Gaststätten. Wesentliche Aspekte der gefürchteten Situationen sind die Einengung der Bewegungsfreiheit und die Entfernung von sicheren Personen oder Orten. Die Betroffenen vermeiden Situationen, in denen es peinlich oder gefährlich wäre, einen Panikanfall oder andere körperliche Symptome wie Ohnmachtsgefühle oder Durchfall zu bekommen. Der Fragebogen gibt eine umfassende Übersicht über typische Situationen und dient damit zum einen zur Erfassung des Schweregrades der Störung und zum anderen als Grundlage der Verhaltensanalyse und -therapie.

Bezug zur Psychotherapie

Die Fragebögen sind nützlich zur Planung kognitiv-verhaltenstherapeutischer Interventionen. Das Ausmaß der Veränderung in den Fragebögen gibt einen Anhaltspunkt über den Erfolg der Intervention. Im Manual finden sich Vergleichswerte erfolgreich behandelter Patienten (Ehlers & Margraf, 1993; Ehlers et al., 2001).

Testentwicklung

Es handelt sich um Übersetzungen der von Chambless und Kollegen (1984, 1985) entwickelten Fragebögen ACQ, BSQ und MI. Die Fragebögen basieren auf Erfahrungen in der kognitiven Verhaltenstherapie agoraphobischer Patienten und theoretischen Überlegungen zur Ätiologie von Panikanfällen (vgl. Ehlers & Margraf, 1993).

Aufbau und Auswertung

ACQ: Jede der 14 Aussagen wird auf einer fünfstufigen Skala von 1 = nie bis 5 = immer danach beurteilt, wie häufig der Zustand auftritt, wenn die Person ängstlich ist. Der Gesamtwert ist der Mittelwert der Items. Es können getrennte Werte für die Faktoren *Körperliche Krisen* (Bsp.: „Ich werde in Ohnmacht fallen.") und *Kontrollverlust* (Bsp.: „Ich werde mich lächerlich benehmen.") berechnet werden.

BSQ: Jede der 17 Körperempfindungen (Bsp.: „Gefühl, keine Luft zu bekommen.") wird auf einer fünfstufigen Skala von 1= gar nicht bis 5 = extrem danach beurteilt, wie viel Angst sie auslöst. Der Gesamtwert ist der Mittelwert der Items.

MI: Jede der 27 Situationen wird auf einer fünfstufigen Skala von 1 = niemals bis 5 = immer danach beurteilt, wie häufig sie aus Angst oder Unbehagen vermieden wird. Die 27 Situationen beinhalten drei Typen von potenziell angstauslösenden Anforderungen: Plätze (Bsp.: „Säle oder Stadien"), Fahren mit Transportmitteln (Bsp.: „Untergrundbahnen") und Situationen (Bsp.: „Weit weg von zu Hause sein"). Für die 27 Aussagen wird das Ausmaß der Vermeidung getrennt eingeschätzt in Abhängigkeit davon, ob die Person allein *(Vermeidung allein)* oder in Begleitung *(Vermeidung begleitet)* ist. Der Gesamtwert ist der Mittelwert der Werte der Skalen *Vermeidung allein* und *Vermeidung begleitet*.

Gütekriterien

Die deutschsprachigen Fragebögen des AKV wurden an mehreren klinischen (Patienten mit Paniksyndrom/Agoraphobie, Patienten mit anderen Angststörungen, Patienten psychosomatischer Kliniken) und nicht klinischen Stichproben teststatistisch überprüft und normiert. Die Werte in den Fragebögen zeigen eine starke Reduktion nach erfolgreicher Verhaltenstherapie.

Objektivität: Die Fragebögen sind in ihrer Durchführung und Auswertung standardisiert und deshalb als objektiv einzuschätzen.

Reliabilität: Die internen Konsistenzen (Cronbachs α) der Skalen sind befriedigend bis sehr gut.
- ACQ: Patienten mit Paniksyndrom/Agoraphobie (N = 1 231) α = .79; Patienten mit anderen Angststörungen (N = 386) α = .78.
- BSQ: Patienten mit Paniksyndrom/Agoraphobie (N = 1 215) α = .87; Patienten mit anderen Angststörungen (N = 376) α = .88.
- MI: Patienten mit Paniksyndrom/Agoraphobie (N = 1 118): *Vermeidung allein* α = .96, *Vermeidung begleitet* α = .96; Patienten mit anderen Angststörungen (N = 385): *Vermeidung allein* α = .94, *Vermeidung begleitet* α = .93.

Für zwei Stichproben von Patienten mit Paniksyndrom (N = 41) und Personen mit seltenen Panikanfällen (N = 58) wurden die folgenden Retest-Reliabilitäts-Koeffizienten ermittelt:
- ACQ: 4 Wochen: r = .75; 110 Tage r = .80.
- BSQ: 4 Wochen: r = .63; 110 Tage r = .66.
- MI: *Vermeidung allein:* 4 Wochen: r = .92; 110 Tage r = .91; *Vermeidung begleitet:* 4 Wochen: r = .79; 110 Tage r = .86.

Faktorielle Validität: Die für die amerikanische Version gefundene Zwei-Faktorenstruktur des ACQ *(körperliche Krisen, Kontrollverlust)* konnte in verschiedenen Stichproben gut repliziert werden. Zwei der Items laden allerdings nicht konsistent auf dem vorhergesagten Faktor und werden daher bei den Subskalen der deutschen Fassung nicht berücksichtigt.

Konvergente Validität: Der ACQ und BSQ korrelieren erwartungsgemäß mit einem anderen Maß der Angst vor der Angst, dem Anxiety Sensitivity Index von Reiss et al. (1986), sowie der Angst-Skala der Cognitions Checklist von Beck et al. (1987). Für das MI zeigte sich erwartungsgemäß ein Zusammenhang mit der Agoraphobie-Skala des Fear Questionnaire von Marks und Mathews (1979) und der Phobie-Skala der Symptom-Checkliste (SCL-90-R) von Derogatis (1977).

Externe Validität: Patienten mit gegenwärtigem Paniksyndrom zeigen erwartungsgemäß höhere Werte im ACQ, BSQ und MI als Patienten in Remission. Die Werte im MI variieren mit dem von Experten eingeschätzten Schweregrad der Agoraphobie. Die Fragebögen diskriminieren zwischen Patienten mit Paniksyndrom, Patienten mit anderen Angststörungen und Personen ohne psychische Störungen. Patienten mit Somatoformen Störungen zeigen höhere Werte als psychosomatische Patienten ohne Somatoforme Störungen.

Vergleichswerte/ Normen

Normen (Perzentilwerte und Stanine-Werte) für Patienten mit Paniksyndrom/Agoraphobie ($N > 1\,200$), Patienten mit anderen Angststörungen ($N = 280$ bis 390), psychosomatische Patienten ohne Angststörungen ($N = 130$) und Kontrollpersonen ohne psychische Störungen ($N = 200$) werden im Manual berichtet (Ehlers et al., 2001).

WWW-Ressourcen

Es liegen keine zusätzlichen Ressourcen vor.

Literatur

Beck, A. T., Brown, G., Steer, R. A., Eidelson, J. I. & Riskind, J. H. (1987). Differentiating anxiety and depression: A test of the cognitive-content specificity hypothesis. *Journal of Abnormal Psychology, 96,* 179–183.

Chambless, D. L., Caputo, G. C., Bright, P. & Gallagher, R. (1984). Assessment of fear of fear in agoraphobics: The Body Sensations Questionnaire and the Agoraphobic Cognitions Questionnaire. *Journal of Consulting and Clinical Psychology, 52,* 1090–1097.

Chambless, D. L., Caputo, G. C., Jasin, S. E., Gracely, E. J. & Willliams, C. (1985). The mobility inventory for agoraphobia. *Behaviour Research and Therapy, 23,* 35–44.

Clark, D. M. (1986). A cognitive approach to panic. *Behaviour Research and Therapy, 24,* 231–235.

Derogatis, C. R. (1977). *SCL-90. Administration, scoring and procedures. Manual-I for the r(evised) version and other instruments of the Psychopathology Rating Scale Series.* Johns Hopkins University, School of Medicine.

Ehlers, A. & Margraf, J. (1993). Angst vor der Angst – Ein neues Konzept in der Diagnostik der Angststörungen. *Verhaltenstherapie, 3,* 14–24.

Ehlers, A., Margraf, J. & Chambless, D. (2001). *Fragebogen zu körperbezogenen Ängsten, Kognitionen und Vermeidung* (2., überarb. und neu norm. Aufl.). Weinheim: Beltz Test.

Marks, I. M. & Mathews, A. M. (1979). Brief standard rating for phobic patients. *Behaviour Research and Therapy, 17,* 263–267.

Reiss, S., Peterson, R. A., Gursky, D. M. & McNally, R. J. (1986). Anxiety sensitivity, anxiety frequency, and the prediction of fearfulness. *Behaviour Research and Therapy, 24,* 1–8.

Autorinnen des Beitrags

Karin Pöhlmann und Kristina Geue

Kontaktdaten der Erstautorin

PD Dr. phil. Karin Pöhlmann
Technische Universität Dresden
Universitätsklinik für Psychotherapie und Psychosomatik
Fetscherstr. 74
01307 Dresden
karin.poehlmann@tu-dresden.de

BAI
Beck Angst-Inventar

Autor des Testverfahrens	Aaron T. Beck
Quelle	Beck, A. T. (2007). *Beck Angst-Inventar (BAI). Deutsche Bearbeitung: J. Margraf & A. Ehlers.* Frankfurt am Main: Pearson. Der Bezug ist kostenpflichtig.
Vorgänger-/ Originalversionen	*Englische Originalversion:* Beck, A. T., Epstein, N., Brown, G. & Steer, R. A. (1988). An inventory for measure clinical anxiety: psychometric properties. *Journal of Consulting and Clinical Psychology, 56* (6), 893–897.
Kurzversionen	keine
Kurzbeschreibung	Das Beck Angst-Inventar ist ein Selbstbeurteilungsverfahren bestehend aus 21 Fragen zur Erfassung der Schwere von Angstsymptomen bei Jugendlichen und Erwachsenen. Angegeben wird, wie stark die Belastung durch die Symptome in der letzten Woche (einschließlich des Tages der Befragung) war. Zu jeder der 21 Empfindungen stehen dafür vier verschiedene Antwortmöglichkeiten zur Verfügung. Der BAI wird ausgewertet durch die Addition der angekreuzten Antworten. Die Interpretation des Summenwertes erfolgt in minimale, milde, moderate und klinisch relevante Angstausprägung.
Anwendungsbereich	Mit dem BAI liegt ein ökonomisches Instrument zur Erfassung klinischer Angst bei Personen ab 17 Jahren vor. Im englischen Sprachraum hat sich das Beck Anxiety Inventory (BAI) in der klinisch-psychologischen Forschung und der Psychotherapiepraxis durchgesetzt. Dessen Stärke besteht in der validen und sparsamen Erfassung der klinischen Angstsymptome, insbesondere auch körperlicher Art. Darüber hinaus diskriminiert das Inventar gut zwischen Angst und Depression.
Bearbeitungszeit	Die Bearbeitungszeit beträgt circa 10 Minuten und die Auswertungszeit liegt bei etwa 5 Minuten.
Theoretischer Hintergrund	Angst zeigt sich als komplexes Reaktionsmuster auf den verschiedenen Ebenen (subjektiv, motorisch, physiologisch). „Angst ist eine zukunftsorientierte Emotion, die mit (...) wahrgenommenen (realen oder irrealen) Gefahren (...) zusammenhängt" (Beck, 2007, S. 9) und als Reaktion auf diese Gefahren eine stark biologische Komponente aufweist (Prinz & Petermann, 2009). Einen pathologischen Status erreichen Ängste, wenn sie: – ohne angemessenen Grund auftreten, – übertrieben stark oder anhaltend sind,

- mit starkem Leiden oder Beeinträchtigung einhergehen und
- nicht mehr kontrolliert werden können (Prinz & Petermann, 2009).

Das BAI (Beck, 2007) ist die deutsche Version des Beck Anxiety Inventory (Beck et al., 1988), für das die 21 Originalitems übersetzt wurden. Das Anliegen war, ein Verfahren zu entwickeln, welches sowohl zur Diagnostik von Angststörungen als auch zur Beurteilung von Therapieindikation und Behandlungsverlauf dienen kann. Ferner soll das Testverfahren eine gute Differenzierung zwischen Angst- und depressiven Störungen erreichen.

Bezug zur Psychotherapie

Basierend auf dem BAI können Aussagen zur Diagnostik/Indikation für Psychotherapie als auch über den psychotherapeutischen Verlauf getroffen werden. So eignet sich das BAI zur Indikationsstellung im Rahmen der Angstbehandlung, zur Erfassung klinischer Angst, zur Veränderungsmessung im Therapieverlauf und im Rahmen der Evaluation und Qualitätssicherung von Therapiemaßnahmen.

Testentwicklung

Das BAI ist die deutsche Version des Beck Anxiety Inventory (Beck et al., 1988). Von den 21 Items entsprechen 13 physiologischen Symptomen, fünf kognitiven Symptomen und drei sowohl kognitiven als auch somatischen Symptomen der Angst. Mit Ausnahme von zwei Items beziehen sich alle Items auf die DSM-III-R-Symptomkriterien von Panikanfällen und generalisierter Angst.

Es stehen Referenzwerte von verschiedenen klinischen und nicht klinischen Personengruppen zur Verfügung (Beck, 2007). Ebenso finden sich Indikatoren für eine Veränderung der angstspezifischen Grenzwerte (Prinz & Petermann, 2009). Eine Unterscheidung von verschiedenen Formen von Angststörungen basierend auf den BAI-Kennwerten kann jedoch nicht erfolgen (Prinz & Petermann, 2009). Zudem muss eine zusätzliche spezifische Diagnostik möglicher komorbider Störungen (z. B. Depression; vgl. Helbig & Petermann, 2008) bzw. eine differenzialdiagnostische Abklärung somatischer Erkrankungen in Betracht gezogen werden. Die Autoren weisen darauf hin, dass mit dem BAI die Intensität eines Angstsyndroms erfasst werden kann, jedoch keine spezifischen Angstdiagnosen erstellt werden können.

Aufbau und Auswertung

Die 21 Items werden auf einer vierstufigen Antwortskala beantwortet (0 = überhaupt nicht, 1 = wenig, es störte mich nicht sehr, 2 = mittel, es war sehr unangenehm, aber ich konnte es aushalten, 3 = stark, ich konnte es kaum aushalten). Die Summe der 21 Items bildet den BAI-Gesamtwert, der als Maß für die subjektiv empfundene Ängstlichkeit gilt. Gemäß den Autoren sollen fehlende Items mit Null bewertet werden, sodass die Angstausprägung nicht überschätzt wird. Der Fragebogen sollte hingegen nicht mehr ausgewertet werden, wenn mehr als drei Items fehlen.

Zur Interpretation des BAI-Gesamtwertes wird die folgende Klassifikation empfohlen: minimale Angst (0 bis 7 Punkte), milde Angst (8 bis 15 Punkte), moderate Angst (16 bis 25 Punkte) und Hinweis auf klinisch relevante Angstsymptomatik (26 bis 63 Punkte). Ferner kann beim Ein-

BAI

satz des BAI als Screeninginstrument die obere Klassifikationsgrenze der Skala heruntergesetzt werden, um die Anzahl falsch negativer Fälle zu minimieren, oder im entgegengesetzten Fall die Grenze nach oben korrigiert werden, um falsch positive Fälle zu verringern.

Die Werteverteilung sowohl in der Normstichprobe als auch in Teilstichproben (Frauen und Männer) ist deutlich linksschief. Daher empfiehlt sich in der Auswertung nicht klinischer Stichproben der Verzicht auf parametrische Verfahren. Für die klinischen Angststichproben gilt dies jedoch nicht, da hier annähernd normalverteilte Werte vorliegen.

Gütekriterien

Objektivität: Für die mündliche sowie die schriftliche Testausführung existiert durch die vorgegebene Standardinstruktion eine mittlere bis hohe Durchführungsobjektivität. Durch den standardisierten Fragebogen und den eindeutig festgelegten Auswertungsalgorithmus (einfaches Aufsummieren) kann von einer guten Auswertungs- und Interpretationsobjektivität ausgegangen werden (Prinz & Petermann, 2009).

Reliabilität: Die interne Konsistenz der deutschsprachigen Version entspricht der Originalversion und kann als gut bewertet werden. Für klinische Stichproben liegen die Werte für Cronbachs α bei .90, für nicht klinische Stichproben bei α = .85 bis .90. Auch die Retest-Reliabilität der deutschen Version des BAI ähnelt der Originalversion mit befriedigenden Werten. Für einen Retest-Abstand von 2 bis 7 Tagen liegen die Werte zwischen r = .68 und .79. Die Retest-Reliabilität kann vor dem Hintergrund möglicher Schwankungen des klinischen Angsterlebens und der Beobachtung von Persönlichkeitsmerkmalen in solchen klinischen Skalen als sehr zufriedenstellend bewertet werden. Der BAI weist eine zeitliche Stabilität über einen Zeitraum von 18 Monaten auf (r = .53 bis .67).

Validität: Zur Beurteilung der konvergenten Validität werden, in der Korrelationsanalyse mit anderen Angstmaßen, Mediane zwischen r = .46 (Hamilton Angst Skala) und r = .72 (Subskala Ängstlichkeit der Symptom-Checklist-90®-Standard) mit einem Gesamtmedian von r = .53 angegeben. Der Median für die Angstmaße insgesamt liegt bei r = .52 und kann als gut bewertet werden. Die Korrelationen für die konstruktfernen Maße fallen hypothesenkonform deutlich geringer aus (r = .30 für die Subskala Paranoides Denken der Symptom-Checklist-90®-Standard) oder sind nicht signifikant (Partnerschafts-Fragebogen, Fragebogen zum Essverhalten).

Des Weiteren zeigt sich eine bessere Diskriminierungsleistung des BAI bezüglich Depressivität, auch wenn diese deutlich geringer ausfällt als gegenüber konstruktfernen Maßen. So korreliert die Trait-Angst im State-Trait-Angst-Inventar (STAI-T) in den Angststichproben erwartungsgemäß höher mit dem Beck Depressions-Inventar (r = .80) als der BAI (r = .44) und liefert somit Hinweise auf eine ausreichende diskriminante Validität.

Im Manual wird eine Änderungssensitivität berichtet, aber es wird nur die Signifikanz des Prä-Post-Unterschiedes angegeben (Beck, 2007). Wünschenswert wären unterschiedliche Kennwerte (z. B. verschiedene Effektstärken), um eine sichere Einschätzung der Änderungssensitivität zu ermöglichen.

Vergleichswerte/ Normen

Für die deutsche Version des BAI existieren ausführliche alters-, geschlechts- und bildungsspezifische Prozentrangnormen für die Allgemeinbevölkerung sowie Normwerte für Subpopulationen verschiedener Angststörungen. Punktwerte von 26 bis 63 Punkte gelten als klinisch relevante Angst.

WWW-Ressourcen

Es liegen keine zusätzlichen Ressourcen vor.

Literatur

Beck, A. T. (2007). *Beck Angst-Inventar (BAI)*. Deutsche Bearbeitung: J. Margraf & A. Ehlers. Frankfurt am Main: Pearson.

Beck, A. T., Epstein, N., Brown, G. & Steer, R. A. (1988). An inventory for measure clinical anxiety: Psychometric properties. *Journal of Consulting and Clinical Psychology, 56* (6), 893–897.

Helbig, S. & Petermann, F. (2008). Entwicklungspsychopathologie Sozialer Angststörungen. *Zeitschrift für Psychiatrie, Psychologie und Psychotherapie, 56* (3), 211–227.

Prinz, M. & Petermann, F. (2009). Beck Angst-Inventar (BAI). *Zeitschrift für Psychiatrie, Psychologie und Psychotherapie, 57* (1), 63–66.

Autorin des Beitrags

Katja Petrowski

Kontaktdaten der Autorin

PD Dr. phil. Katja Petrowski
Universitätsklinikum Carl Gustav Carus Dresden
Klinik für Psychotherapie und Psychosomatik
Fetscherstr. 74
01307 Dresden
katja.petrowski@tu-dresden.de

BCQ
Body Checking Questionnaire – Deutsche Version

Autorinnen des Testverfahrens	Silja Vocks, Claudia Moswald und Tanja Legenbauer
Quelle	Vocks, S., Moswald, C. & Legenbauer, T. (2008). Psychometrische Überprüfung einer deutschsprachigen Fassung des Body Checking Questionnaire (BCQ). *Zeitschrift für Klinische Psychologie und Psychotherapie, 37,* 131–140.
Vorgänger-/Originalversionen	*Englischsprachige Originalversion:* Reas, D. L., Whisenhunt, B. L., Netemeyer, R. & Williamson, D. A. (2002). Development of the body checking questionnaire: A self-report measure of body checking behaviors. *International Journal of Eating Disorders, 31,* 324–333.
Kurzversionen	Eine Kurzversion des BCQ ist nicht vorhanden; allerdings wurden eine Version für Männer (MBCQ; Hildebrandt et al., 2010) sowie eine geschlechtsneutrale Version (GNBCQ; Alfano et al., 2011), die aus Items der beiden geschlechtsspezifischen Fragebögen zusammengesetzt ist, entwickelt. Beide Fragebögen sind ebenfalls bereits ins Deutsche übersetzt und in der deutschen Version gütegeprüft, allerdings in dieser Form noch nicht publiziert. Sie können bei Manuel Waldorf bezogen werden (manuel.waldorf@uni-osnabrueck.de).
Kurzbeschreibung	Der BCQ in seiner deutschsprachigen Version ist ein eindimensionales Selbstbeurteilungsverfahren. Das gemessene Konstrukt ist das Verhalten des Body Checking, welches insbesondere bei Personen mit Essstörungen und Körperdysmorpher Störung auftritt. Der Fragebogen kann sowohl im Forschungs- als auch im Psychotherapiekontext Anwendung finden.
Anwendungsbereich	Zielpopulation sind Erwachsene und Jugendliche mit Körperbildstörungen. In der Psychotherapie kann der BCQ (bzw. bei Männern alternativ der MBCQ) zur Diagnostik und Erfolgsmessung eingesetzt werden. In der Forschung ist der BCQ beispielsweise zur Quantifizierung der Verhaltenskomponente von Ess- und Körperbildstörungen oder im Kontext der Psychotherapie-Outcome- und Prozessforschung einsetzbar. Zudem kann mithilfe des GNBCQ geschlechterübergreifend zum Körperbild geforscht werden.
Bearbeitungszeit	Durchführungszeit: circa 2 bis 5 Minuten; Auswertungszeit: circa 2 Minuten.
Theoretischer Hintergrund	In der Forschungsliteratur werden Körperbildstörungen im Kontext der Essstörungen und der Körperdysmorphen Störung eingeteilt in eine perzeptive Komponente, welche die Fehlwahrnehmung des eigenen

Körpers umfasst, eine kognitiv-emotionale Komponente, welche die negativen Gedanken und Gefühle bezogen auf den eigenen Körper beinhaltet sowie eine behaviorale Komponente (Cash, 2004). Letztere beschreibt neben dem körperbezogenen Vermeidungsverhalten (z. B. nicht in den Spiegel blicken) auch das körperbezogene Kontrollverhalten (Body Checking). Dieses manifestiert sich auf vielfältige Art und Weise, wie etwa häufiges sich wiegen, dem Abmessen von oder Kneifen in bestimmte Körperteile, dem Vergleich des eigenen Körpers mit der Figur bzw. dem Gewicht anderer Personen oder häufigem Inspizieren des eigenen Körpers im Spiegel. In zahlreichen Studien hat sich gezeigt, dass die Stärke des Body Checking mit der Schwere der Essstörungspathologie assoziiert ist (u. a. Shafran et al., 2003). Auch existieren erste Hinweise darauf, dass das Body Checking als typisches Sicherheitsverhalten die Unzufriedenheit mit dem eigenen Körper verstärkt (Shafran et al., 2003). Aus diesem Grund wurde der BCQ entwickelt, der erstmals im deutschsprachigen Raum das körperbezogene Kontrollverhalten quantitativ erfasst.

Bezug zur Psychotherapie

Die Körperbildstörung hat einen deutlichen Einfluss auf die Ätiologie und Aufrechterhaltung verschiedener Störungen, beispielsweise bei den Essstörungen und der Körperdysmorphen Störung, aber teilweise auch bei der Borderline-Persönlichkeitsstörung und bei der Posttraumatischen Belastungsstörung (z. B. Vergewaltigungsopfer). Forschung zur Symptomatik einer Körperbildstörung ist nötig, um auf dieser Basis entsprechende bestehende psychotherapeutische Interventionen zu optimieren oder neue Interventionsformen zu entwickeln. Mithilfe des BCQ lässt sich dieses Verhalten quantifizieren und bei Bedarf auch inhaltlich analysieren, da jedes Item eine einzelne Verhaltensweise umfasst. Im Rahmen der psychotherapeutischen Praxis kann der BCQ auch zur individuellen Diagnostik von Patienten genutzt und somit auch zur Therapieplanung eingesetzt werden. Der Fragebogen kann außerdem im Verlaufe der Therapie angewendet werden, um Symptomverbesserungen in Bezug auf die behaviorale Komponente der Körperbildstörung im Therapieverlauf zu messen.

Testentwicklung

- BCQ: Zur Erstellung der englischsprachigen Version wurden zunächst Items auf Grundlage von Literatur zum Verhalten von Essstörungspatienten generiert, welche dann von einem Expertenteam bewertet und anschließend selektiert wurden (Reas et al., 2002). Für die deutschsprachige Version wurden die Items der englischsprachigen Originalversion zunächst ins Deutsche überführt und dann durch einen Muttersprachler rückübersetzt. Bei Abweichung zum Original wurde anschließend für die entsprechenden Items ein gemeinsamer Konsens gefunden.
- MBCQ: Die Fragebogenversion für Männer wurde strukturell an den BCQ angelehnt konstruiert. Items wurden auf Basis der Literatur spezifischer Körperbildprobleme bei Männern konstruiert und nach Bewertung durch ein Expertenteam selektiert (Hildebrandt et al., 2010).

- GNBCQ: Der BCQ und der MBCQ wurden einer Stichprobe gemischten Geschlechtes vorgelegt. In darauffolgenden Analysen wurden solche Items ermittelt, welche nicht vom Geschlecht der Probanden beeinflusst waren (Alfano et al., 2011).

Aufbau und Auswertung

Alle drei dargestellten Fragebögen zum Body Checking weisen als Antwortformat eine fünfstufige Likert-Skala von 0 = nie bis 4 = sehr oft auf.
- BCQ: Die 23 Items des BCQ bilden in der deutschsprachigen Version eine Gesamtskala. Items sind z. B. „Ich überprüfe, wie mein Po im Spiegel aussieht", „Ich vergleiche mich mit Models im Fernsehen oder in Zeitschriften". Ausgewertet wird der Gesamtscore, berechnet als arithmetisches Mittel aller Items.
- MBCQ: Der MBCQ besteht aus 19 Items (Bsp.: „Ich vergleiche mich hinsichtlich der Breite meiner Schultern mit Anderen", „Ich schaue mir meine Bauchmuskeln [Sixpack] im Spiegel an"). Für die deutschsprachige Übersetzung sind noch keine Auswertungsanweisungen publiziert.
- GNBCQ: Der GNBCQ besteht aus 10 Items, zusammengestellt aus den beiden geschlechtsspezifischen Fragebögen. Auswertungsanweisungen für die deutschsprachige Übersetzung sind ebenfalls noch nicht veröffentlicht.

Gütekriterien

Die Gütekriterien des BCQ wurden an einer Stichprobe aus insgesamt $N = 390$ Personen überprüft (Vocks et al., 2008), welche sich aus zwei Substichproben zusammensetzte: Die erste Stichprobe bestand aus Patientinnen mit Essstörungen ($N = 124$, ungefähr gleichverteilt auf die Diagnosen Anorexia nervosa, Bulimia nervosa und nicht näher bezeichnete Essstörung) und die zweite aus gesunden Studenten der Psychologie ($N = 266$, 24 % männlich).

Die Objektivität kann aufgrund der Tatsache, dass es sich um einen Selbstbericht handelt, der standardisiert ausgewertet wird, als gegeben vorausgesetzt werden.

Die interne Konsistenz (Cronbachs α) lag in der Gesamtgruppe bei $\alpha = .95$ und in den Subgruppen zwischen $\alpha = .83$ (gesunde Männer) und $\alpha = .94$ (Patienten mit Anorexia nervosa; Vocks et al., 2008). Die Stabilität betrug $r_{tt} = .91$ ($p < .001$) bei $N = 85$ gesunden Personen in einem Zeitraum von 2 Wochen sowie $r_{tt} = .73$ ($p < .001$) bei $N = 19$ Frauen mit Essstörungen, die auf eine Behandlung warteten, in einem Zeitraum von 3 Monaten (Vocks et al., 2008).

Die inhaltliche Validität wurde für den ursprünglichen Itempool des englischen Originals anhand von Ratings eines Expertengremiums überprüft (Reas et al., 2002) und wird daher für die deutschsprachige Version ebenfalls angenommen. Die Güteprüfung des Originals fand eine dreidimensionale Faktorenstruktur (Checking des allgemeinen Aussehens, Checking spezifischer Körperteile, idiosynkratisches Checking), die aber für die deutsche Fassung nicht repliziert werden konnte, weshalb hier die Eindimensionalität zugrunde gelegt wurde. Der BCQ-Gesamtscore der klinischen Gruppe der Patientinnen mit Essstörungen war signifikant höher im Vergleich zu der gesunden Gruppe (Effektstärke $g = 1.61$; Vocks et al., 2008). Zudem fanden sich sowohl in den beiden gesunden als auch in der Patientenstichprobe mittlere Korrelationen (alle $r > .50$, alle $p \leq .001$) zwischen dem BCQ-Gesamtscore und zwei Skalen des Eating Disorder Examination Questionnaire, welche die kognitive Komponente der Körperbildstörung (Figur- und Gewichtssorgen) abbilden. Belege zur diskriminanten Validität finden sich für die englischsprachige Originalversion bei Reas et al. (2002); dort ergab sich keine signifikante Korrelation zwischen BCQ und einem Test für verbale Intelligenz.

Vergleichswerte/ Normen

Vocks et al. (2008) berichten Mittelwerte für fünf verschiedene Gruppen (Patienten mit Anorexia nervosa, Bulimia nervosa und nicht näher bezeichneter Essstörung sowie gesunde Frauen und Männer). Am höchsten war der Score für Patienten mit Bulimia nervosa ($M = 1.99$, $SD = 0.86$), am niedrigsten für gesunde Männer ($M = 0.42$, $SD = 0.29$).

WWW-Ressourcen

Es liegen keine zusätzlichen Ressourcen vor.

Literatur

Alfano, L., Hildebrandt, T., Bannon, K., Walker, C. & Walton, K. E. (2011). The impact of gender on the assessment of body checking behavior. *Body Image, 8*, 20–25.

Cash, T. F. (2004). Body image: Past, present and future. *Body Image, 1*, 1–5.

Hildebrandt, T., Walker, D. C., Alfano, L., Delinsky, S. & Bannon, K. (2010). Development and validation of a male specific body checking questionnaire. *International Journal of Eating Disorders, 43*, 77–87.

Reas, D. L., Whisenhunt, B. L., Netemeyer, R. & Williamson, D. A. (2002). Development of the body checking questionnaire: A self-report measure of body checking behaviors. *International Journal of Eating Disorders, 31*, 324–333.

Shafran, R., Fairburn, C. G., Robinson, P. & Lask, B. (2003). Body checking and its avoidance in eating disorders. *International Journal of Eating Disorders, 35*, 93–101.

Vocks, S., Moswald, C. & Legenbauer, T. (2008). Psychometrische Überprüfung einer deutschsprachigen Fassung des Body Checking Questionnaire (BCQ). *Zeitschrift für Klinische Psychologie und Psychotherapie, 37*, 131–140.

Autorinnen des Beitrags

Verena Jurilj und Silja Vocks

Kontaktdaten der Erstautorin

M.Sc. Verena Jurilj
Universität Osnabrück
Institut für Psychologie
Fachgebiet Klinische Psychologie und Psychotherapie
Knollstr. 15
49088 Osnabrück
verena.jurilj@uni-osnabrueck.de

BDI II
Beck Depressions-Inventar – Revision

Autoren des Testverfahrens	Martin Hautzinger, Ferdinand Keller und Christine Kühner
Quelle	Hautzinger, M., Keller, F. & Kühner C. (2009). *Beck Depressions-Inventar – Revision (BDI II)* (2. Aufl.). Frankfurt am Main: Pearson.
Vorgänger-/ Originalversionen	*Englischsprachige Originalversion:* Beck, A. T., Steer, R. A. & Brown, G. K. (1996). *Beck Depression Inventory – Second Edition (BDI II). Manual.* San Antonio, TX: The Psychological Corporation.
Kurzversionen	keine
Kurzbeschreibung	Das BDI II besteht aus 21 Gruppen von Aussagen, welche typische depressive Symptome beschreiben. Jede der 21 Gruppen enthält vier Aussagen, die in aufsteigender Schwere und zunehmender Beeinträchtigung von 0 = nicht vorhanden, über 1 = leichte Ausprägung, 2 = mäßige Ausprägung bis 3 = starke Ausprägung gestaffelt sind. Patienten sollen aus jeder Gruppe die Aussage auswählen, die ihre gegenwärtige Lage (bezogen auf die letzten 2 Wochen) am besten beschreibt.
Anwendungsbereich	Das BDI II ist ein Selbstbeurteilungsinstrument zur Erfassung der Schwere depressiver Symptomatik bei klinischen Populationen (Patienten mit depressiven Störungen) und ist vom Jugendalter (ab 16 Jahre) bis zu 80 Jahren einsetzbar. Die Anwendung außerhalb des klinischen Rahmens ist problematisch, obgleich es dazu zahlreiche Veröffentlichungen und ständige Anwendungen gibt. Eine modifizierte Form des BDI zum Einsatz bei nicht klinischen Stichproben wurde von Schmitt und Maes (2000) vorgeschlagen und evaluiert.
Bearbeitungszeit	Die Bearbeitungszeit beträgt circa 10 Minuten. Bei depressiven Patienten kann es aufgrund von Entscheidungsschwierigkeiten und allgemeiner Verlangsamung bis zu 20 Minuten dauern.
Theoretischer Hintergrund	Das Verfahren entstand aufgrund klinischer Beobachtungen depressiver Patienten. Es ist keiner Ätiologietheorie der Depression verpflichtet. Bei den Items überwiegen jedoch die Beschreibungen der affektiven, kognitiven und somatischen Symptomebene. Motorische Auffälligkeiten (wie Agitiertheit), Gewichtszunahme und gesteigertes Schlafbedürfnis sind nicht berücksichtigt. Da Beck selbst eine kognitive Theorie der Depression entworfen hat, dominieren beim BDI vor allem die kognitiven Auffälligkeiten (8 der 21 Items).
Bezug zur Psychotherapie	Das BDI ist ein verbreitetes Erfolgs- und Verlaufsmaß bei jeglicher Interventionsforschung, insbesondere jedoch bei der Psychotherapie de-

pressiver Störungen. Weite Anwendung findet das Verfahren auch bei anderen psychischen und somatischen Störungen zur Erfassung depressiver Symptome und deren Veränderung durch bestimmte Interventionen.

Testentwicklung

Ursprünglich war das BDI eine Mischung aus Fremd- und Selbstbeurteilung als Maß zur klinischen Beurteilung der Schwere der Depression gedacht, hat sich jedoch nur als Selbstbeurteilungsinstrument durchgesetzt. Die ursprüngliche Variante (Beck et al., 1961) wurde mehrfach überarbeitet und ist heute (Beck et al., 1996) in einer an das DSM-IV angepassten Form verfügbar. Die Version von 1987 (am DSM-III orientiert) wurde in zahlreiche Sprachen übersetzt und es existieren dazu weltweit viele Arbeiten. Die deutschsprachigen Arbeiten reichen bis 1974 (Lukesch, 1974) und 1983 (Kammer, 1983) zurück. In zahlreichen Arbeiten wurde die faktorielle Struktur untersucht und dabei wurden meist vier, doch auch bis zu sieben Faktoren interpretiert. Übereinstimmend betonen jedoch die Mehrzahl der Autoren, dass die Interkorrelationen der Faktoren hoch, die aufgeklärte Varianz einzelner Faktoren gering und die Interpretation selten überzeugend möglich ist. Beck et al. (1996) sowie Hautzinger et al. (2009) halten es für sinnvoll, von einem generellen Faktor auszugehen und so den Summenwert des Fragebogens zur Interpretationsgrundlage zu machen.

Aufbau und Auswertung

Das BDI II besteht aus 21 Gruppen von Aussagen, die folgende Symptombereiche abdecken: Dysphorie, Pessimismus, Versagen, Verlust an Freude, Schuldgefühle, Strafbedürfnis, Selbstablehnung, Selbstkritik, Suizidgedanken, Weinen, Unruhe, Interessenverlust, Entschlussfähigkeit, Wertlosigkeit, Energieverlust, Schlafstörungen, Reizbarkeit, Appetitverlust, Konzentrationsschwierigkeiten, Müdigkeit und Verlust der Libido. Patienten sollen sich bezüglich jeder dieser Symptombereiche für eine von vier vorgegebenen Aussagen (0 = nicht vorhanden, 1 = leichte Ausprägung, 2 = mäßige Ausprägung und 3 = starke Ausprägung) entscheiden, die bezogen auf die letzten 2 Wochen am besten die gegenwärtige Verfassung beschreibt. Aus jeder Symptomgruppe werden die zutreffenden Aussagen addiert. Der Summenwert drückt die Schwere der gegenwärtigen depressiven Symptomatik aus. Ein Wert von 20 Punkten und darüber darf als klinisch signifikant angesehen werden. Werte zwischen 14 und 19 Punkten sind bereits erhöht und weisen auf eine milde bis mäßige Ausprägung depressiver Symptome hin. Depressive Patienten in Remission und auch klinisch unauffällige Kontrollpersonen weisen Summenwerte von unter neun Punkten auf. Es existieren zahlreiche Vergleichswerte und Normen unterschiedlicher klinischer Gruppen. Depressive Patienten erreichen typischerweise Werte von deutlich über 20 Punkten.

Gütekriterien

Das BDI II weist gute psychometrische Merkmale auf, die wiederholt bestätigt wurden. Die Reliabilität (interne Konsistenz) ist bei klinischen Stichproben durchweg hoch (Cronbachs $\alpha > .89$), auch bei gesunden Kontrollgruppen werden hohe Werte von $\alpha = .90$ erzielt. Die Stabilität der BDI II-Werte ist naturgemäß geringer, doch über 3 Wochen (klinische Stichprobe) und 5 Monate (bei Gesunden) mit .78 zufriedenstellend hoch. Die inhaltliche Validität ist durch die Ausrichtung an den weithin akzeptierten Diagnosesystemen gegeben. Korrelationen mit anderen Selbstbeurteilungsmaßen depressiver Symptome liegen bei $r = .89$. Das BDI II bildet therapeutische Fortschritte durch Pharmako- oder durch Psychotherapie gut ab. Die Konstruktvalidität ist belegt (Hautzinger et al., 2009).

Vergleichswerte/ Normen

Normwerte aufgrund verschiedener Strichproben und differenziert nach Altersgruppen und Geschlecht existieren inzwischen (Hautzinger et al., 2009). Es gibt Vergleichswerte, Prozenträge, Grenzwerte und Erwartungswerte für unterschiedliche klinische Gruppen und bei unterschiedlichen Behandlungen.

WWW-Ressourcen

Das Manual ist in Auszügen verfügbar unter:
http://www.pearsonassessment.de/out/pictures/media/366501.pdf

Literatur

Beck, A. T., Ward, C. H., Mendelson, M., Mock, J. & Erbaugh, J. (1961). An inventory for measuring depression. *Archives of General Psychiatry, 4,* 561–571.

Beck, A. T., Steer, R. A. & Brown, G. K. (1996). *Beck Depression Inventory – Second Edition. Manual.* San Antonio, TX: The Psychological Corporation.

Hautzinger, M., Keller, F. & Kühner, C. (2009). *Beck Depressions-Inventar – Revision (BDI II)* (2. Aufl.). Frankfurt am Main: Pearson.

Kammer, D. (1983). Eine Untersuchung der psychometrischen Eigenschaften des deutschen Beck-Depressionsinventars. *Diagnostica, 24,* 48–60.

Lukesch, H. (1974). Testkriterien des Depressionsinventars von Beck. *Psychologie und Praxis, 18,* 60–78.

Schmitt, M. & Maes, J. (2000). Vorschlag zur Vereinfachung des Beck-Depressions-Inventars. *Diagnostica, 46,* 38–46.

Autoren des Beitrags

Martin Hautzinger und Kristina Geue

Kontaktdaten des Erstautors

Prof. Dr. Martin Hautzinger
Eberhard Karls Universität Tübingen
Fachbereich Psychologie
Klinische Psychologie und Psychotherapie
Schleichstr. 4
72076 Tübingen
hautzinger@uni-tuebingen.de

Bf-SR/Bf-SR'
Befindlichkeitsskala – Revidierte Fassung

Autoren des Testverfahrens	Detlev von Zerssen und Franz Petermann
Quelle	Zerssen, D. von & Petermann, F. (2011). *Die Befindlichkeitsskala (Bf-SR) – Revidierte Fassung.* Göttingen: Hogrefe. Das Copyright liegt beim Hogrefe Verlag.
Vorgänger-/ Originalversionen	Zerssen, D. von (1976). *Die Befindlichkeitsskala.* Weinheim: Beltz.
Kurzversionen	keine
Kurzbeschreibung	Die Bf-SR stellt ein eindimensionales Verfahren zur Erfassung der momentanen Befindlichkeit dar. Über die Darbietung von 24 Paaren von Eigenschaftswörtern erfolgt eine Erhebung der momentanen Einschätzung der wahrgenommenen Befindlichkeit. Die Bf-SR liegt als Papier-Bleistift-Verfahren vor. Da zwei Parallelformen (Bf-SR und Bf-SR') existieren, ist das Verfahren besonders für psychologische, psychopharmakologische und psychiatrische Verlaufsuntersuchungen geeignet. Es eignet sich für Psychologen, Psychotherapeuten, Ärzte, Psychiater sowie im Gesundheitswesen tätige Wissenschaftler.
Anwendungsbereich	Die Bf-SR ist bei Jugendlichen und Erwachsenen im Alter von 14 bis 90 Jahren einsetzbar.
Bearbeitungszeit	Die Bearbeitungszeit beträgt 5 Minuten und die Auswertungszeit 1 bis 2 Minuten.
Theoretischer Hintergrund	Der Begriff Befindlichkeit kann als ein zentraler Zustand aufgefasst werden, welcher in der Literatur in verschiedener Art und Weise verwendet und diskutiert wird. Als allgemeiner Konsens lässt sich jedoch festhalten, dass Befindlichkeit eher eine Konsequenz denn eine Grundlage von Verhalten darstellt und zentrale Komponenten des subjektiven Empfindens von Emotionen und deren kognitive Bewertung (u. a.) eine Rolle spielen (z. B. Kleinert et al., 2007). Dabei lässt sich nach Schumacher et al. (2003) die emotionale Komponente in die Teilkomponenten Positiver Affekt, Negativer Affekt sowie Glück (als längerfristiger positiver Affekt) unterteilen. Die kognitive Komponente umfasst zum einen die globale, zum anderen auch die bereichsspezifische Lebenszufriedenheit und stellt eher einen längerfristig andauernden Zustand (Trait) dar, als es bei der emotionalen Komponente (State) der Fall ist (vgl. DeNeve & Cooper, 1998). Für die psychodiagnostische Erfassung von Befindlichkeit ist die zeitliche Komponente von Bedeutung. Becker (1994) postuliert dazu in seinem Strukturmodell des Wohlbefindens eine Unterscheidung in den

aktuellen und habituellen Zustand. Während der aktuelle Zustand sich ausschließlich auf das momentane Erleben einer Person bezieht, umfasst der habituelle Zustand das allgemeine Wohlbefinden mit einem zeitlichen Bezug auf die letzten Wochen und Monate. Neben dieser zeitlichen Komponente wird zudem psychisches und körperliches Wohlbefinden unterschieden.

Die Bf-SR fokussiert letzteren Aspekt und ermöglicht dem Anwender auf diesem Wege einen Blick auf den momentanen Zustand. Daraus ergeben sich zahlreiche Anwendungsfelder, die insbesondere verschiedene Bereiche der gesundheitlichen Versorgung von Menschen mit psychischen und körperlichen Erkrankungen betreffen.

Bezug zur Psychotherapie

Die Bf-SR bildet ein zeitökonomisches Verfahren und eignet sich zum Einsatz in verschiedenen Bereichen der Gesundheitsversorgung. Die beiden Parallelformen sind so konzipiert, dass sie die momentane Befindlichkeit von Personen anhand von Eigenschaftswörtern erfassen. Sie eignen sich deshalb besonders gut für Studien, in denen Aussagen zur Befindlichkeit in unterschiedlichen Kontexten getroffen werden sollen (vgl. Schmidt et al., 2011) und/oder zur differenzierten Erfassung von Therapieverläufen an einzelnen Patienten oder Patientengruppen.

Testentwicklung

Ursprünglich stellte die Befindlichkeitsskala mit ihren beiden Parallelformen Bf-S und Bf-S' einen Bestandteil der Klinischen Selbstbeurteilungs-Skalen (KSb-S) aus dem Münchener Psychiatrischen Informations-System (PSYCHIS München) dar (Zerssen, 1976). Um für die klinische Forschung und Praxis weiterhin Aktualität zu gewährleisten und auch dem zeitgemäßen Wandel der Klassifikation psychischer Störungen gerecht zu bleiben, war es notwendig, eine grundlegende Überarbeitung der Befindlichkeitsskala vorzunehmen. Dazu wurden einzelne Items sprachlich überarbeitet sowie nach entsprechender vorheriger klinischer Erprobung auch einzelne Items entfernt. An einer bevölkerungsrepräsentativen Stichprobe von $N = 2\,504$ wurden anschließend Kennwerte zur Itemgüte des überarbeiteten Verfahrens berechnet. Zudem erfolgte eine faktorenanalytische Überprüfung der Dimensionalität des Verfahrens, welche das zugrunde liegende, eindimensionale Konstrukt der Bf-SR erneut bestätigte.

Aufbau und Auswertung

Die Bf-SR besteht aus 24 Paaren von Eigenschaftswörtern von gegensätzlicher Bedeutung (positiv/negativ), die jeweils zeilenweise dargeboten werden. Der Patient wird aufgefordert (ohne lange zu überlegen), in das Kästchen ein Kreuz zu setzen, das seinen augenblicklichen Zustand am ehesten kennzeichnet. Am Ende jeder Zeile besteht zudem die Möglichkeit anzugeben, wenn keine der aufgeführten Eigenschaftswörter das eigene Befinden ausdrücken (weder-noch). Nur wenn der Patient sich gar nicht entscheiden kann, soll die Weder-noch-Spalte angekreuzt werden. Die Auswertung erfolgt mittels Schablone. Ein Kreuz vor einem Eigenschaftswort, das den negativen Pol eines Begriffspaares bildet, wird als 2, ein Kreuz vor dem positiven Eigenschaftswort als 0 und ein Kreuz vor der Weder-noch-Spalte grundsätzlich als 1 gewertet. Die Summe der Punktwerte pro Bogen bildet den

Testscore. Ein hoher Wert deutet dabei auf eine negativ wahrgenommene Befindlichkeit hin.

Gütekriterien

Durch die klaren Vorgaben zur Durchführung der Bf-SR sowie die standardisierte Auswertung mittels Schablonen gilt die Objektivität als gesichert.

Die interne Konsistenz (Cronbachs α) liegt für beide Fragebogenversionen bei $\alpha = .93$. Die Split-Half-Reliabilität ist für die Bf-SR mit $r_k = .91$ und die Bf-SR' mit $r_k = .90$ ebenfalls sehr hoch ausgeprägt.

Verschiedene Untersuchungen bescheinigen beiden Fragebögen eine hohe faktorielle Validität. Sowohl für die Bf-SR als auch die Bf-SR' lässt sich ein starker Zusammenhang mit konstruktnahen Verfahren belegen (z. B. Gesamtbelastung durch Depression des Patient-Health-Questionnaire, PHQ-4; globale Lebenszufriedenheit des Fragebogens zur Lebenszufriedenheit, FLZ^M), während konstruktferne Verfahren (Skalen des Quality of Relationships Inventory, QRI) deutlich abgegrenzt werden können. Die klinischen Eigenschaften beider Fragebögen wurden über Gruppenvergleiche zwischen einer klinisch auffälligen und einer Kontrollgruppe ermittelt. Dabei lassen sich signifikante Unterschiede zwischen beiden Gruppen feststellen.

Vergleichswerte/ Normen

Die Gesamtstichprobe von $N = 2\,504$ Personen diente der Berechnung der Normwerte (T-Werte, Prozentränge, Stanine-Werte). Dabei entfielen $N = 1\,235$ Personen auf die Bf-SR; die Normwerte der Bf-SR' entstammen einer Stichprobe von $N = 1\,269$ Personen.

WWW-Ressourcen

Es liegen keine zusätzlichen Ressourcen vor.

Literatur

Becker, P. (1994). Theoretische Grundlagen. In A. Abele & P. Becker (Hrsg.), *Wohlbefinden. Theorie-Empirie-Diagnostik* (S. 13–19). Weinheim: Juventa.

De Neve, K. M. & Cooper, H. (1998). The happy personality traits and subjective well-being. *Psychological Bulletin, 95,* 197–229.

Kleinert, J., Golenia, M. & Lobinger, B. (2007). Emotionale Prozesse im Bereich der Planung und Realisierung von Gesundheitshandlungen. *Zeitschrift für Sportpsychologie, 14,* 44–50.

Schmidt, S., Petermann, F., Beutel, M. E. & Brähler, E. (2011). Psychisches Befinden, Beschwerden und Belastungen: Ergebnisse einer repräsentativen Studie. *Zeitschrift für Psychiatrie, Psychologie und Psychotherapie, 59,* 155–165.

Schumacher, J., Klaiberg, A. & Brähler, E. (2003). Diagnostik von Lebensqualität und Wohlbefinden – Eine Einführung. In J. Schumacher, A. Klaiberg & E. Brähler (Hrsg.), *Diagnostische Verfahren zu Lebensqualität und Wohlbefinden* (S. 9–23). Göttingen: Hogrefe.

Zerssen, D. von (1976). *Klinische Selbstbeurteilungsskalen (KSb-S) aus dem Münchner Psychiatrischen Informations-System (PSYCHIS München). Manual: Allgemeiner Teil.* Weinheim: Beltz.

Autor des Beitrags

Franz Petermann

Kontaktdaten des Autors	Prof. Dr. Franz Petermann Universität Bremen Zentrum für Klinische Psychologie und Rehabilitation Grazer Straße 2–6 28359 Bremen fpeterm@uni-bremen.de

B-IKS

Beck Inventar für Kognitive Schemata

Autor des Testverfahrens	Thomas Fydrich
Quelle	Das Verfahren ist unveröffentlicht und kann kostenfrei über den Autor bezogen werden.
Vorgänger-/ Originalversionen	Beck, A. T., Davis, D. D. & Freeman, A. (2014). *Cognitive Therapy of Personality Disorders* (3rd ed.). New York: Guilford.
Kurzversionen	keine
Kurzbeschreibung	Das B-IKS ist ein Selbstbeurteilungsverfahren mit 63 Items, mit dem der Ausprägungsgrad potenziell dysfunktionaler, handlungsleitender Einstellungen und Kognitionen (im Sinne kognitiver Schemata), vor allem in Hinblick auf Probleme interpersonellen Erlebens und Verhaltens, erfasst wird. Die neun Skalen zu je sieben Items orientieren sich inhaltlich an den Merkmalen der Persönlichkeitsstörungen nach DSM-III-R bzw. DSM-IV.
Anwendungsbereich	Das B-IKS kann etwa ab dem 17. Lebensjahr eingesetzt werden. Es dient der dimensionalen Erfassung von Gedanken und Einstellungen, die nach der kognitiven Theorie der Persönlichkeitsstörungen bei betroffenen Personen besonders häufig auftreten. Erfasst werden typische, gegebenenfalls dysfunktionale Einstellungen im Sinne handlungsleitender Kognitionen. Sowohl die Auswertung auf Skalenebene als auch auf der Ebene einzelner Items liefert therapierelevante Informationen besonders für kognitiv-verhaltenstherapeutisch orientierte Psychotherapien. Das Verfahren eignet sich auch zum Einsatz im Rahmen der Grundlagen- und Anwendungsforschung zu kognitiven Störungstheorien und kognitiven Therapien.
Bearbeitungszeit	Die Bearbeitungszeit beträgt etwa 15 bis 20 Minuten. Für die Auswertung werden circa 5 Minuten benötigt.
Theoretischer Hintergrund	Die Arbeitsgruppe um Aaron T. Beck hat einen wesentlichen Beitrag zur kognitiven Theorie psychischer Störungen und zur kognitiven Therapie geleistet (z. B. Beck et al., 1990, 2014). Kerngedanke dieses Modells ist, dass Verhaltensweisen (Hauptstrategien) von Personen durch drei Bereiche handlungsleitender Kognitionen bestimmt werden: die Sicht der eigenen Person (Selbstbild), das Bild über Mitmenschen sowie kognitive Grundannahmen. Beck und Kollegen haben diese Betrachtungsweise auch auf den Bereich der Persönlichkeitsstörungen nach DSM übertragen. Dabei beschreiben sie prototypische Muster des Zusammenhangs zwischen typischen (dysfunktionalen) Kognitionen auf diesen drei Ebenen sowie den kennzeichnenden Verhaltens-

weisen von Personen mit solchen Merkmalen (Beck et al., 2014). Auf dieser theoretischen Grundlage wurde eine Liste von Aussagen zusammengestellt, die sich für den Einsatz als Fragebogen eignen (Beck et al., 1990, 2014). Die Autoren schlagen für neun der im DSM aufgeführten Persönlichkeitsstörungen je 14 Items vor, die nach dem kognitiven Modell die spezifischen und vorherrschenden Einstellungen und Haltungen für diese Persönlichkeitsstörung repräsentieren. Wegen inhaltlicher Ähnlichkeiten auf der Ebene der Einstellungen wurden die schizoide und die schizotypische Persönlichkeitsstörung zu einer Skala zusammengefasst. Eine Skala für Merkmale der Borderline-Persönlichkeitsstörung wurde nicht konstruiert.

Mit dem Inventar können Persönlichkeitsstörungen nicht diagnostiziert werden. Vielmehr werden die für einzelne Persönlichkeitsstörungen typischen Einstellungen erfasst. Die grundsätzliche Konzeption des Fragebogens erlaubt keinesfalls eine kategoriale Unterscheidung von Probanden im Sinne von persönlichkeitsgestört bzw. nicht gestört. Die Orientierung an den Kategorien von DSM-Achse-II (Persönlichkeitsstörungen) ist inhaltlicher Natur. Somit erfasst das B-IKS auf dimensionaler Ebene Persönlichkeitsmerkmale, die bei stärkerer Ausprägung möglicherweise dysfunktional sind, mit ungünstigen interpersonellen Interaktionsmustern zusammenhängen und lediglich im Extremfall mit der Diagnose einer Persönlichkeitsstörung einhergehen.

Bezug zur Psychotherapie

Besonders bei Patienten mit lang andauernden interpersonellen Interaktionsproblemen sowie dysfunktionalen Formen des Verhaltens und Erlebens ist eine systematische, dimensionale Diagnostik entsprechender Einstellungen sowohl für die Gestaltung der therapeutischen Beziehung als auch für eine spezifische Intervention sinnvoll und hilfreich. Nutzbringend ist daher der Einsatz des Verfahrens insbesondere zu Therapiebeginn bei Personen mit ausgeprägt dysfunktionalen Interaktionsgewohnheiten und Einstellungen. Gegebenenfalls erfüllen diese die Kriterien für die Diagnose einer Persönlichkeitsstörung. Die Ergebnisse der Erhebungen geben Hilfestellung bei der Gestaltung der therapeutischen Arbeitsbeziehung und bei der Therapieplanung. Veränderungen vorhandener dysfunktionaler Kognitionen können durch Mehrfacherhebungen dokumentiert werden und tragen damit zur systematischen Therapieverlaufsmessung und Ergebnismessung bei.

Testentwicklung

Auf der Grundlage der kognitiven Theorie von Persönlichkeitsstörungen stellten Beck und Kollegen (1990, 2014) eine Liste von Aussagen zusammen, die sich für den Einsatz als Fragebogen eignete. Für die Merkmalsbereiche von neun Persönlichkeitsstörungen (ursprünglich nach DSM-III-R) wurden jeweils 14 Aussagen formuliert, die die spezifischen, vorherrschenden Einstellungen und Haltungen für Personen mit entsprechenden Persönlichkeitsstörungen repräsentieren.

Für die deutschsprachige Bearbeitung des Fragebogens wurden die Aussagen übersetzt und jeweils mit einer fünfstufigen Antwortskala versehen. In einer ersten Studie wurde die erste Fassung des Fragebogens zunächst bei $N = 281$ Patienten einer psychosomatischen Fachklinik eingesetzt. Ein Nachteil der ersten Version war die vergleichsweise hohe Itemanzahl, mit zudem teilweise redundanten Inhalten. Es wurden daher auf der Basis von Item- und Faktorenanalysen diejenigen Items selegiert, die die höchsten Trennschärfekoeffizienten bei mittlerem Homogenitätsgrad aufwiesen.

Aufbau und Auswertung

Das B-IKS umfasst in der endgültigen Form 63 Items. Auf neun Skalen werden die Ausprägungsgrade kognitiver Einstellungen erfasst, die kennzeichnend für folgende Persönlichkeitsstile sind:
- *selbstunsicherer Stil* (Bsp.: „Wenn andere mich näher kennen lernen, werden sie mein ‚wahres Selbst' entdecken und mich ablehnen"),
- *dependenter Stil* (Bsp.: „Ich bin allein nicht fähig, Entscheidungen zu treffen"),
- *zwanghafter Stil* (Bsp.: „Es ist wichtig, jede Aufgabe perfekt zu erledigen"),
- *passiv-aggressiver Stil* (Bsp.: „Autoritätspersonen neigen dazu, sich dauernd einzumischen sowie fordernd, kontrollierend und störend zu sein"),
- *histrionischer Stil* (Bsp.: „Ich bin nichts wert, wenn ich nicht andere unterhalten oder beeindrucken kann"),
- *paranoider Stil* (Bsp.: „Anderen Menschen kann man nicht trauen"),
- *narzisstischer Stil* (Bsp.: „Nur die Leute können mich verstehen, die ebenso begabt sind wie ich"),
- *schizoid/schizotypischer Stil* (Bsp.: „Beziehungen sind zu kompliziert und stören meine Freiheit") und
- *antisozialer Stil* (Bsp.: „Andere Menschen sind schwach und selbst daran schuld, wenn sie ausgenutzt werden").

Jede Skala besteht aus sieben Items. Die Probanden geben den Grad ihrer Zustimmung bzw. Ablehnung auf einer fünfstufigen Skala von 1 = stimme vollkommen bis 5 = stimme überhaupt nicht zu an.
Die Auswertung erfolgt durch Addition der Itemwerte und Division durch die Anzahl der ausgefüllten Items. Somit können Skalenwerte zwischen 1 (niedrige Ausprägung entsprechender Einstellungen) und 5 (hohe Ausprägung) erreicht werden.

Gütekriterien

Die Gütekriterien des B-IKS wurden an mehreren klinischen Stichproben untersucht.

Objektivität: Durch Standardisierung der Durchführung und Auswertung ist das Verfahren als objektiv einzuschätzen.

Reliabilität: Werte der internen Konsistenz nach Cronbachs α liegen – außer für die Skala *passiv-aggressiver Stil* – zumindest im befriedigenden Bereich: *selbstunsicher* ($\alpha = .74$), *dependent* ($\alpha = .81$), *zwanghaft* ($\alpha = .81$), *passiv-aggressiv* ($\alpha = .59$), *antisozial* ($\alpha = .72$), *narzisstisch* ($\alpha = .75$), *histrionisch* ($\alpha = .82$), *schizoid/schizotypisch* ($\alpha = .71$) und *paranoid* ($\alpha = .82$). Diese Werte basieren auf einer Stichprobe von $N = 95$ Patienten einer Klinik für Psychosomatische Medizin. In zwei weiteren Untersuchungen ($N = 110$ klinische und $N = 100$ nicht klinische Probanden) wurden Werte der internen Konsistenz zwischen $\alpha = .61$ *(schizoid/schizotypischer Stil)* und $\alpha = .88$ *(paranoider Stil)* festgestellt (Bodem, 1999; Engelbach, 2000; Hillen, 2000).

Validität: Zur Abschätzung der Konstruktvalidität wurden in mehreren Untersuchungen die Werte des B-IKS mit den dimensionalen Werten des Strukturierten Klinischen Interviews für DSM-III-R, Achse-II (SKID-II, Persönlichkeitsstörungen) korreliert. Es zeigt sich, dass die deutlich unterschiedlichen theoretischen Messkonzepte einer symptomorientierten kategorialen Diagnostik, erfasst über strukturierte Interviews, und die Erhebung von kognitiven Einstellungen über ein Fragebogenverfahren nur zu mittelhohen Übereinstimmungen führt. Die deutlichsten Zusammenhänge zeigen sich für die Skalen *selbstunsicherer Stil* ($r = .59$), *dependenter Stil* ($r = .65$) und *paranoider Stil* ($r = .66$, Fydrich et al., 1996). In einer weiteren Untersuchung liegen die Korrelationen für alle Skalen, mit Ausnahme des *schizoid/schizotypischen Stils*, im Bereich zwischen $r = .47$ und $.58$ (Fuhl, 1998).

Auf der Basis logistischer Regressionen durchgeführte Berechnungen zeigen, dass sowohl der Gesamtwert des B-IKS als auch alle neun Skalen klinische von nicht klinischen Probanden unterscheiden können (Hillen, 2000).

Vergleichswerte/Normen

Es liegen Vergleichswerte (Mittelwerte, Standardabweichungen) für nicht klinische Gruppen und für klinische Gruppen mit unterschiedlichen Diagnosen (Affektive Störungen, Angststörungen, Patienten mit/ohne Diagnosen von Persönlichkeitsstörungen) vor.

WWW-Ressourcen

Es liegen keine zusätzlichen Ressourcen vor.

Literatur

Beck, A. T., Davis, D. D. & Freeman, A. (2014). *Cognitive Therapy of Personality Disorders* (3rd ed.). New York: Guilford.

Beck, A. T., Freeman, A. & Associates (1990). *Cognitive Therapy of Personality Disorders.* New York: Guilford.

Bodem, M. (1999). *Konstruktion und erste Schritte der Validierung des Fragebogens kognitiver Schemata (FKS).* Unveröffentlichte Diplomarbeit, Psychologisches Institut der Universität Heidelberg.

Engelbach, K. (2000). *Diagnostik von Persönlichkeitsstörungen.* Unveröffentlichte Diplomarbeit, Psychologisches Institut der Universität Mainz.

Fuhl, I. (1998). *Persönlichkeit und Persönlichkeitsstörungen: Zusammenhänge unterschiedlicher diagnostischer Verfahren.* Unveröffentlichte Diplomarbeit, Psychologisches Institut der Universität Mainz.

Fydrich, T., Schmitz, B., Hennch, C. & Bodem, M. (1996). Zuverlässigkeit und Gültigkeit diagnostischer Verfahren zur Erfassung von Persönlichkeitsstörungen. In B. Schmitz, T. Fydrich & K. Limbacher (Hrsg.), *Persönlichkeitsstörungen: Diagnostik und Psychotherapie* (S. 91–113). Weinheim: Beltz PVU.

Hillen, H. (2000). *Untersuchungen zur kategorialen und dimensionalen Diagnostik von Persönlichkeitsstörungen.* Unveröffentlichte Diplomarbeit, Psychologisches Institut der Universität Mainz.

Autor des Beitrags	Thomas Fydrich
Kontaktdaten des Autors	Prof. Dr. Thomas Fydrich Humboldt-Universität zu Berlin Institut für Psychologie Rudower Chaussee 18 12489 Berlin fydrich@hu-berlin.de

BIS-11
Barratt Impulsiveness Scale – Deutsche Version

Autoren des Testverfahrens	Ulrich W. Preuss, Dan Rujescu, Ina Giegling, Stefan Watzke, Gabriele Koller, Thomas Zetzsche, Eva M. Meisenzahl, Michael Soyka und Hans-Jürgen Möller
Quelle	Preuss, U. W., Rujescu, D., Giegling, I., Watzke, S., Koller, G., Zetsche, T. et al. (2008). Psychometrische Evaluation der deutschsprachigen Version der Barratt-Impulsiveness-Skala. *Der Nervenarzt, 79,* 305–319. Der Fragebogen und das Auswertungsschema sind frei verfügbar (vgl. Abschnitt WWW-Ressourcen).
Vorgänger-/ Originalversionen	*Englischsprachige Originalversion:* Patton, J. H., Stanford, M. S. & Barratt, E. S. (1995). Factor structure of the Barratt Impulsiveness Scale. *Journal of Clinical Psychology, 51,* 768–774. *Englischsprachige Vorgängerversion:* Stanford, M. S., Mathias, C. W., Dougherty, D. M., Lake, S. L., Anderson, N. E. & Patton, J. H. (2009). Fifty years of the Barratt Impulsiveness Scale: An update and review. *Personality and Individual Differences, 47,* 385–395. *Deutsche Vorgängerversion:* Preuss, U. W., Rujescu, D., Giegling, I., Koller, G., Bottlender, M., Engel, R. R. et al. (2003). Evaluation der deutschen Version der Barratt Impulsiveness Scale (BIS 5). *Fortschritte der Neurologie – Psychiatrie, 71,* 527-534.
Kurzversionen	*Englischsprachige Kurzversionen:* – Spinella, M. (2007). Normative data and a short form of the Barratt Impulsiveness Scale. *International Journal of Neuroscience, 117,* 359–368. – Steinberg, L., Sharp, C., Stanford, M. S. & Tharp, A. T. (2013). New tricks for an old measure: The development of the Barratt Impulsiveness Scale-Brief (BIS-Brief). *Psychological Assessment, 25,* 216–226. *Deutschsprachige Kurzversion:* Meule, A., Vögele, C. & Kübler, A. (2011). Psychometrische Evaluation der deutschen Barratt Impulsiveness Scale – Kurzversion (BIS-15). *Diagnostica, 57,* 126–133.
Kurzbeschreibung	Die Barratt Impulsiveness Scale (BIS) ist ein Selbstbeurteilungsinstrument zur Erfassung von impulsiven Verhaltensweisen als überdauerndes Persönlichkeitsmerkmal. Im deutschsprachigen Raum existieren

eine Lang- (30 Items) und eine Kurzform (15 Items), die jeweils aus mehreren Subskalen bestehen (s. u.).

Anwendungsbereich

Die BIS kann bei Erwachsenen sowohl in der Allgemeinbevölkerung als auch in Stichproben mit psychischen Störungen nach ICD-10 (F1, F2, F3, F4, F6) eingesetzt werden. Das Ziel ist die Erfassung impulsiven Verhaltens mittels Fragebogenselbsteinschätzung. Der Einsatz ist in Kombination mit anderen Verfahren zur Messung verschiedener Aspekte der Impulsivität (Fragebögen, neuropsychologischen und neurophysiologischen Paradigmen, z. B. reward-delay oder go/no-go) empfohlen.

Bearbeitungszeit

Langform: 5 bis 10 Minuten; Kurzform: 2 bis 5 Minuten.

Theoretischer Hintergrund

Impulsivität umfasst unterschiedliche Domänen der Kognition, Emotionalität und des Verhaltens, deren Beziehung zueinander nicht vollständig geklärt und deren Validität noch nicht ausreichend belegt ist. Darüber hinaus wurden aufgrund der Heterogenität und Komplexität impulsiven Verhaltens, das sowohl kognitive und emotionale als auch Verhaltensaspekte umfasst, ganz unterschiedliche Methoden zu dessen Erfassung vorgeschlagen. Dazu zählt die Verwendung von Selbst- oder Fremdbeurteilungsinstrumenten, die häufig in Form von Tests und Fragebögen eingesetzt werden.

Die seit mehr als vier Dekaden in verschiedenen Versionen verwendete BIS ist hingegen zur Selbsterfassung impulsiven Verhaltens konzipiert. Ursprünglich war das Ziel der Entwicklung dieses Fragebogens, impulsive Eigenschaften zu erfassen, die sich von Ängstlichkeit unterscheiden und Teil einer Persönlichkeitsdimension von Enthemmung, Extraversion und – Eysencks Persönlichkeitskonzepten folgend – Psychotizismus darstellen. Um eine dimensionale Erfassung impulsiven Verhaltens über verschiedene Disziplinen hinweg möglich zu machen, wurde der theoretische Hintergrund von Impulsivität für die BIS möglichst weit gefasst.

Eine aktuelle Version der BIS (BIS-11), die 30 Fragen zu Selbstbeurteilung mit einem Mehrfachwahlantwortmuster beinhaltet, wurde ursprünglich für den amerikanischen Sprachraum an 412 Studenten, 248 stationär behandelten psychiatrischen Patienten mit unterschiedlichen Diagnosen und 73 Gefängnisinsassen psychometrisch untersucht (Patton et al., 1995). Dabei wurden insgesamt sechs erstrangige Faktoren identifiziert, die nachfolgend in drei zweitrangige Faktoren zusammengefasst wurden. Nachfolgend wurde die italienische Übersetzung der BIS-11 psychometrisch evaluiert (Fossati et al., 2001); die von der amerikanischen Version gefundene Struktur mit erst- und zweitrangigen Faktoren konnte an einer Stichprobe von 763 Studenten weitgehend bestätigt werden. Die Skala kam in der Vergangenheit bei zahlreichen Untersuchungen zu impulsivem Verhalten zum Einsatz. Im deutschsprachigen Raum wurde die BIS-11 sowohl bei psychiatrischen Patienten als auch bei gesunden Kontrollpersonen eingesetzt.

BIS-11

Bezug zur Psychotherapie

Die BIS-11 dient der initialen Erfassung verschiedener Dimensionen impulsiven Verhaltens als Dispositionseigenschaft.

Testentwicklung

Die erste Version der Barratt Impulsiveness Scale wurde bereits 1959 präsentiert (Barratt, 1959). Die Skala wurde seither mehrfach revidiert (Stanford et al., 2009). Ein wesentlicher Unterschied der aktuellen Version (BIS-11; Patton et al., 1995; Preuss et al., 2008) zur deutschen Vorgängerversion (BIS-5; Preuss et al., 2003) besteht u. a. in der Weiterentwicklung eines dichotomen Antwortformats zu einer vierstufigen Likert-Skala.

Die psychometrische Evaluation der deutschsprachige Version der BIS-11 erfolgte an einer Stichprobe mit N = 810 Kontrollen (Münchner Allgemeinbevölkerung), N = 40 Personen mit Borderline-Persönlichkeitsstörung, N = 47 Personen mit Suizidversuchen und N = 114 Personen mit Alkoholabhängigkeit (Preuss et al., 2008). Die psychometrische Evaluation der deutschsprachigen Version der BIS-15 erfolgte anhand zweier Stichproben von vorwiegend weiblichen Studierenden (Studie 1: N = 752, 77 % Frauen; Studie 2: N = 51, 80 % Frauen; Meule et al., 2011).

Aufbau und Auswertung

Die Langform (BIS-11) besteht aus 30 Items. Die Kurzform (BIS-15) besteht aus 15 Items. Man beachte, dass die Zahl im Namen der BIS-11 die Anzahl der Revisionen ausdrückt (11. Version), wohingegen die Zahl im Namen der BIS-15 die Anzahl der Items repräsentiert. Bei beiden Versionen ist das Antwortformat vierstufig (1 = selten/nie, 2 = gelegentlich, 3 = oft, 4 = fast immer/immer). Die Langform enthält 11 und die Kurzform enthält sechs invertiert formulierte Items. Nach Umpolung der Antworten dieser Items werden alle Itemantworten addiert. Die Gesamtwerte können somit zwischen 30 und 120 (Langform) bzw. 15 und 60 (Kurzform) variieren. Höhere Werte repräsentieren eine ausgeprägtere Impulsivität.

Neben der Summenskala sind für die BIS-11 sechs Subskalen beschrieben *(Aufmerksamkeit, Kognitive Flexibilität, Motorische Impulsivität, Beharrlichkeit, Selbstkontrolle, Kognitive Instabilität)*. Bei der BIS-15 bilden jeweils fünf Items die Subskalen *Aufmerksamkeitsbasierte Impulsivität, Motorische Impulsivität* und *Nichtplanende Impulsivität*.

Gütekriterien

Die interne Konsistenz (Cronbachs α) war für die BIS-11-Gesamtskala in einer repräsentativen Bevölkerungsstichprobe ausreichend (α = .69). Durch Deletion des Items 11 („hin- und herrutschen") ließ sich die interne Konsistenz der Gesamtskala auf α = .74 erhöhen. Die Konsistenzmaße für die untersuchten Untergruppen im Vergleich zu den früheren Evaluationen liegen in Preuss et al. (2008) vor. Die englischsprachige BIS-11 zeigte eine hohe Retest-Reliabilität nach einem Monat (r_{tt} = .83), wobei die Werte für die drei Subskalen niedriger ausfielen (r_{tt} = .61 bis .72; Stanford et al., 2009). Auswertungen zur Objektivität fehlen.

Ergebnisse zur inhaltlichen, konvergenten und diskriminanten Validität liegen aus Preuss et al. (2008) vor. Korrelationskoeffizienten in verschiedenen Stichproben zu Skalenwerten aggressiven Verhaltens

(Brown-Goodwin Life-History of Aggression, Aggression Questionnaire) schwanken zwischen .20 und .42. Charaktereigenschaften (Temperament und Charakter-Inventar) liegen zwischen 0 und +/-.60, in einer ähnlichen Spannweite zeigen sich Zusammenhänge zwischen der BIS-11-Summenskala und dem NEO-Fünf-Faktoren-Inventar (NEO-FFI). Sensation Seeking zeigte Zusammenhänge zwischen 0 und .50. Ferner waren höhere BIS-11-Werte mit einer höheren Anzahl an Begehungsfehlern in einer Go-/No-go-Aufgabe assoziiert (Lange & Eggert, 2015).

Die dreifaktorielle Struktur der englischsprachigen BIS-15 konnte für die deutschsprachige Version repliziert werden (Meule et al., 2011). Die Subskalen korrelieren gering positiv miteinander. In der Validierungsstudie war die interne Konsistenz gut (α = .81), fiel für zwei der Subskalen jedoch geringer aus (α = .68/.72/.82). Die BIS-15 zeigte eine zufriedenstellende Retest-Reliabilität nach einem halben Jahr (r_{tt} = .79), wobei die Werte für die drei Subskalen niedriger ausfielen (r_{tt} = .61 bis .78; Meule et al., 2015). Konvergente und diskriminante Validität zeigte sich anhand von mittleren bis hohen Korrelationen mit der UPPS Impulsive Behavior Scale und keinen bis kleinen Korrelationen mit den Sensation Seeking Scales (Meule et al., 2011). Ferner waren höhere BIS-15-Werte mit einer höheren Anzahl an Begehungsfehlern in einer Go-/No-go-Aufgabe assoziiert (Meule & Kübler, 2014; Meule et al., 2014).

Vergleichswerte/ Normen

Im Artikel von Preuss et al. (2008) sind die Mittelwerte für die verschiedenen untersuchten Stichproben grafisch dargestellt. Die Mittelwerte für die BIS-11 Summenwerte betrugen für die Stichprobe der Kontrollprobanden 57.2 ± 7.3 Skalenpunkte.

In der Validierungsstudie zur englischsprachigen Kurzversion (BIS-15; Spinella, 2007) lag der Mittelwert in einer Stichprobe der Allgemeinbevölkerung (N = 700) mit einem Alter zwischen 15 und 89 Jahren bei M = 32.6 (SD = 6.9; Range: 16–54). In der Validierungsstudie zur deutschsprachigen Übersetzung der BIS-15 (Meule et al., 2011) lag der Mittelwert bei M = 30.0 (SD = 6.1; Range: 16–54).

WWW-Ressourcen

Langversion: ulrich.preuss@medizin.uni-halle.de
Kurzversion: http://adrianmeule.wordpress.com/resources/

Literatur

Barratt, E. S. (1959). Anxiety and impulsiveness related to psychomotor efficiency. *Perceptual and Motor Skills, 9,* 191–198.

Fossati, A., Di Ceglie, A., Acquarini, E. & Barratt, E. S. (2001). Psychometric properties of an Italian version of the Barratt Impulsiveness Scale-11 (BIS-11) in nonclinical subjects. *Journal of Clinical Psychology, 57,* 815–828.

Lange, F. & Eggert, F. (2015). Mapping self-reported to behavioral impulsiveness: The role of task parameters. *Scandinavian Journal of Psychology, 56,* 115–123.

Meule, A. & Kübler, A. (2014). Double trouble. Trait food craving and impulsivity interactively predict food-cue affected behavioral inhibition. *Appetite, 79,* 174–182.

Meule, A., Lutz, A. P. C., Krawietz, V., Stützer, J., Vögele, C. & Kübler, A. (2014). Food-cue affected motor response inhibition and self-reported dieting success: a pictorial affective shifting task. *Frontiers in Psychology, 5* (216), DOI: 10.3389/fpsyg.2014.00216.

Meule, A., Mayerhofer, M., Gründel, T., Berker, J., Beck Teran, C. & Platte, P. (2015). Half-year retest-reliability of the Barratt Impulsiveness Scale – short form (BIS-15). *SAGE Open,* 1–3. Verfügbar unter http://doi.org/10.1177/2158244015576548 (Zugriff am 12.10.2015).

Meule, A., Vögele, C. & Kübler, A. (2011). Psychometrische Evaluation der deutschen Barratt Impulsiveness Scale – Kurzversion (BIS-15). *Diagnostica, 57,* 126–133.

Patton, J. H., Stanford, M. S. & Barratt, E. S. (1995). Factor structure of the Barratt Impulsiveness Scale. *Journal of Clinical Psychology, 51,* 768–774.

Preuss, U. W., Rujescu, D., Giegling, I., Koller, G., Bottlender, M., Engel, R. R. et al. (2003). Evaluation der deutschen Version der Barratt Impulsiveness Scale (BIS 5). *Fortschritte der Neurologie – Psychiatrie, 71,* 527–534.

Preuss, U. W., Rujescu, D., Giegling, I., Watzke, S., Koller, G., Zetsche, T. et al. (2008). Psychometrische Evaluation der deutschsprachigen Version der Barratt-Impulsiveness-Skala. *Der Nervenarzt, 79,* 305–319.

Spinella, M. (2007). Normative data and a short form of the Barratt Impulsiveness Scale. *International Journal of Neuroscience, 117,* 359–368.

Stanford, M. S., Mathias, C. W., Dougherty, D. M., Lake, S. L., Anderson, N. E. & Patton, J. H. (2009). Fifty years of the Barratt Impulsiveness Scale: An update and review. *Personality and Individual Differences, 47,* 385–395.

Autoren des Beitrags

Ulrich W. Preuss und Adrian Meule

Kontaktdaten des Erstautors

Prof. Dr. med. Ulrich W. Preuss
Martin-Luther Universität Halle-Wittenberg, KKH Prignitz
Kliniken für Psychiatrie, Psychotherapie, Psychosomatik
Julius-Kühn-Str. 7
06069 Halle/Saale
ulrich.preuss@medizin.uni-halle.de

BIT
Berner Inventar für Therapieziele

Autor des Testverfahrens	Martin grosse Holtforth
Quelle	grosse Holtforth, M. (2001). Was möchten Patienten in ihrer Therapie erreichen? Die Erfassung von Therapiezielen mit dem Berner Inventar für Therapieziele (BIT). *Verhaltenstherapie und psychosoziale Praxis, 34* (2), 241–258.
Vorgänger-/ Originalversionen	keine
Kurzversionen	keine
Kurzbeschreibung	Das BIT dient der Erfassung, Klassifikation und formalen Beurteilung von Therapiezielen ambulanter und stationärer Psychotherapiepatienten. Das BIT umfasst drei Teile: (1) die Taxonomie für Therapiezielinhalte *(BIT-T)*, mit der Therapeuten oder Forscher Therapieziele von Patienten anhand Kategorien ordnen können; (2) die Therapiezielcheckliste *(BIT-C)*, die insgesamt 64 Therapieziele zum Ankreuzen für Patienten (Selbstbericht) umfasst; (3) die Skala *BIT-F*, mit welcher Forscher oder Therapeuten die formale Qualität von Therapiezielen evaluieren können.
Anwendungsbereich	Das BIT kann bei erwachsenen Patienten sowohl zu Forschungszwecken als auch zur Therapieplanung und -evaluation eingesetzt werden.
Bearbeitungszeit	Durchführungszeit der *BIT-C:* 10 Minuten; *BIT-T* und *BIT-F* je nach Verwendungszweck.
Theoretischer Hintergrund	Das BIT wurde explizit nicht vor dem theoretischen Hintergrund einer Therapieschule, sondern mit einem deskriptiven Zugang auf empirischer Datenbasis möglichst theoriefrei entwickelt. Die im BIT erfassten Therapieziele können als mittelfristige persönliche Ziele des Patienten angesehen werden, die gemeinsam mit dem Therapeuten ausgehandelt werden. Sie sind dabei von weniger explizit ausformulierten Behandlungserwartungen der Patienten und von (z. B. durch Therapieschulen geprägten) Behandlungszielen der Therapeuten zu unterscheiden (grosse Holtforth, 2001).
Bezug zur Psychotherapie	Das Setzen von Zielen wird von vielen Therapeuten als wichtige Voraussetzung für eine wirkungsvolle Psychotherapie angesehen. Die Ziele können sich selbstverständlich im Verlauf der Therapie verändern. Die *BIT-T* erlaubt, Therapieziele einfach und effizient zu erfassen und zu ordnen. Mit der Bearbeitung der *BIT-C* wird die Aufmerksamkeit von Patienten auf ihre eigenen Anliegen gerichtet und somit ein Teil der

positiven Effekte der Therapiezielformulierung gefördert. Die *BIT-C* kann als Vorbereitung der individuellen Vereinbarung von Therapiezielen nach Prinzipien z. B. des Goal Attainment Scaling (GAS; Kiresuk & Sherman, 1968) dienen. Die *BIT-C* kann zur Qualitätssicherung und Therapieevaluation als Grundlage späterer Zielerreichungseinschätzung genutzt werden.

Testentwicklung

Für die Konstruktion der Taxonomie für Therapiezielinhalte *(BIT-T)* wurden aus archivierten Akten von $N = 300$ ambulanten Psychotherapiepatienten 1 031 Therapieziele gewonnen, die von Patienten und Therapeuten gemeinsam definiert worden waren. Diese Ziele wurden zu verschiedenen Zielthemen zusammengefasst und 22 praktisch tätigen Psychotherapeuten vorgelegt, welche die Zielthemen in selbstdefinierte Kategorien ordneten. Die individuellen Kategoriensysteme wurden durch Clusteranalysen, Integration neuer Therapieziele von Patienten unterschiedlicher Institutionen und Re-Kategorisierung weiterentwickelt. Die Therapiezielcheckliste *(BIT-C)* wurde durch die Umformulierung der Unterkategorien der *BIT-T* in Fragebogenitems konstruiert und anhand der Daten von $N = 128$ zukünftigen stationären Psychotherapiepatienten überprüft (grosse Holtforth, 2001; grosse Holtforth & Grawe, 2002).

Aufbau und Auswertung

Die *BIT-T* und *BIT-C* sind jeweils auf drei Ebenen gegliedert: Es werden Kategorien von Therapiezielbereichen genannt (Bewältigung bestimmter Probleme und Symptome, Ziele im zwischenmenschlichen Bereich, Verbesserung des Wohlbefindens, Orientierung im Leben, Selbstbezogene Ziele). Diese werden gegliedert in verschiedene Unterkategorien (z. B. Bewältigung bestimmter Probleme und Symptome in: depressives Erleben, körperliche Selbstverletzung, Ängste etc.). Zu jeder Unterkategorie werden auf einer dritten Gliederungsebene spezifische Ziele genannt (zu depressivem Erleben z. B. negative, kreisende Gedanken oder Schuldgefühle überwinden, aus meiner gedrückten Stimmung, Traurigkeit oder inneren Leere heraus kommen, wieder mehr Antrieb und Energie bekommen). Die Checkliste *BIT-C* umfasst insgesamt 64 Items zu konkreten Therapiezielen, die Patienten ankreuzen können. Das *BIT-F* bildet in Kategorien und Unterkategorien formale Standards ab, denen Therapieziele nach wissenschaftlichen Kriterien idealerweise entsprechen sollten. Kategorien sind z. B. Richtung der Erwartung (Unterkategorien sind hierbei z. B. Person, andere Menschen, Umwelt, Störung), Formulierung und Komplexität.

Gütekriterien

Objektivität: Durch die Standardisierung kann die Durchführung der BIT-C als objektiv angenommen werden.

Reliabilität: Die Interrater-Reliabilität zur *BIT-T* lag in einem Datenset mit 1 239 Therapiezielen bei Kappa = .79 für die Zielart und bei Kappa = .76 für die Zielkategorie (grosse Holtforth & Grawe, 2002).

Validität: Die *BIT-T, BIT-C* und *BIT-F* wurden aus der Praxis gewonnen und anhand echter Therapieziele ambulanter und stationärer Patienten entwickelt bzw. weiterentwickelt. Die Inhalte sind daher augenscheinlich valide. Die mit der *BIT-T* erfassten Ziele hängen erwartungsgemäß mit Symptomen von ängstlichen oder depressiven ambulanten Patienten in der revidierten Symptom-Checkliste 90 (SCL-90-R) zusammen. Ebenfalls zeigen sich erwartungsgemäße Zusammenhänge zwischen *BIT-T* und interpersonalen Problembereichen, die mit dem deutschsprachigen Inventar Interpersonaler Probleme (IIP-D) erfasst werden (Konstruktvalidität; grosse Holtforth & Grawe, 2002). Auch bei stationären Patienten zeigten sich erwartungsgemäße Zusammenhänge zwischen Zielthemen, die mit der *BIT-T* erfasst wurden, und diagnostischen Kategorien sowie Interrater-Reliabilitäten mit Kappa zwischen .63 und .73 (grosse Holtforth et al., 2004).

Vergleichswerte/ Normen

Der Vergleich mit Normen ist wenig sinnvoll, da individuelle Therapieziele eines Patienten erfasst werden sollen.

WWW-Ressourcen

Der BIT kann kostenfrei bezogen werden unter:
http://www.kpp.psy.unibe.ch/content/team/mgh/messinstrumente___assessment_tools/index_ger.html

Literatur

grosse Holtforth, M. (2001). Was möchten Patienten in ihrer Therapie erreichen? Die Erfassung von Therapiezielen mit dem Berner Inventar für Therapieziele (BIT). *Verhaltenstherapie und psychosoziale Praxis, 34* (2), 241–258.

grosse Holtforth, M. & Grawe, K. (2002). Bern Inventory of Treatment Goals: Part 1. Development and first application of a taxonomy of treatment goal themes. *Psychotherapy Research, 12* (1), 79–99.

grosse Holtforth, M., Reubi, I., Ruckstuhl, L., Berking, M. & Grawe, K. (2004). The value of treatment-goal themes for treatment planning and outcome evaluation of psychiatric inpatients. *International Journal of Social Psychiatry, 50* (1), 80–91.

Kiresuk, T. J. & Sherman, R. E. (1968). Goal attainment-scaling: A general method for evaluating comprehensive community mental health programs. *Community Mental Health Journal, 4,* 443–453.

Autoren des Beitrags

Martin grosse Holtforth und Kristina B. Rohde

Kontaktdaten des Erstautors

Prof. Dr. phil. Martin grosse Holtforth
Universität Bern
Institut für Psychologie
Fabrikstr. 8
CH-3012 Bern
martin.grosse@psy.unibe.ch

B-LR/B-LR'
Beschwerden-Liste – Revidierte Fassung

Autoren des Testverfahrens	Detlev von Zerssen und Franz Petermann
Quelle	Zerssen, D. von & Petermann, F. (2011). *Die Beschwerden-Liste – Revidierte Fassung (B-LR)*. Göttingen: Hogrefe. Das Copyright liegt beim Hogrefe Verlag.
Vorgänger-/ Originalversionen	Zerssen, D. von (1976). *Die Beschwerden-Liste – Parallelformen B-L und B-L'*. Weinheim: Beltz.
Kurzversionen	keine
Kurzbeschreibung	Die revidierte Fassung der Beschwerden-Liste ist ein Selbsteinschätzungsverfahren und dient der Erfassung von subjektiv wahrgenommenen Beschwerden. Ziel ist eine generelle Einschätzung der globalen Beeinträchtigung durch verschiedene körperliche und allgemeine Beschwerden sowie gegebenenfalls auch deren Veränderungen über die Zeit. Das Papier-Bleistift-Verfahren unterteilt sich in die Parallelformen B-LR und B-LR', die einzeln oder in Kombination eingesetzt werden können. Sie eignet sich für Psychologen, Psychotherapeuten, Ärzte, Psychiater sowie im Gesundheitswesen tätige Wissenschaftler.
Anwendungsbereich	Die B-LR ist bei Jugendlichen und Erwachsenen im Alter von 14 bis 90 Jahren einsetzbar.
Bearbeitungszeit	Die Bearbeitungszeit für beide Fragebögen beträgt etwa 5 Minuten.
Theoretischer Hintergrund	Die Erfassung von Beschwerden repräsentiert eine globale Grundaufgabe der klinischen Diagnostik. Beschwerden – oder aus klinischer Sicht Symptome – stellen in diesem Prozess die kleinste Einheit operationalisierbarer Informationen dar. Nach Payk (2010) signalisieren diese die Veränderung oder auch Störung von grundlegenden Eigenschaften oder Funktionen. Erfassen lassen sich diese in zweierlei Weise: Zum einen durch die psychometrische Ermittlung von beobachtbaren Symptomen, zum anderen über die Schilderung von individuell erlebten Beschwerden auf Seiten des Patienten. Die Einordnung und Interpretation von Symptomen dient dann als Handlungsgrundlage für den weiteren diagnostischen und einen möglicherweise sich anschließenden therapeutischen Prozess. Die B-LR ist auf die Erfassung solcher Beschwerden ausgerichtet und verfolgt das Ziel, über die Berechnung eines Summenscores eine quantifizierbare Aussage über das Ausmaß der Beeinträchtigungen zu ermöglichen. Dadurch gelingt es, eine Aussage über die subjektiv erlebte Beeinträchtigung durch konkrete Beschwerden zu treffen, auch wenn daraus keine Rückschlüsse auf die Ursachen dieser Beschwerden gezogen werden dürfen. Sie dient demnach

nicht der Diagnosestellung bei bestimmten psychischen oder körperlichen Problemen, sondern stellt ein Instrument zur Einschätzung der Stärke und Anzahl vorhandener Beschwerden dar. Ziel ist also eine generelle Einschätzung der globalen Beeinträchtigung des subjektiven Befindens durch verschiedene körperliche und allgemeine Beschwerden sowie gegebenenfalls auch deren Veränderungen über die Zeit.

Bezug zur Psychotherapie

Die B-LR besticht durch ihre Zeitökonomie und eignet sich zum Einsatz in verschiedenen Bereichen der psychologischen und ärztlichen Gesundheitsversorgung. Sie ist so konzipiert, dass sie die aktuelle Beschwerdelast von Personen über Eigenschaftswörter erfasst. Durch wiederholten Einsatz der Beschwerden-Liste können mögliche Erfolge eines Behandlungskonzeptes überprüft und im Sinne einer Therapieverlaufsevaluation dokumentiert werden. Sie eignet sich zudem für Studien, in denen Aussagen über Beschwerden in unterschiedlichen Kontexten getroffen werden (vgl. Schmidt et al., 2011) und/oder Therapieverläufe an einzelnen Patienten oder Patientengruppen evaluiert werden sollen.

Testentwicklung

Ursprünglich stellte die Beschwerden-Liste mit ihren beiden Parallelformen B-L und B-L' einen Bestandteil der Klinischen Selbstbeurteilungs-Skalen (KSb-S) aus dem Münchener Psychiatrischen Informations-System (PSYCHIS München) dar (Zerssen, 1976). Um die beiden Parallelformen der Beschwerden-Liste für den klinisch-diagnostischen Einsatz, aber auch für Forschungszwecke, aktuell zu halten, waren eine Überarbeitung und eine Überprüfung der psychometrischen Güte nötig. Dazu wurden einzelne Items aufgrund inhaltlicher und teststatistischer Kriterien entfernt, sodass der Itemumfang pro Fragebogen von ehemals 24 auf 20 gekürzt wurde. Entgegen der ursprünglichen Version ermöglicht eine neue Normierung den Einsatz an einer breiten Altersspanne, sodass bereits Jugendliche und auch Personen im hohen Alter erfasst werden können.

Aufbau und Auswertung

Die B-LR besteht aus je einem Bogen im DIN-A4-Format. Jedes der 20 Items besteht aus einer möglichst kurz beschriebenen allgemeinen Beschwerde, deren Vorhandensein vom Patienten auf einer vierstufigen Skala (3 = stark, 2 = mäßig, 1 = kaum, 0 = gar nicht) eingeschätzt werden soll. Grundvoraussetzung für die Auswertung eines Testprotokolls sind Eindeutigkeit und Vollständigkeit der Angaben, weshalb der Testleiter schon nach Durchführung der Testung die Fragebögen daraufhin überprüfen sollte. Wenn trotzdem Items unbeantwortet oder unklar beantwortet geblieben sind, so kann ein Bogen dennoch ausgewertet werden, solange es sich um nicht mehr als zwei Items pro Bogen handelt. Als Punktwert für unbeantwortete Items wird dann der Wert 0 (gar nicht gewertet), bei unklar bearbeiteten Items wird jeweils der höhere in Frage kommende Wert kodiert. Um den Testwert zu errechnen, wird keine Schablone benötigt, da alle Items gleich gepolt sind; er bildet sich einfach aus der Punktsumme aller Items.

Gütekriterien	Die interne Konsistenz (Cronbachs α) liegt für beide Fragebogenversionen bei $\alpha = .94$. Die Split-Half-Reliabilität ist für die B-LR mit $r_k = .93$ und die B-LR' mit $r_k = .91$ ebenfalls sehr hoch ausgeprägt.

Verschiedene Untersuchungen bescheinigen beiden Fragebögen eine hohe faktorielle Validität. Sowohl für die B-LR als auch die B-LR' lässt sich ein starker Zusammenhang mit konstruktnahen Verfahren belegen (z. B. Gesamtbelastung durch Depression des Patient-Health-Questionnaire; PHQ-4, globale Lebenszufriedenheit des Fragebogens zur Lebenszufriedenheit, FLZ^M), während konstruktferne Verfahren (Skalen des Quality of Relationships Inventory, QRI) deutlich abgegrenzt werden können. Die klinischen Eigenschaften beider Fragebögen wurden über Gruppenvergleiche zwischen einer klinisch auffälligen und einer Kontrollgruppe ermittelt. Dabei lassen sich signifikante Unterschiede zwischen beiden Gruppen feststellen. |
| **Vergleichswerte/ Normen** | Die Normwerte (T-Werte, Prozentränge, Stanine-Werte) basieren auf einer Gesamtstichprobe von $N = 2\,497$ Personen. Dabei entfielen $N = 1\,230$ Personen auf die B-LR, die Normwerte der B-LR' entstammen einer Stichprobe von $N = 1\,267$ Personen. |
| **WWW-Ressourcen** | Es liegen keine zusätzlichen Ressourcen vor. |
| **Literatur** | Payk, T. R. (2010). *Psychopathologie – vom Symptom zur Diagnose* (3. Aufl.). Berlin: Springer.

Schmidt, S., Petermann, F., Beutel, M. E. & Brähler, E. (2011). Psychisches Befinden, Beschwerden und Belastungen: Ergebnisse einer repräsentativen Studie. *Zeitschrift für Psychiatrie, Psychologie und Psychotherapie, 59,* 155–165.

Zerssen, D. von (1976). *Klinische Selbstbeurteilungsskalen (KSb-S) aus dem Münchener psychiatrischen Informationssystem (PSYCHIS München)*. Weinheim: Beltz. |
| **Autor des Beitrags** | Franz Petermann |
| **Kontaktdaten des Autors** | Prof. Dr. Franz Petermann
Universität Bremen
Zentrum für Klinische Psychologie und Rehabilitation
Grazer Straße 2–6
28359 Bremen
fpeterm@uni-bremen.de |

BPI
Borderline-Persönlichkeits-Inventar

Autor des Testverfahrens	Falk Leichsenring
Quelle	Leichsenring F. (1997). *Borderline-Persönlichkeits-Inventar (BPI)*. Göttingen: Hogrefe. Das Copyright liegt beim Hogrefe Verlag.
Vorgänger-/ Originalversionen	Leichsenring F. (1994). Zur empirischen Erfassung der Borderline-Persönlichkeitsorganisation. Entwicklung und erste Überprüfung des „Borderline-Persönlichkeits-Inventars" (BPI). *Zeitschrift für klinische Psychologie, Psychiatrie und Psychotherapie, 23*, 276–293.
Kurzversionen	keine
Kurzbeschreibung	Das BPI ist der erste deutschsprachige Selbstbeurteilungs-Fragebogen zur Erfassung der Borderline-Persönlichkeitsorganisation nach Kernberg (1977, 1988) bzw. der Borderline-Persönlichkeitsstörung nach ICD-10 (WHO/Dilling et al., 2000). Inzwischen liegen auch mehrere fremdsprachige Versionen des Instruments vor (vgl. Leichsenring & Chabrol, 2005). Das BPI existiert als Papier-Bleistift-Verfahren und computergestützt im Hogrefe Testsystem. Potenzielle Anwender sind Psychotherapeuten und Psychotherapieforscher.
Anwendungsbereich	Das BPI ist bei Jugendlichen und Erwachsenen einsetzbar. Der Fragebogen ist neben der Einzelfallevaluation auch für den Einsatz in wissenschaftlichen Untersuchungen gut geeignet.
Bearbeitungszeit	Die Bearbeitungszeit für den Fragebogen liegt bei circa 20 Minuten, die Auswertung erfordert maximal 10 Minuten (Papier-Bleistift-Version). Die Auswertung wird durch eine Auswertungsschablone erleichtert.
Theoretischer Hintergrund	Dem BPI liegt das Konzept der Borderline-Persönlichkeitsorganisation von Kernberg (1977, 1988) zugrunde. Unter Rückgriff auf die psychoanalytische Ich-Psychologie und Objektbeziehungstheorie versteht Kernberg die Persönlichkeitsorganisation als ein dauerhaftes psychisches Funktionsniveau. Er unterscheidet dabei zwischen einer neurotischen, einer Borderline- und einer psychotischen Persönlichkeitsorganisation. Die verschiedenen Organisationsformen lassen sich anhand der strukturellen Merkmale zur Identitätsintegration, des Niveaus der vorherrschenden Abwehrmechanismen und der Fähigkeit zur Realitätsprüfung differenzieren. So spricht man von einer Persönlichkeitsorganisation auf neurotischem Niveau, wenn eine integrierte Identität und die Fähigkeit zur Realitätsprüfung vorliegen sowie überwiegend „reifere" Abwehrmechanismen eingesetzt werden, die sich um den Me-

chanismus der Verdrängung gruppieren. Beim Borderline-Niveau überwiegen „primitive" Abwehrmechanismen, im Zentrum steht hier der Mechanismus der Spaltung. Daneben liegt hier eine Identitätsdiffusion vor, gleichzeitig ist die Fähigkeit zur Realitätsprüfung aber weitestgehend intakt. Bei der psychotischen Form der Ich-Organisation schließlich ist auch diese Fähigkeit deutlich beeinträchtigt.

Bezug zur Psychotherapie

Das BPI liefert klinisch wichtige Informationen zu vier Kernbereichen der Borderline-Persönlichkeitsorganisation (Kernberg, 1988) und kann als Screeninginstrument für die Borderline-Persönlichkeitsstörung eingesetzt werden. Der Fragebogen kann somit zur diagnostischen Abklärung sowie zur klinischen und wissenschaftlichen Evaluation von Therapieverläufen eingesetzt werden.

Testentwicklung

In der ersten Vorform des Fragebogens wurden zunächst 100 Items zusammengestellt und in verschiedenen klinischen und nicht klinischen Stichproben (vgl. Abschnitt Vergleichswerte/Normen) näher untersucht (Leichsenring, 1994). Die Konstruktion der Items des BPI orientierte sich dabei an den Kriterien zur Borderline-Persönlichkeitsstörung von Gunderson und Kolb (1978) und Kolb und Gunderson (1980). Das BPI ist in der ersten ursprünglichen Untersuchung am Diagnostic Interview for Borderlines (DIB, Gunderson et al., 1981; DIB-R, Zanarini et al., 1989) validiert worden (Leichsenring, 1997, 1999a). Es erfolgte die Ermittlung der jeweiligen Trennschärfe der Items mit *Phi* $\geq$ .25 anhand der Korrelation zwischen der Itembeantwortung (0/1) und dem Vorliegen der Diagnose einer Borderline-Persönlichkeitsstörung (0/1) anhand des DIB, die schließlich zu einer Itemselektion von 46 Items führte. Hinzugefügt wurden jene sieben Items aus dem Bereich der Realitätsprüfung, die sich auf psychotische Erlebnisse beziehen und daher zwischen Borderline-Patienten und Psychotikern unterscheiden sollten. Schließlich erfolgte die Ermittlung eines Cut-Off-Wertes (Leichsenring, 1997, 1999b). Das ermittelte Cut-Off-Kriterium wurde in unabhängigen Stichproben kreuzvalidiert. Weitere Angaben zur Konstruktion des BPI beschreibt Leichsenring (1997).

Aufbau und Auswertung

Nach einer leicht verständlichen Instruktion, an die sich zunächst die Erhebung der wichtigsten soziodemografischen Patientendaten (Geschlecht, Alter, Schulabschluss, erlernter und ausgeübter Beruf) anschließt, folgen die störungsspezifischen Items des BPI. Das Instrument setzt sich aus 53 Items zusammen, die mit „Ja" oder „Nein" zu beantworten sind.

Bei der Auswertung des BPI werden Skalenwerte für die vier Skalen *Entfremdungserlebnisse und Identitätsdiffusion* (Skala *ID*), *Angst vor Nähe* (Skala *N*), *Primitive Abwehrmechanismen und Objektbeziehungen* (Skala *AB*) und *Mangelhafte Realitätsprüfung* (Skala *R*) ermittelt. Aus den 20 trennschärfsten Items des BPI kann der Cut-Off-Wert (Cut-20) berechnet werden. Darüber hinaus kann ein Gesamtwert aus allen 53 Items (BPI-53) sowie ein Gesamtwert aus 51 Items (BPI-51) berechnet werden. Beim BPI-51 gehen die beiden Items 52 und 53, welche auch bei der Berechnung der Skalen und des Cut-20 nicht herangezogen werden, nicht in die Berechnung ein. Diese beiden Items liefern aber klinisch relevante Informationen zum Auftreten psychotischer Erlebnisse. Hier wird danach gefragt, ob irgendwelche der zuvor im Fragebogen beschriebenen Erlebnisse unter dem Einfluss von Drogen oder während einer Psychotherapie stattfanden. Die Items werden in der Gesamtwertung (BPI-53) mit „Ja" gewertet, wenn eines der folgenden Items bejaht wurde: 7, 10, 12, 13, 16, 18, 19, 24, 26, 29, 37, 39, 41, 44.

Bei Item 45 („Ich war schon einmal abhängig von Alkohol, Drogen oder Tabletten") werden die Probanden im Falle einer bejahenden Antwort gebeten anzugeben, ob sich diese auf (a) Alkohol, (b) Drogen oder (c) Tabletten bezieht. Das Item wird bei der Berechnung des BPI-51 als „Ja" gezählt, wenn mindestens eine Alternative benannt wird.

Am Ende jeder Seite befinden sich Kästchen, um sechs erhobene Kennwerte (für die vier Skalen ID, N, AB, R sowie BPI-51 und Cut-20) pro Seite einzutragen. Auf der letzten Seite finden sich zusätzliche Kästchen, um die Gesamtwerte einzutragen. Diese resultieren aus der Addition der eingetragenen Kennwerte der einzelnen Seiten. Anhand eines Profilblattes kann schließlich ein schneller Vergleich mit den Normwerten der Gesamtstichprobe (N = 538) vorgenommen werden.

Gütekriterien

Die Testgütekriterien des BPI sind insgesamt als zufriedenstellend zu bezeichnen. Sie wurden in verschiedenen Stichproben untersucht (Leichsenring, 1997, 1999a; Leichsenring & Chabrol, 2005). Die interne Konsistenz (Cronbachs α) liegt für die Skalen des BPI zwischen α = .68 und .91. Die Retest-Reliabilität der Skalen und der Gesamtform nach 1 Woche liegt zwischen r = .73 und .87 (Leichsenring, 1999a).

Die Konstruktvalidität des BPI wurde anhand seines Zusammenhangs mit anderen diagnostischen Instrumenten in verschiedenen Studien untersucht. Mit dem Borderline Syndrome Index (BSI; Conte et al., 1980) korrelieren die Skalen des BPI signifikant (Leichsenring, 1994). Darüber hinaus konnten Zusammenhänge des BPI mit primitiven Abwehrmechanismen (Leichsenring, 1999b), mit borderlinetypischen Affekten wie Ärger, Furcht, Angst und Depression (Leichsenring & Sachsse, 2002) und der Vermeidung von Ambiguität (Leichsenring et al., 1992) gezeigt werden. Auch kann das BPI als Prädiktor für die Häufigkeit von Suizidgedanken herangezogen werden (Belloc et al., 2004). Das BPI zeigt mit Ausnahme der Skala *Angst vor Nähe* auch signifikante Korrelationen mit der allgemeinen psychischen Symptombelastung sowie – bei allen Skalen – signifikante und hohe Korrelationen mit verschiedenen Formen dissoziativer Symptome (Sachsse et al., 2006).

Anhand des BPI wurde auch der Zusammenhang zwischen der Borderline-Persönlichkeitsorganisation und antisozialem Verhalten näher untersucht (Leichsenring et al., 2003; Chabrol & Leichsenring, 2006). Hier zeigten sich signifikante Zusammenhänge zwischen den strukturellen Kriterien der Borderline-Persönlichkeitsorganisation und antisozialen Zügen.

In Untersuchungen zur Konstruktvalidität der Strukturachse der Operationalisierten Psychodynamischen Diagnostik (Arbeitskreis OPD, 1996) wurde bei N = 132 stationär behandelten Psychotherapiepatienten ebenfalls das BPI verwendet (Spitzer et al., 2002). Die Autoren fanden hier eine statistisch signifikante Korrelation des BPI-Gesamtwertes mit der OPD-Gesamtstruktur ($r = .35$) sowie mit allen sechs Dimensionen der OPD-Strukturachse ($r = .23$ bis $.41$). Statistisch signifikant waren ebenso die Korrelationen der vier Skalen des BPI mit der OPD-Gesamtstruktur ($r = .26$ bis $.34$). Auch zeigte sich, dass sich die Patienten mit gutem Strukturniveau nach OPD in ihrem BPI-Gesamtwert signifikant von den Patienten mit geringem Strukturniveau sowie von jenen mit mäßigem Strukturniveau unterschieden. Das BPI ist demnach imstande, zwischen verschiedenen Niveaus der Persönlichkeitsorganisation zu differenzieren.

Faktorenanalytische Untersuchungen des BPI (Leichsenring, 1994, 1997, 1999a) führten zu fünf bedeutenden Faktoren, die folgendermaßen benannt werden konnten: Identitätsdiffusion, primitive Abwehrmechanismen, mangelnde Impulskontrolle, Angst vor Nähe, mangelnde Realitätsprüfung. Diese wurden bei der Skalenbildung des BPI herangezogen, lediglich für den Faktor mangelnde Impulskontrolle wurde aufgrund einer zu geringen Anzahl hoch ladender Items keine eigene Skala konzipiert (Leichsenring, 1994, 1997). Die gefundenen Faktoren konnten auch in späteren Untersuchungen erneut bestätigt werden (Leichsenring & Chabrol, 2005).

Vergleichswerte/ Normen

Es existieren Normwerte für eine Gesamtstichprobe ($N = 538$) sowie Normwerte für Borderline-Patienten ($N = 67$), für gesunde Probanden ($N = 200$), für schizophrene Patienten ($N = 44$) sowie für stationär behandelte Patienten mit neurotischen Störungen (hier geschlechtsspezifisch mit $N = 134$ Frauen und $N = 82$ Männern). Da die Rohwerte nicht normalverteilt sind, wurden die Daten über Prozentränge in T-Werte transformiert. Der Wert Cut-20 kann für das Screening nach der Diagnose der Borderline-Persönlichkeitsstörung verwendet werden. Hierfür wurde der Cut-Off-Wert auf Cut-20 ≥ 10 festgelegt (vgl. Leichsenring, 1997, 1999b).

WWW-Ressourcen

Es liegen keine zusätzlichen Ressourcen vor.

Literatur

Arbeitskreis OPD (Hrsg). (1996). *Operationalisierte Psychodynamische Diagnostik – OPD. Grundlagen und Manual.* Bern: Huber.

Belloc, V., Leichsenring, F. & Chabrol, H. (2004). Relations entre les symptomatologies dépressive et limite et les idées suicidaires dans un échantillon de lycéens. *Neuropsychiatrie de l'Enfance et de l'Adolescence, 52,* 219–224.

Chabrol, H. & Leichsenring, F. (2006). Borderline personality organization and psychopathic traits in nonclinical adolescents: relationships of identity diffusion, primitive defense mechanisms and reality testing with callousness and impulsivity traits. *Bulletin of the Menninger Clinic, 70* (2), 160–170.

Conte, H. R., Plutchik, R., Karasu, T. B. & Jerrett, I. (1980). A self-report borderline-scale: discriminative validity and preliminary norms. *Journal of Nervous and Mental Disease, 168,* 428–435.

Gunderson, J. G. & Kolb, J. E. (1978). Discriminating features of borderline patients. *American Journal of Psychiatry, 135,* 792–796.

Gunderson, J. G., Kolb, J. E. & Austin, V. (1981). The diagnostic interview for borderline patients. *American Journal of Psychiatry, 138,* 896–903.

Kernberg, O. F. (1977). The structural diagnosis of borderline personality organisation. In P. Hartocollis (Ed.), *Borderline personality disorders: the concept, the syndrome, the patient* (pp. 87–121). New York: International Universities Press.

Kernberg, O. F. (1988). *Schwere Persönlichkeitsstörungen. Theorie, Diagnose, Behandlungsstrategien.* Stuttgart: Klett-Cotta.

Kolb, J. E. & Gunderson, J. G. (1980). Diagnosing borderline patients with a semistructured interview. *Archives of General Psychiatry, 37,* 37–41.

Leichsenring, F. (1994). Zur empirischen Erfassung der Borderline-Persönlichkeitsorganisation. Entwicklung und erste Überprüfung des „Borderline-Persönlichkeits-Inventars" (BPI). *Zeitschrift für klinische Psychologie, Psychiatrie und Psychotherapie, 23,* 276–293.

Leichsenring, F. (1997). *Borderline-Persönlichkeits-Inventar (BPI).* Göttingen: Hogrefe.

Leichsenring, F. (1999a). Development and first results of the Borderline Personality Inventory (BPI): a self-report instrument for assessing borderline personality organization. *Journal of Personality Assessment, 73,* 45–63.

Leichsenring, F. (1999b). Splitting: an empirical study. *Bulletin of the Menninger Clinic, 63* (4), 520–537.

Leichsenring, F. & Chabrol, H. (2005). Borderline-Persönlichkeits-Inventar (BPI) – ein Selbstbeurteilungs-Instrument zur Erfassung der Borderline-Persönlichkeitsorganisation. *Persönlichkeitsstörungen, 10,* 31–42.

Leichsenring, F., Kunst, H. & Hoyer, J. (2003). Borderline personality organisation in violent offenders: correlations of identity diffusion and primitive defense mechanisms with antisocial features, neuroticism, and interpersonal problems. *Bulletin of the Menninger Clinic, 67* (4), 314–327.

Leichsenring, F., Roth, T. & Meyer, H. A. (1992). Kognitiver Stil bei Borderline-Patienten: Ambiguitäts-Vermeidung und verminderte Abstraktheit. *Diagnostica, 38,* 52–65.

Leichsenring, F. & Sachsse, U. (2002). Emotions as wishes and beliefs. *Journal of Personality Assessment, 79,* 257–273.

Sachsse, U., Vogel, C. & Leichsenring, F. (2006). An inpatient treatment program for chronified complex posttraumatic stress disorder. *Bulletin of the Menninger Clinic, 70* (2), 125–144.

Spitzer, C., Michels-Lucht, F., Siebel, U. & Freyberger, H.J. (2002). Zur Konstruktvalidität der Strukturachse der Operationalisierten Psychodynamischen Diagnostik (OPD). *Zeitschrift für Psychosomatische Medizin und Psychotherapie, 48,* 299–312.

WHO/Dilling, H., Mombour, W. & Schmidt, M. H. (2000). *Internationale Klassifikation Psychischer Störungen. ICD-10 Kapitel V (F) Diagnostische Kriterien für Forschung und Praxis* (4. Aufl.). Bern: Huber.

Zanarini, M. C., Gunderson, J. G., Frankenburg, F. R. & Chauncey, D. L. (1989). The revised diagnostic interview for borderlines: discriminating borderline personality disorder from other axis II disorders. *Journal of Personality Disorders, 3,* 10–18.

Autoren des Beitrags	Simone Salzer und Falk Leichsenring
Kontaktdaten der Erstautorin	Dr. rer. nat. Dipl.-Psych. Simone Salzer Georg-August-Universität Göttingen Klinik für Psychosomatische Medizin und Psychotherapie Von-Siebold-Str. 5 37075 Göttingen simone.salzer@medizin.uni-goettingen.de

BTSTB-2000/BPSTB-2000

Berner Therapeuten- und Patientenstundenbogen 2000

Autoren des Testverfahrens	Christoph Flückiger, Daniel Regli, Dominique Zwahlen, Susanne Hostettler und Franz Caspar
Quelle	Flückiger, C., Regli, D., Zwahlen, D., Hostettler, S. & Caspar, F. (2010). Der Berner Therapeuten- und Patientenstundenbogen 2000. Ein Instrument zur Erfassung von Therapieprozessen. *Zeitschrift für Klinische Psychologie und Psychotherapie, 39* (2), 71–79. Die Bögen sind frei verfügbar und können beim Erstautor bezogen werden.
Vorgänger-/ Originalversionen	*Vorgängerversion:* Grawe, K. & Braun, U. (1994). Qualitätskontrolle in der Psychotherapie. *Zeitschrift für Klinische Psychologie und Psychotherapie, 23* (4), 242–267.
Kurzversionen	keine
Kurzbeschreibung	Mehrdimensionale Itemsammlung zur Selbsteinschätzung klinisch relevanter Therapieprozesse von Patient und Therapeut am Ende einer Therapiestunde. Das Instrument eignet sich für das praxisnahe Monitoring der Prozessqualität und kann zur Prozess-Ergebnis-Forschung eingesetzt werden.
Anwendungsbereich	Das Verfahren kann bei Erwachsenen und Jugendlichen in der ambulanten und stationären Psychotherapie, zur Qualitätssicherung und Prozess-Ergebnis-Forschung eingesetzt werden. Der Berner Stundenbogen 2000 ist die im deutschen Sprachraum zurzeit am meisten eingesetzte Itemsammlung zur Beurteilung der Prozessqualität und wird sowohl in Papier-Bleistift-Form als auch in verschiedenen computergestützten Qualitätssicherungsverfahren eingesetzt.
Bearbeitungszeit	Durchführungszeit: 1 bis 2 Minuten, Auswertung: 1 bis 2 Minuten (bei der klinischen Auswertung wird auch die Itemebene berücksichtigt).
Theoretischer Hintergrund	Es erfolgte eine Sammlung klinisch relevanter Items, welche sich in der Praxis der allgemeinen Psychotherapie bewährt haben (Caspar, 2007; Grawe, 1998, 2004). Die Stundenbögen beziehen sich u. a. auf vier allgemeine Wirkfaktoren: 1. Problembewältigung: therapeutische Ansätze, die auf die Überwindung spezifischer Probleme und Störungen abzielen, 2. Motivationale Klärung: therapeutische Maßnahmen, die auf die Explizierung von Motiven, Werten und Zielen fokussieren, 3. Ressourcenaktivierung: die Nutzung bestehender, die Wiederaufnahme brachliegender sowie der Aufbau neuer Fähigkeiten und motivationaler Bereitschaften,

4. Problemaktualisierung: die unmittelbare Konfrontation und Auseinandersetzung mit problematischen Bereichen während der Sitzung.

Ziel dieser Stundenbögen war und ist es, eine möglichst vielseitige, klinisch relevante und in der Praxis bewährte Itemsammlung zur Hand zu haben, die zentrale Wirkprinzipien des Therapieprozesses abbildet.

Bezug zur Psychotherapie

Dem Verfahren liegt eine auf Praxistauglichkeit fokussierte Itemsammlung zugrunde. Die Bögen werden in verschiedensten klinischen Kontexten in Psychotherapie, Psychiatrie und Beratung eingesetzt.

Testentwicklung

Die Entwicklung der Itemsammlung stand unter dem Primat der klinischen Praxis basierend auf einem Forscher-Praktiker-Netzwerk der Universität Bern. Um Ermüdungseffekte beim regelmäßigen Einsatz zu verhindern, wurden die Items so gewählt, dass jedes Item einen relevanten klinischen Aspekt erfasst. Dieses Vorgehen steht im Gegensatz zu einer klassischen Fragebogenkonstruktion, die auf die Erfassung zuvor klar umgrenzter Konstrukte ausgelegt ist und inhaltlich redundante Items bevorzugt. Weiter war für die Formulierung und Selektion der Items das Kriterium der Veränderungssensitivität entscheidend.

Eine erste Neukonzeption der Stundenbögen, die zwischen 1998 und 2000 eingesetzt wurde, umfasste 44 Items für den Patienten- bzw. 52 Items für den Therapeutenbogen und konnte aufgrund von ersten Reliabilitäts- und Faktoranalysen sowie theoretischer Überlegungen auf die Hälfte gekürzt werden.

Aufbau und Auswertung

Die 22 (BPSTB) bzw. 27 (BTSTB) Items können in 8 bzw. 11 Skalen aufsummiert werden (mehrheitlich auf einer siebenstufigen Likert-Skala von -3 = überhaupt nicht bis 3 = ja, ganz genau). Die Stundenbögen umfassen folgende Skalen:
- BPSTB: *Therapiebeziehung, Selbstwerterfahrungen, Bewältigungserfahrungen, Klärungserfahrungen, Therapiefortschritte, Aufgehobensein, Direktivität/Kontrollerfahrungen, Problemaktualisierung.*
- BTSTB: *Therapiebeziehung, Offenheit, Therapiefortschritte, interaktionelle Schwierigkeit, Problembewältigung, Bezug zur realen Lebenssituation, motivationale Klärung, Ressourcenaktivierung, Problemaktualisierung, Anstrengungsbereitschaft, interaktionelle Perspektive.*

Für die klinische Praxis und qualitative Auswertung kann es hilfreich sein, die Stundenbögen mit einem Freitextfeld für mögliche Anmerkungen und Rückmeldungen am Ende der Bögen zu ergänzen.

Bei einer möglichen inferenzstatistischen Auswertung ist das geschachtelte Versuchsdesign (z. B. Sitzungen – Patienten – Therapeuten) zu beachten; entsprechende Mehrebenen-Analysen sind zu modellieren (z. B. Flückiger et al., 2013).

Gütekriterien

Objektivität: Die Stundenbögen sollen die subjektive Einschätzung der an der Therapie beteiligten Personen möglichst unverzerrt wiedergeben. Der Sinn und Zweck der Qualitätssicherung ist es, direkte Informationen von Patient und Therapeut zu erheben. Die Einschätzungen sollten von Patient und Therapeut alleine vorgenommen werden.

Reliabilität: Die primäre Skalenstruktur konnte in konfirmatorischen Faktorenanalysen reproduziert werden. Die internen Konsistenzen der Mehr-Item-Skalen sind mehrheitlich gut (Cronbachs α = .75 bis .88).

Validität: Die mittelstarken Binnenkorrelationen sowie die konvergenten Interkorrelationen zwischen den beiden Beurteilerperspektiven ergeben Hinweise auf die Konstruktvalidität der Stundenbogen-Skalen. Theoriekonform korrelierten die verschiedenen Stundenbogen-Skalen positiv miteinander. Die moderaten Korrelationen sind ein Hinweis darauf, dass die verschiedenen Skalen und Items unterschiedliche Prozessmerkmale erfassen.

Vergleichswerte/ Normen

Für die Einzel-, Gruppen- und Mehrpersonen-Settings liegen unterschiedliche Vergleichswerte vor. Für einzelne Kliniken und Institute liegen gesonderte ambulante und stationäre Referenzgruppen vor. Psychotherapieprozesse sind kontextgebunden, was sich in spezifischen Wirkfaktorenmuster und (Sekundär-)Faktorenstrukturen manifestieren kann.

WWW-Ressourcen

Es liegen keine zusätzlichen Ressourcen vor.

Literatur

Caspar, F. (2007). *Beziehungen und Probleme verstehen: Eine Einführung in die psychotherapeutische Plananalyse.* Bern: Huber.

Flückiger, C., grosse Holtforth, M., Znoj, H. J., Caspar, F. & Wampold, B. E. (2013). Is the relation between early post-session reports and treatment outcome an epiphenomenon of intake distress and early response? A multi-predictor analysis in outpatient psychotherapy. *Psychotheapy Research, 23,* 1–13.

Grawe, K. (1998). *Psychologische Psychotherapie.* Göttingen: Hogrefe.

Grawe, K. (2004). *Neuropsychotherapie.* Göttingen: Hogrefe.

Autor des Beitrags

Christoph Flückiger

Kontaktdaten des Autors

PD Dr. Christoph Flückiger
Universität Bern
Institut für Psychologie
Fabrikstrasse 8
CH-3012 Bern
christoph.flueckiger@psy.unibe.ch

BRI
Berner Ressourceninventar

Autoren des Testverfahrens	Anne Trösken und Klaus Grawe
Quelle	Trösken, A. (2002). *Das Berner Ressourceninventar. Ressourcenpotentiale und Ressourcenrealisierung aus konsistenztheoretischer Sicht.* Dissertation. Bern: Selbstverlag.
Vorgänger-/ Originalversionen	keine
Kurzversionen	Es liegt eine Kurzform mit 37 Items vor (RES-K; Brunner, 2004); diese erfasst einen Ressourcengesamtwert, der insbesondere nach einer erfolgten Intervention eine reliable Einschätzung des Gesamtniveaus der Ressourcenrealisierung ermöglicht. Alternativ dazu ist auch eine individuelle Zusammenstellung der Skalen möglich.
Kurzbeschreibung	Das BRI ist eine Zusammenfassung von drei Fragebögen – einem Selbsteinschätzungsfragebogen (RES), einem Fremdeinschätzungsfragebogen für nahe Bezugspersonen (REF-F) und einem Fremdeinschätzungsfragebogen für Therapeuten (REF-T). Mit dem RES wird die aktuelle Ressourcenrealisierung aus der Sicht der Betroffenen in klinischen und nicht klinischen Kontexten erfasst. Mit dem REF-F/T werden die Ressourcenpotenziale einer Person aus der Beobachterperspektive erfasst. Da sich im allgemeinen Gebrauch der RES durchgesetzt hat und Fremdeinschätzungsverfahren seltener eingesetzt werden, wird sich die folgende Darstellung auf diesen beziehen. Eine detaillierte Darstellung der Konstruktion und Gütekriterien für den REF-F/T finden sich bei Trösken (2002).
Anwendungsbereich	– RES: Selbsteinschätzung durch Erwachsene ab 15 Jahren, klinische Diagnostik und Veränderungsmessung, nicht klinische Diagnostik. – REF-F: Fremdeinschätzung durch nahe Bezugspersonen, Erwachsene ab 15 Jahren, klinische Diagnostik und Veränderungsmessung, nicht klinische Diagnostik. – REF-T: Fremdeinschätzung durch Psychotherapeuten, klinische Diagnostik.
Bearbeitungszeit	RES (132 Items): 15 bis 25 Minuten; REF-F bzw. REF-T (78 bis 84 Items): 15 Minuten.
Theoretischer Hintergrund	Ressourcen werden in der Psychotherapie als wichtige Mittel zur Veränderung angesehen (Grawe & Grawe-Gerber, 1999; Trösken, 2002). Während die Probleme und Symptome verdeutlichen, *was* verändert werden soll, erlauben die Möglichkeiten der Patienten eine Sicht auf

das *Wie* der Veränderung (Grawe & Grawe-Gerber, 1999). Diese Möglichkeiten sollten aus zwei Perspektiven erfasst werden. Beobachter (nahe Bezugspersonen oder Therapeuten) können eher die Potenziale und Fähigkeiten einschätzen; diese Wahrnehmung kann störungsbedingt bei den Patienten verzerrt sein. Die tatsächliche Realisierung von Ressourcen – und damit dem Erleben von Kongruenz, also Bedürfnisbefriedigung – erfolgt aus der Selbstbeurteilerperspektive. Prinzipiell ist alles eine Ressource – also eine Möglichkeit –, was zu einer Zielerreichung beitragen kann. Damit ist prinzipiell eine Taxonomie aller Ressourcen kaum zu erreichen (z. B. Nestmann, 1996); auf einem mittleren Abstraktionsniveau können jedoch zentrale Fähigkeiten und Ressourcenbereiche identifiziert werden, die im Rahmen psychotherapeutischer Interventionen als besonders hilfreich angesehen werden.

Bezug zur Psychotherapie

Die Fragebögen können zur Diagnostik und zur indirekten Erfassung von Veränderung im Rahmen von psychologischen Interventionen in einem breiten Spektrum eingesetzt werden.

Testentwicklung

- RES: Die Bereiche des RES wurden aus der Literatur zur seelischen Gesundheit abgeleitet. Diese Konstrukte wurden in halbstrukturierten Interviews bei 50 freiwilligen Interviewteilnehmern exploriert. Die individuellen Aussagen wurden extrahiert und dann von unabhängigen Ratern sortiert; die Sortierung wurde mit Clusteranalysen überprüft.
  Die positiv gepolten Items spiegeln die Ergebnisse von Clustern wider und sind somit auf Unterschiedlichkeit der Facetten eines Konstruktes hin konzipiert. Sechs der insgesamt neun Skalen sind verhaltenszentriert (Lutz, 1998) formuliert.
- REF-F/T: Die Items wurden auf der Basis von Fallkonzeptionen und Expertenratings entwickelt und spiegeln somit einen Expertenkonsens über hilfreiche Ressourcenpotenziale in der Therapie wider.

Aufbau und Auswertung

RES: Der Fragebogen besteht aus neun voneinander unabhängigen Skalen (Abkürzungen: vz = verhaltenszentriert, vo = veränderungsorientiert; pz = personenzentriert, sys = systemisch):
- *Realisierung von Wohlbefinden* (12 Items, vz, vo),
- *Realisierung von Stressbewältigung* (14 Items, vz, vo),
- *Realisierung von Unterstützung im Alltag* (11 Items, vz, vo),
- *Realisierung von Krisenbewältigung* (18 Items, vz),
- *Realisierung von Selbstwerterleben* (13 Items, vz, vo),
- *Realisierung eines positiven Selbstkonzepts* (21 Items, pz),
- *Realisierung naher Beziehung* (16 Items, sys, vo),
- *Positive Merkmale von Bindungspersonen in der Herkunftsfamilie* (15 Items, sys),
- *Realisierung von Sinnerleben* (12 Items, vz, vo).

Das Antwortformat ist siebenstufig und reicht von 0 = nie über 3 = zeitweise bis zu 6 = sehr häufig. Es werden jeweils die Mittelwerte einer Skala ermittelt, wobei höhere Ausprägungen ein stärkeres Maß aktueller Ressourcenrealisierung im Alltag repräsentieren.

I. Wohlbefinden

Bitte schätzen Sie ein, wie sehr die folgenden Situationen *während der letzten 4 Wochen* dazu beigetragen haben, dass Sie sich wohl gefühlt haben.

Während der letzten 4 Wochen habe ich mich ___ wohl gefühlt, weil ...	nie		zeit-weise			sehr häufig	
	0	1	2	3	4	5	6
1 ... ich bei jemandem Geborgenheit und Sicherheit gefunden habe.	☐	☐	☐	☐	☐	☐	☐
2 ... ich mit Freunden oder Bekannten zusammen gewesen bin.	☐	☐	☐	☐	☐	☐	☐
3 ... ich mit meiner/m PartnerIn oder meiner Familie zusammen gewesen bin.	☐	☐	☐	☐	☐	☐	☐

Abbildung 1: Beispiel für die Erfassung der Realisierung von Wohlbefinden mit dem RES

REF-F/T: Der REF-F besteht aus insgesamt 16 Skalen, verteilt auf 78 Items. Die Skalen können auf der Basis von Sekundärfaktoranalysen in drei Bereiche sortiert werden: Ressourcen im Bereich der Handlungskompetenz und Autonomie, Ressourcen im Bereich der Kommunikation und Emotionalität und Ressourcen im Bereich der Selbstentfaltung. Der REF-T besteht aus den gleichen Skalen, zusätzlich wurde eine Skala *Veränderungsmotivation* (6 Items) entwickelt.

Gütekriterien

Die Mittelwerte liegen in nicht klinischen Stichproben in allen Fällen über den Mittelwerten klinischer Stichproben (externe Validität). In einer nicht klinischen Stichprobe, die 2000 in der Schweiz erhoben wurde ($N = 287$; Trösken, 2002), lagen die Mittelwerte in einem Range von min = 3.36 ($SD = 0.92$) für *Realisierung von Selbstwerterleben* bis max = 4.56 sowohl für *Realisierung naher Beziehungen* ($SD = 0.74$) als auch für *Positive Merkmale von Bindungspersonen in der Herkunftsfamilie* ($SD = 0.74$). Die interne Konsistenz der Skalen reichte von $\alpha = .69$ *(Realisierung von Krisenbewältigung)* bis $\alpha = .83$ *(Realisierung von Unterstützung im Alltag, Realisierung von Selbstwerterleben, Realisierung eines positiven Selbstkonzepts, Realisierung naher Beziehungen, Positive Merkmale von Bindungspersonen in der Herkunftsfamilie)*. Im Rahmen eines aktuellen Forschungsprojektes wurde eine nicht klinische Stichprobe zu zwei Messzeitpunkten im Abstand von 4 Wochen erhoben ($N = 89$[1]). Die Mittelwerte und Streuungen zeigten sich vergleichbar, wobei die Mittelwerte zum zweiten Messzeitpunkt tendenziell höher ausfielen. Dies wird auf einen Baseline-Effekt zurückgeführt; statistisch signifikant wurde dies für die Skalen *Realisierung von Unterstützung im Alltag* und *Realisierung naher Beziehungen*. Die internen

---

[1] Die Daten wurden in Zusammenarbeit mit J. Grochulla, I. Weiher und M. Eid (2014) erhoben. Zum 1. Messzeitpunkt lagen $N = 177$ Fragebögen vor (68.2 % Frauen; Alter: 16 bis 77 Jahre, $M = 40.2$; Schulabschluss: 75.0 % Abitur/Hochschulabschluss). Für den 1. und 2. Messzeitpunkt konnten 89 Fragebögen ausgewertet werden (71.6 % Frauen; Alter: 16 bis 77 Jahre, $M = 40.31$; Schulabschluss: 80.7 % Abitur/Hochschulabschluss).

Konsistenzen zu t1 und t2 rangierten zwischen $\alpha = .65$ *(Realisierung von Krisenbewältigung)* und $\alpha = .88$ *(Realisierung eines positiven Selbstkonzepts)*. Die Angaben zur Retest-Reliabilität spiegeln die Veränderungssensitivität wider.

Die Kennwerte für eine klinische Stichprobe mit $N = 157$ stationären Rehabilitanden (Trösken, 2002) sind in Bezug auf die internen Konsistenzen vergleichbar respektive eher stabiler. Diese reichen von $\alpha = .79$ *(Realisierung von Krisenbewältigung)* bis $\alpha = .90$ *(Realisierung naher Beziehungen)*. Die Mittelwerte für die *Realisierung von Selbstwerterleben* fallen – erwartungsgemäß – geringer aus, dabei streuen die Werte mehr als in nicht klinischen Stichproben.

Zusammenhänge mit dem Trierer Persönlichkeitsinventar (TPF; Becker, 1989), den Skalen psychischer Gesundheit (SPG; Tönnies et al., 1996), dem NEO-Fünf-Faktoren-Inventar (NEO-FFI; Borkenau & Ostendorf, 1993), dem Inventar zur Erfassung interpersonaler Probleme (IIP-D, Horwitz et al., 1994), dem Impact Message Inventory (IMI; Fingerle, 1998) und dem Multi-Item-Measure of Adult Romantic Attachment (Mestle, 2000) werden berichtet (Trösken, 2002). Für die klinische Stichprobe liegen ebenfalls Zusammenhänge mit verschiedenen Messinstrumenten vor. Differenzierte Angaben zu Therapieerfolg und Katamnesedaten für eine Stichprobe mit Abhängigkeitskranken (Deppe-Schmitz et al., 2009) und eine Stichprobe mit psychosomatisch erkrankten Menschen (Deubner-Böhme, 2008) liegen vor.

Vergleichswerte/ Normen

Es liegen Mittelwerte für klinische und nicht klinische Stichproben vor (Trösken, 2002).

WWW-Ressourcen

Der BRI und die Dissertation stehen kostenfrei zur Verfügung unter: www.allgemeinepsychotherapie.de

Literatur

Becker, P. (1989). *Der Trierer Persönlichkeitsfragebogen (TPF)*. Göttingen: Hogrefe.

Borkenau, P. & Ostendorf, F. (1993). *NEO-Fünf-Faktoren-Inventar nach Costa und McCrae (NEO-FFI)*. Göttingen: Hogrefe.

Brunner, S. (2004). *Ressourcen im Therapieprozess. Ein zentrales Wirkprinzip anhand des Berner Ressourcenfragebogens*. Unveröffentlichte Lizentiatsarbeit, Universität Bern.

Deppe-Schmitz, U., Deubner-Böhme, M., Lindenmeyer, J. & Schulz, W. (2009). Ressourcenrealisierung und Therapieerfolg von alkoholabhängigen Patienten – Bericht über eine katamnestische Studie. *Sucht, 55* (3), 155–163.

Deubner-Böhme, M. (2008). *Ressourcenrealisierung und Therapieerfolg von Psychosomatikpatienten*. Unveröffentlichte Dissertation, Universität Braunschweig.

Fingerle, H. (1998). *Das Impact Message Inventory – Deutsche Neukonstruktion*. Unveröffentlichte Diplomarbeit, Universität Tübingen.

Flückiger, C., Regli, D. & Grawe, K. (2005). Allgemeine Psychotherapie im Gruppensetting: Das Zusammenspiel von gruppen- und interventionsspezifischen Wirkfaktoren. *Gruppenpsychotherapie und Gruppendynamik, 3,* 306–322.

Grawe, K. & Grawe-Gerber, M. (1999). Ressourcenaktivierung – Ein primäres Wirkprinzip der Psychotherapie. *Psychotherapeut, 44,* 63–73.

Horowitz, L. M., Strauß, B. & Kordy, H. (1994). *Inventar zur Erfassung interpersonaler Probleme – Deutsche Version (IIP-D).* Weinheim: Beltz Test.

Lutz, R. (1998). Indikatoren von Gesundheit und Krankheit: zur Bedeutung des Itemformats. In J. Margraf, S. Neumer & J. Siegrist (Hrsg.), *Gesundheits- oder Krankheitstheorie? Saluto- versus pathogenetische Ansätze im Gesundheitswesen* (S. 85–99). Berlin: Springer.

Mestle, R. (2000). *Das Multi-Item-Measure of Adult Romantic Attachment von Brennan, Clark & Shaver. Deutsche Version.* Unveröffentlichtes Manuskript, Bad Grönenbach.

Nestmann, F. (1996). Psychosoziale Beratung – ein ressourcentheoretischer Entwurf. *Verhaltenstherapie und Psychosoziale Praxis, 28,* 359–376.

Tönnies, S., Plöhn, S. & Krippendorf, U. (1996). *Skalen zur psychischen Gesundheit (SPG). Testmanual.* Heidelberg: Asanger.

Trösken, A. (2002). *Das Berner Ressourceninventar. Ressourcenpotentiale und Ressourcenrealisierung aus konsistenztheoretischer Sicht.* Dissertation. Bern: Selbstverlag.

Autorin des Beitrags

Anne Trösken

Kontaktdaten der Autorin

Dr. phil. Anne Trösken
Leitende Psychologin, Psychologische Psychotherapeutin (VT)
Hochschulambulanz für Psychotherapie, Diagnostik und Gesundheitsförderung
Habelschwerdter Allee 45
14195 Berlin
kontakt@troesken.eu

BRMS
Bech-Rafaelsen-Melancholie-Skala

Autoren des Testverfahrens	Rolf-Dieter Stieglitz, Michael Smolka, Per Bech und Hanfried Helmchen
Quelle	Stieglitz, R.-D., Smolka, M., Bech, P. & Helmchen, H. (1998). *Bech-Rafaelsen-Melancholie-Skala (BRMS)*. Göttingen: Hogrefe. Das Copyright liegt beim Hogrefe Verlag.
Vorgänger-/ Originalversionen	Bech, P. & Rafaelsen, O. J. (1980). The use of rating scales exemplified by a comparison of the Hamilton and the Bech-Rafaelsen Melancholia Scale. *Acta Psychiatrica Scandinavica, 62* (Suppl. 285), 128–131.
Kurzversionen	keine
Kurzbeschreibung	Die BRMS ist ein Fremdbeurteilungsverfahren mit 11 Items zur Erfassung unterschiedlicher Phänomene depressiver Symptomatik. Es liegen Versionen auf Deutsch, Englisch, Französisch, Italienisch und Spanisch vor (AMDP & CIPS, 1990).
Anwendungsbereich	Die BRMS ist ein Untersuchungsinstrument für den Erwachsenenbereich (ab 18 Jahren). Sie kann im Rahmen der klinischen Diagnostik zur Quantifizierung des Schweregrades des depressiven Syndroms Anwendung finden.
Bearbeitungszeit	Die BRMS ist aufgrund ihrer geringen Itemzahl als ein zeitökonomisches Fremdbeurteilungsverfahren anzusehen. Die Informationserhebung mit einem strukturierten Interviewleitfaden sowie die anschließende Kodierung auf einem Dokumentationsbogen benötigen zwischen 15 und 25 Minuten.
Theoretischer Hintergrund	Die BRMS ist, wie die meisten anderen Fremdbeurteilungsverfahren zur Erfassung des Schweregrades auch, keiner speziellen Theorie verpflichtet (vgl. auch Stieglitz, 1998). Sie wurde entwickelt, um die Schwächen anderer Skalen, vor allem der Hamilton-Depressions-Skala (HAMD; vgl. Abschnitt Testentwicklung) zu eliminieren. Die BRMS orientiert sich jedoch, ähnlich wie andere Fremdbeurteilungsskalen, vom Inhalt her eher an einem biologischen Konzept depressiver Symptomatik (vgl. Stieglitz, 2000).
Bezug zur Psychotherapie	Explizite Studien zur Psychotherapie liegen nicht vor, jedoch Arbeiten zur Abbildung von Veränderungen des depressiven Syndroms im Rahmen von Pharmakotherapien. Diese lassen sich auf den Bereich der Psychotherapie übertragen.
Testentwicklung	Die Entwicklung der BRMS erfolgte aufgrund der Kritik an der bis heute immer noch dominierenden HAMD in der Depressionsforschung (u. a.

BRMS

Probleme in der Differenzierung unterschiedlicher Schweregrade depressiver Symptomatik, Problem der Eindimensionalität, keine einheitliche Skalierung der Skalenstufen). Basierend auf Methodenstudien zur HAMD wurde ein Kernsatz von sechs Items zusammengestellt, der um fünf Items erweitert wurde. Diese 11 Items wurden mittels Faktorenanalysen und latenter Strukturanalysen überprüft und hinsichtlich Reliabilität und Validität analysiert.

Aufbau und Auswertung

Die BRMS ist eine eindimensionale Skala. Die Informationen zur Beurteilung der 11 Items sollten mittels eines zum Verfahren gehörenden strukturierten Interviewleitfadens erhoben werden. Die einzelnen Items werden auf einer vierstufigen Skala hinsichtlich des Schweregrades quantifiziert und operationalisiert, um eine höhere Interrater-Reliabilität zu erreichen.

Gütekriterien

Die BRMS wurde in einer Vielzahl von Studien, vor allem mit depressiven Patienten, evaluiert (vgl. Stieglitz et al., 1998; Maier & Philipp, 1993).

Objektivität: Da es sich bei der BRMS um ein Fremdbeurteilungsverfahren handelt, sind andere Überlegungen als bei Selbstbeurteilungsverfahren zur Bewertung dieses Aspekts heranzuziehen. Zur Standardisierung der Durchführung wurde ein strukturierter Interviewleitfaden entwickelt, durch deren Anwendung Fehlerquellen in der Informationserhebung reduziert werden können. Durch ein Training lässt sich eine hohe Interrater-Reliabiltät erreichen, wie verschiedene Studien zeigen konnten (Intraclass-Korrelation, $ICC > .82$). Die Auswertungsobjektivität kann durch die einfache Aufsummierung der kodierten Items als gegeben angesehen werden, gleiches gilt auch für die Interpretationsobjektivität, wenn die Cut-Off-Werte als Basis der Bewertung verwendet werden.

Reliabilität: Neben der Interrater-Reliabilität wurde in verschiedenen Studien die interne Konsistenz nach Cronbach bestimmt. Die Werte für Cronbachs α lagen in Bereich von .70 bis .91, was in Anbetracht der relativ geringen Skalenlänge als günstig zu bewerten ist. Werte für die Halbierungs-Reliabilität bzw. nach Kuder-Richardson-Formel 20 lagen über .90.

Dimensionalität: Die Eindimensionalität der BRMS konnte in verschiedenen Studien repliziert werden. Im Gegensatz zu anderen (Depressions-)Skalen konnte dies auch mittels des probabilistischen Rasch-Modells belegt werden, was im Vergleich zur Klassischen Testtheorie strengere Kriterien für Eindimensionalität fordert.

Konvergente Validität: Korrelationen der BRMS zu anderen Fremdbeurteilungsverfahren, Selbstbeurteilungsverfahren sowie Globaleinschätzungen der Depressivität durch unabhängige Rater wurden in verschiedenen Studien bestimmt. Die Höhe der Korrelationen lag in erwarteter Richtung und war zu anderen Fremdbeurteilungsverfahren und den Globaleinschätzungen höher als zu Selbstbewertungen, was generell auch bei anderen Verfahren immer wieder bestätigt werden konnte (vgl. Stieglitz, 2000).

Diskriminante Validität: Studien zum Vergleich der BRMS mit anderen Depressions- und Angstskalen erbrachten geringere Korrelationen zu den Angst- als zu den Depressionsskalen.

Gruppenvergleiche: Verschiedene Studien zum Vergleich unterschiedlicher Gruppen depressiver Patienten zeigten eine gute Differenzierungsfähigkeit der BRMS zur Abbildung unterschiedlicher Schweregrade depressiver Symptomatik (vgl. z. B. auch Smolka & Stieglitz, 1999).

Änderungssensitivität: Die Änderungssensitivität als ein wichtiges Kennzeichen von Ratingskalen, die zur Therapieevaluation eingesetzt werden sollen, konnte in mehreren Studien und mittels unterschiedlicher Strategien (u. a. Prä-Post-Vergleiche) bestätigt werden, vor allem auch die Überlegenheit zu anderen Depressionsskalen (vgl. z. B. Maier & Philipp, 1993). Die Skala wurde zudem in verschiedenen Therapiestudien als Outcome-Maß eingesetzt. Adli et al. (2002) und Linden et al. (1994) verwendeten die BRMS im Rahmen ihres Stufenplans zur Depressionsbehandlung, Knubben et al. (2007) zur Wirksamkeitsprüfung eines Sportprogramms bei Depressiven. Es zeigte sich in beiden Studien, dass die Skala Veränderungen gut abbilden kann.

Vergleichswerte/ Normen

Normwerte existieren, wie bei den meisten anderen Fremdbeurteilungsskalen zur Erfassung des depressiven Syndroms, nicht. Es liegen jedoch zahlreiche Referenzwerte vor sowie verschiedene Vorschläge zur Operationalisierung von Response, Remission und Relapse. Zur Bewertung individueller Werte werden zudem Cut-Off-Werte angegeben.

WWW-Ressourcen

Es liegen keine zusätzlichen Ressourcen vor.

Literatur

Adli, M., Berghöfer, A., Linden, M., Helmchen, H., Müller-Oerlinghausen, B., Mackert, A. et al. (2002). Effectiveness and feasibility of a standardized stepwise drug tretament regimen algorithm for inpatients with depressive disorders: results of a 2-year observational algorithm study. *Journal of Clinical Psychiatry, 63,* 782–790.

Association for Methodology and Documentation in Psychiatry (AMDP) & Collegium Internationale Psychiatriae Scalarum (CIPS). (Eds.). (1990). *Rating Scales for Psychiatry. European Edition.* Weinheim: Beltz Test.

Knubben, K., Reischies, F. M., Adli, M., Schlattmann, P., Bauer, M. & Dimeo, F. (2007). A randomized, controlled study on the effects of a short-term endurance training programme in patients with major depression. *British Journal of Sports in Medicine, 41,* 29–33.

Linden, M., Helmchen, H., Makert, A. & Müller-Oerlinghausen, B. (1994). Structure and feasibility of an standardized stepwise drug treatment regiment (SSTR) for depressed inpatients. *Pharmacopsychiatry, 27* (Suppl.), 51–53.

Maier, W. & Philipp, M. (1993). *Reliabilität und Validität der Subtypisierung und Schweregradmessung depressiver Syndrome.* Berlin: Springer.

Smolka, M. & Stieglitz, R.-D. (1999). On the validity of the Bech-Rafaelsen-Melancholie-Scale (BRMS). *Journal of Affective Disorders, 54,* 119–128.

Stieglitz, R.-D. (1998). Aktueller Stand der syndromalen Diagnostik depressiver Störungen. In R.-D. Stieglitz, E. Fähndrich & H.-J. Möller (Hrsg.), *Syndromale Diagnostik psychischer Störungen* (S. 115–128). Göttingen: Hogrefe.

Stieglitz, R.-D. (2000). *Diagnostik und Klassifikation psychischer Störungen.* Göttingen: Hogrefe.

Autor des Beitrags

Rolf-Dieter Stieglitz

Kontaktdaten des Autors

Prof. Dr. rer. nat. Dipl.-Psych. Rolf-Dieter Stieglitz
Universitäre Psychiatrische Kliniken (UPK) Basel
Wilhelm Klein-Strasse 27
CH-4012 Basel
rolf-dieter.stieglitz@upkbs.ch

BSS
Beeinträchtigungs-Schwere-Score

Autor des Testverfahrens	Heinz Schepank
Quelle	Schepank, H. (1995). *Der Beeinträchtigungs-Schwere-Score (BSS). Ein Instrument zur Bestimmung der Schwere einer psychogenen Erkrankung.* Göttingen: Beltz Test.
Vorgänger-/ Originalversionen	*Neurose-Schwere-Score:* Schepank, H. (1974). *Erb- und Umweltfaktoren bei Neurosen. Tiefenpsychologische Untersuchungen an 50 Zwillingspaaren* (Monographien aus dem Gesamtgebiete der Psychiatrie, Bd. 11). Berlin: Springer.
Kurzversionen	keine
Kurzbeschreibung	Es handelt sich um ein Fremdbeurteilungsverfahren. Nach erfolgter psychodiagnostischer Untersuchung und differenzialdiagnostischer Abklärung beurteilt ein Experte die Beeinträchtigung einer Person durch alle ermittelten psychogenen Krankheitssymptome. Diese Beeinträchtigung ist für jedes Symptom auf drei möglichen Dimensionen zu gewichten: *körperlich, psychisch, sozialkommunikativ*. Es ist durchaus möglich, dass ein Symptom beeinträchtigende Auswirkungen auf allen drei Subskalen des BSS bewirkt. Die Dimensionen bilden das BSS-Profil, aufsummiert ergeben sie den Gesamt-BSS-Wert. Der Gesamt-BSS-Wert wird meist für den aktuellen Zustand (im Sinne der 7-Tage-Punktprävalenz) ermittelt, ggf. auch für die letzten 4 Wochen oder das letzte Jahr (Einjahresprävalenz).
Anwendungsbereich	Das Instrument kann von klinisch-psychodiagnostischen Experten zur Bestimmung der Ausprägungsschwere der durch eine psychogene Erkrankung bedingten klinischen Beeinträchtigung angewendet werden. In den Bereichen der klinischen Diagnostik, der klinischen Basisdokumentation (z. B. im gutachterlichen Antragsverfahren für Psychotherapie), der Qualitätskontrolle und in der Forschung kann der BSS ebenfalls verwendet werden. Der Einsatz ist ab dem 4. Lebensjahr bis ins hohe Alter möglich.
Bearbeitungszeit	Die Durchführungszeit beträgt etwa 2 Minuten. Vorauszusetzen ist eine umfassende Kenntnis der psychogenen Krankheitssymptomatik des zu beurteilenden Patienten/Probanden – meist aufgrund fachspezifischer Anamneseerhebung und Diagnostik.
Theoretischer Hintergrund	Der BSS ist ausdrücklich unabhängig von einer psychologischen Theorie über die Ätiopathogenese (psychodynamisch oder lerntheoretisch orientiert) der vorliegenden Erkrankung. Es gibt bisher kein brauchba-

res, theorieunabhängiges quantifizierendes Verfahren, das es ermöglicht, den gesamten Menschen klinisch umfassend und im Vergleich zum optimalen Gesundheitszustand hinsichtlich der Schwere seiner psychogenen Erkrankung, d. h. möglicher psychischer, psychosomatischer oder verhaltensgebundener Symptome, zu beurteilen. Der BSS erstrebt eine quantifizierende Beurteilung der Schwere der Störung am Kriterium der Beeinträchtigung durch eine psychogene Erkrankung, durch die erfassten Beschwerden/Symptome und Defizite. Die Schwere psychogen bedingter Beeinträchtigung kann sich auf der möglichen Bandbreite von völliger Gesundheit über durchschnittliche Ausprägungen bis zu extremen Ausprägungen einer Behinderung und vitalen Gefährdung erstrecken. Basis und Bezugspunkt der Gewichtung ergeben sich auf der Grundlage von Ankerbeispielen aus der breiten klinischen Empirie des Experten über mögliche Ausprägungsgrade vom optimal gesunden Befinden über Bagatellbeschwerden und alltägliches Leid bis hin zu schwersten Defiziten und Extremgraden.

Bezug zur Psychotherapie

Da es sich um die Einschätzung von Beeinträchtigungsschweregraden ausdrücklich nur einer psychogenen Erkrankung/Symptomatik handelt, ist der Bezug zu deren wichtigster und wirksamster Behandlung, der Psychotherapie, plausibel. Bei der Indikationsstellung zur Psychotherapie, ggf. Wahl des Verfahrens, Intensität und Behandlungsdauer bietet der BSS eine Orientierung auch in der Krankenversorgung (Sekundär- und Tertiärprävention), Versorgungsplanung, Erfolgskontrolle, Therapievergleichsstudien und ggf. auch in primär präventiven Maßnahmen und Beiträgen zur Gesundheitspolitik. Die Anwendung in der Psychotherapieforschung (Evaluation und katamnestische Prä-Post-Messung; Franz et al., 2015) wie in der Grundlagenforschung (Epidemiologie, Verlauf, Ätiopathogenese, Zwillingsforschung) hat sich bereits bewährt (Schepank, 1987, 1990, 1996; Schneider et al., 1997).

Testentwicklung

Im Rahmen der Erforschung möglicher erblicher Faktoren in der Ätiologie von psychogenen Erkrankungen wurde der Vorläufer, der Neurose-Schwere-Score, entwickelt für den Vergleich von jeweils zwei Zwillingen eines Paares bezüglich ihrer (kumuliert lebenslangen) Symptombelastung. Die insgesamt über 100 Paare aus der Inanspruchnahmeklientel einer großen Poliklinik und einer großen psychosomatischen Klinik (Heigl-Evers & Schepank, 1980/81), Kinder und Erwachsene, bildeten die Basispopulation. Als BSS modifiziert und gekürzt wurde der Test seit 1975 in der Mannheimer Psychosomatischen Klinik bei ambulanter und stationärer Psychotherapieklientel angewandt sowie in langjährigen kontinuierlichen epidemiologischen Forschungsprojekten (Franz et al., 2011). Er wurde hinsichtlich wichtiger Testgütekriterien für Validität und Reliabilität eingehend untersucht. Der BSS fand Eingang in breiten klinisch-diagnostischen Anwendungsbereichen von psychosomatischen Krankenhausabteilungen (Franz et al., 2015) und Rehabilitationskliniken sowie auch in Spezialambulanzen für Kinder und Jugendliche (Fahrig et al., 1996; Uebel, 1995) sowie in gerontologisch-psychosomatischen Kliniken und Forschungsprojekten (Schneider et al., 1997). Er wurde auch als Komponente in anderen

Aufbau und Auswertung

umfassenderen Dokumentationssystemen und Instrumenten aufgenommen.

Der Untersucher gewichtet mittels des BSS die Beeinträchtigung einer Person durch eine psychogene Erkrankung, die Auswirkung der Symptomatik auf drei Dimensionen:
1. die *körperliche Beeinträchtigung (kö)*,
2. die *psychische Beeinträchtigung (psy)*,
3. die *sozialkommunikative Beeinträchtigung*, d. h. die zwischenmenschliche oder verhaltensgebundene Beeinträchtigung *(soko)*.

Jede der drei Dimensionen umfasst fünf Stufen, die Schweregrade 0 bis 4. Dabei kann sich ein Symptom durchaus auf mehrere Dimensionen beeinträchtigend auswirken, z. B. eine anorektische Reaktion nicht nur körperlich, sondern auch im psychischen und/oder zwischenmenschlichen Verhaltensbereich; ebenso eine Potenzstörung, ein Angstsymptom, eine Depression. Die klassifikatorische Zugehörigkeit eines Symptoms (psychisch, körperlich etc.) ist also nicht auf diese Kategorie beschränkt hinsichtlich seiner Auswirkungen, der Beeinträchtigungswirkung. Die jeweils fünf Stufen sind folgendermaßen definiert:
- 0 = gar nicht: Praktisch ohne jegliche psychogen bedingte Beeinträchtigung. In der gesamten Untersuchung bzw. im Interview besteht kein Hinweis auf eine psychogen determinierte Beeinträchtigung in der entsprechenden Skalendimension während des zu beurteilenden Prävalenzzeitabschnittes.
- 1 = geringfügig: Eine beeinträchtigende Symptommanifestation ist in geringem Ausmaß zwar vorhanden, sie wird aber als leicht eingeschätzt. Eine nennenswerte Beeinträchtigung des Individuums wird nicht verursacht.
- 2 = deutlich: Die durch die psychogene Symptomatik verursachte Beeinträchtigung ist unübersehbar vorhanden. Sie führt zu einer merklichen Beeinträchtigung des Individuums.
- 3 = stark: Eine ausgeprägte und schon erhebliche Beeinträchtigung des Individuums auf der entsprechenden Skalendimension durch eine psychogene Symptomatik ist vorhanden.
- 4 = extrem: Die Symptomatik ist so stark, dass sie auf der zu beurteilenden Dimension zu einer kaum noch überbietbaren Beeinträchtigung des Individuums im Lebensalltag führt.

Die vergebenen Punktwerte auf den drei Subskalen werden in der Reihenfolge *kö*, *psy*, *soko* niedergeschrieben und bilden das Profil. Aufsummiert ergeben die Gewichtungen auf den drei Dimensionen den Gesamt-BSS-Wert. Er erstreckt sich über einen Bereich von 0 bis 12.

Gütekriterien

Objektivität: Objektiv ist das Verfahren bezüglich des beurteilten Patienten/Klienten/(Forschungs-)Probanden insofern, als die Einstufung durch in der Handhabung des BSS möglichst geschulte außenstehende Experten erfolgt. Deren diagnostische Urteilsbildung auf der Basis breiter klinischer Erfahrung und Expertenwissens und nach gründlicher persönlicher Untersuchung des Probanden bildet die Grundlage des Ratings.

Validität: Abgesehen vom Außenkriterium Diagnose kann das Vergleichsinstrument Goldberg-Cooper-Interview als Validitätskriterium angesehen werden (Goldberg et al., 1970). Der BSS besitzt eine vergleichsweise noch höhere Spezifität und ebenso hohe Sensitivität (Manz, 1987). Auch die Korrelation mit Skalen des Freiburger Persönlichkeitsinventars (FPI), des Gießen-Tests (GT) und der Beschwerdelisten (B-L, B-L') und anderer klinischer Inventare sind hoch und belegen die Validität.

Interrater-Reliabilitäten: Für den Gesamtsummenwert lagen bei einem breiten Messbereich von 0 bis 12 BSS-Punkten (im Rahmen einer Feldforschungsklientel, $N = 600$, in der Klinikanwendung, im Rahmen der Zwillingsforschung) die Reliabilitäten zwischen $r = .89$ und .99. Für die Subdimensionen zeigten sich Werte zwischen .68 und .97 (Schellberg, 1995).

Vergleichswerte/ Normen

Für den BSS liegen Daten von ambulanter und stationärer Inanspruchnahme-Patientenklientel sowie von einer Zufallsstichprobe Erwachsener aus der Bevölkerung ($N = 600$) vor (Franz et al., 2011). In epidemiologischen Forschungszusammenhängen sind bei Vorliegen der ICD-Diagnose einer psychogenen Erkrankung (qualitatives Fallkriterium) ab einem BSS-Summenwert von 4 (quantitatives Fallkriterium) für das Bezugsintervall der letzten 7 Tage (zeitliches Fallkriterium) die Fallkriterien erfüllt. Bezüglich psychogener Erkrankung kann ein Summenwert von 0 bis 1 als optimale Gesundheit angesehen werden, 2 bis 3 entspricht schon einer leichteren Störung, 4 bis 5 findet sich als deutliche Störung von Krankheitswert (am häufigsten bei der ambulanten Inanspruchnahmeklientel, die mit gutachterpflichtiger Richtlinien-/ Langzeitpsychotherapie versorgt wird). Summenwerte von 6 bis 7 repräsentieren bereits eine ausgeprägte und schon ziemlich schwere beeinträchtigende Erkrankung, 8 bis 9 entsprechen einer außerordentlich schweren Erkrankung, 10 bis 11 ergeben die – erfahrungsgemäß seltenen – in jeder Hinsicht schwerst gestörten Patienten mit Extremgraden psychogener Erkrankungen und ihrer Folgen in allen drei Dimensionen.

WWW-Ressourcen

Es liegen keine zusätzlichen Ressourcen vor.

Literatur

Fahrig, H., Kronmüller, K. T., Hartmann, M. & Rudolf, G. (1996). Therapieerfolg analytischer Psychotherapie bei Kindern und Jugendlichen. *Zeitschrift für Psychosomatische Medizin und Psychoanalyse, 42,* 375–395.

Franz, M., Seidler, D., Jenett, D., Schäfer, R., Wutzler, U., Kämmerer, W. et al. (2015). Stationäre tiefenpsychologisch orientierte Psychotherapie bei depressiven Störungen (STOP-D) – Erste Befunde einer naturalistischen, multizentrischen Wirksamkeitsstudie. *Zeitschrift für Psychosomatische Medizin und Psychotherapie, 61,* 19–35.

Franz, M., Tress, W. & Schepank, H. (2011). Epidemiologie. In R. H. Adler, W. Herzog, P. Joraschky, K. Köhle, W. Langewitz, W. Söllner et al. (Hrsg.), *Uexküll, Psychosomatische Medizin: Theoretische Modelle und klinische Praxis* (7. Aufl., S. 593–604). München: Urban & Fischer.

Goldberg, D. P., Cooper, B., Eastwood, M. R., Kedward, H. B. & Shepherd, M. (1970). A standardized psychiatric interview for use in community surveys. *British Journal of Preventive and Social Medicine, 24,* 812–835.

Heigl-Evers, A. & Schepank, H. (Hrsg.). (1980/81). Ursprünge seelisch bedingter Krankheiten. Eine Untersuchung an 100 + 9 Zwillingspaaren mit Neurosen und psychosomatischen Erkrankungen. Göttingen: Vandenhoeck & Ruprecht.

Manz, R. (1987). Gütekriterien der Instrumente zur Fallidentifikation. In Schepank, H. (Hrsg.), *Psychogene Erkrankungen der Stadtbevölkerung. Eine epidemiologisch-tiefenpsychologische Feldstudie in Mannheim.* Berlin: Springer.

Schellberg, D. (1995). Reliabilität des BSS. In H. Schepank (Hrsg.), *Der Beeinträchtigungs-Schwere-Score (BSS)* (S. 18–20). Göttingen: Beltz Test.

Schepank, H. (1987). *Psychogene Erkrankungen der Stadtbevölkerung. Eine epidemiologisch-tiefenpsychologische Feldstudie in Mannheim.* Berlin: Springer.

Schepank, H. (Hrsg.). (1990). *Verläufe. Seelische Gesundheit und psychogene Erkrankungen heute.* Berlin: Springer.

Schepank, H. (1996). *Zwillingsschicksale. Gesundheit und psychische Erkrankungen bei 100 Zwillingen im Verlauf von drei Jahrzehnten.* Stuttgart: Enke.

Schneider, G., Heuft, G., Senf, W. & Schepank, H. (1997). Die Adaptation des Beeinträchtigungs-Schwere-Score (BSS) für Gerontopsychosomatik und Alterspsychotherapie. *Zeitschrift für Psychosomatische Medizin und Psychoanalyse, 43,* 261–279.

Uebel, T. (1995). Das Forschungsdesign der Heidelberger Studie zur analytischen Kinder- und Jugendpsychotherapie. *Zeitschrift für Kinder- und Jugendpsychiatrie, 23* (Suppl. 1), 42.

Autoren des Beitrags Matthias Franz und Heinz Schepank

Kontaktdaten des Erstautors

Univ.-Prof. Dr. med. Matthias Franz
Universitätsklinikum Düsseldorf
Klinisches Institut für Psychosomatische Medizin und Psychotherapie
Postfach 101007
40001 Düsseldorf
matthias.franz@uni-duesseldorf.de

BVB-2000
Bochumer Veränderungsbogen-2000

Autoren des Testverfahrens	Ulrike Willutzki, Dominik Ülsmann, Dietmar Schulte und Andreas Veith
Quelle	Willutzki, U., Ülsmann, D., Schulte, D. & Veith, A. (2013). Direkte Veränderungsmessung in der Psychotherapie. Der Bochumer Veränderungsbogen-2000 (BVB-2000). *Zeitschrift für Klinische Psychologie und Psychotherapie, 42* (4), 256–268. Der Bezug ist kostenfrei.
Vorgänger-/ Originalversionen	Ausgangspunkt für die Entwicklung des BVB-2000 war der Veränderungsfragebogen des Erlebens und Verhaltens (VEV): Zielke, M. & Kopf-Mehnert, C. (1978). *Der Veränderungsfragebogen des Erlebens und Verhaltens (VEV).* Weinheim: Beltz.
Kurzversionen	keine
Kurzbeschreibung	Der BVB-2000 ist ein eindimensionales Selbstbeurteilungsverfahren zur direkten Veränderungsmessung der Befindlichkeit und des Verhaltens. Im Vergleich zu einem definierten Zeitpunkt wird die Person direkt danach gefragt, inwieweit sich seit diesem Zeitpunkt eine Verbesserung bzw. Verschlechterung des Verhaltens und Erlebens ergeben hat. In der Standardform werden Veränderungen seit Beginn einer Psychotherapie erfasst; die Bezugspunkte können je nach Anwendungsbereich angepasst werden (z. B. vor der jeweiligen Intervention, vor einem bestimmten Zeitpunkt). Der BVB-2000 umfasst 26 Items in Form von Polaritätsprofilen und liegt als Papier-Bleistift-Verfahren vor. Potenzielle Anwender sind Psychotherapeuten, Berater, klinische Psychologen und Interventionsforscher.
Anwendungsbereich	Der Test eignet sich für Jugendliche und Erwachsene. Anwendungsgebiete sind Therapie- bzw. Interventionsevaluation (Prävention, Rehabilitation, Gesundheitspsychologie, Verhaltensmedizin etc.) sowie andere Bereiche der Veränderungsmessung (z. B. in der Entwicklungspsychologie).
Bearbeitungszeit	Die Durchführungszeit liegt bei 5 bis 10 Minuten, die Auswertungszeit bei circa 5 Minuten.
Theoretischer Hintergrund	Die im Test erfassten Veränderungen des Erlebens und Verhaltens beziehen sich auf störungsübergreifende Dimensionen psychischer Belastung bzw. Gesundheit (Anspannung/Entspannung, Stimmung, Selbstwert, Handlungsfähigkeit, soziale Interaktion, Sinn).
Bezug zur Psychotherapie	Der Fragebogen kann zur Evaluation des Psychotherapieerfolgs bzw. des Therapieverlaufs genutzt werden. Durch seine Form als Verfahren

zur direkten Veränderungsmessung kann der Bogen ökonomisch zur Therapieerfolgsmessung in Form einer Ein-Punkt-Messung am Ende der Therapie bzw. Intervention auch bei fehlenden Prä-Werten eingesetzt werden.

Testentwicklung

In Anlehnung an die inhaltlichen Dimensionen des VEV von Zielke und Kopf-Mehnert (1978) wurden aus Gründen der Verständlichkeit und inhaltlichen Eindeutigkeit 42 Items zur Erfassung des Erlebens und Verhaltens als Polaritätsprofile formuliert. Auf Basis erster Analysen konnte die Itemanzahl ohne Reliabilitätseinbußen auf 26 verringert werden (Veith & Willutzki, 2000). Veith und Willutzki (2000) konnten für verschiedene Messzeitpunkte innerhalb des Therapieverlaufs eine dreifaktorielle Struktur des Instruments zeigen. Die ersten beiden Faktoren separierten sich vor allem entlang der Polung der Items, während sich der dritte Faktor inhaltlich auf Veränderungen sozialer Interaktionen bezog. Bei der Re-Analyse des BVB-2000 durch Willutzki et al. (2013) auf Grundlage einer Stichprobe von 205 Psychotherapiepatienten (47.3 % Angststörungen, 35.6 % Affektive Störungen) in kognitiv-verhaltenstherapeutischer Behandlung ergab sich auf Basis einer konfirmatorischen Faktorenanalyse und unter Berücksichtigung des Scree-Kriteriums ein Hauptfaktor mit einem Eigenwert von 14.45 und einer Varianzaufklärung von 56 %. Dementsprechend wird von einem dominanten Hauptfaktor des BVB-2000 ausgegangen.

Aufbau und Auswertung

Der BVB-2000 umfasst 26 Items in Form von Polaritätsprofilen: Die beiden Veränderungspole Verbesserung und Verschlechterung werden explizit als Anker genannt, sodass die Person direkt die von ihr wahrgenommene Veränderung bestimmen kann. Das Skalenformat wurde als siebenstufige Likert-Skala gefasst, wobei 1 bzw. 7 die volle Zustimmung zu jeweils einem Pol und der Wert 4 als neutraler Skalenmittelpunkt das Fehlen subjektiv wahrgenommener Veränderung beschreibt. Von den 26 Items wird die Verbesserung bei 12 Items rechtspolig (stärkste Verbesserung bei 7) und bei 14 Items linkspolig (stärkste Verbesserung bei 1) repräsentiert.

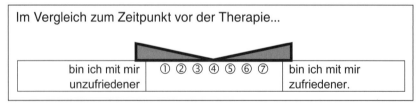

Abbildung 1: Beispielitem des BVB-2000

Für die Auswertung sind die linkspoligen Items zu invertieren und der Mittelwert über alle Items zu bilden. Je höher der Gesamtscore oberhalb von 4, desto ausgeprägter die Verbesserung; je niedriger der Gesamtscore unterhalb von 4, desto ausgeprägter die Verschlechterung.

Gütekriterien

Die Objektivität kann als gegeben vorausgesetzt werden. Die interne Konsistenz (Cronbachs α) des BVB-2000 ist mit .97 für Therapien geringerer Sitzungszahl und .96 für Therapien höherer Sitzungszahl für Psychotherapiepatienten bzw. .95 in einer Wartekontrollgruppe ($N = 88$; Patienten vor Aufnahme einer Psychotherapie, Beurteilungszeitraum von 3 Monaten) bei jeweils 26 Items hoch (Willutzki et al., 2013).

Signifikante Unterschiede zwischen Psychotherapiestichprobe und Wartekontrollgruppe zeigen, dass sich mit dem BVB-2000 zufällige Schwankungen im Erleben und Verhalten von Veränderungen im Rahmen einer Psychotherapie unterscheiden lassen.

Hinsichtlich der Konstruktvalidität weist der BVB-2000 statistisch bedeutsame Korrelationen mit anderen direkten und indirekten Therapieerfolgsmaßen auf: Globaleinschätzung des Therapieerfolgs $r = .73$, Goal-Attainment aus Patientensicht $r = .69$ bzw. Therapeutensicht $r = .39$, Brief Symptom Inventory (BSI; Franke, 2000) $r = .47$, Beck-Depressions-Inventar (BDI; Hautzinger et al., 1995) $r = .38$, Inventar Interpersoneller Probleme (IIP-D; Horowitz et al., 2000) $r = .44$.

In einer explorativen Faktorenanalyse 2. Ordnung (Hauptkomponentenanalyse) lässt sich der BVB-2000 von indirekten Veränderungsmaßen (Prä-Post Effektstärken von BSI, BDI, IIP-D) separieren und lädt deutlich gemeinsam mit anderen direkten Veränderungsmaßen (Globaleinschätzung des Therapieerfolgs, Goal-Attainment). Die erste Dimension der explorativen Faktorenanalyse 2. Ordnung lässt sich in Einklang mit Schulte (1993) bzw. Flückiger et al. (2007) als Zielerreichungsfaktor auffassen, während die zweite Dimension eher Symptomveränderungen repräsentiert (vgl. ähnlich Ülsmann & Schulte, 2013). Diese Ergebnisse zur konvergenten Validität verweisen darauf, dass der Beitrag der direkten Veränderungsmessung zur Erfolgsbeurteilung über eine statistisch bedeutsame Konvergenz mit der indirekten Veränderungsmessung hinausgeht (vgl. Flückiger et al., 2007; Michalak et al., 2003; Ülsmann & Schulte, 2013).

Vergleichswerte/ Normen

Willutzki et al. (2013) haben zur Abschätzung der Bedeutung einzelner Testergebnisse des BVB-2000 die kritische Profildifferenz (Lienert & Raatz, 1998) aus den Werten einer klinischen Wartekontrollgruppe ($N = 88$; Beurteilungszeitraum 3 Monate) berechnet. Bei einem Signifikanzniveau von $p < .05$ werden Personen mit einem Wert größer 4.40 als gebessert und kleiner 3.36 als verschlechtert klassifiziert; Personen mit Werten innerhalb dieses Intervalls werden als unverändert klassifiziert.

Auf Grundlage dieser Grenzwerte werden bei Willutzki et al. (2013) in der Psychotherapiestichprobe zu Behandlungsende 85.9 % der Patienten als gebessert, 13.2 % als unverändert und 1 % als verschlechtert kategorisiert. In der klinischen Wartekontrollgruppe (Beurteilungszeitraum 3 Monate) werden 17 % als verbessert, 59.1 % als unverändert und 21.6 % als verschlechtert klassifiziert. Die als gebessert klassifizierte Patientengruppe weist auf verschiedenen Therapieerfolgsmaßen (Effektstärken von BSI, BDI, IIP-D; Globaleinschätzung des Therapieerfolgs, Goal-Attainment) signifikant höhere Erfolgswerte auf als die als unverändert klassifizierte Gruppe.

WWW-Ressourcen

Es liegen keine zusätzlichen Ressourcen vor.

Literatur

Flückiger, C., Regli, D., Grawe, K. & Lutz, W. (2007). Differences and similarities between pre-post and retrospective measurings. *Psychotherapy Research, 17,* 359–364.

Franke, G. H. (2000). *Brief Symptom Inventory von L. R. Derogatis (Kurzform der SCL-90-R) – Deutsche Version (BSI).* Göttingen: Beltz Test.

Hautzinger, M., Bailer, M., Worall, H. & Keller, F. (1995). *Beck-Depressions-Inventar (BDI).* Bern: Huber.

Horowitz, L. M., Strauß, B. & Kordy, H. (2000). *Inventar zur Erfassung Interpersoneller Probleme – Deutsche Version (IIP-D).* Weinheim: Beltz Test.

Lienert, G. A. & Raatz, U. (1998). *Testaufbau und Testanalyse* (6. Aufl.). Weinheim: Psychologie Verlags Union.

Michalak, J., Kosfelder, J., Meyer, F. & Schulte, D. (2003). Messung des Therapieerfolgs. Veränderungsmaße oder retrospektive Erfolgsbeurteilung. *Zeitschrift für Klinische Psychologie und Psychotherapie, 32* (2), 94–103.

Schulte, D. (1993). Wie soll Therapieerfolg gemessen werden? *Zeitschrift für Klinische Psychologie, 22,* 374–393.

Ülsmann, D. & Schulte, D. (2013). Ziel erreicht! Aber auch verändert? Zwei basale Perspektiven in der Psychotherapieerfolgsbeurteilung. *Zeitschrift für Klinische Psychologie und Psychotherapie, 42,* 77–86.

Veith, A. & Willutzki, U. (2000). *Eine Revision des Veränderungsfragebogens des Erlebens und Verhaltens (VEV).* Vortrag auf dem Kongress für Klinische Psychologie und Psychotherapie der Deutschen Gesellschaft für Verhaltenstherapie, Berlin.

Willutzki, U., Ülsmann, D., Schulte, D. & Veith, A. (2013). Direkte Veränderungsmessung in der Psychotherapie. Der Bochumer Veränderungsbogen-2000 (BVB-2000). *Zeitschrift für Klinische Psychologie und Psychotherapie, 42,* 256–268.

Zielke, M. & Kopf-Mehnert, C. (1978). *Der Veränderungsfragebogen des Erlebens und Verhaltens (VEV).* Weinheim: Beltz Test.

Autoren des Beitrags

Ulrike Willutzki und Andreas Veith

Kontaktdaten der Erstautorin

Prof. Dr. Ulrike Willutzki
Universität Witten/Herdecke
Department für Psychologie und Psychotherapie
Klinische Psychologie und Psychotherapie
Alfred-Herrhausen-Str. 50
58448 Witten
ulrike.willutzki@uni-wh.de

CBS-G
Compulsive Buying Scale – Deutsche Version

Autorinnen des Testverfahrens	Astrid Müller und Martina de Zwaan
Quelle	Müller, A., Mitchell, J. E., Crosby, R. D., Gefeller, O., Faber, R. J., Martin, A. et al. (2010). Estimated prevalence of compulsive buying in Germany and its association with sociodemographic characteristics and depressive symptoms. *Psychiatry Research, 180,* 137–142. Der Fragebogen und die Auswertungssyntax sind auf Anfrage bei der Erstautorin erhältlich.
Vorgänger-/ Originalversionen	*Amerikanische Originalversion:* Faber, R. J. & O'Guinn, T. C. (1992). A clinical screener for compulsive buying. *Journal of Consumer Research, 19,* 459–469.
Kurzversionen	keine
Kurzbeschreibung	Es handelt sich um ein eindimensionales Selbstbeurteilungsinstrument mit sieben Items, die auf einer fünfstufigen Antwortskala von 1 = sehr oft bis 5 = nie beantwortet werden. Je geringer der CBS-G-Summenwert ist, desto höher ist die Kaufsuchttendenz einzuschätzen.
Anwendungsbereich	Der Test eignet sich für Erwachsene. Zu den Anwendungsbereichen zählen Diagnostik, Grundlagenforschung, Therapieevaluation und psychosoziale Beratung (Müller et al., 2008, 2010).
Bearbeitungszeit	Die Durchführungszeit beträgt circa 5 Minuten.
Theoretischer Hintergrund	Der Fragebogen erfasst die Neigung zu pathologischem Kaufverhalten/Kaufsucht. Für diese Verhaltenssucht sind ein unwiderstehlich starker Kaufdrang und daraus resultierender exzessiver, bedarfsunabhängiger Warenkonsum, mit dem unangenehme Gefühlszustände kompensiert werden, charakteristisch. Das unangemessene Kaufverhalten geht mit psychischen, sozialen und finanziellen Problemen einher. Basierend auf Repräsentativerhebungen sind circa 7 bis 9 % der deutschen Erwachsenen kaufsuchtgefährdet (Hubert et al., 2014; Müller et al., 2010; Neuner et al., 2005).
Bezug zur Psychotherapie	Im Rahmen der Validierungsstudie (Müller et al., 2010) wurde ein Schwellenwert publiziert, der für ein erstes Screening von pathologischem Kaufen herangezogen werden kann. Neben der diagnostischen Abklärung eignet sich der Fragebogen aufgrund seiner Kürze zudem gut für Verlaufsmessungen und für die Überprüfung von Behandlungseffekten (Müller et al., 2008).

Testentwicklung

Die Originalversion wurde von den Autorinnen ins Deutsche übersetzt und anschließend von einem professionellen Übersetzungsbüro rückübersetzt. Der Vergleich von Rückübersetzung und Original ergab eine hohe Übereinstimmung zwischen beiden Versionen, die von den amerikanischen Autoren der Validierungsstudie verifiziert wurde.

Die psychometrische Überprüfung der CBS-G erfolgte an einer Bevölkerungsstichprobe ($N = 2\,307$). Eine explorative Faktorenanalyse zeigte, dass die von Faber und O'Guinn (1992) vorgeschlagene Eindimensionalität in der deutschen populationsbasierten Stichprobe replizierbar ist. Eine konfirmatorische Faktorenanalyse des deutschen Datensets ergab eine gute Anpassungsgüte des Modells.

Basierend auf dem Kriterium der doppelten Standardabweichung wurde ein Schwellenwert für Kaufsuchtgefährdung von -1.09 errechnet.

Aufbau und Auswertung

Die CBS-G besteht aus sieben Items, die auf einer Likert-Skala von 1 = sehr oft bis 5 = nie beantwortet werden. Der Summenwert wird nach folgender Formel berechnet:

$$CBS_{Total} = -9.69 + (cbs1 \times 0.33) + (cbs2 \times 0.34) + (cbs3 \times 0.5) + (cbs4 \times 0.47) + (cbs5 \times 0.33) + (cbs6 \times 0.38) + (cbs7 \times 0.31)$$

Dieser Algorithmus wurde von den Autoren der Originalversion vorgeschlagen (Faber & O'Guinn, 1992). Er beruht auf einer logistischen Regressionsanalyse zur Itemselektion und bezieht sowohl das Intercept als auch die ß-Gewichte der einzelnen Items ein.

Da geringere Scores für eine stärkere Kaufsuchttendenz sprechen, gelten Werte unter dem Schwellenwert von -1.09 als Hinweis für pathologisches Kaufen.

Gütekriterien

Der Fragebogen verfügt über eine gute Reliabilität. Cronbachs α in der Bevölkerungsstichprobe lag bei .88. Die Test-Retest-Reliabilität wurde ermittelt, indem der Fragebogen von 82 Psychiatriepatienten zweimal in einem Zeitintervall von 14 Tagen beantwortet wurde. Der Intraclass-Korrelationskoeffizient betrug .92 und unterstreicht die zeitliche Stabilität der Skala. Zur konvergenten Validität liegen Befunde von 79 ambulanten Patienten mit pathologischem Kaufen vor, die einen weiteren Kaufsuchtfragebogen sowie ein semistrukturiertes kaufsuchtspezifisches Interview beantworteten, mit denen die CBS-G signifikant negativ korrelierte ($r = -.42$ und $-.62$; beide $p < .01$). Die negative Korrelation ist darin begründet, dass geringere Werte auf der CBS-G eine höhere Kaufsuchttendenz abbilden. Der Vergleich von CBS-G Werten von Patienten mit pathologischem Kaufen ($N = 79$), stationären Psychiatriepatienten ($N = 82$) und Medizinstudenten ($N = 84$) verdeutlichte, dass der Fragebogen zwischen den Gruppen diskriminiert. Erwartungskonform hatten Patienten mit pathologischem Kaufen signifikant geringere Werte als die beiden anderen Gruppen.

Vergleichswerte/Normen

Mittelwerte wurden sowohl für die Bevölkerungsstichprobe ($N = 2\,350$) als auch für ambulante Patienten mit pathologischem Kaufen, stationäre Psychiatriepatienten und Studenten publiziert (Müller et al., 2010).

WWW-Ressourcen	Es liegen keine zusätzlichen Ressourcen vor.
Literatur	Faber, R. J. & O'Guinn, T. C. (1992). A clinical screener for compulsive buying. *Journal of Consumer Research, 19,* 459–469. Hubert, M., Hubert, M., Gwozdz, W., Raab, G. & Reisch, L. A. (2014). Compulsive buying: an increasing problem? Investigating and comparing trends in Germany and Denmark, 2010–2012. *Journal of Consumer Protection and Food Safety, 9,* 280–284. Müller, A., Mitchell, J. E., Crosby, R. D., Gefeller, O., Faber, R. J., Martin, A. et al. (2010). Estimated prevalence of compulsive buying in Germany and its association with sociodemographic characteristics and depressive symptoms. *Psychiatry Research, 180,* 137–142. Müller, A., Mueller, U., Silbermann, A., Reinecker, H., Bleich, S., Mitchell, J. E. & de Zwaan, M. (2008). A randomized, controlled trial of group cognitive behavioral therapy for compulsive buying disorder: posttreatment and 6-month follow-up results. *Journal of Clinical Psychiatry, 67,* 1131–1138. Neuner, M., Reisch, L. A. & Raab, G. (2005). Compulsive buying in maturing consumer societies: An empirical re-inquiry. *Journal of Economic Psychology, 26,* 509–522.
Autorinnen des Beitrags	Astrid Müller und Martina de Zwaan
Kontaktdaten der Erstautorin	Prof. Dr. med. Dr. phil. Astrid Müller Medizinische Hochschule Hannover Klinik für Psychosomatik und Psychotherapie Carl-Neuberg-Str. 1 30625 Hannover mueller.astrid@mh-hannover.de

CTQ
Childhood Trauma Questionnaire – Deutsche Version

Autoren des Testverfahrens	Katja Wingenfeld, Carsten Spitzer und Martin Driessen
Quelle	Wingenfeld, K., Spitzer, C., Mensebach, C., Grabe, H. J., Hill, A., Gast, U. et al. (2010). Die deutsche Version des Childhood Trauma Questionnaire (CTQ): Erste Befunde zu den psychometrischen Kennwerten. *Psychotherapie, Psychosomatik, Medizinische Psychologie, 60* (11), 442–450.
Vorgänger-/ Originalversionen	Die Originalversion des CTQ wurde auf der Basis extensiver Literaturrecherche sowie des Studiums anderer Verfahren zur Erfassung von Traumatisierungen und Expertenwissen konstruiert und validiert (Bernstein & Fink, 1998). Ausgehend von der 70 Items umfassenden Originalversion wurde dann eine Kurzversion entwickelt, die fünf zentrale Misshandlungsformen mittels je fünf Items abbildet (Bernstein et al., 1994).
Kurzversionen	Für den deutschsprachigen Raum wurde eine Kurzversion mit fünf Items entwickelt, der Childhood Trauma Screener (CTS): Grabe, H. J., Schulz, A., Schmidt, C. O., Appel, K., Driessen, M., Wingenfeld, K. et al. (2012). Ein Screeninginstrument für Missbrauch und Vernachlässigung in der Kindheit – der Childhood Trauma Screener (CTS). *Psychiatrische Praxis 39* (3), 109–115.
Kurzbeschreibung	Der Childhood Trauma Questionnaire (CTQ) ist ein Fragebogen, der auf fünf Dimensionen (Skalen) retrospektiv sexuellen, körperlichen und emotionalen Missbrauch sowie körperliche und emotionale Vernachlässigung im Kindes- und Jugendalter (bis 18 Jahre) erfasst. Jede Skala umfasst fünf Items, die auf einer fünfstufigen Likert-Skala zu beantworten sind; darüber hinaus wird die Tendenz zur *Bagatellisierung und Verleugnung* mittels dreier Items gemessen.
Anwendungsbereich	Der Fragebogen ist störungsübergreifend einsetzbar. Der Altersbereich reicht von 18 Jahren bis ins hohe Erwachsenenalter. Der Fragebogen kann sowohl an Stichproben der Allgemeinbevölkerung als auch bei Klienten- und Patientenpopulationen eingesetzt werden. Primäres Ziel ist die retrospektive Erfassung belastender/traumatischer Erfahrungen in der Kindheit.
Bearbeitungszeit	Die Bearbeitungsdauer beträgt (je nach Patient/Proband) circa 10 Minuten. Die Handauswertung dauert in der Regel nicht mehr als 5 Minuten.
Theoretischer Hintergrund	Die Weltgesundheitsorganisation (World Health Organisation, WHO) schlägt für die Gesundheitswissenschaften folgende Definition vor:

CTQ

"Kindesmissbrauch oder -misshandlung umfasst alle Formen der körperlichen und / oder emotionalen groben Misshandlung, des sexuellen Missbrauchs, der Verwahrlosung, der Vernachlässigung oder der kommerziellen bzw. anderweitigen Ausbeutung, die zu einer tatsächlichen oder möglichen Gefährdung der Gesundheit, des Überlebens, der Entwicklung oder der Würde des Kindes führen." (WHO, 1999, S. 16, Übers. v. Verf.). Im Einklang mit dieser Definition besteht weitestgehender Konsens darüber, dass Kindesmisshandlungen sowohl aktive (d. h. Missbrauch) und passive Formen (d. h. Vernachlässigung) als auch körperliche, sexuelle und psychisch-emotionale Dimensionen einschließen, wobei die Grenzen oft fließend sind. Die meisten Autoren und Klassifikationsansätze unterscheiden zwischen körperlichem (KM), sexuellem (SM) und emotionalen Missbrauch (EM) sowie körperlicher und emotionaler Vernachlässigung (KV bzw. EV). Diese Dimensionen finden sich dementsprechend auch im CTQ.

Bezug zur Psychotherapie

Die Erfassung früher Traumatisierung ist in der Psychotherapie von großer Wichtigkeit. So können im Rahmen der Entwicklung eines (individuellen) Erklärungsmodells der Ätiologie und Genese der Symptomatik eines Patienten die Ergebnisse des CTQ herangezogen werden. Auch für die Planung weiterer Diagnostik und letztendlich psychotherapeutischer Interventionsstrategien sind die Ergebnisse des CTQ nützlich.

Testentwicklung

Ausgehend von der 70 Items umfassenden Originalversion des CTQ (Bernstein & Fink, 1998) wurde eine Kurzversion entwickelt, die alle Skalen mit je fünf Items abbilden sollte (Bernstein et al., 1994). Dazu wurden die Datensätze zweier Stichproben einer explorativen Faktorenanalyse unterzogen. Für die 25 Items wurde gefordert, dass diese auf dem a priori erwarteten Faktor Ladungen > .50 und auf den anderen Skalen Ladungen < .30 aufweisen. Diese Kurzform wurde mittels konfirmatorischer Faktorenanalysen an vier unabhängigen Stichproben überprüft, wobei die fünf Subskalen (sexueller, körperlicher und emotionaler Missbrauch sowie körperliche und emotionale Vernachlässigung) bestätigt werden konnten.

Die amerikanische Kurzform des CTQ mit 28 Items wurde von zwei deutschen Übersetzern unabhängig voneinander bearbeitet. Diese beiden Versionen wurden in der Arbeitsgruppe hinsichtlich semantischer Eindeutigkeit, allgemeiner Verständlichkeit und Sprachgebrauch diskutiert und daraufhin eine deutsche Fassung des CTQ erstellt. Diese wurde von einem bilingualen Psychologen ins Englische rückübersetzt und von dem Erstautor der Originalversion positiv beurteilt.

Aufbau und Auswertung

Der CTQ beginnt mit einer kurzen Einleitung, in welcher der Patient oder Proband angesichts der sehr persönlichen Fragen motiviert wird, so ehrlich wie möglich zu antworten. Alle Aussagen werden mit der Formulierung „Als ich aufwuchs ..." eingeleitet. Die Items sind auf einer fünfstufigen Likert-Skala zu beantworten, die von 1 = überhaupt nicht bis 5 = sehr häufig reicht; somit reflektieren höhere Werte ein größeres Ausmaß an Misshandlungen.

Jede der fünf Skalen wird mit fünf Items erfasst:
- *körperlicher Missbrauch* (z. B. „... wurde ich von jemandem aus meiner Familie so stark geschlagen, daß ich zum Arzt oder ins Krankenhaus musste."),
- *sexueller Missbrauch* (z. B. „... versuchte jemand, mich sexuell zu berühren oder mich dazu zu bringen, sie oder ihn sexuell zu berühren."),
- *emotionaler Missbrauch* (z. B. „... bezeichneten mich Personen aus meiner Familie als ‚dumm', ‚faul' oder ‚häßlich'."),
- *körperliche Vernachlässigung* (z. B. „... hatte ich nicht genug zu essen.") und
- *emotionale Vernachlässigung* (z. B. „... gab es jemand in der Familie, der mir das Gefühl gab, wichtig und jemand Besonderes zu sein.").

Zur Auswertung werden die Mittelwerte über das gesamte Instrument sowie über die jeweiligen Subskalen berechnet, wobei sieben Items umgepolt werden müssen. Die drei Items zur Erfassung von *Bagatellisierung und Verleugnung* werden separat ausgewertet.

Neben dieser dimensionalen Auswertung, die für den Einzelfall wenig aussagekräftig ist, kann mittels der Werte jedes einzelnen Probanden eine vierstufige Klassifizierung des Schweregrades der Misshandlung erfolgen (kein oder minimal, moderat, schwer, schwer bis extrem). Aussageeinheiten sind somit das Vorhandensein und die Schwere der belastenden Erfahrungen in der Kindheit und Jugend.

Gütekriterien

Der Fragebogen ist aufgrund seiner standardisierten Instruktion und Auswertung objektiv bezüglich Durchführung und Auswertung. Hinsichtlich der Interpretation liegen keine Normdaten vor, eine Orientierung zur Einschätzung der Testergebnisse bietet die Unterteilung der Schwere der berichteten Traumatisierung der Autoren der amerikanischen Originalversion.

Für die deutschsprachige 28-Item-Version des CTQ wurde die interne Konsistenz als Maß der Reliabilität an $N = 1\,524$ psychiatrischen Patienten untersucht (Wingenfeld et al., 2010). Außer der Skala *körperliche Vernachlässigung*, die ein Cronbachs α von lediglich .62 aufwies, zeigten sich für die anderen Skalen gute interne Konsistenzen ($\alpha = .89$ bis .96); für den gesamten CTQ ergab sich ein α von .94. Publizierte Angaben zur Test-Retest-Reliabilität liegen für die deutschsprachige Version bislang nicht vor.

Die inhaltliche Validität ergibt sich aus der Nähe der gängigen Definitionen zu früher Traumatisierung. In einer ersten Studie zu den Gütekriterien der deutschsprachigen Version des CTQ wurden zur Überprüfung der Konstruktvalidität Korrelationen zwischen den Skalen des CTQ und Fragebögen zur Erfassung einer Posttraumatischen Belastungsstörungssymptomatik berechnet, wobei sich im Wesentlichen geringe bis mittlere Korrelationen zeigten (Wingenfeld et al., 2010). Weiterhin wurden Korrelationen zwischen der deutschen Version der Dissociative Experience Scale (DES, deutsch FDS) und den CTQ-Skalen betrachtet. Auch hier zeigten sich signifikante positive Zusammenhänge (r zwischen .14 und .40). Geringste Korrelationen ergaben sich zwischen der allgemeinen Psychopathogie, gemessen mit der Symptom-Checkliste (SCL-90-R) und dem CTQ (alle $r < .30$), wobei die Zusammenhänge zwischen *emotionalem Missbrauch* und den Einzelskalen der SCL-90-R teilweise noch in einem niedrigen bis mittleren Bereich lagen (r zwischen .13 und .28), während die anderen Skalen des CTQ sehr geringe und teilweise auch keine Assoziationen mit der jeweils gemessenen Psychopathologie aufwiesen.

In einer aktuellen Studie wurden die psychometrischen Eigenschaften des CTQ an einer bevölkerungsrepräsentativen Stichprobe überprüft (Klinitzke et al., 2012). Die Fünf-Faktoren-Struktur der Originalversion konnte nur bedingt repliziert werden. Wie auch in der Studie von Wingenfeld et al. (2010) wies insbesondere die Skala *körperliche Vernachlässigung* eine geringe interne Konsistenz auf. Zudem zeigten sich hohe Korrelationen zwischen den Skalen. Die Konstruktvalidität konnte jedoch auch in der Studie von Klinitzke und Kollegen (2012) bestätigt werden.

Vergleichswerte/ Normen

Es liegen keine Normen deutschsprachiger Stichproben vor. Eine Studie verwendete den CTQ in der deutschen Allgemeinbevölkerung und bietet so Vergleichsdaten (Häuser et al., 2011). Insgesamt berichteten 15 % der Befragten über emotionalen, 12 % über körperlichen und 12.6 % über sexuellen Missbrauch. Emotionale Vernachlässigung (49.5 %) und körperliche Vernachlässigung (48.4 %) wurden deutlich häufiger berichtet. Berücksichtigt man die Schwere der Erfahrungen berichteten 1.6 % der Stichprobe schweren emotionalen Missbrauch, 2.8 % schweren körperlichen und 1.9 % schweren sexuellen Missbrauch. Schwere Vernachlässigungserfahrungen wurden von 6.6 % (emotionale Vernachlässigung) bzw. 10.8 % (körperliche Vernachlässigung) der Befragten berichtet.

WWW-Ressourcen

Es liegen keine zusätzlichen Ressourcen vor.

Literatur

Bernstein, D. P. & Fink, L. (1998). *Childhood Trauma Questionnaire: A retrospective self-report.* San Antonio, TX: The Psychological Corporation.

Bernstein, D. P., Fink, L., Handelsman, L., Foote, J., Lovejoy, M., Wenzel, K. et al. (1994). Initial reliability and validity of a new retrospective measure of child abuse and neglect. *American Journal of Psychiatry, 151,* 1132–1136.

Häuser, W., Schmutzer, G., Brähler, E. & Glaesmer, H. (2011). Misshandlungen in Kindheit und Jugend. Ergebnisse einer Umfrage in einer repräsentativen Stichprobe der deutschen Bevölkerung. *Deutsches Ärzteblatt International, 108,* 287–294.

Klinitzke, G., Rompel, M., Häuser, W., Brähler, E. & Glaesmer, H. (2012) Die deutsche Version des Childhood Trauma Questionnaire (CTQ): psychometrische Eigenschaften in einer bevölkerungsrepräsentativen Stichprobe. *Psychotherie, Psychosomatische Medizin und Psychologie, 62* (2), 47–51.

WHO (Hrsg.). (1999). *Report of the Consultation on Child Abuse Prevention.* Genf: World Health Organization.

Wingenfeld, K., Spitzer, C., Mensebach, C., Grabe, H. J., Hill, A., Gast, U. et al. (2010). Die deutsche Version des Childhood Trauma Questionnaire (CTQ): Erste Befunde zu den psychometrischen Kennwerten. *Psychotherapie, Psychosomatik, Medizinische Psychologie, 60* (11), 442–450.

Autoren des Beitrags Katja Wingenfeld, Carsten Spitzer und Martin Driessen

Kontaktdaten der Erstautorin

Prof. Dr. Katja Wingenfeld
Charité Universitätsmedizin Berlin
Klinik für Psychiatrie und Psychotherapie
Campus Benjamin Franklin
Hindenburgdamm 30
12203 Berlin
katja.wingenfeld@charite.de

DAPP-BQ

Dimensional Assessment of Personality Pathology –
Basic Questionnaire

Autor des Testverfahrens	Fritz Ostendorf
Quelle	Bei dem hier vorgestellten Inventar handelt es sich um eine bislang unveröffentlichte, autorisierte deutsche Übersetzung des Dimensional Assessment of Personality Pathology – Basic Questionnaire (DAPP-BQ) von Livesley und Jackson (2009). Das Manual befindet sich zurzeit in Bearbeitung. Der Test kann vom Autor auf Anfrage zu Forschungszwecken zur Verfügung gestellt werden. Als Gegenleistung wird darum gebeten, die erhobenen DAPP-BQ-Daten zwecks Normierung und Pflege des Verfahrens zur Verfügung zu stellen.
Vorgänger-/ Originalversionen	Livesley, W. J. & Jackson, D. N. (2009). *Manual for the Dimensional Assessment of Personality Pathology – Basic Questionnaire.* Port Huron, MI: Sigma Press.
Kurzversionen	Für den deutschen Sprachbereich existiert bislang keine Kurzform. Von Tromp wurde für die niederländische Sprache eine Version DAPP-BQ-A (Adolescent) für Jugendliche entwickelt (vgl. Tromp & Koot, 2008). Eine entsprechende, noch in Entwicklung befindliche deutschsprachige Version kann ebenfalls bei Interesse zu Forschungszwecken beim Autor angefordert werden.
Kurzbeschreibung	Der DAPP-BQ nach Livesley und Jackson (2009) ist ein mehrdimensionaler Fragebogen zur Messung grundlegender Dimensionen von Persönlichkeitsstörungen. Das hierarchisch konzipierte Verfahren umfasst 290 Items, die 18 klinisch relevante Primäreigenschaften abbilden. Diese können wiederum den vier globaleren Merkmalsclustern bzw. Faktoren *Emotionale Dysregulation*, *Dissoziales Verhalten*, *Kontaktvermeidung* und *Zwanghaftigkeit* zugeordnet werden. Die vier Merkmalsbereiche korrespondieren bedeutsam mit vier der fünf Dimensionen des Fünf-Faktoren-Modells der Persönlichkeit (Neurotizismus, Unverträglichkeit, Introversion und Gewissenhaftigkeit). Das dem Fragebogen zugrunde liegende dimensionale Modell von Livesley dürfte maßgeblich die Entwicklung des alternativen DSM-5-Modells für Persönlichkeitsstörungen (American Psychiatric Association, 2013) beeinflusst haben, denn die DAPP-Konstrukte finden sich im alternativen DSM-5-Modell unter ähnlicher, vielfach sogar mit gleicher Bezeichnung wieder (vgl. Kriterium B: pathologische bzw. problematische Persönlichkeitseigenschaften). Die große Überlappung beider Modelle wurde auch empirisch bestätigt (van den Broeck et al., 2014). Offenbar sind die DAPP-BQ-Skalen reliabler als die bislang vorliegenden DSM-5-Skalen.

Anwendungsbereich	Im Rahmen der klinischen Beurteilung und Diagnostik von Persönlichkeitsstörungen sollte der DAPP-BQ erst ab einem Alter von 18 Jahren eingesetzt werden. Der DAPP-BQ ist primär darauf ausgelegt, grundlegende Dimensionen von Persönlichkeitsstörungen in klinischen Populationen zu erfassen, er kann aber auch für die Anwendung bei Patienten mit unterschiedlichen psychischen Störungen (z. B. Angst-, Ess- und Somatisierungsstörungen) geeignet sein. Aufgrund des dimensionalen Ansatzes eignet sich der DAPP-BQ zur Erfassung des gesamten Kontinuums von Persönlichkeitsunterschieden, einschließlich der „normalen" Persönlichkeit.
Bearbeitungszeit	Die Bearbeitungsdauer beträgt circa 45 bis 55 Minuten.
Theoretischer Hintergrund	Der DAPP-BQ basiert auf einem dimensionalen Modell von Persönlichkeitsstörungen, welches annimmt, dass die Merkmale der normalen und gestörten Persönlichkeit ein Kontinuum bilden. Eine Abgrenzung von normalen und gestörten Ausprägungen von Persönlichkeitseigenschaften ist in diesem Modell eine Frage von quantitativer und nicht qualitativer Natur. Dieser Ansatz steht im Gegensatz zu dem kategorialen Modell von Persönlichkeitsstörungen, das den offiziellen Klassifikationssystemen DSM-5 und ICD-10 zugrunde liegt. Die bisherige Forschung stützt jedoch die dimensionale Perspektive. Der DAPP-BQ ist das Ergebnis eines langjährigen Forschungsprogramms, in dem versucht wurde, durch eine möglichst vollständige und systematische Sammlung und Klassifikation aller Merkmale von Persönlichkeitsstörungen die grundlegenden Konstrukte zu identifizieren, die klinischen Konzeptionen von Persönlichkeitsstörungen zugrunde liegen. In diesem Punkt ähnelt das Vorgehen Liveslys dem psycholexikalischen Ansatz der bekanntlich zu den „Big-Five"-Persönlichkeitsfaktoren führte.
Bezug zur Psychotherapie	Die traditionelle, typologisch orientierte Diagnostik von Persönlichkeitsstörungen anhand der kategorialen Klassifikationssysteme (DSM und ICD) führt zu äußerst heterogen zusammengesetzten, sich zudem vielfach überlappenden Klassen von Patienten. Das Wissen darum, dass ein Patient die Kriterien einer bestimmten Störung erfüllt (z. B. Borderline-Persönlichkeitsstörung), bietet wenige Informationen über die Symptome, Verhaltensweisen oder Eigenschaften, die für diese Person problematisch sind. Im Gegensatz dazu bietet die dimensionale, variablen- statt typologisch orientierte Erfassung mit dem DAPP-BQ viel bedeutendere Informationen über die relevanten Verhaltensweisen, wie z. B. *Identitätsprobleme* oder *Affektive Labilität*, die die Grundlage für eine detaillierte Behandlungsplanung bieten. Ferner werden Eigenschaften identifiziert, die sich im Sinne von Persönlichkeitsstärken positiv auf den Therapieverlauf auswirken können.
Testentwicklung	*Englischsprachige Version:* Die Entwicklung verlief in drei Phasen. In der ersten Phase führte eine Sichtung der klinischen Fachliteratur zu annähernd 1 000 Eigenschaftsbegriffen und Aussagen, die zur Beschreibung von Persönlichkeitsstörungen genutzt wurden. Sodann

DAPP-BQ

wurde die Prototypizität aller Merkmale für die 11 DSM-III-Diagnosen durch eine große Gruppe von Psychiatern beurteilt. Diese Prototypizitätsurteile wurden genutzt, um eine geringere Anzahl an Eigenschaften durch die Kombination von Synonymen oder hochgradig ähnlichen Items zu entwickeln. Dies führte zu 79 Eigenschaftskategorien, für die jeweils konkrete Verhaltensbeschreibungen entwickelt wurden. Diese wurden von Experten generiert sowie Inhaltsanalysen von Interviews mit persönlichkeitsgestörten Klienten, Verhaltensbeobachtungen und der Fachliteratur entnommen.

Die zweite Phase umfasste die Entwicklung eines großen Itempools mit etwa 50 Items pro Eigenschaft, die zunächst auf 30 Items pro Skala reduziert und dann einer Stichprobe von $N = 3\,256$ Probanden zur Selbstbeurteilung vorgegeben wurden. Im Zuge der anschließenden Itemanalysen wurde die Zahl der Items pro Skala reduziert und die Zahl der Skalen aus empirischen und inhaltlichen Gründen (z. B. Berücksichtigung neuer DSM-III-R-Kriterien) von 79 auf 100 erweitert.

In der dritten Phase wurden die 100 Skalen auf eine kleinere Anzahl von grundlegenden Dimensionen reduziert, wozu die Ergebnisse faktoranalytischer Verfahren genutzt wurden. Das Resultat war der DAPP-DQ, dessen 69 Skalen die Facetten bzw. Subtraits der 18 Primäreigenschaften des DAPP-BQ repräsentieren, die wiederum die vier übergeordneten Faktoren definieren. Im kanadischen Manual finden sich leider keine Hinweise zur Berechnung von Skalenwerten für die vier übergeordneten Faktoren. Für die deutsche Version sollen Formeln zur Berechnung von Faktorenwerten auf der Basis der Primärskalenwerte in der Handanweisung veröffentlicht werden.

Deutsche Übersetzung: Der DAPP-BQ wurde von sieben erfahrenen Mitarbeitern unabhängig voneinander übersetzt. Alle Übersetzungsvorschläge wurden sodann durch drei der sieben Übersetzer gemeinsam diskutiert, um eine erste, mehrheitlich akzeptierte Übersetzung zu erarbeiten. Diese Übersetzung wurde rückübersetzt und durch die kanadischen Autoren auf Übereinstimmung mit der Originalversion geprüft. In einem iterativen Prozess wurde auf diese Weise eine schließlich von den Originalautoren autorisierte, deutsche Version entwickelt.

Aufbau und Auswertung

Das Testheft enthält neben einer Instruktion 290 Items in Aussageform. Die Beantwortung erfolgt unter Verwendung einer fünfstufigen Likert-Skala (1 = starke Ablehnung, 2 = Ablehnung, 3 = neutral, 4 = Zustimmung, 5 = starke Zustimmung). Fehlen mehr als 10 % der Antworten (> 29), wird von der Auswertung des Gesamtinventars abgeraten. Neben der Selbstbeurteilungsform (DAPP-BQ Form S) existiert für den deutschen Sprachbereich auch eine Form zur Erhebung von Fremdbeurteilungen (DAPP-BQ Form F), z. B. durch Therapeuten und Lebenspartner.

Der DAPP-BQ repräsentiert 18 Primäreigenschaften, die insgesamt 69 spezifischere Facetten (Subtraits) erfassen. Die Primäreigenschaften sind wiederum vier übergeordneten, sekundären Faktoren zugeordnet:

1. *Emotionale Dysregulation* umfasst die Primäreigenschaften *Affektive Labilität*, *Ängstlichkeit*, *Kognitive Verzerrungen*, *Identitätsprobleme*, *Unsichere Bindung*, *Oppositionshaltung* und *Unterwürfigkeit*.
2. *Dissoziales Verhalten* wird durch die Primäreigenschaften *Gefühlskälte*, *Verhaltensprobleme*, *Narzissmus*, *Ablehnung* und *Reizsuche* definiert.
3. *Kontaktvermeidung* enthält die Primärskalen *Intimitätsprobleme*, *Ungeselligkeit* und *Verschlossenheit*.
4. *Zwanghaftigkeit* wird allein durch die gleichnamige Primärskala substanziell markiert.

Die Primärskalen *Argwohn* und *Selbstschädigung* wurden hingegen vor allem aus technischen Gründen (Komplexität des Ladungsmusters, Verteilungsschiefe) keinem der übergeordneten Faktoren zugewiesen.

Ferner existiert eine Validitätsskala (acht Items), die sozial erwünschtes Antwortverhalten erfasst. Von Livesley und Jackson (2009) werden Prozentrangwerte > 95 in dieser Skala dahingehend interpretiert, dass eine Person möglicherweise nicht ehrlich geantwortet hat.

Gütekriterien

Da die Durchführung und Auswertung standardisiert ist, kann von Objektivität ausgegangen werden.

Bei einem Datenbestand von $N = 8\,314$ Testprotokollen aus nicht klinischen Stichproben (Ostendorf, 2014) lagen die internen Konsistenzen der Primärskalen der deutschen Form S zwischen .84 und .95. Vergleichbare Werte resultierten für die Primärskalen der Fremdbeurteilungsform (DAPP-BQ Form F: $\alpha = .85$ bis .96, $M = .91$, $N = 106$). In der klinischen Stichprobe ($N = 410$) variierten die Cronbach-α-Koeffizienten der Primärskalen der Form S schließlich zwischen .84 und .94.

Das Instrument besitzt eine hohe inhaltliche Validität, da es auf der Grundlage einer umfassenden Sammlung und empirisch gestützten Taxonomie der Merkmale von Persönlichkeitsstörungen entwickelt wurde.

Die Prüfung der strukturellen Äquivalenz der deutschen Übersetzung und der englischsprachigen Originalform erfolgte über den Vergleich der Faktorenstrukturen beider Formen ($N = 410$ bzw. 8 314). Für den Vergleich des deutschen DAPP-BQ mit der Originalform ergaben sich z. B. auf der Basis der Daten der normalen (nicht klinischen) Bevölkerungsstichproben Faktorkongruenzkoeffizienten in der Höhe von .95 bis 1.0 und im Fall der klinischen Stichproben von .95 bis .99, sodass von einer fast perfekten strukturellen Äquivalenz ausgegangen werden kann (vgl. Ostendorf, 2014).

Bezüglich der Konstrukt- bzw. Kriteriumsvalidität zeigten Arbeiten z. B. substanzielle Kovariationen der DAPP-BQ-Skalen mit den Faktoren des Fünf-Faktoren-Modells (Buiker, 2004; Wolff, 2013), und dies auch auf der Basis genetischer und umweltbezogener Korrelationen (Engelhardt, 2009). Büsching (2014) konnte in einer gemeinsamen Analyse der Skalen des DAPP-BQ und des Temperament and Character Inventory (TCI-R) alle vier DAPP-BQ-Faktoren replizieren. Ostertag

(2008) untersuchte die Konstruktvalidität des deutschen DAPP-BQ und ermittelte für die Skalen beider Formen im Rahmen einer Multitrait-Multimethod-Analyse eine mittlere konvergente Validität von $r = .53$ bei einer Spannweite von .31 bis .72. Ferner zeigen die Skalen der deutschen DAPP-BQ Form S schlüssige Zusammenhänge mit verschiedenen Maßen für die DSM-IV-Persönlichkeitsstörungen, wie dem SKID-II-Interview (vgl. Buiker, 2004) und dem SKID-II-Fragebogen (Buiker, 2004; Maisch, 2013; Wolff, 2013), der deutschen Version des Assessment of DSM-IV Personality Disorders Questionnaire (ADP-IV) und dem Coolidge Axis-II Inventory (CATI; vgl. Ostendorf, 2014).

Vergleichswerte/ Normen

Bislang liegt für die Form S des DAPP-BQ eine Gesamtstichprobe von circa $N = 8\,800$ gültigen Testprotokollen vor, die aus diversen einzelnen Studien stammen. Auf der Grundlage dieser Daten sollen nach Geschlecht, Alter und gegebenfalls auch unter Einbeziehung weiterer relevanter Variablen (z. B. Bildungsstand, Herkunftsland) differenzierte Normen erstellt werden. Für eine differenzierte Normierung der Form F des DAPP-BQ liegt bislang keine hinreichend große Stichprobe vor ($N = 106$).

WWW-Ressourcen

Eine Bibliografie zum DAPP-BQ steht zur Verfügung unter:
http://wwwhomes.uni-bielefeld.de/upsyf007/SA/Tests/DAPP-BQ.lit.pdf

Literatur

American Psychiatric Association (2013). *Diagnostic and statistical manual of mental disorders, Fifth Edition.* Arlington, VA: American Psychiatric Association.

Büsching, B. (2014). *Temperament, Charakter und Persönlichkeitsstörungen. Ein empirischer Vergleich der Persönlichkeitsmodelle von Livesley und Jackson (DAPP-BQ) und Cloninger (TCI-R).* Unveröffentlichte Diplomarbeit, Universität Bielefeld.

Buiker, I. (2004). *Persönlichkeit und Persönlichkeitsstörungen von Alkoholabhängigen und -missbrauchern.* Unveröffentlichte Diplomarbeit, Universität Bielefeld.

Engelhardt, M. (2009). *Verhaltensgenetische Untersuchung des DAPP-BQ: Struktur und Beziehungen zum Fünf-Faktoren-Modell.* Unveröffentlichte Diplomarbeit, Universität Bielefeld.

Livesley, W. J. & Jackson, D. N. (2009). *Manual for the Dimensional Assessment of Personality Pathology – Basic Questionnaire.* Port Huron, MI: Sigma Press.

Maisch, I. (2013). *Persönlichkeit und Persönlichkeitsstörungen von Substanzabhängigen. Eine Untersuchung zwischen dem Persönlichkeitsstörungsmodell von Livesley & Jackson (2009, DAPP-BQ) und den Persönlichkeitsstörungen des DSM-IV (SKID-II).* Unveröffentlichte Masterarbeit, Universität Bielefeld.

Ostendorf, F. (2014, July). *Dimensions of Personality and Personality Pathology. Validation of the German DAPP-BQ.* Poster presented at the 17th European Conference on Personality, Lausanne, July 15–19, 2014. Verfügbar unter: http://www.uni-bielefeld.de/psychologie/ae/AE04/HOMEPAGE/ostendorf/Abstracts/Talks/DAPP.Poster.Lausanne.pdf (Zugriff am 06.05.2015).

Ostertag, S. (2008). *Zur Validität des Dimensional Assessment of Personality Pathology – Basic Questionnaire (DAPP-BQ).* Unveröffentlichte Diplomarbeit, Universität Bielefeld.

Tromp, N. B. & Koot, H. M. (2008). Dimensions of personality pathology in adolescents: Psychometric properties of the DAPP-BQ-A. *Journal of Personality Disorders, 22,* 623–638.

van den Broeck, J., Bastiaansen, L., Rossi, G., Dierckx, E., de Clercq, B. & Hofmans, J. (2014). Hierarchical structure of maladaptive personality traits in older adults: joint factor analysis of the PID-5 and the DAPP-BQ. *Journal of Personality Disorders, 28,* 198–211.

Wiebe, N. (2012). *Beziehungen zwischen extremen Persönlichkeitsmerkmalen und posttraumatischer Belastungsstörung.* Unveröffentlichte Bachelorarbeit, Universität Bielefeld.

Wolff, A. (2013). *Zur Lokalisation von Persönlichkeitsstörungen im Circumplex- und im Fünf-Faktoren-Modell der Persönlichkeit.* Unveröffentlichte Diplomarbeit, Universität Bielefeld.

Autor des Beitrags

Fritz Ostendorf

Kontaktdaten des Autors

Dr. Fritz Ostendorf
Universität Bielefeld
Universitätsstraße 25
33615 Bielefeld
upsyf007@uni-bielefeld.de

DAS
Skala dysfunktionaler Einstellungen

Autoren des Testverfahrens	Martin Hautzinger, Jutta Joormann und Ferdinand Keller
Quelle	Hautzinger, M., Joormann, J. & Keller, F. (2005). *Skala dysfunktionaler Einstellungen (DAS)*. Göttingen: Hogrefe. Das Copyright liegt beim Hogrefe Verlag.
Vorgänger-/ Originalversionen	keine
Kurzversionen	*Es existieren zwei parallele Kurzversionen (DAS-A, DAS-B):* Rojas, R., Geissner, E. & Hautzinger, M. (2014). DAS-18 Form A und Form B: Entwicklung und psychometrische Überprüfung von zwei vergleichbaren Kurzversionen der Skala Dysfunktionaler Einstellungen (DAS). *Diagnostica, 60,* 211–228. Die Kurzversionen sind sowohl zu Testwiederholungen in der Klinik als auch in (Labor-)Studien einsetzbar. Die Kurzformen korrelieren hoch mit der DAS-Langform, ersetzen diese jedoch inhaltlich und im Rahmen einer Psychotherapie nicht.
Kurzbeschreibung	Die DAS ist ein Selbstbeurteilungsinstrument und erfasst die Ausprägung und die Art dysfunktionaler Grundüberzeugungen. Die insgesamt 40 Aussagen bilden in der Mehrzahl Kontingenzen zwischen Verhaltensmerkmalen und dem Selbstwerterleben ab. Anhand extremer Antworten werden depressionstypische verzerrte, negative Einstellungen und Grundüberzeugungen erfasst.
Anwendungsbereich	Die DAS kann bei Erwachsenen im Alter von 18 bis 80 Jahren eingesetzt werden und findet in der klinischen Psychologie, der Therapieforschung sowie in der Forschung zu Vulnerabilitäts-Stress-Modellen Anwendung. In der klinischen Anwendung ermöglicht die DAS die Diagnostik der Ausprägung und Art dysfunktionaler Grundüberzeugungen (bezüglich Stärke, Häufigkeit, Inhaltsbereichen). Darüber hinaus lässt sich die DAS als Erfolgs- und Verlaufsmaß in der Evaluation von Depressionstherapien einsetzen und bietet dadurch die Möglichkeit, individuelle Therapieverläufe zu überwachen. Weiterhin ist ein Einsatz bei der Identifikation von Risikogruppen für die Entwicklung einer Depression denkbar. Die DAS hat sich beim Vorliegen unverändert hoher Werte außerdem als Prädiktor früher Rezidive bzw. ungünstiger Verläufe nach einer Behandlung bewährt (Segal et al., 2006; Rojas et al., 2014).
Bearbeitungszeit	Die Bearbeitungszeit nimmt in der Regel etwa 10 bis 15 Minuten in Anspruch, bei klinischen Gruppen mit kognitiven oder motorischen Beeinträchtigungen kann sich die Bearbeitungszeit deutlich verlängern.

Theoretischer Hintergrund

Verzerrte, negative und unangemessene Einstellungen bilden den zentralen Begriff der kognitiven Theorie der Depression von Beck (1976) und sind charakteristisch für depressive Erkrankungen. Inhaltlich beziehen sich diese Grundüberzeugungen auf die negative kognitive Triade, nämlich die negative Sicht der eigenen Person, der Umwelt sowie der Zukunft. Emotionale Störungen sind demnach Folge der Aktivierung bestimmter Schemata, die die Person in früheren Phasen ihres Lebens erworben hat. Diese dysfunktionalen Schemata können lange Zeit latent vorhanden sein und durch externe Stimuli aktiviert werden, wie z. B. durch Situationen, die den Umständen ähneln, unter denen diese Schemata ursprünglich gebildet wurden. Einmal aktiviert, interpretieren Personen Situationen in Übereinstimmung mit diesen dysfunktionalen Schemata, welche im Laufe der Erkrankung durch immer mehr Stimuli aktiviert werden, die in irgendeiner Beziehung zu den ursprünglichen Aktivierungsbedingungen stehen. Das Erleben depressiver Episoden steht somit in Verbindung mit einem Teufelskreis zunehmend negativer Kognitionen, negativer Affekte und Inaktivität.

Bezug zur Psychotherapie

Die DAS ermöglicht die Erfassung von extremen Einstellungen und Haltungen, welche im Rahmen einer kognitiven Verhaltenstherapie beeinflusst werden und deren Veränderung ein Indikator für Besserung bzw. Therapieerfolg sind. Das Verfahren kann aufgrund vorliegender Vergleichswerte in klinischen und gesunden Gruppen auch zur Beurteilung des Einzelfalls genutzt werden.

Testentwicklung

Die DAS entstand auf der Grundlage von Vorschlägen praktizierender kognitiver Therapeuten, die typische und häufige dysfunktionale Überzeugungen ihrer (depressiven) Patienten benennen sollten. Diese Sammlung wurde mehrfach überarbeitet und ergänzt, sodass sich ursprünglich eine Liste von 100 dysfunktionalen Überzeugungen ergab. Daraus wurden aufgrund mehrerer Studien (klinische und nicht klinische Stichproben) zwei Parallelformen von jeweils 40 Items entwickelt, welche klinisch praktikabler und für die Forschung leichter nutzbar waren. Von den beiden Parallelformen setzte sich dann nur die Form A durch und bildet die Grundlage für die heute verfügbare DAS.

Aufbau und Auswertung

Die DAS enthält insgesamt 40 unterschiedliche Meinungen, Haltungen und Einstellungen, die in Form von Aussagen formuliert sind. Die Antwortmöglichkeiten reichen von 7 = totale Zustimmung bis 1 = totale Ablehnung und werden zu einem Gesamtwert (40 bis 280 Punkte) aufsummiert (dabei sind 10 Items umgekehrt gepolt). Höhere Werte weisen auf dysfunktionale Einstellungen und selbstwertschädliche Überzeugungen hin. Außerdem können zwei Skalen gebildet werden:
1. *Leistungsbewertung* (18 Items; Bsp.: „Menschen, die gute Ideen haben, sind mehr Wert als solche, die keine guten Ideen haben."),
2. *Anerkennung durch andere* (8 Items; Bsp.: „Wenn man keinen anderen Menschen hat, der einem eine Stütze ist, dann wird man unweigerlich unglücklich.").

DAS

Gütekriterien	Die DAS kann in Bezug auf Durchführung und Auswertung als objektiv angesehen werden.

Die internen Konsistenzen (Cronbachs α) der Gesamtskala bewegen sich in den verschiedenen Stichproben zwischen .88 und .94. Für die Subskala *Leistungsbewertung* ergeben sich Werte zwischen .86 und .92, für die Subskala *Anerkennung durch andere* liegen die Reliabilitäten zwischen .71 und .79.

Korrelationen mit konstruktverwandten Skalen zur Messung von Depressivität oder Hoffnungslosigkeit erreichen Werte von .71 bis .85. Verschiedene Studien belegen die Änderungssensitivität der DAS. Die Struktur der Skala konnte faktorenanalytisch repliziert werden. |
| **Vergleichswerte/ Normen** | Es liegen deskriptive Statistiken verschiedener gesunder und klinischer Stichproben vor. Grenzwerte für klinische (depressive) Gruppen werden vorgeschlagen. Des Weiteren stehen orientierende Prozentränge für die Gesamtskala sowie die Subskalen zur Verfügung (Gesamtstichprobe aus *N* = 994 jungen Erwachsenen, Erwachsenen und Depressiven). |
| **WWW-Ressourcen** | Es liegen keine zusätzlichen Ressourcen vor. |
| **Literatur** | Beck, A. T. (1976). *Cognitive therapy and the emotional disorders.* New York: International University Press.

Rojas, R., Geissner, E. & Hautzinger, M. (2014). Kognitive Reaktivität und Stressbelastung als Prädiktoren eines Rezidivs bei remittiert depressiven Personen. *Zeitschrift für Klinische Psychologie und Psychotherapie, 43,* 17–26.

Segal, Z. V., Kennedy, S., Gemar, M., Hood, K., Pedersen, R. & Buis, T. (2006). Cognitive reactivity to sad mood provocation and the prediction of depressive relapse. *Archives of General Psychiatry, 63,* 749–755. |
| **Autoren des Beitrags** | Martin Hautzinger und Kristina Geue |
| **Kontaktdaten des Erstautors** | Prof. Dr. Martin Hautzinger
Eberhard Karls Universität Tübingen
Fachbereich Psychologie
Klinische Psychologie und Psychotherapie
Schleichstr. 4
72076 Tübingen
hautzinger@uni-tuebingen.de |

DKB-43/DKB-35

Dresdner Körperbildfragebogen

Autoren des Testverfahrens	Karin Pöhlmann, Peter Joraschky und Elmar Brähler
Quelle	Pöhlmann, K., Joraschky, P & Brähler. E. (in Vorb.). *Dresdner Körperbildfragebogen*. Göttingen: Hogrefe. Das Copyright liegt beim Hogrefe Verlag.
Vorgänger-/ Originalversionen	Der DKB-43 ist eine Weiterentwicklung des DKB-35. Er beinhaltet eine zusätzliche Skala *negatives sexuelles Erleben*.
Kurzversionen	keine
Kurzbeschreibung	Der DKB-43 ist ein mehrdimensionaler standardisierter Fragebogen, der sechs Dimensionen der Einstellungen der Person zu ihrem eigenen Körper misst: *Vitalität, Körperakzeptanz, Körpernarzissmus, Körperkontakt, positives sexuelles Erleben* und *negatives sexuelles Erleben*. Erfasst wird das aktuelle Körperbild durch eine Selbstbeurteilung der Person. Anwender sollten mit dem Konstrukt Körperbild vertraut sein bzw. Befunde klinisch einordnen können.
Anwendungsbereich	Der Test ist primär bei Erwachsenen anwendbar und kann in der klinischen Diagnostik und in der Verlaufsmessung von klinischen Interventionen, aber auch in der Grundlagenforschung, eingesetzt werden. In bestimmten Fällen kann die Anwendung eines Körperbildfragebogens unangemessen oder kontraindiziert sein, wenn damit Vergleiche mit einer Norm impliziert werden oder einzelne Aussagen des Tests nicht anwendbar sind. Das kann z. B. bei Probanden mit Körperbehinderungen zutreffen oder bei Jugendlichen, die noch nicht sexuell aktiv sind. Im Einzelfall sollte die Anwendung des Fragebogens daher sorgfältig abgewogen werden.
Bearbeitungszeit	Die Bearbeitungsdauer beträgt 5 bis 10 Minuten. Die Handauswertung dauert ebenfalls etwa 5 bis 10 Minuten.
Theoretischer Hintergrund	Der Begriff Körperbild bezeichnet ein mehrdimensionales Konstrukt, das „one's body-related self-perceptions and self-attitudes, including thoughts, beliefs, feelings, and behaviours" (Cash, 2004) umfasst. Kognitive Einstellungsdimensionen beschreiben, wie viel Bedeutung die Person ihrem Aussehen zumisst und in welchem Maß ihre Aufmerksamkeit und ihre Gedanken und Handlungen auf die körperliche Erscheinung gerichtet sind. Die affektiven Komponenten des Körperbildes beinhalten Bewertungen des eigenen Körpers, die Zufriedenheit mit dem Körper und das Ausmaß seiner Akzeptanz. Selbsteinschätzungen auf der Basis von Fragebögen bilden bewusstseinsfähige und verbalisierbare Komponenten des Körperbildes ab, die als Einstellun-

DKB-43/DKB-35

gen zum eigenen Körper bzw. als Körperkonzepte verstanden werden. Diese Körperkonzepte sind Bestandteil des Selbstkonzeptes der Person (Deusinger, 1989).

Bezug zur Psychotherapie

Im klinischen Bereich kann der Fragebogen einen ökonomischen und systematischen Überblick über die Bedeutung des Körpers für die Selbstwertregulation und die soziale Beziehungsgestaltung liefern. Der DKB kann damit Informationen für die Therapie- und Interventionsplanung liefern und zur Prozessanalyse, zur Dokumentation des Behandlungsverlaufs und von Behandlungsergebnissen eingesetzt werden.

Der Fragebogen ist grundsätzlich diagnoseunabhängig einsetzbar. Eine besondere Relevanz hat das subjektive Körperbild u. a. bei Essstörungen, Traumafolgestörungen oder Borderline-Persönlichkeitsstörungen.

Die meisten Untersuchungen zum Körperbild im klinischen Bereich befassen sich mit Essstörungen. Patienten mit Essstörungen akzeptieren ihren Körper im Vergleich zu gesunden Kontrollgruppen weniger, sind unzufriedener mit ihrem Körper und erleben ihrem Körper gegenüber mehr negative Gefühle wie Angst, Ekel oder Wut. Die Unterschiede zwischen Essgestörten und Gesunden sind in kognitiven und affektiven Komponenten des Körperbildes wesentlich größer als in Einschätzungen, die das Körperschema betreffen (Cash & Deagle, 1997; Heatherton et al., 1995).

Bei Störungen, die auf frühe Traumatisierungen zurückgehen, wie z. B. komplexe Traumafolgestörungen und Borderline-Persönlichkeitsstörungen, finden sich oftmals Beeinträchtigungen des Körperbildes (z. B. Dyer et al., 2013a, 2013b). Die traumatische Verletzung der Körpergrenzen führt zu einer überdauernden Identitätsstörung, die sowohl das Körperbild als auch die persönliche Identität insgesamt betrifft. Bei Borderline-Patientinnen ist vor allem die Körperakzeptanz gestört; sie finden ihren Körper minderwertig, schlecht und unattraktiv. Aber auch bei anderen klinischen Störungen, wie Affektiven Störungen, Angststörungen oder Somatoformen Störungen finden sich im Vergleich zu Gesunden teilweise deutliche Beeinträchtigungen des Körperbildes (Stumpf et al., 2010). Auch im subklinischen Bereich zeigt sich, dass Beeinträchtigungen des Körperbildes eher störungsunspezifisch sind (Dyer et al., 2015).

Im Kontext von psychotherapeutischen Interventionen sollte nicht nur die Relevanz von störungsspezifischen Psychopathologiefaktoren reflektiert werden, sondern auch die von generell wirksamen soziokulturellen Entwicklungstrends. Der Körper ist in den letzten Jahrzehnten zum Fokus der persönlichen Identität geworden. Fitness-, Diät- und medizinische Methoden bieten eine Vielzahl von Möglichkeiten, den eigenen Körper zu formen und zu verformen und ihn so nach den eigenen Vorstellungen zu gestalten und als Ausdrucksmittel der eigenen Individualität und Identität zu funktionalisieren (Pöhlmann & Joraschky, 2006). Übergänge zwischen klinischen Phänomenen und gesellschaftlichen Trends können dadurch im Einzelfall besonders im Bereich der Selbstwertregulation fließend sein.

Testentwicklung

Der DKB wurde auf der Basis der Klassischen Testtheorie induktiv entwickelt. Die Konstruktion der Skalen erfolgte auf der Basis von Itemanalysen und explorativen (Thiel, 2007) sowie konfirmatorischen Faktoranalysen (Pöhlmann et al., 2014). Zunächst wurde ein Itempool von 89 Aussagen formuliert, die kognitive, affektive und Handlungskomponenten der Einstellungen der Person zu ihrem Körper beschreiben (Thiel, 2007). Der Fragebogen wurde drei Gruppen von Personen vorgelegt, die verschiedene Ausprägungen von Körperbildaspekten repräsentieren sollten: Personen, die regelmäßig in einem Fitnessstudio trainierten ($N = 100$), Medizin- und Psychologiestudenten ($N = 235$) sowie Patienten mit psychosomatischen Störungen ($N = 83$). Insgesamt bestand die Stichprobe aus 418 Personen. Von Fitnessstudionutzern wurde vermutet, dass ihr Körperbild positiv ist. Die studentische Stichprobe wurde als gesunde Normalstichprobe von jungen Erwachsenen betrachtet. Die Patienten dienten als klinische Vergleichsgruppe – hier wurden negativere Körperbildwerte erwartet, als in den beiden anderen Stichproben. Die Befragten beurteilten anhand einer fünfstufigen Ratingskala, in welchem Maß die Aussagen des Fragebogens aktuell auf sie zutrafen. Die Itemselektion wurde nach psychometrischen und faktoranalytischen Kriterien durchgeführt. Die Items sollten gute psychometrische Kennwerte (vor allem Itemschwierigkeit) aufweisen und einem Faktor eindeutig zuzuordnen sein ($a > .45$). Eine explorative Faktoranalyse führte zu einer Fünf-Faktoren-Lösung. Die weitere Itemselektion erfolgte nach den Gesichtspunkten Sensitivität (Differenzierung zwischen den drei Teilstichproben) und Erhöhung der Reliabilität der Skala. Auf der Basis von 59 Aussagen, die diese Kriterien erfüllten, wurde anhand der Studentenstichprobe eine Faktoranalyse zur Dimensionsbildung durchgeführt. Anschließend wurde die Replizierbarkeit der Faktorlösung anhand der Gesamtstichprobe überprüft. Die Faktoranalyse führte in beiden Stichproben zu einer Lösung mit fünf voneinander unabhängigen Faktoren. Um den Fragebogen zu kürzen, wurden Aussagen nach psychometrischen und inhaltlichen Gesichtspunkten ausgewählt, sodass die inhaltliche Redundanz der Items innerhalb der Skala gering war und die Items sowohl in gesunden als auch in klinischen Stichproben relevant waren. Die inhaltliche Relevanz wurde durch das Expertenurteil von Psychotherapeuten und Körperpsychotherapeuten gesichert. Dieses Vorgehen führte zur Auswahl von 35 Items, die fünf Dimensionen des Körperbildes abbilden (DKB-35). Die Korrelationen zwischen den Skalen zeigten, dass die inhaltliche Überlappung zwischen den Dimensionen eher gering ist ($.37 > r > .65$). Die Dimensionen des Fragebogens wurden durch eine konfirmatorische Faktoranalyse in einer klinischen Stichprobe von $N = 560$ Patienten mit verschiedenen psychischen Störungen bestätigt (Pöhlmann et al., 2014). Aufgrund der klinischen Relevanz wurde induktiv auf der Basis einer klinischen Stichprobe von Patienten mit psychosomatischen Störungen eine sechste Skala *(negatives sexuelles Erleben)* mit acht Items entwickelt (DKB-43), die negative Aspekte des sexuellen Erlebens, wie Ekel oder Gefühle des Ausgeliefertseins, abbildet.

DKB-43/DKB-35

Aufbau und Auswertung

Vor dem Beantworten der Körperbilditems werden Fragen zu Alter, Geschlecht, Körpergewicht und Körpergröße, zum Vorhandensein von Körpermodifikationen (Tätowierungen, Piercings) und zum Sport- und Diätverhalten gestellt.

In der Instruktion des DKB werden die Probanden aufgefordert, aktuelle Einstellungen zu ihrem Körper zu beschreiben. Vorgegeben werden 43 Aussagen zu kognitiven, affektiven und Verhaltensaspekten, die sechs Komponenten des Körperbildes erfassen:
- *Vitalität* (8 Items; Bsp.: „Ich bin körperlich leistungsfähig."),
- *Körperakzeptanz* (8 Items; Bsp.: „Ich bin mit meinem Aussehen zufrieden."),
- *Körpernarzissmus* (7 Items; Bsp.: „Ich setze meinen Körper ein, um Aufmerksamkeit zu erlangen."),
- *Körperkontakt* (6 Items; Bsp.: „Körperliche Berührungen lasse ich nur von wenigen Menschen zu."),
- *positives sexuelles Erleben* (6 Items; Bsp.: „In der Sexualität spüre ich meinen Körper angenehm und intensiv.") und
- *negatives sexuelles Erleben* (8 Items; Bsp.: „Sexuelle Berührungen lösen oft Ekel in mir aus.").

Die Probanden geben auf einer fünfstufigen Ratingskala an, in welchem Ausmaß die Aussagen momentan auf sie zutreffen. Die Antwortmöglichkeiten sind verbal vorgegeben (1 = gar nicht, 2 = kaum, 3 = teilweise, 4 = überwiegend, 5 = völlig). Es gibt positiv und negativ gepolte Items. Zur Bildung der Skalen werden negativ formulierte Items umgepolt, die Werte aufsummiert und durch die Anzahl der Items der jeweiligen Skala dividiert. Hohe Werte stehen für ein positives Körperbild mit Ausnahme der Skala *negatives sexuelles Erleben*. Fehlen bei einer Skala mehr als zwei Werte, wird auf die Auswertung verzichtet. Aussageeinheiten sind Skalenrohwerte inklusive Konfidenzintervallen und kritischer Differenz sowie bevölkerungsbasierte Normwerte.

Gütekriterien

Durch die standardisierte Instruktion und Normierung ist der Test objektiv in Bezug auf Durchführung, Auswertung und Interpretation. Die interne Konsistenz (Cronbachs α) liegt über verschiedene Stichproben hinweg zwischen $\alpha = .70$ und $.84$ für die Skala *Körperkontakt* und zwischen $\alpha = .91$ und $.94$ für die Skala *positives sexuelles Erleben* (Pöhlmann et al., 2013; Pöhlmann et al., in Vorb.; Thiel, 2007). Insgesamt sind die internen Konsistenzen der Skalen hoch bis sehr hoch.

Die Test-Retest-Reliabilität des DKB-35 lag über einen Zeitraum von 7 Tagen zwischen $r = .82$ *(Körperkontakt)* und $r = .91$ *(Körperakzeptanz* und *positives sexuelles Erleben)* und kann als hoch bis sehr hoch bewertet werden (Matthes et al., 2012). Die Inhaltsvalidität des DKB-35 wurde durch Korrelationen mit den Frankfurter Körperkonzeptskalen (FKKS; Deusinger, 1989) bestätigt. Die Korrelationen für inhaltlich ähnliche Skalen lagen zwischen $r = .84$ für die Skala *Vitalität* (DKB-35) und Gesundheit (FKKS) und $r = .76$ für die Skala *positives sexuelles Erleben* (DKB-35) und Sexualität (FKKS). Die Konstruktvalidität des DKB-35 wurde in klinischen und nicht klinischen Stichproben durch explorative und konfirmatorische Faktoranalysen bestätigt (Matthes et al., 2012; Pöhlmann et al., 2013; Pöhlmann et al., in Vorb.; Thiel, 2007). Weitere Bestätigungen der Konstruktvalidität liefern korrelative Befunde zu Zusammenhängen zwischen der Skala *Körpernarzissmus* und Narzissmus (Pöhlmann et al., 2013). Die Kriteriumsvalidität des DKB-35 belegen Befunde, die Zusammenhänge zwischen dem Body Mass Index (BMI) und den Körperbild-Skalen (Matthes et al., 2012; Thiel, 2007) oder Unterschiede zwischen essgestörten und gesunden Frauen im Körperbild zeigen (Pöhlmann et al., 2008). Auch weitere Anwendungsstudien (z. B. Dyer et al., 2012; Siegel et al., 2012) geben Hinweise auf die Konstrukt- und Kriteriumsvalidität des DKB-35.

Vergleichswerte/Normen

Es liegen Normwerte aus einer im Jahr 2009 erfassten bundesweit repräsentativen Quotenstichprobe von $N = 2520$ Personen zwischen 14 und 95 Jahren vor (Ausschöpfungsquote 62 %). Die Normwerte werden tabellarisch als alters- und geschlechtsstratifizierte Prozentrangnormen und T-Wert-Äquivalente dargestellt.

WWW-Ressourcen

Der DKB-43 steht kostenfrei zur Verfügung unter:
http://www.psychosomatik-ukd.de/wp-content/uploads/2013/02/DKB-43.pdf

Literatur

Cash, T. F. (2004). Body image: Past, present, future. *Body Image, 1,* 1–5.

Cash, T. F. & Deagle, E. A. (1997). The nature and extent of body image disturbances in anorexia nervosa and bulimia nervosa: A meta-analysis. *International Journal of Eating Disorders, 22,* 107–125.

Deusinger, I. M. (1989). *Frankfurter Körperkonzeptskalen (FKKS).* Göttingen: Hogrefe.

Dyer, A., Borgmann, E., Feldmann, Robert, E., Kleindienst, N., Priebe, K. et al. (2013a). Body image disturbance in patients with borderline personality disorder: Impact of eating disorders and perceived childhood sexual abuse. *Body Image, 10,* 220–225.

Dyer, A., Borgmann, E., Kleindienst, N., Feldmann, Robert, E., Vocks, S. et al. (2013b). Body image in patients with posttraumatic stress disorder after childhood sexual abuse and co-occurring eating disorder. *Psychopathology, 46,* 186–191.

Dyer, A. S., Bublatzky F. & Alpers, G. W. (2015). Körperbildstörungen bei Trauma und sozialer Ängstlichkeit. *Zeitschrift für Psychiatrie, Psychologie und Psychotherapie, 63,* 59–66.

Heatherton, T. F., Nichols, P., Mahamedi, F. & Keel, P. K. (1995). Body weight, dieting, and eating disorder symptoms among college students 1982 to 1992. *American Journal of Psychiatry, 152,* 1623–1629.

Matthes, J., Franke, G. H. & Jäger, S. (2012). Psychometrische Prüfung des Dresdner Körperbildfragebogens (DKB-35) in einer nicht-klinischen Stichprobe. *Zeitschrift für Medizinische Psychologie, 21,* 21–30.

Pöhlmann, K. & Joraschky, P. (2006). Körperbild und Körperbildstörungen: Der Körper als gestaltbare Identitätskomponente. *Psychotherapie im Dialog, 7,* 191–195.

Pöhlmann, K., Joraschky, P. & Brähler, E. (in Vorb.). *Dresdner Körperbildfragebogen.* Göttingen: Hogrefe.

Pöhlmann, K., Roth, M., Brähler, E. & Joraschky, P. (2014). Der Dresdner Körperbildfragebogen (DKB-35): Validierung auf der Basis einer klinischen Stichprobe. *Psychotherapie, Psychosomatik, Medizinische Psychologie, 64,* 93–100.

Pöhlmann, K., Thiel, P. & Joraschky, P. (2008). Das Körperbild von Essgestörten – Selbstbeschreibungen auf der Basis des Dresdner Körperbildfragebogens. In P. Joraschky, H. Lausberg & K. Pöhlmann (Hrsg.), *Körperorientierte Diagnostik und Psychotherapie bei Essstörungen* (S. 57–72). Gießen: Psychosozial.

Siegel, S., Streetz-van der Werf, C., Schott, J. S., Nolte, K., Karges, W. & Kreitschmann-Andermahr, I. (2013). Diagnostic delay is associated with psychosocial impairment in acromegaly. *Pituitary, 16,* 507–514.

Stumpf, A., Braunheim, M., Heuft, G. & Schneider, G. (2010). Alters-, Geschlechts-und Diagnosegruppen-spezifische Unterschiede in den Körperkonzepten bei Patienten einer psychosomatischen Ambulanz. *Zeitschrift für Psychosomatische Medizin und Psychotherapie, 56,* 283–296.

Thiel, P. P. (2007). *Der Dresdner Körperbildfragebogen: Entwicklung und Validierung eines mehrdimensionalen Fragebogens.* Unveröffentlichte Dissertation, Technische Universität Dresden.

Autorin des Beitrags	Karin Pöhlmann
Kontaktdaten der Autorin	PD Dr. phil. Karin Pöhlmann Technische Universität Dresden Universitätsklinik für Psychotherapie und Psychosomatik Fetscherstr. 74 01307 Dresden karin.poehlmann@tu-dresden.de

DMQ-R
Fragebogen zur Erfassung von Alkoholkonsummotiven

Autor des Testverfahrens	Emmanuel Kuntsche (für die deutsche, französische und italienische Langform sowie für die englische, deutsche, französische und italienische Kurzform)
Quelle	Kuntsche, E., Knibbe, R., Gmel, G. & Engels, R. (2006). Replication and validation of the Drinking Motive Questionnaire Revised (DMQ-R, Cooper, 1994) among adolescents in Switzerland. *European Addiction Research, 12* (3), 161–167. Der Bezug ist beim Autor kostenfrei möglich.
Vorgänger-/ Originalversionen	keine
Kurzversionen	Es existiert eine Kurzform mit 12 Items (DMQ-R SF): Kuntsche, E. & Kuntsche, S. (2009). Development and Validation of the Drinking Motive Questionnaire Revised Short Form (DMQ-R SF). *Journal of Clinical Child and Adolescent Psychology, 38* (6), 899–908.
Kurzbeschreibung	Beim DMQ-R handelt es sich um ein Selbstbeurteilungsverfahren mit 20 Items zur Erfassung von vier distinkten Kategorien von Alkoholkonsummotiven (*Soziale Motive*, *Verstärkungsmotive*, *Bewältigungsmotive* und *Konformitätsmotive*). Jede Kategorie wird von fünf Items (Langform) bzw. drei Items (Kurzform) erfasst. Der Fragebogen kann als Papier-Bleistift-Verfahren, Online-Version oder als Interview angewendet werden. Potenzielle Anwender sind Alkoholforscher, Entwicklungspsychologen und im Gesundheitsbereich tätige Personen.
Anwendungsbereich	Der Fragebogen kann für Personen, die in den letzten 12 Monaten mindestens einmal Alkohol getrunken haben, angewendet werden. Ursprünglich wurde der Fragebogen für Jugendliche entwickelt. Er kann jedoch auch bei Erwachsenen eingesetzt werden (Crutzen & Kuntsche, 2013). Anwendungsgebiete sind Alkoholforschung, -prävention, -intervention und -therapie sowie angewandte Forschung zu verschiedenen Bereichen der öffentlichen Gesundheit (Public Health), der Gesundheitspsychologie, der Psychopharmakologie sowie der Entwicklungspsychologie und -psychopathologie.
Bearbeitungszeit	Langform: 3 bis 6 Minuten; Kurzform: 2 bis 4 Minuten.
Theoretischer Hintergrund	Das motivationale Modell des Alkoholkonsums (Cox & Klinger, 1988, 1990) geht davon aus, dass Menschen Alkohol trinken, um einen gewünschten emotionalen Zustand zu erreichen. Dabei kann der gewünschte emotionale Zustand in der Steigerung positiver Gefühle (positive Verstärkung) oder in der Verminderung oder Vermeidung negativer Gefühle (negative Verstärkung) bestehen. Darüber hinaus kann die Art

DMQ-R

der Verstärkung auf die eigenen körperlichen Empfindungen gerichtet sein (interne Verstärkung) oder instrumentell erfolgen (externe Verstärkung), beispielsweise im Zusammensein mit anderen. Aus der Kreuzung dieser beiden Dimensionen (Wertigkeit: positiv versus negativ; Art: intern versus extern) resultieren vier verschiedene Motivkategorien:

– *Soziale Motive* (positiv, extern): Alkohol zu konsumieren, um im Beisein anderer mehr Spaß zu haben (etwa auf einer Party),
– *Verstärkungsmotive* (positiv, intern): um die psychophysiologischen Effekte des Alkohols zu spüren,
– *Bewältigungsmotive* (negativ, intern): um Probleme zu verdrängen oder Belastungen erträglicher zu machen,
– *Konformitätsmotive* (negativ, extern): Alkoholkonsum aufgrund von Gruppendruck oder um Zugang zu einer bestimmten Clique zu erhalten.

Im motivationalen Modell werden diese Trinkmotive als persönliche Entscheidung verstanden, um einen gewünschten emotionalen Zustand durch Alkoholkonsum zu erreichen. Diese Entscheidung ist oftmals das Resultat eines längeren Prozesses. Damit sind Trinkmotive dem Alkoholkonsum unmittelbar vorausgehend und vermitteln so eine Reihe weiter zurückliegender Faktoren. Empirisch konnte nachgewiesen werden, dass Trinkmotive beispielsweise den Zusammenhang von genetischen Faktoren (van der Zwaluw et al., 2011), dem Trinkverhalten der Eltern (Müller & Kuntsche, 2011), Persönlichkeitseigenschaften (Kuntsche et al., 2008a), kulturellen Trinknormen (Kuntsche et al., 2015) sowie eigenen Alkoholerwartungen (Kuntsche et al., 2010b) mit den eigenen Trinkgewohnheiten und resultierenden Problemen zu mediieren vermögen.

Bezug zur Psychotherapie

Für die Prävention, Intervention und Therapie übermäßigen Alkoholkonsums sind Trinkmotive bedeutsam, um den emotionalen Antrieb für ein beobachtbares Verhalten zutage zu fördern (Kuntsche et al., 2010a). Beispielsweise neigen sowohl Verstärkungstrinkende als auch Bewältigungstrinkende zu Rauschtrinken, die zugrunde liegende Motivation für dieses Verhalten ist jedoch grundverschieden (z. B. den „Kick" zu suchen versus Probleme zu vergessen). Der DMQ-R sowie seine Kurzform sind dazu geeignet, risikoreiche Personengruppen zu identifizieren, die sich aufgrund ihrer Trinkmotivstruktur unterscheiden. Details hierfür sind in Kuntsche et al. (2010a) aufgeführt. Diese Personengruppen können dann gezielt durch bedürfnisorientierte Präventions-, Interventions- bzw. Therapiemaßnahmen angesprochen werden. Ein Beispiel hierfür findet sich bei Conrod et al. (2011).

Testentwicklung

Die Testentwicklung erfolgte durch Dr. M. Lynne Cooper in den USA, zuerst als dreidimensionaler Fragebogen (DMQ; Cooper et al., 1992) und anschließend als vierdimensionaler Fragebogen (DMQ-R; Cooper, 1994), dem motivationalen Modell des Alkoholkonsums (Cox & Klinger, 1988, 1990) entsprechend. Für die deutsche, französische und italienische Version wurden die Originalitems übersetzt. Die Qualität der Übersetzung wurde durch Rückübersetzung der Items ins Englische sichergestellt. Die Validierung erfolgte anhand einer national repräsentativen Stichprobe von 5 617 alkoholtrinkenden 12- bis 18-Jährigen in der Schweiz. Davon waren 70.9 % deutschsprachig, 22.3 % französischsprachig und 6.7 % italienischsprachig. Details zur Validierung der Langform sind in Kuntsche et al. (2006) aufgeführt.

Die Auswahl der Items für die Kurzform erfolgte nach vier Kriterien (Kuntsche & Kuntsche, 2009): (1) Items mit der höchsten Faktorladung in vorangegangenen Publikationen wurden bevorzugt, (2) geringer Verlust an interner Konsistenz, basierend auf einer vorangegangenen Stichprobe (Kuntsche et al., 2006), (3) Vorhandensein einer hohen Diskriminationsfähigkeit, aufgrund von Rasch-Modellen anhand einer vorangegangenen Stichprobe (Kuntsche et al., 2006), (4) inhaltliche bzw. theoriebezogene Überlegungen (Items wurden bevorzugt, die das Konstrukt inhaltlich am besten repräsentieren). Die Validierung erfolgte anhand einer national repräsentativen Stichprobe von 2 398 alkoholtrinkenden 12- bis 17-Jährigen aus der Schweiz. Davon waren 68.7 % deutschsprachig, 24.1 % französischsprachig und 7.2 % italienischsprachig. Details zur Validierung der Kurzform sind in Kuntsche und Kuntsche (2009) aufgeführt.

Aufbau und Auswertung

Die Items des DMQ-R werden mit folgendem Satz eingeleitet: „Denke an alle Gelegenheiten, an denen du in den letzten 12 Monaten Alkohol (Bier, Wein, Spirituosen/Schnaps usw.) getrunken hast, wie oft hast du getrunken...".

In der Langform wird jede Motivkategorie mit fünf Items erfasst, bei der Kurzform sind dies drei Items pro Kategorie:
- *Soziale Motive* (Bsp.: „... weil es dann lustiger wurde, wenn du mit anderen zusammen warst."),
- *Verstärkungsmotive* (Bsp.: „... weil es einfach Spaß machte."),
- *Bewältigungsmotive* (Bsp.: „... um deine Probleme zu vergessen.") und
- *Konformitätsmotive* (Bsp.: „... um dich nicht ausgeschlossen zu fühlen.").

Die Items werden in zufälliger Reihenfolge präsentiert (also nicht nach Motivkategorie geordnet).

Das Antwortformat ist fünfstufig und bildet eine relative Häufigkeit ab: 1 = nie, 2 = selten, 3 = manchmal, 4 = meistens und 5 = immer. Die Auswertung erfolgt entweder über latente Variablen (etwa in Strukturgleichungsmodellen) oder anhand von gemittelten Summenwerten. Cut-Off-Werte existieren nicht.

Gütekriterien

Der DMQ-R sowie seine Kurzform sind die gegenwärtig weltweit am häufigsten eingesetzten Fragebögen zur Erfassung von Alkoholkonsummotiven. Sowohl für die Langform als auch für die Kurzform ergeben sich zufriedenstellende interne Konsistenzen (Cronbachs α Langform/Kurzform: *Soziale Motive* α = .82/.77, *Verstärkungsmotive* α = .85/.70, *Bewältigungsmotive* α = .88/.83, *Konformitätsmotive* α = .87/.78). Ferner zeigen konfirmatorische Faktorenanalysen eine gute Passung der empirischen Daten an das postulierte Vier-Faktoren-Modell (Langform/Kurzform: *CFI* = .920/.960, *NNFI* = .897/.945, *RMSEA* = .062/.047,

DMQ-R

SRMR = .079/.020). Auch zeigt sich eine deutlich bessere Passung des Vier-Faktoren-Modells gegenüber alternativen Ein-, Zwei- oder Drei-Faktoren-Modellen. Darüber hinaus konnte die Äquivalenz der Faktorenstruktur für jüngere und ältere Jugendliche sowie für Mädchen und Jungen nachgewiesen werden.

Vergleichswerte/ Normen

Für die Langform liegen Mittelwerte sowie Zusammenhänge mit Alkoholkonsummaßen getrennt für verschiedene Stichproben von Jugendlichen und jungen Erwachsenen in der Schweiz vor sowie im direkten Vergleich zu Stichproben aus Kanada und den USA (Kuntsche et al., 2008b). In Deutschland berichtete bisher lediglich eine Studie Mittelwerte der vier Motivkategorien und dies getrennt nach niedrig und hoch risikoreich konsumierenden Jugendlichen (Wurdak et al., 2010). Für die Kurzform liegen Mittelwerte sowie Zusammenhänge mit Alkoholkonsummaßen getrennt für verschiedene Stichproben von Jugendlichen und jungen Erwachsenen in der Schweiz vor sowie im direkten Vergleich zu 13 anderen europäischen Ländern (Kuntsche et al., 2014). Publikationen von Mittelwerten des DMQ-R SF anhand von Stichproben in Deutschland sind nicht bekannt.

WWW-Ressourcen

Es liegen keine zusätzlichen Ressourcen vor.

Literatur

Conrod, P. J., Castellanos-Ryan, N. & Mackie, C. J. (2011). Long-term effects of a personality-targeted intervention to reduce alcohol use in adolescents. *Journal of Consulting and Clinical Psychology, 79* (3), 296–306.

Cooper, M. L. (1994). Motivations for alcohol use among adolescents: Development and validation of a four-factor-model. *Psychological Assessment, 6* (2), 117–128.

Cooper, M. L., Russell, M. A., Skinner, J. B. & Windle, M. (1992). Development and validation of a three-dimensional measure of drinking motives. *Psychological Assessment, 4* (2), 123–132.

Cox, W. M. & Klinger, E. (1988). A motivational model of alcohol use. *Journal of Abnormal Psychology, 97* (2), 168–180.

Cox, W. M. & Klinger, E. (1990). Incentive motivation, affective change, and alcohol use: A model. In W. M. Cox (Ed.), *Why people drink – Parameters of alcohol as a reinforcer* (pp. 291–314). New York: Gardner Press, Inc.

Crutzen, R. & Kuntsche, E. (2013). Validation of the four-dimensional structure of drinking motives among adults. *European Addiction Research, 19* (4), 222–226.

Kuntsche, E., Fischer, M. von & Gmel, G. (2008a). Personality factors and alcohol use: A mediator analysis of drinking motives. *Personality and Individual Differences, 45* (8), 796–800.

Kuntsche, E., Knibbe, R. A., Engels, R. C. M. E. & Gmel, G. (2010a). Being drunk to have fun or to forget problems? Identifying enhancement and coping drinkers among risky drinking adolescents. *European Journal of Psychological Assessment, 26* (1), 46–54.

Kuntsche, E., Knibbe, R. A., Gmel, G. & Engels, R. C. M. E. (2006). Replication and validation of the Drinking Motive Questionnaire Revised (DMQ-R, Cooper, 1994) among adolescents in Switzerland. *European Addiction Research, 12* (3), 161–168.

Kuntsche, E. & Kuntsche, S. (2009). Development and validation of the Drinking Motive Questionnaire Revised Short Form (DMQ–R SF). *Journal of Clinical Child and Adolescent Psychology, 38* (6), 899–908.

Kuntsche, E., Nic Gabhainn, S., Roberts, C., Windlin, B., Vieno, A., Bendtsen, P. et al. (2014). Drinking motives and links to alcohol use in 13 European countries. *Journal of Studies on Alcohol and Drugs, 75* (3), 428–437.

Kuntsche, E., Stewart, S. H. & Cooper, M. L. (2008b). How stable is the motive-alcohol use link? A cross-national validation of the Drinking Motive Questionnaire Revised among adolescents from Switzerland, Canada, and the United States. *Journal of Studies on Alcohol and Drugs, 69* (3), 388–396.

Kuntsche, E., Wicki, M., Windlin, B., Nic Gabhainn, S., Roberts, C., Vieno, A. et al. (2015). Drinking motives mediate drinking culture differences but not gender differences in adolescent alcohol use. *Journal of Adolescent Health, 56* (3), 323–329.

Kuntsche, E., Wiers, R. W., Janssen, T. & Gmel, G. (2010b). Same wording, distinct concepts? Testing differences between expectancies and motives in a mediation model of alcohol outcomes. *Experimental and Clinical Psychopharmacology, 18* (5), 436–444.

Müller, S. & Kuntsche, E. (2011). Do the drinking motives of adolescents mediate the link between their parents' drinking habits and their own alcohol use? *Journal of Studies on Alcohol and Drugs, 72* (3), 429–437.

van der Zwaluw, C. S., Kuntsche, E. & Engels, R. C. M. E. (2011). Risky alcohol use in adolescence: The role of genetics (DRD2, SLC6A4) and coping motives. *Alcoholism: Clinical and Experimental Research, 35* (4), 756–764.

Wurdak, M., Dörfler, T., Eberhard, M. & Wolstein, J. (2010). Tagebuchstudie zu Trinkmotiven, Affektivität und Alkoholkonsum bei Jugendlichen [Diary-based study concerning drinking motives, affectivity, and alcohol consumption among adolescents]. *Sucht, 56* (3–4), 175–182.

Autor des Beitrags

Emmanuel Kuntsche

Kontaktdaten des Autors

Dr. Emmanuel Kuntsche
Addiction Suisse
Avenue Ruchonnet 14
CH-1003 Lausanne
ekuntsche@addictionsuisse.ch

EAT-26D
Eating Attitudes Test

Autoren des Testverfahrens	Hans-Christoph Steinhausen (1984), Rolf Meermann und Walter Vandereycken (1987), Barbara Rainer und Günther Rathner (1997)
Quellen	Der Fragebogen steht in mindestens drei verschiedenen Übersetzungsvarianten kostenfrei zur Verfügung: – Meermann, R. & Vandereycken, W. (1987). *Therapie der Magersucht und Bulimia nervosa. Ein klinischer Leitfaden für den Praktiker.* Berlin: Walter de Gruyter. – Steinhausen, H.-C. (2002). *Psychische Störungen bei Kindern und Jugendlichen. Lehrbuch der Kinder- und Jugendpsychiatrie* (5., neu bearbeitete Aufl.). München: Urban & Fischer. – Tuschen-Caffier, B., Pook, M. & Hilbert, A. (2005). *Diagnostik von Essstörungen und Adipositas.* Göttingen: Hogrefe.
Vorgänger-/ Originalversionen	*Englischsprachige Originalversionen:* – Garner, D. M. & Garfinkel, P. E. (1979). The Eating Attitudes Test: an index of the symptoms of anorexia nervosa. *Psychological Medicine, 9,* 273–279. – Garner, D. M., Olmsted, M. P., Bohr, Y. & Garfinkel, P. E. (1982). The eating attitudes test: psychometric features and clinical correlates. *Psychological Medicine, 12,* 871–878. Der EAT-26D ist die Kurzversion des EAT-40. Der EAT-40 wurde 1979 von Garner und Garfinkel entwickelt und 1982 auf 26 Items verkürzt. *Deutschsprachige Vorgängerversionen:* – Steinhausen, H.-C. (1984). Transcultural comparison of eating attitudes in young females and anorectic patients. *European Archives of Psychiatry and Neurological Sciences, 234,* 198–201. – Rathner, G. (1982). *Eating Attitudes Test (EAT).* Unveröffentlichtes Manuskript zur deutschsprachigen Fassung des EAT, Universität Innsbruck.
Kurzversionen	Im deutschsprachigen Raum liegt ein Vorschlag als EAT-13 zum Einsatz als Screeningverfahren vor: – Berger, U., Hentrich, I., Wick, K., Bormann, B., Brix, C., Sowa, M. et al. (2012). Eignung des „Eating Attitudes Test" EAT-26D zur Erfassung riskanten Essverhaltens bei 11- bis 13-Jährigen und Vorschlag für eine Kurzversion mit 13 Items. *Psychotherapie, Psychosomatik, Medizinische Psychologie, 62,* 223–226.
Kurzbeschreibung	Es handelt sich um ein Papier-Bleistift-Verfahren zur Erfassung gestörten Essverhaltens im Selbstbericht. Eine Computerversion und Onlinevariante liegen vor. Die Items sind als Selbstaussagen formuliert, die auf einer sechsstufigen Häufigkeitsskala eingeschätzt werden sollen.

Es werden drei Subskalen *(Diät, Bulimie und Beschäftigung mit Nahrung, Orale Kontrolle)* unterschieden und es kann ein Gesamtscore gebildet werden.

Anwendungsbereich

Der EAT-26D ist ein Screeninginstrument zur Feststellung des Ausmaßes gestörten Essverhaltens in klinischen und nicht klinischen Gruppen (ab dem Alter von 11 Jahren) sowohl in Einzel- als auch Gruppensituationen. Das Verfahren wird sehr häufig in epidemiologischen Studien, aber auch in Präventionsstudien zur Ermittlung von Risikopopulationen oder in Risikogruppen (z. B. Leistungssportler) eingesetzt. Darüber hinaus kommt der EAT-26D auch im Rahmen von Therapieevaluationsstudien zur Anwendung.

Bearbeitungszeit

Die Durchführungszeit beträgt maximal 10 Minuten; die Auswertungszeit liegt bei 5 bis 10 Minuten.

Theoretischer Hintergrund

Das Verfahren wurde ursprünglich von Garner und Garfinkel (1979) zur Erfassung von Kernverhaltensweisen (Körperbild, Interozeption, Einstellungen und Verhaltensweisen im Umgang mit Nahrung, psychobiologische Symptome wie Amenorrhoe), die im direkten Zusammenhang mit Anorexia nervosa stehen, entwickelt. Anhand einer umfangreichen Literaturübersicht wurden zuerst 40 Items zusammengestellt, die Verhaltensweisen und Einstellungen gegenüber Essen und dessen Vermeidung erfassen. Garner et al. (1982) erachteten diesen Itempool als sehr heterogen und wollten Itemcluster bilden, die im Zusammenhang mit dem klinischen Bild der Anorexia nervosa stehen. Die 40-Item-Version wurde dann im Weiteren aufgrund einer Faktorenanalyse auf 26 Items reduziert, die drei Skalen mit einer Varianzaufklärung von 40.2 % zugeordnet werden konnten (Garner et al., 1982). Der EAT-40 und der EAT-26D korrelierten zu .98 miteinander.

Bezug zur Psychotherapie

Der EAT gehört zu den am häufigsten eingesetzten Verfahren innerhalb der Essstörungsforschung. Gerade durch die Cut-Off-Werte eignet sich das Verfahren sehr gut, um Risikogruppen zu identifizieren. Dann sollte aber im zweiten Schritt eine ausführliche Diagnostik mit klinischen Interviews erfolgen, um den Verdacht zu überprüfen und eine spezifische Diagnose zu stellen. Weiterhin ist der EAT ein ökonomisches Verfahren, um die Effekte von Interventionen zu evaluieren. Das Verfahren ist allerdings weniger gut geeignet zur Therapieplanung, da zwar essstörungsrelevante Einstellungen und Verhaltensweisen erfasst werden, allerdings nicht differenziert genug, um daraus eine Therapieplanung abzuleiten.

Testentwicklung

Die Testentwicklung der Originalversion basiert auf der Klassischen Testtheorie. Der erste Itempool ($N = 35$) wurde auf der Grundlage der empirischen Befundlage zum Störungsbild entwickelt. In einem ersten Schritt wurden die Items zwischen einer gesunden ($N = 34$) und einer anorektischen ($N = 32$) jungen Erwachsenengruppe (Altersdurchschnitt: 21 bis 22 Jahre) verglichen und nur die 23 Items aufgenommen, die signifikant zwischen den Gruppen differenzierten. Im nächsten

EAT-26D

Schritt wurden einige der Items umformuliert und neue hinzugenommen und diese 40-Item-Version wiederum an einer Stichprobe von anorektischen Mädchen und jungen Frauen ($N = 33$) und gesunden Kontrollpersonen ($N = 59$) getestet (Garner & Garfinkel, 1979). Die Verkürzung auf 26 Items erfolgte dann 3 Jahre später (Garner et al., 1982) anhand einer Faktorenanalyse an einer Stichprobe von $N = 160$ anorektischen jungen Frauen (Altersdurchschnitt: 21 Jahre) und einer weiblichen studentischen Vergleichsgruppe ($N = 140$). In weiteren Studien wurden allerdings auch andere Essstörungsdiagnosen und nicht klinische Gruppen beider Geschlechter berücksichtigt. Für die deutschsprachige Übersetzung von Rathner wird auf eine Rückübersetzungs-Prozedur verwiesen (Waldherr & Rathner, 2011). Die deutschen Versionen wurden wiederum an verschiedenen Stichproben getestet: Rainer und Rathner (1997) legten Werte von Mädchen und jungen Frauen zwischen 11 und 20 Jahren vor; Steinhausen (1984) von 109 Schülerinnen (Altersdurchschnitt: 11 Jahre), 60 Krankenschwesterschülerinnen (Altersdurchschnitt: 20 Jahre) und 22 anorektischen Patientinnen (Altersdurchschnitt: 11 Jahre). Aus weiteren Studien liegen auch Daten von Jungen und Männern sowie Risikopopulationen vor (Aschenbrenner et al., 2004; Buddeberg-Fischer et al., 1996; Neumärker et al., 1998; vgl. auch Garfinkel & Newman, 2001).

Aufbau und Auswertung

Der EAT-26D besteht aus 26 Selbstaussagen, die auf einer sechsstufigen Häufigkeitsskala von 0 = nie bis 5 = immer beantwortet werden sollen. Dabei werden drei Subskalen unterschieden:
- *Diät* (13 Items; Bsp.: „Ich habe Angst übergewichtig zu sein."),
- *Bulimie und Beschäftigung mit Nahrung* (6 Items; Bsp.: „Ich erbreche nach der Mahlzeit."),
- *Orale Kontrolle* (7 Items; Bsp.: „Ich vermeide es zu essen, wenn ich hungrig bin.").

Ein Item (Item 25) muss umgepolt werden, sodass hohe Werte eine hohe Skalenausprägung widerspiegeln; die Itemausprägungen werden aufsummiert. Der Gesamtscore kann zwischen 0 und 130 Punkten variieren. Von einer Betrachtung auf Subskalenebene wird abgeraten; maximal kann die Skala *Diät* betrachtet werden. Darüber hinaus existiert eine Transformation der Antwortstufen von sechs auf vier. Dabei werden die Antworten nie, selten und manchmal mit 0 bewertet, häufig mit 1, sehr häufig mit 2 und immer mit 3. Für diese Auswertungsvariante liegt ein Cut-Off-Wert von 10 bzw. 20 Punkten zur Bestimmung von Risikopopulationen vor (Aschenbrenner et al., 2004, Buddeberg-Fischer et al., 1996).

Gütekriterien

Die Durchführungs-, Auswertungs- und Interpretationsobjektivität kann als gegeben angesehen werden.

Die interne Konsistenz für den Gesamtscore und die Retest-Reliabilität kann für klinische und nicht klinische Stichproben mit Werten von $\alpha = .86$ und $r = .87$ als sehr gut bezeichnet werden. Auf Subskalenebene erwies sich nur die Skala *Diät* ($\alpha = .80$) als intern konsistent, während die Skalen *Bulimie und Beschäftigung mit Nahrung* ($\alpha = .67$)

sowie *Orale Kontrolle* (α = .56) unzureichende Werte aufwiesen und auch zwischen den einzelnen Studien stark variierten (Gleaves et al., 2014). Auf eine Interpretation dieser Werte sollte daher verzichtet werden. Die hohen internen Konsistenzen der Gesamtskala konnten auch für den EAT-26D in Studien mit klinischen und nicht klinischen Gruppen (z. B. Berger et al., 2011; Rainer & Rathner, 1997; Steinhausen, 1984), aber auch jugendlichen Athleten (α = .90; Krentz & Warschburger, 2011a, 2011b) bestätigt werden.

Die inhaltliche Validität kann aufgrund der Testkonstruktion und den Items als gegeben betrachtet werden. Zur faktoriellen Validität liegen widersprüchliche Daten vor – von einem bis hin zu sechs Faktoren mit unterschiedlicher Varianzaufklärung und unterschiedlichem Modellfit (Ahmadi et al., 2014; Belon et al., 2011; Berger et al., 2012; Ocker et al., 2007; Rivas et al., 2010) – die ursprüngliche Faktorenstruktur erweist sich zudem nicht als messinvariant (Belon et al., 2011). Die konvergente Validität wird durch signifikante Korrelationen mit anderen essstörungsspezifischen Messinstrumenten, wie z. B. dem SCOFF, Eating Disorder Inventory (EDI) oder Eating Disorder Examination (EDE), unterstrichen (z. B. Ahmadi et al., 2014; Berger et al., 2011; Doninger et al., 2005; Siervo et al., 2005). Die diskriminante Validität kann durch Mittelwertsunterschiede zwischen gesunden und klinischen Gruppen, zwischen diäthaltenden und nicht diäthaltenden Studenten sowie zwischen Ballettschülern und Schülern als belegt gelten (z. B. Ahmadi et al., 2014; Neumärker et al., 1992, 1998; Rainer & Rathner, 1997; Steinhausen, 1984). Des Weiteren wurden für die Sensitivität bei einem Cut-Off-Wert von 20 bzw. 10 Punkten 79 % bzw. 59 %, für die Spezifität 82 % bzw. 74 % erreicht. Geschlechtsspezifische Unterschiede wurden nicht berichtet (Berger et al., 2011), allerdings haben sich in anderen Ländern teils höhere Cut-Off-Werte ergeben (z. B. Orbitello et al., 2006; Rivas et al., 2010). Die prädiktive Validität ist aufgrund der geringen Inzidenzrate gering (Garfinkel & Newman, 2001).

Vergleichswerte/ Normen

Es liegen auch für den deutschsprachigen Raum mehrere Publikationen mit Normdaten und Referenzwerten für unterschiedliche Stichproben (klinische, Schüler- und Studentenversionen) vor. Eine Zusammenstellung ist u. a. bei Steinhausen (1984) sowie bei Tuschen-Caffier et al. (2005) zu finden.

WWW-Ressourcen

Die englische Version des EAT-26 kann kostenfrei bezogen werden unter: http://www.eat-26.com/

Literatur

Ahmadi, S., Moloodi, R., Zarbaksh, M.-R. & Ghaderi, A. (2014). Psychometric properties of the Eating Attitude Test-26 for female Iranian students. *Eating and Weight Disorders, 19,* 183–189.

Aschenbrenner, K., Aschenbrenner, F., Kirchmann, H. & Strauß, B. (2004). Störungen des Essverhaltens bei Gymnasiasten und Studenten. *Psychotherapie, Psychosomatik, Medizinische Psychologie, 54,* 1–13.

Belon, K. E., Smith, J. E., Bryan, A. D., Lash, D. N., Winn, J. L. & Gianini, L. M. (2011). Measurement invariance of the Eating Attitudes

Test-26 in Caucasian and Hispanic women. *Eating Behaviors, 12,* 317–320.

Berger, U., Hentrich, I., Wick, K., Bormann, B., Brix, C., Sowa, M. et al. (2012). Eignung des „Eating Attitudes Test" EAT-26D zur Erfassung riskanten Essverhaltens bei 11- bis 13-Jährigen und Vorschlag für eine Kurzversion mit 13 Items. *Psychotherapie, Psychosomatik, Medizinische Psychologie, 62,* 223–226.

Berger, U., Wick, K., Hölling, H., Schlack, R., Bormann, B., Brix, C. et al. (2011). Screening riskanten Essverhaltens bei 12-jährigen Mädchen und Jungen: psychometrischer Vergleich der deutschsprachigen Versionen von SCOFF und EAT-26. *Psychotherapie, Psychosomatik, Medizinische Psychologie, 61,* 311–318.

Buddeberg-Fischer, B., Bernet, R., Sieber, M., Schmid, J. & Buddeberg, C. (1996). Epidemiology of eating behaviour and weight distribution in 14- to 19-year-old Swiss students. *Acta Psychiatrica Scandinavica, 93,* 296–304.

Doninger, G. L., Enders, C. K. & Burnett, K. F. (2005). Validity evidence for Eating Attitudes Test scores in a sample of female college athletes. *Measurement in Physical Education and Exercise Science, 9,* 35–49.

Garfinkel, P. E. & Newman, A. (2001). The Eating Attitudes Test: twenty-five years later. *Eating and Weight Disorders, 6,* 1–24.

Garner, D. M. & Garfinkel, P. E. (1979). The Eating Attitudes Test: an index of the symptoms of anorexia nervosa. *Psychological Medicine, 9,* 273–279.

Garner, D. M., Olmsted, M. P., Bohr, Y. & Garfinkel, P. E. (1982). The eating attitudes test: psychometric features and clinical correlates. *Psychological Medicine, 12,* 871–878.

Gleaves, D. H., Pearson, C. A., Ambwani, S. & Morey, L. C. (2014). Measuring eating disorder attitudes and behaviors: a reliability generalization study. *Journal of Eating Disorders, 2,* 1–12.

Krentz, E. M. & Warschburger, P. (2011a). Sports-related correlates of disordered eating in aesthetic sports. *Psychology of Sport and Exercise, 12,* 375-382.

Krentz, E. M. & Warschburger, P. (2011b). Sports-related correlates of disordered eating: A comparison between aesthetic and ballgame sports. *International Journal of Sport Psychology, 42,* 548–564.

Neumärker, K.-J., Bettle, N., Bettle, O., Dudeck, U. & Neumärker, U. (1998). The eating attitudes test: Comparative analysis of female and male students at the public ballet school of Berlin. *European Child & Adolescent Psychiatry, 7,* 19–23.

Neumärker, U., Dudeck, U., Vollrath, M., Neumärker, K.-J. & Steinhausen, H.-C. (1992). Eating attitudes among adolescent anorexia nervosa patients and normal subjects in former west and east Berlin: A transcultural comparison. *International Journal of Eating Disorders, 12,* 281–289.

Ocker, L. B., Lam, E. T. C., Jensen, B. E. & Zhang, J. J. (2007). Psychometric Properties of the Eating Attitudes Test. *Measurement in Physical Education and Exercise Science, 11,* 25–48.

Orbitello, B., Ciano, R., Corsaro, M., Rocco, P. L., Taboga, C., Tonutti, L. et al. (2006). The EAT-26 as screening instrument for clinical nutrition unit attenders. *International Journal of Obesity, 30,* 977–981.

Rainer, B. & Rathner, G. (1997). EAT-Normen für deutschsprachige weibliche Jugendliche: Eine populationsgestützte Studie. *Zeitschrift für Klinische Psychologie, Psychopathologie und Psychotherapie, 45,* 16–35.

Rivas, T., Bersabé, R., Jiménez, M. & Berrocal, C. (2010). The Eating Attitudes Test (EAT-26): reliability and validity in Spanish female samples. *The Spanish Journal of Psychology, 13,* 1044–1056.

Siervo, M., Boschi, V., Papa, A., Bellini, O. & Falconi, C. (2005). Application of the SCOFF, Eating Attitude Test 26 (EAT 26) and Eating Inventory (TFEQ) Questionnaires in young women seeking diet-therapy. *Eating and Weight Disorders, 10,* 76–82.

Steinhausen, H.-C. (1984). Transcultural comparison of eating attitudes in young females and anorectic patients. *European Archives of Psychiatry and Neurological Sciences, 234,* 198–201.

Tuschen-Caffier, B., Pook, M. & Hilbert, A. (2005). *Diagnostik von Essstörungen und Adipositas.* Göttingen: Hogrefe.

Waldherr, K. & Rathner, G. (2011). EAT. Eating Attitudes Test. In C. Barkmann, M. Schulte-Markwort & E. Brähler (Hrsg.), *Klinisch-psychiatrische Ratingskalen für das Kindes- und Jugendalter* (S. 201–206). Göttingen: Hogrefe.

Autorin des Beitrags

Petra Warschburger

Kontaktdaten der Autorin

Prof. Dr. Petra Warschburger
Universität Potsdam
Karl-Liebknechtstr. 24–25
14467 Potsdam
warschb@uni-potsdam.de

ECR-RD
Experiences in Close Relationships – Revised, deutsche Version

Autoren des Testverfahrens	Johannes C. Ehrenthal, Ulrike Dinger und Henning Schauenburg
Quelle	Ehrenthal, J. C., Dinger, U., Lamla, A., Funken, B. & Schauenburg, H. (2009). Evaluation der deutschsprachigen Version des Bindungsfragebogens „Experiences in Close Relationships – Revised" (ECR-RD). *Psychotherapie, Psychosomatik, Medizinische Psychologie, 59,* 215–223. Die Nutzung ist kostenfrei (Public-use). Der Bezug ist beim Erstautor möglich.
Vorgänger-/ Originalversionen	Es handelt sich um eine Weiterentwicklung des ECR-Fragebogens (deutsche Version BoBi): Neumann, E., Rohmann, E. & Bierhoff, H. W. (2007). Entwicklung und Validierung von Skalen zur Erfassung von Vermeidung und Angst in Partnerschaften. *Diagnostica, 53,* 33–47. *Englische Originalversion:* Fraley, R. C., Waller, N. G. & Brennan, K. A. (2000). An item response theory analysis of self-report measures of adult attachment. *Journal of Personality and Social Psychology, 78,* 350–365.
Kurzversionen	Es existiert eine Screeningversion mit 8 Items: Ehrenthal, J. C., Zimmermann, J., Dinger, U., Schauenburg, H., Brenk-Franz, K., Kirchmann, H. et al. (under review). Development and factor structure of a brief screening version of the attachment questionnaire „Experiences in Close Relationships – Revised" (ECR-RD8).
Kurzbeschreibung	Beim ECR-RD handelt es sich um ein mehrdimensionales Selbstbeurteilungsverfahren, welches theoriekonform bindungsbezogene Einstellungen und Erwartungen im Kontext des Partnerschaftserlebens erfasst. Die Items sind zwei Skalen zugeordnet: 1. *Bindungsbezogene Angst,* 2. *Bindungsbezogene Vermeidung.* Jede Skala beinhaltet 18 Items (Langversion) bzw. 4 Items (Screeningversion). Die übliche Auswertung erfolgt als Papierversion, die Einbindung in elektronische Erhebungsmethoden ist jedoch möglich. Anwender sind sowohl Praktikerinnen und Praktiker als auch Forschende in den genannten Anwendungsbereichen.
Anwendungsbereich	Zielpopulation sind zumeist Erwachsene, wobei der Einsatz bei Jugendlichen möglich ist. Anwendungsbereiche sind klinische Psychologie

und Psychotherapie, Psychosomatik, Psychiatrie, Medizin- und Gesundheitswissenschaften, Sozialpsychologie, Persönlichkeitspsychologie.

Bearbeitungszeit

Durchführungszeit der Langversion: 5 bis 10 Minuten; Screeningversion: 1 Minute.

Theoretischer Hintergrund

Die auf John Bowlby zurückgehende Bindungstheorie beschreibt Muster des intrapsychischen wie auch interpersonellen Erlebens und Verhaltens vor einem entwicklungspsychologischen Hintergrund. Vor dem Hintergrund wiederholter Beziehungserfahrungen mit bedeutsamen anderen, wie z. B. den Eltern, entwickeln sich sogenannte innere Arbeitsmodelle als sozial-kognitive Strukturen. Diese beinhalten relativ stabile Erwartungen darüber, inwiefern sich ein Individuum der Unterstützung anderer in Notsituationen sicher ist. Ursprünglich wurden drei organisierte Bindungsmuster (sicher, unsicher-vermeidend, unsicher-ängstlich/verstrickt) beschrieben. Gleichzeitig beschäftigt sich die Bindungstheorie mit aus diesen inneren Arbeitsmodellen resultierenden Strategien der Selbst- und Co-Regulation (Dykas & Cassidy, 2011; Sbarra & Hazan, 2008). Ein vermeidendes Muster geht dabei oft mit dem Versuch einer Deaktivierung, das ängstlich/verstrickte Muster mit einer Hyperaktivierung des Bindungssystems und entsprechenden intra- wie interindividuellen Regulationsstrategien einher (Mikulincer et al., 2003).

Während die frühe Bindungsforschung kategoriale Einschätzungen von Bindungsmustern bevorzugte, legen aktuelle Forschungsergebnisse nahe, dass ein dimensionales Erfassen angemessener ist (Fraley & Spieker, 2003; Haydon et al., 2011). Der ECR-RD bildet auf der Basis partnerschaftsbezogener Einstellungen (Shaver & Mikulincer, 2002) die zentralen Dimensionen von bindungsbezogener Angst und bindungsbezogener Vermeidung ab.

Bezug zur Psychotherapie

Der Gegenstandsbereich des ECR-RD ist für Forschung und Anwendung in der Psychotherapie auf mindestens vier Ebenen relevant. Zunächst ist unsichere Bindung ein Risikofaktor für die Entstehung und Aufrechterhaltung seelischer, psychosomatischer sowie somatischer Erkrankungen und Beschwerden (Graetz et al., 2013; Levy, 2005; Maunder & Hunter, 2001; McWilliams & Bailey, 2010). Zweitens wirken sich verschiedene Bindungsstrategien unterschiedlich auf die intraindividuelle Stressregulation aus (Dykas & Cassidy, 2011; Ehrenthal et al., 2011). Drittens gehen unsichere Bindungsstrategien mit spezifischen interpersonellen Regulationsstilen einher, die sich negativ auf die therapeutische Beziehung (Bernecker et al., 2014; Daniel, 2006; Smith et al., 2010) aber auch auf das Behandlungsergebnis auswirken können (Levy et al., 2011), und die in spezifischen Situationen in Behandlungen besonders wichtig werden (Ehrenthal et al., 2013). Und letztlich können auch die Bindungsmuster von Psychotherapeuten, deren Fähigkeit in der Behandlung gerade komplexer Patienten, eine Rolle spielen (Dinger et al., 2009; Schauenburg et al., 2010).

ECR-RD

Testentwicklung

Die englischsprachige Originalversion (ECR-R; Fraley et al., 2000) wurde anhand einer Stichprobe von $N = 1 085$ Teilnehmenden entwickelt. Diese beantworteten einen Itempool aus 323 Aussagen von 14 damals verfügbaren Bindungsfragebögen. Clusteranalytische Verfahren und Methoden der Item-Response-Theorie führten zu einer Extraktion von 36 Items, die die latenten Dimensionen bindungsbezogener Angst und Vermeidung mit höherer Messgenauigkeit abbildeten, als die bis dato vorliegenden Bindungsfragebögen.

Die Items wurden in einer Vorwärts-Rückwärts-Übersetzung in Kooperation mit R. Chris Fraley ins Deutsche übersetzt und an einer ersten Evaluationsstichprobe überprüft. Insgesamt $N = 1 006$ Personen ohne und $N = 225$ Personen in stationärer Psychotherapie füllten den ECR-RD zusammen mit anderen Instrumenten entweder in einer Papier-Bleistift-Version oder online aus. Die Auswertung der Evaluationsstichprobe erfolgte überwiegend mit Methoden der Klassischen Testtheorie.

Zusätzlich existiert seit Kurzem eine Screeningversion mit insgesamt acht Items. An einer Stichprobe von circa $N = 2 000$ Personen aus verschiedenen Stichproben wurde mit exploratorischer Faktorenanalyse jeweils für die Skalen *Bindungsbezogene Angst* und *Bindungsbezogene Vermeidung* geprüft, welche jeweiligen empirischen Subfaktoren sich abbilden lassen. Daraus wurden zunächst insgesamt 12 Items ausgewählt, welche diese Subskalen möglichst eindeutig abbilden, bei gleichzeitiger Minimierung inhaltlicher Redundanz. Die vorläufige Kurzversion wurde an einer bevölkerungsrepräsentativen Stichprobe mittels konfirmatorischer Faktorenanalyse weiter evaluiert. Aus den Resultaten ergab sich, dass ein Modell mit jeweils vier Items die besten Eigenschaften aufwies (vgl. Ehrenthal et al., under review).

Aufbau und Auswertung

Der Fragebogen ECR-RD beinhaltet neben einer kurzen Instruktion 36 Aussagen, die auf einer Skala von jeweils 1 = stimme gar nicht zu bis 7 = stimme völlig zu eingeschätzt werden sollen. Die Skala *Bindungsbezogene Angst* (Bsp.: „Ich habe Angst, die Liebe meines Partners/meiner Partnerin zu verlieren.") wird mit 18 Items, die Skala *Bindungsbezogene Vermeidung* (Bsp.: „Ich ziehe es vor, meinem Partner/meiner Partnerin nicht zu nahe zu sein.") ebenfalls mit 18 Items erfasst. Aus den Items wird ein entsprechender Skalenmittelwert gebildet, dazu müssen 14 Items vorher invertiert werden, größtenteils in Bezug auf die Vermeidungsskala. Höhere Werte bedeuten eine größere Bindungsunsicherheit, in ihrer jeweiligen Ausprägung als Angst oder Vermeidung. Eine kategoriale Auswertung wird nicht empfohlen, kann jedoch durchgeführt werden (vgl. Website der Originalversion). Die Screeningversion ist identisch mit der Langversion aufgebaut, allerdings werden die beiden Skalen aus jeweils vier Items abgebildet.

Gütekriterien

Der ECR-RD kann als objektiv in Bezug auf Durchführung und Auswertung gelten. Die Reliabilität (Cronbachs α) liegt in den Evaluationsstichproben für die Skala *Bindungsbezogene Angst* bei $\alpha = .91/.92$, für die Skala *Bindungsbezogene Vermeidung* bei $\alpha = .92$ in beiden Stichproben. Cronbachs α für die erste Testhälfte der Skala *Bindungsbezogene*

Angst liegt bei .89/.91, für die zweite Testhälfte bei .81/.83. Die Werte für die Skala *Bindungsbezogene Vermeidung* sind ähnlich (erste Testhälfte .86, zweite Testhälfte .85/.86). Die interne Konsistenz der Screeningversion liegt in der bevölkerungsrepräsentativen Stichprobe für die Skala *Bindungsbezogene Angst* bei .84, für *Bindungsbezogene Vermeidung* bei .90.

In einer exploratorischen Faktorenanalyse (Hauptkomponenten-Methode mit obliquer Rotation) luden alle Items der Langversion auf dem zugehörigen Faktor. Die Varianzaufklärung betrug 44 bzw. 46.5 %. Zur Retest-Reliabilität liegen Daten aus dem englischen Sprachraum für den Zeitraum von 3 Wochen vor, die mit Werten von $r = .90/.92$ adäquat erscheinen (Sibley et al., 2005).

Die Screeningversion zeigte in einer konfirmatorischen Faktorenanalyse einen akzeptablen Modell-Fit. In einer Stichprobe mit circa 2 000 Personen lagen die wahren Werte der Korrelationen zwischen Screening- und Langversion über .84.

In Bezug auf die konvergente Validität ergaben sich in der Evaluierungsstichprobe des ECR-RD signifikante und theoriekonforme Korrelationen mit dem RQ-2 (Bartholomew & Horowitz, 1991). Zusätzliche Hinweise auf die Kriteriumsvalidität fanden sich in Zusammenhängen mit der Partnerschaftszufriedenheit sowie dem Einfluss der diagnostischen Gruppenzugehörigkeit (nicht klinisch versus klinisch) und mit Persönlichkeitsstörungen. Höhere Bindungsunsicherheit war mit geringerer Partnerschaftszufriedenheit assoziiert, auch über den Einfluss von Alterseffekten und Symptombeschwerden hinaus. Ebenso hatten Patienten mit einer klinisch gestellten Diagnose einer Persönlichkeitsstörung höhere Skalenwerte im ECR-RD als Patienten ohne Persönlichkeitsstörung.

Vergleichswerte/Normen

Für die Langversion finden sich Vergleichswerte in den bisher publizierten Studien (z. B. Ehrenthal et al., 2009). Für die Screeningversion liegen bevölkerungsrepräsentative Normwerte vor (Ehrenthal et al., under review).

WWW-Ressourcen

Website der englischen Originalversion:
http://internal.psychology.illinois.edu/~rcfraley/measures/ecrr.htm

Literatur

Bartholomew, K. & Horowitz, L. M. (1991). Attachment styles among young adults: a test of a four-category model. *Journal of Personality and Social Psychology, 61,* 226–244.

Bernecker, S. L., Levy, K. N. & Ellison, W. D. (2014). A meta-analysis of the relation between patient adult attachment style and the working alliance. *Psychotherapy Research, 24,* 12–24.

Daniel, S. I. (2006). Adult attachment patterns and individual psychotherapy: a review. *Clinical Psychology Review, 26,* 968–984.

Dinger, U., Strack, M., Sachsse, T. & Schauenburg, H. (2009). Therapists' attachment, patients' interpersonal problems and alliance development over time in inpatient psychotherapy. *Psychotherapy (Chic.), 46,* 277–290.

Dykas, M. J. & Cassidy, J. (2011). Attachment and the processing of social information across the life span: theory and evidence. *Psychological Bulletin, 137,* 19–46.

Ehrenthal, J. C., Dinger, U., Lamla, A., Funken, B. & Schauenburg, H. (2009). Evaluation der deutschsprachigen Version des Bindungsfragebogens „Experiences in Close Relationships – Revised" (ECR-RD). *Psychotherapie, Psychosomatik, Medizinische Psychologie, 59,* 215–223.

Ehrenthal, J. C., Friederich, H. C. & Schauenburg, H. (2011). Separation recall: psychophysiological response-patterns in an attachment-related short-term stressor. *Stress and Health, 27,* 251–255.

Ehrenthal, J. C., Tomanek, J., Schauenburg, H. & Dinger, U. (2013). Bindungsrelevante Situationen in der Psychotherapie. *Psychotherapeut, 58,* 474–479.

Ehrenthal, J. C., Zimmermann, J., Dinger, U., Schauenburg, H., Brenk-Franz, K., Kirchmann, H. et al. (under review). Development and factor structure of a brief screening version of the attachment questionnaire „Experiences in Close Relationships – Revised" (ECR-RD8).

Fraley, R. C. & Spieker, S. J. (2003). Are infant attachment patterns continously or categorically distributed? A taxonometric analysis of strange situation behavior. *Developmental Psychology, 39,* 387–404.

Fraley, R. C., Waller, N. G. & Brennan, K. A. (2000). An item response theory analysis of self-report measures of adult attachment. *Journal of Personality and Social Psychology, 78,* 350–365.

Graetz, C., Ehrenthal, J. C., Senf, D., Semar, K., Herzog, W. & Dörfer, C. E. (2013). Influence of psychological attachment patterns on periodontal disease – a pilot study with 310 compliant patients. *Journal of Clinical Periodontology, 12,* 1087–1094.

Haydon, K. C., Roisman, G. I., Marks, M. J. & Fraley, R. C. (2011). An empirically derived approach to the latent structure of the Adult Attachment Interview: additional convergent and discriminant validity. *Attachment & Human Development, 13,* 503–524.

Levy, K. N. (2005). The implications of attachment theory and research for the understanding of borderline personality disorder. *Development and Psychopathology, 17,* 959–986.

Levy, K. N., Ellison, W. D., Scott, L. N. & Bernecker, S. L. (2011). Attachment style. *Journal of Clinical Psychology, 67,* 193–203.

Maunder, R. G. & Hunter, J. J. (2001). Attachment and psychosomatic medicine: developmental contributions to stress and disease. *Psychosomatic Medicine, 63,* 556–567.

McWilliams, L. A. & Bailey, S. J. (2010) Associations between adult attachment ratings and health conditions: evidence from the National Comorbidity Survey Replication. *Health Psychology, 29,* 446–453.

Mikulincer, M., Shaver, P. R. & Pereg, D. (2003). Attachment theory and affect regulation: the dynamics, development, and cognitive consequences of attachment-related strategies. *Motivation and Emotion, 27,* 77–102.

Sbarra, D. A. & Hazan, C. (2008). Coregulation, dysregulation, selfregulation: an integrative analysis and empirical agenda for understanding adult attachment, separation, loss, and recovery. *Personality and Social Psychology Review, 12,* 141–167.

Schauenburg, H., Buchheim, A., Bekh, A., Nolte, T., Brenk-Franz, K., Leichsenring, F. et al. (2010). The influence of psychodynamically oriented therapists' attachment representations on outcome and alliance in inpatient psychotherapy. *Psychotherapy Research, 20,* 193–202.

Shaver, P. R. & Mikulincer, M. (2002). Attachment-related psychodynamics. *Attachment & Human Development, 4,* 133–161.

Sibley, C. G., Fischer, R. & Liu, J. H. (2005). Reliability and validity of the revised experiences in close relationships (ECR-R) self-report measure of adult romantic attachment. *Personality and Social Psychology Bulletin, 31,* 1524–1536.

Smith, A. E., Msetfi, R. M. & Golding, L. (2010). Client self rated adult attachment patterns and the therapeutic alliance: a systematic review. *Clinical Psychology Review, 30,* 326–337.

Autoren des Beitrags Johannes C. Ehrenthal, Henning Schauenburg und Ulrike Dinger

Kontaktdaten des Erstautors

Dr. phil. Dipl.-Psych. Johannes C. Ehrenthal
Universitätsklinikum Heidelberg
Klinik für Allgemeine Innere Medizin und Psychosomatik
Thibautstr. 2
69115 Heidelberg
johannes.ehrenthal@med.uni-heidelberg.de

EDE-Q
Eating Disorder Examination-Questionnaire

Autorinnen des Testverfahrens	Anja Hilbert und Brunna Tuschen-Caffier
Quelle	Hilbert, A. & Tuschen-Caffier, B. (2006). *Eating Disorder Examination-Questionnaire: Deutschsprachige Übersetzung* (Bd. 02). Münster: Verlag für Psychotherapie. Der Bezug ist kostenfrei.
Vorgänger-/ Originalversionen	*Englischsprachige Originalversion:* Fairburn, C. G. & Beglin, S. (2008). Eating Disorder Examination-Questionnaire (EDE-Q 6.0). In C. G. Fairburn (Ed.), *Cognitive Behavior Therapy and Eating Disorders* (pp. 309–313). New York: Guilford Press. Verschiedene englischsprachige Versionen sind der aktuell gültigen Version 6.0 vorausgegangen, die dem deutschsprachigen EDE-Q entspricht.
Kurzversionen	Eine Kurzversion befindet sich in Vorbereitung.
Kurzbeschreibung	Der EDE-Q ist ein Selbstbeurteilungsfragebogen zur Erfassung der spezifischen Essstörungspsychopathologie bei Erwachsenen und Jugendlichen. Der EDE-Q beinhaltet die vier Subskalen *Restraint Scale* (Gezügeltes Essen), *Eating Concern Scale* (Essensbezogene Sorgen), *Weight Concern Scale* (Gewichtssorgen) und die *Shape Concern Scale* (Figursorgen). Außerdem werden als diagnostisch relevante Kernmerkmale von Essstörungen Essanfälle und gewichtskompensatorische Verhaltensweisen wie selbstinduziertes Erbrechen erhoben. Der EDE-Q liegt als Papier-Bleistift-Verfahren vor.
Anwendungsbereich	Der EDE-Q eignet sich für Erwachsene und Jugendliche ab 14 Jahren. Anwendungsbereiche sind die epidemiologische, grundlagenorientierte und klinische Forschung zu Essstörungen und verwandten Störungen sowie die Anwendung in der klinischen Praxis.
Bearbeitungszeit	Die Durchführungszeit beträgt circa 10 Minuten. Die Handauswertung erfordert ebenfalls etwa 10 Minuten.
Theoretischer Hintergrund	Störungen des Essverhaltens sind häufige Gesundheitsprobleme im Jugend- und Erwachsenenalter und betreffen etwa 17.4 % der weiblichen und 13.1 % der männlichen Befragten in der deutschen Bevölkerung (Hilbert et al., 2012). Sie umfassen Essanfälle und kompensatorische Maßnahmen zur Gewichtskontrolle, wie beispielsweise selbst herbeigeführtes Erbrechen, extremes Diäthalten, essensbezogene Sorgen und Figur- oder Gewichtssorgen. Voll ausgeprägte Essstörungen wie die Anorexia nervosa, Bulimia nervosa und die Binge-Eating-Störung treten mit einer Lebenszeitprävalenz von 4.6 % auf (Treasure

et al., 2010). Sie gehen mit einer erhöhten allgemeinen Psychopathologie, psychischer Komorbidität, gesundheitlichen Beeinträchtigungen und einer Einschränkung der Lebensqualität einher. Ziel des EDE-Q ist eine Erfassung von spezifischer Essstörungspsychopathologie und diagnostisch relevanten Kernverhaltensweisen bei Erwachsenen und Jugendlichen.

Bezug zur Psychotherapie

Der EDE-Q hat Evidenz als Screeningverfahren für Essstörungen (Mond et al., 2008). Darüber hinaus kann in der psychotherapeutischen Forschung und Praxis die Ausgangslage eines Probanden beschrieben werden, Problemstellungen können konzeptualisiert und Zielbereiche psychotherapeutischer Intervention abgeleitet werden. Eine Ergebnis- und Prozessevaluation durch den EDE-Q ist möglich.

Testentwicklung

Die Entwicklung des englischsprachigen EDE-Q (Fairburn & Beglin, 1994) erfolgte auf der Grundlage des Essstörungsinterviews Eating Disorder Examination (EDE; Fairburn & Cooper, 1993). Die Entwicklung des EDE zielte primär darauf ab, die spezifische Essstörungspsychopathologie messbar zu machen. Rationalen Prinzipien folgend wurde die Testkonstruktion kriteriumsbezogen und induktiv und somit empirischen Prinzipien folgend auf der Grundlage der Klassischen Testtheorie ergänzt. Die Itemkonstruktion basierte auf der Forschungsliteratur, auf anderen Essstörungsfragebögen und auf Beschreibungen des Essverhaltens von Patientinnen mit Anorexia nervosa und Bulimia nervosa. Mehrere empirische Überprüfungen dienten dazu, die diskriminante Validität der Items abzusichern. Während die Subskalen nach inhaltlichen Gesichtspunkten zusammengestellt wurden, wurden sie in einer Analyse von Konsistenzen und Trennschärfen überprüft; auf dieser Grundlage erfolgte auch die Itemselektion. Für klinische Zwecke wurde die Referenzversion des EDE 12.0D (Fairburn & Cooper, 1993) um diagnostische Items ergänzt. Aufbauend auf dieser Referenzversion wurde die Fragebogenversion EDE-Q zunächst in Vorversionen bis hin zur aktuell gültigen Version 6.0 entwickelt, indem die Items in leicht verständliche Form gebracht wurden.

Die autorisierte deutschsprachige Übersetzung des EDE-Q wurde durch die Erstautorin durchgeführt, wie auch die entsprechenden Übersetzungen des EDE (Hilbert et al., 2004; Hilbert & Tuschen-Caffier, 2006) und der Versionen für Kinder im Alter von 8 bis 14 Jahren ChEDE (Hilbert et al., 2013) und ChEDE-Q (Hilbert et al., 2008). Alle Übersetzungen wurden zur Sicherstellung der Übereinstimmung mit dem englischsprachigen Original in einer Rückübersetzungsprozedur durch einen vereidigten Übersetzer kontrolliert.

Aufbau und Auswertung

Der dreiseitige EDE-Q umfasst eine kurze Instruktion und 28 Items, die als Fragen formuliert sind (Bsp.: „Hat Ihr Gewicht einen Einfluss darauf gehabt, wie Sie über sich als Person denken [urteilen]?"). Davon dienen 22 Items, die vier Subskalen zugeordnet sind, der Erfassung der spezifischen Essstörungspsychopathologie:
– Die *Restraint Scale* (Gezügeltes Essen, 5 Items) und *Eating Concern Scale* (Essensbezogene Sorgen, 5 Items) erfassen Auffällig-

EDE-Q

keiten im Essverhalten, darunter Versuche zur Nahrungsrestriktion oder Angst vor Kontrollverlust.
- Die *Weight Concern Scale* (Gewichtssorgen, 5 Items) und die *Shape Concern Scale* (Figursorgen, 8 Items) beziehen sich auf ein negatives Körperbild, wie eine erhöhte Selbstwertrelevanz von Figur oder Gewicht.

Die Häufigkeiten oder Intensitäten der Items sind für den Zeitraum der letzten 28 Tage anhand von siebenstufigen Ratingskalen einzuschätzen (0 = Merkmal war nicht vorhanden bis 6 = Merkmal war jeden Tag vorhanden bzw. in extremer Ausprägung vorhanden; verbale und numerische Verankerung).

Mit sechs weiteren, nicht skalenbildenden Items werden für denselben Zeitraum Häufigkeiten diagnostisch relevanter Kernverhaltensweisen erfasst, darunter Episoden mit objektiven Essanfällen oder selbstinduziertem Erbrechen.

Ausgewertet werden Subskalenmittelwerte und ein Gesamtmittelwert zur Einschätzung der globalen Essstörungspsychopathologie, berechnet aus dem Mittelwert der Subskalen. Es müssen keine Umpolungen der Items vorgenommen werden. Zur Einschätzung von Störungen im Essverhalten werden die Kernverhaltensitems einzeln betrachtet. Als Aussageeinheiten des EDE-Q dienen somit Leitbeschwerden und Rohskalenwerte.

Gütekriterien

Aufgrund standardisierter Instruktion ist der EDE-Q in Bezug auf Durchführung und Auswertung objektiv. Die Interpretationsobjektivität wird durch Kennwerte aus Vergleichs- und Normstichproben gewährleistet (Hilbert et al., 2007, 2012).

Die internen Konsistenzen der Subskalen *Restraint*, *Eating Concern*, *Weight Concern* und *Shape Concern* und die des Gesamtwerts liegen in der Bevölkerung bei α = .83, .78, .78, .89 und .94. Die Retest-Reliabilitäten nach 3 Monaten sind hoch (r_{tt} = .67, .82, .80, .85, .88), während die Retest-Reliabilitäten der Episoden objektiver Essanfälle und selbstinduzierten Erbrechens im mittleren Bereich liegen (tau_b = .45, .39).

Aufgrund der Entsprechung mit dem nach rational-empirischen Prinzipien konstruierten EDE kann die inhaltliche Validität als gegeben gelten. Die faktorielle Struktur wurde in Hauptkomponentenanalysen überwiegend reproduziert. In der Bevölkerung ergab sich eine Drei-Faktoren-Lösung mit 62.5 % Varianzaufklärung. Nach orthogonaler Varimax-Rotation bestand Faktor I vorwiegend aus Items der Subskalen *Shape Concern* und *Weight Concern*, Faktor II vorwiegend aus Items der *Restraint Scale* und Faktor III aus Items der *Eating Concern Scale*. Hinsichtlich der konvergenten Validität zeigten sich in einer Essstörungsstichprobe für alle Subskalen und den Gesamtwert hohe Korrelationen mit dem EDE als Goldstandard (.73 $\leq r \leq$ .91), wie auch für Episoden objektiver Essanfälle und selbstinduzierten Erbrechens (tau_b = .70, .81). Die EDE-Q-Kennwerte waren in Essstörungsstichproben und bei nicht klinischen Probanden mit mittleren bis hohen Effektstärken mit konzeptverwandten Selbstbeurteilungsfragebögen zum gezügelten und enthemmten Essverhalten und zum Körperbild assoziiert. Die diskriminante Validität aller Subskalen, des Gesamtwerts und der Kernverhaltensitems wurde durch signifikante Unterschiede zwischen Essstörungen versus nicht klinischen, subklinischen und psychiatrischen Kontrollprobanden sowie durch Unterschiede zwischen verschiedenen Essstörungsdiagnosen dokumentiert.

Gütekriterien für den englischsprachigen EDE-Q wurden zusammengefasst von Berg et al. (2012).

Vergleichswerte/ Normen

Für den deutschen Sprachraum liegen Vergleichswerte aus Stichproben mit Anorexia nervosa, Bulimia nervosa und Binge-Eating-Störung sowie aus nicht klinischen, subklinischen und psychiatrischen Kontrollstichproben vor (N = 706 Erwachsene und Jugendliche; Hilbert et al., 2004). Zudem wurde der EDE-Q an einer repräsentativen Stichprobe der deutschen Bevölkerung normiert (N = 2 520, Alter $\geq$ 14 Jahre; Hilbert et al., 2012). Alters- und geschlechtsspezifische Prozentrangnormen sind angegeben.

WWW-Ressourcen

Der EDE-Q kann kostenfrei bezogen werden unter:
http://www.vfp-muenster.de/publikationen/online/EDE-Q_VfP_2.pdf

Literatur

Berg, K. C., Peterson, C. B., Frazier, P. & Crow, S. J. (2012). Psychometric evaluation of the eating disorder examination and eating disorder examination-questionnaire: a systematic review of the literature. *International Journal of Eating Disorders, 45,* 428–438.

Fairburn, C. & Beglin, S. (1994). The assessment of eating disorders: Interview or self-report questionnaire? *International Journal of Eating Disorders, 16,* 363–370.

Fairburn, C. G. & Cooper, P. J. (1993). The Eating Disorder Examination (12th ed.). In C. G. Fairburn & G. T. Wilson (Eds.), *Binge eating. Nature, assessment, and treatment* (pp. 317–360). New York: Guilford Press.

Hilbert, A., Buerger, A., Hartmann, A. S., Spenner, K., Czaja, J. & Warschburger, P. (2013). Eating disorder psychopathology across the eating and weight disorders spectrum in youth: Psychometric properties of the Eating Disorder Examination adapted for Children. *European Eating Disorders Review, 21,* 330–339.

Hilbert, A., de Zwaan, M. & Brähler, E. (2012). How frequent are eating disturbances in the population? Norms of the Eating Disorder Examination-Questionnaire. *PLOS ONE, 7,* e29125.

Hilbert, A., Hartmann, A. & Czaja, J. (2008). Child Eating Disorder Examination-Questionnaire: Psychometrische Eigenschaften der deutschsprachigen Übersetzung. *Klinische Diagnostik und Evaluation, 1,* 447–463.

Hilbert, A. & Tuschen-Caffier, B. (2006). *Eating Disorder Examination: Deutschsprachige Übersetzung* (Bd. 01). Münster: Verlag für Psychotherapie.

Hilbert, A., Tuschen-Caffier, B., Karwautz, A., Niederhofer, H. & Munsch, S. (2007). Eating Disorder Examination-Questionnaire: Evaluation der deutschsprachigen Übersetzung. *Diagnostica, 53,* 144–154.

Hilbert, A., Tuschen-Caffier, B. & Ohms, M. (2004). Eating Disorder Examination: Deutschsprachige Version des strukturierten Essstörungsinterviews. *Diagnostica, 50,* 98–106.

Mond, J. M., Myers, T. C., Crosby, R. D., Hay, P. J., Rodgers, B., Morgan, J. F. et al. (2008). Screening for eating disorders in primary care: EDE-Q versus SCOFF. *Behaviour Research and Therapy, 46,* 612–622.

Treasure, J., Claudino, A. M. & Zucker, N. (2010). Eating disorders. *Lancet, 375,* 583–593.

Autorin des Beitrags

Anja Hilbert

Kontaktdaten der Autorin

Prof. Dr. Anja Hilbert
Universitätsmedizin Leipzig
Abteilung für Medizinische Psychologie und Medizinische Soziologie
Universitätsprofessur für Verhaltensmedizin
Integriertes Forschungs- und Behandlungszentrum
AdipositasErkrankungen
Philipp-Rosenthal-Straße 27
04103 Leipzig
anja.hilbert@medizin.uni-leipzig.de

EDI-2

Eating Disorder Inventory-2

Autoren des Testverfahrens	Thomas Paul und Andreas Thiel
Quelle	Paul, T. & Thiel, A. (2005). *Eating Disorder Inventory-2 (EDI-2). Deutsche Version.* Göttingen: Hogrefe. Das Copyright liegt beim Hogrefe Verlag.
Vorgänger-/ Originalversionen	– Garner, D. M. & Olmsted, M. P. (1984). *The Eating Disorder Inventory. Manual.* Odessa, FL: Psychological Assessment Resources. – Thiel, A. & Paul, T. (1988). Entwicklung einer deutschsprachigen Version des Eating-Disorder-Inventory (EDI). *Zeitschrift für Differentielle und Diagnostische Psychologie, 9,* 267–278. *US-amerikanische Originalversion:* Garner, D. M. (1991). *Eating Disorder Inventory-2. Professional Manual.* Odessa, FL: Psychological Assessment Resources. *US-amerikanische Folgeversion:* Garner, D. M. (2004). *Eating disorder Inventory-3. Professional Manual.* Odessa, FL: Psychological Assessment Resources.
Kurzversionen	Es existiert eine Kurzform des EDI-2 mit acht Skalen und 64 Items.
Kurzbeschreibung	Das EDI-2 ist ein mehrdimensionaler Fragebogen mit 11 Skalen und 91 Items für die Untersuchung von Patienten mit Anorexia und Bulimia nervosa sowie anderen psychogenen Essstörungen. Das Selbsteinschätzungsinventar beschreibt das veränderte Essverhalten und andere, bei anorektischen und bulimischen Essstörungen relevante psychologische Variablen.
Anwendungsbereich	Das EDI-2 erfasst wesentliche Variablen der spezifischen Psychopathologie bei Anorexia und Bulimia nervosa sowie bei anderen psychogenen Essstörungen. Der Test ist für die standardisierte Befunderhebung, Therapieplanung und für die Dokumentation des Behandlungsverlaufs in der klinischen Praxis und Forschung geeignet. Das EDI-2 ist für Erwachsene entwickelt worden, eignet sich jedoch auch für Jugendliche. Der Test kann für die Untersuchung von Gesunden und Patienten mit somatischen oder psychischen Störungen eingesetzt werden, bei denen die Ausprägung der vom EDI-2 erfassten Variablen von Interesse ist.
Bearbeitungszeit	Die Beantwortung des Fragebogens dauert für die Kurzfassung (acht Skalen) circa 15 bis 20 Minuten, für die Langfassung (11 Skalen) circa 20 bis 25 Minuten. Die Handauswertung unter Verwendung der Schablonen dauert etwa 10 bis 15 Minuten.

EDI-2

Theoretischer Hintergrund

Schon vor mehr als 30 Jahren hat Hilde Bruch (1973) drei ihrer Meinung nach wesentliche Kernsymptome psychogener Essstörungen beschrieben: die Störungen des Körperbildes (body image), eine gestörte Wahrnehmung äußerer und innere Reize (z. B. Hungergefühle) und ein lähmendes Gefühl der Hilflosigkeit und Ohnmacht. Die Beschreibung dieser psychologischen Dimensionen konnte seit Bruch zunehmend differenziert und empirisch validiert werden (vgl. Connors, 1996; Jacobi et al., 2004). Neben dem Untergewicht sind das pathologische Essverhalten, die Körperschemastörung, Selbstwertprobleme, psychosoziale Probleme sowie eine ausgeprägte Leistungsorientierung mit häufig asketischen Idealen von besonderer Relevanz für die Entstehung und Aufrechterhaltung der Essstörung. Das EDI-2 zielt darauf, diese Variablen mit seinen 11 Skalen zu erfassen.

Bezug zur Psychotherapie

Das EDI-2 kann im Rahmen der Eingangsdiagnostik vor Beginn einer Psychotherapie sowie im Therapieverlauf zur Veränderungsmessung eingesetzt werden. Als standardisiertes objektives Instrument ist es auch für klinische Studien zur Evaluation von Therapien psychogener Essstörungen geeignet.

Testentwicklung

Die Arbeitsgruppe um Garner entwickelte Anfang der 80er Jahre die erste Version des Eating Disorder Inventory (EDI), die aus acht Skalen mit insgesamt 64 Items bestand (Garner et al., 1983; Garner & Olmsted, 1984). Ein erster Itempool war zunächst durch ein Expertenrating gesammelt worden. Die Testkonstruktion erfolgte dann auf Grundlage der Klassischen Testtheorie. Als Kriterium für die Selektion der Items dienten deren Itemtrennschärfe sowie die Fähigkeit, zwischen einer Gruppe von Patientinnen mit Anorexia nervosa und einer weiblichen Kontrollgruppe zu differenzieren. Außerdem hatten Garner et al. (1983) nur solche Skalen beibehalten, deren Werte für Cronbachs α in der Patientenstichprobe mit Anorexia nervosa größer als .80 war. Primär wurden bei der Konstruktion der EDI-Skalen keine Faktorenanalysen eingesetzt. Spätere Faktorenanalysen haben die Validität der Skalen jedoch bestätigt.

Anfang der neunziger Jahre stellte Garner dann eine zweite, erweiterte Version dieses Tests vor (Garner, 1991). Für dieses EDI-2 wurden über die ursprünglichen 64 Items hinaus 27 weitere Items in den Test aufgenommen, aus denen die drei zusätzlichen Skalen 9 bis 11 gebildet werden. Welche Kriterien bei der Itemauswahl und Skalenkonstruktion dieser drei neuen Skalen zugrunde gelegt wurden, beschreibt Garner (1991) nicht. Das EDI-2 umfasst somit insgesamt 91 Items bzw. 11 Skalen.

Die deutsche Version des EDI-2 von Paul und Thiel (2005) unterscheidet eine Kurzform mit den ersten acht Skalen und 64 Items der ersten Version von der sogenannten Langform, die alle 11 Skalen und 91 Items beinhaltet. Die englischsprachige Originalversion kennt diese Unterscheidung nicht. Da die drei neuen Skalen, die die Langform von der Kurzform unterscheiden, nur zu einer vergleichsweise geringen Verbesserung des EDI-2 geführt haben, wird ihr Nutzen für den klinischen Alltag und die Therapieforschung kritisch diskutiert

(Eberenz & Gleaves, 1994; Rathner & Waldherr, 1997; Thiel et al., 1997).

Mit dem EDI-3 hat Garner (2004) den Test erweitert und noch einmal deutlich überarbeitet. Das EDI-3 ist mit den vorangegangenen Versionen nur noch bedingt vergleichbar. Eine deutsche Version liegt bislang nicht vor.

Zur Gewinnung der autorisierten deutschsprachigen Version wurden alle 91 Fragen des EDI-2 von den Autoren ins Deutsche übersetzt. Anschließend wurde diese deutsche Version ins Englische rückübersetzt.

Aufbau und Auswertung

Das vierseitige EDI-2 besteht aus 91 Items, die zu 11 Skalen zusammengefasst werden:
- *Schlankheitsstreben* (7 Items; Bsp.: „Ich habe fürchterliche Angst, an Gewicht zuzunehmen."),
- *Bulimie* (7 Items; Bsp.: „Ich kenne Fressanfälle, bei denen ich das Gefühl hatte, nicht mehr aufhören zu können."),
- *Unzufriedenheit mit dem Körper* (9 Items; Bsp.: „Ich glaube, mein Bauch ist zu dick."),
- *Ineffektivität* (10 Items; Bsp.: „Ich halte nicht viel von mir."),
- *Perfektionismus* (6 Items; Bsp.: „Ich hasse es, nicht der/die Beste zu sein."),
- *Misstrauen* (7 Items; Bsp.: „Ich brauche zu anderen Menschen eine gewisse Distanz und fühle mich unwohl, wenn jemand versucht, mir zu nahe zu kommen."),
- *Interozeptive Wahrnehmung* (10 Items; Bsp.: „Ich weiß nicht, was in mir vorgeht."),
- *Angst vor dem Erwachsenwerden* (8 Items; Bsp.: „Ich wünschte, ich könnte in die Geborgenheit der Kindheit zurückkehren."),
- *Askese* (8 Items; Bsp.: „Essen aus Genuss ist ein Zeichen moralischer Schwäche."),
- *Impulsregulation* (11 Items; Bsp.: „Ich neige zu Zorn und Wutausbrüchen."),
- *Soziale Unsicherheit* (8 Items; Bsp.: „Ich bin lieber allein als mit anderen zusammen.").

Die Beantwortung der Items erfolgt auf einer sechsstufigen Ratingskala. Die Probanden müssen beurteilen, wie oft jede dieser Feststellungen auf sie zutrifft und dabei zwischen den Antwortalternativen 1 = nie, 2 = selten, 3 = manchmal, 4 = oft, 5 = normalerweise und 6 = immer auswählen. Je höher die Ausprägung, desto häufiger trifft die Aussage zu. Bei der Bearbeitung kreuzen die Probanden eine der Zahlen von 1 bis 6 an, die auf dem Antwortbogen direkt neben jedem Item gedruckt sind. Bei der Kurzform werden nur die ersten 8 der 11 Skalen (64 Items) dargeboten und ausgewertet.

In der englischsprachigen Originalversion des EDI wurde die sechsstufige Itemskalierung bei der Auswertung in ein vierstufiges Rating umgerechnet, obwohl Garner (1991) im Fragebogen eine sechsstufige Ratingsskala verwendet. In der deutschsprachigen Version wird von dieser nicht linearen Transformation wegen testtheoretischer und statistischer Bedenken Abstand genommen (Schoemaker et al., 1994).

Jedes Item gehört nur zu einer der 11 EDI-2-Skalen. Die Skalenwerte werden unter Berücksichtigung der Itempolung durch Addition der Scores aller Items einer Skala errechnet. Schablonen erleichtern die Auswertung. Eine Auswertungssoftware existiert nicht. Darüber hinaus können alle 11 Skalenwerte zu einem EDI-2-Gesamtwert (Summenscore) addiert werden. Das Testmanual beschreibt nicht, wie bei der Auswertung mit fehlenden Daten wegen fehlender Antworten umgegangen werden soll.

Gütekriterien

Die Durchführungs-, Auswertungs- und Interpretationsobjektivität des EDI-2 ist aufgrund der hohen Standardisierung als gegeben anzusehen. Die Skalenwerte für Cronbachs α lagen in einer weiblichen Patientengruppe mit Anorexia und Bulimia nervosa im Bereich zwischen $\alpha = .73$ und $.93$.

Bei einem Zeitintervall von 7 Tagen zwischen der ersten und zweiten Testuntersuchung ergab sich für eine Stichprobe weiblicher Patienten mit Essstörungen eine Test-Retest-Reliabilität der Skalen im Bereich zwischen $r = .81$ bis $.89$.

In einer Faktorenanalyse der 91 Items konnten nach Hauptkomponentenanalyse und Varimax-Rotation sieben Faktoren plausibel interpretiert werden, die gemeinsam 54 % der Varianz erklären.

Alle 11 EDI-2-Skalen diskriminieren signifikant zwischen einer klinischen Stichprobe aus Patienten mit Anorexia nervosa, Bulimia nervosa oder Binge-Eating-Disorder einerseits und einer weiblichen Kontrollgruppe andererseits.

Vergleichswerte/ Normen

Für das EDI-2 liegen als Vergleichswerte Perzentile für die EDI-2-Skalenwerte von fünf deutschsprachigen Gruppen erwachsener Männer und Frauen vor: (1) weibliche Kontrollgruppe, (2) männliche Kontrollgruppe, (3) weibliche Patientengruppe mit Anorexia nervosa vom restriktiven Typ, (4) weibliche Patientengruppe mit Anorexia nervosa vom purging Typ sowie (5) weibliche Patientengruppe mit Bulimia nervosa (Paul & Thiel, 2005). Somit sind im Einzelfall Aussagen möglich, ob ein individuelles Testergebnis eher den unauffälligen Ergebnissen der Kontrollgruppe entspricht oder ob es mit größerer Wahrscheinlichkeit den pathologischen Ergebnissen der klinischen Stichproben zugeordnet werden kann.

Für Jugendliche berichten Kappel et al. (2012) Normdaten des EDI-2 von einer umfangreichen Stichprobe normalgewichtiger Schüler im Alter von 10 bis 20 Jahren. Rathner und Waldherr (1997) haben mit einer etwas abweichenden Übersetzung des EDI-2 bei österreichischen Jugendlichen Daten erhoben, die sich allerdings auf das vierstufige Itemrating beziehen.

WWW-Ressourcen

Es liegen keine zusätzlichen Ressourcen vor.

Literatur

Bruch, H. (1973). *Obesity, anorexia nervosa, and the person within.* New York: Basic Books.

Connors, M. E. (1996). Developmental Vulnerabilities for Eating Disorders. In L. Smolak, M. P. Levine & R. Striegel-Moore (Eds.), *The*

Developmental Psychopathology of Eating disorders (pp. 285–310). Mahwah, NJ: Lawrence Erlbaum.

Eberenz, K. P. & Gleaves, D. H. (1994). An examination of the internal consistency and factor structure of the Eating Disorder Inventory-2 in a clinical sample. *International Journal of Eating Disorders, 16,* 371–379.

Garner, D. M. (1991). *Eating Disorder Inventory-2. Professional Manual.* Odessa, FL: Psychological Assessment Resources.

Garner, D. M. (2004). *Eating disorder Inventory-3. Professional Manual.* Odessa, FL: Psychological Assessment Resources.

Garner, D. M. & Olmsted, M. P. (1984). *The Eating Disorder Inventory Manual.* Odessa, FL: Psychological Assessment Resources.

Garner, D. M., Olmstead, M. P. & Polivy, J. (1983). Development and validation of a multidimensional eating disorder inventory for anorexia nervosa and bulimia. *International Journal of Eating Disorders, 2,* 15–34.

Jacobi, C., Hayward, C., de Zwaan, M., Kraemer, H. & Agras, W. S. (2004). Coming To Terms with Risk Factors for Eating Disorders: Application of risk terminology and suggestions for a general taxonomy. *Psychological Bulletin, 130,* 19–65.

Kappel, V., Thiel, A., Holzhausen, M., Jaite, C., Schneider, N., Pfeiffer, E. et al. (2012). Eating Disorder Inventory-2 (EDI-2). Normierung an einer Stichprobe normalgewichtiger Schüler im Alter von 10 bis 20 Jahren und an Patientinnen mit Anorexia nervosa. *Diagnostica, 58,* 127–144.

Paul, T. & Thiel, A. (2005). *Eating Disorder Inventory-2 (EDI-2). Deutsche Version.* Göttingen: Hogrefe.

Rathner, G. & Waldherr, K. (1997). Eating Disorder Inventory-2: Eine deutschsprachige Validierung mit Normen für weibliche und männliche Jugendliche. *Zeitschrift für Klinische Psychologie, Psychiatrie und Psychotherapie, 45,* 157–182.

Schoemaker, C., van Strien, T. & van der Staak, C. (1994). Validation of the Eating Disorders Inventory in a nonclinical population using transformed and untransformed responses. *International Journal of Eating Disorders, 15,* 387–393.

Thiel, A., Jacobi, C., Horstmann, S., Paul, T., Nutzinger, D. O. & Schüßler, G. (1997). Eine deutschsprachige Version des Eating Disorder Inventory EDI-2. *Psychotherapie, Psychosomatik, Medizinische Psychologie, 47,* 365–376.

Autoren des Beitrags Andreas Thiel und Thomas Paul

Kontaktdaten des Erstautors
Prof. Dr. Andreas Thiel
Agaplesion Diakonieklinikum Rotenburg
Zentrum für Psychosoziale Medizin
Elise-Averdieck-Str. 17
27356 Rotenburg
thiel@diako-online.de

FAMOS
Fragebogen zur Analyse Motivationaler Schemata

Autoren des Testverfahrens	Martin grosse Holtforth und Klaus Grawe
Quelle	grosse Holtforth, M. & Grawe, K. (2002). *Fragebogen zur Analyse Motivationaler Schemata (FAMOS)*. Göttingen: Hogrefe. Das Copyright liegt beim Hogrefe Verlag.
Vorgänger-/ Originalversionen	keine
Kurzversionen	keine
Kurzbeschreibung	Der FAMOS erhebt als Papierversion oder am PC implementierter Fragebogen motivationale Ziele, die als zentrale Komponenten motivationaler Schemata das menschliche Erleben und Verhalten leiten. Der Fragebogen besteht aus 94 Items, die unterteilt sind in 57 Annäherungsziele und 37 Vermeidungsziele. Es existiert eine Selbst- und eine Fremdbeurteilungsversion.
Anwendungsbereich	Der FAMOS dient der Erfassung motivationaler Determinanten (motivationale Ziele) des Erlebens und Verhaltens von Psychotherapiepatienten. Er ist für Personen ab 18 Jahren geeignet und kann im Kontext der Therapieplanung und -evaluation sowie in der Forschung eingesetzt werden. Der Fragebogen kann im Einzel- und im Gruppensetting und sowohl in der Eigen- als auch in der Fremdbeurteilung vorgelegt werden.
Bearbeitungszeit	Die Durchführungszeit beträgt 10 bis 20 Minuten.
Theoretischer Hintergrund	Der Fragebogen wurde vor dem Hintergrund allgemeiner Zieltheorien (z. B. Austin & Vancouver, 1996) und der Konsistenztheorie nach Grawe (1998) entwickelt. Der konsistenztheoretische Ansatz geht davon aus, dass sich im Laufe der Biografie bei jedem Menschen motivationale Schemata herausbilden, welche als mentale Repräsentationen von erwünschten und unerwünschten Person-Umwelt-Bezügen oder von Bezügen der Person auf sich selbst definiert werden können. Motivationale Ziele, welche mit dem FAMOS erfasst werden, gelten als zentrale Komponenten dieser Schemata. Sie lassen sich in Annäherungs- und Vermeidungsziele unterteilen. Annäherungsziele sind auf das Anstreben und die Erfüllung von Grundbedürfnissen ausgerichtet, während Vermeidungsziele dem Schutz vor der Verletzung von Grundbedürfnissen dienen. Motivationale Ziele können theoretisch klar von anderen motivationalen Konstrukten, Persönlichkeitseigenschaften sowie von Therapiezielen unterschieden werden.

Bezug zur Psychotherapie

Der FAMOS wurde zur Erfassung therapierelevanter motivationaler Ziele aus der Psychotherapiepraxis für die Verwendung in der Praxis und in der praxisorientierten Forschung entwickelt. Die Erfassung motivationaler Ziele soll der differenziellen Planung und Evaluation therapeutischer Interventionen gemäß der Wirkkomponenten von Ressourcenaktivierung, Destabilisierung von Störungsattraktoren und Veränderung motivationaler Schemata dienen (Grawe, 1998; grosse Holtforth & Grawe, 2002).

Testentwicklung

Die Notwendigkeit der Entwicklung des FAMOS ergab sich aus dem bisherigen Mangel an geeigneten Instrumenten zur standardisierten Erfassung motivationaler Ziele auf schema- und plananalytischer Grundlage. Ausgangspunkt der Entwicklung waren motivationale Ziele, die von Therapeuten zur Beschreibung ihrer Patienten in realen Fallkonzeptionen verwendet worden waren. Diese motivationalen Ziele wurden von Therapeuten sortiert und die einzelnen Sortierungen clusteranalytisch zusammengefasst. Eine so entstandene erste Zieltaxonomie war die Grundlage der Entwicklung einer ersten Version des Fragebogens. Hauptkomponentenanalysen der Daten von zuerst $N = 786$ und nach Revision des Fragebogens $N = 562$ Patienten, Therapeuten und Normalpersonen ergaben die Skalen für Annäherungs- und Vermeidungsziele.

Aufbau und Auswertung

Der Fragebogen besteht aus 94 Items, von denen 57 Items Annäherungsziele und 37 Items Vermeidungsziele erfassen. Die Items werden auf einer fünfstufigen Antwortskala von 1 = überhaupt nicht wichtig bis 5 = außerordentlich wichtig (Annäherungsziele) bzw. 1 = überhaupt nicht schlimm bis 5 = außerordentlich schlimm (Vermeidungsziele) beantwortet. Die Mittelwertbildung der jeweils drei bis fünf Items ergibt jeweils die 14 Skalenwerte der Annäherungsziele und die neun Skalenwerte der Vermeidungsziele.

Die Annäherungsziel-Skalen sind: *Intimität/Bindung, Affiliation/Geselligkeit, Altruismus, Hilfe, Anerkennung/Bestätigung, Status, Autonomie, Leistung, Kontrolle, Bildung/Verstehen, Glauben/Sinn, Abwechslung, Selbstvertrauen* und *Selbstbelohnung*.

Die Vermeidungsziel-Skalen sind: *Alleinsein/Trennung, Geringschätzung, Erniedrigung/Blamage, Vorwürfe/Kritik, Abhängigkeit/Autonomieverlust, Verletzungen/Spannungen, Schwäche/Kontrollverlust, Hilflosigkeit* und *Versagen*.

Über Mittelwertbildung werden die Gesamtwerte für Annäherungsziele und Vermeidungsziele errechnet. Zuletzt wird durch Quotientenbildung ein Wert für das Verhältnis von Vermeidungs- zu Annäherungszielen berechnet.

Gütekriterien

Objektivität: Aufgrund der standardisierten Durchführungsform, der ausführlichen Anleitung und der Angabe von Normwerten ist der Fragebogen als objektiv in seiner Durchführung und Auswertung einzuschätzen.

FAMOS

Reliabilität: Die im Manual berichteten internen Konsistenzen sind als befriedigend bis gut einzuschätzen. Sie liegen bei einer Selbstbeurteilung durch 248 ambulante Psychotherapiepatienten und 169 stationäre Rehabilitationspatienten zwischen .58 und .90 für die Annäherungsziele und zwischen .63 und .92 für die Vermeidungsziele. In der Selbstbeurteilung durch Normalpersonen in drei Stichproben (Gesamt-N = 1 087) liegen die Werte für Annäherungsziele bei .62 bis .87 und für die Vermeidungsziele zwischen .49 und .84. Bei der Fremdbeurteilung von 153 Patienten durch deren Therapeuten und von 256 Normalpersonen durch Nahestehende liegen die internen Konsistenzen bei .62 bis .93 für die Annäherungsziele und .55 bis .88 für die Vermeidungsziele. Cronbachs α für die zusammenfassenden Skalen liegt in der Selbstbeurteilung durch Patienten zwischen .82 und .85 und für die Normalpersonen zwischen .76 und .85. In der Fremdbeurteilung ergeben sich Werte zwischen .66 und .81.

Die Koeffizienten der Retest-Reliabilität (berechnet an einer studentischen Stichprobe) erweisen sich als befriedigend. Sie liegen nach einer Woche zwischen .70 und .89 für die Annäherungsziele, zwischen .68 und .84 für die Vermeidungsziele, bei .74 für den Annäherungsziel-Gesamtwert, bei .82 für den Vermeidungsziel-Gesamtwert sowie bei .77 für den Verhältniswert. Für das Zeitintervall von 4 Monaten liegen die Stabilitätswerte (N = 32 Studenten) für die Annäherungsziele zwischen .52 und .88, für die Vermeidungsziele zwischen .35 und .78, für die Gesamtwerte bei .78 (Annäherungsziele) bzw. .64 (Vermeidungsziel) sowie bei .68 für den Verhältniswert.

Validität: Die Items des FAMOS stellen eine augenscheinvalide und weitgehend repräsentative Sammlung der motivationalen Ziele von Psychotherapiepatienten dar, die im inhaltlichen Umfang und in der Unterscheidung von Annäherungs- und Vermeidungszielen über vergleichbare Instrumente hinausgeht (Inhaltsvalidität). Patienten unterscheiden sich in ihren FAMOS-Werten signifikant von Normalpersonen (Kriteriumsvalidität). Die Zielinhalte lassen sich empirisch über Hauptkomponentenanalysen und Skalen-Interkorrelationen voneinander unterscheiden. Innerhalb verwandter Inhaltsbereiche lassen sich Annäherungs- und Vermeidungsziele größtenteils empirisch voneinander trennen. In korrelativen Untersuchungen ergeben sich bei Patienten und Normalen differenzielle Zusammenhänge der FAMOS-Skalen mit verschiedenen Maßen des Wohlbefindens, psychischer Probleme und von Persönlichkeitseigenschaften (Konstruktvalidität).

Vergleichswerte/ Normen

Für den FAMOS liegen nach Altersgruppen und Geschlecht differenzierte T-Wert-Normen vor (N = 1 087).

WWW-Ressourcen

Es liegen keine zusätzlichen Ressourcen vor.

Literatur

Austin, J. T. & Vancouver, J. B. (1996). Goal constructs in psychology: Structure, process, and content. *Psychological Bulletin, 120,* 338–375.

Grawe, K. (1998). *Psychologische Therapie.* Göttingen: Hogrefe.

grosse Holtforth, M. & Grawe, K. (2002). *Fragebogen zur Analyse Motivationaler Schemata (FAMOS).* Göttingen: Hogrefe.

Autoren des Beitrags Martin grosse Holtforth und Kristina B. Rohde

Kontaktdaten des Erstautors

Prof. Dr. phil. Martin grosse Holtforth
Universität Bern
Institut für Psychologie
Fabrikstr. 8
CH-3012 Bern
martin.grosse@psy.unibe.ch

FBeK

Fragebogen zur Beurteilung des eigenen Körpers

Autoren des Testverfahrens	Bernhard Strauß und Hertha Richter-Appelt
Quelle	Strauß, B. & Richter-Appelt, H. (1996). *Fragebogen zur Beurteilung des eigenen Körpers (FBeK)*. Göttingen: Hogrefe. Das Copyright liegt beim Hogrefe Verlag.
Vorgänger-/ Originalversionen	*Vorgängerversion Körperfragebogen:* Cormann, G. & Holtschoppen, U. (1978). *Dimensionen des subjektiven Körpererlebens.* Unveröffentlichte Diplomarbeit, Universität Marburg.
Kurzversionen	keine
Kurzbeschreibung	Der FBeK ist ein Selbstbeurteilungsverfahren mit 52 Items, mit denen bewusste Einstellungen zum eigenen Körper abgefragt werden (Beispielitems: „Ungewöhnliche Körperreaktionen machen mir schnell Angst.", „Ich bin mit meinem Körper zufrieden.", „Ich mache mir Sorgen über meine Gesundheit."). Er dient dazu, wesentliche Aspekte des subjektiven Körpererlebens im Querschnitt und nach Möglichkeit auch im Längsschnitt zu erfassen.
Anwendungsbereich	Der FBeK kann bei Jugendlichen über 14 Jahren und Erwachsenen eingesetzt werden.
Bearbeitungszeit	Das Ausfüllen des FBeK bedarf in der Regel maximal 10 Minuten.
Theoretischer Hintergrund	Zum Konstrukt des Körpererlebens werden verschiedene Konzepte diskutiert, die sich in die Bereiche des Körperschemas und des Körperbildes differenzieren lassen (vgl. Strauß & Appelt, 1986). Das Körpererleben im engeren Sinne ist im Kontext dieser Konstrukte als „bewusste Erfahrung und Beurteilung des Körpers als Ganzes" zu verstehen. Röhricht und Kollegen (2002) fassten die Versuche einer Systematisierung terminologischer Abgrenzungen von Teilaspekten des Körpererlebens zusammen und differenzierten dabei körperbezogene Perzeptionen (wozu das Körperschema und das Körperempfinden oder -perzept zählen), körperbezogene Emotionen, körperbezogene Kognitionen (Körperbild, Körper-Ich) und die Körperbewusstheit. Das dem FBeK zugrunde liegende Konstrukt wäre danach am ehesten eine Mischung aus emotionalen und kognitiven Aspekten des Körpererlebens, gekoppelt mit einer reflektierten Körpererfahrung im Sinne der Körperbewusstheit.
Bezug zur Psychotherapie	In der Psychosomatischen Medizin und Psychotherapie wird oft die Einheit von Körper und Seele betont. Insbesondere im Bereich der stationären Psychotherapie ist es heute üblich, sowohl psychotherapeuti-

sche Verfahren im engeren Sinne (Einzel- und Gruppenpsychotherapie) als auch sogenannte extraverbale Verfahren anzuwenden, zu denen auch körperpsychotherapeutische Ansätze gehören. Dennoch fokussiert die Qualitätskontrolle stationärer Psychotherapien gleichermaßen wie die Psychotherapieforschung im Allgemeinen mehr auf die Veränderung von psychischen Symptomen, zu denen allenfalls körperliche Beschwerden zählen. Zwei Beispiele für Studien seien genannt, die den FBeK als Instrument zur Therapieevaluation verwendeten. Schreiber-Willnow (2000) untersuchte die Effekte der Konzentrativen Bewegungstherapie (KBT) bei stationären Patienten mit unterschiedlichen Diagnosen und beschrieb, dass klinisch erfolgreiche Patientinnen deutlichere Besserungen im Körpererleben als weniger erfolgreiche Patientinnen aufwiesen. Später berichteten Schreiber-Willnow und Seidler (2005), dass die Veränderungen des Körpererlebens katamnestisch (nach 2 Jahren) stabil geblieben waren. Auch in der Nachuntersuchung zeigten sich positive Zusammenhänge zwischen einem positiveren Körpererleben, verringerter psychischer Symptomatik und reduzierten interpersonalen Problemen.

Testentwicklung

Der FBeK wurde auf der Basis einer Vorversion (entwickelt in einer Diplomarbeit an der Universität Marburg; Cormann & Holtschoppen, 1978) für eine spezifische Fragestellung im Rahmen einer psychoendokrinologischen Studie bei Frauen mit Hirsutismus von Strauß und Appelt (1983) entwickelt. Der FBeK wurde in seiner revidierten, 52 Items umfassenden Form zunächst an einer Stichprobe von 527 Frauen und Männern erprobt und sodann in diversen klinischen Studien angewandt. Später wurde der FBeK in einer Repräsentativerhebung eingesetzt und erneut psychometrisch überprüft (Brähler et al., 2000; Strauß & Richter-Appelt, 1996).

Aufbau und Auswertung

Insgesamt umfasst der FBeK 52 Items. Mit den Daten aus der oben genannten Stichprobe wurden faktoriell drei Skalen gebildet:

Mit den 19 Items der Skala *Unsicherheit/Missempfinden* wird vorwiegend die negative Beurteilung des Körpers beschrieben, wie die Äußerung mangelnder Empfindsamkeit, insbesondere auch im Hinblick auf die Sexualität, Wunsch nach mehr körperlicher Erlebnisfähigkeit und Unsicherheit und Ablehnung des Äußeren und körperlicher Reaktionen.

Eine zweite Skala, *Attraktivität/Selbstvertrauen*, bestehend aus 13 Items, fokussiert auf positive Beurteilungen des Körpers, d. h. Zufriedenheit und Identifikation mit dem Aussehen, dem Körper, der Figur und körperlichen Merkmalen.

Die dritte, etwas heterogenere Skala umfasst 20 Items und wurde mit der Bezeichnung *Akzentuierung des Körpers/Sensibilität* versehen. Mit dieser Skala werden z. B. die Bedeutung des Körperäußeren und der Körperpflege beschrieben, die Bedeutung der Wirkung des Körpers auf andere und die Sensibilität für Äußerlichkeiten und Körpervorgänge.

Brähler et al. (2000) untersuchten an einer großen repräsentativen Stichprobe erneut die Faktorenstruktur und konnten partiell die ursprüngliche Struktur der drei oben beschriebenen Skalen bestätigen.

FBeK

Auf der Basis der Faktorenanalysen der Repräsentativstichprobe wurde aber gleichzeitig auch ein Vier-Skalen-Modell vorgeschlagen, in dem nach den Dimensionen (1) *Attraktivität/Selbstvertrauen*, (2) *Akzentuierung des körperlichen Erscheinungsbildes*, (3) *Unsicherheit/Besorgnis* sowie (4) *körperlich-sexuelles Missempfinden* differenziert wurde.

In beiden Fällen werden die dichotomen Antworten (stimmt vs. stimmt nicht) ausgezählt unter Berücksichtigung der Itempolung.

Gütekriterien

Objektivität: Durch die klaren Vorgaben zur Durchführung und die standardisierte Auswertung kann die Objektivität als gesichert gelten.

Reliabilität: Die interne Konsistenz (Cronbachs α) schwankt zwischen .74 und .85 für die Drei-Skalen-Version und zwischen .60 und .85 für die Vier-Skalen-Version. Für die Drei-Skalen-Version wurde an einer Stichprobe in einem 4-Wochen-Zeitraum die Retest-Reliabilität bestimmt, die zwischen .67 und .84 schwankte.

Validität: Die Validität wurde in verschiedenen Stichproben überprüft. Zusammenhänge der Skalen des FBeK mit anderen Variablen (z. B. Selbstsicherheit, Körperbeschwerden, Persönlichkeitsmerkmale) sprechen für die konvergente Validität. Es liegen zahlreiche Erfahrungen mit dem FBeK in diversen klinischen Stichproben vor (Brunner et al., 2012; Strauß & Appelt, 1986; Strauß & Richter-Appelt, 1996), die zeigen, dass der Fragebogen die Gruppen erwartungskonform differenziert. Zudem wurde der FBeK, insbesondere die Skala *Attraktivität/Selbstvertrauen*, in mehreren Untersuchungen zur Prävention von Essstörungen angewandt (z. B. Berger et al., 2007). Einige Studien haben den FBeK im Kontext körperpsychotherapeutischer Methoden gewinnbringend eingesetzt und gezeigt, dass sich durch körpertherapeutische Maßnahmen tatsächlich das subjektive Körpererleben verändert und diese Veränderungen mit anderen Effekten der Behandlung korrelieren (vgl. Strauß, 2014).

Vergleichswerte/ Normen

Es liegen T-Werte und Prozentränge für studentische Stichproben vor (getrennt nach Geschlecht, $N = 900$). Darüber hinaus liegen Referenzwerte für nicht klinische Gruppen und Patientenstichproben vor (Strauß & Richter-Appelt, 1996). In einer Repräsentativerhebung aus dem Jahr 1999 konnte der Fragebogen neu normiert werden. Die damals untersuchte Stichprobe umfasste $N = 2\,047$ Personen im Alter von 14 bis 95 Jahren (vgl. Brähler et al., 2000). Dähne et al. (2004) berichteten über eine Version des FBeK für Kinder und Jugendliche und entsprechende Normwerte. Diese Version unterscheidet sich lediglich durch eine verringerte Itemzahl (die drei Items, die sich auf die Sexualität beziehen, wurden für die Altersgruppe als inadäquat angesehen und herausgenommen).

WWW-Ressourcen

Es liegen keine zusätzlichen Ressourcen vor.

Literatur

Berger, U., Joseph, A., Sowa, M. & Strauß, B. (2007). Die Barbie-Matrix: Wirksamkeit des Programms PRIMA zur Primärprävention von

Magersucht bei Mädchen ab der 6. Klasse. *Psychotherapie, Psychosomatik, Medizinische Psychologie, 57*, 248–255.

Brähler, E., Strauß, B., Hessel, A. & Schumacher, J. (2000). Normierung des Fragebogens zur Beurteilung des eigenen Körpers an einer repräsentativen Bevölkerungsstichprobe. *Diagnostica, 46*, 156–164.

Brunner, F., Prochnow, C., Schweizer, K. & Richter-Appelt, H. (2012). Körper- und Geschlechtserleben bei Personen mit kompletter Androgeninsensitivität. *Zeitschrift für Sexualforschung, 25*, 26–48.

Cormann, G. & Holtschoppen, U. (1978). Dimensionen des subjektiven Körpererlebens. Unveröffentlichte Diplomarbeit, Universität Marburg.

Dähne, A., Aßmann, B., Ettrich, C. & Hinz, A. (2004). Normwerte für den Fragebogen zur Beurteilung des eigenen Körpers (FBeK) für Kinder und Jugendliche. *Praxis der Kinderpsychologie, Kinderpsychiatrie, 53*, 483–496.

Röhricht, F., Beyer, W. & Priebe, S. (2002). Störungen des Körpererlebens bei akuten Angsterkrankungen und Depressionen – Neurotizismus oder Somatisierung? *Psychotherapie, Psychosomatik, Medizinische Psychologie, 52*, 205–213.

Schreiber-Willnow, K. (2000). *Körper-, Selbst- und Gruppenerleben in der stationären konzentrativen Bewegungstherapie*. Gießen: Psychosozial-Verlag.

Schreiber-Willnow, K. & Seidler, K. P. (2005). Katamnestische Stabilität des Körpererlebens nach stationärer Gruppenbehandlung. *Psychotherapie, Psychosomatik, Medizinische Psychologie, 55*, 370–377.

Strauß, B. (2014). Das subjektive Körpererleben in der Psychotherapieforschung. In K. Schweizer, F. Brunner, S. Cerwenka, T. O. Nieder & P. Briken (Hrsg.), *Sexualität und Geschlecht* (S. 211–223). Gießen: Psychosozial-Verlag.

Strauß, B. & Appelt, H. (1983). Der Fragebogen zur Beurteilung des eigenen Körpers. *Diagnostica, 29*, 145–164.

Strauß, B. & Appelt, H. (1986). Erfahrungen mit dem Fragebogen zur Beurteilung des eigenen Körpers. In E. Brähler (Hrsg.), *Körpererleben* (S. 220–231). Heidelberg: Springer.

Strauß, B. & Richter-Appelt, H. (1996). *Der Fragebogen zur Beurteilung des eigenen Körpers (FBeK)*. Göttingen: Hogrefe.

Autor des Beitrags

Bernhard Strauß

Kontaktdaten des Autors

Prof. Dr. Dipl.-Psych. Bernhard Strauß
Klinikum der Friedrich-Schiller-Universität Jena
Institut für Psychosoziale Medizin und Psychotherapie
Stoystraße 3
07740 Jena
bernhard.strauss@med.uni-jena.de

FDS

Fragebogen zu Dissoziativen Symptomen

Autoren des Testverfahrens	Carsten Spitzer, Rolf-Dieter Stieglitz und Harald Jürgen Freyberger
Quelle	Spitzer, C., Stieglitz, R.-D. & Freyberger, H. J. (2015). *Fragebogen zu Dissoziativen Symptomen (FDS). Ein Selbstbeurteilungsverfahren zur syndromalen Diagnostik dissoziativer Phänomene. Deutschsprachige Adaption der Dissociative Experiences Scale (DES) von E. Bernstein-Carlson und F. W. Putnam* (3., überarb. und erw. Aufl.). Bern: Huber.
Vorgänger-/ Originalversionen	*Originalversion (Dissociative Experience Scale, DES):* Bernstein, E. M. & Putnam, F. W. (1986). Development, reliability, and validity of a dissociation scale. *Journal of Nervous and Mental Diseases, 174,* 727–735.
Kurzversionen	Es existiert eine 20-Item-Kurzversion; eine Kurzversion mit acht Items (DES-Taxon) liegt ebenfalls vor, ist aber nicht in der Testveröffentlichung enthalten.
Kurzbeschreibung	Der FDS stellt ein Selbstbeurteilungsverfahren mit 44 Items bzw. 20 Items dar, mit dem dissoziative Symptome gemäß der ICD-10 und der DSM-Konzeption von Dissoziation erfasst werden. Es kann als Screeninginstrument zur syndromalen Diagnostik eingesetzt werden. Eine 8-Item-Version (DES-Taxon) kann zwischen normaler und pathologischer Dissoziation differenzieren (Spitzer et al., 2015).
Anwendungsbereich	Der FDS ist ein Erhebungsinstrument für den Erwachsenenbereich, das als Verfahren zur Erfassung dissoziativer Phänomene im Querschnitt wie im Verlauf eingesetzt werden kann. Es ermöglicht eine breite dimensionale Syndromdiagnostik, jedoch keine kategoriale Diagnostik. Der FDS kann sowohl im klinischen Alltag als auch für Forschungsfragen eingesetzt werden. Die Kurzform eignet sich als zeitökonomisches Instrument für eine orientierende syndromale Diagnostik.
Bearbeitungszeit	Aufgrund der relativ geringen Itemanzahl dauert die Beantwortung der 44-Item-Version mittels Ankreuzen durchschnittlich 5 bis 10 Minuten. Die Bearbeitungszeit für die 20-Item-Version liegt unter 5 Minuten. In Einzelfällen mit schwerer Symptomatik (z. B. dissoziative Amnesie) kann die Bearbeitungszeit jedoch länger dauern.
Theoretischer Hintergrund	Das Dissoziationskonzept ist inhaltlich und historisch eng mit der Hysterie verknüpft, für die jedoch lange das Konversionsmodell bestimmend war (Spitzer et al., 1996). Im Zusammenhang mit Extremtraumatisierungen bei Kriegsveteranen und Opfern von (sexuellem) Kindesmissbrauch sind dissoziative Phänomene in den letzten Jahren

wieder in das Zentrum wissenschaftlicher und klinisch-therapeutischer Aufmerksamkeit gerückt. Auch die Einführung der dissoziativen Störungen als diagnostische Entität hat dazu beigetragen. Dabei beinhaltet das Dissoziationsmodell sowohl phänomenologische als auch theoretische Dimensionen, die aus psychoanalytischen, kognitionspsychologischen und neurobiologischen Forschungstraditionen stammen. Allgemein wird Dissoziation als psychophysiologischer Prozess verstanden, der durch eine Spaltung der normalerweise integrierten Funktionen des Bewusstseins, der Identität, des Gedächtnisses und der Wahrnehmung sowie verschiedener neurophysiologischer Systeme wie Sensorik und Motorik gekennzeichnet ist und dem eine Abwehrfunktion zukommt.

Bezug zur Psychotherapie

Als Screeningverfahren eignet sich der FDS zur Eingangsdiagnostik für dissoziative Phänomene, die einerseits bei den dissoziativen Störungen, der Posttraumatischen Belastungsstörung und der Borderline-Persönlichkeitsstörung häufig vorkommen (Spitzer et al., 1999) und andererseits unabhängig von der kategorialen Diagnose indirekte Indikatoren für Realtraumatisierungen darstellen können. Diese spielen ihrerseits eine zentrale Rolle bei der Indikationsstellung, Planung und Durchführung psychotherapeutischer Behandlungen. Es gibt erste Hinweise, dass sich der FDS auch für Veränderungsmessung und Therapieevaluation eignet (Freyberger et al., 1996; Spitzer et al., 2007). Zudem sind dissoziative Symptome mit anderen, für die Psychotherapie relevanten Konstrukten wie z. B. Alexithymie und Persönlichkeitseigenschaften verknüpft (Grabe et al., 1999, 2000) und stehen in engem Zusammenhang mit selbstverletzendem Verhalten.

Testentwicklung

Der FDS stellt die deutsche Bearbeitung und Erweiterung der Dissociative Experience Scale (DES) dar. Die aus 28 Items bestehende Originalskala erfragt die Häufigkeit dissoziativer Phänomene in den Bereichen Gedächtnis, Bewusstsein und Identität gemäß der DSM-Konzeption. Items, die Dissoziation im Affekt- oder Impulsbereich abbilden, wurden explizit nicht aufgenommen, um eine Überschneidung mit Gefühls- oder Impulsschwankungen bei affektiven und Persönlichkeitsstörungen zu vermeiden. Die DES wurde in einer Vielzahl klinischer und nicht klinischer Studien eingesetzt und ist das international gebräuchlichste Verfahren zur Selbstbeurteilung dissoziativer Symptome (Carlson & Putnam, 1993; van Ijzendoorn & Schuengel, 1996). Für die deutsche Version wurden weitere 16 Items hinzugefügt, um auch dissoziative Symptome gemäß der ICD-10 abzubilden, vor allem pseudoneurologische Konversionssymptome.

Aufbau und Auswertung

Der FDS wird mit einer Instruktion eingeleitet, in der darum gebeten wird, keine Episoden zu berücksichtigen, in denen der Proband unter Alkohol-, Drogen- oder Medikamenteneinfluss stand. Die Formulierung der 44 (20) Items wurde so einfach wie möglich gehalten, wobei die entsprechenden Phänomene als allgemein mögliche Erfahrungen dargestellt werden (z. B. „Einige Menschen erleben gelegentlich, dass ...").

Neben einem Gesamtscore können vier Subskalen für die 44-Item-Version berechnet werden (für die 20-Item-Version ist nur die Bildung des Gesamtscores vorgesehen):
- *Amnesie* (8 Items; Bsp.: „Einigen Menschen passiert es gelegentlich, neue Dinge in ihrem Besitz zu finden, an deren Kauf sie sich nicht erinnern können."): Diese Skala erfasst die amnestische Dissoziation unterschiedlichen Schweregrades.
- *Absorption und imaginative Erlebnisweisen* (9 Items; Bsp.: „Einige Menschen stellen zeitweise fest, dass sie sich so sehr in eine Phantasiegeschichte oder einen Tagtraum hineinversetzen, dass sie den Eindruck haben, diese geschähen wirklich."): Diese Skala bildet Phänomene ab, bei denen sich die Aufmerksamkeit und Wahrnehmung des Probanden nach innen richtet.
- *Derealisation und Depersonalisation* (6 Items; Bsp.: „Einige Menschen haben zeitweise das Gefühl, dass ihr Körper oder Teile ihres Körpers nicht zu ihnen gehört."): Diese Skala bildet typische Depersonalisations- und Derealisationsphänomene unterschiedlichen Schweregrades ab.
- *Konversion* (9 Items; Bsp.: „Einigen Menschen passiert es gelegentlich, dass sie ihre Bewegungen nicht mehr koordinieren und kontrollieren können [z. B. greifen sie daneben], ohne dass ein Arzt eine körperliche Ursache finden konnte."): Diese Skala wurde theoriegeleitet entwickelt und erfasst die Konversionsphänomene gemäß der ICD-10.

Jedes Item wird anhand einer Skala von 0 bis 100 % (in 10er-Schritten) durch Ankreuzen beantwortet. Die formale Auswertung setzt voraus, dass maximal zwei Items unbeantwortet sind und ist manuell mit einem Auswertungsbogens möglich. Die Itemwerte werden zu einem Summenwert addiert und anschließend durch die Anzahl der beantworteten Items geteilt. Der so berechnete Mittelwert kann als allgemeines Dissoziationsmaß gewertet werden. Für die Auswertung der Subskalen wird analog verfahren. Für transkulturelle Vergleiche ist es zudem möglich, nur die 28 Items der amerikanischen Originalversion (DES) zu einem Score zusammenzufassen.

Gütekriterien

Der FDS wurde bei einer Vielzahl verschiedener klinischer und nicht klinischer Patienten- und Probandenstichproben von insgesamt $N = 3\,938$ Personen teststatistisch überprüft.

Objektivität: Der FDS ist in seiner Durchführung und Auswertung standardisiert und kann somit als objektiv gelten.

Reliabilität: Die internen Konsistenzen (Cronbachs α) lagen für den FDS bei $\alpha = .95$ und für die Subskalen zwischen .83 und .86. Für den FDS ergaben sich je nach Stichprobe und Zeitabstand zwischen den Testergebnissen Retest-Reliabilitäten von $r = .53$ bis .80, für die Subskalen wurden Retest-Reliabilitäten zwischen $r = .44$ und .79 ermittelt.

Validität: Die dimensionale Struktur der amerikanischen Originalversion (DES) wurde in mehreren Faktoranalysen und bei verschiedenen Stichproben überprüft (Carlson & Putnam, 1993; van Ijzendoorn & Schuengel, 1996). Über alle Analysen hinweg ergaben sich Hinweise auf einen allgemeinen Dissoziationsfaktor sowie drei mögliche Subskalen, die als *Amnesie, Absorption* und *Derealisation/Depersonalisation* bezeichnet wurden, wobei nicht alle Untersuchungen die Subskalen replizieren konnten. Für den FDS konnte die ursprünglich vorgeschlagene Drei-Faktoren-Lösung nicht vollständig bestätigt werden. In zusätzlichen Interkorrelationsanalysen der Subskalen fand sich jedoch ein maximaler Varianzanteil von 52 %, was darauf hindeutet, dass die einzelnen Subskalen differierende Dissoziationsaspekte erfassen.

Für den FDS wurde eine Reihe verschiedener Validitätsaspekte überprüft. Dabei fanden sich Geschlechtsunterschiede (Frauen wiesen höhere Werte auf) und eine geringe Assoziation mit dem Alter (je älter, desto niedrigere Werte). Statistisch eher geringfügige Zusammenhänge mit soziodemografischen Variablen wurden ebenfalls berichtet.

Korrelationen mit anderen psychopathologischen Syndromen, gemessen mit der Symptom-Checklist-90®-Standard (SCL-90®-S) und dem Beck-Depressions-Inventar (BDI), lagen für den FDS zwischen $r = .32$ und $.55$, für die jeweiligen Subskalen zwischen $r = .32$ und $.54$.

Als weiteres wichtiges Validitätsmerkmal konnte gezeigt werden, dass der FDS gut zwischen verschiedenen diagnostischen Gruppen differenziert.

Obwohl die ursprüngliche Konstruktionsabsicht für die DES auf ein Trait-Merkmal abzielt, konnte für den FDS eine ausreichende Änderungssensitivität (mit Werten für den sogenannten μ-Index unter $.30$) nachgewiesen werden.

Vergleichswerte/ Normen

Für den FDS und die jeweiligen Subskalen existieren Referenzwerte für verschiedene klinische und nicht klinische Stichproben (insgesamt $N = 3\,938$). Zudem liegen für 310 Probanden aus der Normalbevölkerung und 123 Patienten mit dissoziativen Störungen Quartilnormen für den FDS und die DES vor. Bei einem FDS-Wert über 7.9 ist dabei von einer klinisch relevanten dissoziativen Symptomatik auszugehen. Bevölkerungsrepräsentative Normwerte werden nicht angegeben.

WWW-Ressourcen

Es liegen keine zusätzlichen Ressourcen vor.

Literatur

Carlson, E. B. & Putnam, F. W. (1993). An update on the Dissociative Experiences Scale. *Dissociation, 6,* 16–27.

Freyberger, H. J., Drescher, S., Dierse, B. & Spitzer, C. (1996). Psychotherapeutic outcome of inpatients with neurotic and personality disorders with and without a benzodiazepine dependence syndrome. *European Addiciton Research, 2,* 53–61.

Grabe, H. J., Rainermann, S., Spitzer, C., Gänsicke, M. & Freyberger, H. J. (2000). The Relationship between Dimensions of Alexithymia and Dissociation. *Psychotherapy and Psychosomatics, 69,* 128–131.

Grabe, H. J., Spitzer, C. & Freyberger, H. J. (1999). Relationship of dissociation to temperament and character in men and women. *American Journal of Psychiatry, 156,* 1811–1813.

Spitzer, C., Barnow, S., Freyberger, H. J. & Grabe, H. J. (2007). Dissociation predicts symptom-related treatment outcome in short-term inpatient psychotherapy. *Australian & New Zealand Journal of Psychiatry, 41,* 682–687

Spitzer, C., Freyberger, H. J., Brähler, E., Beuter, M. E., Stieglitz, R. D. (2015). Teststatistische Überprüfung und Normierung der Dissociative Experience Scale-Taxon (DES-T). *Psychotherapie, Psychosomatik, Medizinische Psychologie, 65,* 134–139.

Spitzer, C., Freyberger, H. J. & Kessler, C. (1996). Hysterie, Dissoziation und Konversion. Eine Übersicht zu Konzepten, Klassifikation und diagnostischen Instrumenten. *Psychiatrische Praxis, 23,* 63–68.

Spitzer, C., Spelsberg, B., Grabe, H. J., Mundt, B. & Freyberger, H. J. (1999). Dissociative experiences and psychopathology in conversion disorders. *Journal of Psychosomatic Research, 46,* 291–294.

van Ijzendoorn, M. H. & Schuengel, C. (1996). The measurement of dissociation in normal and clinical populations. Meta-analytic validation of the Dissociative Experiences Scale (DES). *Clinical Psychology Review, 16,* 365–382.

Autoren des Beitrags Carsten Spitzer, Rolf-Dieter Stieglitz und Harald Jürgen Freyberger

Kontaktdaten des Erstautors
Prof. Dr. Carsten Spitzer
Asklepios Fachklinikum Tiefenbrunn
37124 Rosdorf
c.spitzer@asklepios.com

FEP

Fragebogen zur Evaluation von Psychotherapieverläufen

Autor des Testverfahrens	Wolfgang Lutz
Quellen	– Lutz, W., Schürch, E., Stulz, N., Böhnke, J. R., Schöttke, H., Rogner, J. & Wiedl, K. H. (2009). Entwicklung und psychometrische Kennwerte des Fragebogens zur Evaluation von Psychotherapieverläufen (FEP). *Diagnostica, 55,* 106–116. – Lutz, W. & Böhnke, J. R. (2008). Der „Fragebogen zur Evaluation von Psychotherapieverläufen" (FEP-2): Validierungen und Manual. *Trierer Psychologische Berichte, 35,* Heft 3. Der FEP steht kostenfrei zur Verfügung.
Vorgänger-/ Originalversionen	keine
Kurzversionen	Es existieren zwei Kurzformen, eine aus fünf Fragen und eine aus 25 Fragen bestehende Version.
Kurzbeschreibung	Es handelt sich um ein Selbstbeurteilungsverfahren mit einem Gesamtwert und vier Subskalen, welches aus 40 Items besteht. Ebenfalls sind zwei Kurzformen (5 und 25 Fragen) verfügbar. Insbesondere der Gesamtwert *Psychische Beeinträchtigung* kann als übergreifendes Maß verlässlich zur Verlaufs- und Ergebnismessung von Psychotherapien genutzt werden. Die vier Subskalen (*Wohlbefinden, Beschwerden, Interpersonale Beziehungen* und *Inkongruenz*) erfassen die zentralen Variablen psychotherapeutischer Veränderungen und können ebenfalls als einzelne Instrumente oder zur Beantwortung von spezifischen Hypothesen zu Veränderungen durch Psychotherapie eingesetzt werden. Es existieren verschiedene computergestützte Eingabesysteme. Eine Papierversion ist von den Autoren beziehbar. Zu den potenziellen Anwendern gehören Psychotherapeuten und Forscher auf dem Gebiet der Psychotherapie und Psychopathologie.
Anwendungsbereich	Der FEP eignet sich zur Verlaufs- und Ergebnisevaluation ambulanter und stationärer Psychotherapien mit Erwachsenen. Er kann zur kontinuierlichen Ergebniskontrolle in der ambulanten wie stationären Psychotherapie verwendet werden und die Grundlage eines psychometrischen Status- und Verlaufsfeedbacks bilden.
Bearbeitungszeit	Die Durchführungszeit beträgt etwa 5 Minuten, die Auswertungszeit etwa 10 Minuten.

Theoretischer Hintergrund	Es werden drei zentrale klinisch-therapeutische Konzeptualisierungen therapeutischer Veränderungen erhoben: das Phasenmodell therapeutischer Veränderung (Howard et al., 1993), das interpersonale Kreismodell (Horowitz et al., 1988; Kiesler, 1996) und das Inkongruenzkonzept (Grawe, 1998). Das Phasenmodell therapeutischer Veränderungen beschreibt eine Abfolge unterschiedlicher Veränderungsbereiche bzw. Phasen im Verlauf des Genesungsprozesses in Psychotherapien. Dabei werden drei zeitlich aufeinanderfolgende Phasen unterschieden: eine Remoralisierungsphase (Wohlbefinden), eine Remediationsphase (Symptomatik) und eine Rehabilitationsphase (Funktionsfähigkeit). Diese drei Aspekte werden durch die drei entsprechenden Subskalen des FEP erfasst, wobei *Interpersonale Beziehungen* als Aspekt der Funktionsfähigkeit betrachtet werden. Neben diesem Modell gibt es zwei weitere klinisch-therapeutische Konzeptualisierungen, die im Rahmen einer empirischen und multidimensionalen Erhebung zentral sind und theoretisch entsprechend zur Ergebnismessung ausformuliert wurden. Dies sind zunächst die interpersonalen Probleme, welche im Rahmen des interpersonalen Kreismodells eine wichtige Ergebnisdimension im Kontext der Therapieforschung darstellt (z. B. Horowitz et al., 1988; Kiesler, 1996) sowie die motivationale Inkongruenz als einem zentralen störungsaufrechterhaltenden Faktor (Grawe, 1998, 2004, grosse Holtforth et al., 2004).
Bezug zur Psychotherapie	Der FEP wurde als veränderungssensitives Instrument zur Verlaufs- und Ergebnismessung ambulanter Psychotherapien entwickelt. Durch seine ökonomische Konstruktion mit einer kurzen Instruktion nebst einfachen Auswertungsregeln eignet er sich insbesondere für wiederholte Messungen im Rahmen einer fortlaufenden Qualitätssicherung von Psychotherapien.
Testentwicklung	Neben den dargestellten theoretischen Konzepten bildeten Vorstudien die Basis der Itemgenerierung, in denen Items aus veränderungsrelevanten Bereichen aus der Literatur abgeleitet wurden (Lutz et al., 2006). Hauptkriterien waren die Veränderungssensitivität sowie die inhaltliche Zuordnung zu relevanten Störungsbildern im ambulanten Setting (Lutz et al., 2009). In einer späteren Studie konnte die Eindimensionalität auf der Basis von Item-Response-Modellen gezeigt sowie mehrere Kurzversionen entwickelt werden (Böhnke & Lutz, 2014; Schürch et al., 2009).
Aufbau und Auswertung	Der FEP besteht aus den vier Skalen: – *Wohlbefinden* (7 Items; Bsp.: „In der letzten Woche fühlte ich mich unbelastet und zufrieden."), – *Beschwerden* (11 Items; Bsp.: „In der letzten Woche war ich nervös."), – *Inkongruenz* (12 Items; Bsp.: „In der letzten Woche war ich unabhängig und frei.") und – *Interpersonelle Probleme* (10 Items; Bsp.: „In der letzten Woche hatte ich Probleme mich für andere zu freuen.").

Die Skalen des FEP werden durch die Addition der einzelnen Itemwerte und anschließende Division durch die Anzahl bearbeiteter Items gebildet. Dabei gilt die Regel, dass ein Skalenwert nur dann gebildet werden sollte, wenn mindestens 80 % der Items beantwortet sind. Neben den vier Subskalen kann nach den gleichen Regeln auch ein Gesamtwert *Psychische Beeinträchtigung* gebildet werden. Für differenziertere Auswertungen können die Subskalen *Beschwerden* (Depression, Angst), *Interpersonale Probleme* (introvertiert/scheu, ausnutzbar/nachgiebig, konkurrierend/unterstützend, selbstunsicher/zurückhaltend) und *Inkongruenz* (Annäherungs- und Vermeidungsziele) in die jeweiligen inhaltlichen Bereiche aufgeteilt werden.

Die Beantwortung der Items erfolgt auf einer fünfstufigen Skala von 1 = nie bis 5 = sehr oft. 13 Items sind positiv formuliert und müssen vor der Skalenberechnung umgepolt werden. Höhere Werte bedeuten eine stärkere Belastung.

Gütekriterien

Die Reliabilität (Cronbachs α) liegt für die Unterskalen zwischen .81 *(Inkongruenz)* und .87 (sowohl *Wohlbefinden* als auch *Beschwerden*) sowie bei .93 für den Gesamtwert *Psychische Beeinträchtigung* und wurde anhand der ambulanten Manual-Stichprobe (N = 184) erfasst (Lutz et al., 2009). Die Retest-Korrelation (über einen Zeitraum von bis zu 8 Wochen) in den nicht klinischen Normstichproben (N = 269) ergab einen Wert von r_{tt} = .69 für den Gesamtwert *Psychische Beeinträchtigung*.

Die vier theoretisch angelegten Faktoren *(Wohlbefinden, Beschwerden, Interpersonale Beziehungen* und *Inkongruenz)* werden durch eine starke Komponente *Psychische Beeinträchtigung* (42 % Varianzaufklärung in einer unrotierten Lösung reiner Hauptkomponentenanalyse) überlagert, was sich auch in den hohen Interkorrelationen zwischen den vier Skalen des FEP (von r = .74 zwischen *Wohlbefinden* und *Interpersonalen Problemen* bis r = .98) in konfirmatorischen Faktorenanalysen widerspiegelt (Lutz & Böhnke, 2008). Dies rechtfertigt die Berechnung eines Gesamtwertes, der die verlässlichste Aussage über den Zustand des Patienten trifft, während die vier Subdimensionen vor allem im Einzelfall brauchbare Zusatzinformationen liefern können.

Zur Prüfung der konvergenten und diskriminanten Validität wurden die Subskalen sowie der Gesamtwert der nicht klinischen Bevölkerungsstichprobe (N = 274) mit dem Beck-Depressions-Inventar (BDI; Hautzinger et al., 1995), dem Fragebogen zum Gesundheitszustand (SF-12; Bullinger & Kirchberger, 1998), dem Treatment Evaluation and Management System (TEaM; Grissom et al., 2002) und dem Outcome Questionaire (OQ-45.2; Lambert et al., 2004) korreliert. Die Korrelationen des Gesamtwertes des FEP liegen mit den Gesamtwerten für diese Instrumente allesamt in einem akzeptabel hohen Rahmen (von .63 mit dem BDI bis .81 mit dem OQ-45.2). Auch die FEP-Subskalen *Wohlbefinden* und *Beschwerden* korrelieren jeweils am deutlichsten mit den korrespondierenden Skalen der Prüfinstrumente. Durchweg niedrig fallen die Korrelationen mit der Skala Körper des SF-12 (Bullinger & Kirchberger, 1998) aus. Dies war zu erwarten, da der FEP nicht primär auf körperliche Symptome abzielt.

Vergleichswerte/ Normen	Im Manual werden drei Referenzstichproben berichtet. Eine ambulante Stichprobe (*N* = 184), eine nicht klinische Stichprobe (*N* = 274) und eine Studierenden-Stichprobe (*N* = 96). Die gesunden Vergleichsstichproben unterscheiden sich auf allen Subskalen und dem Gesamtwert signifikant ($p < .05$) von den Mittelwerten der ambulanten Stichprobe. Weiterhin werden ebenda Cut-Off-Werte berichtet, die die ambulante Normstichprobe von den gesunden Stichproben mittels des bei Jacobsen und Truax (1991) berichteten Kriteriums c differenzieren. Die ausgezeichnete Veränderungssensitivtät konnte in mehreren Studien gezeigt werden (Böhnke & Lutz, 2014; Lutz et al., 2009).
WWW-Ressourcen	Der FEP (Fragebogen, Manual) kann kostenfrei bezogen werden unter: https://www.uni-trier.de/fileadmin/fb1/PSY/tripsyberichte/2008_35_3.pdf
Literatur	Böhnke, J. R. & Lutz, W. (2014). Using item and test information to optimize targeted assessments of psychological distress. *Assessment, 21,* 679–694. Bullinger, M. & Kirchberger, I. (1998). *Fragebogen zum Gesundheitszustand (SF-36).* Göttingen: Hogrefe. Grawe, K. (1998). *Psychologische Therapie.* Göttingen: Hogrefe. Grawe, K. (2004). *Neuropsychotherapie.* Göttingen: Hogrefe. Grissom, G. R., Lyons, J. S. & Lutz, W. (2002). Standing on the shoulders of a giant: Development of an outcome management system based on the dose model and phase model of psychotherapy. *Psychotherapy Research, 12,* 397–412. grosse Holtforth, M., Grawe, K. & Tamcan, Ö. (2004). *Inkongruenzfragebogen (INK).* Göttingen: Hogrefe. Hautzinger, M., Bailer, M., Worall, H. & Keller, F. (1995). *Beck-Depressions-Inventar (BDI).* Bern: Huber. Horowitz, L. M., Rosenberg, S. E., Baer, B. A., Ureño, G. & Villasenor, V. S. (1988). Inventory of interpersonal problems: Psychometric properties and clinical applications. *Journal of Consulting and Clinical Psychology, 56,* 885–892. Howard, K. I., Lueger, R. J., Maling, M. S. & Martinovich, Z. (1993). A phase model of psychotherapy outcome: causal mediation of change. *Journal of Consulting and Clinical Psychology, 61,* 678–685. Jacobson, N. S. & Truax, P. (1991). Clinical significance: A statistical approach to defining meaningful change in psychotherapy research. *Journal of Consulting and Clinical Psychology, 59,* 12–19. Kiesler, D. J. (1996). From communications to interpersonal theory: A personal odyssey. *Journal of Personality Assessment, 66,* 267–282. Lambert, M. J., Morton, J., Hatfield, D., Harmon, C. & Hamilton, S. (2004). *Administration and scoring manual for the OQ-45.2.* Salt Lake City, UT: OQ Measures, American Professional Credentialing Services. Lutz, W. & Böhnke, J. R. (2008). Der „Fragebogen zur Evaluation von Psychotherapieverläufen" (FEP-2): Validierungen und Manual. *Trierer Psychologische Berichte, 35,* Heft 3. Lutz, W., Schürch, E., Stulz, N., Böhnke, J. R., Schöttke, H., Rogner, J. et al. (2009). Entwicklung und psychometrische Kennwerte des Fra-

gebogens zur Evaluation von Psychotherapieverläufen (FEP). *Diagnostica, 55,* 106–116.

Lutz, W., Tholen, S., Schürch, E. & Berking, M. (2006). Die Entwicklung, Validierung und Reliabilität von Kurzformen gängiger psychometrischer Instrumente zur Evaluation des therapeutischen Fortschritts in Psychotherapie und Psychiatrie. *Diagnostica, 52,* 11–25.

Schürch, E., Lutz, W. & Böhnke, J. R. (2009). Identifikation abweichender Antwortmuster im „Fragebogen zur Evaluation von Psychotherapieverläufen" mithilfe der Rasch-Analyse. *Zeitschrift für Klinische Psychologie und Psychotherapie, 38,* 135–144.

Autoren des Beitrags Wolfgang Lutz, Julian Rubel und Jan R. Böhnke

Kontaktdaten des Erstautors
Prof. Dr. Wolfgang Lutz
Universität Trier
Fachbereich I – Psychologie
Am Wissenschaftspark 25+27
54296 Trier
wolfgang.lutz@uni-trier.de

FEVER

Fragebogen zur Erfassung der Veränderungsbereitschaft

Autoren des Testverfahrens	Gregor Hasler, Richard Klaghofer und Claus Buddeberg
Quelle	Hasler, G., Klaghofer, R. & Buddeberg, C. (2003). Der Fragebogen zur Erfassung der Veränderungsbereitschaft (FEVER). *Psychotherapie, Psychosomatik, Medizinische Psychologie, 53,* 406–411.
Vorgänger-/ Originalversionen	*Originalversion The University of Rhode Island Change Assessment Scale (URICA):* McConnaughy, E. A., Prochaska, J. O. & Velicer, W. F. (1983). Stages of change in psychotherapy: measurement and sample profiles. *Psychotherapy: Theory, Research and Practice, 20,* 368–375.
Kurzversionen	keine
Kurzbeschreibung	Es handelt sich um die modifizierte deutsche Übersetzung des Selbstbeurteilungsverfahren URICA zur Erfassung der temporal-motivationalen Dimension bei komplexem Problemverhalten. Erfasst werden drei zentrale Phasen der Veränderung (stages of change): *Precontemplation, Contemplation* und *Action.* Zu jeder Phase gehören acht Items. Der FEVER liegt als Papier-Bleistift-Verfahren vor. Potenzielle Anwender sind Psychotherapeuten und Forscher auf dem Gebiet der Therapiemotivation.
Anwendungsbereich	Der Test eignet sich zur Erfassung der Therapiemotivation und Veränderungsbereitschaft von Jugendlichen und Erwachsenen, die sich in Psychotherapie bzw. in psychosozialen Interventionen befinden.
Bearbeitungszeit	Durchführung: 6 bis 8 Minuten; Auswertung: 3 Minuten.
Theoretischer Hintergrund	Der FEVER basiert auf dem transtheoretischen Modell (TTM) von Prochaska (Prochaska & DiClemente, 1992; Prochaska & Norcross, 1999), das aus einer Analyse von führenden Psychotherapietheorien entstanden ist. Es trägt dem Umstand Rechnung, dass eine Vielzahl von psychischen Störungen mit repetitivem, gewohnheitsmäßigem Verhalten einhergeht und Patienten sich meist nicht rasch verändern, sondern dass Einstellungs- und Verhaltensänderungen im Rahmen langwieriger, mehrstufiger Prozesse stattfinden. Diese zeitliche Dimension von psychischen Veränderungen steht im Zentrum des TTM. Es unterscheidet verschiedene, sich bedingende Phasen der Veränderung (stages of change): Precontemplation, Contemplation, Preparation, Action und Maintenance.

Bezug zur Psychotherapie	Der Fragebogen kann zur Erfassung der Therapiemotivation genutzt werden und eignet sich durch seine Kürze auch für wiederholte Messungen.
Testentwicklung	Als Grundlage des FEVER wurde die Übersetzung der Originalversion der URICA verwendet, die 32 Items zur Erfassung der Phasen Precontemplation, Contemplation, Action und Maintenance enthält. Entsprechend der Originalversion kann jedes Item auf einer fünfstufigen Likert-Skala beantwortet werden. Da es in der täglichen Praxis nur selten vorkommt, dass Patienten und Patientinnen in gesundem Zustand zur Rückfallverhütung eine Behandlung aufsuchen, wurden die acht Items betreffend Maintenance weggelassen und das Instrument auf 24 Items reduziert. Diese reduzierte Form hat sich in klinischen Studien bewährt (Ward et al., 1996) und wurde anhand einer Stichprobe von 129 Patienten, die wegen einer Essstörung an einer Klinik für Psychiatrie und Psychotherapie untersucht wurden, faktorenanalysiert. Das durchschnittliche Alter betrug 27.1 Jahre ($SD = 9.8$); 92.2 % waren Frauen.
Aufbau und Auswertung	Der FEVER enthält drei Skalen *(Precontemplation, Contemplation, Action)* mit je acht Items. Das Antwortformat ist fünfstufig: 1 = trifft überhaupt nicht zu, 2 = trifft eher nicht zu, 3 = weiß nicht, 4 = trifft eher zu und 5 = trifft sehr zu. Die Skalenwerte ergeben sich als Summe der Itemscores und anschließender Division durch acht und liegen damit zwischen 1 und 5. Hohe Scores in den Skalen bedeuten eine hohe Zustimmung zur jeweiligen Phase.
Gütekriterien	Die Objektivität kann als gegeben vorausgesetzt werden. Eine Faktorenanalyse ergab eine dreifaktorielle Struktur, die dem englischen Original entspricht. Die Reliabilität (Cronbachs α) beträgt für die Skalen: *Precontemplation* $\alpha = .72$, *Contemplation* $\alpha = .78$ und *Action* $\alpha = .86$.
Vergleichswerte/ Normen	Es liegen keine Norm- und Vergleichswerte vor.
WWW-Ressourcen	Es liegen keine zusätzlichen Ressourcen vor.
Literatur	Prochaska, J. O. & DiClemente, C. C. (1992). Stages of change in the modification of problem behaviors. *Progress in behavior modification, 28,* 183–218. Prochaska, J. O. & Norcross, J. C. (1999). *Systems of psychotherapy. A transtheoretical analysis.* Pacific Grove, CA: Brooks/Cole. Ward, A., Troop, N., Todd, G. & Treasure J. (1996). To change or not to change – „how" is the question? *British Journal of Medical Psychology, 69,* 139–146.
Autor des Beitrags	Richard Klaghofer

Kontaktdaten des Autors	Prof. Dr. Richard Klaghofer Universitätsspital Zürich Klinik für Psychiatrie und Psychotherapie Haldenbachstrasse 18 CH-8091 Zürich richard.klaghofer@usz.ch

FMP
Fragebogen zur Messung der Psychotherapiemotivation

Autoren des Testverfahrens	Wolfgang Schneider, Heinz-Dieter Basler und Birgit Beisenherz
Quelle	Schneider, W., Basler, H.-D. & Beisenherz, B. (1989). *Fragebogen zur Messung der Psychotherapiemotivation (FMP)*. Weinheim: Beltz Test.
Vorgänger-/ Originalversionen	keine
Kurzversionen	Es ist eine Kurzversion des FMP mit 30 Items entwickelt worden. Diese Version umfasst vier Subskalen: *Leidensdruck* (7 Items), *sekundärer Krankheitsgewinn* (4 Items), *psychosoziale Laienätiologie* (8 Items) und *psychotherapeutische Behandlungserwartungen* (11 Items). Eine Veröffentlichung der Kurzform ist geplant.
Kurzbeschreibung	Der FMP ist eine Selbstbeurteilungsskala, die sich aus vier Subskalen mit insgesamt 47 Items zusammensetzt: (1) *Krankheitserleben*, (2) *Laienätiologie*, (3) *Allgemeine Behandlungserwartung* und (4) *Erfahrungen und Einstellungen bezüglich Psychotherapie*. Es können sowohl Subskalenwerte als auch ein Gesamtskalenwert gebildet werden.
Anwendungsbereich	Der FMP erhebt das Krankheitserleben, die Patientenkonzepte über die Genese ihrer Erkrankung (Laienätiologie) sowie die Psychotherapiemotivation. Er kann im Rahmen der Diagnostik und Therapie bei Patienten mit psychischen, psychosomatischen und somatischen Erkrankungen eingesetzt werden.
Bearbeitungszeit	Die Bearbeitungszeit beträgt circa 15 bis 20 Minuten.
Theoretischer Hintergrund	Die Psychotherapiemotivation wird als ein Resultat unterschiedlicher affektiver und kognitiver Prozesse aufgefasst, die miteinander interagieren. Für die Entwicklung einer Veränderungsmotivation ist das Krankheitserleben, das sowohl Aspekte des Leidensdrucks aber auch den möglichen Krankheitsgewinn umfasst, von Bedeutung. Die Beschaffenheit des Krankheitskonzeptes des Patienten – dieses kann z. B. psychosozial, psychosomatisch oder somatisch orientiert sein – nimmt Einfluss auf die konkrete Art der Behandlungsmotivation. Die Krankheitskonzepte werden durch die gesellschaftlichen krankheitsbezogenen Wert- und Normorientierungen, Einstellungen und Wertungen des sozialen Umfeldes sowie über die konkreten eigenen Behandlungserfahrungen des Patienten beeinflusst.
Bezug zur Psychotherapie	Der Fragebogen lässt eine Bewertung des Krankheitserlebens, der Laienätiologie sowie der Behandlungsmotivation zu und kann dadurch sowohl in der klinischen Eingangs- und Verlaufsdiagnostik als auch in

der Psychotherapieforschung eingesetzt werden. Im Prozess der Indikationsstellung zur Psychotherapie ist eine das Interview ergänzende Erhebung relevanter Informationen möglich, die insbesondere über die Verfügbarkeit von klinischen Normwerten eine vergleichende Bewertung des Patienten ermöglichen. Bei Patienten, die aufgrund ihres somatischen Krankheitskonzeptes und entsprechender Behandlungserwartungen erst einmal wenig für eine Psychotherapie motiviert sind, lässt sich aufgrund des Profils der Testergebnisse ein individuumzentriertes Konzept einer probatorischen Arbeit an den motivationalen Voraussetzungen des Patienten ableiten. Der Fragebogen findet sowohl im ambulanten Bereich als auch in der stationären Akut- und Rehabilitationsbehandlung Anwendung. In besonderer Weise eignet er sich auch für das Feld der psychosomatisch-psychotherapeutischen Rehabilitation, für die das Problem der gering- oder fehlmotivierten Patienten aufgrund der spezifischen Selektionsprozesse besonders gravierend ist. Der FMP ermöglicht eine systematische Reflexion und Handhabung dieses Themas. Für die Psychotherapieforschung ist das Instrument sowohl für die Effekt- als auch für die Wirkforschung geeignet.

Testentwicklung

Das dem Test zugrunde liegende Konstrukt nimmt Bezug auf psychoanalytische und psychodynamische Konzepte zur Behandlungsmotivation, für die der Begriff des Leidensdrucks in diesem Kontext eine zentrale Position einnimmt, sowie auf Literatur zum Arbeitsbündnis bzw. zur Arbeitsbündnisfähigkeit eines Patienten. Darüber hinaus werden kognitiv orientierte Arbeiten zur Psychotherapiemotivation (Krause, 1966) berücksichtigt, die insbesondere Aspekte der Kosten-Nutzen-Relation als motivationale Entscheidungsgrundlage fokussieren, wie sie auch in der Complianceforschung aufgegriffen worden sind. So beinhaltet das theoretische Konstrukt sowohl die Perspektiven des emotionalen Erlebens (Leidensdruck) als auch der affektiven, kognitiven und verhaltensbezogenen Verarbeitung der Störung (z. B. Krankheitsgewinn, Behandlungsvorerfahrungen).

Die erste Item-Sammlung bestand aus 77 Items, die von 25 ärztlichen und psychologischen Psychotherapeuten auf der Basis des dargelegten theoretischen Bezugssystems vorgeschlagen wurden. Daraus wurde eine Testvorform entwickelt, die 60 Items umfasste und an einer Stichprobe von 70 Patienten überprüft wurde. Auf der Basis einer Itemanalyse, bei der neben den Schwierigkeitsindizes und der Trennschärfekoeffizienten noch die Item-Interkorrelationen berücksichtigt wurden, entstand die Endform mit insgesamt 47 Items. Die Hauptanalyse-Stichprobe umfasste 447 Patientinnen und Patienten aus psychosomatisch-psychotherapeutischen Akut- und Rehabilitationskliniken. Anhand dieser Daten wurden die theoretisch entwickelten Subskalen faktorenanalytisch überprüft und erwiesen sich empirisch als angemessen. Als Beurteilungsgrundlage für individuelle Testergebnisse bieten sich sowohl Prozentrangnormen als auch Quartile an.

Aufbau und Auswertung

Der FMP umfasst vier Skalen:
– *Krankheitserleben* (*KE*, 11 Items; Bsp.: „Ich fühle mich, seitdem die Beschwerden zum ersten Mal aufgetreten sind, eigentlich ständig

bedrückt."). Diese Skala repräsentiert die Aspekte des Leidensdrucks und des sekundären Krankheitsgewinns.
- *Laienätiologie* (*LÄ*, 8 Items; Bsp.: „Letztlich haben meine Beschwerden doch eine körperliche Ursache."). Diese Skala thematisiert die Konzepte des Patienten über die Ätiologie seiner Erkrankung, die psychische, psychosomatische oder somatische Gesichtspunkte umfassen können.
- *Allgemeine Behandlungserwartungen* (*BE*, 8 Items; Bsp.: „Ich kann aktiv etwas dazu tun, dass sich meine Beschwerden bessern."). Diese Skala misst die allgemeinen Erwartungen und Einstellungen des Patienten gegenüber verschiedenen Behandlungsmodellen (somatische versus psychotherapeutische, integrierte psychosomatische Modelle).
- *Erfahrungen und Einstellungen bezüglich Psychotherapie* (*PT*, 20 Items; Bsp.: „Ich würde mir viel von einer psychologischen Behandlung erhoffen."). Erhoben werden mit dieser Skala die eigenen oder durch Dritte vermittelten Vorerfahrungen und differenzierte Einstellungen des Patienten gegenüber Psychotherapie.

Die Items müssen vom Probanden auf einer fünfstufigen Ratingsskala von 1 = stimmt uneingeschränkt bis 5 = stimmt überhaupt nicht beurteilt werden.

Die Auswertung erfolgt mithilfe einer Auswertungsschablone und es können Subskalenscores und ein Gesamtscore gebildet werden. Es liegt eine computergestützte Fassung des Tests vor (Schneider et al., 1989, 1999).

Gütekriterien

Sowohl die Durchführung als auch die Testauswertung und Interpretation des Fragebogens erfolgen standardisiert, sodass der Test als objektiv zu bewerten ist.

Für alle vier Subskalen wie für die Gesamtskala konnten befriedigende bis gute bzw. sehr gute Reliabilitätskennwerte (Cronbachs α von .91 für die Gesamtskala, für die Subskalen zwischen .71 *[LÄ]* und .86 *[BE]*) nachgewiesen werden.

Die Retest-Reliabilitätskoeffizienten lagen für die Skalen *KE* ($r = .81$), *BE* ($r = .83$) und *PT* ($r = .96$) sowie für die Gesamtskala ($r = .86$) noch höher als die Konsistenzkoeffizienten. Lediglich für die Skala *LÄ* zeigte sich ein niedrigerer Koeffizient von $r = .67$.

Es liegen unterschiedliche Validitätsstudien vor. Bezüglich der Kriteriumsvalidität hat ein Expertenrating ein befriedigendes Ergebnis ($r = .36$) für die Gesamtskala ergeben. Auch Untersuchungen zur Kriteriumsvalidität, die auf einer Experteneinschätzung der Psychotherapiemotivation auf der Basis der Achse-I der Operationalisierten Psychodynamischen Diagnostik (Arbeitskreis OPD, 1996) beruhen, haben befriedigende Ergebnisse gezeigt (Wietersheim et al., 2000). Die Konstruktvalidität zeigte bei faktoren- und clusteranalytischen Überprüfungen ebenfalls zufriedenstellende Ergebnisse. In einer Vielzahl von klinischen Studien hat sich gezeigt, dass der Test inhaltlich sinnvoll zwischen unterschiedlichen klinischen Populationen (Patienten mit psychischen, psychosomatischen und somatischen Erkrankungen) differenziert (Schneider et al., 1990). Die prognostische Validität wurde in einer Interventionsstudie aufgezeigt, die einen Zusammenhang zwischen der initialen Psychotherapiemotivation und dem Therapieerfolg belegen konnte (Schneider et al., 1999).

Vergleichswerte/ Normen

Für die Gesamtskala des FMP und die Subskalen liegen geschlechtergetrennt sowohl T-Werte, Prozentrangnormen als auch Stanine-Werte als Normtabellen vor. Mittlerweile wurde der Test an unterschiedlichsten klinischen Stichproben mit psychischen, psychosomatischen und somatischen Patientengruppen untersucht (Schneider, 1991), sodass auch Daten von verschiedenen klinischen Vergleichsgruppen zur Verfügung stehen.

WWW-Ressourcen

Es liegen keine zusätzlichen Ressourcen vor.

Literatur

Arbeitskreis OPD (Hrsg.). (1996). *Operationalisierte Psychodynamische Diagnostik – OPD*. Bern: Huber.

Krause, M. (1966). A cognitive theory of motivation for treatment. *Journal of General Psychology, 75,* 9–19.

Schneider, W. (1991). *Behandlungserwartungen und -motivation bei Patienten mit psychischen, psychosomatischen und somatischen Erkrankungen.* Unveröffentlichte Habilitationsschrift, Ruhr-Universität Bochum.

Schneider, W., Basler, H.-D. & Beisenherz, B. (1989). *Fragebogen zur Messung der Psychotherapiemotivation (FMP).* Weinheim: Beltz Test.

Schneider, W., Beisenherz, B. & Freyberger, H. J. (1990). Therapy expectation in different groups of patients with chronic diseases. *Psychotherapy and Psychosomatics, 54,* 1–7.

Schneider, W., Klauer, T., Tetzlaff, M. & Janssen, P. L. (1999). Der Einfluss der Psychotherapiemotivation auf den Therapieverlauf. *Nervenarzt, 70,* 240–249.

Wietersheim, J. von, Schneider, W., Kriebel, R., Freyberger, H. J. & Tetzlaff, M. (2000). Entwicklung und erste Evaluierungen der Achse Krankheitserleben und Behandlungsvoraussetzungen der Operationalisierten Psychodynamischen Diagnostik (OPD). *Zeitschrift für Klinische Psychologie und Psychotherapie, 29,* 109–116.

Autor des Beitrags

Wolfgang Schneider

Kontaktdaten des Autors

Prof. Dr. Dr. Wolfgang Schneider
Universität Rostock
Klinik und Poliklinik für Psychosomatik und
Psychotherapeutische Medizin
Gehlsheimer Straße 20
18055 Rostock
wolfgang.schneider@med.uni-rostock.de

FPTM

Fragebogen zur Psychotherapiemotivation

Autoren des Testverfahrens	Rüdiger Nübling und Holger Schulz
Quelle	Schulz, H., Nübling, R. & Rüddel, H. (1995). Entwicklung einer Kurzform eines Fragebogens zur Psychotherapiemotivation. *Verhaltenstherapie, 5,* 89–95.
Vorgänger-/ Originalversionen	*Vorgängerversion Fragebogen zur Erfassung der Psychotherapiemotivation und des Krankheitskonzepts (PMK)* in: Nübling, R. (1992). *Psychotherapiemotivation und Krankheitskonzept. Zur Evaluation psychosomatischer Heilverfahren.* Frankfurt am Main: VAS Verlag für Akademische Schriften.
Kurzversionen	*FPTM-K6, FPTM-K6F:* Schulz, H., Lang, K., Nübling, R. & Koch, U. (2006). Entwicklung einer 6-Item Kurzform des Fragebogens zur Psychotherapiemotivation – FPTM-K6. In R. Nübling, F. A. Muthny & J. Bengel (Hrsg.), *Reha-Motivation und Behandlungserwartung* (S. 271–282). Bern: Huber.
Kurzbeschreibung	Ziel des FPTM ist die Erfassung wesentlicher Aspekte der Psychotherapiemotivation. Das Selbstbeurteilungsverfahren mit 39 Items bzw. sechs Skalen ist teilweise psychoanalytisch orientiert (Leidensdruck, sekundärer Krankheitsgewinn), teilweise therapieschulenunabhängig (z. B. Hoffnung, Wissen). Er kann sowohl im Rahmen der Rehabilitationsdiagnostik bzw. zur Behandlungsplanung als auch im Rahmen von Forschungsprojekten eingesetzt werden.
Anwendungsbereich	Der FPTM ist in der Psychotherapie bzw. psychosomatischen Rehabilitation bei Patienten ab etwa 16 Jahren anwendbar.
Bearbeitungszeit	Die Durchführungszeit beträgt circa 10 Minuten, für die Handauswertung werden 10 Minuten benötigt.
Theoretischer Hintergrund	Eine ausreichende Motivation zur psychotherapeutischen Behandlung wird als wichtige Voraussetzung für deren Verlauf und Ergebnis angesehen (vgl. z. B. Nübling, 1992; Nübling et al., 2006a; Schneider et al., 1999; Schulz et al., 1995, 2003). Psychotherapiemotivation wird dabei meist als mehrdimensionales Konstrukt verstanden, das Aspekte wie Leidensdruck, Hoffnung, psychologisches Problemverständnis, Neugier, Änderungswunsch, Bereitschaft, Opfer zu bringen, aktive Teilnahme und Wissen enthält (vgl. zusammenfassend Hafen et al., 2000; Nübling et al., 2006b), je nach Autor auch Ursachenvorstellungen der Patienten über ihre Erkrankung sowie Behandlungserwartungen (z. B. Schneider et al., 1989).

FPTM

Bezug zur Psychotherapie

Vor allem im Rahmen der psychosomatischen/psychotherapeutischen Rehabilitation stellt die frühzeitige Erfassung der Psychotherapiemotivation eine diagnostische Hilfe (Identifikation „unmotivierter" Patienten) dar und kann damit die Indikation verbessern. Unmotivierte Patienten können spezifisch vorbereitet bzw. es können ihnen entsprechende, ggf. modifizierte Behandlungsangebote gemacht werden. Die reliable und valide Messung der Psychotherapiemotivation ist zudem Voraussetzung für die empirische Überprüfung der Vorhersage von Behandlungsergebnissen (Schulz et al., 2003). Der FPTM ist geeignet zur Statusdiagnostik bei Beginn psychotherapeutischer Behandlungen.

Testentwicklung

Die Vorform des FPTM wurde nach den Prinzipien der Klassischen Testtheorie als Fragebogen zur Erfassung der Psychotherapiemotivation und des Krankheitskonzepts (PMK) an einer psychosomatischen Rehabilitationsklinik entwickelt. Die Konstruktion erfolgte in mehreren Schritten. Auf der Grundlage einer Vorstudie ($N = 127$) wurde eine 220-Item-Version mit zwei parallelen Testhälften vorgelegt, die bei weiteren $N = 287$ Patienten der gleichen Klinik überprüft wurde (Nübling, 1992). Hierbei ergab sich eine Sieben-Faktoren-Lösung für den Teilbereich Psychotherapiemotivation *(Psychischer Leidensdruck und Selbstreflexionswunsch, Hoffnung, Dringlichkeit des Behandlungsbedürfnisses, Verleugnung psychischer Hilfsbedürftigkeit, Stigmatisierungsängste, Initiative und Wissen* sowie *Symptombezogene Zuwendung durch Andere)*. Schulz et al. (1995) entwickelten daraus eine Kurzform mit 39 Items, die in einer weiteren psychosomatischen Rehabilitationsklinik erprobt wurde. Zur Entwicklung der Kurzform wurden von fünf Originalskalen jeweils die ladungsstärksten Items ausgewählt. Items der Skalen *Dringlichkeit des Behandlungsbedürfnisses* und *Stigmatisierungsängste* wurden wegen teilweise hoher Interkorrelation nicht berücksichtigt. Dieser dann erstmals FPTM (Fragebogen zur Psychotherapiemotivation) benannte Fragebogen wurde einer konsekutiven Stichprobe von $N = 225$ Patienten vorgelegt. Nach Scree-Test ergab sich eine Sechs-Faktoren-Lösung.

Aufbau und Auswertung

Die sechs Skalen des FPTM können wie folgt umschrieben werden:
- *Psychischer Leidensdruck (LD,* 10 Items; Bsp.: „Ich leide stark unter seelischen Problemen."): Erfasst wird die gegenwärtige seelische Belastung, Niedergeschlagenheit und Sorgen, aber auch der ängstliche Blick in die Zukunft. Weiterhin beinhaltet sie die Bereitschaft, die eigenen Probleme mithilfe anderer Personen zu durchdenken und zu bewältigen.
- *Hoffnung (HO,* 7 Items; Bsp.: „Hinsichtlich der Besserung meiner Beschwerden bin ich optimistisch."): Die Skala enthält Äußerungen, die der Patient hinsichtlich seiner Einschätzung bzgl. einer möglichen Besserung trifft. Die Items betreffen das Gefühl der Zuversicht oder Sicherheit, dass durch die bevorstehende Behandlung Hilfe für sich selbst zu erwarten ist.
- *Verneinung psychischer Hilfsbedürftigkeit (VH,* 7 Items; Bsp: „Mit seelischen Belastungen nicht fertig zu werden, ist ein deutliches Zeichen von Schwäche."): Die Skala beinhaltet Items, die eine psy-

chische Hilfsbedürftigkeit in Form von Problemen und seelischen Belastungen als ein Zeichen von Kontrollverlust, mangelndem Charakter, Willensschwäche sowie von Unselbstständigkeit ansehen.

- *Wissen* (*WI*, 5 Items; Bsp.: „Über die Behandlung hier habe ich mich vorab ausführlich informiert."): Mit dieser Skala wird erfasst, ob der Patient Kenntnisse, Informationen und Vorerfahrungen über oder mit Psychotherapie hat bzw. sich im Vorfeld der Behandlung aktiv informiert hat.
- *Initiative* (*IN*, 4 Items; Bsp.: „Ich habe mich selbst darum bemüht, eine Behandlung hier zu erhalten."): Auf dieser Skala laden Items, die die Anstrengungen des Patienten, eine Behandlung zu erhalten, umfassen.
- *Symptombezogene Zuwendung durch andere* (*SZA*, 6 Items; Bsp.: „Wenn ich meine Beschwerden habe, begegnen mir meine Mitmenschen verständnisvoller als sonst."): Diese Skala beschreibt Verhaltensänderungen, die der Patient aufgrund seiner Beschwerden in seiner Umwelt erlebt. Sie reichen von eher passiver verstärkter Rücksicht und Verständnis bis zu aktiver Anteilnahme, Beistand und Zuwendung; sie haben eine Affinität zum Konstrukt „sekundärer Krankheitsgewinn".

Jedes Item verfügt über vier Antwortalternativen (1 = stimmt, 2 = stimmt eher, 3 = stimmt eher nicht, 4 = stimmt nicht). Aus der Summe der Einzelitems wird der jeweilige Skalengesamtwert berechnet. Zwei der Skalen (*VH* und *SZA*) sind negativ gepolt.

Gütekriterien

Der FPTM wurde an mehreren größeren Stichproben der psychosomatischen Rehabilitation erprobt und überprüft (vgl. zusammenfassend Nübling et al., 2006a). Darüber hinaus wurde eine 23-Item-Version an einer Stichprobe von circa 4 000 Patienten überprüft (Schulz et al., 2003).

Objektivität: Die Durchführung und Auswertung erfolgt standardisiert, sodass das Verfahren als objektiv zu bewerten ist.

Reliabilität: Für die FPTM-Skalen konnten in allen Stichproben befriedigende bis sehr gute Kennwerte ermittelt werden. So lag die interne Konsistenz (Cronbachs α) zwischen .68 (Skala *WI*) und .92 (Skala *LD*). Insgesamt war die interne Konsistenz für die einzelnen Skalen über alle Stichproben hinweg weitgehend vergleichbar. Die größten Unterschiede ergaben sich für die Skala *LD* (α zwischen .84 und .94) und *VH* (α zwischen .77 und .86; Nübling et al., 2006a).

Faktorielle Validität: Die faktorielle Struktur des FPTM wurde mehrfach bestätigt (Nübling et al., 2006a). Die durch die Faktoren aufgeklärte Varianz lag zwischen 52.5 % und 61.3 %. Die durchgeführten Hauptkomponentenanalysen (Varimax) ergaben eine Übereinstimmung von über 95 % (nur eines von 39 Items wurde unterschiedlichen Faktoren zugeordnet). Die Reihenfolge der Faktoren nach ihrer Varianzaufklärung variierte geringfügig.

Externe Validität: Es werden signifikante Korrelationen der Originalskalen (PMK) mit der Fremdeinschätzung der „Psychotherapiemotivation" (5-stufiges Einzelrating durch den behandelnden Arzt/Psychologen) berichtet, die zwischen $r = .31$ und $.19$ lagen, eine Regressionsanalyse (Einschluss; PMK-Skalen = unabhängige Variable; Fremdeinschätzung = abhängige Variablen) ergab $R = .49$ ($R^2adj = .19$; vgl. Nübling, 1992); bei einer Re-Analyse für den (kürzeren) FPTM lag die Prognose etwas darunter: $R = .39$ ($R^2adj = .12$). Die Ergebnisse konnten in aktuelleren Stichproben repliziert werden (Nübling et al., 2006a).

Von Schulz et al. (1995) werden Zusammenhänge mit einer modifizierten Fassung des Fragebogens zur Messung der Psychotherapiemotivation (FMP; Schneider et al., 1989) sowie Skalen des Freiburger Persönlichkeitsinventars (FPI), des Gießener Beschwerdebogens (GBB) und des State-Trait Anxiety Inventory (STAI) berichtet. In einer aktuelleren Studie (Schmidt et al., 2003) fanden sich Zusammenhänge der Skala *LD* mit dem psychischen Wohlbefinden (Fragebogen zum Gesundheitszustand, SF-36, $r = -.71$), der psychischen Gesamtbelastung (Skala GSI der Symptom-Checklist-90, SCL-90-R; $r = .61$), dem Ausmaß an interpersonellen Problemen (Inventar zur Erfassung Interpersonaler Probleme, IIP; $r = .58$), der sozialen Funktionsfähigkeit (SF-36; $r = -.52$) sowie den Selbstwirksamkeitserwartungen (General Self Efficacy Score, GSES; $r = -.54$). Weitere signifikante, aber deutlich geringere Korrelationen wurden auch für die anderen FPTM-Skalen gemessen (Nübling et al., 2006a).

Zusammenhänge mit anderen Außenkriterien (z. B. Alter, Geschlecht, Status Rentenantragsteller, Leistungsträger, Bildung, Beruf) werden von Nübling et al. (2006a) dargestellt. Die höchsten Korrelationen liegen bei $r = .30$ (Skala *WI* mit Schulabschluss und Erkrankungsdauer), weitere bedeutsame Korrelationen ergaben sich vor allem für die Skala *LD* (positiv mit depressiven Störungen und Erkrankungsdauer, negativ mit Anpassungs- und Somatoformen Störungen), die Skala *VH* (negativ mit Geschlecht, d. h. Männer höher, positiv mit der Berufsgruppe Arbeiter und längeren Arbeitsunfähigkeitszeiten vor der Behandlung) und die Skala *WI* (negativ mit der Berufsgruppe Arbeiter, mit Vorliegen einer Anpassungsstörung und mit Rentenversicherung als Kostenträger, positiv mit weiblichem Geschlecht und depressiver Störung).

Prognostische Validität:
Vorhersage der Therapiedosis: In allen von Nübling et al. (2006a) berichteten Stichproben lagen substanzielle Einzelkorrelationen mit der Therapiedosis (in Minuten pro Patient) vor. Dies gilt insbesondere für die Skalen *Psychischer Leidensdruck*, *Hoffnung* und *Wissen*. Neben den Einzelkorrelationen wurden multiple Regressionsanalysen gerechnet (Einschluss; unabhängige Variablen: FPTM-Skalen; abhängige Variablen: Therapiedosis), die multiplen Korrelationen lagen zwischen $R = .28$ und $.47$, die adjustierten multiplen Varianzaufklärungen zwischen $R^2adj = .05$ und $.20$. Hierbei lieferten vor allem die Skalen *Psychischer Leidensdruck*, *Hoffnung* und *Verneinung psychischer Hilfsbedürftigkeit* einen substanziellen Beitrag zur Aufklärung der Dosis-Varianz.

Vorhersage der Behandlungsergebnisse: In mehreren Studien wurde die Vorhersage der Outcomes durch die FPTM-Statusmessung bei Aufnahme überprüft. Als Outcome-Kriterium wurde u. a. die multiple Kriterienskala BESS (eine 5-Item-Sreeningskala zur Erfassung der Veränderung von körperlicher und seelischer Verfassung, Allgemeinbefinden, Leistungsfähigkeit und Beschwerden; Cronbachs $\alpha = .95$; vgl. Nübling et al., 2004; Schmidt et al., 2003) verwendet, die jeweils bei Entlassung und bei der 1-Jahres-Katamnese erhoben wurde. Die multiplen Korrelationen (Einschluss; unabhängige Variable: FPTM-Skalen; abhängige Variable: BESS-Skala) lagen bei Behandlungsende zwischen $R = .28$ und $.48$, der adjustierte Varianzanteil (R^2adj) zwischen 5 und 21 %, wobei in allen Studien die Skala *Hoffnung* einen bedeutsamen Teil der Vorhersage ausmachte. Die Skala *Psychischer Leidensdruck* hingegen war nur in einer Studie für das kurzfristige Behandlungsergebnis von Bedeutung. Dabei spielten die FPTM-Skalen im Vergleich zu anderen in der Studie erhobenen Prädiktoren für die Vorhersage der Behandlungsergebnisse eine herausragende Rolle (Nübling et al., 2006a).

Bezüglich der katamnestischen Ergebnisse ein Jahr nach Entlassung liegen die multiplen Korrelationen ähnlich wie zum Entlassungszeitpunkt zwischen $R = .23$ und $.40$. Die Varianzaufklärung (adjustiert) beträgt 7 und 13 %. Auch für das katamnestische Ergebnis ist die Skala *Hoffnung* die mit den höchsten Einzelkorrelationen. Weiter bedeutsam sind die Skalen *Verneinung psychischer Hilfsbedürftigkeit*, *Initiative* und *Symptombezogene Zuwendung durch andere* (Nübling et al., 2006b). Ähnliche, wenngleich etwas niedrigere Zusammenhänge fanden sich mit Prä-Post-Differenzwerten, z. B. SCL-90, GSI, SF-36 oder IIP.

Vergleichswerte/ Normen

Es liegen keine Normdaten vor.

WWW-Ressourcen

Frei verfügbar für nicht kommerzielle Nutzung unter: http://www.gfqg.de/assessment.html

Literatur

Hafen, K., Bengel, J., Jastrebow, J. & Nübling, R. (2000). Dimensionen der Reha-Motivation. Konzeptualisierung auf der Grundlage einer Literaturübersicht. *Prävention und Rehabilitation, 12,* 1–10.

Nübling, R. (1992). *Psychotherapiemotivation und Krankheitskonzept. Zur Evaluation psychosomatischer Heilverfahren.* Frankfurt am Main: VAS Verlag für Akademische Schriften.

Nübling, R., Hafen, K., Jastrebow, J., Körner, M., Löschmann, C., Rundel, M. et al. (2004). *Indikation zu psychotherapeutischen und psychosozialen Maßnahmen im Rahmen stationärer medizinischer Rehabilitation.* Regensburg: Roderer.

Nübling, R., Muthny, F. A. & Bengel, J. (2006b). Die Bedeutung von Reha-Motivation und Behandlungserwartung für die Praxis der medizinischen Rehabilitation. In R. Nübling, F. A. Muthny & J. Bengel (Hrsg.), *Reha-Motivation und Behandlungserwartung* (S. 15–37). Bern: Huber.

Nübling, R., Schulz, H., Schmidt, J., Koch, U. & Wittmann, W. W. (2006a). Fragebogen zur Erfassung der Psychotherapiemotivation (FPTM). In R. Nübling, F. A. Muthny & J. Bengel (Hrsg.), *Reha-Motivation und Behandlungserwartung* (S. 252–270). Bern: Huber.

Schmidt, J., Steffanowski, A., Nübling, R., Lichtenberg, S. & Wittmann, W. W. (2003). *Ergebnisqualität stationärer psychosomatischer Rehabilitation. Vergleich unterschiedlicher Evaluationsstrategien.* Regensburg: Roderer.

Schneider, W., Basler, H. D. & Beisenherz, B. (1989). *Fragebogen zur Messung der Psychotherapiemotivation (FMP).* Weinheim: Beltz Test.

Schneider, W., Klauer, T., Janssen, P. L. & Tetzlaff, M. (1999). Zum Einfluss der Psychotherapiemotivation auf den Psychotherapieverlauf. *Nervenarzt, 70,* 240–249.

Schulz, H., Lang, K., Nübling, R. & Koch, U. (2003). Weiterentwicklung einer Kurzform des Fragebogens zur Psychotherapiemotivation – FPTM-23. *Diagnostica, 49,* 83–93.

Schulz, H., Nübling, R. & Rüddel, H. (1995). Entwicklung einer Kurzform eines Fragebogens zur Psychotherapiemotivation. *Verhaltenstherapie, 5,* 89–95.

Autoren des Beitrags

Rüdiger Nübling und Holger Schulz

Kontaktdaten des Erstautors

Dr. Rüdiger Nübling
GfQG – Gesellschaft für Qualität im Gesundheitswesen
Erfurter Str. 5a
76139 Karlsruhe
nuebling@gfqg.de

F-SozU
Fragebogen zur Sozialen Unterstützung

Autoren des Testverfahrens	Thomas Fydrich, Gert Sommer und Elmar Brähler
Quelle	Fydrich, T., Sommer, G. & Brähler, E. (2007). *Fragebogen zur Sozialen Unterstützung (F-SozU)*. Göttingen: Hogrefe. Das Copyright liegt beim Hogrefe Verlag.
Vorgänger-/ Originalversionen	keine
Kurzversionen	Es existieren zwei Kurzversionen mit 22 (K-22) bzw. 14 Items (K-14). Diese beiden Versionen sind in der oben genannten Publikation enthalten.
Kurzbeschreibung	Der F-SozU ist ein Selbstbeurteilungsverfahren, mit dem die subjektiv eingeschätzte bzw. antizipierte praktische und emotionale Unterstützung sowie die erlebte soziale Integration erfasst werden. Die Standardform mit 54 Items eignet sich zur getrennten Auswertung der drei Bereiche und erfasst zusätzlich auch soziale Belastungen. Beide Kurzformen (K-22 und K-14) eignen sich zur zuverlässigen Erfassung eines Gesamtwertes für erlebte soziale Unterstützung.
Anwendungsbereich	Der F-SozU kann ab dem 15. Lebensjahr eingesetzt werden. Er dient der dimensionalen ressourcenorientierten Diagnostik subjektiv erlebter sozialer Unterstützung und wird im Rahmen von Praxis und Forschung in den Bereichen Gesundheitspsychologie, Somatopsychologie, klinische Psychologie, Psychotherapie, Psychiatrie und Psychosomatik eingesetzt.
Bearbeitungszeit	Die Bearbeitungszeit beträgt für die Standardform (54 Items) etwa 20 bis 25 Minuten. Für die Kurzform (K-22 und K-14) werden etwa 8 bzw. 5 Minuten benötigt.
Theoretischer Hintergrund	Im Kontext der Coping-Forschung sowie im Bereich der Gesundheitspsychologie und der psychologischen Prävention physischer und psychischer Störungen sind soziale Ressourcen wichtige protektive Faktoren bei der Erhaltung von Gesundheit bzw. bei der Genesung und Bewältigung psychischer oder physischer Probleme. Dabei wird vor allem der potenziell unterstützenden Funktion des sozialen Netzwerkes eine wichtige Rolle zugeschrieben. In der Literatur werden in erster Linie zwei Modelle der Wirksamkeit sozialer Unterstützung unterschieden. Beim Haupteffekt-Modell wird betont, dass soziale Unterstützung sich positiv und direkt auf Gesundheit auswirkt und eine protektive Wirkung bezüglich Erkrankungen hat. Das Puffer-Modell geht von einer Funktion sozialer Unterstützung aus, die bei vorhandenen Belastungen

F-SozU

ungünstige Wirkungen abpuffert und dadurch gesundheitsförderliche bzw. -erhaltende Wirkung zeigt (vgl. Fydrich & Sommer, 2003). Soziale Unterstützung wird im vorliegenden Ansatz als wahrgenommene bzw. antizipierte Unterstützung aus dem sozialen Netz operationalisiert. Das Konzept geht auf kognitive Ansätze zurück (Cobb, 1976) und erfasst die subjektive Überzeugung, im Bedarfsfall Unterstützung aus dem sozialen Netzwerk zu erhalten oder die Einschätzung, im Bedarfsfall auf Ressourcen des sozialen Umfelds zurückgreifen zu können. Mit wahrgenommener sozialer Unterstützung wird derjenige Aspekt sozialer Interaktion erfasst, der die bedeutsamsten Zusammenhänge zu Variablen der psychischen und physischen Gesundheit zeigt. Damit wird soziale Unterstützung konzeptionell als Ergebnis der persönlichen Bewertung und Verarbeitung von Interaktionen zwischen Individuum und sozialer Umwelt aufgefasst.

Bezug zur Psychotherapie

Der F-SozU eignet sich zur Einschätzung der Unterstützung, die Patienten aus dem sozialen Umfeld erfahren und gibt damit konkrete Hinweise auf diesbezügliche Kompetenzen, Ressourcen bzw. Defizite. Somit ist sein Einsatz besonders im Rahmen der Einzeldiagnostik zu Therapiebeginn, zur Veränderungsmessung und im Rahmen von Forschungsarbeiten zu empfehlen.

Testentwicklung

Ausgehend von einem rational erstellten Itempool, in dem die gewünschten Inhalte der sozialen Unterstützung enthalten waren, wurden auf der Basis item- und faktorenanalytischer Auswertungsverfahren drei Testformen unterschiedlicher Länge entwickelt. Die Standardform enthält zudem Items über potenziell belastende Aspekte sozialer Beziehungen. Zur Erhebung qualitativer Aspekte des sozialen Netzes wird in einem zweiten Teil (Teil B) der Standardform nach Personen gefragt, die als sozial unterstützend oder sozial belastend erlebt werden.

Aufbau und Auswertung

Die Standardform des F-SozU umfasst 54 Items, die in Aussageform vorliegen und für die auf einer fünfstufigen Likert-Skala der Grad der Zustimmung (von 1 = trifft nicht zu bis 5 = trifft genau zu) angegeben wird. Der F-SozU enthält folgende Hauptskalen:
- *Emotionale Unterstützung* (*EU*; 16 Items, Bsp.: „Ich erfahre von anderen viel Verständnis und Geborgenheit.") erfasst von anderen gemocht und akzeptiert zu werden, Gefühle mitteilen zu können und Anteilnahme zu erleben,
- *Praktische Unterstützung* (*PU*; 9 Items, Bsp.: „Bei Bedarf kann ich mir ohne Probleme bei Freunden oder Nachbarn etwas ausleihen.") beinhaltet, praktische Hilfen bei alltäglichen Problemen erhalten zu können,
- *Soziale Integration* (*SI*; 13 Items, Bsp.: „Ich kenne mehrere Menschen, mit denen ich gerne etwas unternehme.") bezieht sich auf den Freundeskreis, gemeinsame Unternehmungen durchzuführen und Menschen mit ähnlichen Interessen zu kennen und
- *Soziale Belastung* (*BEL*; 12 Items, Bsp.: „Ich wünschte, man würde mir nicht überall reinreden.") erfasst, sich abgelehnt, eingeengt, kritisiert und überfordert zu fühlen. Diese Komponente erweitert den

Fragebogen um den bedeutsamen negativen Aspekt sozialer Beziehungen.

Die Skalen *EU*, *PU* und *SI* werden zu einem Gesamtwert *Wahrgenommene soziale Unterstützung (WasU)* zusammengefasst.

Mit vier weiteren Items wird der Aspekt der *Reziprozität sozialer Unterstützung (Rez)* erfasst. Durch inhaltlich begründete doppelte Auswertung einzelner Itemgruppen können zudem die beiden Aspekte *Verfügbarkeit einer Vertrauensperson* (*Vert*; 4 Items) und *Zufriedenheit mit sozialer Unterstützung* (*Zuf*; 5 Items) gebildet werden.

Die Skalenwerte werden jeweils als die Summe der Itemwerte (bei Berücksichtigung der Invertierung einzelner Items) berechnet, dividiert durch die Anzahl der (bearbeiteten) Items. Damit liegen die Werte für alle Skalen im Bereich von 1 bis 5. Teil B der Standardform erfasst konkret genannte Personen, die als unterstützend bzw. belastend erlebt werden.

Auf der Grundlage item- und faktorenanalytischer Prozeduren wurde eine Kurzform des Fragebogens mit 22 Items (K-22) erstellt, in welcher die Inhalte der drei Hauptskalen sozialer Unterstützung *(EU, PU, SI)* repräsentiert sind (Fydrich et al., 1987).

Eine weitere vereinfachte Kurzform mit 14 Items (K-14) wurde ebenfalls entwickelt. Durch Umformulierungen wurde eine etwas höhere Itemschwierigkeit erreicht. Sie weist keine invertierten Items auf und lässt sich daher leichter und schneller beantworten.

Gütekriterien

Die Gütekriterien des F-SozU wurden vielfach untersucht (Fydrich et al., 2007; Sommer & Fydrich, 1991).

Objektivität: Durch Standardisierung der Durchführung und Auswertung ist das Verfahren als objektiv einzuschätzen.

Reliabilität: Für alle Hauptskalen des F-SozU sowie für beide Kurzformen werden gute bis sehr gute Reliabilitätskennwerte (Cronbachs α) festgestellt. Der Gesamtwert *WasU* hat eine interne Konsistenz von $\alpha = .93$ (*PU:* $\alpha = .81$, *EU:* $\alpha = .89$, *SI:* $\alpha = .81$). Für die beiden Kurzformen ergaben sich Reliabilitätswerte von $\alpha = .91$ (K-22) und $\alpha = .93$ (K-14). Die Reliabilität wurde an einer Stichprobe von $N = 2\,179$ Personen ermittelt (Fydrich et al., 2009).

Validität: Die Inhaltsvalidität wurde u. a. durch Expertenvalidierung gesichert. Die drei Hauptskalen sind nicht unabhängig voneinander und interkorrelieren in der Standardform zwischen $r = .67$ und .71 und erwartungsgemäß negativ mit der Skala *Soziale Belastung* ($r = -.39$ bis $-.55$; Fydrich et al., 1999). Ebenso zeigen sich erwartungsentsprechend positive Korrelationen mit den Skalen sozialer Kompetenz (U-Fragebogen), Selbstsicherheit (Grazer Assertivitäts-Test), Lebenszufriedenheit (Freiburger Persönlichkeitsinventar) sowie negative mit dem Beck Depressions-Inventar (BDI) und inhaltlich bedeutsamen Skalen der Symptom-Checklist-90®-Standard (vgl. Franke, 1994; Fydrich et al., 2007).

Vergleichswerte/ Normen	Für alle Skalen des F-SozU und für die beiden Kurzformen liegen Normwerte auf der Basis von zwei repräsentativen Bevölkerungsstichproben ($N = 2\,179$ für die Standardform bzw. für die Kurzform K-22 und $N = 1\,580$ für die Kurzform K-14) in Form von Prozentrangtabellen vor.
WWW-Ressourcen	Es liegen keine zusätzlichen Ressourcen vor.
Literatur	Cobb, S. (1976). Social support as a moderator of life stress. *Psychosomatic Medicine, 38,* 300–314. Franke, G. H. (1994). Testtheoretische Überprüfung des Fragebogens zur sozialen Unterstützung. *Zeitschrift für Medizinische Psychologie, 4,* 168–177. Fydrich, T., Geyer, M., Hessel, A., Sommer, G. & Brähler, E. (1999). Fragebogen zur Sozialen Unterstützung (F-SozU): Normierung an einer repräsentativen Stichprobe. *Diagnostica, 45,* 212–216. Fydrich, T. & Sommer, G. (2003). Diagnostik sozialer Unterstützung. In M. Jerusalem & H. Weber (Hrsg.), *Psychologische Gesundheitsförderung – Diagnostik und Prävention* (S. 79–104). Göttingen: Hogrefe. Fydrich, T., Sommer, G. & Brähler, E. (2007). *Fragebogen zur Sozialen Unterstützung (F-SozU).* Göttingen: Hogrefe. Fydrich, T., Sommer, G., Menzel, U. & Höll, B. (1987). Fragebogen zur Sozialen Unterstützung (Kurzform; SOZU-K-22). *Zeitschrift für Klinische Psychologie, 16,* 434–436. Fydrich, T., Sommer, G., Tydecks, S. & Brähler, E. (2009). Fragebogen zur Sozialen Unterstützung (F-SozU). Normierung der Kurzform (K-14). *Zeitschrift für Medizinische Psychologie, 18,* 43–48. Sommer, G. & Fydrich, T. (1991). Entwicklung und Überprüfung eines Fragebogens zur sozialen Unterstützung. *Diagnostica, 37,* 160–178.
Autor des Beitrags	Thomas Fydrich
Kontaktdaten des Autors	Prof. Dr. Thomas Fydrich Humboldt-Universität zu Berlin Institut für Psychologie Rudower Chaussee 18 12489 Berlin fydrich@hu-berlin.de

FTNA
Fagerström-Test für Nikotinabhängigkeit

Autoren des Testverfahrens	Stefan Bleich, Ursula Havemann-Reinecke und Johannes Kornhuber
Quelle	Bleich, S., Havemann-Reinecke, U. & Kornhuber, J. (2002). *Fagerström-Test für Nikotinabhängigkeit (FTNA)*. Göttingen: Beltz Test. Das Copyright liegt beim Hogrefe Verlag.
Vorgänger-/ Originalversionen	*Vorgängerversionen:* Dieser Test ist unter den Abkürzungen FTNA, FTND-G und FTND-d ohne wesentliche inhaltliche Unterschiede bekannt. *Weitere deutschsprachige Version:* Schoberberger, R. & Kunze, M. (1999). *Nikotinabhängigkeit. Diagnostik und Therapie.* Wien: Springer. *Englischsprachige Originalversion:* Heatherton, T. F., Kozlowski, L. T., Frecker, R. C. & Fagerström, K.-O. (1991). The Fagerström Test for Nicotine Dependence: a revision of the Fagerström Tolerance Questionnaire. *British Journal of Addiction, 86* (9), 1119–1127.
Kurzversionen	Der HSI stellt eine auf zwei Items (Anzahl der Zigaretten pro Tag und Zeit bis zur ersten Zigarette am Morgen) gekürzte Version des FTNA dar: John, U., Meyer, C., Schumann, A., Hapke, U., Rumpf, H. J., Adam, C. et al. (2004). A short form of the Fagerström Test for Nicotine Dependence and the Heaviness of Smoking Index in two adult population samples. *Addictive Behavior 29* (6),1207–1212. *Englischsprachige Originalversion des HSI:* Heatherton, T. F., Kozlowski, L. T., Frecker, R. C., Rickert, W. & Robinson, J. (1989). Measuring the heaviness of smoking: using self-reported time to the first cigarette of the day and number of cigarettes smoked per day. *British Journal of Addiction, 84* (7), 791–799.
Kurzbeschreibung	Der FTNA wurde mit dem Ziel entwickelt, Nikotinabhängigkeit für Forschung und Suchttherapie eindimensional in der Selbstbeurteilung zu messen. Er basiert auf dem englischen Verfahren Fagerström Test for Nicotine Dependence (FTND; Heatherton et al., 1991), welcher eine überarbeitete Fassung des Fagerström Tolerance Questionnaire (FTQ; Fagerström, 1978) darstellt. Der FTNA ist sowohl für klinische als auch wissenschaftliche Nutzung von Interesse und eignet sich aufgrund der Kürze auch für Untersuchungen in engem zeitlichen Rahmen oder bei beschränkten finanziellen Mitteln.

FTNA

Die Skala ist sowohl in einer Papierversion als auch in einer computergestützten Version erhältlich.

Anwendungsbereich

Der FTNA kann zur Einschätzung einer Nikotinabhängigkeit bei Jugendlichen und Erwachsenen im Rahmen der Planung einer Suchttherapie sowie in der Forschung eingesetzt werden. Der FTNA ist ohne Einschränkung der psychometrischen Güte sowohl in der Papierversion als auch am Computer durchführbar und für Einzel- oder Gruppentestungen geeignet.

Bearbeitungszeit

Die Bearbeitungszeit liegt bei etwa 2 bis 3 Minuten, die manuelle Auswertung mittels Schablone liegt bei einer Minute.

Theoretischer Hintergrund

Durch die Erkenntnis des Beitrags von Nikotin zur Aufrechterhaltung und zu den Schwierigkeiten des Aufgebens des Rauchens kam ein Bedarf an der Quantifizierung der Abhängigkeit von Nikotin auf. Hierbei werden vor allem biologische Marker (wie Nikotin-, Kohlenmonoxid- und Kotininkonzentrationen), klinisch-diagnostische Kriterien (nach ICD-10 oder DSM-5) sowie psychometrische Tests wie der FTNA eingesetzt. Eine Frage des FTNA problematisiert den selbstschädigenden Umgang mit sich selbst, etwa wenn geraucht wird, obwohl eine Erkrankung vorliegt.

Bezug zur Psychotherapie

Durch die Quantifizierung des Nikotinkonsums kann eine Evaluierung des Therapiefortschritts erfolgen. Ebenso ermöglicht der Fragebogen, selbstschädigende Aspekte des Nikotinkonsums aufzuzeigen und therapeutisch zu konzeptualisieren. Das Craving nach Nikotin wird ebenso erfragt und ermöglicht die Erarbeitung verhaltensbezogener Maßnahmen zur Hinauszögerung einer schnellen Belohnung.

Testentwicklung

Nach den Kriterien der Klassischen Testtheorie wurde der FTNA (und die Kurzversion HSI; Heatherton et al., 1991) aus zugrunde liegenden englischen Versionen des Fagerström Tolerance Questionnaire (FTQ; Fagerström, 1978) entwickelt, wobei zwei der ursprünglichen acht Items keinen Bezug zu den biologischen Markern aufwiesen und weggelassen wurden und bei zwei weiteren Items die Wertungen angepasst werden mussten.

Neben der Anzahl der gerauchten Zigaretten wird auch eine mögliche körperliche Entzugssymptomatik am Morgen erhoben. Weitere Items umfassen das Craving nach Nikotin bei Verzicht in rauchfreien Bereichen und das Bewusstsein über selbstschädigendes Verhalten durch Rauchen trotz anderweitiger Erkrankungen.

Aufbau und Auswertung

Der FTNA besteht aus sechs Fragen zum Rauchverhalten, welche mit zwei bis vier Antwortstufen versehen sind. Durch Summierung der den Antworten zugeordneten Punkte wird ein Summenwert (Wertebereich: 0 bis 10) gebildet, der der Schweregradbestimmung dient.

Gütekriterien

Objektivität: Aufgrund der Fragebogenform mit schriftlicher Instruktion und vorgegebenen Antwortstufen können Durchführung und Auswertung mit Einteilung in Schweregrade als objektiv gelten.

Reliabilität: Die interne Konsistenz (Cronbachs α) betrug in zwei deutschsprachigen Stichproben .55 (N = 1 462) bzw. .60 (N = 1 042; John et al., 2004). Es wird eine Retest-Reliabilität von r = .88 angegeben (Bleich et al., 2002), wobei sich diese auf das englische Original bezieht.

Validität: Da die Vorgängerversion FTQ (Fagerström, 1978) in der Originalversion eines der ersten Instrumente zur Erhebung der Nikotinabhängigkeit war, wird dessen Weiterentwicklung FTND weitläufig als Goldstandard bezeichnet. Bleich et al. (2002) geben unterschiedliche Kennzahlen aus englischsprachigen Studien an, die einen Zusammenhang zwischen FTNA und Kotinin und Kohlenmonoxid nahelegen. Veröffentlichte Studien zur biologischen Validierung der deutschen Übersetzung des FTNA liegen jedoch nicht vor.

Kapusta et al. (2006, 2010) konnten für die Kurzversion HSI eine Korrelation zwischen Kohlenmonoxidkonzentration und dem Summenwert des HSI aufzeigen (r = .60; p = .001; N = 1 902 männliche Rekruten).

Vergleichswerte/ Normen

Prinzipiell zeigen höhere Summenwerte im FTNA eine stärkere Abhängigkeit von Nikotin an. Im Manual zum FTNA werden darüber hinaus Grenzwerte zur Klassifizierung von Nikotinabhängigkeit berichtet (Bleich et al., 2002):
- 0 bis 2 Punkte: keine oder sehr geringe Abhängigkeit,
- 3 bis 4 Punkte: geringe Abhängigkeit,
- 5 Punkte: mittlere Abhängigkeit,
- 6 bis 7 Punkte: starke Abhängigkeit,
- 8 bis 10 Punkte: sehr starke Abhängigkeit.

Darüber hinaus wurden von Schoberberger und Kunze (1999) folgende Kategorien verwendet:
- 0 bis 2 Punkte: keine bis sehr geringe Nikotinabhängigkeit,
- 3 bis 4 Punkte: geringe Nikotinabhängigkeit,
- 5 bis 10 Punkte: mittlere bis starke Nikotinabhängigkeit.

Zur Diagnose einer Nikotinabhängigkeit wird ein Wert von 5 Punkten oder darüber im FTNA nahegelegt (Schoberberger & Kunze, 1999, S. 30; Lesch et al., 2004), während die englische Originalpublikation einen Cut-Off-Wert von 6 Punkten und darüber nahelegt (Heatherton et al., 1991). Für die unterschiedlichen Cut-Off-Werte gibt es bislang keine empirisch begründete Basis. Neuere Studien zu anderen Übersetzungen legen nahe, dass ein Cut-Off-Wert von 3 bis 4 Punkten für eine mäßige Nikotinabhängigkeit und von 5 Punkten und darüber für eine starke Nikotinabhängigkeit nach DSM-5 bei Adoleszenten sprechen (Chung et al., 2012). Ebenso zeigen höhere Summenwerte eine stärkere Abhängigkeit von Nikotin im HSI an. Kapusta et al. (2006, 2010) unterschieden zwischen niedriger Nikotinabhängigkeit (0 bis 3 Punkte im HSI) und hoher Nikotinabhängigkeit (4 bis 6 Punkte im HSI) und bevorzugen den HSI gegenüber bloßen Kohlenmonoxid-Messungen zur Bestimmung der Nikotinabhängigkeit.

WWW-Ressourcen

Es liegen keine zusätzlichen Ressourcen vor.

Literatur

Bleich, S., Havemann-Reinecke, U. & Kornhuber, J. (2002). *Fagerström-Test für Nikotinabhängigkeit (FTNA)*. Göttingen: Hogrefe.

Chung, T., Martin, C. S., Maisto, S. A., Cornelius, J. R. & Clark, D. B. (2012). Greater prevalence of proposed DSM-5 nicotine use disorder compared to DSM-IV nicotine dependence in treated adolescents and young adults. *Addiction, 107* (4), 810–818.

Fagerström, K.-O. (1978). Measuring degree of physical dependence to tobacco smoking with reference to individualization of treatment. *Addictive Behaviours, 3* (3–4), 235–241.

Heatherton, T. F., Kozlowski, L. T., Frecker, R. C. & Fagerström, K.-O. (1991). The Fagerström Test for Nicotine Dependence: a revision of the Fagerström Tolerance Questionnaire. *British Journal of Addiction, 86* (9), 1119–1127.

John, U., Meyer, C., Schumann, A., Hapke, U., Rumpf, H. J., Adam, C., Alte, D. & Lüdemann, J. (2004). A short form of the Fagerström Test for Nicotine Dependence and the Heaviness of Smoking Index in two adult population samples. *Addictive Behavior, 29* (6),1207–1212.

Kapusta, N. D., Ramskogler, K., Hertling, I., Schmid, R., Dvorak, A., Walter, H. & Lesch, O. M. (2006). Epidemiology of substance use in a representative sample of 18-year-old males. *Alcohol and Alcoholism, 41* (2), 188–192.

Kapusta, N. D., Pietschnig, J., Plener, P. L., Blüml, V., Lesch, O. M. & Walter, H. (2010). Does breath carbon monoxide measure nicotine dependence? *Journal of Addictive Disorders, 29* (4), 493–499.

Lesch, O. M., Dvorak, A., Hertling, I., Klingler, A., Kunze, M., Ramskogler, K. et al. (2004). The Austrian multicentre study on smoking: subgroups of nicotine dependence and their craving. *Neuropsychobiology, 50,* 78–88.

Schoberberger, R. & Kunze, M. (1999). *Nikotinabhängigkeit. Diagnostik und Therapie.* Wien: Springer.

Autor des Beitrags

Nestor D. Kapusta

Kontaktdaten des Autors

Assoc.-Prof. Priv.-Doz. Dr. Nestor D. Kapusta
Medizinische Universität Wien
Universitätsklinik für Psychoanalyse und Psychotherapie
Währinger Gürtel 18–20
A-1090 Wien
nestor.kapusta@meduniwien.ac.at

FZH

Fragebogen zum zwanghaften Horten

Autorinnen des Testverfahrens	Astrid Müller und Martina de Zwaan
Quelle	Müller, A., Crosby, R. D., Frost, R. O., Leidel, B., Bleich, S., Glaesmer, H. et al. (2009). Fragebogen zum zwanghaften Horten (FZH) – Validierung der deutschen Version des Saving Inventory-Revised. *Verhaltenstherapie, 19,* 243–250. Der Fragebogen und die Auswertungssyntax sind auf Anfrage bei der Erstautorin erhältlich.
Vorgänger-/ Originalversionen	*Amerikanische Originalversion (Saving Inventory-Revised, SI-R):* Frost, R. O., Steketee, G. & Grisham, J. (2004). Measurement of compulsive hoarding: saving inventory-revised. *Behaviour Research and Therapy, 42,* 1163–1182. Das SI-R besteht aus 23 Fragen, die auf einer Likert-Skala von 0 (none/not at all) bis 4 (complete/extreme) beantwortet werden. Die Items sind folgenden drei Faktoren zugeordnet: (1) *Clutter* (9 Items), (2) *Difficulty Discarding* (7 Items) und (3) *Acquisition* (7 Items).
Kurzversionen	keine
Kurzbeschreibung	Der Fragebogen erfasst zwanghaftes Horten innerhalb der letzten 4 Wochen und ist eine modifizierte, deutsche Version des SI-R. Der FZH ist ein dreidimensionales Selbsterhebungsverfahren mit 19 Items, die auf die Subskalen *Unordnung, Schwierigkeiten, etwas wegzuwerfen* und *Erwerb* verteilt sind.
Anwendungsbereich	Der Test eignet sich für Erwachsene. Zu den Anwendungsbereichen zählen Diagnostik, Grundlagenforschung, Therapieevaluation und psychosoziale Beratung (Frost et al., 2004; Möllenkamp et al., 2015; Müller et al., 2009b).
Bearbeitungszeit	Die Durchführungszeit beträgt circa 10 Minuten.
Theoretischer Hintergrund	Der Fragebogen bezieht sich auf die Hoarding Disorder, die als eigenständiges Krankheitsbild in der 5. Auflage des Diagnostic and Statistical Manual of Mental Disorders (DSM-5; American Psychiatric Association, 2013) in der Kategorie Obsessive Compulsive and Related Disorders gelistet ist. Kernsymptome sind der zwanghafte Erwerb von unnützen und objektiv wertlosen Dingen bei gleichzeitiger Unfähigkeit, sich von den Gegenständen zu trennen, sie wegzuwerfen oder zu entsorgen. In der Regel mündet das Horten in häuslicher Unordnung und gegebenfalls Vermüllung und geht mit hoher psychischer Komorbidität einher (Frost et al., 2012; Müller & de Zwaan, 2010). Die Symptomatik tritt nicht nur bei Personen mit einem Messie-Syndrom häufig auf, son-

FZH

dern bekanntermaßen auch bei Menschen mit pathologischem Kaufen (Möllenkamp et al., 2015; Müller et al., 2007, 2009b).

Bezug zur Psychotherapie

Im Rahmen der Validierungsstudie wurde ein Schwellenwert für zwanghaftes Horten publiziert, der für ein erstes Screening herangezogen werden kann. Neben der diagnostischen Abklärung eignet sich der Fragebogen aufgrund seiner Kürze zudem gut für Verlaufsmessungen und für die Überprüfung von Behandlungseffekten.

Testentwicklung

Zunächst wurde die Originalversion ins Deutsche übersetzt. Die Rückübersetzung erfolgte durch ein professionelles Übersetzungsbüro. Der Vergleich von Rückübersetzung und Original ergab eine hohe Übereinstimmung zwischen beiden Versionen, die von den amerikanischen Autoren der oben genannten Publikation verifiziert wurde. Die übersetzte Version mit 23 Items wurde in einer Bevölkerungsstichprobe ($N = 2\,307$) ausgegeben. Hier konnte die dreidimensionale Struktur des originalen SI-R anhand von konfirmatorischen Faktorenanalysen zunächst nicht bestätigt werden. Die Bevölkerungsstichprobe wurde dann zufällig in zwei Teilstichproben (Teilstichprobe I: $N = 1\,150$, Teilstichprobe II: $N = 1\,157$) unterteilt. In Teilstichprobe I wurde mittels exploratorischer Faktorenanalyse die dimensionale Fragebogenstruktur ermittelt und anschließend in Teilstichprobe II per konfirmatorischer Faktorenanalyse überprüft. Eine Hauptkomponentenanalyse mit Extraktion nach dem Kaiser-Guttmann-Kriterium und Promax-Rotation der Daten aus Teilstichprobe I ergab drei Faktoren. Aufgrund schwacher einseitiger Ladungen ($\leq .50$ bzw. Differenz zwischen Ladungen auf unterschiedlichen Faktoren $\leq .20$) wurden vier Items der Originalversion ausgeschlossen. Danach wurde eine zweite Hauptkomponentenanalyse mit den verbleibenden 19 Items gerechnet, die gleichfalls drei Faktoren ergab, mit einer erklärten Varianz von 63.9 %. Die drei explorierten Faktoren bildeten die Hauptdimensionen zwanghaften Hortens (Frost et al., 2012) ab und wurden folgendermaßen bezeichnet: (1) *Unordnung*, (2) *Schwierigkeiten, etwas wegzuwerfen* und (3) *Erwerb*. Die Anpassungsgüte des Modells wurde anschließend in Teilstichprobe II überprüft (s. u.).

Basierend auf dem Kriterium der doppelten Standardabweichung wurde in der Gesamtstichprobe ein FZH-Gesamtscore von 28.32 als Schwellenwert für zwanghaftes Horten postuliert. Eine Receiver-Operating-Characteristic-Analyse mit Daten von zwei weiteren Stichproben (Menschen mit einem Messie-Syndrom, $N = 50$ vs. Studenten, $N = 84$) unterstützte diese Annahme (Area under the curve, $AUC = 0.95$) und ergab für den Schwellenwert von 28 eine Sensitivität von 92 % und eine Spezifität von 85 %.

Aufbau und Auswertung

Die 19 Items werden auf einer auf das jeweilige Item bezogenen Antwortskala von 0 = geringe Symptomausprägung bis 4 = starke Symptomausprägung beantwortet.

Der Fragebogen enthält keine invertierten Items, sodass der Summenwert durch einfaches Aufaddieren der Items ermittelt werden kann. Ein Summenwert über 28 ist prädiktiv für zwanghaftes Horten.

Der Fragebogen besteht aus drei Subskalen:
- *Unordnung* (7 Items; Bsp.: „Inwieweit können Sie bestimmte Wohnbereiche nicht nutzen, weil sie mit Dingen überladen/vollgestopft sind?"),
- *Schwierigkeiten, etwas wegzuwerfen* (7 Items; Bsp.: „Wie oft versuchen Sie zu vermeiden, etwas wegzuwerfen, weil es zu stressig ist oder zu viel Zeit kostet?") und
- *Erwerb* (5 Items; Bsp.: „Wie sehr würden Sie darunter leiden oder wie unangenehm wäre es für Sie, wenn Sie etwas nicht kaufen könnten, was Sie wollten?").

Gütekriterien

Die dreifaktorielle Struktur des 19 Item umfassenden FZH wurde in Teilstichprobe II der Bevölkerungsstichprobe überprüft. Es zeigte sich eine gute Anpassungsgüte des Modells. Die interne Konsistenz wurde in der gesamten Bevölkerungsstichprobe ($N = 2\,307$) und folgenden weiteren Gruppen untersucht: Studenten ($N = 84$), stationäre Psychiatriepatienten ($N = 119$), stationäre Patienten mit Zwangserkrankungen ($N = 34$), ambulante Patienten mit pathologischem Kaufen ($N = 97$) und Menschen mit Messie-Syndrom ($N = 50$). Die Cronbachs α für den Gesamtscore lagen zwischen .89 und .95. Auch die Subskalen wiesen eine akzeptable bis gute Reliabilität mit Cronbachs α zwischen .74 und .95 auf. Zur Messung der Test-Retest-Reliabilität wurde der Fragebogen den 62 stationären Psychiatriepatienten, die nicht wegen zwanghaften Hortens behandelt wurden, im Abstand von 14 Tagen vorgegeben. Die mit der Intraclass-Korrelation ermittelten Übereinstimmungen waren zufriedenstellend bzw. hoch: FZH-Gesamtwert *ICC* = .91; *Unordnung ICC* = .74; *Schwierigkeiten, etwas wegzuwerfen ICC* = .93; *Erwerb ICC* = .86.

Zur Konstruktvalidität liegen FZH-Vergleichswerte der oben genannten Stichproben vor. Erwartungsgemäß wiesen Menschen mit Messie-Syndrom und Personen mit pathologischem Kaufen höhere FZH-Summenwerte auf als stationäre Psychiatriepatienten, Patienten mit Zwangserkrankungen oder Studenten. Auf den Subskalen *Unordnung* und *Schwierigkeiten, etwas wegzuwerfen* hatten Menschen mit Messie-Syndrom die höchsten Scores. Hingegen berichteten kaufsüchtige Patienten die höchsten Werte auf der Subskala *Erwerb*.

Vor dem Hintergrund einer hohen Komorbidität von zwanghaftem Horten und pathologischem Kaufen (Möllenkamp et al., 2015; Müller et al., 2007, 2009b) sind vorliegende Befunde zur signifikanten positiven Korrelation zwischen dem FZH und einem Kaufsuchtfragebogen als weiterer Hinweis für die gute Konstruktvalidität des FZH zu werten (Müller et al., 2009a).

Vergleichswerte/ Normen

Mittelwerte für den FZH-Gesamtscore und alle drei Subskalen wurden sowohl für die Bevölkerungsstichprobe ($N = 2\,307$) als auch für die oben genannten klinischen Stichproben berichtet (Müller et al., 2009a).

WWW-Ressourcen

Es liegen keine zusätzlichen Ressourcen vor.

Literatur

American Psychiatric Association (2013). *Diagnostic and Statistical Manual of Mental Disorders, Fifth Edition.* Arlington, VA: American Psychiatric Association.

Frost, R. O., Steketee, G. & Grisham, J. (2004). Measurement of compulsive hoarding: saving inventory-revised. *Behaviour Research and Therapy, 42,* 1163–1182.

Frost, R. O., Steketee, G. & Tolin, D. F. (2012). Diagnosis and assessment of hoarding disorder. *Annual Review of Clinical Psychology, 8,* 219–242.

Möllenkamp, M., de Zwaan, M. & Müller, A. (2015). Hoarding with and without excessive buying: results of a pilot study. *Psychopathology.* 48, 56–59.

Müller, A., Crosby, R. D., Frost, R. O., Leidel, B., Bleich, S., Glaesmer, H. et al. (2009a). Fragebogen zum zwanghaften Horten (FZH) – Validierung der deutschen Version des Saving Inventory-Revised. *Verhaltenstherapie, 19,* 243–250.

Müller, A. & de Zwaan, M. (2010). Zwanghaftes Horten – eine Literaturübersicht. *Psychiatrische Praxis, 37,* 167–174.

Müller, A., Mitchell, J. E., Crosby, R. D., Glaesmer, H. & de Zwaan, M. (2009b). The prevalence of compulsive hoarding and its association with compulsive buying in a German population-based sample. *Behavour Research and Therapy, 47,* 705–709.

Müller, A., Müller, U., Albert, P., Mertens, C., Silbermann, A., Mitchell, J. et al. (2007). Hoarding in a compulsive buying sample. *Behaviour Research and Therapy, 45,* 2754–2763.

Autorinnen des Beitrags

Astrid Müller und Martina de Zwaan

Kontaktdaten der Erstautorin

Prof. Dr. med. Dr. phil. Astrid Müller
Medizinische Hochschule Hannover
Klinik für Psychosomatik und Psychotherapie
Carl-Neuberg-Str. 1
30625 Hannover
mueller.astrid@mh-hannover.de

GAD-7
Generalized Anxiety Disorder Scale

Autoren des Testverfahrens	Robert L. Spitzer, Kurt Kroenke, Janet B. W. Williams und Bernd Löwe
Quelle	Spitzer, R. L., Kroenke, K., Williams, J. B. & Löwe, B. (2006). A brief measure for assessing generalized anxiety disorder: the GAD-7. *Archives of Internal Medicine, 166,* 1092–1097. Der GAD-7 ist frei erhältlich und kann für nicht kommerzielle Zwecke angewendet werden.
Vorgänger-/ Originalversionen	Der GAD-7 wurde erstmals 2006 in den USA publiziert (Spitzer et al., 2006). Der GAD-7 ist die weiterentwickelte Form des Moduls „andere Angststörungen" aus dem Patient Health Questionnaire (PHQ; Spitzer et al., 1999) und hat diese ersetzt.
Kurzversionen	Der GAD-2 besteht aus zwei Fragen zu spezifischen, angstrelevanten Symptomen innerhalb der letzten 2 Wochen und eignet sich zum Screening von Generalisierten Angststörungen, Panikstörungen, Sozialen Angststörungen und Posttraumatischen Belastungsstörungen. Die Spanne der Testwerte reicht von 0 bis 6. Ein Wert ≥ 3 gilt als Hinweis für pathologische Angst. Kroenke, K., Spitzer, R. L., Williams, J. B., Monahan, P. O. & Löwe, B. (2007). Anxiety disorders in primary care: prevalence, impairment, comorbidity, and detection. *Annals of Internal Medicine, 146,* 317–325.
Kurzbeschreibung	Der GAD-7 ist ein eigenständiges und eindimensionales Modul des Gesundheitsfragebogens für Patienten (PHQ-D; Löwe et al., 2002a). Der Test erfasst Generalisierte Angststörungen und misst den Schweregrad der generellen Ängstlichkeit anhand von sieben Fragen im Selbsturteil. Darüber hinaus besitzt der GAD-7 eine hohe Sensitivität für Panikstörungen, Soziale Angststörungen und Posttraumatische Belastungsstörungen. Der Test basiert auf den wichtigsten diagnostischen Kriterien für die Generalisierte Angststörung nach DSM-IV.
Anwendungsbereich	Der GAD-7 dient als Instrument zum Screening von Angststörungen im Rahmen klinischer Praxis und Forschung. Er ist gleichermaßen geeignet für einmalige und wiederholte Messungen.
Bearbeitungszeit	Die Bearbeitungszeit und die Bestimmung des Testwertes betragen jeweils circa 2 Minuten. Die Bearbeitung und Auswertung der Kurzform benötigt entsprechend weniger Zeit.
Theoretischer Hintergrund	Angststörungen bilden die häufigste Klasse psychischer Störungen in der Gesamtbevölkerung (Kessler et al., 2005a, 2005b). In einer Studie im primären Versorgungssystem ($N = 965$) wurde bei 19.5 % der Patienten mindestens eine der vier häufigsten Angststörungen diagnostiziert

GAD-7

(Generalisierte Angststörung, Panikstörung, Soziale Angststörung, Posttraumatische Belastungsstörung; Kroenke et al., 2007). Dabei wird alleine für die Generalisierte Angststörung von einer Prävalenz im Versorgungssystem von 2.8 % bis 8.5 % ausgegangen (Leon et al., 1995; Olfson et al., 1997; Roy-Byrne & Wagner, 2004). Bislang werden allerdings nur wenige Angststörungen korrekt diagnostiziert (Kessler et al., 1999; Löwe et al., 2003), obwohl effektive Therapieangebote existieren (Fricchione, 2004).

Bezug zur Psychotherapie

Der GAD-7 ist ein zeiteffizientes und valides Screeninginstrument für die Identifikation und Schweregradbestimmung von Angststörungen. Aufgrund seiner Kürze eignet er sich gut für die Verwendung in Anamnesegesprächen oder für wiederholte Erhebungen im Rahmen von individuellen Verlaufskontrollen und Therapieevaluationen. Da der Fragebogen gleichermaßen einfach auszufüllen wie auszuwerten ist, können seine Ergebnisse unmittelbar in das ärztliche bzw. therapeutische Diagnosegespräch integriert werden. Der GAD-7 beruht auf Selbstangaben der Patienten und erfordert daher eine zusätzliche Validierung und Exploration durch die behandelnden Ärzte bzw. Therapeuten. Die diagnostische Sicherheit kann insbesondere durch Hinzunahme von fremdanamnestischen Informationen erhöht werden. Der GAD-7 ersetzt keine vollständige Psychodiagnostik (z. B. differenzialdiagnostische Abklärung) und erfasst störungsbezogene Indikatoren auf Syndromebene, nicht auf Störungsebene.

Testentwicklung

Die Vorversion des GAD-7 bestand ursprünglich aus insgesamt 13 Items, von denen neun Items die diagnostischen Kriterien des DSM-IV zur Generalisierten Angststörung widerspiegelten und vier Items aus bereits bestehenden Angst-Skalen integriert wurden. Diese frühe Version des GAD-7 wurde entsprechend der Rangfolge der Item-Korrelationen mit der 13-Item-Skala (r = .75 bis .85) und unter Berücksichtigung von Sensitivität und Spezifität auf sieben Items gekürzt (Spitzer et al., 2006). Heute liegt der GAD-7 in einer Komplettversion und in einer Kurzform vor. Die Komplettversion ist ein eigenständiges Modul der autorisierten deutschen Version des Patient Health Questionnaire (PHQ; Spitzer et al., 1999; dt. Version: PHQ-D; Löwe et al., 2002a). Dieser Fragebogen ist eine Weiterentwicklung des Prime MD (Spitzer et al., 1994). Die deutsche Übersetzung erfolgte in mehreren Schritten von Übersetzung und Rückübersetzung (Bracken & Barona, 1991). Validiert wurde der PHQ-D an einer Stichprobe von N = 1 619 ambulanten Klinikpatienten und Hausarztpatienten (Gräfe et al., 2004).

Aufbau und Auswertung

Der GAD-7 erfasst die wichtigsten Symptome einer Generalisierten Angststörung nach DSM-IV. Dazu gehören (A) Angst und Sorge in Bezug auf eine Reihe von Ereignissen oder Tätigkeiten, (B) Schwierigkeiten, die Sorgen zu kontrollieren und (C) zusätzliche, begleitende Symptome, wie Ruhelosigkeit, leichte Ermüdbarkeit, Konzentrationsschwierigkeiten, Reizbarkeit, Muskelverspannungen und Schlafprobleme. Der Fragebogen besteht aus sieben Items in Form von Selbsturteilen hinsichtlich der gefühlten Beeinträchtigung durch die oben beschriebenen Symptome innerhalb der letzten 2 Wochen. Es existieren vier Antwortmöglichkeiten, denen für die Auswertung jeweils ein Wert zugewiesen ist: 0 = überhaupt nicht, 1 = an einzelnen Tagen, 2 = an mehr als der Hälfte der Tage und 3 = beinahe jeden Tag. Der Summenwert des GAD-7 ergibt sich durch Addition der Antwortwerte und reicht von 0 bis 21 Punkte. Ein Wert zwischen 0 und 4 kann als minimale Angstsymptomatik interpretiert werden. Werte zwischen 5 und 9 gelten als milde Ausprägung. Im Bereich zwischen 10 und 14 Punkten besteht eine mittelgradig ausgeprägte und bei mehr als 15 Punkten eine schwer ausgeprägte Angstsymptomatik.

Gütekriterien

Objektivität: Selbst auszufüllende Fragebögen haben in kontrollierten und störungsfreien Situationen eine hohe Durchführungsobjektivität. Die Auswertung und Interpretation des Tests erfolgt in standardisierter Form anhand des Testmanuals (Löwe et al., 2002b).

Reliabilität: Die interne Konsistenz des GAD-7 ist mit Cronbachs α = .89 als sehr gut zu bewerten (Löwe et al., 2008). Die Retest-Reliabilität liegt nur für die englische Originalversion vor und ist mit einer Intra-class-Korrelation von .83 ebenfalls als sehr gut zu bewerten (Spitzer et al., 2006).

Validität: Der GAD-7 ist ein weit verbreitetes Instrument zur Erfassung Generalisierter Angststörungen, das als Modul des PHQ-D bereits in über 40 Studien mit unterschiedlichen Behandlungssettings verwendet wurde (Kroenke et al., 2010).

Kriteriumsvalidität: In einer Studie mit $N = 965$ Patienten der Primärversorgung wurden für die Diagnose einer Generalisierten Angststörung bei einem Cut-Off-Wert von 10 eine Sensitivität von 89 % und eine Spezifizität von 82 % ermittelt (Spitzer et al., 2006).

Konvergente Validität: Der GAD-7 korreliert stark mit dem Beck Angst-Inventar ($r = .72$) und der Subskala zu Angst aus der Symptom-Checkliste-90 ($r = .74$). Höhere Werte im GAD-7 gehen außerdem mit stärkeren funktionellen Beeinträchtigungen (FS-20) und vermehrten Krankschreibungen einher (Löwe et al., 2008).

Konstruktvalidität: Eine konfirmatorische Faktorenanalyse zeigt die eindimensionale Struktur des GAD-7 unabhängig von Alter und Geschlecht. Hypothesenkonforme Korrelationen zwischen GAD-7 und dem PHQ-2 ($r = .62$; Löwe et al., 2005), der Rosenberg Self Esteem Scale ($r = -.43$; Rosenberg, 1965), dem Questionnaire on Life Satisfaction ($r = -.34$; Henrich & Herschbach, 2000) und der Resilienzskala ($r = -.29$; Schumacher et al., 2005) sowie zwischen Subgruppen einer Validierungsstichprobe mit $N = 5\,030$ Personen auf Basis bekannter Risikofaktoren für die Generalisierte Angststörung (Geschlecht, Alter, Bildungsniveau, Partnerschaft, beruflicher Status und Haushaltseinkommen) lassen auf eine sehr gute Konstruktvalidität schließen (Löwe et al., 2008).

GAD-7

Klinische Validität: In einer Studie mit N = 965 Patienten der Primärversorgung wurden Vergleichswerte für unterschiedliche Angststörungen, diagnostiziert mithilfe eines SKID-Interviews, ermittelt: Generalisierte Angststörung M = 14.0; Panikstörung M = 12.5; Soziale Angststörung M = 12.0. Standardabweichungen werden nicht berichtet (Kroenke et al., 2007).

Vergleichswerte/ Normen

Für den GAD-7 liegen Normwerte für eine repräsentative Bevölkerungsstichprobe von N = 5 030 Personen aus der deutschen Normalbevölkerung vor (Löwe et al., 2008). Demzufolge liegt der durchschnittliche GAD-7-Summenwert bei M = 2.95 (SD = 3.41). Es existieren Differenzierungen in Abhängigkeit von Geschlecht, Alter, Familienstand, Bildung, Beruf, Haushaltseinkommen, Staatsangehörigkeit, alte oder neue Bundesländer, Urbanisierung und Mitgliedschaft in einer Kirchengemeinschaft.

WWW-Ressourcen

Der GAD-7 kann kostenlos bezogen werden unter: https://www.uke.de/kliniken-institute/institute/institut-und-poliklinik-f%C3%BCr-psychosomatische-medizin-und-psychotherapie/forschung/arbeitsgruppen/index.html

Literatur

Bracken, B. & Barona, A. (1991). State of the art procedures for translating, validating and using psychoeducational tests in cross-cultural assessment. *School Psychology International, 12,* 119–132.

Fricchione, G. (2004). Clinical practice. Generalized anxiety disorder. *New England Journal of Medicine, 351,* 675–682.

Gräfe, K., Zipfel, S., Herzog, W. & Löwe, B. (2004). Screening psychischer Störungen mit dem „Gesundheitsfragebogen für Patienten (PHQ-D)". Ergebnisse der deutschen Validierungsstudie. *Diagnostica, 50,* 171–181.

Henrich, G. & Herschbach, P. (2000). Questions on life satisfaction – a short measure for assessing quality of life. *European Journal of Psychological Assessment, 16,* 159.

Kessler, D., Lloyd, K., Lewis, G. & Gray, D. P. (1999). Cross sectional study of symptom attribution and recognition of depression and anxiety in primary care. *British Medical Journal, 318,* 436–439.

Kessler, R. C., Chiu, W. T., Demler, O. & Walters, E. E. (2005b). Prevalence, severity, and comorbidity of 12-month DSM-IV disorders in the National Comorbidity Survey Replication. *Archives of General Psychiatry, 62,* 617–627.

Kessler, R. C., Demler, O., Frank, R. G., Olfson, M., Pincus, H. A., Walters, E. E. et al. (2005a). Prevalence and treatment of mental disorders, 1990 to 2003. *New England Journal of Medicine, 352,* 2515–2523.

Kroenke, K., Spitzer, R. L., Williams, J. B. & Löwe, B. (2010). The Patient Health Questionnaire somatic, anxiety, and depressive symptom scales: a systematic review. *General Hospital Psychiatry, 32,* 345–359.

Kroenke, K., Spitzer, R. L., Williams, J. B., Monahan, P. O. & Löwe, B. (2007). Anxiety disorders in primary care: prevalence, impairment, comorbidity, and detection. *Annals of Internal Medicine, 146,* 317–325.

Leon, A. C., Olfson, M., Broadhead, W. E., Barrett, J. E., Blacklow, R. S., Keller, M. B. et al. (1995). Prevalence of mental disorders in primary care: implications for screening. *Archives of Family Medicine, 4,* 857–861.

Löwe, B., Decker, O., Müller, S., Brähler, E., Schellberg, D., Herzog, W. et al. (2008). Validation and standardization of the generalized anxiety disorder screener (GAD-7) in the general population. *Medical Care, 46,* 266–274.

Löwe, B., Gräfe, K., Quenter, A., Buchholz, C., Zipfel, S. & Herzog, W. (2002a). Screening psychischer Störungen in der Primärmedizin: Validierung des Gesundheitsfragebogens für Patienten (PHQ-D). *Psychotherapie, Psychosomatik, Medizinische Psychologie, 52,* 104–105.

Löwe, B., Gräfe, K., Zipfel, S., Spitzer, R. L., Herrmann-Lingen, C., Witte, S. et al. (2003). Detecting panic disorder in medical and psychosomatic outpatients: comparative validation of the hospital anxiety and depression scale, the Patient Health Questionnaire, a screening question, and physicians' diagnosis. *Journal of Psychosomatik Research, 55,* 515–519.

Löwe, B., Kroenke, K. & Gräfe, K. (2005). Detecting and monitoring depression with a 2-item questionnaire (PHQ-2). *Journal of Psychosomatik Research, 58,* 163–171.

Löwe, B., Spitzer, R. L., Zipfel, S. & Herzog, W. (2002b). *Gesundheitsfragebogen für Patienten (PHQ-D). Komplettversion und Kurzform. Testmappe mit Manual, Fragebögen, Schablonen* (2. Aufl.). Karlsruhe: Pfizer.

Olfson, M., Fireman, B., Weissman, M. M., Leon, A. C., Sheehan, D. V. & Kathol, R. G. (1997). Mental disorders and disability among patients in a primary care group practice. *American Journal of Psychiatry, 154,* 1734–1740.

Rosenberg, M. (1965). *Society and the Adolescent Self-Image.* Princeton, NJ: Princeton University Press.

Roy-Byrne, P. P. & Wagner, A. (2004). Primary care perspectives on generalized anxiety disorder. *Journal of Clinical Psychiatry, 65,* 20–26.

Schumacher, J., Leppert, K., Gunzelmann, T., Strauß, B. & Brähler, E. (2005). Resilienzskala – Ein Fragebogen zur Erfassung der psychischen Widerstandsfähigkeit als Personenmerkmal. *Zeitschrift für Klinische Psychologie, Psychiatrie und Psychotherapie, 53,* 16–39.

Spitzer, R. L., Kroenke, K. & Williams, J. B. (1999). Validation and utility of a self-report version of PRIME-MD: The PHQ primary care study. *Journal of the American Medical Association, 282,* 1737–1744.

Spitzer, R. L., Kroenke, K., Williams, J. B. & Löwe, B. (2006). A brief measure for assessing generalized anxiety disorder: the GAD-7. *Archives of Internal Medicine, 166,* 1092–1097.

Spitzer, R. L., Williams, J. B., Kroenke, K., Linzer, M., deGruy, F. V. 3rd, Hahn, S. R. et al. (1994). Utility of a new procedure for diagnosing mental disorders in primary care. The PRIME-MD 1000 study. *Journal of the American Medical Association, 272,* 1749–1756.

GAD-7

Autoren des Beitrags	Pascal Rickert und Bernd Löwe
Kontaktdaten des Erstautors	Dipl.-Psych. Pascal Rickert Universitätsklinikum Hamburg-Eppendorf Martinistraße 52 20246 Hamburg p.rickert@uke.de

GAF
Skala zur Globalen Erfassung des Funktionsniveaus

Autoren des Testverfahrens	American Psychiatric Association
Quelle	Saß, H., Wittchen, H.-U. & Zaudig, M. (1996). *Diagnostisches und Statistisches Manual Psychischer Störungen – DSM-IV.* Göttingen: Hogrefe.
Vorgänger-/ Originalversionen	*Originalversion Global Assessment of Functioning Scale (GAF):* American Psychiatric Association (1994). *Diagnostic and Statistical Manual of Mental Disorders, Fourth Edition* (DSM-IV). Washington, DC: American Psychiatric Association.
Kurzversionen	keine
Kurzbeschreibung	Die GAF wird auf der Basis eines mindestens einstündigen psychodiagnostischen Gesprächs als eindimensionale Fremdbeurteilung im Erwachsenenbereich sowohl in der klinischen (vor allem psychiatrischen) Praxis als auch in der empirischen Forschung zur Diagnostik, Therapieplanung, Prognosestellung, Messung der Wirksamkeit von Behandlungen und zur Validierung neuer Messinstrumente eingesetzt (z. B. Caldirola et al., 2014; Fischer et al., 2014). Zudem wird sie seit Jahren als Routineinstrument in der psychiatrischen sowie der psychosomatisch-psychotherapeutischen Qualitätssicherung (Heuft & Senf, 1998) ambulanter und stationärer Behandlungsverläufe verwandt – u. a. mit dem Ziel, die GAF zur Identifizierung von Problempatienten (Wetterling et al., 1998) sowie zur Skalierung individueller Therapieziele (Kordy & Hannöver, 1999) zu nutzen. Seit der Etablierung des Psych-Entgeltsystems in Deutschland fordert die Prozedurenziffer OPS 9-63 (Deutsches Institut für Medizinische Dokumentation und Information, 2014) für die psychosomatisch-psychotherapeutische Komplexbehandlung eine Prä-Post-Evaluation der Behandlungsverläufe unter Einsatz auch der GAF. Die Anwendung erfordert eine Qualifikation entsprechend dem Standard eines ärztlichen oder psychologischen Psychotherapeuten.
Anwendungsbereich	Die Zielpopulation bilden Erwachsene. Da sich die GAF sowohl als Maß in epidemiologischen Studien auch bei Gesunden als auch als Schweregradmaß zur Prä-Post-Evaluation von Behandlungsverläufen ambulanter und stationärer psychiatrischer oder/und psychotherapeutischer Verläufe eignet, sind die Anwendungsmöglichkeiten sehr breit.
Bearbeitungszeit	Für geübte Rater circa 1 Minute. Die notwendige Trainingsdauer wird für geübte Kliniker mit 1 Stunde angegeben (Abbo et al., 2013).

GAF

Theoretischer Hintergrund

In der Regel sind psychische Störungen mit verschiedenen sozialen Beeinträchtigungen auf unterschiedlichen Ebenen (vor allem Beruf, Familie) verbunden. Dabei können diese Beeinträchtigungen als primär aktuelle Folgen der Störungen angesehen werden oder sekundär als Folgen der Erkrankung resultieren. Das Individuum nimmt diese Beeinträchtigung im Sinne einer verminderten Lebensqualität wahr.

Eine eindeutige Definition des Begriffes soziale Anpassung (social adjustment, social functioning) liegt bis heute nicht vor, sodass entsprechend der vielfältigen Begrifflichkeiten eine Vielzahl von Verfahren vorliegen. Aufgrund der Relevanz dieses Bereiches wurde er sowohl im DSM-IV als auch in der ICD-10 als separate Achse integriert, wobei im Sinne der Ökonomie eine eindimensionale Skala als übergreifende Zusammenfassung im Sinne einer Kombination einzelner klinisch bedeutsamer Elemente der Psychopathologie durch den Rater gewählt wurde. Die GAF bildet die Achse V des DSM-IV. Es handelt sich hierbei um eine globale Ratingskala zum psychosozialen Funktionsniveau, wobei ein integrales Gesamturteil über die psychische, soziale und berufliche Leistungsfähigkeit des Patienten mit Werten zwischen 1 und 100 angegeben wird.

Trotz der Forderungen, die GAF auch im DSM-5 (American Psychiatric Association, 2015) weiterhin aufzunehmen (Pedersen & Karterud, 2012), wurde sie durch die World Health Organization Disability Assessment Schedule 2 (WHODAS 2.0) ersetzt – ein auch kritisierter Schritt (Gold, 2014).

Bezug zur Psychotherapie

Die Skala kann der Therapieplanung, der Messung der Wirksamkeit psychiatrischer oder psychotherapeutischer Interventionen und der Prognosestellung dienen.

Testentwicklung

Die Beurteilung der gesamten psychischen Gesundheit auf einer 100-Punkte-Skala, die auf acht Ankerpunkte verteilt waren, wurde zuerst von Luborsky (1962) mit der Health-Sickness Rating Scale (HSRS) operationalisiert.

Die Global Assessment Scale (GAS) wurde als revidierte Fassung der HSRS von Endicott et al. (1976) vorgelegt. Grundlegende Veränderungen betrafen: (1) die Differenzierung von 10 Ankerpunkten mit jeweils 10 Punktintervallen, (2) die Vorgabe detaillierter verhaltensnaher Beschreibungen bei Verzicht auf diagnostische Kategorien, (3) klarere Ratinginstruktionen.

Im DSM-III-R wurde die GAF als Revision der GAS mit einer Definition von zwei Beurteilungszeiträumen auf einer Skala von 0–90 beschrieben, wobei das höchste Intervall (91–100) gestrichen wurde, da man davon ausging, dass die in Behandlungssettings untersuchten Patienten dieses Intervall prinzipiell nicht erreichen können.

In ihrer letzten Version (DSM-IV) wurde die Skala aufgrund einer größeren Anwendungsbreite wieder um die Kategorie hervorragende Leistungsfähigkeit in einem breiten Spektrum von Aktivitäten auf 100 Punkte erweitert und der Beurteilungszeitraum von der Fragestellung des Anwenders abhängig gemacht.

Für den Kinder- und Jugendlichenbereich wurde die Childrens' Global Assessment Scale (CGAS) von Shaffer et al. (1983) entwickelt.

Aufbau und Auswertung

Die GAF besteht aus 10er-Punktschritten mit 10 klar definierten Ankerpunkten, die eine detaillierte Beschreibung von Symptomen, der Leistungsfähigkeit, der sozialen Beziehungen sowie der Psychopathologie enthalten. Die Instruktionen geben vor, dass Funktionsbeeinträchtigungen aufgrund von körperlichen (oder umweltbedingten) Einschränkungen nicht einbezogen werden sollen. Die Bewertung auf der GAF sollte sich auf den aktuellen Zeitraum, das heißt das Funktionsniveau zum Zeitpunkt der Beurteilung beziehen, da sich hieraus der Bedarf an Behandlung oder Fürsorge ableiten lässt. Je nach Fragestellung sind zudem weitere Beurteilungszeiträume möglich:
1. Die Beurteilung des höchsten Niveaus der psychosozialen Anpassung im letzten Jahr über 1 Woche kann eine prognostische Bedeutung besitzen, da die Person nach einer adäquaten Behandlung möglicherweise auf dieses Niveau zurückkehren könnte.
2. Zur Therapieevaluation ist die Erhebung der GAF zum Entlassungszeitpunkt oder nach einem definierten Katamnesezeitraum sinnvoll.

Ein GAF-Wert von 50 wird als Grenzwert angesehen, der auf die Notwendigkeit weiterer professioneller (gegebenenfalls auch stationärer) Unterstützung hinweist, wobei auch bei höheren Funktionswerten die Notwendigkeit einer Behandlung diskutiert wird. Steinhausen (1987) wählte einen Cut-Off-Wert von 70 Punkten, um zwischen normalem und pathologischem Funktionsniveau zu unterscheiden.

Immer wieder wurde bei der GAF die Durchmischung von psychopathologischer Symptomatik und sozialer Funktionsfähigkeit sowie die Nichtberücksichtigung von Beeinträchtigungen der sozialen Anpassung durch körperliche Behinderungen kritisiert. Aufgrund dessen wurden weitere Modifikationen der Skala, wie die Skala zur globalen Erfassung des Funktionsniveaus von Beziehungen (GARF; American Psychiatric Association, APA, 1994) und die Skala zur Erfassung des Sozialen und Beruflichen Funktionsniveaus (SOFAS; APA, 1994), entwickelt. Im deutschsprachigen Raum wird vor allem der Beeinträchtigungs-Schwere-Score (BSS) von Schepank (1995) verwandt, bei dem eine klare Unterscheidung zwischen körperlicher, psychischer und sozialkommunikativer Befindlichkeit getroffen wird. Bei Patienten mit überwiegend psychosomatischer Symptombildung kommt es im Vergleich mit dem BSS durch die GAF zu einer tendenziellen Unterschätzung des Schweregrades der Störung (Lange & Heuft, 2002).

Gütekriterien

Objektivität: Aufgrund der klar formulierten Instruktion sowie der 10 Ankerpunkte ist die GAF als relativ objektiv einzuschätzen.

Obwohl die GAF-Skala quasi als Routineinstrument in der klinischen Praxis, der Qualitätssicherung sowie in einer Vielzahl empirischer Studien verwandt wurde, liegen bislang erstaunlich wenig Studien über ihre teststatistische Güte sowohl im internationalen wie im deutschsprachigen Raum vor. Bislang wurden die nachgewiesenen guten Validitäts- und Reliabilitätswerte der GAS unhinterfragt auf die GAF übertragen. Dieses Vorgehen wird zunehmend infrage gestellt.

Reliabilität: Die in der internationalen Literatur beschriebenen Werte variieren zwischen $r = .54$ und $.90$ (Hall, 1995; Jones et al., 1995; Junkert-Tress et al., 1999; Loevdahl & Friis, 1996; Perry et al., 1998; Siebel et al., 1997). Diese Schwankungen erklären sich vor allem durch den Trainingsstand der Rater sowie die Art der Datenerhebung. Die GAF ist dann als hoch reliabel zu bewerten, wenn der Rater vorher trainiert wurde und Interviewbedingungen (direkt oder per Video) vorlagen.

Sensitivität: Hohe Effektstärken in Interventionsstudien belegen die Treatmentsensibilität der GAF (Junkert-Tress et al., 1999).

Kriteriumsbezogene Validität: In der Untersuchung von Siebel et al. (1997) korrelierte die GAF mit der WHO Disability Diagnostic Scale (WHO DDS) mit $r = -.64$. Wetterling et al. (1998) fanden keinen Zusammenhang zwischen der Symptom-Checklist-90 und der GAF, wogegen Perry et al. (1998) eine signifikante Korrelation von $r = -.44$ zwischen dem Global Severity Index (GSI) der Symptom-Checklist-90 und der GAF fanden. Inwieweit Selbst- und Fremdratings, in die zusätzlich noch die Bewertung sozialer Funktionen eingehen, vergleichbar sind, bleibt fraglich. Jones et al. (1995) validierten die GAF-Skala an dem Level sozialer Unterstützung und der Einnahme antipsychotischer Medikamente und fanden befriedigende Werte. Insgesamt weist in der internationalen Literatur eine Vielzahl signifikanter Bezüge zu Außenkriterien auf eine hinreichende Konstrukt- und Kriteriumsvalidität hin.

Diskriminierende Validität: Die hohen Korrelationen der GAF mit der Achse I und IV des DSM-IV weisen auf eine eher geringe diskriminierende Validität zwischen der GAF und der psychopathologischen Symptomatik hin.

Vergleichswerte/Normen

Bis auf die oben angegebenen Cut-Off-Werte liegen Normen im engeren Sinne bislang nicht vor – und sind bei der dimensionalen Perspektive von „gesund" bis „schwerst beeinträchtigt" auch nicht sinnvoll.

WWW-Ressourcen

Es liegen keine zusätzlichen Ressourcen vor.

Literatur

Abbo, C., Okello, E. S. & Nakku, J. (2013). Effect of brief training on reliability and applicability of Global Assessment of functioning scale by Psychiatric clinical officers in Uganda. *African Health Sciences 13,* 78–81.

American Psychiatric Association (1994). *Diagnostic and Statistical Manual of Mental Disorders, Fourth Edition* (DSM-IV). Washington, DC: American Psychiatric Association.

American Psychiatric Association (2015). *Diagnostisches und Statistisches Manual Psychischer Störungen – DSM-5* (Deutsche Ausgabe herausgegeben von Peter Falkai und Hans-Ulrich Wittchen, mitherausgegeben von Manfred Döpfner et al.). Göttingen: Hogrefe.

Caldirola, D., Grassi, M., Riva, A., Daccò, S., De Berardis, D., Dal Santo, B. et al. (2014). Self-report quality of life and clinician-rated functioning in mood and anxiety disorders: relationships and neurophysiological correlates. *Comprehensive Psychiatry, 55,* 979–988.

Deutsches Institut für Medizinische Dokumentation und Information (Hrsg.). (2014). *OPS Version 2014. Operationen- und Prozedurenschlüssel. Internationale Klassifikation der Prozeduren in der Medizin. Systematisches Verzeichnis.* Berlin: Bundesministerium für Gesundheit.

Endicott, J., Spitzer, R. L. & Fleiss, J. L. (1976). The Global Assessment Scale: A procedure for measuring overall severity of psychiatric disturbance. *Archives of General Psychiatry, 33,* 766–771.

Fischer, F., Hoffmann, K., Mönter, N., Walle, M., Beneke, R., Negenborn, S. et al. (2014). Cost evaluation of a model for integrated care of seriously mentally ill patients. *Gesundheitswesen, 76,* 86–95.

Gold, L. H. (2014). DSM-5 and the assessment of functioning: the World Health Organization Disability Assessment Schedule 2.0 (WHODAS 2.0). *Journal of the American Academy of Psychiatry and Law, 42,* 173–181.

Hall, R. C. (1995). Global assessment of functioning. A modified scale. *Psychosomatics, 36,* 267–275.

Heuft, G. & Senf, W. (1998). *Praxis der Qualitätssicherung in der Psychotherapie: Das Manual zur Psy-BaDo.* Stuttgart: Thieme.

Jones, S. H., Thornicroft, G., Coffey, M. & Dunn, G. (1995). A brief mental health outcome scale-reliability and validity of the Global Assessment of Functioning (GAF). *British Journal of Psychiatry, 166,* 654–659.

Junkert-Tress, B., Tress, W., Scheibe, G., Hartkamp, N., Maus, J., Hildenbrand et al. (1999). Das Düsseldorfer Kurzzeit-Psychotherapie-Projekt (DKZP). *Psychotherapie, Psychosomatik, Medizinische Psychologie, 49,* 142–145.

Kordy, H. & Hannöver, W. (1999). Zur Evaluation psychotherapeutischer Behandlungen anhand individueller Therapieziele. In H. Ambühl & B. Strauß (Hrsg.), *Therapieziele* (S. 75-90). Göttingen: Hogrefe.

Lange, C. & Heuft, G. (2002). Die Beeinträchtigungsschwere in der psychosomatischen und psychiatrischen Qualitätssicherung. Global Assessment of Functioning Scale (GAF) vs. Beeinträchtigungs-Schwere-Score (BSS). *Zeitschrift für Psychosomatische Medizin und Psychotherapie, 48,* 256–269.

Loevdahl, H. & Friis, S. (1996). Routine evaluation of mental health: Reliable information or worthless „guesstimates"? *Acta Psychiatrica Scandinavica, 93,* 125–128.

Luborsky, L. (1962). Clinican's judgments of mental health. *Archives of General Psychiatry, 7,* 407–417.

Pedersen, G. & Karterud, S. (2012). The symptom and functioning dimensions of the Global Assessment of Functioning (GAF) scale. *Comprehensive Psychiatry, 53,* 292–298.

Perry, J. C., Hoglend, P., Shear, K., Vaillant, G. E., Horowitz, M., Kardos, M. E. et al. (1998). Field trial of a diagnostic axis for defense mechanisms for DSM-IV. *Journal of Personality Disorders, 12,* 56-68.

Schepank, H. (1995). *Der Beeinträchtigungs-Schwere-Score.* Göttingen: Hogrefe.

Shaffer, D., Gould, M. S., Brasic, J., Ambrosini, P., Fisher, P. & Satwant, A. (1983). Children's Global Assessment Scale (CGAS). *Archives of General Psychiatry, 40,* 1228–1231.

Siebel, U., Michels, R., Hoff, P., Schaub, R. T., Droste, R., Freyberger, H. J. & Dilling, H. (1997). Multiaxiales System des Kapitels V (F) der ICD-10. Erste Ergebnisse der multizentrischen Praktikabilitäts- und Reliabilitätsstudie. *Der Nervenarzt, 68,* 231–238.

Steinhausen, H. C. (1987). Global assessment of child psychopathology. *Journal of the American Academy of Child and Adolescent Psychiatry, 26,* 203–206.

Wetterling, T., Junghanns, K. & Dilling, H. (1998). Qualitätssicherung in der psychiatrischen Klinik. *Psychiatrische Praxis, 25,* 291–295.

Autor des Beitrags

Gereon Heuft

Kontaktdaten des Autors

Univ.-Prof. Dr. med. Gereon Heuft
Universitätsklinikum Münster
Klinik für Psychosomatik und Psychotherapie
Domagkstr. 22
48129 Münster
heuftge@ukmuenster.de

GAS
Goal Attainment Scaling

Autoren des Testverfahrens	Thomas J. Kiresuk und Robert E. Sherman
Quelle	Kiresuk, T. J. & Sherman, M. R. E. (1968). Goal attainment scaling: A general method for evaluating comprehensive community mental health programs. *Community Mental Health Journal, 4* (6), 443–453.
Vorgänger-/ Originalversionen	keine
Kurzversionen	keine
Kurzbeschreibung	Das GAS ist ein eindimensionales Instrument, das die Erreichung idiografisch formulierter Ziele quantifiziert. In einem ersten Schritt werden eines oder mehrere Ziele der Intervention formuliert. Danach werden für jedes einzelne Ziel Indikatoren bestimmt, die das Ausmaß der Zielerreichung beschreiben. Diese Indikatoren werden auf einer fünfstufigen Skala angeordnet, in der der mittlere Wert das angestrebte Ergebnis beschreibt. Zwei positiv formulierte Stufen bilden ab, ob das spezifische Ziel durch die Intervention „mehr als erwartet" oder „viel mehr als erwartet" erreicht wurde. Zwei negativ formulierte Stufen bilden ab, ob es „weniger als erwartet" oder „viel weniger als erwartet" erreicht wurde. Die Zielformulierung und die Beurteilung der Zielerreichung können als Fremdrating vorgenommen werden, z. B. durch die Behandler (Kiresuk & Sherman, 1968) oder partizipativ von Therapeut und Patient gemeinsam. Die Ziele sowie die Indikatoren der Zielerreichung werden in der Regel schriftlich formuliert. Potenzielle Anwender des GAS sind Ärzte, Psychotherapeuten, Pflegepersonal und andere Behandler (z. B. Physiotherapeuten; Kiresuk et al., 2014).
Anwendungsbereich	Das Verfahren ist in diversen klinischen und nicht klinischen Interventionsbereichen anwendbar. Das GAS kann bei Erwachsenen, Kindern und Senioren eingesetzt werden. Das Verfahren dokumentiert einerseits individuelle Therapieerfolge, z. B. in der Psychotherapie oder in der somatischen Rehabilitation. Andererseits kann es aber auch Bestandteil der Qualitätssicherung und der Programmevaluation sein (Kiresuk et al., 2014).
Bearbeitungszeit	Die Durchführungs- und Auswertungszeit kann stark variieren, je nachdem in welchem Bereich und mit welcher Zielsetzung das Verfahren eingesetzt wird. Im Rahmen der ambulanten Psychotherapie können die Ziel- und Wertklärung und die darauf beruhende Operationalisierung der vereinbarten Therapieziele mehrere Therapiesitzungen dauern.

Theoretischer Hintergrund

Das GAS wurde Ende der 60er Jahre zur Evaluation von Behandlungsprogrammen entwickelt (Kiresuk & Sherman, 1968). Das Verfahren nimmt keine Einschränkung der möglichen Zielinhalte vor, wesentlich ist nur, dass die Behandlungsziele anhand von konkreten beobachtbaren Indikatoren beschrieben werden. Auch kognitive und emotionale, per se nicht beobachtbare Behandlungsziele, wie z. B. Einstellungsänderungen, sollen durch geeignete Indikatoren operationalisiert werden können. Ein damit zusammenhängendes Problem ist das der Anspruchsniveausetzung bei der Festlegung von Therapiezielen, das weder zu hoch noch zu niedrig sein sollte (Roecken, 1984). Grundsätzlich ist das Verfahren theoriefrei und daher in allen Settings und Therapierichtungen einsetzbar.

Bezug zur Psychotherapie

Die Definition von spezifischen und individuellen Zielen der Behandlung, die partizipativ durch Patient und Therapeut erfolgt, kann per se ein Bestandteil der Intervention sein. Den Patienten wird damit Wissen über Prozesse der Zielsetzung und Zielerreichung vermittelt. Die gemeinsame Zielvereinbarung von Patient und Therapeut stärkt außerdem die therapeutische Beziehung (Kanfer et al., 2006; Sack et al., 1999).

Die gemeinsame und individuelle Zielvereinbarung von Patient und Therapeut stellt eine therapeutische Intervention dar, die das Therapieergebnis positiv beeinflusst. Im Vergleich zu Patienten, mit denen keine differenzierte individualisierte Zielvereinbarung durchgeführt wurde, weisen Patienten mit individueller Zielvereinbarung eine höhere Therapiemotivation auf, erreichen im Verlauf einer Kurzzeittherapie bessere Werte in den Symptombereichen Angst und Depression, aber auch im Selbstwert, und geben an, sich durch die Psychotherapie mehr verändert zu haben (LaFerriere & Calsyn, 1978).

Das GAS wird auch zur Therapieevaluation eingesetzt. Neben der Symptomreduktion und der Verminderung von generellem Distress ist die Bewertung des Therapieerfolgs auf der Basis individueller Therapieziele ein wesentliches Instrument der Erfolgsbestimmung. Anders als standardisierte Instrumente bildet das GAS durch die Kombination idiografischer Zielinhalte und die gemeinsame Formulierung bedeutsamer Grade der Zielerreichung wesentliche Informationen der Lebenswelt des Patienten ab. Die Erreichung individueller Therapieziele ergänzt die Ergebnismessung um eine individualisierte Perspektive, die die Anliegen des Patienten einbezieht (Reuben & Tinetti, 2012).

Testentwicklung

In der ursprünglichen Anwendungsform der Behandlungsevaluation wurden die Patienten den Behandlungsbedingungen randomisiert zugeordnet. Die Zielformulierung wurde dabei von unabhängigen Beurteilern vorgenommen. In der weiteren Anwendung wurden die Zielformulierung und die Bewertung der Erreichung zunehmend von an der Intervention Beteiligten vorgenommen, z. B. von Therapeuten und Patienten. Neben der Anwendung als Evaluationsinstrument entwickelte sich die Nutzung des GAS als Bestandteil der Intervention, z. B. in der Psychotherapie (Weis & Potreck-Rose, 2013). Empirisch zeigte sich, dass der Prozess der Zieldefinition und Zieloperationalisierung des GAS zu besseren Behandlungsergebnissen führen kann (u. a. Galano, 1977).

Aufbau und Auswertung

Therapeut und Patient formulieren am Beginn der Behandlung gemeinsam drei bis fünf Ziele und beschreiben sie durch konkrete, beobachtbare Indikatoren. Diese Indikatoren werden nach ihrer Erreichungswahrscheinlichkeit auf einer fünfstufigen Skala bewertet. Das erwartete Ergebnis, das Ergebnis mit der höchsten Eintretenswahrscheinlichkeit, wird durch den Wert 0 definiert. Diese Einschätzung beruht auf einem Common-sense-Urteil erfahrener Kliniker darüber, welches Ziel von einem bestimmten Klienten in einem festgelegten Zeitraum zu erreichen ist (Roecken, 1984, S. 89). Die Werte -1 und +1 drücken eine etwas bessere (+1) bzw. schlechtere (-1) Zielerreichung aus als erwartet. Maximale Zielerreichung, d. h. ein über Erwarten gutes Abschneiden, wird durch den Wert +2 ausgedrückt. Minimale Zielerreichung, d. h. deutlich schlechter als erwartet, wird als -2 bewertet. Zu einem vorher festgelegten Zeitpunkt, z. B. 3 oder 6 Monate später, wird das Erreichen der Ziele bewertet, indem die Werte der Patienten für jeden Zielbereich zu einem GAS-Gesamtscore summiert werden. Durch diese Summation geht allerdings die qualitative Differenziertheit der verschiedenen Ziele verloren. Der GAS-Gesamtscore kann in einen T-Wert ($M = 50$, $SD = 10$) umgerechnet werden, sodass interindividuelle Vergleiche des Ausmaßes der Zielerreichung möglich werden. Patienten, die GAS-Werte zwischen 40 und 60 erreichen, sind normal (durchschnittlich) erfolgreich. Dieser T-Wert ist ein Ergebnisindex, der die Individualität der formulierten Ziele außer Acht lässt, aber Vergleiche von Therapieerfolgsraten möglich macht.

Zusätzlich ist die Berechnung von Veränderungswerten möglich, indem die Differenz zwischen Einschätzungen, die am Anfang der Therapie vorgenommen wurden, und den am Therapieende erreichten GAS-Werten berechnet wird. Diese Differenzberechnung kann sowohl für einzelne Zielbereiche als auch für den GAS-Gesamtscore durchgeführt werden.

Gütekriterien

Die inhaltliche Validität des GAS wird von den Originalautoren (Kiresuk & Sherman, 1968) als inhärent vorausgesetzt, von anderen Autoren aber kritisch diskutiert, u. a. weil Begriffe wie Ziel, erwartetes Ergebnis oder Stufen ohne theoretische Begründung und Abgrenzung verwendet werden (Cytrynbaum et al., 1979; Heavlin et al., 1982; Seaberg & Gillespie, 1977). Die Korrelation mit anderen Typen von Ergebnismaßen ist niedrig bis mäßig (Cytrynbaum et al., 1979).

Für den Anwendungsbereich Psychotherapie gibt es kaum Studien, die psychometrische Eigenschaften des GAS berichten. In der Studie von Shefler et al. (2001) werden Kennwerte für eine Kurzzeittherapie berichtet. Die Zielformulierungen wurden von externen Beurteilern für fünf Zielbereiche vorgenommen: Schwere der Symptomatik, Selbstwert, Freundschaft, Partnerschaft und Beruf. Die mittlere Beurteiler-Übereinstimmung war hoch ($r = .88$). Die konvergente Validität war mäßig bis mittelhoch hinsichtlich der Übereinstimmung von Zielerreichung und verschiedenen Symptomskalen ($r = .38$ bis .70).

Vergleichswerte/Normen

Vergleichswerte und Normen liegen nicht vor. Die T-Werte zum Grad der Zielerreichung, die berechnet werden, beruhen auf einer intraindividuellen Standardisierung und ermöglichen Vergleiche der Behandlungseffektivität, ohne allerdings die Inhalte der vereinbarten Ziele zu berücksichtigen.

WWW-Ressourcen

Es liegen keine zusätzlichen Ressourcen vor.

Literatur

Cytrynbaum, S., Ginath, Y., Birdwell, J. & Brandt, L. (1979). Goal attainment scaling: a critical review. *Evaluation Quarterly, 3,* 5–40.

Galano, J. (1977). Treatment effectiveness as a function of client involvement in goalsetting and goal-planning. *Goal Attainment Review, 3,* 17–32.

Heavlin, W. D., Lee-Merrow, S. W. & Lewis, V. M. (1982). The psychometric foundations of goal attainment scaling. *Community Mental Health Journal, 18,* 230–241.

Kanfer, F. H., Reinecker, H. & Schmelzer, D. (2006). *Selbstmanagementtherapie.* Heidelberg: Springer.

Kiresuk, T. J. & Sherman, M. R. E. (1968). Goal attainment scaling: A general method for evaluating comprehensive community mental health programs. *Community Mental Health Journal, 4,* 443–453.

Kiresuk, T. J., Smith, A. & Cardillo, J. E. (Eds.). (2014). *Goal attainment scaling: Applications, theory, and measurement.* New York: Psychology Press.

LaFerriere, L. & Calsyn, R. (1978). Goal attainment scaling: An effective treatment technique in short-term therapy. *American Journal of Community Psychology, 6,* 271–282.

Reuben, D. B. & Tinetti, M. E. (2012). Goal-oriented patient care – an alternative health outcomes paradigm. *New England Journal of Medicine, 366,* 777–779.

Roecken, S. (1984). *Goal Attainment Scaling. Eine Methode zur Evaluation psychotherapeutischer Maßnahmen.* Forschungsberichte des Psychologischen Institutes der Albert-Ludwigs-Universität Freiburg.

Sack, M., Schmid-Ott, G., Lempa, W. & Lamprecht, F. (1999). Individuell vereinbarte und fortgeschriebene Therapieziele – Ein Instrument zur Verbesserung der Behandlungsqualität in der stationären Psychotherapie. *Zeitschrift für Psychosomatische Medizin und Psychotherapie, 2,* 113–127.

Seaberg, J. R. & Gillespie, D. F. (1977). Goal attainment scaling: A critique. *Social Work Research and Abstracts, 13* (2), 4–9.

Shefler, G., Canetti, L. & Wiseman, H. (2001). Psychometric properties of goal-attainment scaling in the assessment of mann's time-limited psychotherapy. *Journal of Clinical Psychology, 57,* 971–979.

Weis, J. & Potreck-Rose, F. (2013). Möglichkeiten und Grenzen des Goal Attainment Scaling in der klinischen Forschung. In F. Lamprecht (Hrsg.), *Spezialisierung und Integration in Psychosomatik und Psychotherapie: Deutsches Kollegium für psychosomatische Medizin, 6.–8. März 1986* (S. 243–252). Berlin: Springer.

Autorin des Beitrags

Karin Pöhlmann

Kontaktdaten der Autorin

PD Dr. phil. Karin Pöhlmann
Technische Universität Dresden
Universitätsklinik für Psychotherapie und Psychosomatik
Fetscherstr. 74
01307 Dresden
karin.poehlmann@tu-dresden.de

GBB-24

Gießener Beschwerdebogen

Autoren des Testverfahrens	Elmar Brähler, Andreas Hinz und Jörn W. Scheer
Quelle	Brähler, E., Hinz, A. & Scheer, J. W. (2008). *Der Gießener Beschwerdebogen (GBB-24)* (3., überarbeitete und neu normierte Auflage). Bern: Huber. Das Copyright liegt beim Verlag Hans Huber.
Vorgänger-/ Originalversionen	*Ursprungsversion des GBB:* Brähler, E. (1978). *Der Gießener Beschwerdebogen (GBB).* Unveröffentlichte Habilitationsschrift, Justus-Liebig-Universität Gießen. *Erstveröffentlichung und zweite Auflage:* – Brähler, E. & Scheer, J. W. (1983). *Der Gießener Beschwerdebogen (GBB)* (Testmappe). Bern: Huber. – Brähler, E. & Scheer, J. W. (1995). *Der Gießener Beschwerdebogen (GBB)* (2., ergänzte und revidierte Auflage). Bern: Huber.
Kurzversionen	Mit dem GBB-8 liegt eine bislang unveröffentlichte Kurzform des GBB-24 vor. Mit je zwei Items werden die Skalen *Erschöpfung, Magenbeschwerden, Gliederschmerzen* und *Herzbeschwerden* erhoben (Hinz & Brähler, 2014).
Kurzbeschreibung	Der GBB-24 erfasst subjektiv erlebte Körperbeschwerden in den vier Beschwerdekomplexen *Erschöpfung, Magenbeschwerden, Gliederschmerzen* und *Herzbeschwerden*. Über die Ermittlung des Gesamtscores kann der Beschwerdedruck des Patienten (Klagsamkeit) bestimmt werden (Brähler et al., 2008). Beim GBB-24 handelt es sich nicht um eine klassische Symptomliste, sondern um ein Verfahren zur Erfassung der psychosomatischen Bedingtheit oder Mitbedingtheit körperlicher Beschwerden (Brähler & Scheer, 1983). Der Test wird als Selbstbeurteilungsverfahren in der Papier-Bleistift-Version bearbeitet. Anwendungsbereiche sind psychotherapeutische Kliniken sowie Praxen und die psychosomatische Medizin.
Anwendungsbereich	Das Verfahren eignet sich zum Einsatz bei Jugendlichen und Erwachsenen ab 16 Jahren (Brähler et al., 2008). Für 8- bis 15-jährige Kinder und Jugendliche wurde eine eigenständige Testform entwickelt (GBB-KJ; Barkmann & Brähler 2009; Brähler, 1992). Wesentliche Einsatzgebiete sind medizinische Institutionen (Krankenhaus, Praxis, Kurklinik etc.) und insbesondere psychosomatische Einrichtungen. Darüber hinaus kann der Beschwerdebogen bei wissenschaftlichen Fragestellungen Verwendung finden (Brähler, 2006). Mithilfe des GBB-24 kann zwischen subjektiven Beschwerden des Patienten und organmedizinisch objektivierbarer Symptomatik unterschieden werden. Diskrepan-

zen zwischen diesen Bereichen können wichtige diagnostische Hinweise liefern (Brähler et al., 2008; Brähler & Scheer, 1983).

Bearbeitungszeit

Sowohl die Durchführung als auch die Auswertung nehmen jeweils etwa 5 bis 10 Minuten in Anspruch.

Theoretischer Hintergrund

Die Konzeption des GBB-24 beruht auf der Annahme, dass neben der organmedizinischen Befundung die subjektiv vom Patienten erlebten Beschwerden für Wohlbefinden, Diagnostik und Therapie bedeutsam sind (Brähler & Scheer, 1983, 1995). Wie zahlreiche Untersuchungen belegen, ist die Korrelation zwischen dem Vorliegen objektivierbarer Körpersymptome und den wahrgenommenen Beschwerden vergleichsweise gering (Brähler et al., 2008; Horn, 1984). Im Vergleich zwischen subjektivem Befinden und objektiven Befunden ist im Sinne eines psychosomatischen Krankheitsverständnisses die Ausprägung klinisch auffällig, in der es eine Abweichung zwischen den geäußerten Beschwerden und der organischen Diagnose gibt. Solche Patienten werden von Beckmann und Scheer (1976) als „psychoneurotisch Kranke" bzw. „somatoforme Kranke" bezeichnet.

Die Diskrepanz zwischen Befund und Befinden macht eine separate Erfassung des subjektiven Beschwerdedrucks, zum Abgleich mit den medizinisch objektiven Krankheitssymptomen, unerlässlich. Ziel der Entwicklung des GBB-24 war es, ein Erhebungsinstrument zu schaffen, das dies auf ökonomische und strukturierte Weise leisten kann (Brähler & Scheer, 1983; Brähler et al., 2008).

Bezug zur Psychotherapie

Der GBB-24 ermöglicht es Psychotherapeuten und Ärzten in der Anamnese, die subjektiven körperlichen Beschwerden von Patienten differenziert zu erfassen (Brähler et al., 2008). Aus dem Abgleich mit organmedizinisch erfassbaren Symptomen ergeben sich wertvolle Hinweise zum Leidensdruck und für die weitere therapeutische Behandlung (Schlagenhauf, 2003). Durch die Möglichkeit der mehrmaligen Anwendung eignet sich der GBB-24 zur Abbildung von Therapieverläufen und zur Erfolgskontrolle (Brähler et al., 2008; Horn, 1984).

Testentwicklung

Ausgehend von einer 77 Fragen umfassenden Sammlung, die von Zerssen (1960) aus Lehrbüchern und Krankengeschichten zusammengetragen wurde (Kerekjarto et al., 1972; Zerrsen, 1976), begannen 1967 die Vorarbeiten zur Entwicklung des GBB (ursprünglicher Titel: BSB-Beschwerde- und Symptombogen; Brähler & Scheer, 1983; Brähler et al., 2008). Die Items stammten aus den Bereichen Allgemeinbefinden, Vegetativum, Schmerzen und Emotionalität. Die erste unveröffentlichte Forschungsversion umfasste 57 Items (Brähler, 1978). Sie wurde zwischen 1969 und 1975 für die Weiterentwicklung des Fragebogens zunächst bei einer psychosomatischen Patientenstichprobe ($N = 4\,076$; Altersbereich: 16 bis 75 Jahre, 50 % Männer) und 1975 in einer repräsentativen Bevölkerungsstichprobe der BRD ($N = 1\,601$; Altersbereich: 18 bis 60 Jahre, 46 % Männer) eingesetzt (Brähler & Scheer, 1979). In Orientierung an den Prinzipien der Klassischen Testtheorie wurden aufgrund von Faktor- und Itemanalysen fünf Skalen entwickelt, von de-

GBB-24

nen vier bestimmte Beschwerdekomplexe und die fünfte Skala den allgemeinen Beschwerdedruck repräsentierten (Brähler & Scheer, 1979).

Die erste Veröffentlichung des GBB erschien 1983 (Brähler & Scheer, 1983). In der weiteren Entwicklung wurden im Jahr 1992 eine Version für Kinder und Jugendliche (GBB-KJ) und 1995 eine zweite, überarbeitete Auflage des Tests publiziert. Letztere enthielt zusätzlich eine mittels Itemanalyse gewonnene Kurzform des Fragebogens, den GBB-24, der im Jahr 1994 an einer repräsentativen Bevölkerungsstichprobe (N = 3 047; Altersbereich: 14 bis 92 Jahre, 44 % Männer) erstmals normiert wurde (Brähler et al., 2008). Veränderungen in der mittleren Beschwerdeausprägung in der Bevölkerung sowie die Beschränkung der Normierung von 1975 auf die alten Bundesländer machten eine neuerliche Normierung des Instruments notwendig. Die neuen Normwerte des GBB-24 wurden 2001 anhand einer bevölkerungsrepräsentativen Stichprobe (N = 1 979; Altersbereich: 16 bis 95 Jahre, 46 % Männer) gewonnen. Darüber hinaus wurde der GBB-24 an einer psychotherapeutisch-psychosomatischen Patientenstichprobe (N = 1 643; Altersbereich: 18 bis 82 Jahre, 39 % Männer; Brähler et al., 2008) erhoben.

Aufbau und Auswertung

Der GBB-24 besteht aus 24 Items, wobei jeweils sechs Items eine von vier Beschwerdeskalen bilden:
– *Erschöpfung (E)*, hierzu zählen Schwächegefühl, Schlafbedürfnis, Erschöpfbarkeit, Müdigkeit, Benommenheit und Mattigkeit.
– *Magenbeschwerden (M)* erfasst Völlegefühl, Erbrechen, Übelkeit, Aufstoßen, Sodbrennen und Magenschmerzen.
– *Gliederschmerzen (G)* beinhaltet Gliederschmerzen, Rückenschmerzen, Nackenschmerzen, Kopfschmerzen, Müdigkeit in den Beinen und Druckgefühl im Kopf.
– *Herzbeschwerden (H)* erfasst Herzklopfen, Schwindelgefühl, Kloßgefühl im Hals, Stiche in der Brust, Atemnot und Herzbeschwerden.

Auf einer fünfstufigen Skala (0 = nicht, 1 = kaum, 2 = einigermaßen, 3 = erheblich, 4 = stark) soll die befragte Person angeben, inwiefern sie sich von den verschiedenen Beschwerden belästigt fühlt. Mithilfe des Auswertungsbogens lassen sich Leitbeschwerden, Skalenrohwerte sowie der Gesamtwert für den Beschwerdedruck bestimmen. Ein höherer Wert entspricht dabei einem höheren Leidensdruck. Es stehen Normwerte (T-Werte und Prozentrangnormen) und Vergleichswerte für die Allgemeinbevölkerung und für eine Patientenstichprobe zur Verfügung.

Gütekriterien

Der GBB-24 kann durch seine standardisierte Form als objektiv hinsichtlich Durchführung und Auswertung gelten. Bei über die formale Interpretation hinausgehenden Schlüssen kann es, in Abhängigkeit vom Fachwissen und der Erfahrung des Testleiters, zu gewissen Abweichungen kommen (Brähler et al., 2008).

In den Normierungsstichproben von 2001 weisen sämtliche Skalen des GBB-24 eine gute interne Konsistenz auf (Cronbachs α zwischen .82 und .94). Aufgrund von neun ausgewählten Patientenstichproben (N = 22 bis N = 100) aus den Jahren 1981 bis 1984 werden Test-Retest-

Reliabilitäten für die einzelnen Skalen zwischen r_{tt} = .30 (Magenbeschwerden bei Ulcus-Patienten) und r_{tt} = .94 (Magenbeschwerden bei Herzoperationspatienten) berichtet. Die Kennwerte der Split-Half Reliabilität lagen in der Eich- und Patientenstichprobe von 1975 in einem Bereich zwischen r_{tt} = .64 und .84. In einer Studie zur Belastungsverarbeitung von pflegenden Angehörigen älterer Menschen konnten Wilz et al. (2005) eine befriedigende bis hohe Reliabilität des GBB-24 nachweisen (α = .67 bis .90).

Anhand ausgewählter klinischer Stichproben wurde bereits für die 2. Auflage des GBB-24 von den Testautoren nachgewiesen, dass der Fragebogen einerseits Körperbeschwerden reliabel erfasst, andererseits aber auch sensitiv für Veränderungen ist. Übersichtsarbeiten zum Einsatz des GBB-24 in klinischen Stichproben finden sich u. a. bei Brähler und Möhring (1986) und Brähler (2006).

Die inhaltliche Validität des GBB-24 ist aufgrund des Konstruktionshintergrundes gegeben. Die faktorielle Validität wurde durch explorative und konfirmatorische Faktorenanalysen mit den Daten der Eich- und Patientenstichprobe von 2001 geprüft. In beiden Kollektiven konnten mittels Hauptkomponentenanalyse vier Faktoren mit einem Eigenwert > 1 sowie ein Generalfaktor extrahiert werden. Die Modelle konnten mittels konfirmatorischer Analyse mit einem jeweils moderaten Modelfit in ihrer Itemzuordnung repliziert werden (Brähler et al., 2008).

Die Konstruktvalidität des Verfahrens wurde in mehreren Studien sowohl für die ersten beiden Auflagen als auch für die 2008 veröffentlichte Fassung überprüft und kann als zufriedenstellend bezeichnet werden. Anhand der Daten der Eichstichproben von 1975 wurden in der Validitätsprüfung signifikante Assoziationen zwischen den Skalen des GBB-24 und der Depressions-Skala des Gießen-Tests sowie der Skala zur seelischen Befindlichkeit des Freiburger Persönlichkeitsinventars festgestellt (Brähler & Scheer, 1995). In der teststatistischen Prüfung mittels der Stichproben von 2001 standen die Skalen des GBB-24 mit niedrigeren Werten in der Selbstwirksamkeit und der Resilienz in Verbindung. Auch mit den Skalen der Symptom-Checklist-90®-Standard (SCL-90®-S) und des Inventars zur Erfassung interpersonaler Probleme (IIP) zeigten sich erwartungskonform enge Zusammenhänge. Schlagenhauf (2003) fand in einer ambulanten Patientenstichprobe (N = 1 107; Altersbereich: 26 bis 50 Jahre) neben der Replikation der Korrelationen mit den Skalen der SCL-90 und dem IIP einen Zusammenhang der GBB-24-Skalen mit dem Faktor Neurotizismus des NEO-Fünf-Faktoren-Inventars (NEO-FFI).

Mit der Darstellung der Testergebnisse bei einer Auswahl klinischer Untersuchungen, die bereits in der zweiten Auflage referiert wurden, belegen die Testautoren eine gute Kriteriumsvalidität des GBB-24 (Brähler et al., 2008). Patienten mit einer umschriebenen Körperstörung berichten ein begrenztes Beschwerdebild, wohingegen psychosomatische Patienten ein weiteres Spektrum und einen größeren Beschwerdedruck schildern (Brähler et al., 2008).

Darüber hinaus ergaben Untersuchungen mit dem GBB-24 in unterschiedlichen Patientenstichproben mit eindeutig definierten Krankheitssymptomen und Vergleichsstudien mit der Allgemeinbevölkerung

GBB-24

eine hohe Extremgruppenvalidität (Brähler et al., 1984). Bezüglich des Krankheitsverlaufs und der Patientenkarriere zeigte sich eine hohe Vorhersagevalidität für die Testergebnisse des GBB-24 (Brähler & Möhlen, 1988; Möhlen & Brähler, 1984).

Vergleichswerte/ Normen

Normtabellen (T-Werte und Prozentrangnormen) und Vergleichswerte für die deutsche Allgemeinbevölkerung und für eine klinische Stichprobe von psychosomatischen Patienten sind im Manual aufgeführt.

Die Normwerte werden nach Alter und Geschlecht getrennt berichtet (18 bis 40 Jahre, 41 bis 60 Jahre und > 61 Jahre). Für die Patientenstichprobe stehen keine Normwerte für die Altersklasse über 61 Jahre zur Verfügung. Es wird empfohlen, die Normwerte der 18- bis 24-Jährigen heranzuziehen. Statistische Häufigkeitsverteilungen nach Nennung und Ausprägung von Beschwerden sowie Korrelationstabellen zwischen Items und Skalen werden jeweils getrennt nach Stichprobe, Altersklasse und Geschlecht dargestellt (Brähler et al., 2008).

WWW-Ressourcen

Es liegen keine zusätzlichen Ressourcen vor.

Literatur

Barkmann, C. & Brähler, E. (2009). *Gießener Beschwerdebogen für Kinder und Jugendliche (GBB-KJ.)* (2., vollständig überarbeitete und neu normierte Auflage). Bern: Huber.

Beckmann D. & Scheer, J. W. (1976). Rollenerwartungen als Determinanten des Patientenverhaltens. *Schleswig-Holsteinisches Aerzteblatt, 29,* 577–585.

Brähler, E. (1978). *Der Gießener Beschwerdebogen (GBB).* Unveröffentlichte Habilitationsschrift, Justus-Liebig-Universität Gießen.

Brähler, E. (1992). *Der Gießener Beschwerdebogen für Kinder und Jugendliche (GBB-KJ).* Bern: Huber.

Brähler, E. (2006). *Bibliographie zum Gießener Beschwerdebogen (GBB).* Stand: 23. Juni 2006. Verfügbar unter: http://medpsy.uniklinikum-leipzig.de/medpsych.site,postext,suche,a_id, 524.html (Zugriff am 20.09.2015).

Brähler, E., Hinz, A. & Scheer, J. W. (2008). *Der Gießener Beschwerdebogen (GBB-24)* (3., überarbeitete und neu normierte Auflage). Bern: Huber.

Brähler, E. & Möhlen, K. (1988). Psychodiagnostische Prädiktoren für die postoperative Prognose des Zwölffingerdarmgeschwürs. *Psychotherapie, Psychosomatik, Medizinische Psychologie, 38,* 153–158.

Brähler, E. & Möhring, P. (1986). Der Körper im Beschwerdebild – Erfahrungen mit dem Gießener Beschwerdebogen. In E. Brähler (Hrsg.), *Körpererleben – ein subjektiver Ausdruck von Leib und Seele* (S. 189–195). Berlin: Springer.

Brähler, E. & Scheer, J. W. (1979). Skalierung psychosomatischer Beschwerdekomplexe mit dem Gießener Beschwerdebogen (GBB). *Psychotherapie und Medizinische Psychologie, 29,* 14–27.

Brähler, E. & Scheer, J. W. (1983). *Der Gießener Beschwerdebogen (GBB)* (Testmappe). Bern: Huber.

Brähler, E. & Scheer, J. W. (1995). *Der Gießener Beschwerdebogen (GBB)* (2., ergänzte und revidierte Auflage). Bern: Huber.

Brähler, E., Scheer, J. W., Surrey, H. W. & Beckmann, D. (1984). Die Erfassung subjektiver Beschwerden mit dem Gießener Beschwerdebogen. *Medizinische Welt, 35,* 543–548.

Hinz, A. & Brähler, E. (2014). GBB-8. Gießener Beschwerdebogen 8. In C. J. Kemper, E. Brähler & M. Zenger (Hrsg.), *Psychologische und sozialwissenschaftliche Kurzskalen. Standardisierte Erhebungsinstrumente für Wissenschaft und Praxis* (S. 97–99). Berlin: Medizinisch Wissenschaftliche Verlagsgesellschaft.

Horn, R. (1984). Der Gießener Beschwerdebogen (GBB) (Testrezension). *Zeitschrift für Differentielle und Diagnostische Psychologie, 5,* 250.

Kerekjarto, M. von, Meyer, A. E. & Zerssen, D. von (1972). Die HHM-Beschwerdenliste bei Patienten einer internistischen Ambulanz. *Zeitschrift für Psychosomatische Medizin und Psychoanalyse, 18,* 1–16.

Möhlen, K. & Brähler, E. (1984). Beschwerdebild und Selbstkonzept von Patienten mit Ulcus duodeni vor und 4 Jahre nach einer Operation. *Zeitschrift für Psychosomatische Medizin und Psychoanalyse, 30,* 150–163.

Schlagenhauf, F. (2003). *Körperbeschwerden in einer psychosomatischen Ambulanz. Eine Untersuchung mit dem Gießener Beschwerdebogen (GBB-24).* Digitale Dissertation, Heinrich-Heine-Universität Düsseldorf, Medizinische Fakultät.

Wilz, G., Kalytta, T. & Küssner, C. (2005). Quantitative und qualitative Diagnostik von Belastungen und Belastungsverarbeitung bei pflegenden Angehörigen. *Zeitschrift für Gerontopsychologie & -psychiatrie, 18,* 259–277.

Zerssen, D. von (1976). *Beschwerden-Liste (B-L).* Weinheim: Beltz.

Autoren des Beitrags

Lena M. Becker und Elmar Brähler

Kontaktdaten der Erstautorin

M. Sc. Lena M. Becker
Gärtnerstraße 24a
12207 Berlin
lena.mb@gmx.de

GHQ-28
General Health Questionaire 28

Autoren des Testverfahrens	David P. Goldberg und Paul Williams
Quelle	Klaiberg, A., Schumacher, J. & Brähler, E. (2004). General Health Questionnaire 28 (GHQ-28): Teststatistische Überprüfung einer deutschen Version in einer bevölkerungsrepräsentativen Stichprobe. *Zeitschrift für Klinische Psychologie, Psychiatrie und Psychotherapie, 52,* 31–42.
Vorgänger-/ Originalversionen	*Originalversion:* Goldberg, D. P. & Williams, P. (1988). *A users Guide to General Health Questionnaire.* Windsor: NFER-Nelson. Die Originalversion des GHQ umfasst 60 Items, zusätzlich liegt der Fragebogen in Versionen mit 12, 28 und 30 Items vor. Der GHQ-28 ist die einzige Version, die faktoranalytisch skaliert wurde. Die Originalversion kann kostenpflichtig über die Testzentrale des Hogrefe Verlages bezogen werden.
Kurzversionen	Der GHQ-12 ist die Kurzversion des General Health Questionnaires. Sie liefert anhand eines Gesamtwertes Hinweise auf das Vorliegen einer psychischen Störung (ja/nein) und kann zur Identifizierung von Patienten dienen, bei denen eine weiterführende psychiatrische Diagnostik angebracht ist (Linden, 2008; Romppel et al., 2013).
Kurzbeschreibung	Der GHQ-28 ist ein Selbstbeurteilungsinstrument, das innerhalb von Einzel- oder Gruppentestungen in einer Papier-Bleistift-Version eingesetzt werden kann. Als Screeninginstrument dient der GHQ-28 der Erfassung von Symptomen und Verhaltensweisen aus den Bereichen Depression, Angst und Somatisierung innerhalb der letzten 2 Wochen (Klaiberg et al., 2001). Der GHQ fokussiert zwei Hauptfragestellungen: Einschränkungen des normalen Funktionsniveaus und Erstauftreten neuer und belastender psychischer Beschwerden (Hobi et al., 1989). Das Verfahren bildet die allgemeine psychische Morbidität ab. Bei Patienten, die sich im GHQ auffällig zeigen, ist eine weiterführende psychiatrische Diagnostik zur Abklärung einer psychischen Störung nach den Kriterien internationaler Klassifikationssysteme notwendig (Schmitz et al., 1999).
Anwendungsbereich	Der GHQ-28 kann zur Messung der generellen psychischen Beeinträchtigung laut Goldberg und Williams bei Personen ab 11 Jahren eingesetzt werden (Goldberg & Williams, 1988; Schmitz et al., 1999). Im Einsatz in Allgemeinarztpraxen, nicht psychiatrischen Kliniken der Primärversorgung oder im Rahmen der Eingangsdiagnostik in der Rehabilitation dient das Verfahren der Fallidentifikation und zur Abschätzung der Schwere der aktuellen psychischen Belastung (Linden, 2008). Er-

fasst werden keine spezifischen Störungsbilder, sondern ein breites Symptomprofil des psychischen Befindens und Unterbrechungen des allgemeinen Funktionsniveaus. In der Forschung wird der GHQ inzwischen weltweit als Routineverfahren zur Ermittlung psychischer Auffälligkeiten bei unterschiedlichsten Patientengruppen und in der Allgemeinbevölkerung eingesetzt (Schmitz et al., 1999).

Bearbeitungszeit

Die Bearbeitung und die Auswertung des GHQ-28 nehmen jeweils circa 5 bis 10 Minuten in Anspruch.

Theoretischer Hintergrund

Angesichts der hohen Prävalenz psychischer Störungen in der Allgemeinbevölkerung stellen Diagnostik und Weitervermittlung in eine angemessene Therapie wichtige Aufgaben des medizinischen Versorgungssystems dar (Jachertz, 2013; Schmitz et al., 1999). Für die Wahrnehmung der Behandlungsbedürftigkeit psychischer Beschwerden nehmen Hausärzte, als erste Ansprechpartner, eine zentrale Rolle ein (Linden et al., 1996). Untersuchungen zeigen jedoch, dass die psychische Diagnostik eine schwierige Aufgabe für Organmediziner darstellt (Jachertz, 2013; Klaiberg et al., 2001). Häufig geben Patienten psychische Beschwerden nicht als Konsultationsgrund an. Zudem bleibt in allgemeinärztlichen Praxen wenig Zeit für ausführliche Anamnesen oder die routinemäßige Durchführung einer umfassenden psychologischen Diagnostik. Der Einsatz von Screeninginstrumenten stellt eine Möglichkeit dar, das Erkennen psychischer Auffälligkeiten in der Praxis zu erleichtern und unterstützt so eine zeitnahe gezielte Diagnostik und Intervention (Klaiberg et al., 2001).

Ausgehend von diesen Überlegungen wurde in den letzten Jahren eine Reihe von Verfahren entwickelt, zu denen auch der General Health Questionnaire zählt. Ziel der Testkonstruktion war ein zeitökonomisches Messinstrument, das Unterbrechungen im normalen psychischen Funktionsniveau aufdecken kann (Goldberg & Williams, 1988; Linden, 2008).

Bezug zur Psychotherapie

Häufig suchen Patienten mit psychischen Beschwerden zunächst ihren Hausarzt auf. Dieser nimmt aufgrund seiner Vertrautheit mit dem Patienten eine Lotsenfunktion für die weitere bedarfsgerechte Versorgung psychischer Störungen ein (Jachertz, 2013).

Der GHQ-28 liefert Hinweise auf das Vorliegen psychischer Auffälligkeiten und den Behandlungsbedarf. Er dient innerhalb des Erstkontaktes als Entscheidungshilfe, auf deren Basis weitere Schritte zur Abklärung, umfangreichen Diagnostik und Überweisung an einen Psychotherapeuten eingeleitet werden können (Klaiberg et al., 2001).

Testentwicklung

Goldberg und Kollegen begannen bereits in den 1960er-Jahren mit der Entwicklung des GHQ. Nach eigenen Angaben orientierten sie sich dabei an den Arbeiten zum Cornell-Medical-Inventory und älteren vergleichbaren Skalen wie dem Gurin Mental Status Index (Goldberg & Blackwell, 1970; Goldberg & Williams, 1988).

Die 60 Items umfassende Originalversion des GHQ wurde 1978 veröffentlicht. In den folgenden Jahren wurden drei weitere Versionen un-

GHQ-28

terschiedlicher Länge entwickelt (30-, 28- und 12-Item-Versionen) und teststatistisch in internationalen Stichproben überprüft (Goldberg et al., 1997).

Der GHQ-28 wurde als einzige Version faktoranalytisch aus den 60 Ursprungsitems gewonnen. In einer Hauptkomponentenanalyse konnten vier Skalen *(Körperliche Symptome, Angst und Schlaflosigkeit, Soziale Funktionsstörung* und *Depression)* extrahiert werden. Im Unterschied zu den anderen Versionen lassen sich daher im GHQ-28 neben dem Gesamtwert auch Skalenwerte bestimmen (Goldberg & Hiller, 1979).

Die erste teststatistische Überprüfung einer deutsche Version fand im Rahmen der WHO-Studie „Psychological Problems in General Health Care" an einer internationalen Stichprobe mit N = 5 438 Probanden statt (Goldberg et al., 1997). Für den deutschen Sprachraum wurde die Reliabilität des Verfahrens zudem 1989 von Hobi und Kollegen in einer Schweizer Stichprobe überprüft. Eine umfassende deutschlandweite Untersuchung der Testgüte des GHQ-28 wurde im Jahre 2001 durch das Meinungsforschungsinstitut USUMA im Auftrag der Universität Leipzig durchgeführt (Klaiberg et al., 2001). Im Zuge dieser Befragung wurde das Antwortformat modifiziert und ein Item als Filtervariable behandelt, sodass der Wert der Skala *Depression* aus sechs statt sieben Items und der Gesamtwert aus 27 statt 28 Items errechnet wurde (Klaiberg et al., 2001).

Seit seiner Veröffentlichung ist der GHQ in über 38 Sprachen übersetzt und international in zahlreichen Studien in klinischen und bevölkerungsrepräsentativen Stichproben eingesetzt worden (Willmott et al., 2008).

Aufbau und Auswertung

Der GHQ-28 umfasst vier Skalen, die aus jeweils sieben Items bestehen:
- *Körperliche Symptome* (Bsp.: „Haben Sie irgendwelche Kopfschmerzen gehabt?"),
- *Angst und Schlaflosigkeit* (Bsp.: „Sind Sie oft aufgewacht, haben Sie Mühe gehabt durchzuschlafen?"),
- *Soziale Funktionsstörung* (Bsp.: „Haben Sie sich fähig gefühlt, Entscheidungen zu treffen?") und
- *Depression* (Bsp.: „Haben Sie sich manchmal als wertlose Person empfunden?").

Der Patient gibt auf einer vierstufigen Antwortskala an, inwiefern er sich innerhalb der vergangenen Wochen durch die beschriebenen Symptome belastet gefühlt hat. In der Originalversion von Goldberg und Kollegen (1988) unterscheiden sich die Antwortalternativen zwischen den Items.

In der deutschen Validierungsstudie (Klaiberg et al., 2001) wurde ein einheitliches Antwortformat für 26 der 28 Items vorgeschlagen (1 = überhaupt nicht, 2 = nicht mehr als sonst, 3 = eher mehr als sonst, 4 = viel mehr als sonst). In der Literatur werden zwei Möglichkeiten der Auswertung vorgestellt:

- Erstellung eines Skalenprofils anhand der Skalenwerte (Goldberg & Hillier, 1979) und
- Zusammenfassung der Itemwerte zu einem Summenscore und Fallidentifikation mittels eines Cut-Off-Wertes. Ein höherer Wert entspricht einer höheren psychischen Belastung (Goldberg et al., 1997).

Für die Ermittlung des Gesamtscores gibt es vier Möglichkeiten. Die Testautoren empfehlen mit dem sogenannten GHQ-Scoring eine dichotome Auswertung (0-0-1-1 bzw. für positive Items in umkodierter Form). Alternativ kann die Auswertung per Likert-Scoring (0-1-2-3) oder modifiziertem Likert-Scoring (0-0-1-2) erfolgen. Als vierte Möglichkeit wurde vorgeschlagen, positive Items (Zustimmung = Gesundheit) nach dem Schema 0-0-1-1 und negative mit 0-1-1-1 zu codieren (Goldberg & Williams, 1988; Klaiberg et al., 2001). Es finden sich in der Literatur unterschiedliche Angaben zur Wahl des Cut-Off-Wertes. Während die Testautoren den Mittelwert bevorzugen, empfehlen beispielsweise Willmott und Kollegen (2004) die Verwendung des Medians.

Gütekriterien

Der GHQ-28 ist insofern objektiv, als dass keine subjektive Fremdbeurteilung vorgenommen wird (Goldberg & Williams, 1988).

Die interne Konsistenz der Skalen kann mit Werten zwischen $\alpha = .79$ *(Körperliche Symptome)* und $\alpha = .86$ *(Depression)* als zufriedenstellend bis gut eingestuft werden. Die interne Konsistenz der Gesamtskala lag mit $\alpha = .92$ sogar in einem sehr guten Bereich (Klaiberg et al., 2001).

In zahlreichen internationalen und nationalen Studien konnten gute psychometrische Kennwerte hinsichtlich Validität und Reliabilität in Patienten- und Bevölkerungsstichproben ermittelt werden (Goldberg et al., 1997; Klaiberg et al., 2001; Schmitz et al., 1999; Willmott et al., 2008). Im Rahmen der WHO-Studie „Psychological Problems in General Health Care" wurden $N = 5\,438$ Patienten aus Allgemeinarztpraxen mit dem GHQ-28 befragt. Die Validierung erfolgte anhand des parallel eingesetzten CIDI (Composite International Diagnostic Interview) nach den Kriterien des ICD-10 bzw. DSM-IV. Bezüglich der ICD-10-Diagnosen betrug die Sensitivität 79.2 % und die Spezifität 79.6 % (Goldberg et al., 1997). Hinsichtlich der konvergenten Validität wurden insbesondere Zusammenhänge mit Maßen der Depression und der Symptombelastung empirisch belegt (Robinson & Price, 1982; Sakakibara et al., 2009). Die psychometrische Güte des deutschen GHQ-28 wurde anhand einer bevölkerungsrepräsentativen Stichprobe von $N = 2\,031$ Personen ($N = 1\,084$ Frauen) zwischen 14 und 95 Jahren ($M = 48.3$ Jahre) untersucht (Klaiberg et al., 2001).

Die ermittelten Skalen-Interkorrelationen (Rangkorrelation nach Spearman) belegen, dass alle erhobenen Bereiche zum allgemeinen Stand der psychischen Befindlichkeit beitragen, aber auch jeweils eigenständige Aspekte psychischer Beschwerden repräsentieren. Sie lagen für die ersten drei Subskalen untereinander zwischen $r_s = .69$ und .78 sowie für die Gesamtskala zwischen $r_s = .80$ und .89. Die Interkorrelationen mit der Skala *Soziale Funktionsstörung* fielen geringer aus. In einer Hauptkomponentenanalyse konnte die von Goldberg und

Hillier (1979) vorgeschlagene vierfaktorielle Struktur für die deutsche Bevölkerung nur bedingt repliziert werden. Klaiberg und Kollegen gehen davon aus, dass eine dreifaktorielle Struktur das Verfahren besser repräsentiert.

Vergleichswerte/ Normen

Vergleichswerte für eine repräsentative deutsche Bevölkerungsstichprobe werden bei Klaiberg et al. (2001) und Romppel et al. (2013) berichtet.

WWW-Ressourcen

Es liegen keine zusätzlichen Ressourcen vor.

Literatur

Goldberg, D. P. & Blackwell, B. (1970). Psychiatric illness in general practice: A detailed study using a new method of case identification. *British Medical Journal, 1,* 439–443.

Goldberg, D., Gater, R., Sartorius, N., Ustun, T., Piccinelli, M., Gureje, O. et al. (1997). The validity of two version of the GHQ in the WHO study of mental illness in general health care. *Psychological Medicine, 27,* 191–197.

Goldberg, D. P. & Hillier, V. F. (1979). A scaled version of the General Health Questionnaire. *Psychological Medicine, 9,* 139–145.

Goldberg, D. P. & Williams, P. (1988). *A users Guide to General Health Questionaire.* Windsor: NFER-Nelson.

Hobi, V., Gerhard, U. & Gutzwiller, F. (1989). Mitteilungen über die Erfahrung mit dem GHQ (General Health Questionaire) von D.G. Goldberg. *Schweizerische Rundschau für Medizin, 9,* 219–227.

Jachertz, N. (2013). Psychische Erkrankungen: Hohes Aufkommen, niedrige Behandlungsrate. *Deutsches Ärzteblatt, 110,* 61.

Klaiberg, A., Schumacher, J. & Brähler, E. (2004). General Health Questionnaire 28 (GHQ-28): Teststatistische Überprüfung einer deutschen Version in einer bevölkerungsrepräsentativen Stichprobe. *Zeitschrift für Klinische Psychologie, Psychiatrie und Psychotherapie, 52,* 31–42.

Linden, M. (2008). General Health Questionaire (GHQ-12). In J. Bengel, M. Wirtz & C. Zwingmann (Hrsg.), *Diagnostische Verfahren in der Rehabilitation* (S. 228–231). Göttingen: Hogrefe.

Linden, M., Maier, W., Achberger, M., Herr, R., Helchen, H. & Benkert, O. (1996). Psychische Erkrankungen und ihre Behandlung in Allgemeinarztpraxen in Deutschland. *Nervenarzt, 67,* 205–215.

Robinson, R. G. & Price, T. R. (1982). Poststroke depressive disorders: a follow-up study of 103 patients. *Stroke, 13,* 635–641.

Romppel, M., Braehler, E., Roth, M. & Glaesmer, H. (2013). What is the General Health Questionnaire-12 assessing? Dimensionality and psychometric properties of the General Health Questionnaire-12 in a large scale German population sample. *Comprehensive Psychiatry, 54,* 406–413.

Sakakibara, B. M., Miller, W. C., Orenczuk, S. G., Wolfe, D. L. & SCIRE Research Team (2009). A systematic review of depression and anxiety measures used in individuals with spinal cord injury. *Spinal Cord, 47,* 841–851.

Schmitz, N., Kruse, J., Heckrath, C., Alberti, L. & Tress, W. (1999). Diagnosing mental disorders in primary care: The General Health Questionnaire (GHQ) and the Symptom Check List (SCL-90-R) as screening instruments. *Social Psychiatry and Psychiatric Epidemiology, 34,* 360–366.

Willmott, S. A., Boardman, J. A. P., Henshaw, C. A. & Jones, P. W. (2004). Understanding General Health Questionnaire (GHQ-28) score and its threshold. *Social Psychiatry and Psychiatric Epidemiology, 39,* 613–617.

Willmott, S. A., Boardman, J., Henshaw, C. & Jones, P. (2008). The predictive power and psychometric properties of the General Health Questionnaire (GHQ-28). *Journal of Mental Health, 17,* 435–442.

Autoren des Beitrags Lena M. Becker und Elmar Brähler

Kontaktdaten der Erstautorin

M.Sc. Lena M. Becker
Gärtnerstraße 24a
12207 Berlin
lena.mb@gmx.de

GQ-D
Gruppenfragebogen

Autoren des Testverfahrens	Bianca Bormann, Gary M. Burlingame und Bernhard Strauß
Quelle	Bormann, B., Burlingame, G. M. & Strauß, B. (2011). Der Gruppenfragebogen (GQ-D). *Psychotherapeut, 56,* 297–309.
Vorgänger-/ Originalversionen	*Originalversion:* Krogel, J., Burlingame, G. M., Chapman, C., Renshaw, T., Gleave, R., Beecher, M. et al. (2013). The Group Questionnaire: A clinical and empirically derived measure of group relationship. *Psychotherapy Research, 23,* 344–354.
Kurzversionen	keine
Kurzbeschreibung	Der GQ-D dient der Erfassung von therapeutischen Beziehungen in der Gruppenpsychotherapie. Die drei Hauptskalen *(Verbundenheit, Arbeitsbeziehung* und *Negative Beziehung)* werden im Hinblick auf die Beziehung zum Gruppenleiter, zu anderen Gruppenmitgliedern bzw. zur gesamten Gruppe differenziert.
Anwendungsbereich	Der GQ-D kann bei älteren Jugendlichen und Erwachsenen eingesetzt werden, um Beziehungsaspekte in (vornehmlich psychotherapeutischen) Gruppen zu erfassen. Im Kontext der Gruppenpsychotherapieforschung eignet sich das Instrument zur Prozessdiagnostik.
Bearbeitungszeit	Für die Durchführung müssen maximal 5 Minuten veranschlagt werden. Die manuelle Auswertung dauert ebenfalls circa 5 Minuten.
Theoretischer Hintergrund	Ähnlich wie in der Einzeltherapie, wo davon ausgegangen wird, dass die therapeutische Beziehung ein wichtiger Prädiktor für den Therapieerfolg ist, geht man auch in der Gruppenpsychotherapie davon aus, dass Beziehungsqualitäten von Bedeutung sind für den Prozess und das Ergebnis. Die theoretischen Konzepte zur therapeutischen Beziehung in Gruppen sind allerdings viel heterogener und inkonsistenter als in der Einzeltherapie. Zum einen müssen in der Gruppe unterschiedliche Ebenen von Beziehungen unterschieden werden (Mitglied-Leiter, Mitglied-Mitglied, Mitglied-Gruppe als Ganzes). Zum anderen gibt es in der Gruppenliteratur verschiedene Konstrukte, die mit der therapeutischen Beziehung in Verbindung gebracht werden, wie z. B. die Gruppenkohäsion, die therapeutische Allianz, das Gruppenklima oder die Empathie. In der Regel wurden bislang nur einzelne dieser Aspekte im Detail untersucht, weswegen Johnson et al. (2005) den Versuch unternahmen, unter Verwendung von Instrumenten zur Erfassung der vier inhaltlichen Konstrukte und mit einer Differenzierung der oben genannten Beziehungsebenen ein Instrument zu entwickeln, mit dem überge-

ordnete Beziehungsdimensionen erfasst werden können. In der Studie von Johnson et al. (2005), die sich sowohl exploratorischer wie auch konfirmatorischer Faktorenanalysen bediente, ergab sich ein Drei-Faktoren-Modell der Gruppenbeziehung, das die unabhängigen Faktoren *positive bonding relationship*, *positive working relationship* und *negative relationship* differenzierte.

Die Studie von Johnson et al. (2005) und die entsprechende Dimensionierung wurden mittlerweile mehrfach auch international repliziert, so z. B. durch Bormann und Strauß (2007).

Bezug zur Psychotherapie

Die therapeutische Beziehung in der Gruppenbehandlung stellt einen bedeutenden Veränderungsmechanismus dar (Burlingame et al., 2011; Johnson et al., 2005) und sagt den Therapieerfolg in Gruppentherapien partiell vorher (Burlingame et al., 2013). Mit dem GQ-D liegt ein Instrument vor, das die Verlaufsdiagnostik verschiedener integrierter Aspekte der therapeutischen Beziehung sowohl in der klinischen Alltagspraxis als auch in wissenschaftlichen Untersuchungen ermöglicht, und Instrumente, die einzelne Teilaspekte von Beziehungen in Gruppen erfassen, nun eigentlich ersetzt. Dementsprechend wurde die Originalversion (GQ) als Bestandteil einer von der American Group Psychotherapy Association (AGPA) entwickelten Kernbatterie von Instrumenten zur Anwendung im gruppenpsychotherapeutischen Kontext als zentrales Prozessmaß empfohlen (vgl. Strauss et al., 2008).

Testentwicklung

Wie oben erwähnt, wurde der GQ-D auf der Basis einer Untersuchung von Johnson et al. (2005) entwickelt, die verschiedene Messverfahren zur Erfassung von Empathie, therapeutischer Allianz, Gruppenklima und Gruppenkohäsion im Hinblick auf die übergeordneten Dimensionen analysierte. Eine erste Version des GQ mit 60 Items wurde erstellt. Der GQ integriert somit zumindest inhaltlich Aspekte, die zuvor getrennt in Instrumenten wie dem Working Alliance Inventory (WAI; Wilmers et al., 2008) oder dem Group Climate Questionnaire (GCQ; Tschuschke, 2003) erfasst werden mussten.

In Folgestudien (vgl. Übersicht bei Krogel et al., 2013) wurden jene Items ausgewählt, die am besten auf die latenten Faktoren bezogen waren. Auf der Basis der Daten neuer Stichproben von insgesamt $N = 486$ Personen aus unterschiedlichen Gruppensettings wurde erst eine 40-Item-Version des Fragebogens erstellt. Diese Version wurde nach einer positiven Überprüfung der Faktorenstruktur weiter reduziert auf eine 30-Item-Version. Diese 30-Item-Version wiederum ist weitgehend identisch mit der deutschen Version, die von Bormann et al. (2011) an einer großen Stichprobe von Patienten in stationärer Gruppenpsychotherapie überprüft wurde. Die Überprüfung bestätigte wiederum die Faktorenstruktur *(Verbundenheit, Arbeitsbeziehung, Negative Beziehung)* und zeigte, dass der GQ-D ein valides und reliables Selbsteinschätzungsinstrument darstellt.

Aufbau und Auswertung

Der GQ-D besteht aus 30 Items, die auf einer siebenstufigen Likert-Skala (1 = stimmt überhaupt nicht bis 7 = stimmt sehr) zu beantworten sind.

Die drei Hauptskalen bilden zentrale Dimensionen therapeutischer Beziehungen ab:
- *Verbundenheit* (13 Items; Bsp.: „Die Gruppenmitglieder mochten sich und kümmerten sich umeinander.") erfasst das Ausmaß an Kohäsion, Engagement und Empathie in der Gruppe.
- *Arbeitsbeziehung* (8 Items; Bsp.: „Die anderen Gruppenmitglieder stimmten mir bei den Dingen zu, die ich in der Therapie tun muss.") gibt wieder, wie gut der Therapeut, das befragte Gruppenmitglied und andere Gruppenmitglieder hinsichtlich gemeinsam beschlossener Aufgaben und Ziele übereinstimmen.
- *Negative Beziehung* (9 Items; Bsp.: „Die Gruppenmitglieder waren distanziert und einander fremd.") reflektiert das Ausmaß an Konflikten und den Mangel an Empathie innerhalb der Gruppe.

Zur Bildung der Skalenwerte werden die Antworten auf die Items gemittelt. Der Fragebogen ermöglicht auch die Bildung von Subskalen, die die Verbundenheit mit dem Gruppenleiter, anderen Gruppenmitgliedern und der gesamten Gruppe, die Arbeitsbeziehung bezüglich des Gruppenleiters und anderen Gruppenmitgliedern sowie negative Beziehungsaspekte zum Gruppenleiter, zu anderen Gruppenmitgliedern und zur gesamten Gruppe beschreiben.

Gütekriterien

Objektivität: Die Durchführungs- und Auswertungsobjektivität kann aufgrund der klaren Vorgaben als gegeben betrachtet werden.

Reliabilität: Für die interne Konsistenz (Cronbachs α) ergaben sich Werte für die Skalen von $\alpha = .92$ *(Verbundenheit)*, $\alpha = .89$ *(Arbeitsbeziehung)* sowie $\alpha = .79$ *(Negative Beziehung)*. Die internen Konsistenzen der Subskalen lagen in einem Bereich zwischen .60 und .90. Die berechneten Konstrukt-Reliabilitäten (p_c) lagen zwischen .65 und .91 (vgl. Bormann et al., 2011).

Validität: Die oben beschriebene Faktorenstruktur wurde mittlerweile in mehreren internationalen Studien belegt (z. B. Bormann et al., 2011; Bormann & Strauß, 2007; Krogel et al., 2013). Bei Krogel et al. (2013) zeigten sich erwartungskonforme Unterschiede zwischen drei Subgruppen, nämlich Teilnehmer an Gruppenbehandlungen in einem Beratungszentrum, Weiterbildungsgruppen im Kontext der American Group Psychotherapy Assoziation sowie stationäre Patienten. Bormann et al. (2011) berichten zur konvergenten Validität Zusammenhänge zwischen den GQ-D-Skalen, ausgewählten Skalen des Gruppenerfahrungsbogens, des Stuttgarter Bogens, des Helping Alliance Questionnaires sowie des Bonner Fragebogens für Therapie und Beratung, die deutlich für die Validität des GQ-D sprechen. Der GQ-D wurde schließlich als änderungssensitives Verfahren in einer noch unveröffentlichten Feedbackstudie von Burlingame und Kollegen erfolgreich verwendet.

Vergleichswerte/ Normen

Vergleichswerte liegen in den Arbeiten von Bormann et al. (2011), Bormann und Strauß (2007), Krogel (2013) sowie Lorentzen et al. (2004) vor. Eine Normierung des GQ-D ist noch nicht erfolgt.

WWW-Ressourcen	Der GQ-D steht kostenfrei zur Verfügung unter: http://www.mpsy.uniklinikum-jena.de/mpsy_media/Downloads/ GQ_D+Gruppenfragebogen+mit+Skalenbildung-p-1176.pdf
Literatur	Bormann, B., Burlingame, G. M. & Strauß, B. (2011). Der Gruppenfragebogen (GQ-D). *Psychotherapeut, 56,* 297–309. Bormann, B. & Strauß, B. (2007). Gruppenklima, Kohäsion, Allianz und Empathie als Komponenten der therapeutischen Beziehung in Gruppentherapien – Überprüfung eines Mehrebenen-Modells. *Gruppenpsychotherapie & Gruppendynamik, 43,* 1–20. Burlingame, G. M., McClendon, D. & Alonso, J. (2011). Cohesion in group psychotherapy. In J. Norcross (Ed.), *A guide to psychotherapy relationships that work* (2nd ed., pp. 110–131). Oxford: Oxford University Press. Burlingame, G. M., Strauss, B. & Joyce, A. S. (2013). Change Mechanisms and Effectiveness of Small Group Treatments. In M. J. Lambert (Ed.), *Bergin and Garfield's Handbook of Psychotherapy and Behavior Change* (6th ed., pp. 640–689). New York: Wiley. Johnson, J., Burlingame, G. M., Olsen, D., Davies, R. & Gleave, R. L. (2005). Group climate, cohesion, alliance, and empathy in group psychotherapy: Multilevel structural equation models. *Journal of Counseling Psychology, 52,* 310–321. Krogel, J., Burlingame, G. M., Chapman, C., Renshaw, T., Gleave, R., Beecher, M. et al. (2013). The Group Questionnaire: A clinical and empirically derived measure of group relationship. *Psychotherapy Research, 23,* 344–354. Lorentzen, S., Sexton, H. & Hoglend, P. (2004). Therapeutic alliance, cohesion and outcome in long-term analytic group: A preliminary study. *Nordic Journal of Psychiatry, 58,* 33–40. Strauss, B., Burlingame, G. M. & Bormann, B. (2008). Using the COR_R battery in group psychotherapy. *Journal of Clinical Psychology: In Session, 64,* 1225–1237. Tschuschke, V. (2003). Der Gruppenklima-Fragebogen (GCQ). In E. Brähler, J. Schumacher & B. Strauß (Hrsg.), *Testverfahren in der Psychotherapie* (2. Aufl., S. 163–166). Göttingen: Hogrefe. Willmers, F., Munder, T., Leonhart, R., Herzog, T., Plassmann, R., Barth, J. et al. (2008). Die deutschsprachige Version des Working Alliance Inventory. *Klinische Diagnostik und Evaluation, 1,* 343–358.
Autoren des Beitrags	Bernhard Strauß, Bianca Bormann und Gary M. Burlingame
Kontaktdaten des Erstautors	Prof. Dr. Dipl.-Psych. Bernhard Strauß Klinikum der Friedrich-Schiller-Universität Jena Institut für Psychosoziale Medizin und Psychotherapie Stoystraße 3 07740 Jena bernhard.strauss@med.uni-jena.de

GRQ
Group Readiness Questionnaire

Autoren des Testverfahrens	Julia Löffler, Bianca Bormann, Gary M. Burlingame und Bernhard Strauß
Quelle	Löffler, J., Bormann, B., Burlingame, G. M. & Strauß, B. (2007). Auswahl von Patienten für eine Gruppenpsychotherapie. *Zeitschrift für Psychiatrie, klinische Psychologie und Psychotherapie, 55,* 75–86.
Vorgänger-/ Originalversionen	Ursprünglich wurde der GRQ als Group Selection Questionnaire (GSQ) bezeichnet: Burlingame, G. M., Cox, J. C., Davies, D. R., Layne, C. M. & Gleave, R. L. (2011). The Group Selection Questionnaire: Further refinements in group member selection. *Group Dynamics, 15,* 60–74.
Kurzversionen	keine
Kurzbeschreibung	Der GRQ ist ein Selbstbeschreibungsinstrument und umfasst 19 Items, mit denen Probanden sich in ihrer Zusammenarbeit mit Gruppen beschreiben sollen. Die 19 Items verteilen sich auf drei Skalen *(Partizipation, Dominanz* und *Erwartungen).* Der Bogen ist ein Screeninginstrument für die Bewertung der Prognose von Personen in Gruppentherapien.
Anwendungsbereich	Das Instrument ist für Jugendliche und Erwachsene geeignet und wurde bislang ausschließlich im klinischen Kontext (Gruppenpsychotherapien) eingesetzt.
Bearbeitungszeit	Durchführung und Auswertung erfordern wenige (maximal 5) Minuten.
Theoretischer Hintergrund	In einem Modell von Burlingame et al. (2004) werden verschiedene Einflussfaktoren auf die Ergebnisse von Gruppentherapien differenziert (Formale Veränderungstheorie, Strukturfaktoren, Gruppenleiter, Kleingruppenprozesse im Sinne von Gruppendynamik, Patientencharakteristika). Die mit dem GRQ erfassten Merkmale sind Patientencharakteristika, von denen anzunehmen ist, dass sie für die Mitarbeit in Gruppen und deren Prognose bedeutsam sind, nämlich (positive) Erwartungen an eine Gruppe (vgl. Piper & McCallum, 1994), die Bereitschaft zur Partizipation (Friedman, 1989) sowie bestimmte Verhaltensweisen, die eine positive Interaktion in Gruppen eher behindern, wozu eine besondere Neigung, andere zu dominieren, gehört (Yalom & Leszcz, 2005). Hintergrund der Auswahl der genannten Bereiche ist weniger eine umfassende Theorie als gebündeltes klinisches Wissen (z. B. Yalom & Leszcz, 2005).
Bezug zur Psychotherapie	Der Fragebogen ist im klinischen Alltag und in der Forschung als Instrument zu einer ersten Einschätzung der Eignung von Personen für

Gruppenbehandlungen einsetzbar. Der GRQ ist Bestandteil einer von der American Group Psychotherapy Association (AGPA) entwickelten Kernbatterie von Instrumenten zur Anwendung im gruppenpsychotherapeutischen Kontext (vgl. Strauss et al., 2008).

Testentwicklung

Der Bogen entstand im Zusammenhang mit der Betreuung traumatisierter Jugendlicher nach dem Bosnienkrieg, die für ein UNICEF-gefördertes Behandlungsprogramm ausgewählt werden sollten. Das Instrument sollte ökonomisch sein, aber gleichzeitig wesentliche Aspekte der prognostisch relevanten Patientenmerkmale abbilden, d. h. positive und negative interpersonale Fertigkeiten und Erwartungen gegenüber Gruppen. Ein ursprünglich 14 Items umfassendes Instrument wurde in diesem Kontext eingesetzt. Die Faktorenstruktur war konsistent mit der Theorie (Burlingame et al., 2011) und die Skalen des Bogens korrelierten erwartungskonform mit Prozess- und Ergebnisvariablen. In der Folge wurde der Bogen um 10 Items erweitert und erneut, diesmal an einer Stichprobe von Collegestudenten, getestet. Die endgültige Version des Bogens umfasst nach exploratorischen und konfirmatorischen Analysen der Struktur 19 Items, die – nach den üblichen Prozeduren – ins Deutsche übersetzt wurden. Löffler et al. (2007) überprüften die Faktorenstruktur in zwei Stichproben von Patienten aus stationären Einrichtungen ($N = 267$ und $N = 385$). Eine hohe Übereinstimmung mit den Befunden aus der bosnischen und der US-amerikanischen Stichprobe wurde dabei berichtet, wenngleich nicht alle Items in das endgültige Modell aufgenommen wurden. In einer Folgestudie (Löffler et al., in Vorb.) wurde der deutsche GRQ im Hinblick auf Prozess- und Ergebnismaße im Kontext stationärer Gruppentherapien validiert.

Aufbau und Auswertung

Die faktoriell gebildeten Skalen tragen in der deutschen Version folgende Bezeichnungen:
- *Erwartung* (E, 3 Items; Bsp.: „Ich glaube, dass es mir wirklich helfen wird, in einer Gruppe zu arbeiten."),
- *Partizipation* (P, 8 Items; Bsp.: „Ich bin sehr verschlossen und teile selten mit, wie ich mich fühle.") sowie
- *Dominanz* (D, 3 Items; Bsp.: „Normalerweise bestimme ich Gruppendiskussionen.").

Fünf weitere Items der deutschen Version, die faktoriell uneindeutig blieben (und in der US-amerikanischen Fassung dem Faktor *Partizipation* zugeordnet werden), sind als Füllitems noch Bestandteil des Instruments. Die Skalenbildung erfolgt durch die Berechnung des Mittelwertes der Items einer Skala.

Gütekriterien

Objektivität: Durch die klaren Vorgaben zur Durchführung und die standardisierte Auswertung kann die Objektivität als gesichert gelten.

Reliabilität: Für die deutsche Fassung schwanken die Konsistenzkoeffizienten (Cronbachs α) zwischen .57 und .87. Angaben zur Retest-Reliabilität liegen noch nicht vor.

Validität: Es gibt mittlerweile einige Studien, in denen die Faktorenstruktur in unterschiedlichen Stichproben weitgehend bestätigt wurde. Burlingame et al. (2011) zeigten, dass der GRQ (damals noch GSQ) mit Prozessmerkmalen (Gruppenklima, therapeutische Faktoren wie Einsicht, Katharsis und Kohäsion sowie Zufriedenheit mit der Gruppenerfahrung) und Ergebnismaßen (z. B. Depressionsratings, Symptome der Posttraumatischen Belastungsstörung) moderat in erwartungskonformer Beziehung standen. In einer weiteren Studie der Arbeitsgruppe (Baker et al., 2013) wurde die konvergente Validität des GRQ mit einem anderen etablierten Instrument zur Selektion von Patienten für Gruppenbehandlungen, dem Group Therapy Questionnaire (GTQ; MacNair-Semands, 2002) nachgewiesen.

Vergleichswerte/ Normen

Normwerte existieren bisher nicht, allerdings liegen Kennwerte aus unterschiedlichen Vergleichsgruppen vor (vgl. Baker et al., 2013; Burlingame et al., 2011; Löffler et al., 2007).

WWW-Ressourcen

Der GRQ steht kostenfrei zur Verfügung unter:
http://www.mpsy.uniklinikum-jena.de/mpsy_media/Downloads/GSQ.pdf

Literatur

Baker, E., Burlingame, G. M., Cox, J. C. Beecher, M. E. & Gleave, R. L. (2013). The Group Readiness Questionnaire: A convergent validity analysis. *Group Dynamics, 17,* 299–314.

Burlingame, G. M., Cox, J. C., Davies, D. R., Layne, C. M. & Gleave, R. L. (2011). The Group Selection Questionnaire: Further refinements in group member selection. *Group Dynamics, 15,* 60–74.

Burlingame, G. M., MacKenzie, K. R. & Strauss, B. (2004). Small Group Treatment: Evidence for Effectiveness and Mechanisms of Change. In M. J. Lambert (Ed.), *Bergin and Garfield's Handbook of Psychotherapy and Behavior Change* (5th ed., pp. 647–696). New York: John Wiley & Sons.

Friedman, W. H. (1989). *Practical group therapy.* San Francisco, CA: Jossey-Bass.

Löffler, J., Bormann, B., Burlingame, G. M. & Strauß, B. (2007). Auswahl von Patienten für eine Gruppenpsychotherapie. *Zeitschrift für Psychiatrie, Psychologie und Psychotherapie, 55,* 75–86.

Löffler, J., Burlingame, G. M. & Strauß, B. (in Vorb.). *Validierung des Group Selection Questionnaire.*

MacNair-Semands, R. (2002). Predicting attendance and expectations for group therapy. *Group Dynamics, 6,* 219–228.

Piper, W. B. & McCallum, M. (1994). Selection of patients for group interventions. *Professional Psychology: Research and Practice, 13,* 620–627.

Strauss, B., Burlingame, G. M. & Bormann, B. (2008). Using the COR_R battery in group psychotherapy. *Journal of Clinical Psychology: In Session, 64,* 1225–1237.

Yalom, I. D. & Leszcz, M. (2005). *The theory and practice of group psychotherapy* (5th ed.). New York: Basic Books.

Autoren des Beitrags	Bernhard Strauß und Gary M. Burlingame
Kontaktdaten des Erstautors	Prof. Dr. Dipl.-Psych. Bernhard Strauß Klinikum der Friedrich-Schiller-Universität Jena Institut für Psychosoziale Medizin und Psychotherapie Stoystraße 3 07740 Jena bernhard.strauss@med.uni-jena.de

GT-II
Gießen-Test – II

Autoren des Testverfahrens	Dieter Beckmann, Elmar Brähler und Horst-Eberhard Richter
Quelle	Beckmann, D., Brähler, E. & Richter, H.-E. (2012). *Der Gießen-Test – II (GT-II)*. Bern: Huber. Das Copyright liegt beim Verlag Hans Huber.
Vorgänger-/ Originalversionen	*Deutsche Originalversion:* Beckmann, D. & Richter, H.-E. (1972). *Gießen-Test (GT)*. Bern: Huber. Der Gießen-Test ist bis zur aktuellen Version bereits in drei weiteren Auflagen erschienen: – Beckmann, D. & Richter, H.-E. (1975). *Der Gießen-Test (GT). Ein Test für Individual- und Gruppendiagnostik* (2., unveränd. Aufl.). Bern: Huber. – Beckmann, D., Brähler, E. & Richter, H.-E. (1983). *Der Gießen-Test (GT). Ein Test für Individual- und Gruppendiagnostik* (3. Aufl.). Bern: Huber. – Beckmann, D., Brähler, E. & Richter, H.-E. (1991). *Der Gießen-Test (GT). Ein Test für Individual- und Gruppendiagnostik* (4., erw. und überarb. Aufl. mit Neustandardisierung 1990). Bern: Huber.
Kurzversionen	Giegler, H. & Schürhoff, R. (2014). Gießen-Test (Kurzform). In D. Danner & A. Glöckner-Rist (Hrsg.), *Zusammenstellung sozialwissenschaftlicher Items und Skalen*. DOI: 10.6102/zis91 Basierend auf der 40-Item-Version nach Beckmann et al. (1983) entwickelte Giegler (1986) eine Kurzversion des Gießen-Tests (GT-K). Sie umfasst sieben aus je drei Items bestehende Kurzskalen, die die Dimensionen *Soziale Attraktivität*, *Soziale Schwäche*, *Fügsamkeit*, *Sachbezogene Unstetigkeit*, *Depressivität*, *Urmisstrauen* und *Soziale Nähe* erheben.
Kurzbeschreibung	Der Gießen-Test ist ein Verfahren zur Erfassung von Selbst-, Fremd- und Idealbildern unter psychoanalytischen und sozialpsychologischen Gesichtspunkten (Beckmann & Richter, 1972). Mit 40 Items, die sechs Standardskalen *(Soziale Resonanz, Dominanz, Kontrolle, Grundstimmung, Durchlässigkeit* und *Soziale Potenz)* sowie zwei Kontrollskalen zugeordnet sind, werden relevante Dimensionen des Selbstkonzepts und der sozialen Beziehungsstrukturen erfragt (Himmighoffen et al., 2003). Der GT-II kann als Papier-Bleistift-Verfahren oder Computerversion durchgeführt werden (Beckmann et al., 2012).
Anwendungsbereich	Der Gießen-Test kann bei Personen mit normaler Intelligenz (IQ > 80) ab 14 Jahren (vormals ab 18 Jahren) angewendet werden (Beckmann et al., 2012). Die häufigste Anwendung findet das Verfahren in den Be-

reichen Psychotherapie (Diagnostik, Verlaufskontrollen), klinische und differenzielle Psychologie sowie Psychosomatik und Psychiatrie (Brähler et al., 1999). Zudem kommt der Test auch in der Sexualmedizin, Gynäkologie, Urologie und Andrologie sowie Rehabilitation und Krankheitsverarbeitung zum Einsatz (Brähler et al., 1999). Neben der klinischen Anwendung kann der GT-II bei wissenschaftlichen Fragestellungen (z. B. die Analyse von Arzt-Patient-Beziehungen), eingesetzt werden, da er sich durch die Verknüpfung von Selbst- und Fremdbild sowohl zur Individual- als auch zur Paar- und Gruppendiagnostik eignet (Beckmann et al., 2012; Brähler et al., 1999).

Bearbeitungszeit

Das Ausfüllen des GT-II nimmt circa 15 Minuten in Anspruch. Für die Auswertung sind circa 10 Minuten einzuplanen (Beckmann et al., 2012).

Theoretischer Hintergrund

Die Konstruktion des Gießen-Tests erfolgte auf Basis psychoanalytischer, interaktionistischer, rollentheoretischer und sozialpsychologischer Theorien und Konzepte (Beckmann et al., 2012). In der Tradition des psychoanalytischen Konzeptionshintergrundes soll der Test dem Diagnostiker Hinweise auf libidinöse und aggressive Impulse sowie psychosoziale Tendenzen und Abwehrformen des Probanden liefern bzw. auch deren Verhältnis zwischen mehreren Probanden (Ehe, Familie, Betrieb) in Beziehung zueinander setzen (Beckmann et al., 2012). Die Autoren betonen, dass nicht der Anspruch verfolgt wird, das „wahre" Selbstkonzept zu erheben. Vielmehr sei es von besonderer Bedeutung zu erfassen, wie sich ein Proband selbst, seine Verfassung und seine Umweltbeziehungen darstellt (Gunzelmann et al., 2002). Zu diesem Zweck erfasst der Gießen-Test emotionale Grundbefindlichkeit (z. B. Ängstlichkeit oder Depressivität) und bestimmte fundamentale Ich-Qualitäten (u. a. Introspektion, Phantasie, Selbstkritik, Durchlässigkeit; Gunzelmann et al., 2002). Nach Angaben der Autoren enthalten vor allem die Aussagen wichtige Informationen, die der Proband zu seinen sozialen Beziehungen macht, indem er Merkmale seines sozialen Befindens (Nähe, Abhängigkeit, Vertrauen), seiner sozialen Reaktionen und Resonanz beschreibt (Beckmann et al., 2012).

Bezug zur Psychotherapie

In der psychotherapeutischen Praxis kann der GT-II Informationen für die Behandlungsplanung liefern; er gehört daher zu den am häufigsten verwendeten Verfahren in der Psychotherapie (Ruhl, 2002). Durch die Erfassung der jeweiligen Idealbilder von Therapeut und Patient voneinander sowie deren Passung in Bezug auf psychosoziale Bedürfnisse und Abwehrmechanismen ermöglicht er die Einschätzung der Qualität der therapeutischen Beziehung (Beckmann et al., 2012). Im Einsatz in der Verlaufsdiagnostik kann der Gießen-Test zur Abbildung von Therapieerfolgen herangezogen werden (Ruhl, 2002). Letzteres macht ihn zu einem geeigneten Instrument für die Psychotherapieforschung.

Testentwicklung

Ziel der Testentwicklung war es, ein reliables, zeitökonomisches Verfahren zur Erfassung von Selbst-, Fremd- und Idealbildern für Jugendliche und Erwachsene zu schaffen (Brähler et al., 1999). Die Konzeption des Gießen-Tests begann bereits 1964, die daraus resultierenden

Testformen wurden dreimal hinsichtlich inhaltlicher, sprachlicher und statistischer Gesichtspunkte revidiert (Beckmann & Richter, 1972). Die Standardskalen wurden anhand einer Reihe von Faktorenanalysen gebildet, die mit den Daten von Patienten der Psychosomatischen Universitätsklinik Gießen durchgeführt wurden (Beckmann et al., 2012). In der probeweisen Varimax-Rotation war die beste Lösung, mit minimaler Itemüberlappung und guter Interpretierbarkeit, eine Fünf-Faktoren-Lösung.

Die erste Testform wurde 1968 an einer Stichprobe von $N = 660$ Personen im Alter von 18 bis 60 Jahren in der Bundesrepublik und Westberlin normiert und 1972 publiziert (Beckmann & Richter, 1972). 1975 und 1989 erfolgten Neunormierungen an repräsentativen Stichproben von $N = 1\,601$ bzw. 2 025 Personen im Alter ab 18 Jahren (Beckmann et al., 1983, 1991). 1994 und 1999 wurden erstmals auch die neuen Bundesländer in Repräsentativerhebungen mit dem Gießen-Test einbezogen (Brähler et al., 1999). Letztere diente als Grundlage für die Entwicklung gesonderter Normwerte für über 60-Jährige (Gunzelmann et al., 2002).

Die aktuelle Auflage des Gießen-Tests (GT-II) wurde 2006 an einer bevölkerungsrepräsentativen Stichprobe von $N = 5\,036$ im Alter von 14 bis 92 Jahren neu normiert (Spangenberg & Brähler, 2011). Mit der Neunormierung wurde der Einsatzbereich des Verfahrens auf einen Altersbereich von 14 bis 92 Jahren erweitert, wobei sich die Normwerte um ein bis zwei T-Ränge verändert haben. Weitere Veränderungen wurden am Umgang mit Fehlerwerten und Doppelankreuzungen vorgenommen. Testhandbuch, Testbogen und der Auswertungsbogen wurden modifiziert, wobei weder die Faktorenstruktur noch die zugehörigen Items verändert wurden (Beckmann et al., 2012).

Für die Verwendung in der Paardiagnostik wurden die Skalen modifiziert und für den Einsatz faktoranalytisch auf fünf Skalen reduziert (Brähler & Brähler, 1993).

Inzwischen liegen Übersetzungen des Gießen-Tests in zahlreichen Sprachen vor (u. a. in Englisch, Russisch, Französisch, Schwedisch, Japanisch, Tschechisch). In einer 2011 erschienenen Bibliografie sind mehr als 1 500 Forschungsarbeiten dokumentiert, in denen der Gießen-Test seit seiner Entwicklung 1968 zum Einsatz gekommen ist.

Aufbau und Auswertung

Der GT-II umfasst 40 bipolare Items, wobei die Gewichtung der Items durch die Zahlen 3 – 2 – 1 – 0 – 1 – 2 – 3 erfolgt. 36 Items des GT-II bilden die folgenden sechs Standardskalen (Beckmann et al., 2012):
– *Soziale Resonanz* (negativ versus positiv sozial resonant) spiegelt wider, wie eine Person ihre Wirkung auf die Umgebung wahrnimmt,
– *Dominanz* (dominant versus gefügig) bildet vorherrschende Abwehrmechanismen ab, d. h. die Tendenz, innere Konflikte in impulsiver Weise an einem dominierten Partner abzureagieren oder sich phobisch klein zu machen und Hilfs-Ich-Funktionen und Über-Ich-Aspekte an den Partner zu delegieren,
– *Kontrolle* (unterkontrolliert versus zwanghaft) erfasst die Beziehung zwischen dem Es und den Kontrollmechanismen des Über-Ich,

- *Grundstimmung* (hypomanisch versus depressiv): erfasst die allgemeine Stimmungslage und liefert Hinweise auf das Ausmaß an Selbstreflexion und Selbstunsicherheit,
- *Durchlässigkeit* (durchlässig versus retentiv) erhebt Qualitäten des Kontakterlebens und des Kontaktverhaltens,
- *Soziale Potenz* (sozial potent versus sozial impotent) beinhaltet, wie der Proband sich in sozialen Kontakten erlebt.

Zusätzlich existieren zwei Kontrollskalen: *Nullankreuzungen* und *Ankreuzungen der Extremwerte*.

Die Auswertung erfolgt mittels Schablone oder automatisch bei Durchführung der Computerversion. Zur Berechnung der Itemrohwerte werden den Antwortstufen die Punktwerte 1 (= 3 des linken Pols) bis 7 (= 3 des rechten Pols) zugeordnet, aufsummiert ergeben sie die Skalenrohwerte. Diese können im Profilbogen abgetragen und mit dessen Hilfe in T-Werte und Prozentränge umgewandelt werden (Beckmann et al., 2012). Separate Hinweise und Empfehlungen zur Anwendung und Auswertung in der Paardiagnostik finden sich bei Brähler und Brähler (1993).

Gütekriterien

Die Durchführungs-, Auswertungs- und Interpretationsobjektivität können aufgrund der standardisierten Instruktionen im Manual des Gießen-Tests als gegeben angesehen werden.

Es liegen Angaben zur Retest-Reliabilität für einen Teil der Standardisierungsstichprobe ($N = 204$) von 1968 vor (Intervall: 6 Wochen). Die Retest-Reliabilität für die verschiedenen Standardskalen liegt zwischen $r = .65$ und $.76$. Weitere Erhebungen durch Krauß und Kollegen (1980, in Beckmann et al., 2012) und Lessel (1981, in Beckmann et al., 2012) fanden, bei einem Intervall zwischen 4 und 6 Wochen, für die Standardskalen Retest-Reliabilitäten zwischen $r = .51$ und $.84$ (Beckmann et al., 2012). Ziel der Autoren war es, einen Test mit heterogenen validen und nicht maximal homogenen Skalen zu schaffen, weswegen die Reliabilität des Verfahrens nicht anhand der internen Konsistenz bewertet wird (Beckmann et al., 2012).

Die inhaltliche Validität kann aufgrund der theoriegeleiteten Auswahl der Items als gegeben angenommen werden.

Bezogen auf die Kriteriumsvalidität zeigten sich entsprechend dem Anspruch, interpersonale und psychodynamische Aspekte zu erfassen, signifikante, konstruktnahe Zusammenhänge mit den Skalen des Inventars zur Erfassung interpersonaler Probleme (IIP; Horowitz et al., 1994; Brähler et al., 1999) und den Skalen des Fragebogens zum erinnerten elterlichen Erziehungsverhalten (FEE; Schumacher et al., 2000). Entsprechend seiner Eigenschaft, Persönlichkeitseigenschaften in Bezug auf Selbstbild und soziales Erleben abzubilden, konnte gezeigt werden, dass der Gießen-Test in inhaltlich plausibler Weise mit dem NEO-Fünf-Faktoren-Inventar (NEO-FFI) korreliert (Körner et al., 2002).

Zum Beleg der Kriteriumsvalidität sind im Manual verschiedene Untersuchungen zitiert, in denen sich der Gießen-Test in der klinischen Praxis bewährt hat. So fanden beispielsweise Himmighoffen et al. (2003), dass sich depressive Patienten wie erwartet im Gießen-Test als zwanghafter, depressiver, sozial impotenter und verschlossener beschreiben als die Normstichprobe. Fünf der sechs Standardskalen wurden faktoranalytisch anhand einer Stichprobe psychosomatischer Patienten ermittelt; sie erklären zu relativ gleichen Anteilen insgesamt 50 % der extrahierten Varianz (Beckmann et al., 2012).

Vergleichswerte/Normen

Für den GT-II liegen für die Bundesrepublik Deutschland repräsentative Normen von $N = 5\,036$ Personen im Alter zwischen 14 und 92 aus dem Jahr 2006 vor. Die Ausprägung der Skalenwerte ist abhängig vom Geschlecht, Alter und Wohnsitz, weswegen im Manual für diese Merkmale differenzierte Normen vorgestellt werden (Beckmann et al., 2012).

Da sich signifikante Unterschiede zu den Normwerten von 1994 gezeigt haben, empfehlen Spangenberg und Brähler (2011) die Verwendung der aktuellen, differenzierten Vergleichswerte.

WWW-Ressourcen

Die Kurzversion des Gießen-Tests (GT-K) ist kostenlos verfügbar unter: http://zis.gesis.org/pdf/Dokumentation/Giegler+%20Giessen%20Test%20%28Kurzform%29.pdf

Die Bibliografie zum Gießen-Test findet sich unter:
http://medpsy.uniklinikum-leipzig.de/medpsych.site,postext,bibliographien.html

Literatur

Beckmann, D., Brähler, E. & Richter, H.-E. (1983). *Der Gießen-Test (GT). Ein Test für Individual- und Gruppendiagnostik* (3. Aufl.). Bern: Huber.

Beckmann, D., Brähler, E. & Richter, H.-E. (1991). *Der Gießen-Test (GT). Ein Test für Individual- und Gruppendiagnostik* (4., erw. und überarb. Aufl. mit Neustandardisierung 1990). Bern: Huber.

Beckmann, D., Brähler, E. & Richter, H.-E. (2012). *Gießen-Test – II (GT-II)*. Bern: Huber.

Beckmann, D. & Richter H.-E. (1972). *Gießen-Test (GT). Ein Test für Individual- und Gruppendiagnostik*. Bern: Huber.

Brähler, E. & Brähler, C. (1993). *Paardiagnostik mit dem Gießen-Test*. Bern: Huber.

Brähler, E., Schumacher, J. & Brähler, C. (1999). Erste gesamtdeutsche Normierung und spezifische Validitätsaspekte des Gießen-Tests. *Zeitschrift für Differentielle und Diagnostische Psychologie, 20,* 231–243.

Giegler, H. (1986). Entwicklung von GT-Kurzskalen zur empirischen Erfassung psychosozialer Konstrukte in den Sozialwissenschaften. *Angewandte Sozialforschung, 14,* 173–187.

Gunzelmann, T., Schumacher, J. & Brähler, E. (2002). Normierung des Gießen-Tests für über 60-Jährige. *Zeitschrift für Gerontologie und Geriatrie, 35,* 13–20.

Himmighoffen, H., Budischewski, K., Härtling, F., Hell, D. & Böker, H. (2003). Selbstwertgefühl und Partnerbeziehungen von Patienten mit bipolaren affektiven Störungen: Untersuchungen zur Intervallpersönlichkeit mit dem Gießen-Test. *Psychiatrische Praxis, 30,* 21–32.

Horowitz, L. M., Strauß, B. & Kordy, H. (1994). *Inventar zur Erfassung interpersonaler Probleme – Deutsche Version (IIP-D)*. Weinheim: Beltz Test.

Körner, A., Geyer, M. & Brähler, E. (2002). Das NEO-Fünf-Faktoren-Inventar (NEO-FFI). Validierung anhand einer deutschen Bevölkerungsstichprobe. *Diagnostica, 48,* 19–27.

Ruhl, U. (2002). Gießen Test (GT). In E. Brähler, H. Holling, D. Leutner & F. Petermann (Hrsg.), *Brickenkamp Handbuch psychologischer und pädagogischer Tests* (S. 661–662). Göttingen: Hogrefe.

Schumacher, J., Eisenmann, M. & Brähler, E. (2000). *Fragebogen zum erinnerten elterlichen Erziehungsverhalten (FEE)*. Bern: Huber.

Spangenberg, L. & Brähler, E. (2011). Bevölkerungsrepräsentative Neunormierung des Gießen-Tests (14–92 Jahre). *Psychotherapie, Psychosomatik, Medizinische Psychologie, 61,* 239–240.

Autoren des Beitrags Lena M. Becker und Elmar Brähler

Kontaktdaten der Erstautorin

M. Sc. Lena M. Becker
Gärtnerstraße 24a
12207 Berlin
lena.mb@gmx.de

HADS-D
Hospital Anxiety and Depression Scale – Deutsche Version

Autoren des Testverfahrens	Christoph Herrmann-Lingen, Ullrich Buss und R. Philip Snaith
Quelle	Herrmann-Lingen, C., Buss, U. & Snaith, R. P. (2011). *Hospital Anxiety and Depression Scale – Deutsche Version (HADS-D)* (3., akt. und neu norm. Aufl.). Bern: Huber. Das Copyright liegt beim Verlag Hans Huber.
Vorgänger-/ Originalversionen	Die Hospital Anxiety and Depression Scale (HADS) wurde ursprünglich 1983 in einer englischsprachigen Version veröffentlicht (Zigmond & Snaith, 1983). Seitdem wurde der Fragebogen in zahlreiche Sprachen übersetzt, es wurde aber keine Änderung des ursprünglichen Fragebogens vorgenommen. Die erste deutschsprachige Ausgabe erschien 1995 (Herrmann et al., 1995).
Kurzversionen	keine
Kurzbeschreibung	Die HADS-D erfasst Angst und Depression mit jeweils sieben Items. Es handelt sich um ein Selbstbeurteilungsinstrument. Die hauptsächliche Anwendung erfährt das Verfahren als Screeninginstrument bei Patienten mit körperlichen Erkrankungen.
Anwendungsbereich	Zielpopulation sind Erwachsene und Jugendliche ab 15 Jahren. In erster Linie wurde der Fragebogen für Patienten mit körperlichen Beschwerden und Erkrankungen entwickelt. Er eignet sich besonders zu Screening und Verlaufsbeurteilung psychischer Störungen, insbesondere im Bereich der psychosomatischen Medizin. Die im Jahr 2014 herausgegebene S3-Leitlinie Psychoonkologische Diagnostik, Beratung und Behandlung von erwachsenen Krebspatienten empfiehlt u. a. den Einsatz der HADS-D im Bereich der Onkologie (Leitlinienpogramm Onkologie).
Bearbeitungszeit	Die Durchführungszeit beträgt 2 bis 6 Minuten, die Auswertungszeit 1 Minute.
Theoretischer Hintergrund	Dem Test liegt ein zweidimensionales Modell (Angst und Depression) zugrunde. Mehrere Items der Skala *Angst* entsprechen den Kriterien einer Generalisierten Angststörung. Es werden allgemeine Befürchtungen und Sorgen, Nervosität und Aspekte körperlicher Anspannung thematisiert, jedoch keine Körperbeschwerden im engeren Sinne. Ein Item berücksichtigt den Bereich der Panik. Die Items der Skala *Depression* umfassen Anhedonie (Verlust an Lebensfreude und Motivation), Interessenverlust, Freudlosigkeit und Antriebsminderung. Damit bilden sie Leitsymptome depressiver Episoden ab.

Bezug zur Psychotherapie

Der Fragebogen wird vielfach als Screeninginstrument bei Patienten mit körperlichen Erkrankungen (z. B. Krebspatienten) eingesetzt, um Hinweise auf Indikationen für eine psychotherapeutische Behandlung zu gewinnen. Wenn in mindestens einer der beiden Skalen ein auffälliger Wert erreicht wird, sollte auf einer zweiten Stufe eine Abklärung durch eine aufwändigere und präzisere Diagnostik erfolgen. Der Fragebogen eignet sich ebenfalls zu Verlaufsstudien im psychotherapeutisch-psychosomatischen Bereich. Eine Übersicht zu klinischen Anwendungen gibt Herrmann (1997).

Testentwicklung

Der Test wurde von Zigmond und Snaith (1983) auf der Basis der Klassischen Testtheorie anhand einer relativ kleinen Patientenstichprobe entwickelt. Die Stichprobe, welche vorrangig dem deutschen Manual zugrunde liegt, umfasst $N = 5\,579$ kardiologische Patienten. Zahlreiche Studien sind zur psychometrischen Bewertung der HADS durchgeführt worden, wobei teilweise andere als die im Manual vorgesehen Skalenbildungen günstigere Modellanpassungen zeigten. Dennoch hat bisher keine alternative Version eine allgemeine Akzeptanz erfahren.

Aufbau und Auswertung

Die HADS-D besteht aus jeweils sieben Items mit vier Antwortstufen für die Skalen *Angst* und *Depression*. Es wird die Ausprägung ängstlicher und depressiver Symptomatik während der vergangenen Woche erfasst. Die Einschätzung erfolgt auf einer vierstufigen Skala.
- Beispielitem für die Skala *Depression*: „Ich fühle mich glücklich." Antwortoptionen für dieses Item: 0 = meistens, 1 = manchmal, 2 = selten, 3 = überhaupt nicht.
- Beispielitem für die Skala *Angst*: „Ich fühle mich angespannt oder überreizt." Antwortoptionen für dieses Item: 0 = überhaupt nicht, 1 = von Zeit zu Zeit/gelegentlich, 2 = oft, 3 = meistens.

Die Werte der sieben Angst-Items und die der sieben Depressions-Items werden jeweils addiert (Wertebereich je 0 bis 21). Ein fehlender Wert pro Skala wird toleriert und durch den Mittelwert der sechs übrigen Items ersetzt. Gelegentlich werden Gesamtwerte (Summation über alle 14 Items) berechnet, auch wenn die Testautoren dies nicht vorsehen. Werte von 0 bis 7 werden als unauffällig, Werte von 8 bis 10 werden als fraglich und Werte ab 11 werden als sicher auffällig bezeichnet. Gelegentlich finden sich in der Literatur auch andere Cut-Off-Werte. Für die 14-Item-Gesamtskala wurden ebenfalls Cut-Off-Werte bestimmt (Singer et al., 2009). Eine Studie zum Vergleich verschiedener Maße zum Patient-reported-outcome bei Krebspatienten kam zu dem Ergebnis, dass die HADS die besten Ergebnisse lieferte (Luckett et al., 2010).

Gütekriterien

Objektivität: Die Objektivität kann als gegeben vorausgesetzt werden.

Reliabilität: Cronbachs α beträgt für die Patientenstichprobe .80 *(Angst)* bzw. .81 *(Depression)*, die Trennschärfen der Items erreichen im Mittel Werte von .61. Für die zeitliche Stabilität ergeben sich gemäß Manual, je nach Intervall zwischen den beiden Messungen, für die Skala *Angst*

Werte zwischen .69 und .85, für die Skala *Depression* zwischen .69 und .89. Die Höhe der zeitlichen Stabilität sollte jedoch nicht als Gütemaß interpretiert werden.

Validität: Zur konvergenten Validität wurden Korrelationen mit anderen Selbsteinschätzungsskalen berechnet (Koeffizienten zwischen $r = .54$ und .77); die Beziehungen zu entsprechenden Fremdratingskalen lagen bei $r = .65$ bis .70. Für die faktorielle Validität liegen zahlreiche Studien vor, wobei die meisten Studien (insbesondere solche mit exploratorischer Faktoranalyse) die zweidimensionale Struktur bestätigten; andere Studien (insbesondere auf der Basis konfirmatorischer Faktoranalysen) bevorzugten drei- oder auch vierdimensionale Lösungen (Bjelland et al., 2002).

Vergleichswerte/ Normen

Zur deutschsprachigen Version der HADS liegen Normen aus Bevölkerungsstichproben und aus kardiologischen Patientenkollektiven vor. Anhand einer bevölkerungsrepräsentativen Stichprobe ($N = 2\ 037$) wurden Normwerte deutschsprachig veröffentlicht (Hinz & Schwarz, 2001); diese Normwerte liegen auch der im Manual berichteten Normierung zugrunde. Eine erweiterte Studie zu Normwerten in der deutschen Allgemeinbevölkerung ($N = 4\ 410$) wurde englischsprachig publiziert (Hinz & Brähler, 2011). Für verschiedene europäische und außereuropäische Länder liegen ebenfalls Normierungsstudien vor.

WWW-Ressourcen

Es liegen keine zusätzlichen Ressourcen vor.

Literatur

Bjelland, I., Dahl, A. A., Haug, T. T. & Neckelmann, D. (2002). The validity of the Hospital Anxiety and Depression Scale. An updated literature review. *Journal of Psychosomatic Research, 52,* 69–77.

Herrmann, C. (1997). International experiences with the Hospital Anxiety and Depression Scale – A review of validation data and clinical results. *Journal of Psychosomatic Research, 42,* 17–41.

Herrmann, C., Buss, U. & Snaith, R. P. (1995). *Hospital Anxiety and Depression Scale – Deutsche Version (HADS-D). Ein Fragebogen zur Erfassung von Angst und Depressivität in der somatischen Medizin. Testdokumentation und Handanweisung.* Bern: Huber.

Hinz, A. & Brähler, E. (2011). Normative values for the Hospital Anxiety and Depression Scale (HADS) in the general German population. *Journal of Psychosomatic Research, 71,* 74–78.

Hinz, A. & Schwarz, R. (2001). Angst und Depression in der Allgemeinbevölkerung. Eine Normierungsstudie zur Hospital Anxiety and Depression Scale. *Psychotherapie, Psychosomatik, Medizinische Psychologie, 51,* 193–200.

Leitlinienprogramm Onkologie (Deutsche Krebsgesellschaft, Deutsche Krebshilfe, AWMF): *Psychoonkologische Diagnostik, Beratung und Behandlung von erwachsenen Krebspatienten,* Langversion 1.1., 2014, AWMF-Registernummer: 032/0510L. Verfügbar unter: http://www.awmf.org/leitlinien/detail/ll/032-051OL.html (Zugriff am 18.10.2015).

Luckett, T., Butow, P. N., King, M. T., Oguchi, M., Heading, G., Hackl, N. A. et al. (2010). A review and recommendations for optimal outcome measures of anxiety, depression and general distress in studies evaluating psychosocial interventions for English-speaking adults with heterogeneous cancer diagnoses. *Supportive Care in Cancer, 18,* 1241–1262.

Singer, S., Kuhnt, S., Götze, H., Hauss, J., Hinz, A., Liebmann, A. et al. (2009). Hospital anxiety and depression scale cutoff scores for cancer patients in acute care. *British Journal of Cancer, 100,* 908–912.

Zigmond, A. S. & Snaith, R. P. (1983). The hospital anxiety and depression scale. *Acta Psychiatrica Scandinavica, 67,* 361–370.

Autor des Beitrags

Andreas Hinz

Kontaktdaten des Autors

Prof. Dr. Andreas Hinz
Universität Leipzig
Abteilung für Medizinische Psychologie und Medizinische Soziologie
Philipp-Rosenthal-Str. 55
04103 Leipzig
andreas.hinz@medizin.uni-leipzig.de

HAMA
Hamilton Anxiety Scale

Autor des Testverfahrens	Max Hamilton
Quelle	Collegium Internationale Psychiatriae Scalarum (CIPS) (Hrsg.). (2015). *Internationale Skalen für Psychiatrie* (6., überarb. und erw. Aufl.). Göttingen: Beltz Test.
Vorgänger-/ Originalversionen	Hamilton, M. (1959). The assessment of anxiety states by rating. *British Journal of Medical Psychology, 32,* 50–55.
Kurzversionen	keine
Kurzbeschreibung	Die 14 Items der HAMA beziehen sich auf psychische und somatische Aspekte des Angstsyndroms. Damit soll die Schwere der aktuellen Angstsymptomatik beurteilt werden. Eine Diagnosestellung ist damit nicht möglich. Die HAMA ist nicht geeignet bei Patienten mit einer Panikstörung, agitiert-ängstlicher Depression, Zwangsstörung, Angst im Rahmen einer Demenz oder einer Schizophrenie.
Anwendungsbereich	Die HAMA ist ein Fremdbeurteilungsinstrument zur Erfassung des Schweregrads der Angst bei Patienten, bei denen bereits eine Angststörung diagnostiziert wurde. Die Beurteilung erfolgt durch trainierte und erfahrene Kliniker aufgrund eines Interviews bzw. eines ausführlichen klinischen Gesprächs. Erfahrungen mit der HAMA liegen für stationäre und ambulante Patienten beiderlei Geschlechts zwischen 18 und 65 Jahren vor. Bezugszeitraum der Beurteilung der Angstsymptomatik ist die Woche vor dem Interview.
Bearbeitungszeit	Einschließlich des erforderlichen klinischen Interviews werden circa 30 Minuten für die Durchführung benötigt.
Theoretischer Hintergrund	Für den Einsatz bei Psychopharmakastudien wurden eine Reihe von Symptomen, die typisch für unterschiedliche Angstzustände sind, gesammelt und gemäß klinischen Erfahrungen gruppiert. Mit der HAMA ist der Anspruch verbunden, eine Beschreibung und Schweregradbeurteilung von Angstzuständen zu ermöglichen, unabhängig von der möglichen Ätiologie.
Bezug zur Psychotherapie	Ergänzend zu den verschiedenen Selbstbeurteilungsinstrumenten hat sich die HAMA als Fremdbeurteilungsmaß inzwischen auch bei zahlreichen Therapiestudien zu unterschiedlichen Angststörungen durchgesetzt. Außerdem findet sie Anwendung bei anderen psychischen Störungen, bei denen das Phänomen Angst begleitend auftritt (z. B. Substanzabhängigkeiten, Somatoforme Störungen, Depressionen).

Testentwicklung

Die HAMA wurde zur Erfassung von Ausgangs- und Endzustand sowie Veränderungsverlauf bei Angstpatienten im Rahmen von Anxiolytikastudien entwickelt. Ziel war die Konzeption eines kurzen, klinisch praktikablen Verfahrens, das aufgrund klinischer Beobachtungen zusammengestellt wurde.

Aufbau und Auswertung

Die 14 Items beziehen sich auf psychische und somatische Aspekte des Angstsyndroms. Es werden folgende Symptome zur Beurteilung vorgegeben: Ängstliche Stimmung, Spannung, Furcht, Schlaflosigkeit, intellektuelle Leistungsbeeinträchtigung, depressive Stimmung, somatische Symptome (muskulär, sensorisch, kardiovaskulär, respiratorisch, gastrointestinal, urogenital, neurovegetativ) sowie Verhalten während des Interviews (Motorik, Mimik, Gestik, Ausdruck). Zu jeder Kategorie werden zahlreiche weitere Beschwerden und Auffälligkeiten genannt, die dem Untersucher als Anhaltspunkte für die Präzisierung der Schweregradbeurteilung dienen sollen. Jedes Item wird auf einer fünfstufigen Skala von 0 = nicht vorhanden bis 4 = sehr stark eingeschätzt. Die psychischen und die somatischen Items werden getrennt addiert und als zwei getrennte Skalen *(Somatische Angst* und *Psychische Angst)* interpretiert. Es kann auch ein Gesamtwert errechnet werden, der als globales Maß der Schwere der Angst interpretiert werden kann. Im Rahmen von verschiedenen Anwendungsstudien wurde die HAMA eingesetzt. Patienten mit der Diagnose einer Angststörung erzielen Werte zwischen 24 und 26 Punkten (Standardabweichung 8.4). Die Schwere einer Generalisierten Angststörung wurde mit der HAMA zu Beginn einer Behandlung mit 25 bis 26 Punkten und nach Abschluss der vierwöchigen Behandlung mit 10 Punkten (Standardabweichung 7.8) beurteilt.

Gütekriterien

Hamilton (1976) berichtet von guten Übereinstimmungen zwischen drei Beurteilern ($r = .89$). Die interne Konsistenz (Cronbachs α) wird zwischen $\alpha = .83$ und $.87$ angegeben. Korrelationen mit anderen Angstmaßen (z. B. globales Rating, Eysenck-Persönlichkeits-Inventar usw.) liegen zwischen $r = .32$ und $.93$. Die von Hamilton vorgegebene Zwei-Faktoren-Struktur konnte bislang empirisch nicht bestätigt werden.

Vergleichswerte/ Normen

Es existieren keine Normwerte aufgrund von Eichstichproben. Empfehlungen für klinische Grenzwerte beruhen auf angloamerikanischen und skandinavischen Erfahrungen und Studien. Die deutschsprachige Ausgabe der HAMA mit Gütekriterien und Normen an hiesigen Stichproben ist seit Längerem angekündigt, jedoch noch nicht erschienen.

WWW-Ressourcen

Es liegen keine zusätzlichen Ressourcen vor.

Literatur

Hamilton, M. (1976). HAMA – Hamilton Anxiety Scale. In W. Guy (Ed.), *ECDEU Assessment Manual for Psychopharmacology* (pp. 193–198). Rockville, MD: National Institute of Mental Health.

Autoren des Beitrags

Martin Hautzinger und Kristina Geue

Kontaktdaten des Erstautors

Prof. Dr. Martin Hautzinger
Eberhard Karls Universität Tübingen
Fachbereich Psychologie
Klinische Psychologie und Psychotherapie
Schleichstr. 4
72076 Tübingen
hautzinger@uni-tuebingen.de

HAQ
Health Anxiety Questionnaire – Deutsche Version

Autoren des Testverfahrens	Michael P. Lucock und Stephen Morley
Quelle	Wolfradt, U. & Härter, M. (2004). Untersuchungen mit einer deutschsprachigen Version des Health Anxiety Questionnaire (HAQ) an verschiedenen Stichproben. *Zeitschrift für Klinische Psychologie, Psychiatrie und Psychotherapie, 52,* 15–30. Der HAQ (deutsche Version) kann über den Erstautor bezogen werden.
Vorgänger-/ Originalversionen	*Originalversion:* Lucock, M. P. & Morley, S. (1996). The Health Anxiety Questionnaire. *British Journal of Health Psychology, 1,* 137–150.
Kurzversionen	keine
Kurzbeschreibung	Beim HAQ handelt es sich um ein vierdimensionales Selbstbeurteilungsverfahren, welches als Papier-Bleistift-Verfahren vorliegt. Es wird das interindividuelle Merkmal gesundheitsbezogene Ängstlichkeit über folgende Bereiche erfasst: 1. *Gesundheitsangst und Präokkupation* (8 Items), 2. *Angst vor Krankheit und Tod* (7 Items), 3. *Absicherndes Verhalten* (3 Items), 4. *Beeinträchtigung des Lebens* (3 Items).
Anwendungsbereich	Der Fragebogen kann sowohl bei Jugendlichen als auch bei Erwachsenen eingesetzt werden. Potenzielle Anwender sind Wissenschaftler auf dem Gebiet der Gesundheitsforschung und Psychotherapeuten bei der Diagnostik von gesundheitsbezogener Ängstlichkeit.
Bearbeitungszeit	Die Durchführungszeit beträgt 5 bis 10 Minuten.
Theoretischer Hintergrund	Der HAQ basiert auf der kognitiv-behavioralen Theorie der gesundheitsbezogenen Ängstlichkeit von Salkovskis und Warwick (1986), die davon ausgeht, dass Personen mit hoher gesundheitsbezogener Ängstlichkeit dazu neigen, körperliche Empfindungen als schwerwiegend fehlzuinterpretieren und die Häufigkeit von schweren Krankheiten zu überschätzen. Zudem findet man bei dieser Personengruppe eine intensive Beschäftigung mit Krankheit und Tod im Allgemeinen. Trotz gegenteiliger Versicherungen des medizinischen Personals halten Personen mit hoher gesundheitsbezogener Ängstlichkeit an diesen dysfunktionalen Überzeugungsmustern fest (Marcus et al., 2007).
Bezug zur Psychotherapie	Da es sich beim HAQ um ein Instrument zur habituellen Erfassung von gesundheitsbezogener Ängstlichkeit handelt, kann er nur eingeschränkt zur Therapieevaluation verwendet werden. In der psychologi-

schen Diagnostik lässt er sich jedoch zur Ermittlung des Ausmaßes gesundheitsbezogener Ängstlichkeit einsetzen. In einer klinischen Längsschnittsstudie konnte der HAQ als ein signifikanter Prädiktor der Entwicklung Somatoformer Störungen bei N = 140 Patienten identifiziert werden (Vasilescu & Panaitescu, 2009).

Testentwicklung

Für den HAQ wurden zunächst Items ausgewählt, die Bezug nehmen auf Furcht vor Erkrankung und Tod, Sorgen um die Gesundheit, Beschäftigung mit Gesundheit und Rückversicherungsverhalten beim medizinischen Personal. 14 Items stammen von der Illness Attitude Scale. Acht Items wurden nach Gesprächen mit Patienten mit persistenter gesundheitsbezogener Ängstlichkeit entwickelt. Damit besteht der vorliegende Fragebogen aus 21 Items plus einem Item, das erfasst, ob unangenehme Körpergefühle durch eine ernste Erkrankung verursacht sind. Die Formulierung der Items wurde mit 12 Patienten und 15 nicht klinischen Probanden evaluiert. Das Antwortformat der Originalversion reichte von 0 = niemals oder selten, über 1 = manchmal und 2 = oft, bis 3 = meiste Zeit. An einer Stichprobe von 91 Personen des Gesundheitspersonals, 83 studentischen Pflegekräften, 66 Patienten einer Tagesklinik und 44 klinischen Patienten mit Angststörungen wurden die psychometrischen Eigenschaften des HAQ ermittelt. Wolfradt und Härter (2004) überprüften eine deutschsprachige Version des HAQ an einer Stichprobe von 194 Probanden (davon 25 Patienten aus Arztpraxen, 54 Patienten aus Reha-Kliniken) sowie 137 Studierenden. Das Antwortformat wurde leicht verändert, da die Kategorie 0 = niemals oder selten als ambivalent eingestuft wurde. Das neue Antwortformat umfasst: 1 = nie, 2 = selten, 3 = manchmal, 4 = oft, 5 = sehr oft.

Aufbau und Auswertung

Der HAQ besteht aus 21 Items, die sich auf folgende Unterskalen verteilen:
– *Gesundheitsangst und Präokkupation* (8 Items; Bsp.: „Ich habe mir schon einmal um meine Gesundheit Sorgen gemacht."),
– *Angst vor Krankheit und Tod* (7 Items; Bsp.: „Ich bin darüber besorgt, dass ich in der Zukunft eine ernste Krankheit haben könnte."),
– *Absicherndes Verhalten* (3 Items; Bsp.: „Manchmal untersuche ich meinen Körper, um herauszufinden, ob etwas nicht in Ordnung ist."),
– *Beeinträchtigung des Lebens* (3 Items; Bsp.: „Ich habe körperliche Symptome, die mich in den vergangenen sechs Monaten an der Arbeit gehindert haben.").

Das Antwortformat erfragt die Häufigkeit von 1 = nie bis 5 = sehr oft. Hohe Werte entsprechen einer hohen gesundheitsbezogenen Ängstlichkeit. Die Auswertung erfolgt über das Aufsummieren der Antwortwerte zu einem Summenscore. Cut-Off-Werte existieren nicht.

Gütekriterien

Die Objektivität kann als gegeben vorausgesetzt werden. Die Reliabilität (Cronbachs α) beträgt .92 (für die deutschsprachige Version α = .94), basierend auf einer klinischen und nicht klinischen Stichprobe (für die Originalversion N = 284, für die deutschsprachige Version N = 194). Die Retest-Reliabilität für die Originalversion liegt bei r = .87 (39 nicht klinische Teilnehmer, Zeitintervall: 6 Wochen) bis $r = .95$ (ambulante Patienten, Zeitintervall: 1 Jahr). Eine exploratorische Faktorenanalyse bestätigte die vierdimensionale Struktur des HAQ für die englischsprachige Originalversion. Für die deutschsprachige Version konnte allerdings nur Eindimensionalität nachgewiesen werden. Die Originalversion des HAQ wies eine hohe diskriminante Validität auf und unterschied signifikant zwischen klinischen und nicht klinischen Gruppen. Zudem ergaben sich in der Originalstudie an einer Stichprobe von 23 Patienten mit diagnostizierter Hypochondrie und 26 Patienten mit Angststörung signifikant höhere Werte für die Patienten mit Hypochondrie. Bei der deutschen Version des HAQ fand sich konvergente Validität zu Maßen der habituellen Ängstlichkeit (STAI: $r = .65$, $p < .001$) und der negativen Affektivität (PANAS: $r = .52$, $p < .001$). Der HAQ unterscheidet zudem signifikant zwischen Personen mit einem niedrigen und einem hohen Beschwerdeniveau. In einer studentischen Stichprobe von 137 Probanden ließen sich zudem signifikante Beziehungen zum Whiteley-Index als Maß der Hypochondrie feststellen ($r = .52$, $p < .001$).

Vergleichswerte/ Normen

Es liegen keine Norm- oder Vergleichswerte vor.

WWW-Ressourcen

Es liegen keine zusätzlichen Ressourcen vor.

Literatur

Marcus, D. K., Gurley, J. R., Marchi, M. M. & Bauer, C. (2007). Cognitive and perceptual variables in hypochondriasis and health anxiety: A systematic review. *Clinical Psychological Review, 27,* 127–139.

Salkovskis, P. M. & Warwick, H. M. C. (1986). Morbid preoccupations, health anxiety and reassurance: A cognitive behavioural approach to hypochondriasis. *Behaviour Research and Therapy, 24,* 597–602.

Vasilescu, A. & Panaitescu, E. (2009). Health anxiety in somatoform disorders – Results of a comparative longitudinal study. *Medica. A Journal of Clinical Medicine, 4,* 114–123.

Wolfradt, U. & Härter, M. (2004). Untersuchungen mit einer deutschsprachigen Version des Health Anxiety Questionnaire (HAQ) an verschiedenen Stichproben. *Zeitschrift für Klinische Psychologie, Psychiatrie und Psychotherapie, 52,* 15–30.

Autor des Beitrags

Uwe Wolfradt

Kontaktdaten des Autors

Prof. Dr. Dr. Uwe Wolfradt
Martin-Luther-Universität Halle-Wittenberg
Institut für Psychologie
Emil-Abderhalden-Str. 26–27
06108 Halle (Saale)
uwe.wolfradt@psych.uni-halle.de

HAQ

Helping Alliance Questionnaire

Autoren des Testverfahrens	Markus Bassler und Rüdiger Nübling
Quelle	Bassler, M., Potratz, B. & Krauthauser, H. (1995). Der „Helping Alliance Questionnaire" (HAQ) von Luborsky. *Psychotherapeut, 40,* 23–32. Der HAQ kann kostenfrei beim Erstautor angefordert werden.
Vorgänger-/ Originalversionen	– Alexander, L. B. & Luborsky, L. (1986). The Penn Helping Alliance Scales. In L. S. Greenberg & W. Pinsof (Eds.), *The psychotherapeutic process: a research handbook* (pp. 325–366). New York: Guilford. – Luborsky, L. (1984). *Principles of psychoanalytic psychotherapy. A manual for supportive-expressive psychotherapy.* New York: Basic Books.
Kurzversionen	keine
Kurzbeschreibung	Der HAQ erfasst mit 11 Items die Qualität der therapeutischen Beziehung, die in der amerikanischen Originalversion nur durch den Patienten eingeschätzt wird. In der deutschen Übersetzung durch Bassler et al. (1995) ist auch eine therapeutenseitige Einschätzung mit entsprechend abgewandelten Items vorgesehen. Aufgrund faktorenanalytischer Untersuchungen lassen sich beim HAQ neben der allgemeinen Summenskala (Summe aller Items) zwei Subskalen definieren: Die erste Subskala (sechs Items) erfasst die *patientenseitige Beziehungszufriedenheit*, die zweite Subskala (fünf Items) die *patientenseitige Erfolgszufriedenheit*. Beide Subskalen haben sich in verschiedenen Studien als trennscharf erwiesen, zwischen erfolgreichen versus weniger erfolgreichen Therapieverläufen zu unterscheiden. Obwohl der HAQ ursprünglich nur zur Evaluierung von psychodynamischen Kurztherapien konzipiert worden war, zeigen zahlreiche Psychotherapiestudien mit der deutschsprachigen Version, dass Therapieverfahren unterschiedlicher theoretischer Orientierung mit diesem Fragebogen evaluiert werden können. Maßgeblich ist hierbei vor allem, inwieweit diese Therapieverfahren auf einer tragfähigen therapeutischen Beziehung aufbauen und insgesamt auf eine verbesserte Problemlösekompetenz des Patienten abzielen.
Anwendungsbereich	Der HAQ kann zur Evaluierung der therapeutischen Beziehung von ambulanter als auch stationärer Psychotherapie eingesetzt werden (vgl. Bassler & Hoffmann, 1993).
Bearbeitungszeit	Aufgrund der geringen Zahl von 11 Items beträgt die Bearbeitungszeit circa 10 Minuten.

Theoretischer Hintergrund

Bei der Konstruktion des HAQ legte Luborsky (Alexander & Luborsky, 1986) zwei Typen der hilfreichen therapeutischen Beziehung (Helping Alliance) zugrunde: Zum einen die direkte Hilfestellung durch den Therapeuten (HA1), d. h. dass dieser die benötigte Hilfe tatsächlich vermittelt oder zumindest dazu in der Lage ist, zum anderen das Arbeitsbündnis mit dem Therapeuten bezüglich der Ziele der Behandlung (HA2). Die erste Subskala (HA1) umfasste dabei die ersten acht, die zweite Subskala (HA2) die letzten drei Items des HAQ. Luborsky und Mitarbeiter verwendeten diese beiden Skalen jedoch in ihren Therapiestudien nicht separat, sondern nur die gemeinsame Summenskala, die alle 11 Items umfasste (Luborsky et al., 1985).

Bezug zur Psychotherapie

Der HAQ fokussiert vor allem auf die Evaluierung der therapeutischen Beziehung. Bei der Konstruktion des Fragebogens wurde besonderer Wert darauf gelegt, dass er wenig zeitaufwändig ist und auch wiederholt in kürzeren Zeitabständen (Prozessforschung) gut eingesetzt werden kann. Die klinischen Erfahrungen mit dem HAQ bestätigen, dass diese Erfordernisse sowohl von der amerikanischen als auch deutschsprachigen Version erfüllt werden.

Testentwicklung

Der HAQ wurde ursprünglich von der Arbeitsgruppe um Luborsky zur Evaluierung der therapeutischen Beziehung bei psychodynamischen Kurztherapien (< 30 Sitzungen) entwickelt (vgl. Luborsky, 1984). Wie sich in zahlreichen Psychotherapiestudien in jüngerer Zeit zeigte, eignet sich der HAQ aber auch zur Evaluierung von länger dauernden Behandlungen und kann auch therapieschulenübergreifend eingesetzt werden.

Aufbau und Auswertung

Die einzelnen Items (Likert-Skalierung von 1 = sehr unzutreffend bis 6 = sehr zutreffend) des patientenseitigen Helping Alliance Questionnaire von Luborsky (1984) wurden ins Deutsche übersetzt (vgl. Bassler et al., 1995). Die übersetzten Items lauten wie folgt:

1. „Ich glaube, dass mein Therapeut mir hilft."
2. „Ich glaube, dass mir die Behandlung hilft."
3. „Ich habe einige neue Einsichten gewonnen."
4. „Seit kurzem fühle ich mich besser."
5. „Ich kann bereits absehen, dass ich vielleicht die Probleme bewältigen kann, wegen derer ich zur Behandlung kam."
6. „Ich habe das Gefühl, mich auf den Therapeuten verlassen zu können."
7. „Ich habe das Gefühl, dass mich der Therapeut versteht."
8. „Ich habe das Gefühl, dass der Therapeut möchte, dass ich meine Ziele erreiche."
9. „Ich habe das Gefühl, dass ich wie auch der Therapeut ernsthaft an einem Strang ziehen."
10. „Ich glaube, dass ich und der Therapeut meine Probleme ähnlich sehen und beurteilen."
11. „Ich habe das Gefühl, dass ich mich jetzt selbst verstehen und mich selbstständig mit mir auseinandersetzen kann (d. h. auch dann, wenn ich mit dem Therapeuten keine weiteren Gespräche mehr habe)."

HAQ

Ergänzend kann ein zwölftes Item verwendet werden, das die globale Erfolgszufriedenheit einschätzt (Bassler et al., 1995):

12. Globale Erfolgseinschätzung im Vergleich zum Behandlungsbeginn (mit 1 = sehr viel verschlechtert, 4 = unverändert, 7 = sehr viel gebessert).

In einer aktuellen Studie (N = 3 526; Bassler & Nübling, in Vorb.) wurde eine Hauptkomponentenanalyse mit obliquer Rotation über alle 11 Items durchgeführt und es ließen sich zwei Hauptfaktoren mit 45.0 % sowie 32.6 % Varianzaufklärung extrahieren: Zum einen die Items 1, 6, 7, 8, 9 und 10 (HAQ1: *Beziehungszufriedenheit*), zum anderen die Items 2, 3, 4, 5 und 11 (HAQ2: *Erfolgszufriedenheit*).

Der HAQ lässt sich sowohl patienten- als auch – in leicht modifizierter Form – therapeutenseitig einsetzen und wurde in beiden Formen in zahlreichen Studien erfolgreich angewendet. Die unveröffentlichte Vorlage für Therapeuten ist beim Erstautor erfragbar.

Gütekriterien

Reliabilität: Für die Gesamtskala (11 Items) ergab sich bei einer aktuellen Therapiestudie mit N = 3 526 Patienten (Bassler & Nübling, in Vorb.) eine interne Konsistanz (Cronbachs α) von .95. Für die Subskala *Beziehungszufriedenheit* ergab sich ein α von .95, die Trennschärfen lagen zwischen r_{ig-i} = .73 und .88. Die interne Konsistenz für die Subskala *Erfolgszufriedenheit* betrug α = .91 (r_{ig-i} = .73 bis .81). Die beiden Subskalen sowie auch die kombinierte Summenskala des HAQ sind somit hoch reliabel.

Validität: Insbesondere die Subskala *Erfolgszufriedenheit* erwies sich als guter Prädiktor für den Therapieerfolg: So zeigte sich in der oben genannten Studie zu differenziellen Effekten stationärer psychosomatischer Rehabilitation (Bassler & Nübling, in Vorb.) ein deutlicher korrelativer Zusammenhang (durchschnittlich r > .60) zwischen der *patientenseitigen Erfolgszufriedenheit* und weiteren testpsychologisch relevanten Erfolgskriterien, wie z. B. der Nutzenbeurteilung oder Differenzwerten des Beck-Depressions-Inventars (BDI) bzw. des HEALTH-49.

Vergleichswerte/Normen

Für den HAQ sind keine Normwerte verfügbar, da diese sehr von der jeweiligen Patientenstichprobe und dem untersuchten Therapieverfahren abhängig sind. Der HAQ eignet sich in Therapiestudien einerseits sinnvoll als Outcome-Kriterium (z. B. im Rahmen von Prä-Post-Vergleichen – hierbei vor allem die Subskala *Erfolgszufriedenheit*), andererseits aber auch zur Prozessevaluation der therapeutischen Beziehung über mehrere Messzeitpunkte (hierbei vor allem die Subskala *Beziehungszufriedenheit*).

WWW-Ressourcen

Es liegen keine zusätzlichen Ressourcen vor.

Literatur

Alexander, L. B. & Luborsky, L. (1986). The Penn Helping Alliance Scales. In L. S. Greenberg & W. Pinsof (Eds.), *The psychotherapeutic process: a research handbook* (pp. 325–366). New York: Guilford.

Bassler, M. & Hoffmann, S. O. (1993). Die therapeutische Beziehung im Rahmen von stationärer Psychotherapie. *Psychotherapie, Psychosomatik, Medizinische Psychologie, 43*, 325–332.

Bassler, M. & Nübling, R. (in Vorb.). *Die therapeutische Beziehung im Rahmen von psychosomatischer Rehabilitation.*

Bassler, M., Potratz, B. & Krauthauser, H. (1995). Der „Helping Alliance Questionnaire" (HAQ) von Luborsky. *Psychotherapeut, 40*, 23–32.

Luborsky, L. (1984). *Principles of psychoanalytic psychotherapy. A manual for supportive-expressive psychotherapy.* New York: Basic Books.

Luborsky, L., McLellan, T., Woody, G. E., O'Brien, C. P. & Auerbach, A. (1985). Therapist success and its determinants. *Archives of General Psychiatry, 42*, 602–611.

Autoren des Beitrags

Markus Bassler und Rüdiger Nübling

Kontaktdaten des Erstautors

Prof. Dr. med. Markus Bassler
Rehazentrum Oberharz
Schwerpunktklinik für Psychosomatische Medizin
Schwarzenbacherstr. 19
38678 Clausthal-Zellerfeld
markus.bassler@drv-bsh.de

HDRS
Hamilton Depression Rating Skala

Autor des Testverfahrens	Max Hamilton
Quellen	– Baumann, U. (1976). Methodische Untersuchungen zur Hamilton-Depression-Skala. *Archiv für Psychiatrie und Nervenkrankheiten, 222,* 359–375. – Hamilton, M. (1986). The Hamilton rating scale for depression. In N. Sartorius & T. A. Ban (Eds.), *Assessment of depression* (pp. 278–296). Berlin: Springer.
Vorgänger-/ Originalversionen	Hamilton, M. (1960). A rating scale for depression. *Journal of Neurology, Neurosurgery, and Psychiatry, 23,* 56–62.
Kurzversionen	keine
Kurzbeschreibung	Die HDRS ist ein Fremdbeurteilungsverfahren bestehend aus 21 Items, die jeweils auf mehrstufigen Kategorienskalen, die sich auf die Intensität der Symptomatik beziehen, beurteilt werden. Neben den verbalen Äußerungen der Patienten gehen Beobachtungen während des Interviews sowie Schilderungen von Pflegepersonal und Angehörigen mit in die Beurteilung ein. Als Bezugsrahmen gelten die letzten Tage bis zu einer Woche vor dem Interview.
Anwendungsbereich	Die HDRS ist ein weit verbreitetes Fremdbeurteilungsinstrument zur Einschätzung der Schwere einer diagnostizierten Depression. Ursprünglich war vorgeschlagen, dass zwei trainierte bzw. erfahrene Kliniker unabhängig voneinander ein Urteil abgeben sollten, doch hat sich heute die Beurteilung des Schweregrads einer Depression durch einen Beobachter durchgesetzt. Die zu beurteilenden Patienten suchen um Behandlung nach bzw. befinden sich in stationärer oder ambulanter psychiatrischer bzw. psychotherapeutischer Behandlung. Die HDRS wurde bereits bei Jugendlichen ab 16 Jahren und bis ins hohe Alter von 80 Jahren eingesetzt. Die Anwendung der HDRS bei Patienten über 75 Jahre erscheint angesichts der hohen Komorbidität mit körperlichen, chronischen Erkrankungen problematisch.
Bearbeitungszeit	Das Interview mit dem Patienten, das durchgeführt wird, bevor anhand der HDRS eine Beurteilung erfolgen kann, dauert circa 30 Minuten. Dabei ist darauf zu achten, dass die Informationen nicht durch direktes Abfragen der Items gesammelt werden. Es ist auch möglich, Informationen von Angehörigen, Bekannten und Pflegepersonal einzubeziehen. Bei regelmäßigem Kontakt zu einem Patienten kann die Beurteilung auch ohne ausführlicheres Interview, das heißt in kürzerer Zeit, erfolgen.

Theoretischer Hintergrund

Die Skala enthält typische depressive Symptome ursprünglich mit engem Bezug zu dem Konstrukt der endogenen Depression. Entsprechend dominieren die somatische und motorische Symptomebene sowie die Berücksichtigung von psychotischen Symptomen, Tagesschwankungen und Krankheitseinsicht. Die Beurteiler sind explizit angehalten nicht allein aufgrund der verbalen Äußerungen eines Patienten zu urteilen, sondern eigene und fremde Beobachtungen, motorische (gestische, mimische) Auffälligkeiten und inhaltliche Besonderheiten zu berücksichtigen. Daraus wird verständlich, dass diese Fremdbeurteilung des Schweregrads einer Depression deutlich von der Selbsteinschätzung abweichen kann.

Bezug zur Psychotherapie

Ursprünglich entwickelt im psychiatrischen (pharmakologischen) Behandlungsrahmen, wird die HDRS heute bei den unterschiedlichsten Interventionsstudien, also auch bei Psychotherapie der Depression oder bei Behandlungen anderer psychischer Störungen (z. B. Panikstörungen, Agoraphobie, Substanzabhängigkeiten) ergänzend eingesetzt.

Testentwicklung

Die ursprüngliche Skala bestand aus 17 Symptomen (Hamilton, 1960). Später wurde die Skala auf 21 und sogar 24 Items erweitert (Baumann, 1976). Verbreitet ist die Verwendung der 21-Item-Version (Collegium Internationale Psychiatriae Scalarum [CIPS], 1996), obgleich in vielen Pharmastudien unverändert die 17-Item-Version eingesetzt wird. Beurteilen zwei Kliniker einen Patienten, wie von Hamilton (1960) empfohlen, dann werden die Symptomeinschätzungen jeweils addiert und durch zwei geteilt. Heute gibt meist nur ein Kliniker ein Urteil ab. Zur Prüfung der Beurteilerübereinstimmung wird in einigen Studien mit zwei Klinikern gearbeitet, ohne dass deren Urteile pro Symptombereich gemittelt werden. Die HDRS wurde von zahlreichen Autoren immer wieder kritisiert (vgl. Hautzinger & Meyer, 2002). Dies hat der Verbreitung und unveränderten Anwendung der Skala jedoch nicht geschadet.

Aufbau und Auswertung

Die heute gebräuchliche 21-Item-Version erlaubt die Beurteilung folgender Symptombereiche: Depressive Stimmung, Schuldgefühle, Suizidneigung, Einschlafstörungen, Durchschlafstörungen, Schlafstörungen am Morgen, Beeinträchtigungen bei der Arbeit/Tätigkeiten, Depressive Hemmung, Erregung, psychische Angst, somatische Angst, körperliche Symptome (gastrointestinale, Schmerzen, Erschöpfung, Vitalgefühl), Genitalsymptome, Hypochondrie, Gewichtsveränderungen, Krankheitseinsicht, Tagesschwankungen, Derealisation/Depersonalisation, Paranoide Symptome, Zwangssymptome. Dabei werden bei jedem Item zahlreiche dazu gehörende Beschwerden und Auffälligkeiten genannt. Bei neun Items steht zur Beurteilung eine fünfstufige, bei einem Item eine vierstufige und bei 11 Items eine dreistufige Skala zur Verfügung. Bei der 17-Item-Version werden die Krankheitseinsicht, die paranoiden und zwanghaften Symptome und die Depersonalisationssymptome nicht berücksichtigt. Der Gesamtwert wird durch Addition der Einzelurteile gebildet. Der Summenwert kann so zwischen 0 und 82 Punkten schwanken. Bezogen auf die 17-Item-Version erreichen depressive Patienten mittlere Werte zwischen 19 und 26 (Baumann, 1976;

CIPS, 1996). Bei der 21-Item-Version werden meist Werte über 20 Punkten gefunden. Der mittlere zu erwartende Wert bei depressiven Patienten liegt meist zwischen 24 und 30 Punkten, doch können die Werte zu Behandlungsbeginn auch deutlich höher (bis über 40 Punkten) liegen. Nicht depressive Patienten werden meist mit Werten unter 10 Punkten (17-Item-Version) beurteilt. Im Behandlungsverlauf reduziert sich die Depressionsschwere, sodass man bei weitgehender Remission der depressiven Symptomatik Werte von acht und weniger Punkten erwarten darf.

Gütekriterien

Nach der Zusammenstellung von Hedlund und Vieweg (1979) bzw. Hautzinger und Meyer (2002) liegt die interne Konsistenz (Cronbachs α) zwischen $\alpha = .52$ und .95. Baumann (1976) berichtet für die 17-Item-Version der HDRS ein Cronbachs α zwischen $\alpha = .73$ und .88. Die Übereinstimmung zwischen zwei Klinikern schwankt zwischen .52 und .98. Korrelationen mit anderen Depressionsmaßen (z. B. Beck Depressions-Inventar) liegen zwischen $r = .16$ und .82. Globale Klinikerurteile und der HDRS-Summenwert korrelierten zwischen $r = .70$ und .95. Hamilton (1960) schlug eine Vier-Faktoren-Lösung bei 52 % aufgeklärter Varianz vor. Nach Baumann (1976) erscheint eine Ein-Faktoren- bzw. eine Zwei-Faktoren-Lösung ebenfalls angemessen. Dem stimmen auch Hedlund und Vieweg (1979) zu. Sie interpretieren den ersten Faktor als *Allgemeiner Schweregrad der Depression* und den zweiten Faktor als *Angst/Somatisierung*.

Vergleichswerte/ Normen

Normwerte aufgrund von Eichstichproben existieren nicht. Durch die weite Verbreitung der HDRS liegen jedoch viele Erfahrungen und Untersuchungsberichte mit unterschiedlichsten klinischen Stichproben vor, die Erwartungs- und Grenzwerte zu Behandlungsbeginn, für den Verlauf und bei Behandlungsende vorgeben.

WWW-Ressourcen

Es liegen keine zusätzlichen Ressourcen vor.

Literatur

Baumann, U. (1976). Methodische Untersuchungen zur Hamilton-Depression-Skala. *Archiv für Psychiatrie und Nervenkrankheiten, 222,* 359–375.

Collegium Internationale Psychiatriae Scalarum (CIPS) (Hrsg.). (1996). *Internationale Skalen für die Psychiatrie* (4., überarb. und erw. Aufl.). Göttingen: Beltz Test.

Hamilton, M. (1960). A rating scale for depression. *Journal of Neurology, Neurosurgery, and Psychiatry, 23,* 56–62.

Hautzinger, M. & Meyer, T. D. (2002). *Diagnostik affektiver Störungen.* Göttingen: Hogrefe.

Hedlund, J. L. & Vieweg, B. W. (1979). The Hamilton rating scale for depression. A comprehensive review. *Journal of Operational Psychiatry, 10,* 149–165.

Autoren des Beitrags

Martin Hautzinger und Kristina Geue

Kontaktdaten des Erstautors	Prof. Dr. Martin Hautzinger Eberhard Karls Universität Tübingen Fachbereich Psychologie Klinische Psychologie und Psychotherapie Schleichstr. 4 72076 Tübingen hautzinger@uni-tuebingen.de

HSCL-25

Hopkins-Symptom-Checkliste-25 – Deutsche Version

Autoren des Testverfahrens	Franz Petermann und Elmar Brähler
Quelle	Petermann, F. & Brähler, E. (2013). *Hopkins-Symptom-Checkliste-25 (HSCL-25). Deutsche Version.* Göttingen: Hogrefe. Das Copyright liegt beim Hogrefe Verlag.
Vorgänger-/ Originalversionen	keine
Kurzversionen	keine
Kurzbeschreibung	Die HSCL-25 stellt eine klinische Symptom-Checkliste zur differenzierten Erfassung von Angst und Depression dar. Die HSCL-25 umfasst 25 Items, von denen 10 der Erfassung von Angst und 15 der Erfassung von Depression zugeordnet sind. Aus der Summe aller Items lässt sich ein Gesamtwert berechnen. Dieser beschreibt die Gesamtbelastung durch Angst und Depression. Unter Einbezug von Normwerten lassen sich die Testwerte in leicht auffällig, deutlich auffällig und stark auffällig einteilen.
Anwendungsbereich	Die HSCL-25 ist für Personen ab dem 14. Lebensjahr anwendbar, wobei Einflüsse von Alter und Geschlecht über eine entsprechende Normierung berücksichtigt werden. Das Verfahren eignet sich sowohl zur Erfassung globaler psychischer Belastung als auch zur differenzierten Überprüfung von Symptomen einer Angststörung bzw. Depression. Der Einsatzbereich des Fragebogens umfasst demnach medizinische (z. B. chronische Erkrankungen, medizinische Rehabilitation) und psychologische Bereiche (z. B. Abschätzung des Ausmaßes einer psychischen Erkrankung, Screening von Symptomen einer Angststörung bzw. Depression) in der Forschung bei Jugendlichen und Erwachsenen. Zudem ergeben sich weitere Anwendungsgebiete aufgrund der nachgewiesenen Eignung zur Erfassung einer psychischen Belastung im Kontext kulturspezifischer Fragestellungen (Ertl et al., 2010; Onyut et al., 2009; Pfeiffer & Elbert, 2011).
Bearbeitungszeit	Die Bearbeitungs- sowie die Auswertungszeit betragen etwa 3 bis 5 Minuten.
Theoretischer Hintergrund	Die Hopkins-Symptom-Checkliste stellt ein traditionsreiches Verfahren dar, dessen erste Version zurückgeht auf die Arbeiten von Parloff und Kollegen (1954), die als Angehörige der John Hopkins Universität in Baltimore (Maryland, USA) die Symptom-Checkliste zur Optimierung der Erfassung von Psychotherapieeffekten entwickelten. Die Hopkins-Symptom-Checkliste setzte sich aus Symptomclustern zusammen, die

dem Cornell Medical Index entstammten (Parloff et al., 1954), ergänzt um 12 weitere Items aus einem Rating für Psychiatriepatienten (Lorr, 1952). Ratingskalen galten zu diesem Zeitpunkt als ein Novum in der Beurteilung von Therapieeffekten, die überwiegend qualitativ durch die Therapeuten erfolgte. Unter dem Namen Hopkins-Symptom-Checklist (HSCL) etablierte sich dieses Verfahren dann in den letzten 60 Jahren. Versionen unterschiedlicher Längen (von 21 bis 90 Items) wurden entwickelt und gehen maßgeblich auf die Zusammenarbeit mehrerer Autorengruppen zurück, die diese im Rahmen großer pharmakologischer Studien zur Beurteilung der Effekte einsetzten (Derogatis et al., 1974; Green et al., 1988; Lipman et al., 1979; Winokur et al., 1984).

Die Skalen der HSCL können auch als Grundlage der Weiterentwicklung anderer Verfahren angesehen werden (z. B. Symptom-Checkliste SCL-90-R; Derogatis, 1977).

Bezug zur Psychotherapie

Mit der HSCL-25 steht ein valides und zeitökonomisches Instrument zur Einschätzung psychischer Belastungen zur Verfügung. Das Verfahren eignet sich sowohl zur differenzierten Erfassung von Symptomen einer Angststörung bzw. Depression im klinischen als auch im Forschungskontext. Mit Einsatz des Verfahrens ist sowohl eine Statuserhebung als auch eine Verlaufsmessung möglich. Im klinischen Kontext dient es dem Anwender zur Ermittlung diagnostischer und therapierelevanter Informationen (inkl. der Verlaufskontrolle). In der Forschung hat sich das Verfahren zur Erfassung der Komorbidität mit anderen psychischen Störungen und auch körperlichen Belastungsfaktoren bewährt.

Testentwicklung

Die HSCL-25 ist ein zweidimensionales Verfahren, welches die Skalen *Angst* und *Depression* aus der HSCL-58 verwendet. Die Extraktion dieser Skalen erfolgte mit dem Ziel einer möglichst ökonomischen Erfassung von psychischer Belastung. Die Auswahl dieser beiden Problemschwerpunkte schien dafür besonders geeignet, da Symptome von Angst und Depression auch außerhalb psychiatrischer Patientengruppen ein sensibles Maß für globalen psychischen Distress darstellen (Schmidt et al., 2011).

Aufbau und Auswertung

Die Items der HSCL-25 bestehen aus Aussagen (z. B. „Ich leide unter folgenden Problemen: Appetitlosigkeit"), die der Befragte anhand der vier Antwortmöglichkeiten 1 = überhaupt nicht, 2 = ein wenig, 3 = ziemlich und 4 = extrem einschätzen soll. Die Auswertung erfolgt, indem die Items in einem ersten Schritt entsprechend ihrer Skalenzugehörigkeit und für den Gesamtwert addiert werden. Fehlen mehr als 10 % der Items pro Skala (ein Item aus der Skala *Angst*, zwei Items aus der Skala *Depression*), sollte der Test nicht ausgewertet werden. Anschließend wird die Itemsumme jeder Skala durch die Anzahl der beantworteten Items pro Skala dividiert. Die Skalenwerte können in einen dem Manual beiliegenden Profilbogen eingetragen werden. Neben der differenzierten Erfassung von Angst und Depressionen besteht die Möglichkeit, einen Globalwert zu berechnen, der als allgemeines Maß für psychologischen Distress bewertet werden kann. Dann werden die Testwerte über die im Manual bereitgestellten Normtabellen in Norm-

HSCL-25

werte überführt. Diese stehen sowohl alters- und geschlechtsspezifisch als auch für die Gesamtgruppe zur Verfügung, wobei letztere eher als Referenz heranzuziehen ist, wenn Testwerte beispielsweise im Rahmen großer Studien erhoben werden. Die Verwendung von Normwerten ermöglicht eine dimensionale Interpretation der Symptomausprägungen und somit eine Einschätzung des Schweregrades psychischer Belastung. Für die HSCL-25 gilt ein T-Wert zwischen 60 und 62 als leicht auffällig. Ein T-Wert zwischen 63 und 69 gilt als deutlich auffällig. T-Werte $\geq$ 70 werden als stark auffällig betrachtet.

Gütekriterien

Objektivität: Die Durchführungsobjektivität ist (bei entsprechender Berücksichtigung der vorgegebenen Durchführungsrichtlinien) frei von Testleitereinflüssen, da es sich bei der HSCL-25 um ein Selbstbeurteilungsinstrument handelt. Lediglich bei zusätzlicher Unterstützung durch den Anwender (z. B. bei Verständnisschwierigkeiten) kann die Objektivität beeinflusst werden. Daher sollte eine Abweichung von der regulären Testbedingung immer im Profilbogen dokumentiert werden. Die Auswertungs- und Interpretationsobjektivität ist durch die vorgegebene Auswertungsstrategie gegeben. Die Interpretation der Testwerte erfolgt unter Einbezug der Normtabellen, sodass auch hier eine hohe Objektivität gegeben ist.

Reliabilität: Während der Gesamtwert auf eine sehr hohe Messgenauigkeit hinweist, unterscheiden sich die Kennwerte zwischen den einzelnen Subskalen. Auch wenn die Skala *Angst* mit einer internen Konsistenz von Cronbachs $\alpha = .84$ immer noch zufriedenstellend ausgeprägt ist, so ist der α-Wert der Skala *Depression* (.91) doch deutlich höher. Dies ist zum einen der geringeren Itemzahl der Skala *Angst* zuzuschreiben, zum anderen enthält diese Skala mit der Abfrage nach Kopfschmerzen ein Item, welches vergleichsweise unspezifisch ist und somit geringer mit der entsprechenden Skala korreliert.

Validität: Da es sich bei der HSCL-25 um ein Verfahren für den klinischen Einsatz handelt, richten sich die Validierungsstudien zunächst auf die konvergente Validität. Um konstruktbezogene Übereinstimmungen ermitteln zu können, wurden Korrelationen mit diagnostischen Instrumenten, die sich auf die Erfassung des gleichen Merkmals beziehen, berechnet. Die Wahl fiel hier auf zwei Verfahren, die sich bereits bei der Erfassung von Angst und Depression bewährt haben: das Brief Symptom Inventory 18 (BSI-18, Derogatis, 2001) und die Kurzform des Patient-Health-Questionnaire (PHQ-4; Löwe et al., 2010).

Weiterhin muss ein Verfahren, welches in der klinischen Praxis zum Einsatz kommt, gewährleisten, dass entsprechend psychisch auffällige Personen sich von nicht auffälligen deutlich unterscheiden (klinische Validität). Dies wurde für die HSCL-25 über Gruppenvergleiche realisiert, die auf der Basis der HSCL-25-Normwerte gebildet und anhand eines externen Kriteriums (der Testwert in einem anderen einschlägigen Verfahren) beurteilt wurden.

Vergleichswerte/ Normen	Die Normierung erfolgte an einer repräsentativen Stichprobe von $N = 2\,462$. Um Alters- und Geschlechtseffekte zu bestimmen, wurden multivariate Varianzanalysen berechnet. Die Altersgruppeneinteilung entstammte einer vorab durchgeführten Varianzanalyse nach identischen methodischen Vorgaben. Es zeigte sich, dass Männer und Frauen in allen Altersgruppen signifikante Testwertdifferenzen aufwiesen; gleichermaßen übte jedoch auch die Altersgruppenzugehörigkeit einen Einfluss auf die Testwerte aus. Aufgrund dieser Ergebnisse erfolgte die Berechnung der Normen der HSCL-25 alters- und geschlechtsspezifisch. Für Frauen und Männer liegen jeweils für drei Altersgruppen T-Werte und kumulierte Prozentwerte vor (14 bis 39 Jahre, 40 bis 59 Jahre, über 60 Jahre).
WWW-Ressourcen	Es liegen keine zusätzlichen Ressourcen vor.
Literatur	Derogatis, L. R. (1977). *SCL-90-R: Administration, scoring and procedures – Manual 1.* Baltimore, MA: Clinical Psychometrics Research. Derogatis, L. R. (2001). *BSI-18: Brief Symptom Inventory 18 – Administration, scoring, and procedures manual.* Minneapolis, MN: Pearson. Derogatis, L. R., Lipman, R. S., Rickels, K., Uhlenhuth, E. H. & Covi, I. (1974). The Hopkins Symptom Checklist (HSCL): A self-report symptom inventory. *Behavioral Science, 19,* 1–15. Ertl, M. V., Pfeiffer, A., Saile, R., Schauer, E., Elbert, T. & Neuner, F. (2010). Validation of a mental health assessment in an African conflict population. *Psychological Assessment, 22,* 318–324. Green, D. E., Walkey, F. H., McCormick, J. A. & Taylor, A. J. W. (1988). Development and evaluation of a 21-item version of the Hopkins Symptom Checklist with New Zealand and United States respondents. *Australian Journal of Psychology, 40,* 61–70. Lipman, R. S., Covi, L. & Shapiro, A. K. (1979). The Hopkins Symptom Checklist (HSCL): Factors derived from the HSCL-90. *Journal of Affective Disorders, 1,* 9–24. Lorr, M. (1952). *The multidimensional scale for rating psychiatric patients (form for outpatient use).* Washington, DC: US. Veterans Administration. Löwe, B., Wahl, I., Rose, M., Spitzer, C., Glaesmer, H., Wingenfeld, K. et al. (2010). A 4-item measure of depression and anxiety: Validation and standardization of the Patient Health Questionnaire-4 (PHQ-4) in the general population. *Journal of Affective Disorders, 122,* 86–95. Onyut, L., Neuner, F., Ertl, V., Schauer, E., Odenwald, M. & Elbert, T. (2009). Trauma, poverty and mental health among Somali and Rwandese refugees living in an African refugee settlement – an epidemiological study. *Conflict and Health, 3,* 6. Parloff, M. B., Keiman, H. C. & Frank, I. O. (1954). Comfort, effectiveness, and self-awareness as criteria of improvement in psychotherapy. *American Journal of Psychiatry, 111,* 343–352. Pfeiffer, A. & Elbert, T. (2011). PTSD, depression and anxiety among former abductees in Northern Uganda. *Conflict and Health, 5,* 14.

Schmidt, S., Petermann, F., Beutel, M. E. & Brähler, E. (2011). Psychisches Befinden, Beschwerden und Belastungen: Ergebnisse einer repräsentativen Studie. *Zeitschrift für Psychiatrie, Psychologie und Psychotherapie, 59,* 155–165.

Winokur, A., Winokur, D. F., Rickels, K. & Cox, D. S. (1984). Symptoms of emotional distress in a family planning service: Stability over a four-week period. *British Journal of Psychiatry, 144,* 395–399.

Autoren des Beitrags Franz Petermann und Sören Schmidt

Kontaktdaten des Erstautors

Prof. Dr. Franz Petermann
Universität Bremen
Zentrum für Klinische Psychologie und Rehabilitation
Grazer Straße 6
28359 Bremen
fpeterm@uni-bremen.de

HZI-K
Hamburger Zwangsinventar – Kurzform

Autoren des Testverfahrens	Rüdiger Klepsch, Wolfgang Zaworka, Iver Hand, Klaus Lünenschloß und Gerd Jauernig
Quelle	Klepsch, R., Zaworka, W., Hand, I., Lünenschloß, K. & Jauernig, G. (1993). *Hamburger Zwangsinventar – Kurzform (HZI-K)*. Göttingen: Beltz Test. Der Bezug ist kostenpflichtig.
Vorgänger-/ Originalversionen	*Hamburger Zwangsinventar (HZI):* Zaworka, W., Hand, I., Lünenschloss, K. & Jauernig, G. (1983). *Das Hamburger Zwangsinventar.* Weinheim: Beltz Test.
Kurzversionen	keine
Kurzbeschreibung	Das HZI-K ist ein 72 Items umfassender Selbstbeurteilungsfragebogen zur dimensionalen Erfassung von Zwangssymptomen. Zwangsgedanken und -handlungen werden gleichermaßen in insgesamt sechs Subskalen erfasst *(Kontrollieren; Waschen, Reinigen; Ordnen; Zählen, Berühren, Sprechen; Denken von Wörtern und Bildern; Gedanken, sich selbst oder anderen ein Leid zufügen)*. Zusätzlich zur Papier-Bleistift-Version steht eine computergestützte Version zur Verfügung, bei der die Bearbeitungszeit einzelner Items als indirekter Indikator der Zwangsintensität automatisch mit erfasst wird (Klepsch & Hand, 1992).
Anwendungsbereich	Das HZI-K kann im Rahmen der klinischen Versorgung und Forschung zur Diagnostik und Verlaufserfassung bei Jugendlichen und Erwachsenen ab 16 Jahren eingesetzt werden. Es ist ebenfalls geeignet, Zwänge zu erfassen, wie sie als subklinische Phänomene bei ansonsten unauffälligen Menschen sowie bei Personen mit anderen primär psychiatrischen Erkrankungen vorkommen können.
Bearbeitungszeit	Die Bearbeitungszeit beträgt 15 bis 30 Minuten.
Theoretischer Hintergrund	Die Konstruktion des HZI-K erfolgte vor dem Hintergrund der Annahme, dass Zwangshandlungen und -gedanken auf einem Kontinuum von Alltagserscheinungen (z. B. Blick auf den Herd werfen, bevor man das Haus verlässt) bis hin zu schweren, klinisch relevanten Zwangssymptomen (z. B. vermeiden, das Haus zu verlassen, aus Panik, elektrische Geräte unbeaufsichtigt zu lassen) reichen. Dementsprechend wurde das Inventar auch vielfach bei Probanden ohne Zwangsstörung eingesetzt (Maß et al., 1997; Müller et al., 1997; Rohr, 1992; Schirmbeck et al., 2013).
Bezug zur Psychotherapie	Das HZI-K ermöglicht in der psychotherapeutischen Praxis aufgrund seiner großen Merkmalsbreite eine effiziente erste Orientierung auf relevante Störungsbereiche und deren quantitative Ausprägung. Auf-

grund des zeitlichen Bezuges auf die letzten 4 Wochen ist es prinzipiell auch zur Therapieverlaufsbeurteilung einsetzbar. Die Sensitivität ist wiederholt erfolgreich demonstriert worden (Klepsch et al., 1993; Münchau et al., 1996). Zur detaillierteren Erfassung symptomatischer Veränderungen wird empfohlen, ergänzend z. B. die Yale-Brown Obsessive-Compulsive Scale als Fremdbeurteilungsinstrument heranzuziehen (Y-BOCS; Hand & Büttner-Westphal, 1991).

In der Forschung wird der Fragebogen zur Selbstbeurteilung der Zwangssymptomatik sowohl in der Grundlagen- als auch in der Therapieforschung bei Jugendlichen und Erwachsenen eingesetzt (Döpfner et al., 2007; Moritz et al., 2010; Rufer et al., 2006).

Testentwicklung

Das HZI-K ist die Kurzform der von Zaworka et al. (1983) entwickelten Langform (HZI). Die ursprüngliche Länge von 188 Items hatte sich als zu umfangreich für viele Patienten erwiesen. Das Ziel des HZI, eine repräsentative und niedrigschwellige Erfassung von Zwangssymptomen, wurde beibehalten. Anhand der Daten von vier Untersuchungsgruppen (Normalprobanden, Patienten mit multiplen Phobien, sozialen Ängsten oder Zwängen) und den zwei Selektionskriterien Part-Whole-Trennschärfe je Schwierigkeitsstufe sowie Aussonderung alterskorrelierter Items wurden schließlich die 72 Items der Kurzform extrahiert. Die Kürzung erfolgte ohne nennenswerte Einbußen in Validität und Reliabilität. Die Zuordnung der Items zu der jeweiligen Skala sowie innerhalb jeder Skala zu vier Schwierigkeitsstufen (ohne Behinderung bis hin zu starker Behinderung durch Zwänge) erfolgte nach inhaltlichen Kriterien durch Expertenurteil. Ein weiteres Ziel bei der Konstruktion des HZI-K war der Aufbau eines Prüfskalensystems zur Entdeckung von Simulation. Sogenannte „Übertreiber" können identifiziert werden, wenn den schwierigen Items einer Subskala zugestimmt wird, den einfachen jedoch nicht.

Aufbau und Auswertung

Das HZI-K besteht aus 72 Items, die entweder mit „stimmt" oder „stimmt nicht" vom Probanden selbstständig beantwortet werden. Die sechs Subskalen (jeweils 12 Items) tragen die folgenden Bezeichnungen:
- *Kontrollieren (A)* (Bsp. Stufe 3: „Müssen Sie nach dem Verlassen der Wohnung ständig darüber nachdenken, ob dort auch alles in Ordnung ist?"),
- *Waschen, Reinigen (B)* (Bsp. Stufe 3: „Waschen Sie sich die Hände, nachdem Sie telefoniert haben?"),
- *Ordnen (C)* (Bsp. Stufe 1: „Rücken Sie Tischtücher oder Läufer gerade, wenn Sie glauben, dass sie sich verschoben haben?"),
- *Zählen, Berühren, Sprechen (D)* (Bsp. Stufe 3: „Kommt es vor, dass Sie sich nicht dagegen wehren können, vor oder bei einer Tätigkeit zu zählen?"),
- *Denken von Wörtern und Bildern (E)* (Bsp. Stufe 3: „Kommt es vor, dass Sie sich das Anziehen erst einmal genau vorstellen, bevor Sie damit beginnen?") und
- *Gedanken, sich selbst oder anderen ein Leid zufügen (F)* (Bsp. Stufe 1: „Ist Ihnen schon einmal der Gedanke gekommen, dass Sie etwas demolieren, zerstören oder in Brand setzen könnten?").

Gütekriterien

Die Werte der Subskalen werden durch Aufsummieren der mit „stimmt" beantworteten Items berechnet.

Objektivität: Der HZI-K ist hinsichtlich Vorgabe und Auswertung standardisiert und somit als objektiv einzuschätzen.

Reliabilität: Die interne Konsistenz (Cronbachs α) des Gesamtwertes liegt nach Backenstrass et al. (2012) mit .87 in einem sehr guten Bereich. Die Werte für die Subskalen lagen hier zufriedenstellend zwischen .71 und .89, die *Skala E (Denken von Wörtern und Bildern)* erzielte den niedrigsten Wert von .71. Klepsch et al. (1993) berichten über interne Konsistenzen in einem für die klinische Anwendung akzeptablen Bereich zwischen .71 und .79, mit Ausnahme der *Skala E*, welche hier ebenfalls die niedrigste interne Konsistenz aufwies ($\alpha = .50$). In einer Untersuchung von Maß et al. (1997) an Gesunden lagen dagegen alle Subskalen unter einem Wert von $\alpha = .70$, einzig der Gesamtscore wies eine gute interne Konsistenz auf ($\alpha = .84$). Die 3-Monats-Retest-Reliabilität der Subskalen ist mit einem Range von $r_{tt} = .73$ bis .94 als gut zu bewerten (Klepsch et al., 1993).

Inhaltliche Validität: Da die ursprünglichen Items in symptomzentrierten Interviews mit einer Patientenpopulation gewonnen und durch Experten selektiert wurden, kann das Instrument als inhaltsvalide beurteilt werden.

Interne Validität: Der HZI-Gesamtscore und die HZI-Subskalen sind hoch miteinander korreliert ($r = .91$ bis .97; Klepsch et al., 1993).

Faktorielle Validität: Die zweidimensionale Lösung des Instruments (Faktoren Gedankenzwänge und Handlungszwänge) konnten sowohl für das HZI wie das HZI-K an unterschiedlichen Populationen überzeugend nachgewiesen werden (Klepsch et al., 1985; Maß et al., 1997; Rohr, 1992; Zaworka & Hand, 1980).

Konvergente Validität: Mit dem Gesamtwert des Obsessive-Compulsive Inventory-Revised (OCI-R), welcher im englischsprachigen Raum sehr verbreitet ist und inzwischen auch in einer deutschen Übersetzung vorliegt, korreliert der HZI-K-Gesamtwert hochsignifikant ($r = .71$). Die HZI-K-Skalen und OCI-R-Skalen, die laut Skalenbezeichnung gleiche Symptombereiche erheben, korrelieren im Wertebereich von $r = .56$ bis .85 (Backenstrass et al., 2012). Mit den analogen Subskalen des Maudsley-Obsession-Compulsion Questionnaire korreliert die *Skala B (Waschen, Reinigen)* ebenfalls recht hoch ($r = .81$). Die Korrelationen mit der fremdeingeschätzten Symptomatik fallen unerwartet niedrig aus. So korrelieren nach unveröffentlichten Daten an 54 Zwangspatienten der HZI-K-Gesamtwert und die Ergebnisse in der Y-BOCS nur zu $r = .47$. Bei Backenstrass et al. (2012) liegt dieser Wert mit $r = .29$ noch niedriger. Die Autoren erklären dies mit der unterschiedlichen Konzeption der Instrumente, wobei das HZI-K ein breites Spektrum an Symptombereichen erfasst, während die Y-BOCS deren Schweregrad ermittelt und dabei Aspekte wie Leidensdruck mit einbezieht.

Diskriminante Validität: Die Subskalen des HZI-K und OCI-R, welche unterschiedliche Beschwerden erfassen, korrelieren nicht statistisch signifikant miteinander (Backenstrass et al., 2012). Für die Subskalen des Maudsley-Obsession-Compulsion Questionnaire mit den HZI-Subskalen ergeben sich mittelhohe Korrelationen ($r = .40$ bis $.53$; Klepsch et al., 1993). Der HZI-K-Gesamtwert korreliert nicht signifikant mit der selbst- und fremdeingeschätzten Depressivität im Beck Depressions-Inventar (BDI) und der Hamilton Depression Scale (HAMD). Lediglich die *Skala C (Ordnen)* korreliert mit der fremdeingeschätzten Depressivität mittels HAMD signifikant in einem akzeptablen Bereich von $r = .44$. Korrelationen zwischen Zwang und Depressivität sind laut Maß und Kollegen (1997) u. a. durch bei Zwangserkrankten bekannte Komorbiditäten sowie phänomenologische Gemeinsamkeiten von Depressivität und Zwang zu erklären.

Vergleichswerte/Normen

Die sechs Unterskalen und sechs Prüfskalen lassen sich mithilfe einer Normtabelle in Stanine-Werte (5 ± 2) umwandeln. Der neunstufigen Stanine-Skala liegt eine repräsentative klinischen Eichstichprobe von $N = 233$ zwangskranken Patienten aus dem deutschen Sprachraum zugrunde, die aus verschiedenen Settings (Praxen, Ambulanzen, stationäre Einrichtungen) rekrutiert wurden.

WWW-Ressourcen

Es liegen keine zusätzlichen Ressourcen vor.

Literatur

Backenstrass, M., Schaller, P. & Jäntsch, B. (2012). Obsessive-Compulsive Inventory-Revised (OCI-R) und Hamburger Zwangsinventar-Kurzform (HZI-K) im Vergleich: Eine Validitätsstudie. *Verhaltenstherapie, 22,* 106–113.

Döpfner, M., Breuer, U., Hastenrath, B. & Goletz, H. (2007). Wirksamkeit und Langzeitstabilität von verhaltenstherapeutischen Interventionen bei Jugendlichen mit Zwangsstörungen. *Kindheit und Entwicklung, 16* (2), 129–138.

Hand, I. & Büttner-Westphal, H. (1991). Die Yale-Brown Obsessive-Compulsive Scale (Y-BOCS): Ein halbstrukturiertes Interview zur Beurteilung des Schweregrades von Denk- und Handlungszwängen. *Verhaltenstherapie, 1,* 223–225.

Klepsch, R., Andresen, B. & Hand, I. (1985). Übergeordnete Dimensionen des Hamburger Zwangsinventars (HZI). *Zeitschrift für Klinische Psychologie, 14,* 282–292.

Klepsch, R. & Hand, I. (1992). Erfahrungen mit dem Hamburger Zwangsinventar in der computerdialogfähigen Kurzform (HZI-CK). In I. Hand, W. K. Goodman & U. Evers (Hrsg.), *Zwangsstörungen. Neue Forschungsergebnisse* (S. 199–208). Berlin: Springer.

Klepsch, R., Zaworka, W., Hand, I., Lünenschloß, K. & Jauernig, G. (1993). *Hamburger Zwangsinventar – Kurzform (HZI-K).* Göttingen: Beltz Test.

Maß, R., Conradi, M., Moritz, S. & Andresen, B. (1997). Analyse der Kurzform des Hamburger Zwangsinventars (HZI-K). *Verhaltenstherapie, 7,* 90–95.

Moritz, S., Kloss, M. & Jelinek, L. (2010). Negative priming (cognitive inhibition) in obsessive-compulsive disorder (OCD). *Journal of Behavior Therapy and Experimental Psychiatry, 41* (1), 1–5.

Müller, N., Putz, A., Kathmann, N., Lehle, R., Günther, W. & Straube, A. (1997). Characteristics of obsessive-compulsive symptoms in Tourette's syndrome, obsessive-compulsive disorder, and Parkinson's disease. *Psychiatry Research, 70* (2), 105–114.

Münchau, N., Hand, I., Schaible, R., Lotz, C. & Weiss, A. (1996). Aufbau von Selbsthilfegruppen für Zwangskranke unter verhaltenstherapeutischer Expertenanleitung: Empirische Ergebnisse. *Verhaltenstherapie, 6,* 143–160.

Rohr, W. (1992). Handlungs- und Gedankenzwänge bei Patienten mit Myasthenia gravis. *Schweizer Archiv für Neurologie und Psychiatrie, 143,* 105–115.

Rufer, M., Fricke, S., Held, D., Cremer, J. & Hand, I. (2006). Dissociation and symptom dimensions of obsessive–compulsive disorder. *European Archives of Psychiatry and Clinical Neuroscience, 256* (3), 146–150.

Schirmbeck, F., Rausch, F., Englisch, S., Eifler, S., Esslinger, C., Meyer-Lindenberg, A. et al. (2013). Differential effects of antipsychotic agents on obsessive-compulsive symptoms in schizophrenia: A longitudinal study. *Journal of Psychopharmacology, 27* (4), 349–357.

Zaworka, W. & Hand, I. (1980). Phänomenologie (Dimensionalität) der Zwangssymptomatik. *Archiv für Psychiatrie und Nervenheilkunde, 28,* 257–273.

Zaworka, W., Hand, I., Lünenschloss, K. & Jauernig, G. (1983). *Das Hamburger Zwangsinventar.* Weinheim: Beltz Test.

Autoren des Beitrags	Julia Bierbrodt, Steffen Moritz und Iver Hand
Kontaktdaten der Erstautorin	Dipl.-Psych. Julia Bierbrodt Universitätsklinikum Hamburg-Eppendorf Zentrum für Psychosoziale Medizin Klinik und Poliklinik für Psychiatrie und Psychotherapie Martinistraße 52 20246 Hamburg j.bierbrodt@uke.de

IAS
Illness Attitude Scales

Autoren des Testverfahrens	Wolfgang Hiller und Winfried Rief
Quelle	Hiller, W. & Rief, W. (2004). *Internationale Skalen für Hypochondrie. Deutschsprachige Adaptation des Whiteley-Index (WI) und der Illness Attitude Scales (IAS)*. Bern: Huber. Das Copyright liegt beim Verlag Hans Huber.
Vorgänger-/ Originalversionen	*Originalversion:* Kellner, R. (1986). *Somatization and Hypochondriasis*. New York: Praeger-Greenwood Publishers.
Kurzversionen	keine
Kurzbeschreibung	Die IAS wurden von dem amerikanischen Psychiater Robert Kellner in den 80er Jahren entwickelt. Kellners Arbeiten waren wegweisend für die heute noch gültigen Konzepte der Hypochondrie (bzw. Krankheitsangststörung). Die IAS bestehen aus 29 Items, die emotionale, kognitive und behaviorale Aspekte von Krankheitsängstlichkeit abbilden und eine differenzierte Beschreibung des klinischen Bildes der Hypochondrie erlauben. Zudem sollte explizit auch abnormes Krankheitsverhalten berücksichtigt werden. Die IAS liegen als Papier-Bleistift-Verfahren und in einer computergestützten Version im Rahmen des Hogrefe Testsystems vor. Das Verfahren kann in allen medizinischen, psychosomatischen und psychologisch-psychotherapeutischen Einrichtungen angewendet werden, in denen Patienten mit belastenden Körperbeschwerden und assoziierten Gesundheitsbefürchtungen untersucht und behandelt werden.
Anwendungsbereich	Bei den IAS handelt es sich um ein Erhebungsinstrument für den Altersbereich ab 16 Jahren. Es wird vor allem in der klinischen Diagnostik eingesetzt, eignet sich aber auch als Screeningverfahren für Krankheitsängstlichkeit und Krankheitsverhalten in nicht klinischen Populationen.
Bearbeitungszeit	Das Ausfüllen der IAS dauert üblicherweise 5 bis 10 Minuten. Die Auswertung erfordert per Hand einen Zeitaufwand von meist weniger als 10 Minuten, bei der computergestützten Version wird die Auswertung automatisch vorgenommen.
Theoretischer Hintergrund	Robert Kellner gehörte zusammen mit Issy Pilowsky (vgl. Beitrag zum Whiteley-Index [WI] in diesem Band) zu den Pionieren der modernen Hypochondrieforschung. Basierend auf seinen umfangreichen klinischen Erfahrungen mit hypochondrischen Patienten hatte Kellner a priori zunächst sieben Subskalen definiert, die nach seiner Überzeu-

gung charakteristische hypochondrische Cluster darstellten: worry about illness (Krankheitssorgen), concerns about pain (Besorgnis über Schmerzen), health habits (Gesundheitsverhalten), hypochondriacal beliefs (Hypochondrische Annahmen), thanatophobia (Angst vor dem Tod), disease phobia (Krankheitsängste) und bodily preoccupation (Beschäftigtsein mit Körperprozessen). Später wurden noch die beiden Subskalen treatment experiences (Behandlungserfahrungen) und effects of symptoms (Folgen der Symptome) ergänzt, die im Wesentlichen Aspekte des Inanspruchnahmeverhaltens im Gesundheitswesen sowie Beeinträchtigungen infolge übermäßiger Krankheitsängste erfassen.

Bezug zur Psychotherapie

Die IAS kann orientierend eingesetzt werden, um bei Personen mit oder ohne psychische Störung etwaige Krankheitsängste zu identifizieren und deren Ausprägungsgrad zu bestimmen. Hohe Testwerte weisen auf das mutmaßliche Vorliegen einer klinischen Hypochondrie (Krankheitsangststörung) hin. Die IAS sind änderungssensitiv, sodass sie gut für die Ermittlung des Therapieerfolgs eingesetzt werden können. Bei Patienten mit hohen Werten sollte eine gezielte Therapie der Krankheitsängste erfolgen (etwa nach Bleichhardt & Weck, 2010).

Testentwicklung

Die von Kellner postulierten hypochondrischen Cluster wurden durch jeweils drei Items pro Cluster operationalisiert. Hinzu kam das offen zu beantwortende Item 22 („Hat Ihnen Ihr Arzt gesagt, Sie hätten derzeit eine Krankheit? Wenn ja, welche Krankheit?") sowie Item 26, in dem die bisherigen Behandlungen aufgezählt werden sollen („Welche Behandlungen waren das?"). Die übrigen 27 Items können auf fünfstufigen Skalen beantwortet werden und beziehen sich auf die Häufigkeit ihres Auftretens (z. B. Gesundheitssorgen von 0 = nie bis 4 = meistens). Die so konstruierten IAS bewährten sich in einer Vielzahl von klinischen Studien von Kellner und anderen unabhängigen Arbeitsgruppen. Die zunächst postulierte Struktur der neun hypochondrischen Cluster ließ sich jedoch in mehreren faktorenanalytischen Studien nicht bestätigen, da sie hoch miteinander interkorrelierten und ein Generalfaktor *Krankheitsangst* deutlich wurde. Diverse Faktorenanalysen der IAS ergaben in unterschiedlichen Populationen eine dominante zweifaktorielle Struktur mit den Skalen *Krankheitsängste* und *Krankheitsverhalten*, was als klassische Beschreibung der Hypochondrie gelten kann. Beide Faktoren korrelieren nur gering mit $r = .32$, sind also voneinander gut abgrenzbar.

Aufbau und Auswertung

Die IAS bestehen aus 29 Items, von denen 23 zu den beiden u. g. Skalen verrechnet werden. Die übrigen Items liefern relevante Hintergrundinformationen. Die in den Skalenitems erzielten Punkte werden zur Berechnung der beiden Skalenscores herangezogen:

- *Krankheitsängste* (Bsp.: „Ruft der Gedanke an eine ernsthafte Krankheit bei Ihnen Angst hervor?"): In diesen Faktor gehen 17 Items ein, die sich u. a. auf Gesundheitsängste, Selbstuntersuchungen des eigenen Körpers, Zweifel an den ärztlichen Rückversicherungen oder Angst vor dem Sterben beziehen.

- *Krankheitsverhalten* (Bsp.: „Wie oft gehen Sie zum Arzt?"): Die zugehörigen sechs Items beziehen sich auf die (übermäßige) Inanspruchnahme von Ärzten oder anderen Gesundheitsdiensten sowie auf etwaige negative Auswirkungen der Ängste auf das Konzentrationsvermögen, die Arbeitsleistung und die Genussfähigkeit im Alltag.

Zusätzlich kann der Gesamtwert über beide Skalen errechnet werden. Als alternative oder zusätzliche Auswertungsoption ist die Bestimmung der sieben von Kellner a priori postulierten hypochondrischen Cluster möglich. Eine weitere Auswertemöglichkeit ist der Vergleich mit einem Cut-Off-Wert zur Identifikation krankheitswertiger hypochondrischer Störungen. Bei einem Punktwert ≥ 50 ergibt sich im Vergleich zur diagnostischen Klassifikation der Hypochondrie ein optimales Verhältnis von Sensibilität und Spezifität. Daher gelten folgende Interpretationsempfehlungen für die IAS: 0 bis 40 Punkte – keine Hypochondrie, 41 bis 49 Punkte – Verdacht auf Hypochondrie, 50 bis 92 Punkte – Hypochondrie. Eine neuere Arbeit von Weck et al. (2010) zeigt, dass auch die drei Items der Kellner-Subskala bodily preoccupation (Beschäftigtsein mit Körperprozessen) zum ultrakurzen Screening eingesetzt werden können (mit Sensibilität und Spezifität > 90 %).

Gütekriterien

Die deutsche Fassung der IAS wurde bei $N = 756$ stationären Patienten einer psychosomatischen Klinik eingesetzt, die unterschiedliche psychische und psychosomatischen Störungen aufwiesen. Zusätzlich standen zur psychometrischen Evaluation und Normierung die Daten von $N = 1\,575$ repräsentativen Personen aus der deutschen Allgemeinbevölkerung zur Verfügung (Bleichhardt & Hiller, 2007). Itemkennwerte und deskriptive statistische Angaben sind im Testmanual zu finden.

Objektivität: Die IAS sind in ihrer Durchführung und Auswertung standardisiert und deshalb als objektiv einzuschätzen.

Reliabilität: Die Retest-Reliabilität des IAS-Gesamtscores betrug $r_{tt} = .88$ (Zeitintervall 30 Tage) bzw. $r_{tt} = .93$ (Zeitintervall 50 Tage). Für die beiden Subskalen lagen die Werte zwischen .84 und .93. Ähnliche Werte fanden Speckens et al. (1996) in einer niederländischen Stichprobe einer allgemeinmedizinischen Universitätsambulanz. Die interne Konsistenz (Cronbachs α) des IAS-Gesamtwerts betrug in einer klinischen Stichprobe .90 und variierte für die beiden Skalen in unterschiedlichen Studien zwischen .70 und .87.

Faktorielle Validität: Es liegen mindestens 10 faktorenanalytische Untersuchungen vor, die von unterschiedlichen internationalen Arbeitsgruppen publiziert wurden (Weck et al., 2009). Als über alle Arbeiten stabilstes Muster kann die oben beschriebene zweifaktorielle Lösung angesehen werden. Hiller et al. (2002) zeigten, dass bei differenzierterer Analyse auch eine abgrenzbare Skala *Tanatophobie* beschrieben werden kann, wodurch sich eine zusätzliche Interpretationsmöglichkeit bietet.

Externe Validität: Beim Vergleich der IAS mit dem Freiburger Persönlichkeitsinventar (FPI-R) zeigten sich die höchsten Korrelationen mit den Persönlichkeitsmerkmalen Emotionalität ($r = .44$), Körperliche Beschwerden (.39) und Gesundheitssorgen (.38). Diese Ergebnisse beruhen auf einer Stichprobe von 288 psychosomatischen Patienten in stationärer Behandlung. Des Weiteren zeigten sich mittelgradige Korrelationen mit den Skalen Ängstlichkeit ($r = .48$) und Somatisierung (.47) der Symptom-Checkliste SCL-90-R. Die Korrelationen für die Skala *Krankheitsängste* waren durchweg etwas höher als die für die Skala *Krankheitsverhalten*. Die IAS zeigten eine zu erwartende mittlere Korrelationen von $r = .47$ mit Somatisierung (erfasst mittels des Screenings für Somatoforme Störungen, SOMS). In der gleichen Größenordnung bestanden Zusammenhänge mit kognitiven Auffälligkeiten, die als typisch für Somatoforme Störungen gelten (etwa katastrophisierende Bewertung von Körperempfindungen, Intoleranz körperlicher Beschwerden oder Selbstwahrnehmung als körperlich schwach). Ebenso korrelierten die IAS positiv mit sozialen, beruflichen, familiären und anderen persönlichen Beeinträchtigungen (Werte zwischen $r = .30$ und .44).

Erwartungsgemäß haben Personen mit der Diagnose einer Somatoformen Störung oder einer Hypochondrie in den IAS signifikant höhere Werte als Personen mit anderen Diagnosen oder ohne feststellbare psychische Störung. Bei Verwendung des optimalen Cut-Off-Werts von 45 Punkten für den IAS-Gesamtscore wurde für die Differenzierung von hypochondrischen und nicht hypochondrischen Patienten (die auch keine andere Somatoforme Störung aufwiesen) eine Sensibilität von 72 % und eine Spezifität von 73 % erreicht. Für den klinischen Gebrauch wird jedoch empfohlen, den Punktwertebereich zwischen 41 und 49 Punkten als Grenzzone anzusehen und von einem Verdacht auf Hypochondrie auszugehen. Dadurch verbessern sich die Sensibilität auf 86 % und die Spezifität auf 88 %.

Vergleichswerte/ Normen

Für die IAS liegen Normen für die deutsche Allgemeinbevölkerung und stationäre psychosomatische Patienten vor. Die Stichprobe der deutschen Bevölkerungsstudie (Bleichhardt & Hiller, 2007) bestand aus $N = 1\,575$ Personen im Alter zwischen 18 und 98 Jahren, die hinsichtlich Geschlecht, Alter, Bildungsstand und Ausländeranteil entsprechend der Angaben des Statistischen Bundesamts ausreichend repräsentativ zusammengesetzt war. Die Gruppe der stationären Patienten bestand aus 756 Personen mit unterschiedlichen psychischen und psychosomatischen Störungen. Getrennte Werte für Frauen und Männer wurden nicht publiziert, da sich keine durchgängigen Geschlechtsunterschiede zeigten.

WWW-Ressourcen

Es liegen keine zusätzlichen Ressourcen vor.

Literatur

Bleichhardt, G. & Hiller, W. (2007). Hypochondriasis and health anxiety in the German population. *British Journal of Health Psychology, 12,* 511–523.

Bleichhardt, G. & Weck, F. (2010). *Kognitive Verhaltenstherapie bei Hypochondrie und Krankheitsangst* (2. Aufl.) Berlin: Springer.

Hiller, W., Rief, W. & Fichter, M. M. (2002). Dimensional and categorical approaches to hypochondriasis. *Psychological Medicine, 32,* 707–718.

Speckens, A. E. M., Spinhoven, P., Sloekers, P. P. A., Bolk, J. H. & van Hemert, A. M. (1996). A validation study of the Whitely Index, the Illness Attitude Scales, and the Somatosensory Amplification Scale in general medical and general practice patients. *Journal of Psychosomatic Research, 40,* 95–104.

Weck, F., Bleichhardt, G. & Hiller, W. (2009). The factor structure of the Illness Attitude Scales in a German population. *International Journal of Behavioral Medicine, 16,* 164–171.

Weck, F., Bleichhardt, G. & Hiller, W. (2010). Screening for hypochondriasis with the Illness Attitude Scales. *Journal of Personality Assessment, 92,* 260–268.

Autoren des Beitrags

Wolfgang Hiller und Winfried Rief

Kontaktdaten des Erstautors

Univ.-Prof. Dr. Wolfgang Hiller
Universität Mainz
Psychologisches Institut
Wallstraße 3
55122 Mainz
hiller@uni-mainz.de

IES-R
Impact of Event Scale (Revidierte Form)

Autoren des Testverfahrens	Andreas Maercker und Matthias Schützwohl
Quelle	Maercker, A. & Schützwohl, M. (1998). Erfassung von psychischen Belastungsfolgen: Die Impact of Event Skala-revidierte Version (IES-R). *Diagnostica, 44,* 130–141.
Vorgänger-/ Originalversionen	*Englische Originalversion:* Horowitz, M. J., Wilner, N. & Alvarez, W. (1979). Impact of Event Scale: A measure of subjective stress. *Psychosomatic Medicine, 41,* 209–218. *Deutschsprachige Übersetzung der IES:* Ferring, D. & Filipp, S. H. (1994). Teststatische Überprüfung der Impact of Event-Skala: Befunde zur Reliabilität und Stabilität. *Diagnostica, 40,* 344–362.
Kurzversionen	keine
Kurzbeschreibung	Die IES-R erfasst Posttraumatische Belastungsreaktionen mit den drei Subskalen *Intrusionen, Vermeidung* und *Übererregung,* die typische Formen individueller Reaktionen bzw. Symptome auf extrem belastende Ereignisse abbilden. Die deutsche IES-R hat in Absprache mit dem Autor der englischsprachigen Originalversion (Horowitz et al., 1979) das vierstufige Antwortformat übernommen, während die englischsprachige Version von Weiss und Marmar (1996) ein fünfstufiges Antwortformat hat. Die Itemformulierungen sind unabhängig von der jeweiligen Fassung des DSM oder ICD.
Anwendungsbereich	Die IES-R findet im Erwachsenenbereich Anwendung.
Bearbeitungszeit	Die Durchführungszeit beträgt 10 bis 12 Minuten.
Theoretischer Hintergrund	Extreme Ereignisse wie sexualisierte Gewalttaten, Kriegserleben, Naturkatastrophen oder eigene lebensbedrohliche Erkrankungen erzeugen psychische Reaktionen, die in vielen Fällen die individuelle Adaptationsfähigkeit überfordern und sich in Belastungszuständen auswirken. Drei Formen typischer psychischer Reaktionen haben sich als Folgen dieser Extremereignisse gezeigt: Intrusionen, Vermeidung und Übererregung. Intrusionen sind sich aufdrängende, belastende Erinnerungen, die der individuellen Kontrolle entzogen sind und die das Arbeitsgedächtnis mit traumabezogenen Bildern oder anderen Sinneseindrücken überfluten. Posttraumatisches Vermeidungsverhalten zeigt sich in den Anstrengungen der Betroffenen, sich von Gedanken, Gefühlen, Aktivitäten oder Situationen zu distanzieren, die mit dem Trauma

in Verbindung stehen und Erinnerungen daran wachrufen. Die Übererregungssymptome umfassen erhöhte Reizbarkeit, Wachsamkeit, übertriebene Schreckreaktionen sowie Störungen der Konzentration und des Schlafes.

Bezug zur Psychotherapie

Das Verfahren ist ein Verlaufs- und Ergebnismaß für die Therapie der Posttraumatischen Belastungsstörung (PTBS). Das Ausmaß der Symptomatik wird erfassbar.

Testentwicklung

Die deutschsprachige IES-R wurde in einer Validierungsstudie mit zwei Stichproben untersucht (128 ehemals politisch Inhaftierte, 30 Kriminalitätsopfer; Maercker & Schützwohl, 1998), in der als externe Kriterien strukturierte Diagnosestellungen mittels des „Diagnostischen Interviews für Psychische Störungen (DIPS)" vorgenommen wurden. Inzwischen liegen Werte bei weiteren Untersuchungsgruppen vor (z. B. Verkehrsunfallsopfer, Opfer sexualisierter Gewalt, gesunde nicht traumatisierte Kontrollgruppe). Die Drei-Faktoren-Struktur des englischen Testoriginals konnte im Wesentlichen bestätigt werden. King et al. (2009) haben Ein- bis Fünf-Faktoren-Lösungen untersucht und fanden gute Kennwerte für die Drei-Faktoren-Lösung mit einem zusätzlichen Schlafstörungsfaktor (2 Items).

Aufbau und Auswertung

Die IES enthält drei Subskalen:
- *Intrusion* (IES-R-I) mit sieben Items,
- *Vermeidung* (IES-R-V) mit acht Items und
- *Übererregung* (IES-R-Ü) mit sieben Items.

Die Fragebogen-Instruktion lautet: „Denken Sie bitte an den Vorfall: _____ (bitte eintragen). Geben Sie im Folgenden an, wie sie in der vergangenen Woche zu diesem Ereignis gestanden haben, indem Sie für jede der folgenden Reaktionen ankreuzen, wie häufig diese bei Ihnen aufgetreten ist". Die Beantwortung erfolgt auf einer vierstufigen Skala (0 = überhaupt nicht, 1 = selten, 3 = manchmal und 5 = oft). Die Subskalenwerte werden entsprechend durch die Addition der Itemantworten gebildet.

Für Forschungszwecke wurde von Maercker und Schützwohl (1998) eine diagnostische Schätzformel für menschlich verursachte Traumata entwickelt. Wenn die Formel:

Diagnostischer Wert X = -0.02 * Intrusion + 0.07 * Vermeidung + 0.15 * Übererregung – 4.36

einen positiven Wert > 0 ergibt, kann eine PTB-Diagnose als wahrscheinlich angenommen werden. Von einem Gebrauch dieser Formel für gutachterliche Zwecke wird abgeraten.

Gütekriterien

Interne Konsistenz (Cronbachs α):
IES-R-I: $\alpha = .90$, IES-R-V: $\alpha = .79$, IES-R-Ü: $\alpha = .90$.

Retest-Reliabilität (3 Monate):
IES-R-I: $r_{tt} = .80$, IES-R-V: $r_{tt} = .66$, IES-R-Ü: $r_{tt} = .79$.

Die Sensitivität der PTBS-Diagnosestellung liegt zwischen .70 und .76. Die Spezifität der PTBS-Diagnosestellung liegt zwischen .88 und .90.

Vergleichswerte/ Normen

Verteilungsparameter verschiedener Stichproben:
- Verkehrsunfallopfer: IES-R-I: $M = 9.5$, $SD = 8.9$; IES-R-V: $M = 8.7$, $SD = 9.9$; IES-R-Ü: $M = 8.6$, $SD = 10.4$ (Poldrack et al., 1999).
- Kriminalitätsopfer: IES-R-I: $M = 16.4$, $SD = 10.4$; IES-R-V: $M = 15.4$, $SD = 8.6$; IES-R-Ü: $M = 14.7$, $SD = 10.7$ (Maercker & Schützwohl, 1998).
- Ehemals politisch Inhaftierte: IES-R-I: $M = 18.7$, $SD = 10.3$; IES-R-V: $M = 13.8$, $SD = 9.2$; IES-R-Ü: $M = 16.7$, $SD = 11.2$ (Maercker & Schützwohl, 1998).
- Sexuelle Gewalt: IES-R-I: $M = 27.4$, $SD = 4.0$; IES-R-V: $M = 28.1$, $SD = 6.1$; IES-R-Ü: $M = 27.0$, $SD = 5.10$ (Sack et al., 2013).
- Gesunde nicht traumatisierte Kontrollgruppe: IES-R-I: $M = 6.1$, $SD = 5.3$; IES-R-V: $M = 6.6$, $SD = 7.0$; IES-R-Ü: $M = 6.9$, $SD = 8.9$.

WWW-Ressourcen

Die IES-R kann kostenfrei bezogen werden unter:
http://www.psychologie.uzh.ch/fachrichtungen/psypath/Forschung Tools/Fragebogen.html

Literatur

Horowitz, M. J., Wilner, N. & Alvarez, W. (1979). Impact of Event Scale: A measure of subjective stress. *Psychosomatic Medicine, 41,* 209–218.

King, D. W., Orazem, R. J., Lauterbach, D., King, L. A., Hebenstreit, C. L. & Shalev, A. Y. (2009). Factor structure of posttraumatic stress disorder as measured by the Impact of Event Scale–Revised: Stability across cultures and time. *Psychological Trauma: Theory, Research, Practice, and Policy, 1,* 173–187.

Maercker, A. & Schützwohl, M. (1998). Erfassung von psychischen Belastungsfolgen: Die Impact of Event Skala-revidierte Version. *Diagnostica, 44,* 130–141.

Poldrack, A., Maercker, A., Margraf, J., Kloten, D., Gavlik, J. M. & Zwipp, H. (1999). Posttraumatische Belastungssymptomatik und Gedankenkontrollstrategien bei Verkehrsunfallopfern. *Verhaltenstherapie, 9,* 190–199.

Sack, P. D. M., Sachsse, U., Overkamp, B. & Dulz, B. (2013). Traumafolgestörungen bei Patienten mit Borderline-Persönlichkeitsstörung. *Nervenarzt, 84,* 608–614.

Weiss, D. S. & Marmar, C. R. (1996) The Impact of Event Scale – Revised. In J. P. Wilson & T. M. Keane (Eds.), *Assessing psychological trauma and PTSD* (pp. 399–411). New York: Guilford.

Autoren des Beitrags

Andreas Maercker und Matthias Schützwohl

Kontaktdaten des Erstautors

Prof. Dr. Dr. Andreas Maercker
Universität Zürich
Psychopathologie und Klinische Intervention
Binzmühlestr. 14/17
CH-8050 Zürich
maercker@psychologie.uzh.ch

IIM

Inventar zur Erfassung interpersonaler Motive

Autoren des Testverfahrens	Andrea Thomas, Kenneth D. Locke und Bernhard Strauß
Quelle	Thomas, A., Locke K. D. & Strauß, B. (2012b). Das Inventar zur Erfassung interpersonaler Motive. *Diagnostica, 58* (4), 211–226.
Vorgänger-/ Originalversionen	*Vorgängerversion (Circumplex Scales of Interpersonal Values, CSIV):* Locke, K. D. (2000). Circumplex scales of interpersonal values: reliability, validity, and applicability to interpersonal problems and personality disorders. *Journal of Personality Assessment, 75,* 249–267.
Kurzversionen	keine
Kurzbeschreibung	Das IIM ist ein Verfahren zur Selbstbeurteilung und orientiert sich an dem interpersonalen (Circumplex-)Modell der Persönlichkeit (Kiesler, 1992). Das Instrument wurde entwickelt, um interpersonale Ziele entlang der beiden Dimensionen Agency und Communion zu messen. Die Skalen bilden – ähnlich wie im Falle des Inventars zur Erfassung interperonaler Probleme (IIP-D, vgl. Beitrag in diesem Band) – die Oktanten des Circumplexmodells ab. In der Instruktion werden die Probanden gebeten, einzuschätzen, was ihnen im Umgang mit anderen Menschen im Allgemeinen wichtig ist.
Anwendungsbereich	Das IIM eignet sich zur Anwendung bei erwachsenen Personen, für die systematisch interpersonale Motive erfasst werden sollen.
Bearbeitungszeit	Das IIM ist ein ökonomisches Verfahren mit 64 Items, das bequem in 10 bis 15 Minuten auszufüllen ist. Die manuelle Auswertung dauert zwischen 5 und 10 Minuten.
Theoretischer Hintergrund	Interpersonale Modelle fokussieren auf Gesetzmäßigkeiten zwischenmenschlichen Verhaltens bzw. zwischenmenschlicher Prozesse in Interaktionen (Thomas & Strauß, 2008). Es liegen mehrere Methoden vor, die sich eignen, entlang der beiden Dimensionen Agency (oder Dominanz, Macht, Durchsetzung) bzw. Communion (bzw. Bezogenheit, Zuneigung, Affiliation) interpersonale Verhaltensweisen zu beschreiben. Im klinischen Kontext hat sich das Inventar zur Erfassung interpersonaler Probleme (IIP-D; Horowitz et al., 2016) als ein Instrument etabliert, das anhand der beiden Dimensionen Schwierigkeiten im Umgang mit anderen Menschen erfasst. Im Kontext des Interpersonalen Circumplexmodells (IPC) können prinzipiell auch bewusst repräsentierte interpersonale Ziele abgebildet werden. Horowitz (2004) hat die interpersonalen Grundlagen in der Psychopathologie ausführlich zusammengefasst und in diesem Zusammenhang auch gezeigt, dass:

1. die Messung interpersonaler Funktionsfähigkeit neben der Messung von Symptomausprägungen eine wichtige Komponente des diagnostischen Prozesses in der Psychotherapie darstellt und
2. durch die Erfassung interpersonalen Problemverhaltens auf unterschiedlichen Ebenen adaptive bzw. maladaptive Muster identifiziert werden können.

Das IIM orientiert sich an dem Interpersonalen Circumplexmodell und den beiden oben genannten Dimensionen und fokussiert zum einen auf interpersonale Ziele der beurteilenden Person (z. B. „Es ist mir wichtig, dass ich in Ihrem Beisein keine Fehler mache."), während die andere Hälfte der Items sich auf Wünsche richtet, wie sich bedeutsame andere verhalten sollen (z. B. „Es ist mir wichtig, dass sie Interesse zeigen für das, was ich sage.").

Bezug zur Psychotherapie

In vielen Studien wurde gezeigt, dass im Kontext unterschiedlicher Pathologien zwischenmenschliche Beeinträchtigungen bzw. rigide zwischenmenschliche Muster eine besondere Bedeutung haben (z. B. Horowitz, 2004). Entsprechende Instrumente dienen also einerseits der Fokusbildung und der Eingangsdiagnostik in der Psychotherapie. Sie können aber auch zur Veränderungsmessung angewandt werden (vgl. Thomas et al., 2012a).

Testentwicklung

Die ursprüngliche Version des Fragebogens wurde als Circumplex Scales of Interpersonal Values (CSIV) von Locke (2000) entwickelt, um explizite, das heißt bewusst repräsentierte, interpersonal ausgerichtete interaktionelle Ziele entlang des Interpersonalen Circumplexmodells abzubilden. Die Items wurden auf der Basis von Tonbandaufzeichnungen aus Psychotherapien gebildet, aus denen die Formulierungen von zwischenmenschlichen Zielen ausgewählt wurden. Die Items sollen von Probanden daraufhin bewertet werden, inwieweit in den Fragen formulierte Ziele im Kontakt mit anderen Menschen für sie persönlich wichtig sind.

Locke (2000) konnte für die englischsprachige Originalversion die circumplexe Struktur belegen und in einigen Validierungsstudien zeigen, dass das Instrument sich in unterschiedlicher Hinsicht als valide erwies (vgl. Abschnitt Gütekriterien).

Die deutsche Version wurde auf der Basis von vier unabhängigen Übersetzungen (und Rückübersetzungen) gebildet. Das 64 Items umfassende Instrument wurde mit dem Namen Inventar zur Erfassung interpersonaler Motive (in Anlehnung an das IIP-D) bezeichnet.

Aufbau und Auswertung

Auf der Basis unterschiedlicher Stichproben wurde die circumplexe Struktur des Bogens mehrfach überprüft und weitgehend bestätigt. Daraus resultieren insgesamt acht Circumplex-Skalen, die die Oktanten des Modells repräsentieren. Die Skalenbezeichnungen sind:
– *Selbstsicherheit* (Bsp.: „Im Umgang mit anderen Menschen ist mir im Allgemeinen wichtig, dass ... ich sicher auftrete."),
– *Durchsetzung* (Bsp.: „... ich sie beeindrucke."),

IIM

- *Selbstbezogenheit* (Bsp.: „... sie nicht wissen, was ich gerade denke oder fühle.").
- *Verschlossenheit* (Bsp.: „... ich meine Sympathien für sie verborgen halte."),
- *Unterordnung* (Bsp.: „... ich ihre Erwartungen erfülle."),
- *Altruismus* (Bsp.: „... ich zuerst auf ihre Bedürfnisse achte."),
- *Harmonie* (Bsp.: „... ich mich mit ihnen verbunden fühle.") und
- *Soziale Akzeptanz* (Bsp.: „... sie Interesse zeigen für das, was ich sage.").

Jede Skala umfasst acht Items, insgesamt besteht das IIM aus 64 Items. Die Skalen werden in Form von Skalenmittelwerten ausgewertet (Mittelwert über die jeweils acht Items mit fünfstufigem Antwortformat von 0 = nicht wichtig bis 5 = sehr wichtig). Hohe Werte bedeuten eine hohe Ausprägung des jeweiligen Motivs.

Gütekriterien

Nachdem von Locke (2000) mehrere Studien durchgeführt wurden, die gute psychometrische Kriterien und eine Bestätigung der Konstruktvalidität des CSIV ergaben, wurden von Thomas et al. (2012b) anhand dreier Stichproben (1 376 Studierende, 262 Patienten einer psychosomatischen Rehabilitationsklinik, 116 Patienten einer Studie zur Therapie der sozialen Phobie und einer Teilstichprobe von 1 218 Männern und 1 297 Frauen aus einer Repräsentativerhebung) die Gütekriterien untersucht. Unter Verwendung verschiedener Methoden zur Testung der Circumplex-Eigenschaften (z. B. Acton & Revelle, 2002) wurde die IIM-Struktur bestätigt.

Objektivität: Die Durchführungs-, Auswertungs- und Interpretationsobjektivität des IIM kann aufgrund der Standardisierungen als gegeben gelten.

Reliabilität: Die mittlere interne Konsistenz der Skalen lag über alle Stichproben bei $\alpha = .79$. Anhand einer studentischen Teilstichprobe wurde die Test-Retest-Reliabilität bestimmt, die je nach Skala zwischen .82 und .87 lag.

Validität: Die konvergente und diskriminante Validität wurde zunächst mit einer Reihe von Instrumenten, die sich auch auf das Interpersonale Modell (Inventar zur Erfassung interpersonaler Probleme, IIP-32; Interpersonale Adjektivliste, IAL) bestätigt. Andere Zusammenhänge wurden mit den Skalen des Fragebogens zur Analyse Motivationaler Schemata (FAMOS) als einem weiteren Instrument zur Erfassung von Motiven überprüft, wobei fast alle Vorhersagen erfüllt wurden. Die diskriminative Validität wurde damit überprüft, dass eine parallelisierte Bevölkerungsstichprobe mit einer Gruppe von Patienten mit der Diagnose Soziale Phobie miteinander verglichen wurde. Auch hier zeigten sich erwartungskonforme Unterschiede in den einzelnen Skalen (vgl. Thomas et al., 2012b).

Prognostische Validität und Änderungssensitivität: Die prognostische Validität wurde in einer klinischen Studie untersucht (Thomas et al., 2012a). 258 Patienten aus einer psychosomatischen Rehabilitationsklinik wurden mit dem IIM, IIP und einem Ergebnisfragebogen zu Beginn und am Ende ihrer Behandlung untersucht. Zum Therapieende zeigten sich wenige Veränderungen der interpersonalen Motive im Hinblick auf die Dimension *Harmonie*, wohl aber eine deutliche Reduktion submissiver Motive. Die Veränderung dieser Motive war auch mit einer deutlicheren Reduktion interpersonaler Probleme und psychischer Symptome assoziiert.

Vergleichswerte/ Normen

Für die 64-Item-Version des IIM sind Vergleichswerte aus den oben genannten vier Stichproben vorhanden, zu denen auch eine repräsentative Stichprobe von Männern und Frauen gehört.

WWW-Ressourcen

Es liegen keine zusätzlichen Ressourcen vor.

Literatur

Acton, G. S. & Revelle, W. (2002). Interpersonal personality measures show circumplex structure based on new psychometric criteria. *Journal of Personality Assessment, 79,* 446–471.

Horowitz, L. M. (2004). *Interpersonal foundations of psychopathology.* Washington, DC: American Psychological Association.

Horowitz, L. M., Strauß, B., Thomas, A. & Kordy, H. (2016). *Inventar zur Erfassung interpersonaler Probleme – Deutsche Version (IIP-D)* (3., überarb. Aufl.). Göttingen: Hogrefe.

Kiesler, D. J. (1992). Interpersonal circle inventories: Pantheoretical applications to psychotherapy research and practice. *Journal of Psychotherapy Integration, 2,* 77–97.

Locke, K. D. (2000). Circumplex scales of interpersonal values: reliability, validity, and applicability to interpersonal problems and personality disorders. *Journal of Personality Assessment, 75,* 249–267.

Thomas, A., Kirchmann, H., Suess, H., Bräutigam, S. & Strauss, B. (2012a). Motivational determinants of interpersonal distress: How interpersonal goals are related to interpersonal problems. *Psychotherapy Research, 22* (5), 489–501.

Thomas, A., Locke, D. & Strauß, B. (2012b). Das Inventar zur Erfassung interpersonaler Motive: Entwicklung, Validierung und Normierung. *Diagnostica, 58* (4), 211–226.

Thomas, A. & Strauß, B. (2008). Diagnostische Methoden nach dem Interpersonalen Modell der Persönlichkeit. *Klinische Diagnostik und Evaluation, 1,* 255–277.

Autoren des Beitrags

Bernhard Strauß und Andrea Thomas

Kontaktdaten des Erstautors

Prof. Dr. Dipl.-Psych. Bernhard Strauß
Klinikum der Friedrich-Schiller-Universität Jena
Institut für Psychosoziale Medizin und Psychotherapie
Stoystraße 3
07740 Jena
bernhard.strauss@med.uni-jena.de

IIP-D

Inventar zur Erfassung interpersonaler Probleme –
Deutsche Version

Autoren des Testverfahrens	Leonard M. Horowitz, Bernhard Strauß, Andrea Thomas und Hans Kordy
Quelle	Horowitz, L. M., Strauß, B., Thomas, A. & Kordy, H. (2016). *Inventar zur Erfassung interpersonaler Probleme – Deutsche Version (IIP-D)* (3., überarb. Aufl.). Göttingen: Hogrefe. Das Copyright liegt beim Hogrefe Verlag.
Vorgänger-/ Originalversionen	*Originalversion Inventory of Interpersonal Problems (IIP):* Horowitz, L. M., Rosenberg, S. E., Baer, B. A., Ureno, G. & Villasenor, V. S. (1988). Inventory of Interpersonal Problems: Psychometric properties and clinical applications. *Journal of Consulting and Clinical Psychology, 56,* 885–892.
Kurzversionen	Die kürzeste Version des IIP-D umfasst 32 Items.
Kurzbeschreibung	Das IIP-D, ein Verfahren zur Selbstbeurteilung, wurde ursprünglich in einer Langform mit 129 Items entwickelt, die rasch auf 64 Items reduziert wurde (Horowitz et al., 2000). Neben der 64-Item-Version liegt mittlerweile auch eine 32-Item-Version vor. Mit beiden Fassungen können Probanden beschreiben, wie sehr sie unter spezifischen Schwierigkeiten im Umgang mit anderen Menschen leiden. Die Items beschreiben einerseits Aspekte, die im Umgang mit anderen schwierig sein können (z. B. „Es fällt mir schwer, anderen Menschen zu vertrauen."), wie auch Aspekte, die „man im Übermaß tun kann" (z. B. „Ich streite mich zu viel mit anderen.").
Anwendungsbereich	Das IIP-D eignet sich zur Anwendung bei erwachsenen Personen, die im Hinblick auf ihre interpersonalen Schwierigkeiten klassifiziert bzw. diagnostiziert werden sollen.
Bearbeitungszeit	Das IIP-D hat sich als ökonomische Methode zur Erfassung interpersonaler Probleme bewährt. Der Zeitbedarf für das Ausfüllen des Bogens liegt für die 64-Item-Version bei circa 10 bis 15 Minuten, für die 32-Item-Version entsprechend darunter. Die manuelle Auswertung dauert etwa 5 Minuten.
Theoretischer Hintergrund	Ausgangspunkt für die Entwicklung des IIP war die Beobachtung, dass Patienten, die sich in psychotherapeutische Behandlung begeben, häufig primär über interpersonale Schwierigkeiten klagen. Entsprechend haben sich in der Psychotherapieforschung der letzten Jahre interpersonale Konzepte und Theorien zur Beurteilung der Prognose, des Behandlungsprozesses und des Behandlungsergebnisses etabliert. Die meisten dieser Konzepte sind zurückführbar auf das Interpersonale Modell der Persönlichkeit, das von Autoren wie Sullivan (1953),

Leary (1957) oder Kiesler (1992) konzipiert wurde. Das Interpersonale Modell bietet ein System zur Beschreibung von Beziehungsmustern mit dem Ziel, adaptive bzw. maladaptive Interaktionen besser zu verstehen und empirisch zu fassen. Eine der Grundannahmen des Modells ist, dass alle interpersonalen Verhaltensweisen entlang der Achsen eines zweidimensionalen Raumes (Agency oder Dominanz, Macht, Durchsetzung bzw. Communion oder Bezogenheit, Zuneigung, Affiliation) beschreibbar sind. Die semantische Struktur dieses Modells wurde in zahllosen Untersuchungen bestätigt. Auf der Basis des Modells wurden eine Reihe weiterer Methoden entwickelt, mit denen normales und problematisches interpersonales Verhalten erfasst werden kann (vgl. Übersicht bei Thomas & Strauß, 2008).

Bezug zur Psychotherapie

Ausgehend von der Annahme, dass Psychopathologie meist mit problematischen interpersonalen Mustern gekoppelt ist, eignet sich das IIP-D zur psychotherapiebezogenen Eingangsdiagnostik (inklusive Indikationsstellung, Fokusbildung), aber auch zur Verlaufsdiagnostik in der klinischen Praxis bzw. zur Psychotherapieevaluation in klinischen Studien.

Testentwicklung

Horowitz et al. (1988) versuchten als Ausgangspunkt der Entwicklung des IIP Patientenäußerungen zu interpersonalen Problemen zu kategorisieren und zu beschreiben. Auf dieser Basis wurde eine erste Version des IIP entwickelt, die dazu dienen sollte, zwischenmenschliche Belastungen zu diagnostizieren und in der Behandlung zu fokussieren. Horowitz et al. (1988) beschrieben die ursprüngliche Version des Fragebogens als ein 129 Items umfassendes Instrument, das noch nicht auf das Interpersonale Modell und seine circumplexe Struktur (das heißt auf seine Kompatibilität mit dem zweidimensionalen interpersonalen Modell) hin überprüft war. Dies wurde durch Alden et al. (1990) nachgeholt. Diese Autoren schlugen auch die heute übliche Skalenbildung vor, die insgesamt acht Skalen zur Messung interpersonaler Probleme umfasst und mit den Oktanten des zweidimensionalen interpersonalen Modells übereinstimmt. Sowohl die 64-Item-Version des IIP als auch die neuere 32-Item-Version sind durch diese acht Skalen beschrieben.

Aufbau und Auswertung

Beide Versionen (64-Item-Version und 32-Item-Version) enthalten die folgenden Skalen:
- *autokratisch/dominant* (Bsp.: „Es fällt mir schwer, Anweisungen von Personen entgegenzunehmen, die mir vorgesetzt sind."),
- *streitsüchtig/konkurrierend* (Bsp.: „Es fällt mir schwer, anderen Menschen zu vertrauen."),
- *abweisend/kalt* (Bsp.: „Es fällt mir schwer, anderen Menschen meine Zuneigung zu zeigen."),
- *introvertiert/sozial vermeidend* (Bsp.: „Es fällt mir schwer, mich Gruppen anzuschließen."),
- *selbstunsicher/unterwürfig* (Bsp.: „Es fällt mir schwer, andere wissen zu lassen, was ich will."),
- *ausnutzbar/nachgiebig* (Bsp.: „Ich lasse mich von anderen zu sehr ausnutzen."),

IIP-D

- *fürsorglich/freundlich* (Bsp.: „Ich bin anderen gegenüber zu großzügig.") und
- *expressiv/aufdringlich* (Bsp.: „Es fällt mir schwer, bestimmte Dinge für mich zu behalten.").

Die Skalen werden in Form von Skalenmittelwerten (Antwortformat 0 = nicht bis 4 = sehr) ausgewertet. Ein hoher Skalenwert drückt ausgeprägtere interpersonale Probleme aus. Gegebenenfalls werden auch ipsative Werte berechnet, die in der Individualdiagnostik aussagefähiger sind. Darüber hinaus besteht die Möglichkeit, diverse Scores und Kennwerte zu berechnen, die sich aus der Metrik des interpersonalen Modells ableiten, z. B. Skalenwerte für die beiden Hauptachsen des Modells (Zuneigung versus Dominanz).

Gütekriterien

Für die unterschiedlichen Versionen des IIP-D liegen inzwischen verschiedene teststatistische Prüfungen vor, wobei die Analysen der deutschen Version hauptsächlich auf großen klinischen und nicht klinischen Stichproben beruhen. Letztere umfassen zwei bevölkerungsrepräsentative Teilstichproben, die zur Normierung der 32- bzw. 64-Item-Version des IIP-D untersucht wurden.

Objektivität: Die Durchführungs-, Auswertungs- und Interpretationsobjektivität des IIP-D kann aufgrund der entsprechenden Standardisierungen als gegeben angesehen werden.

Reliabilität: Die interne Konsistenz (Cronbachs α) variiert für die 64-Item-Version zwischen .71 und .82, für die 32-Item-Version zwischen .60 und .85. Da die Skalen nicht auf eine maximale Konsistenz hin zusammengestellt wurden, können diese Werte als zufriedenstellend betrachtet werden.

Faktorielle Validität: Die Skalenstruktur, insbesondere die circumplexe Faktorenstruktur im Sinne einer Zwei-Faktoren-Lösung (vgl. Alden et al., 1990) wurde für beide Versionen mehrfach repliziert. Dabei kamen auch spezifische Indizes und Methoden zur Prüfung der Skalenstruktur zum Einsatz (Thomas et al., 2011).

Externe Validität: Inzwischen gibt es viele Studien, in denen die Skalen des IIP mit anderen klinischen und Persönlichkeitsmerkmalen in Zusammenhang gebracht wurden. Diese Studien stützen die Annahme einer externen Validität der Methode (vgl. Übersicht bei Horowitz et al., 2016).

Prognostische Validität: Die Bestimmung der Bedeutung interpersonaler Schwierigkeiten für die Prognose nach einer psychotherapeutischen Behandlung war eines der ursprünglichen Motive für die Entwicklung dieses Instruments. Eine Reihe von Studien zeigt zumindest moderate Zusammenhänge zwischen einer gewissen Sensibilität für interpersonale Probleme und einem positiven Behandlungsergebnis. Ebenso gibt es einige Hinweise darauf, dass feindselige Dominanz eher mit geringerem Therapieerfolg assoziiert sein könnte.

Änderungssensitivität: Auch im Rahmen einer Kernbatterie für die Psychotherapieforschung wurde das IIP früh als ein Maß zur Erfolgskontrolle in der Psychotherapie empfohlen (vgl. Strupp et al., 1997). Viele Studien, die das IIP im Verlauf eingesetzt haben, berichten, dass im Vergleich zu anderen klinischen Skalen, die eher auf die psychische Symptomatik und Beeinträchtigung fokussieren, Veränderungen im Therapieverlauf im IIP geringer sind (niedrigere Effektstärken). Es gibt aber einige Studien, die zeigen, dass nach Therapieende (bis hin zu unterschiedlich langen Katamnesen) noch deutlichere Veränderungen in den IIP-Skalen zu beobachten sind, was mit Phasenmodellen therapeutischer Veränderungen übereinstimmen würde.

Vergleichswerte/ Normen

Für deutschsprachige Stichproben liegen Repräsentativnormen sowohl für die 32-Item-Version als auch für die 64-Item-Version des IIP-D vor. Normtabellen sind im Manual enthalten (Howoritz et al., 2016).

WWW-Ressourcen

Es liegen keine zusätzlichen Ressourcen vor.

Literatur

Alden, L. E., Wiggins, J. S. & Pincus, A. L. (1990). Construction of circumplex scales for the Inventory of Interpersonal Problems. *Journal of Personality Assessment, 55,* 521–536.

Horowitz, L. M., Rosenberg, S. E., Baer, B. A., Ureno, G. & Villasenor, V. S. (1988). Inventory of Interpersonal Problems: Psychometric properties and clinical applications. *Journal of Consulting and Clinical Psychology, 56,* 885–892.

Horowitz, L. M., Strauß, B., Thomas, A. & Kordy, H. (2000). *Inventar zur Erfassung interpersonaler Probleme – Deutsche Version (IIP-D).* (2., überarb. und neu norm. Aufl.). Göttingen: Beltz Test.

Horowitz, L. M., Strauß, B., Thomas, A. & Kordy, H. (2016). *Inventar zur Erfassung interpersonaler Probleme – Deutsche Version (IIP-D).* (3., überarb. Aufl.). Göttingen: Hogrefe.

Kiesler, D. J. (1992). Interpersonal circle inventories: Pantheoretical applications to psychotherapy research and practice. *Journal of Psychotherapy Integration, 2,* 77–97.

Leary, T. (1957). *Interpersonal diagnosis of personality.* New York: Ronald Press.

Strupp, H. H., Horowitz, L. M. & Lambert, M. J. (Eds.). (1997). *Measuring patient changes in mood, anxiety, and personality disorders: Toward a core battery.* Washington, DC: American Psychological Association.

Sullivan, H. S. (1953). *The interpersonal theory of psychiatry.* New York: Norton.

Thomas, A., Brähler, E. & Strauß, B. (2011). IIP-32: Entwicklung, Validierung und Normierung einer Kurzform des Inventars zur Erfassung interpersonaler Probleme. *Diagnostica, 57,* 68–83.

Thomas, A. & Strauß, B. (2008). Diagnostische Methoden nach dem Interpersonalen Modell der Persönlichkeit. *Klinische Diagnostik und Evaluation, 1,* 255–277.

Autoren des Beitrags

Bernhard Strauß und Andrea Thomas

Kontaktdaten des Erstautors	Prof. Dr. Dipl.-Psych. Bernhard Strauß Klinikum der Friedrich-Schiller-Universität Jena Institut für Psychosoziale Medizin und Psychotherapie Stoystraße 3 07740 Jena bernhard.strauss@med.uni-jena.de

IMI-R
Impact Message Inventory

Autoren des Testverfahrens	Donald Kiesler, Franz Caspar, Helga Fingerle und Martin Werner
Quellen	– Caspar, F., Fingerle, H. & Werner, M. (2000). *Der IMI (Impact Message Inventory): Ein Instrument zur Interpersonalen Fremdbeurteilung.* Forschungsbericht. Universität Freiburg, Institut für Psychologie. – Fingerle, H. (1998). *Der Impact Message Inventory. Deutsche Neukonstruktion.* Unveröffentlichte Diplomarbeit, Psychologisches Institut der Universität Tübingen.
Vorgänger-/ Originalversionen	*Originalversion:* Kiesler, D. J., Anchin, J. C., Perkins, M. J., Chirico, B. M., Kyle, E. M. & Federman, E. J. (1976). *The Impact Message Inventory: Form II.* Richmond, VA: Virginia Commonwealth University. *Deutsche Vorgängerversion:* Werner, M. (1984). *IMI (Impact Message Inventory). Ein interpersonaler Persönlichkeitsfragebogen von Donald J. Kiesler (1976). Übersetzung aus dem Amerikanischen und erste Validierung.* Unveröffentlichte Lizentiatsarbeit, Institut für Psychologie, Universität Bern.
Kurzversionen	keine
Kurzbeschreibung	Es handelt sich um ein Fremdbeurteilungsverfahren, welches dazu dient, die interpersonale Persönlichkeit eines Individuums zu erfassen, indem die Wirkung dieses Individuums auf seine Mitmenschen erhoben wird.
Anwendungsbereich	Das IMI-R dient der Erfassung der interpersonalen Persönlichkeit sowie der Beschreibung zwischenmenschlicher Interaktion.
Bearbeitungszeit	Die Durchführungszeit beträgt circa 10 bis 15 Minuten.
Theoretischer Hintergrund	Die Originalversion des IMI (Kiesler et al., 1976) wurde vor dem Hintergrund interpersonaler Ansätze entwickelt und basiert vor allem auf der Annahme komplementären und reziproken Verhaltens (Carson, 1969; Leary, 1957; Sullivan, 1953). Hinzu kommen Aspekte der Kommunikationstheorie sowie Ergebnisse aus der empirischen Forschung zu nonverbaler Kommunikation. Daraus resultiert Kieslers Ansatz einer „Interpersonalen Kommunikationstheorie der Psychopathologie und Psychotherapie". Der Grundgedanke ist folgender (Kiesler, 1982a, 1982b, 1987, 1996): Kiesler definiert Persönlichkeit als ein relativ gleichbleibendes Muster von sich wiederholenden Evoking- und Impact-Messages. Evoking-Messages sind dabei zumeist verschlüsselte Botschaften des Senders,

IMI-R

die neben einer Selbstdarstellung auch eine Aufforderung an den Empfänger enthalten, sich komplementär zu verhalten. Unter Impact-Message versteht Kiesler die Reaktion des Empfängers auf die Evoking-Message des Senders.

Jedes Individuum entwickelt ein spezifisches Muster aus Evoking-Messages, welches beim Empfänger bestimmte Impact-Messages auslöst. Impact-Messages zeigen sich als ausgelöste Handlungsimpulse, Emotionen und Kognitionen.

Dabei geht Kiesler davon aus, dass Fremdbeurteilungen ohnehin auf Impact-Messages beruhen, sodass es direkter und weniger fehleranfällig ist (weil einen Transformationsschritt weniger erfordernd), Impact-Messages zu erfragen.

Bezug zur Psychotherapie

Das IMI-R dient der Diagnostik der interpersonalen Persönlichkeit, der Beschreibung zwischenmenschlicher Kommunikations- und Beziehungsmuster und als Basis für die Analyse komplementärer Reaktionen.

Testentwicklung

Das IMI wurde in der Arbeitsgruppe Caspar in mehreren Diplomarbeiten übersetzt, weiterentwickelt und evaluiert. Die erste deutsche Version des Impact Message Inventory (Caspar & Werner, 1985; Werner, 1984) wurde in der Arbeit von Fingerle (1998) anhand empirischer Daten so verändert, dass die revidierte Form die Kriterien für das Circumplexmodell (hypothetisches Kreismodell) erfüllt und weniger empfindlich auf Antworttendenzen ist. In Anlehnung an die Vorgehensweise von Kiesler bei der Form IIA (Kiesler et al., 1985; Kiesler & Schmidt, 1993) wurde die Form eines Oktanten als Skalenstruktur gewählt. Die Anzahl der Items sollte analog zu der Form IIA aus mindestens 56 Aussagen bestehen. Alle acht Skalen sollten in der Anzahl der Items gleich besetzt sein.

Eine mit kleineren Stichproben in mehreren Schritten überarbeitete Fassung wurde der Hauptstichprobe ($N = 186$) vorgelegt. Abschließend wurden drei Vorschläge für ein Circumplexmodell, das heißt für eine Fragebogenfassung präsentiert.

Umfangreiche klinische Anwendungen liegen vor (u. a. grosse Holtforth et al., 2012).

Aufbau und Auswertung

Die acht Faktoren des Circumplexmodells enthalten jeweils acht Items, sodass der Fragebogen (je in einer Version für die männliche bzw. weibliche beschriebene Person) insgesamt 64 Items umfasst. Jedes Item wird eingeleitet mit dem Satz „Wenn ich mit ihm zusammen bin, habe ich das Gefühl, ...", die acht Faktoren lauten:
- *freundlich* (Bsp.: „... ich kann ohne weiteres mit einem Anliegen zu ihm kommen."),
- *freundlich-submissiv* (Bsp.: „... er schließt sich schnell meinem Urteil an."),
- *submissiv* (Bsp.: „... er gibt lieber nach als seinen eigenen Standpunkt zu vertreten."),
- *feindselig-submissiv* (Bsp.: „... dass er sich vor Verantwortung drückt."),
- *feindselig* (Bsp.: „... ich möchte Distanz zu ihm wahren."),

- *feindselig-dominant* (Bsp.: „... ich sollte darauf achten, dass er nicht zu bestimmend wirkt."),
- *dominant* (Bsp.: „... er wirkt sehr selbstsicher auf mich.") und
- *freundlich-dominant* (Bsp.: „... ich kann mich darauf verlassen, dass er die Zügel in die Hand nimmt.").

Die Einschätzung der Items erfolgt auf einer vierstufigen Ratingskala (1 = stimmt gar nicht, 2 = stimmt eher nicht, 3 = stimmt eher, 4 = stimmt genau). Die Auswertung wird skalenweise mit einfacher Aufsummierung und Vergleich mit Normen vorgenommen.

Gütekriterien

Objektivität: Der IMI-R ist als objektiv in seiner Durchführung und Auswertung einzuschätzen.

Reliabilität: Cronbachs α als Maß für die interne Konsistenz bewegt sich zwischen .79 für den Faktor *submissiv* und .97 für den Faktor *freundlich* mit einem Mittel von .89.

Validität: Das Validitätskriterium ist das gute erreichte Ausmaß, in dem die Items, nach Maßgabe der Faktorenanalyse, die zwei Faktoren des Circumplexmodells abdecken. Es liegen erste Validierungsstudien vor, die zeigen, dass das Instrument zwischen klinischen Gruppen differenziert und sich für die Indikationsstellung bzw. Prognose in der Psychotherapie eignet (grosse Holthforth et al., 2012).

Vergleichswerte/ Normen

Für die Normalbevölkerung liegen Normen in der Arbeit von Fingerle (1998) vor, ebenso Normen für eine größere Zahl ambulanter Patienten. Publikationen hierzu sind in Vorbereitung.

WWW-Ressourcen

Der IMI-R steht kostenfrei zur Verfügung unter:
www.imi.psy.unibe.ch

Literatur

Carson, R. C. (1969). *Interaction concepts of personality.* Chicago, IL: Aldine.

Caspar, F. & Werner, M. (1985). The „IMI" (Impact Message Inventory by Kiesler). Some general comments on measuring interpersonal relations and the translation/ validation of an instrument. In W. Huber (Ed.), *Progress in psychotherapy research.* Selected Papers from the 2nd European Conference on Psychotherapy Research (pp. 496–511). Presses Universitaires, Louvain-la-Neuve.

Fingerle, H. (1998). *Der Impact Message Inventory. Deutsche Neukonstruktion.* Unveröffentlichte Diplomarbeit, Psychologisches Institut der Universität Tübingen.

grosse Holthforth, M., Altenstein, D., Ansell, E., Schneider, C. & Caspar, F. (2012). Impact messages of depressed outpatients as perceived by their significant others: profiles, therapeutic change, and relationship to outcome. *Journal of Clinical Psychology, 68* (3), 319–333.

Kiesler, D. J. (1982a). Interpersonal theory for personality and psychotherapy. In J. C. Anchin & D. J. Kiesler (Eds.), *Handbook of interpersonal psychotherapy* (pp. 3–24). Elmsford, NY: Pergamon.

Kiesler, D. J. (1982b). The 1982 Interpersonal Circle: A taxonomy for complementarity in human transactions. Richmond, VA: Virginia Commonwealth University.

Kiesler, D. J. (1987). *Research manual for the Impact Massage Inventory.* Palo Alto, CA: Consulting Pychologists Press.

Kiesler, D. J. (1996). *Contemporary Interpersonal Theory and Research.* New York: Wiley.

Kiesler, D. J., Anchin, J. C., Perkins, M. J., Chirico, B. M., Kyle, E. M. & Federman, E. J. (1976). *The Impact Message Inventory: Form II.* Richmond, VA: Virginia Commonwealth University.

Kiesler, D. J., Anchin, J. C., Perkins, M. J., Chirico, B. M., Kyle, E. M. & Federman, E. J. (1985). *The Impact Message Inventory: Form II.* Palo Alto, CA: Consulting Psychologists Press.

Kiesler, D. J. & Schmidt, J. A. (1993). *The Impact Message Inventory: Form IIA Octant Scale Version.* Palo Alto, CA: Mind Garden.

Leary, T. (1957). *Interpersonal diagnosis of personality.* New York: Ronald.

Sullivan, H. S. (1953). *The interpersonal theory of psychiatry.* New York: Norton Press.

Werner, M. (1984). *IMI (Impact Message Inventory). Ein interpersonaler Persönlichkeitsfragebogen von Donald J. Kiesler (1976). Übersetzung aus dem Amerikanischen und erste Validierung.* Unveröffentlichte Lizentiatsarbeit, Institut für Psychologie, Universität Bern.

Autor des Beitrags

Franz Caspar

Kontaktdaten des Autors

Prof. Dr. Franz Caspar
Universität Bern
Institut für Psychologie
Abt. Klinische Psychologie und Psychotherapie
Fabrikstrasse 8
CH-3012 Bern
caspar@psy.unibe.ch

INK

Inkongruenzfragebogen

Autoren des Testverfahrens	Martin grosse Holtforth, Klaus Grawe und Özgür Tamcan
Quelle	grosse Holtforth, M., Grawe, K. & Tamcan, Ö. (2004). *Der Inkongruenzfragebogen (INK)*. Göttingen: Hogrefe. Das Copyright liegt beim Hogrefe Verlag.
Vorgänger-/ Originalversionen	keine
Kurzversionen	In der Kurzform (K-INK) des INK wird die Bandbreite möglicher Inkongruenzen zu den 14 Annäherungszielen und neun Vermeidungszielen mit den trennschärfsten 23 Items erfasst.
Kurzbeschreibung	Der INK ist ein Fragebogen, der Inkongruenzen zwischen motivationalen Zielen und der wahrgenommenen Realität erhebt. Er besteht aus 94 Items, welche die Inkongruenzen in Bezug auf 14 Annäherungsziele und neun Vermeidungsziele erfassen. Der INK liegt als Papier-Bleistift- und PC-Version vor.
Anwendungsbereich	Der INK dient der Erfassung von Inkongruenzen zwischen den motivationalen Zielen von Psychotherapiepatienten und der wahrgenommenen Realität. Er ist für Personen ab 18 Jahren geeignet und kann im Kontext der Therapieplanung und -evaluation sowie in der Forschung angewendet werden. Der Fragebogen kann im Einzel- und im Gruppensetting eingesetzt werden.
Bearbeitungszeit	Die Durchführungszeit beträgt 10 bis 20 Minuten.
Theoretischer Hintergrund	Der INK wurde auf Basis der Konsistenztheorie nach Grawe (1998) entwickelt, nach welcher Inkongruenz eine zentrale Rolle bei der Entstehung, Aufrechterhaltung und Behandlung psychischer Störungen einnimmt. Es wird angenommen, dass im psychischen System eines Individuums gleichzeitig verschiedene Prozesse ablaufen, welche insgesamt der Herstellung und Aufrechterhaltung psychischer Konsistenz und der Befriedigung von Grundbedürfnissen dienen. Dabei gibt es einerseits das Bestreben, systemintern eine gute Abstimmung herzustellen bzw. aufrechtzuerhalten (gewissermaßen interne Konsistenz, auch Konkordanz genannt) und andererseits Bestrebungen nach einer guten Anpassung an die externen Umgebungsbedingungen (gewissermaßen externe Konsistenz, auch Kongruenz genannt). Als wichtige Determinanten des psychischen Funktionierens gelten motivationale Ziele, welche als Annäherungsziele auf die Erfüllung von Grundbedürfnissen oder als Vermeidungsziele auf den Schutz vor Bedürfnisverletzung ausgerichtet sind. Je besser eine Kongruenz zwischen den individuel-

len, biografisch entwickelten motivationalen Zielen und den Umgebungsbedingungen (der wahrgenommen Realität) hergestellt werden kann, desto eher kann sich ein konsistentes Ordnungsmuster des psychischen Funktionierens etablieren und desto besser können Grundbedürfnisse befriedigt werden. Ein hohes Inkongruenzniveau (d. h. eine unzureichende Abstimmung zwischen motivationalen Zielen und der Umwelt) gilt als Indikator für ein inkonsistentes psychisches Geschehen und eine schlechte Bedürfnisbefriedigung. Diese korreliert dementsprechend mit schlechterem Wohlbefinden sowie stärkeren psychopathologischen Symptomen.

Bezug zur Psychotherapie

Der INK wurde aus der Psychotherapiepraxis für die Verwendung in der Praxis und in der praxisorientierten Forschung entwickelt. Die Erfassung von Inkongruenz ist insofern zentral für die Psychotherapiepraxis, als eine hohe Inkongruenz (1) als bedeutsame Ursache für die Bildung psychopathologischer Symptome angenommen wird, (2) wesentlich zur Aufrechterhaltung einer Störung bzw. zur Entwicklung psychopathologischer Symptome beitragen kann und (3) psychische Störungen selbst Quellen von Inkongruenz darstellen (Grawe, 1998; grosse Holtforth & Grawe, 2003).

Testentwicklung

Der INK wurde ausgehend vom Fragebogen zur Analyse motivationaler Schemata (FAMOS; grosse Holtforth & Grawe, 2000, 2002) entwickelt. Der FAMOS erfasst mit 94 Items Annäherungs- und Vermeidungsziele von Psychotherapiepatienten. Für den INK wurde jedes Item des FAMOS in einen Aussagesatz zur Umsetzung eines motivationalen Ziels umformuliert, welcher mit „In letzter Zeit..." beginnt. Inkongruenz bei Annäherungszielen wurde als Bewertung der Umsetzung des entsprechenden Ziels operationalisiert (z. B. „... bringe ich Leistung" oder „... lebe ich eine intime Beziehung"). Inkongruenz bei Vermeidungszielen wurde als Grad des Zutreffens des betreffenden Umstandes operationalisiert (z. B. „... werde ich kritisiert" oder „... blamiere ich mich").

Aufbau und Auswertung

Der Fragebogen besteht wie der FAMOS aus 94 Items. Beim INK erfassen 57 Items Inkongruenzen in Bezug auf Annäherungsziele und 37 Items Inkongruenz in Bezug auf Vermeidungsziele. Die Items sind jeweils als Aussagesätze zur Umsetzung motivationaler Ziele formuliert und werden auf einer fünfstufigen Antwortskala von 1 = viel zu wenig bis 5 = völlig ausreichend (Annäherungsziele) bzw. 1 = trifft überhaupt nicht zu bis 5 = trifft sehr stark zu (Vermeidungsziele) beantwortet.

Mittelwertbildung der jeweils 3 bis 5 Items ergibt jeweils die Inkongruenz-Skalenwerte zu 14 Annäherungszielen und neun Vermeidungszielen.

Die Annäherungsziel-Skalen sind: *Intimität/Bindung, Affiliation/ Geselligkeit, Altruismus, Hilfe, Anerkennung/Bestätigung, Status, Autonomie, Leistung, Kontrolle, Bildung/Verstehen, Glauben/Sinn, Abwechslung, Selbstvertrauen* und *Selbstbelohnung*.

Die Vermeidungsziel-Skalen sind: *Alleinsein/Trennung, Geringschätzung, Erniedrigung/Blamage, Vorwürfe/Kritik, Abhängigkeit/Auto-*

nomieverlust, Verletzungen/Spannungen, Schwäche/Kontrollverlust, Hilflosigkeit und Versagen.

Über Mittelwertbildung werden zusammenfassende Skalen für die Inkongruenz bei Annäherungszielen und jene bei Vermeidungszielen errechnet. Außerdem kann ein Gesamtinkongruenz-Wert berechnet werden.

Gütekriterien

Objektivität: Aufgrund der standardisierten Durchführungsform, der ausführlichen Anleitung und der Angabe von Normwerten ist der Fragebogen als objektiv in seiner Durchführung und Auswertung einzuschätzen.

Reliabilität: Die im Manual berichteten internen Konsistenzen können bis auf wenige Ausnahmen (z. B. Skala *Schwäche/Kontrollverlust*) als gut eingeschätzt werden. Sie liegen bei einer Selbstbeurteilung durch verschiedene ambulante und stationäre Patientengruppen (N = 570) zwischen .63 und .93 für die Inkongruenzen bei Annäherungszielen und zwischen .47 und .93 für die Inkongruenzen bei Vermeidungszielen. In der Selbstbeurteilung durch Normalpersonen liegen die Werte für die Annäherungsziel-Skalen bei .62 bis .90 und für die Vermeidungsziel-Skalen zwischen .54 und .88. Die internen Konsistenzen für die zusammenfassenden Skalen liegen in der Selbstbeurteilung durch Patienten zwischen .72 und .91 und für Normalpersonen zwischen .81 und .90.

Die Koeffizienten der Retest-Reliabilität (berechnet an einer studentischen Stichprobe) erweisen sich mit einer Ausnahme als befriedigend. Sie liegen nach 1 Woche zwischen .42 und .91 für die Inkongruenzen bei Annäherungszielen und zwischen .54 und .79 für die Inkongruenzen bei Vermeidungszielen.

Validität: Die Items des INK stellen eine augenscheinvalide und weitgehend repräsentative Sammlung der motivationalen Ziele von Psychotherapiepatienten dar, die im inhaltlichen Umfang und in der Unterscheidung von Annäherungs- und Vermeidungszielen über vergleichbare Instrumente hinausgeht (Inhaltsvalidität). Patienten unterscheiden sich in ihren INK-Werten signifikant und mit hohen Effektstärken von Normalpersonen (Kriteriumsvalidität). Faktorenanalytisch kann eine klare Aufteilung in Annäherungs- und Vermeidungsziele nachgewiesen werden. Es zeigen sich erwartungskonforme Zusammenhänge der INK-Skalen mit den FAMOS-Skalen und starke Zusammenhänge zwischen Inkongruenz und Wohlbefinden bzw. zwischen Inkongruenz und psychopathologischen Symptomen (Konstruktvalidität).

Neuere Untersuchungen an unabhängigen Stichproben replizieren die berichteten Befunde zur Konstruktvalidität durch deutliche Korrelationen des INK mit Symptombelastung und Wohlbefinden. Sie bestätigen die Aufteilung der Gesamtskalenstruktur des INK in Inkongruenzen bezüglich Annäherungs- und Vermeidungsziele (Roth et al., 2009). Außerdem konnten Zusammenhänge zwischen dem INK und neurophysiologischen Variablen festgestellt werden: In einer gesunden Stichprobe korrelierte die Höhe der motivationalen Inkongruenz mit bestimmten Parametern der elektrophysiologischen Hirnaktivität im Ruhezustand (Stein et al., 2013).

Vergleichswerte/ Normen

Die Normierung des INK erfolgte an einer *N* = 707 umfassenden normalen Stichprobe, die sich aus vier Gelegenheitsstichproben zusammensetzt. Es liegen nach Alter und Geschlecht differenzierte T-Werte vor.

WWW-Ressourcen

Es liegen keine zusätzlichen Ressourcen vor.

Literatur

Grawe, K. (1998). *Psychologische Therapie.* Göttingen: Hogrefe.

grosse Holtforth, M. & Grawe, K. (2000). Fragebogen zur Analyse Motivationaler Schemata (FAMOS). *Zeitschrift für Klinische Psychologie, 29* (3), 170–179.

grosse Holtforth, M. & Grawe, K. (2002). *Fragebogen zur Analyse Motivationaler Schemata (FAMOS).* Göttingen: Hogrefe.

grosse Holtforth, M. & Grawe, K. (2003). Der Inkongruenzfragebogen (INK) – Ein Messinstrument zur Analyse motivationaler Inkongruenz. *Zeitschrift für Klinische Psychologie und Psychotherapie, 32* (4), 315–323.

Roth, W. L., Freiburg, M. & Krampen, G. (2009). Zur Konstruktvalidierung des Inkongruenzfragebogens (INK). *Zeitschrift für Klinische Psychologie und Psychotherapie, 38* (3), 166–174.

Stein, M., Egenolf, Y., Dierks, T., Caspar, F. & Koenig, T. (2013). A neurophysiological signature of motivational incongruence: EEG changes related to insufficient goal satisfaction. *International Journal of Psychophysiology, 89* (1), 1–8.

Autoren des Beitrags

Martin grosse Holtforth und Kristina B. Rohde

Kontaktdaten des Erstautors

Prof. Dr. phil. Martin grosse Holtforth
Universität Bern
Institut für Psychologie
Fabrikstr. 8
CH-3012 Bern
martin.grosse@psy.unibe.ch

IPO-2001/IPO-16
Inventar der Persönlichkeitsorganisation

Autoren des Testverfahrens	Gerhard Dammann, Johannes Zimmermann, Susanne Hörz-Sagstetter und Cord Benecke
Quelle	Dammann, G., Smole-Lindinger, S., Kraus, C. & Buchheim, P. (2002). *IPO-2001*. Unveröffentlichtes Testverfahren, Psychosomatische Poliklinik, TU München.
Vorgänger-/ Originalversionen	*Originalversion:* Clarkin, J. F., Foelsch, P. A. & Kernberg, O. F. (2001). *The Inventory of Personality Organization (IPO)*. Unpublished manuscript. White Plains, NY: Personality Disorders Institute, Cornell University Medical College.
Kurzversionen	*Das IPO-16 ist eine Kurzversion des IPO-2001 und umfasst 16 Items:* Zimmermann, J., Benecke, C., Hörz-Sagstetter, S. & Dammann G. (2012). *IPO-16*. Unveröffentlichtes Testverfahren, Institut für Psychologie, Universität Kassel.
Kurzbeschreibung	Das IPO-2001 ist ein multidimensionales Selbstbeurteilungsinstrument zur Erfassung der Persönlichkeitsorganisation nach Kernberg (1992). Es umfasst 83 Items, die auf einer fünfstufigen Skala eingeschätzt werden. Theoretisch lassen sich drei Hauptskalen *(Identitätsdiffusion, Primitive Abwehr, Eingeschränkte Realitätsprüfung)* und zwei Zusatzskalen *(Primitive Aggression, Fehlende moralische Werte)* bilden, die alle hoch korreliert sind. Es wird empfohlen, den Gesamtwert als Maß der strukturellen Beeinträchtigung zu verwenden (Dammann et al., in prep.). Außerdem können qua Ipsatierung drei Skalen zu spezifischen Beeinträchtigungen (in den Bereichen *Realitätsprüfung, Primitive Aggression* und *Fehlende moralische Werte*) gebildet werden, die vom Gesamtwert relativ unabhängig sind. Die Kurzversion IPO-16 umfasst 16 Items aus den drei theoretischen Hauptskalen. Der Gesamtwert zeigt das Ausmaß der strukturellen Beeinträchtigung an. Eine Bildung von Subskalen ist beim IPO-16 nicht vorgesehen.
Anwendungsbereich	Das IPO-2001 sowie die Kurzversion (IPO-16) erfassen das psychodynamisch orientierte Konzept der Persönlichkeitsorganisation bzw. des Strukturniveaus bei Erwachsenen. Die Verfahren können zur Ergänzung der psychiatrisch-psychotherapeutischen Exploration insbesondere von Persönlichkeitsstörungen angewandt werden. Neben der klinischen orientierenden Diagnostik (Kraus et al., 2004) kann das Instrument in der Psychotherapieforschung (Beutel et al., 2005; Sollberger et al., 2014), Testkonstruktion (Hörz, 2007; Lenzenweger et al., 2012; Lilienfeld & Andrews, 1996; Stern et al., 2010) sowie möglicherweise für prädiktive Zwecke (z. B. in der Forensik; Dammann et al., 2011) eingesetzt werden.

IPO-2001/IPO-16

Bearbeitungszeit	Die Beantwortung des IPO-2001 dauert circa 20 bis 25 Minuten, die des IPO-16 circa 5 Minuten.
Theoretischer Hintergrund	Das Instrument basiert auf den theoretischen Grundannahmen von Otto F. Kernberg zur Struktur der Persönlichkeitsorganisation (Kernberg, 1992; Kernberg & Caligor, 2005). Kernberg hat ein umfassendes psychoanalytisches Modell der Persönlichkeitsorganisation/-struktur und ihrer Diagnostik vorgestellt und eine Verbindung zu dimensionalen und kategorialen Klassifikationsversuchen geschaffen. Struktur bzw. Persönlichkeitsorganisation kann demnach qualitativ wie quantitativ beschrieben werden durch (1) das Vorhandensein einer stabilen Identität versus Identitätsdiffusion, (2) das Vorherrschen von reiferen verus primitiveren Abwehrmechanismen, (3) intakte versus eingeschränkte Realitätsprüfung, (4) das Vorherrschen von (nicht integrierter) Aggression und (5) integrierte versus nicht integrierte moralische Werte.
Bezug zur Psychotherapie	Das Ausmaß der strukturellen Beeinträchtigung gibt wichtige Hinweise für die Indikationsstellung (Benecke, 2014; Clarkin et al., 2008) und beeinflusst den Verlauf und Erfolg von Psychotherapie maßgeblich (Koelen et al., 2012). Das IPO kann auch für die Therapieprozessdiagnostik, Veränderungsmessung und für Therapieevaluationen eingesetzt werden (Benecke et al., 2011). Es liefert nicht nur klinisch wichtige Informationen zu den zentralen Bereichen der Persönlichkeitsorganisation (vgl. Kernberg, 1992), sondern kann darüber hinaus als Screeninginstrument für das Vorliegen einer Persönlichkeitsstörung eingesetzt werden (Zimmermann et al., 2013, 2014).
Testentwicklung	Das IPO basiert konzeptionell auf früheren Instrumenten zur psychoanalytischen Strukturdiagnostik (Clarkin & Dammann, 2000; Dammann et al., 2012) und wurde seit 1995 verschiedenen Revisionen unterzogen. Eine frühere Version mit 222 Items hatte zusätzliche neun Skalen, die die jeweiligen Objektbeziehungstypen (z. B. schizoid oder infantil) erfassen sollten (Foelsch et al., 1998). Diese Skalen wurden aufgrund unbefriedigender Gütekriterien entfernt, und hinzugefügt wurden dem IPO-2001 die Skalen *Primitive Aggression* und *Fehlende moralische Werte*. Das IPO-16 basiert auf einer Auswahl von 20 Items, die durchgängig in allen IPO-Versionen zur Erfassung der drei theoretischen Hauptskalen verwendet wurden. Vier Items aus dem Bereich *Realitätsprüfung* wurden aufgrund ungünstiger Itemkennwerte in einer Stichprobe von $N = 1\,300$ Personen ausgeschlossen (Zimmermann et al., 2013). Das IPO-16 setzt sich aus den übrigen 16 Items zusammen.
Aufbau und Auswertung	Beim IPO-2001 schätzt der Proband nach einer kurzen schriftlichen Instruktion die Häufigkeit von 83 Erlebens- und Verhaltensweisen auf einer fünfstufigen Skala ein. Die Antwortmöglichkeiten lauten jeweils 1 = trifft nie zu, 2 = trifft selten zu, 3 = trifft gelegentlich zu, 4 = trifft oft zu und 5 = trifft immer zu. Theoretisch lassen sich die Items zu drei Hauptskalen und zwei Zusatzskalen aggregieren. Die Hauptskalen lauten:

- *Primitive Abwehr* (16 Items; Bsp.: „Wenn ich nicht aufpasse, neigen die Menschen dazu, mich auszunutzen."),
- *Identitätsdiffusion* (21 Items; Bsp.: „Ich kann mir Veränderungen in meinem Verhalten nicht erklären."),
- *Eingeschränkte Realitätsprüfung* (20 Items; Bsp.: „Ich höre Dinge, von denen andere behaupten, sie seien nicht wirklich vorhanden.").

Die Zusatzskalen lauten:
- *Primitive Aggression* (18 Items; Bsp.: „Ich habe jemandem absichtlich schwer geschadet.") sowie
- *Fehlende moralische Werte* (11 Items; Bsp.: „Jeder würde stehlen, wenn er nicht Angst hätte, erwischt zu werden.").

Von den 11 Items der Skala *Fehlende moralische Werte* sind drei Items bereits in der Skala *Primitive Abwehr* enthalten.

Bei der klassischen Auswertung des IPO-2001 werden Mittelwerte für die fünf Skalen gebildet. Der Mittelwert über alle Items kann als globales Maß der strukturellen Beeinträchtigung interpretiert werden. Höhere Werte in den Skalen bzw. im Gesamtwert bedeuten eine höhere strukturelle Beeinträchtigung. Außerdem können ausgewählte Items ipsatiert und zu drei Skalen aggregiert werden, die relativ unabhängig vom Gesamtwert sind und spezifische Beeinträchtigungen in den Bereichen *Realitätsprüfung*, *Primitive Aggression* und *Fehlende moralische Werte* erfassen (Dammann et al., in prep.).

Zur Auswertung des IPO-16 wird der Mittelwert über alle 16 Items gebildet, woraus sich ein globales Maß der strukturellen Beeinträchtigung ergibt.

Gütekriterien

Die internen Konsistenzen der IPO-2001-Hauptskalen sind befriedigend und liegen in der Regel über .80 (Lenzenweger et al., 2001). Allerdings sind die Skalen hoch miteinander korreliert und lassen sich faktorenanalytisch nicht gut trennen (Berghuis et al., 2009; Ellison & Levy, 2012; Smits et al., 2009). Einen besseren Fit liefert ein empirisch entwickeltes Bifactor-Modell mit einem Generalfaktor und drei spezifischen Faktoren (Dammann et al., in prep.).

Die konvergente Validität der IPO-2001-Skalen ist gut und zeigt sich z. B. in hohen Korrelationen ($r \sim .50$) mit Experteneinschätzungen der strukturellen Beeinträchtigung (Benecke et al., 2009; Stern et al., 2010). Die Gütekriterien des IPO-16 sind insgesamt zufriedenstellend (Zimmermann et al., 2013, 2014, 2015). Die interne Konsistenz liegt in der Regel zwischen .85 und .90, die Retest-Reliabilität über 2 Monate bei .85. Der Fit eines hierarchischen Faktorenmodells mit drei Faktoren erster Ordnung und einem generellen Faktor zweiter Ordnung ist ausreichend. Die Überlappung mit dem Mittelwert des IPO-2001 ist sehr hoch (um .90). In der Selbsteinschätzung ergibt sich eine gute konvergente und diskriminante Validität. Bezogen auf Fremdeinschätzungen zeigen sich moderate und zum Teil gegenüber unspezifischen Beschwerden inkrementelle Zusammenhänge mit Experteneinschätzungen zu strukturellen Beeinträchtigungen und Persönlichkeitsstörungen.

Vergleichswerte/ Normen	Für das IPO-16 liegen geschlechts- und altersspezifische Normwerte vor (Zimmermann et al., 2015). Die Normierung erfolgte im Rahmen einer repräsentativen Umfrage in der deutschen Allgemeinbevölkerung ($N = 2\,502$). Receiver-Operating-Characteristic-Analysen in klinischen Stichproben legen nahe, dass Personen mit einem IPO-16-Mittelwert ≥ 2.00 bzw. ≥ 2.44 eine deutlich erhöhte Wahrscheinlichkeit für das Vorliegen einer Persönlichkeitsstörung bzw. einer strukturellen Beeinträchtigung aufweisen (Zimmermann et al., 2013). In einer Längsschnittstichprobe ergab sich ein kritischer Differenzwert von 0.66, d. h. eine individuelle Veränderung ≥ 0.66 im IPO-16-Mittelwert ist bei einer Fehlerwahrscheinlichkeit von 5 % statistisch signifikant (Zimmermann et al., 2015).
WWW-Ressourcen	Es liegen keine zusätzlichen Ressourcen vor.
Literatur	Benecke, C. (2014). *Klinische Psychologie und Psychotherapie*. Ein integratives Lehrbuch. Stuttgart: Kohlhammer. Benecke, C., Koschier, A., Peham, D., Bock, A., Dahlbender, R. W., Biebl, W. et al. (2009). Erste Ergebnisse zu Reliabilität und Validität der OPD-2 Strukturachse. *Zeitschrift für Psychosomatische Medizin und Psychotherapie, 55,* 84–96. Benecke, C., Tschiesner, R., Boothe, B., Frommer, J., Huber, D., Krause, R. et al. (2011). Die DPG-Praxis-Studie. Vorstellung des Studiendesigns zur Untersuchung von Langzeiteffekten psychoanalytisch begründeter Psychotherapien. *Forum der Psychoanalyse, 27,* 203–218. Berghuis, H., Kamphuis, J. H., Boedijn, G. & Verheul, R. (2009). Psychometric properties and validity of the Dutch Inventory of Personality Organization (IPO-NL). *Bulletin of the Menninger Clinic, 73* (1), 44–60. Beutel, M. E., Höflich, A., Kurth, R., Brosig, B., Gieler, U., Leweke, F. et al. (2005). Stationäre Kurz- und Langzeitpsychotherapie – Indikationen, Ergebnisse, Prädiktoren. *Zeitschrift für Psychosomatische Medizin und Psychotherapie, 51,* 145–162. Clarkin, J. F. & Dammann, G. (2000). Psychometrische Verfahren zur Diagnostik und Therapie der Borderline-Störungen. In O. F. Kernberg, B. Dulz & U. Sachsse (Hrsg.), *Handbuch der Borderline-Störungen* (S. 125–148). Stuttgart: Schattauer. Clarkin, J. F., Yeomans, F. E. & Kernberg, O. F. (2008). *Psychotherapie der Borderline-Persönlichkeit. Manual zur psychodynamischen Therapie* (2. Aufl.). Stuttgart: Schattauer. Dammann, G., Gremaud-Heitz, D., Scharnowski, R. & Ptucha, J. (2011). Aggression und kritischer Alkoholkonsum sind korreliert mit Identitätsdiffusion bei jugendlichen Straftätern. *Forensische Psychiatrie und Psychotherapie, 18* (3), 56–70. Dammann, G., Hörz, S. & Clarkin, J. F. (2012). Das Inventar der Borderline-Persönlichkeitsorganisation (IPO). In S. Doering & S. Hörz (Hrsg.), *Handbuch der Strukturdiagnostik: Konzepte, Instrumente, Praxis* (S. 269–283). Stuttgart: Schattauer.

Dammann, G., Zimmermann, J., Benecke, C., Rentrop, M., Gremaud-Heitz, Unterrainer, H.-F. et al. (in prep.). *Development and Validation of a Bifactor Model of the Inventory of Personality Organization (IPO)*.

Ellison, W. D. & Levy, K. N. (2012). Factor structure of the primary scales of the Inventory of Personality Organization in a nonclinical sample using exploratory structural equation modeling. *Psychological Assessment, 4,* 503–517.

Foelsch, P. A., Clarkin, J. F., Kernberg, O. F., Somavia, J., Normandin, L. & Lenzenweger, M. F. (1998). *The Inventory of Personality Organisation: Theoretical and empirical results.* Unpublished manuscript. White Plains, NY: Personality Disorders Institute, Cornell University Medical College.

Hörz, S. (2007). *A Prototype of Borderline Personality Organization. Assessed by the Structured Interview of Personality Organization (STIPO).* Hamburg: Verlag Dr. Kovac.

Kernberg, O. F. (1992). *Schwere Persönlichkeitsstörungen.* Stuttgart: Klett-Cotta.

Kernberg, O. F. & Caligor, E. (2005). A psychoanalytic theory of personality disorders. In M. F. Lenzenweger & J. F. Clarkin (Eds.), *Major theories of personality disorder, second edition* (pp. 114–156). New York: Guilford Press.

Koelen, J. A., Luyten, P., Eurelings-Bontekoe, L. H. M., Diguer, L., Vermote, R. et al. (2012). The impact of level of personality organization on treatment response: A systematic review. *Psychiatry, 75,* 355–374.

Kraus, C., Dammann, G., Rothgordt, J. & Berner W. (2004). Persönlichkeitsstörungen und Persönlichkeitsorganisation bei Sexualdelinquenten. *Recht & Psychiatrie, 22* (2), 95–104.

Lenzenweger, M. F., Clarkin, J. F., Kernberg, O. F. & Foelsch, P. A. (2001). The Inventory of Personality Organization: Psychometric properties, factorial composition, and criterion relations with affect, aggressive dyscontrol, psychosis proneness, and self-domains in a nonclinical sample. *Psychological Assessment, 3,* 577–591.

Lenzenweger, M. F., McClough, J. F., Clarkin, J. F. & Kernberg, O. F. (2012). Exploring the interface of neurobehaviorally linked personality dimensions and personality organization in borderline personality disorder: the Multidimensional Personality Questionnaire and Inventory of Personality Organization. *Journal of Personality Disorders, 26,* 902–918.

Lilienfeld, S. O. & Andrews, B. P. (1996). Development and preliminary validation of a self-report measure of psychopathic personality traits in noncriminal populations. *Journal of Personality Assessment, 66,* 488–524.

Smits, D. J. M., Vermote, R., Claes, L. & Vertommen, H. (2009). The Inventory of Personality Organization – Revised. *European Journal of Psychological Assessment, 25,* 223–230.

Sollberger, D., Gremaud-Heitz, D., Riemenschneider, A., Agarwalla, P., Benecke, C., Schwald, O. et al. (2014). Change in Identity Diffusion and Psychopathology in a Specialized Inpatient Treatment for Borderline Personality Disorder. *Clinical Psychology and Psychotherapy,* DOI: 10.1002/cpp.1915.

Stern, B. L., Caligor, E., Clarkin, J. F., Critchfield, K. L., Hörz, S., MacCornack, V. et al. (2010). Structured Interview of Personality Organization (STIPO): preliminary psychometrics in a clinical sample. *Journal of Personality Assessment, 92* (1), 35–44.

Zimmermann, J., Altenstein, D., Krieger, T., grosse Holtforth, M., Pretsch, J., Alexopoulos, J. et al. (2014). The structure and correlates of self-reported DSM-5 maladaptive personality traits: Findings from two German-speaking samples. *Journal of Personality Disorders, 28* (4), 518–540.

Zimmermann, J., Benecke, C., Hörz, S., Rentrop, M., Peham, D., Bock, A. et al. (2013). Validierung einer deutschsprachigen 16-Item-Version des Inventars der Persönlichkeitsorganisation (IPO-16). *Diagnostica, 59* (1), 3–16.

Zimmermann, J., Benecke, C., Hörz-Sagstetter, S. & Dammann, G. (2015). Normierung der deutschsprachigen 16-Item-Version des Inventars der Persönlichkeitsorganisation (IPO-16). *Zeitschrift für Psychosomatische Medizin und Psychotherapie, 61,* 5–18.

Autoren des Beitrags

Gerhard Dammann, Johannes Zimmermann, Susanne Hörz-Sagstetter und Cord Benecke

Kontaktdaten des Erstautors

Dr. med. Dipl.-Psych. Gerhard Dammann
Psychiatrische Klinik Münsterlingen
Akademisches Lehrkrankenhaus
Postfach 154
CH-8596 Münsterlingen
gerhard.dammann@stgag.ch

ISS-20
Internetsuchtskala

Autoren des Testverfahrens	André Hahn, Matthias Jerusalem und Sabine Meixner-Dahle
Quelle	Hahn, A. & Jerusalem, M. (2010). Die Internetsuchtskala (ISS): Psychometrische Eigenschaften und Validität. In D. Mücken, A. Teske, F. Rehbein & B. T. te Wildt (Hrsg.), *Prävention, Diagnostik und Therapie von Computerspielabhängigkeit* (S. 185–204). Lengerich: Pabst.
Vorgänger-/ Originalversionen	keine
Kurzversionen	Kann auf die fünf differenzialdiagnostischen Facetten der ISS-20 verzichtet werden, ist eine Reduktion auf die 10 Items höchster Trennschärfe (vgl. Tabelle 1 in Hahn & Jerusalem, 2010) möglich, da diese in den vier Teilprojekten der Konstruktionsphase (Hahn & Jerusalem, 2001a, 2001b, 2001c) mit der 20 Items umfassenden Originalskala zwischen $r = .92$ und $.94$ assoziiert sind.
Kurzbeschreibung	Die Internetsuchtskala (ISS-20) ist ein aus 20 Items bestehendes Selbstbeurteilungsverfahren zur Erfassung der Internetsucht. Die Skala gibt einen Anhaltspunkt über den Grad der Internetabhängigkeit im Allgemeinen sowie spezifisch für fünf differenzielle Facetten der Internetsucht: *Kontrollverlust*, *Entzugserscheinungen*, *Toleranzentwicklung*, *Negative Konsequenzen Arbeit und Leistung* sowie *Negative Konsequenzen soziale Beziehungen*. Die Facetten gestatten insbesondere dem Praktiker eine bessere Verlaufseinschätzung der Abhängigkeitsentwicklung sowie die Identifikation von individuellen Problemschwerpunkten bzw. -besonderheiten. Die Items können sowohl in Papierform oder computergestützt zur Beantwortung vorgelegt werden. Wegen der thematischen Homogenität des Itemblocks dürfte Probanden das intendierte Erfassungsziel zugänglich sein. Um also etwa in der Suchtpraxis Verleugnungs- oder Bagatellisierungstendenzen entgegenzuwirken, kann es empfehlenswert sein, die Items über ein breiteres Set von ergänzenden Fragen/Inhalten zu verteilen. Das gilt in ähnlicher Form für Forschungsprojekte, die das Instrument zur Diagnostik oder im Rahmen eigener Validierungen einsetzen wollen, um einer möglichen artifiziellen Antworthomogenität entgegenzuwirken. Die ISS-20 ist 1999 ursprünglich zu Forschungszwecken entwickelt worden und wurde seitdem auch in diesem Kontext häufig verwendet (z. B. Lederer-Hutsteiner & Hinterreiter, 2012) oder diente als Fundament ähnlicher Verfahren wie der Computerspielabhängigkeitsskala (CSAS-I) von Rehbein et al. (2009, 2015). Schon sehr früh haben jedoch auch Psychotherapeuten das kurze und frei nutzbare Instrument für ihre praktische Arbeit entdeckt (Mücken et al., 2010).

ISS-20

Anwendungsbereich

Das Selbstbeurteilungsverfahren kann bei Kindern und Jugendlichen ab circa 12 Jahren sowie Erwachsenen mit entsprechenden Verständnis- und Beurteilungsfähigkeiten eingesetzt werden. Das Verfahren kann in Forschung und Praxis den Status quo einer Person allgemein sowie differenziell auf fünf Faktoren beschreiben sowie intraindividuelle Veränderungen im Rahmen einer Verlaufsdiagnostik aufzeigen.

Bearbeitungszeit

Die Bearbeitungszeit beträgt im Durchschnitt etwa 4 bis 5 Minuten. Für die manuelle Auswertung werden bei Verwendung einer Schablone für die Ermittlung der Skalensummenwerte etwa 2 bis 3 Minuten benötigt.

Theoretischer Hintergrund

Die Merkmalsbestimmung der Internetsucht bezieht sich primär auf die Kriterien der Abhängigkeit von psychotropen Substanzen, wie sie sich im DSM oder vergleichbar in der ICD der Weltgesundheitsorganisation (WHO) als klinisch-diagnostische Leitlinien des Abhängigkeitssyndroms finden. Die Orientierung an der Definition substanzgebundener Abhängigkeiten folgt historisch Vorläufern wie der Glücksspielsucht, die sich ihrerseits an der Definition der Alkoholabhängigkeit orientiert hat (Petry, 1998). Heute findet sie in der übergeordneten Differenzierung von substanzgebundenen versus substanzungebundenen Abhängigkeiten ihren Niederschlag, deren gemeinsamer Kern das psychische Abhängigkeitssyndrom ist. So wurde die Computerspielabhängigkeit 2013 offiziell als eigenständige Diagnose in die neueste Fassung des DSM-5 aufgenommen. Den ersten Vorschlag unterbreitete die amerikanische Psychologin Kimberly Young (1996), die analog zur Diagnostik der Spielsucht diejenigen Personen als internetabhängig klassifizierte, auf die im Jahresverlauf mindestens fünf von acht Kriterien zutreffen. Aus der Vielzahl der infolge vorgeschlagenen Definitionsmerkmale sowie Erhebungsinstrumente lassen sich fünf allgemeinere Dimensionen ableiten, die dann der Konstruktion der ISS-20 zugrunde gelegt worden sind:

- *Einengung des Verhaltensraums:* Über längere Zeitspannen wird der größte Teil des Tageszeitbudgets zur Internetnutzung verausgabt.
- *Kontrollverlust:* Die Person hat die Kontrolle über ihre Internetnutzung weitgehend verloren bzw. Versuche, das Nutzungsausmaß zu reduzieren bleiben erfolglos.
- *Toleranzentwicklung:* Im zeitlichen Verlauf ist eine stetige Zunahme der Verhaltensdosis zur Erreichung oder Erhaltung der angezielten positiven Stimmungslage zu beobachten.
- *Entzugserscheinungen:* Es treten als Folge zeitweiliger, längerer Unterbrechung der Internetnutzung Beeinträchtigungen psychischer Befindlichkeit (Unruhe, Nervosität, Unzufriedenheit, Gereiztheit, Aggressivität) auf sowie psychisches Verlangen (craving) zur Wiederaufnahme des eingestellten Verhaltens.
- *Negative soziale Konsequenzen:* Sie können als Folge der Internetaktivitäten in den Bereichen Arbeit/Leistung und soziale Beziehungen auftreten.

Die vorgeschlagenen Kriterien verstehen sich als normativ-deskriptive Merkmale der Phänomenologie der Internetsucht und thematisieren – wie dies im Übrigen auch für substanzgebundene Abhängigkeiten wie der Alkoholabhängigkeit gilt – keine ätiologischen Merkmale. Wir betrachten die Beschränkung auf Deskription als Voraussetzung für die Bestimmbarkeit von auslösenden Bedingungen. Ätiologieforschung kann nur zu sinnvollen Ergebnissen führen, wenn Bedingungen und Folgen (hier Internetsucht) diagnostisch eindeutig getrennt werden können.

Bezug zur Psychotherapie

Das Verfahren beschreibt den Status quo einer Person allgemein sowie differenziell auf fünf Faktoren und kann intraindividuelle Veränderungen im Rahmen einer Verlaufsdiagnostik aufzeigen. Entsprechend kann das Instrument für einen Einzelfall im psychotherapeutischen Kontext eingesetzt werden (z. B. zur Kontrolle des Behandlungsfortschritts). Die Skalen haben eine hohe interne Konsistenz, haben sich aber als veränderungssensitiv im Rahmen von Interventionen erwiesen (Mücken et al., 2010). Primäre Verwendung findet die ISS-20 aber im Rahmen der Ätiologie- wie Interventionsforschung (z. B. im Rahmen der Evaluation von Primärpräventionsmaßnahmen im schulischen Kontext) von klinisch-medizinischer, klinisch-psychologischer wie gesundheitspsychologischer Seite.

Testentwicklung

Im Sommer 1999 beantworteten im Rahmen einer in der Presse überregional angekündigten Online-Erhebung insgesamt $N = 6\,702$ Personen aus der deutsche Allgemeinbevölkerung im Alter zwischen 14 und 59 Jahren (80.2 % Männer) einen Fragebogen mit u. a. 48 Internetsucht-Items vollständig. Ziel war die weltweit erstmalige Konstruktion einer reliablen und konstruktvaliden mehrdimensionalen psychometrischen Skala zur Erfassung des Konstrukts Internetsucht. Unter Anwendung der üblichen Konstruktionsschritte der Klassischen Testtheorie (Rost, 1996) wurden mit dem Ausgangsmaterial zunächst exploratorische Faktorenanalysen durchgeführt, die im Ergebnis darauf verwiesen, die a priori konzipierte Subskala *Negative soziale Konsequenzen* in zwei partiell unabhängige Faktoren soziale Beziehungen und Arbeit und Leistung aufzuteilen. Eliminiert wurden schrittweise Items, die entweder (a) dem Kriterium faktorieller Einfachstruktur nicht genügten oder aber (b) schlechtere Trennschärfen und Itemschwierigkeiten aufwiesen. Ergänzend wurden bei der Selektion konvergente Validitätseigenschaften der Items zu internetbezogener Selbstwirksamkeit und positiven Konsequenzerwartungen herangezogen. In weiteren drei Studien wurde die Skala an neuen Stichproben erfolgreich kreuzvalidiert sowie zahlreiche Hinweise auf konvergente wie diskriminante Validität gesammelt. Ab 2001 wurden abschließend jeweils 2 Jahre nach der Ersterhebung die Teilnehmer der ersten vier Studien erneut eingeladen, um Hinweise zum zeitlichen Verlauf und zur Stabilität der Internetsucht zu erhalten (Hahn & Jerusalem, 2001c). Die positiven Befunde zur Reliabilität sowie zur Konstruktvalidität der Skala konnten überdies in einer Offline-Studie an einer Stichprobe von $N = 5\,200$ Schülern zwischen 12 und 21 Jahren bestätigt werden (Meixner & Jerusalem, 2009).

ISS-20

Aufbau und Auswertung

Die Standardversion der ISS-20 besteht aus insgesamt 20 Items, von denen jeweils vier Items eine von fünf Facetten der Internetsucht erfassen (als Beispiel ist das Markier-Item des Faktors genannt):
- *Kontrollverlust* (Bsp.: „Beim Internet-Surfen ertappe ich mich häufig dabei, dass ich sage: Nur noch ein paar Minuten, und dann kann ich doch nicht aufhören."),
- *Entzugserscheinungen* (Bsp.: „Ich beschäftige mich auch während der Zeit, in der ich nicht das Internet nutze, gedanklich sehr viel mit dem Internet."),
- *Toleranzentwicklung* (Bsp.: „Mittlerweile verbringe ich mehr Zeit im Internet als zu Beginn meiner Online-Aktivitäten."),
- *Negative Konsequenzen Arbeit und Leistung* (Bsp.: „Ich bin so häufig und intensiv mit dem Internet beschäftigt, dass ich manchmal Probleme mit meinem Arbeitgeber oder in der Schule bekomme.").
- *Negative Konsequenzen soziale Beziehungen* (Bsp.: „Mir wichtige Menschen sagen, dass ich mich zu meinen Ungunsten verändert habe, seitdem ich das Netz nutze.").

Als Antwortformat wird eine vierstufige Likert-Ratingskala 1 = trifft nicht zu, 2 = trifft kaum zu, 3 = trifft eher zu und 4 = trifft genau zu verwendet.

Zur Auswertung der ISS-20 werden einfache Summenwerte der fünf Subskalen sowie der Gesamtskala errechnet. Eine Umkodierung einzelner Items ist nicht erforderlich. Die individuellen Scores der Gesamtskala können daher zwischen 20 und 80 Punkten variieren. Als normatives Kriterium für die Klassifikation einer Person als internetsüchtig wurde festgelegt, dass der Score den Wert 59 überschritten haben muss. Dies entspricht einer durchschnittlichen Antwort von 3 = trifft eher zu auf allen 20 Items. Als internetsuchtgefährdet wird eine Person klassifiziert, wenn ihr Summenwert zwischen 50 und 59 liegt. Dies entspricht einer durchschnittlichen Antwort von 2.5 auf der vierstufigen Skala.

Gütekriterien

Die interne Konsistenz der Gesamtskala ISS-20 beträgt $\alpha = .93$. Auch die fünf Subskalen der Internetsucht verfügen trotz ihrer Kürze noch über gute interne Konsistenzen mit Koeffizienten über $\alpha = .80$. Die hohe Zuverlässigkeit minimiert Klassifikationsfehler wie etwa falsch positive Diagnosen. Die Konstruktvalidität der theoretisch unterstellten mehrdimensionalen und hierarchischen Struktur des Instruments konnte mithilfe einer hierarchischen konfirmatorischen Faktorenanalyse (Hahn & Jerusalem, 2001a, 2010) fast idealtypisch belegt werden. Reliabilität und faktorielle Struktur wurden später auch in einer Offline-Studie repliziert (Meixner & Jerusalem, 2009). Die vier durchgeführten Pilotstudien zwischen 1999 und 2001 liefern darüber hinaus zahlreiche Hinweise auf die konvergente wie diskriminante Validität des Konstrukts. So korreliert beispielsweise die durchschnittliche wöchentliche Internetnutzungszeit mit $r = .40$ mit der Internetsuchtskala. Auch hängt Internetsucht, konsistent mit der Lerntheorie Albert Banduras, mit hohen positiven Ergebniserwartungen zusammen, die mit der Nutzung des Internets verbunden werden, wobei gleichzeitig das extremisierte Internetverhalten von einer selbst wahrgenommenen geringen internetspezifischen Verhaltensregulationskompetenz aufrechterhalten wird (Hahn

& Jerusalem, 2001b). Das kann als Hinweis interpretiert werden, dass sich auch Internetsüchtige in einem für Abhängigkeitsproblematiken typischen Teufelskreis befinden. Ein hoher Zusammenhang wurde auch in der zweiten Studie (April bis Juni 2000, $N = 1\,045$) mit dem Persönlichkeitskonstrukt Impulsivität ($r = .47$) gefunden, das mit vielen stoffgebundenen wie stoffungebundenen Suchterkrankungen, aber auch mit Essstörungen oder Aufmerksamkeits- und Hyperaktivitätsstörungen in Zusammenhang gebracht wird (Herpertz & Saß, 1997). Hier gibt es in jüngerer Zeit sogar Hinweise auf eine gemeinsame genetische Basis dieser Phänomenologie (Montag et al., 2012). Studie 3 (Juni bis September 2000, $N = 1\,300$) explorierte diverse potenzielle Risiko- und Schutzfaktoren und fand substanzielle Zusammenhänge zu Depressivität ($r = .46$), Schüchternheit ($r = .37$), Selbstwert ($r = -.35$) und sozialen Konflikten ($r = .47$), aber auch zu verallgemeinerten Stresskognitionen Bedrohung ($r = .49$) und Verlust ($r = .50$). Studie 4 (September 2000 bis März 2001, $N = 2\,846$) zeigte neben theoriekonformen Zusammenhängen zu problem- versus emotionsbezogenem Bewältigungsverhalten auch Komorbiditäten zum Konsum von Alkohol, Nikotin, diversen illegalen Drogen und der Spiel- und Konsumsucht. Dies sind Zusammenhänge, die gerade in der klinischen Praxis offenbar zum Alltagsbild gehören (te Wildt, 2014).

Vergleichswerte/ Normen

Normen getrennt nach Alter und Geschlecht liegen auf der Basis der Konstruktionsstichprobe von 1999 (Hahn & Jerusalem, 2001a, 2010) als Prozentrangwerte und T-Werte vor und stehen in tabellarischer Form inkl. des ISS-20-Fragebogens zur Verfügung. Der Mittelwert der Skala liegt in der Gesamtstichprobe ($N = 6\,702$) bei 34.3 mit einer Standardabweichung von 10.7 Punkten.

WWW-Ressourcen

Die ISS-20 kann kostenfrei bezogen werden unter:
http://andre-hahn.de/Publikationen/Internetsucht.html

Weiterführende Informationen zur Medien- und Internetabhängigkeit sind zu finden unter:
- http://www.drogenbeauftragte.de/
- http://www.fv-medienabhaengigkeit.de/

Literatur

Hahn, A. & Jerusalem, M. (2001a). Internetsucht. In A. Theobald, M. Dreyer & T. Starsetzki (Hrsg.), *Online-Marktforschung. Beiträge aus Wissenschaft und Praxis* (S. 211–234). Wiesbaden: Gabler.

Hahn, A. & Jerusalem, M. (2001b). Internetsucht: Jugendliche gefangen im Netz. In J. Raithel (Hrsg.), *Risikoverhaltensweisen Jugendlicher: Erklärungen, Formen und Intervention* (S. 279–293). Berlin: L&B.

Hahn, A. & Jerusalem, M. (2001c, Mai). *Internetsucht: Befunde aus vier Online-Studien.* Vortrag auf der 4. German Online Research Tagung, Göttingen. URL: http://www.andre-hahn.de/downloads/pub/2001/2001a_Internet sucht-Befunde_aus_vier_Onlinestudien.pdf

Hahn, A. & Jerusalem, M. (2010). Die Internetsuchtskala. In D. Mücken, A. Teske, F. Rehbein & te Wildt, B. T. (Hrsg.), *Prävention, Diagnostik und Therapie von Computerspielabhängigkeit*. Lengerich: Pabst.

Herpertz, S. & Saß, H. (1997). Impulsivität und Impulskontrolle: Zur psychologischen und psychopathologischen Konzeptionalisierung. *Nervenarzt, 68,* 178–183.

Lederer-Hutsteiner, T. & Hinterreiter, R. (2012). *Internetsucht und Internetnutzung unter steierischen Schülerinnen und Schülern.* Graz: Steierische Gesellschaft für Suchtfragen.

Meixner, S. & Jerusalem, M. (2009). Exzessive Mediennutzung. In J. Bengel & M. Jerusalem (Hrsg.), *Handbuch der Gesundheitspsychologie und Medizinischen Psychologie* (S. 298–306). Göttingen: Hogrefe.

Montag, C., Kirsch, P., Sauer, C., Markett, S. & Reuter, M. (2012). The role of the CHRNA4 gene in Internet addiction: a case-control study. *Journal of Addiction Medicine, 6* (3), 191–195.

Mücken, D., Teske, A., Rehbein, F. & te Wildt, B. T. (Hrsg.). (2010). *Prävention, Diagnostik und Therapie von Computerspielabhängigkeit.* Lengerich: Pabst.

Petry, J. (1998). Diagnostik und Behandlung der Glücksspielsucht. *Psychotherapeut, 1,* 53–64.

Rehbein, F., Baier, D., Kleimann, M. & Mößle, T. (2015). *Computerspielabhängigkeitsskala (CSAS). Ein Verfahren zur Erfassung der Internet Gaming Disorder nach DSM-5.* Göttingen: Hogrefe.

Rehbein, F., Kleimann, M. & Mößle, T. (2009). *Computerspielabhängigkeit im Kindes- und Jugendalter.* Hannover: Kriminologisches Forschungsinstitut Niedersachsen.

Rost, J. (1996). *Lehrbuch Testtheorie Testkonstruktion.* Bern: Huber.

te Wildt, B. (2014). Mensch im Netz: Die digitale Welt hat eine neue Sucht zutage gefördert. *RUBIN, 24* (2), 24–27.

Young, K. S. (1996). Addictive use of the Internet: A case that breaks the stereotype. *Psychological Reports, 79,* 899–902.

Autoren des Beitrags	André Hahn, Matthias Jerusalem und Sabine Meixner-Dahle
Kontaktdaten des Erstautors	Dipl.-Psych. André Hahn Humboldt Universität zu Berlin LS Pädagogische Psychologie und Gesundheitspsychologie z. Hd. Prof. Dr. Jerusalem Unter den Linden 6 (GS 7) 10099 Berlin email@andre-hahn.de

KKG

Fragebogen zur Erhebung von Kontrollüberzeugungen zu Krankheit und Gesundheit

Autoren des Testverfahrens	Arnold Lohaus und Gustel Matthias Schmitt
Quelle	Lohaus, A. & Schmitt, G. M. (1989). *Fragebogen zur Erhebung von Kontrollüberzeugungen zu Krankheit und Gesundheit (KKG)*. Göttingen: Hogrefe. Das Copyright liegt beim Hogrefe Verlag.
Vorgänger-/ Originalversionen	keine
Kurzversionen	keine
Kurzbeschreibung	Der KKG dient der Erhebung von Kontrollüberzeugungen zu Krankheit und Gesundheit. Das zugrunde gelegte Kontrollüberzeugungskonzept basiert ursprünglich auf der sozialen Lerntheorie Rotters. Aufbauend auf bereits vorliegenden angloamerikanischen Fragebögen zu dieser Thematik werden drei wesentliche gesundheits- bzw. krankheitsbezogene Kontrollüberzeugungen unterschieden: *Internalität*, *Soziale Externalität* und *Fatalistische Externalität*. Bei dem Fragebogen handelt es sich in erster Linie um ein Selbstbeurteilungsverfahren (Papier-Bleistift-Verfahren), das in Wissenschaft und Praxis zur Erhebung von Kontrollüberzeugungen eingesetzt werden kann. Es steht auch eine computergestützte Version innerhalb des Hogrefe Testsystems zur Verfügung.
Anwendungsbereich	Zielpopulation sind Jugendliche und Erwachsene (ab einem Alter von 12 Jahren). Der KKG kann im Bereich der Krankheitsprophylaxe, im Kontext von krankheitsbezogenen Interventionen und im Bereich der Nachsorge und Rehabilitation Verwendung finden. Anwendungsbeispiele sind u. a. die Überprüfung der Wirkung von Interventionen auf Kontrollüberzeugungen und die damit verbundenen Handlungsorientierungen von Patienten oder Fragestellungen aus dem Bereich der Patientencompliance.
Bearbeitungszeit	Durchführungszeit: 10 bis 15 Minuten; Auswertungszeit: 10 Minuten.
Theoretischer Hintergrund	Das Kontrollüberzeugungskonzept geht ursprünglich auf die soziale Lerntheorie von Rotter (1966) zurück. Es wird davon ausgegangen, dass Personen sich danach unterscheiden, ob sie Ereignisse als durch sich selbst kontrollierbar erleben (internale Kontrolle) oder ob sie Einflüsse auf Ereignisse anderen, außerhalb des eigenen Einflussbereichs liegenden Kräften zuschreiben (externale Kontrolle). Internale Kontrollüberzeugungen entwickeln sich, wenn überwiegend erfahren wird, dass Ereignisse durch eigenes Handeln beeinflussbar und kontrollier-

bar sind. Wird wiederholt die Erfahrung gemacht, dass Ereignisse eintreten, ohne dass man sie selbst beeinflussen kann, so wird eine Tendenz zu externalen Kontrollüberzeugungen entstehen. Wenn die Einstellung vorherrscht, dass andere Personen für das Auftreten von Ereignissen verantwortlich sind, kommt es zu sozial-externalen Kontrollüberzeugungen. Wenn dagegen eher Zufälle oder das Schicksal verantwortlich gemacht werden, überwiegen fatalistisch-externale Kontrollüberzeugungen. Die Forschung richtete sich zunächst auf generalisierte Kontrollüberzeugungen, die als Folge von Kontrollerfahrungen in verschiedenen Lebensbereichen entstehen und die allgemeine Haltungen zur Kontrollierbarkeit von Ereignissen wiedergeben. Spätere Arbeiten beschäftigen sich dagegen stärker mit bereichsspezifischen Kontrollüberzeugungen, da in unterschiedlichen Lebensbereichen unterschiedliche Kontrollerfahrungen vorliegen können (Krampen, 1987). Ein Lebensbereich, in dem sich spezifische Kontrollüberzeugungen ausbilden können, ist der Bereich der Gesundheit und Krankheit, auf den der KKG ausgerichtet ist.

Der KKG erfasst allgemeine Kontrollüberzeugungen zu Gesundheit und Krankheit. Es kann jedoch bei manchen Fragestellungen sinnvoll sein, einen Bezug zu einer spezifischen Erkrankung herzustellen. Dazu kann die Instruktion zum KKG so verändert werden, dass die Itembeantwortung auf eine spezifische Erkrankung gerichtet ist. Allgemein kann von einer Hierarchie von Kontrollüberzeugungen ausgegangen werden, wobei an der Spitze der Hierarchie allgemeine bereichsübergreifende Kontrollüberzeugungen stehen (wie sie mit dem IPC von Krampen, 1981, erfasst werden); es folgen die allgemeinen Kontrollüberzeugungen zu Gesundheit und Krankheit, die auf einer mittleren Hierarchieebene angesiedelt und auf einen bestimmten Lebensbereich bezogen sind. Im unteren Hierarchiebereich finden sich die Kontrollüberzeugungen, die aus spezifischen Kontrollerfahrungen innerhalb eines Lebensbereiches resultieren (z. B. aus den Erfahrungen mit einer spezifischen Erkrankung).

Bezug zur Psychotherapie

Der KKG lässt sich im Rahmen von Diagnostik, Beratung und Intervention sowohl in der klinischen Praxis als auch in gesundheits- und krankheitsbezogenen Forschungsprojekten einsetzen.

Testentwicklung

Den Ausgangspunkt des Verfahrens bildete ein Itempool mit 12 Items für jede der drei Subskalen, der einer ersten Analysestichprobe (122 Schüler und Studenten) zur Bearbeitung vorgelegt wurde. Als Selektionskriterium dienten Schwierigkeit, Trennschärfe, Retest-Reliabilität und Eindeutigkeit der Faktorzugehörigkeit der Items. Mithilfe dieser Kriterien wurde die Itemanzahl für jede der drei Subskalen auf sieben reduziert. Zur Überprüfung der Kennwerte wurde der neu zusammengestellte Fragebogen einer zweiten Analysestichprobe (366 Schüler unterschiedlicher Schultypen und Erwachsene) zur Bearbeitung vorgelegt. Da die Kennwerte weitgehend bestätigt wurden, wurde diese Fassung als Endversion des Fragebogens akzeptiert.

Aufbau und Auswertung

Der KKG besteht aus 21 Items mit sieben Items für jede der drei Skalen:
- *Internalität:* Überzeugung, dass Gesundheit und Krankheit durch die eigene Person kontrollierbar sind (Bsp.: „Wenn ich mich körperlich nicht wohl fühle, dann habe ich mir das selbst zuzuschreiben.").
- *Soziale Externalität:* Überzeugung, dass sie durch andere Personen, z. B. Ärzte, Pflegepersonal, Bezugspersonen, kontrollierbar sind (Bsp.: „Wenn bei mir Beschwerden auftreten, bitte ich einen Fachmann, mir zu helfen.").
- *Fatalistische Externalität:* Überzeugung, dass sie nicht kontrollierbar, sondern zufalls- oder schicksalsabhängig sind (Bsp.: „Ob meine Beschwerden länger andauern, hängt vor allem vom Zufall ab.").

Jedes Item wird mithilfe einer sechsstufigen Likert-Skala beantwortet (vgl. auch Lohaus, 1992; Lohaus & Schmitt, 1989). Es werden Summenscores für die drei Skalen gebildet, wobei der Summenscore für jede Dimension von 7 bis 42 reichen kann. Höhere Summenscores stehen dabei für höhere Ausprägungen der Kontrollüberzeugungen.

Gütekriterien

Objektivität: Wegen des hohen Standardisierungsgrades ist von einer hohen Durchführungsobjektivität auszugehen. Eine hinreichende Auswertungsobjektivität ist durch die Mitlieferung von Auswertungsschablonen gewährleistet. Zu einer hinreichenden Interpretationsobjektivität wird mit Interpretationshinweisen im Fragebogenmanual beigetragen.

Reliabilität: Die internen Konsistenzen der einzelnen Skalen liegen zwischen $r = .64$ und .77, die Retest-Reliabilitäten (nach 2 Wochen) zwischen $r = .66$ und .78.

Validität: Die Interkorrelationen der drei Skalen sind durchweg gering. Faktorenanalytisch ergibt sich eine dreifaktorielle Lösung, die die theoretisch postulierte Skalenstruktur bestätigt. Eine Vielzahl signifikanter Bezüge zu Außenkriterien (z. B. Indikatoren für Patientencompliance, Vorsorgehandeln) weist auf eine hinreichende kriterienbezogene Validität des Fragebogens hin (Lohaus & Schmitt, 1989; Schmitt et al., 1989). Es ließ sich weiterhin zeigen, dass krankheitsabhängig unterschiedliche Kontrollüberzeugungsmuster resultieren, wobei bei stärker kontrollierbaren Erkrankungen eher internale Kontrollüberzeugungen und bei weniger gut kontrollierbaren Erkrankungen eher externale Kontrollüberzeugungen auftreten (Schmitt et al., 1989). Weiterhin ließen sich Bezüge zu Art, Dauer und Schweregrad einer Erkrankung nachweisen (bei Erkrankungen des rheumatischen Formenkreises; Wiedebusch et al., 1990). Darüber hinaus zeigten sich Korrelationen zwischen Kontrollüberzeugungen und der Zugehörigkeit zu einer Selbsthilfegruppe bei Erkrankten (Volle et al., 1990) sowie zur Patientencompliance (ausführlichere Angaben finden sich im Fragebogenmanual). Die Validität wird weiterhin durch zahlreiche Einsätze des KKG in Studien belegt, die nicht von dem ursprünglichen Autorenteam stammen. In Google Scholar wird das Fragebogenmanual in mehr als 200 Publika-

	tionen zitiert, wobei der größte Teil der Zitationen aus empirischen Studien stammt.
Vergleichswerte/ Normen	Es liegen Z- und T-Werte sowie Prozentränge für Jugendliche von 12 bis 20 Jahren (*N* = 1 092) und für Erwachsene ab 20 Jahren (*N* = 420) vor. Es existieren keine geschlechtsdifferenten Normen, da keine gravierenden Geschlechtsunterschiede erkennbar waren.
WWW-Ressourcen	Es liegen keine zusätzlichen Ressourcen vor.
Literatur	Krampen, G. (1981). *IPC-Fragebogen zu Kontrollüberzeugungen*. Göttingen: Hogrefe. Krampen, G. (1987). Entwicklung von Kontrollüberzeugungen: Thesen zu Forschungsstand und Forschungsperspektiven. *Zeitschrift für Entwicklungspsychologie und Pädagogische Psychologie, 19*, 195–227. Lohaus, A. (1992). Kontrollüberzeugungen zu Gesundheit und Krankheit. *Zeitschrift für Klinische Psychologie, 21*, 76–87. Lohaus, A. & Schmitt, G. M. (1989). Kontrollüberzeugungen zu Krankheit und Gesundheit (KKG): Bericht über die Entwicklung eines Testverfahrens. *Diagnostica, 35*, 59–72. Rotter, J. B. (1966). Generalized expectancies for internal vs. external control of reinforcement. *Psychological Monographs, 80*, 1–28. Schmitt, G. M., Lohaus, A. & Salewski, C. (1989). Kontrollüberzeugungen und Patienten-Compliance. *Psychotherapie, Psychosomatik, Medizinische Psychologie, 39*, 33–40. Volle, B., Wiedebusch, S. & Lohaus, A. (1990). Psychologische Korrelate der Selbsthilfegruppenzugehörigkeit bei Erkrankungen des rheumatischen Formenkreises. *Psychotherapie, Psychosomatik, Medizinische Psychologie, 40*, 230–237. Wiedebusch, S., Volle, B., Lohaus, A. & Schmitt, G. M. (1990). Kontrollüberzeugungen bei Erkrankungen des rheumatischen Formenkreises: Bezüge zu Art, Dauer und Schweregrad der Erkrankung. *Verhaltensmedizin und Verhaltensmodifikation, 11*, 117–135.
Autor des Beitrags	Arnold Lohaus
Kontaktdaten des Autors	Prof. Dr. Arnold Lohaus Universität Bielefeld Fakultät für Psychologie und Sportwissenschaft Abteilung Psychologie, Postfach 10 01 31 33501 Bielefeld arnold.lohaus@uni-bielefeld.de

KPD-38
Klinisch Psychologisches Diagnosesystem 38

Autoren des Testverfahrens	Robert Percevic, Christine Gallas, Markus Wolf, Severin Haug, Thomas Hünerfauth, Michael Schwarz und Hans Kordy
Quelle	Forschungsstelle für Psychotherapie (2007). *Klinisch Psychologisches Diagnosesystem 38 (KPD-38). Manual.* Heidelberg: Im Eigenverlag. Verfügbar unter http://www.psyres.de (Zugriff am 30.10.2015).
Vorgänger-/ Originalversionen	*Vorgängerversion*: Schwarz, M. & Hünerfauth, T. (2000). *Klinisch Psychologisches Diagnosesystem (KPD2000). Verfahren zur psychometrischen Dokumentation therapeutischer Prozesse und Ergebnisse.* Bad Brückenau: Im Eigenverlag.
Kurzversionen	keine
Kurzbeschreibung	Es handelt sich um ein Selbstbeurteilungsinstrument, welches sich an der Gesundheitsdefinition der WHO orientiert und die Beeinträchtigungsmaße *Körperbezogene Beeinträchtigung (KOE)*, *Psychische Beeinträchtigung (PSY)* und *Soziale Probleme (SOZ)* erfasst. Zusätzlich zur Beeinträchtigung werden die Ressourcen *Handlungskompetenz (KOM)*, *Allgemeine Lebenszufriedenheit (ZUF)* und *Soziale Unterstützung (SOU)* erfasst. Der Mittelwert der Subskalen *KOE, PSY, SOZ, KOM* und *ZUF* bildet die Gesamtskala. Zusätzlich zur Papier-Bleistift-Version ist das KPD-38 für eine computergestützte Testdurchführung validiert.
Anwendungsbereich	Das Verfahren eignet sich für Erwachsene. Es kann in störungsheterogenen Patientenpopulationen sowie bei Gesunden eingesetzt werden, um die allgemeine psychische Beeinträchtigung sowie Ressourcen zu erfassen. Anwendung findet das KPD-38 vor allem im Rahmen der Therapieplanung, der Therapieevaluation, der Verlaufsbeobachtung (Monitoring) sowie der Qualitätssicherung psychotherapeutischer Behandlungen, z. B. nach dem Heidelberg-Stuttgarter Modell der Qualitätssicherung (Kordy et al., 2003). Zudem eignet es sich als Ergebnismaß bei Wirksamkeits- und Effektivitätsstudien.
Bearbeitungszeit	Die Durchführungszeit beträgt circa 5 bis 10 Minuten.
Theoretischer Hintergrund	In Anlehnung an die Gesundheitsdefinition der WHO erfasst das KPD-38 die individuelle Beeinträchtigung in Bezug auf körperliche, psychische und soziale Faktoren. Im Gegensatz zu anderen Verfahren mit einem ähnlichen Anwendungsbereich werden zusätzlich zur Beeinträchtigung auch die Ressourcen Handlungskompetenz, allgemeine Lebenszufriedenheit sowie soziale Unterstützung erfasst, da sich diese insbesondere für die Therapieplanung als nützlich erwiesen haben.

KPD-38

Bezug zur Psychotherapie

Hauptanwendungsgebiet des KPD-38 sind Ergebnismonitoring und Qualitätssicherung von Psychotherapien. Auf den KPD-38-Skalen aufbauende Rückmeldungen über den momentanen Zustand und den Therapieverlauf werden von Therapeuten überwiegend als zutreffend empfunden (Percevic et al., 2005). Die Ressourcenskalen bieten zusätzliche Hilfestellung bei der Therapieplanung. Im Bereich der Psychotherapieforschung eignet sich das KPD-38 als Ergebnismaß.

Testentwicklung

Als Itempool dienten die 134 Items des KPD (Schwarz & Hühnerfauth, 1997). 32 Items wurden entfernt, da sie für nicht klinische Populationen unpassend waren, sodass 102 Items den finalen Itempool bildeten.

Die bevölkerungsrepräsentative Stichprobe ($N = 2066$; 53 % weiblich; Altersdurchschnitt: 49 Jahre, $SD = 18.1$) wurde 2002 deutschlandweit durch das Meinungsforschungsinstitut USUMA erhoben. Die Skalen sowie die finalen 38 Items des KPD-38 wurden faktorenanalytisch bestimmt (Varimax).

Zudem diente eine klinische Stichprobe ($N = 351$ stationär behandelte Patienten) im Rahmen der Testentwicklung der Validierung sowie der Untersuchung der Äquivalenz von computerbasierter und Papier-Version (Percevic et al., 2005).

Die Validierung der Skalenstruktur in einer klinischen Population wurde in einer multizentrischen Patientenpopulation ($N = 1533$; 69 % weiblich; Altersdurchschnitt: 43.5 Jahre, $SD = 12.7$) durchgeführt (Mößner et al., 2009).

Aufbau und Auswertung

Das Antwortformat der 38 Items ist vierstufig (1 = trifft nicht zu, 2 = trifft weniger zu, 3 = trifft eher zu, 4 = trifft genau zu). Ein Teil der Items ist negativ gepolt und muss dementsprechend invertiert werden. Die Skalenwerte ergeben sich aus den Mittelwerten der zugehörigen Items. Das KPD-38 umfasst folgende Skalen:

- *Körperbezogene Beeinträchtigung (KOE)* (5 Items; Bsp.: „Ich fühle mich im allgemeinen körperlich ziemlich unwohl."),
- *Psychische Beeinträchtigung (PSY)* (14 Items; Bsp.: „Manchmal habe ich das Gefühl, dass mir alles zu viel ist."),
- *Soziale Probleme (SOZ)* (9 Items; Bsp.: „Ich wünsche mir von anderen mehr Verständnis und Zuwendung."),
- *Handlungskompetenz (KOM)* (5 Items; Bsp.: „Wenn ich in eine schwierige Situation gerate, vertraue ich ohne jede Einschränkung auf meine Fähigkeit, sie zu meistern."),
- *Allgemeine Lebenszufriedenheit (ZUF)* (2 Items; Bsp.: „Ich bin sehr zufrieden."),
- *Soziale Unterstützung (SOU)* (3 Items; Bsp.: „Ich habe Freunde/Angehörige, die immer gut zuhören können, wenn ich mich aussprechen möchte.").

Eine globale Beschwerdenskala wird durch den Mittelwert der drei Skalen *KOE*, *PSY* und *SOZ* berechnet, die globale Ressourcenskala durch den Mittelwert der Skalen KOM und ZUF.

Der Gesamtwert wird als Mittelwert der Subskalen *KOE*, *PSY*, *SOZ*, *KOM* und *ZUF* berechnet. Alle Skalen sind negativ kodiert, das heißt, hohe Werte stehen für eine höhere Belastung bzw. geringere Ressourcen.

Gütekriterien

Die Objektivität kann als gegeben vorausgesetzt werden. Die Reliabilität (Cronbachs α) liegt in der Normstichprobe zwischen .75 und .90, in der klinischen Stichprobe zwischen .75 und .85 bei Aufnahme und zwischen .83 und .91 bei Entlassung aus der Klinik. Die Reliabilität der Gesamtskala beträgt in allen Stichproben > .90.

Die sehr gute Passung der Faktorenstruktur konnte in konfirmatorischen Faktorenanalysen (repräsentative Bevölkerungsstichprobe N = 2 066: $AGFI$ = .96, $RMSEA$ = .05, Chi^2 / df = 4 250 / 650; heterogene Patientenstichprobe bei Aufnahme in die Klinik N = 1 533: $AGFI$ = .94, $RMSEA$ = .07, Chi^2 / df = 5 204 / 650; heterogene Patientenstichprobe bei Entlassung aus der Klinik: $AGFI$ = .97, $RMSEA$ = .05, Chi^2/ df = 3 518 / 650) bestätigt werden (Mößner et al., 2009; Percevic et al., 2005), was für den intendierten Anwendungsbereich von besonderem Wert ist. Die Belastungsskalen besitzen zudem eine hohe Änderungssensitivität (Moessner et al., 2011). Die Skalen-Interkorrelationen sind mit Ausnahme von PSY*SOZ (.80) und KOE*PSY (.66) niedrig bis moderat.

Bei der Unterscheidung klinischer und nicht klinischer Populationen zeigt die Gesamtskala gute Werte für Sensitivität (84 %) und Spezifität (85 %). Korrelationsanalysen sprechen für die konvergente und diskriminante Validität der KPD-38-Skalen. Die Gesamtskala korreliert hoch mit der Gesamtskala des Ergebnisfragebogens (EB-45, r = .80) sowie moderat mit der Gesamtskala der Symptom-Checklist 90 (SCL-90, r = .64; Percevic et al., 2005).

Vergleichswerte/ Normen

Normwerte für die bevölkerungsrepräsentative Normstichprobe (N = 2 066) sowie für die multizentrische Patientenstichprobe (N = 1 533) zu Beginn der Behandlung und zum Zeitpunkt der Entlassung aus der Klinik können dem Anhang des Manuals entnommen werden (Forschungsstelle für Psychotherapie, 2007).

WWW-Ressourcen

Das KPD-38 steht kostenfrei zur Verfügung unter: www.psyres.de.
Hier können der Fragebogen, das Manual, Normwerttabellen sowie eine SPSS-Syntax zur Skalenberechnung heruntergeladen werden. Die Anwendung zu Forschungszwecken ist gebührenfrei, bei kommerzieller Nutzung sind Fallpauschalen zu entrichten.

Literatur

Forschungsstelle für Psychotherapie (2007). *Klinisch Psychologisches Diagnosesystem 38 (KPD-38). Manual.* Heidelberg: Im Eigenverlag. Verfügbar unter: http://www.psyres.de (Zugriff am 30.10.2015).

Kordy, H., Hannöver, W. & Bauer, S. (2003) Das Stuttgart-Heidelberger Modell zur Qualitätssicherung in der stationären Psychotherapie. In M. Härter, H. W. Linster & R.-D. Stieglitz (Hrsg.), *Qualitätsmanagement in der Psychotherapie* (S. 289–304). Göttingen: Hogrefe.

Moessner, M., Gallas, C., Haug, S. & Kordy, H. (2011). The Clinical Psychological Diagnostic System (KPD-38): Sensitivity to Change and

KPD-38

Validity of a Self-report Instrument for Outcome Monitoring and Quality Assurance. *Clinical Psychology and Psychotherapy, 18,* 331–338.

Mößner, M., Zimmer, B., Gallas, C., Percevic, R. & Kordy, H. (2009). Das Klinisch Psychologische Diagnosesystem 38 (KPD-38): Validierung an einer multizentrischen Patientenstichprobe. *Klinische Diagnostik und Evaluation, 3,* 194–204.

Percevic, R., Gallas, C., Wolf, M., Haug, S., Hünerfauth, T., Schwarz, M. et al. (2005). Das Klinisch Psychologische Diagnosesystem (KPD-38): Entwicklung, Normierung und Validierung eines Selbstbeurteilungsbogen für den Einsatz in Qualitätssicherung und Ergebnismonitoring in der Psychotherapie und psychosomatischen Medizin. *Diagnostica, 51,* 134–144.

Schwarz, M. & Hünerfauth, T. (2000). *Klinisch Psychologisches Diagnosesystem (KPD2000). Verfahren zur psychometrischen Dokumentation therapeutischer Prozesse und Ergebnisse.* Bad Brückenau: Im Eigenverlag.

Autoren des Beitrags

Markus Moessner, Severin Haug, Markus Wolf, Benjamin Zimmer und Stephanie Bauer

Kontaktdaten des Erstautors

Dr. phil. Dipl.-Psych. Markus Moessner
Universitätsklinikum Heidelberg
Forschungsstelle für Psychotherapie
Bergheimer Str. 54
69115 Heidelberg
moessner@psyres.de

LAST

Lübecker Alkoholabhängigkeits- und -missbrauchs-Screening-Test

Autoren des Testverfahrens	Hans-Jürgen Rumpf, Ulfert Hapke und Ulrich John
Quelle	Rumpf, H.-J., Hapke, U. & John, U. (2001). *Lübecker Alkoholabhängigkeits- und -missbrauchs-Screening-Test (LAST)*. Göttingen: Hogrefe. Das Copyright liegt beim Hogrefe Verlag.
Vorgänger-/ Originalversionen	Rumpf, H.-J., Hapke, U., Hill, A. & John, U. (1997). Development of a screening questionnaire for the general hospital and general practices. *Alcoholism: Clinical and Experimental Research, 21* (5), 894–898.
Kurzversionen	keine
Kurzbeschreibung	Beim LAST handelt es sich um ein Screeningverfahren, das mithilfe von Selbstaussagen die Identifizierung von Personen mit einem unangepassten Alkoholkonsummuster erlaubt. Das sieben Items umfassende Verfahren zeichnet sich durch seine Zeitökonomie und Sensitivität gegenüber riskantem Alkoholkonsum aus (Demmel & Scheuren, 2002). Mit der Zielsetzung, Alkoholabhängigkeit oder -missbrauch zu erfassen, erhebt der LAST ein breites Spektrum von Aspekten. Dies reicht von der Einschätzung des eigenen Konsumverhaltens bis zur Abfrage von Folgeproblemen. Der LAST kann in Interviewform durch den Arzt durchgeführt werden oder dem Patienten direkt als Papier-Bleistift-Verfahren vorgelegt werden (Rumpf et al., 2001).
Anwendungsbereich	Der LAST erlaubt eine ökonomische Screeningdiagnostik von Alkoholabhängigkeit und -missbrauch bei Erwachsenen im Alter von 18 bis 64 Jahren. Das Verfahren wurde für die routinemäßige Anwendung in der medizinischen Versorgung in Arztpraxen und Allgemeinkrankenhäusern konzipiert. Weitere potenzielle Einsatzbereiche sind der betriebsmedizinische bzw. betriebspsychologische Dienst. Bei positivem Ergebnis, d. h. Identifikation von Personen mit riskantem Alkoholkonsum, sollte eine weiterführende psychologische Diagnostik erfolgen (Rumpf et al., 1997, 2001).
Bearbeitungszeit	Die Bearbeitung nimmt circa 1 Minute in Anspruch, die Auswertung ist in weniger als 1 Minute möglich.
Theoretischer Hintergrund	Der Großteil aller stationär behandelten alkoholabhängigen Patienten ist in Allgemeinkrankenhäusern zu finden. Ein weitaus geringerer Teil wird in psychiatrischen Kliniken oder Entwöhnungseinrichtungen vorstellig (Behrendt et al., 2012). Die Prävalenz der Alkoholabhängigkeit liegt in Einrichtungen der medizinischen Versorgung zwischen 10 und 20 % (Volz et al., 1998). Gleichzeitig ist die frühzeitige Erkennung von

Risikokonsum und Alkoholmissbrauch bzw. -abhängigkeit für die Prognose von großer Bedeutung (Behrendt et al., 2012). Allgemeinkrankenhäusern und niedergelassenen Allgemeinmedizinern kommt daher eine wesentliche Rolle in der Frühdiagnostik und Frühintervention zu (John et al., 2001, 2014). In diesem Kontext erweisen sich Screeningverfahren, die problematischen Alkoholkonsum erfassen und an welche sich im Bedarfsfall eine weiterführende Diagnostik (z. B. ICD-10) anschließen kann, als hilfreich (Behrendt et al., 2012). Dabei haben sich direkte Verfahren, d. h. solche, in denen Alkoholprobleme direkt angesprochen werden, gegenüber indirekten Methoden bewährt (Rumpf et al., 2001). Obgleich bei Befragten mit Alkoholproblemen eine Tendenz zur Verleugnung besteht, haben sich Verfahren, die wie der LAST auf Selbstaussagen beruhen, als reliabel und valide erwiesen (Rist et al., 2004). Der LAST wurde mit der diagnostischen Zielsetzung entwickelt, im Sinne der Sekundärprävention Personen mit unangepasstem Alkoholkonsummuster zu identifizieren. Diese Identifizierung sollte gelingen, unabhängig davon, ob sich bereits eine Störung (Alkoholabhängigkeit oder Alkoholmissbrauch) manifestiert hat oder bislang erst ein psychopathologisches Risiko darstellt (Rumpf et al., 2001).

Bezug zur Psychotherapie

Der LAST kann von niedergelassenen Ärzten und in Allgemeinkrankenhäusern eingesetzt werden, um frühzeitig Risikokonsumenten und alkoholkranke Menschen gezielt zu erkennen und diese im weiteren Verlauf zu begleiten (John et al., 2014; Rumpf et al., 2001). Dies bedeutet einerseits eine weiterführende Diagnostik zur Abklärung von Alkoholabhängigkeit oder -missbrauch und andererseits eine Weitervermittlung in eine Psychotherapie bzw. Entwöhnungsbehandlung (Rumpf et al., 2000).

Testentwicklung

Die Entwicklung erfolgte in Orientierung an den Prinzipien der Klassischen Testtheorie. In einem ersten Schritt wurde aus den beiden Verfahren CAGE (Cut down on drinking, Annoyed by criticism, Guilty feelings, Eye-opener; Ewing, 1984) und MAST (Michigan Alcoholism Screening Test; Selzer, 1971) ein 29 Fragen umfassender Itempool zusammengestellt (Rumpf et al., 1997, 2001). In einem zweiten Schritt wurde die Itemanzahl durch ein multimodales iteratives Vorgehen reduziert. Als Datengrundlage dienten die Angaben von $N = 1167$ stationären Patienten eines Allgemeinkrankenhauses, die zwischen 18 und 64 Jahren alt waren, länger als 24 Stunden stationär aufgenommen wurden und keine zu schweren Erkrankungen aufwiesen. Zwei Items wurden anhand der Kriterien Verständlichkeit und Fehleranfälligkeit ausgeschlossen. Mithilfe einer logistischen Regression wurden 48 Itemlösungen (3 bis 9 Items) gewonnen, die hinsichtlich ihrer Itemtrennschärfe und -schwierigkeit, Sensitivität und Spezifität verglichen wurden. Neben der Entwicklungsstichprobe wurden die Daten zweier weiterer klinischer Stichproben herangezogen. Es handelte sich um $N = 774$ Patienten aus Allgemeinarztpraxen (14 bis 75 Jahre) und $N = 436$ Patienten eines Allgemeinkrankenhauses. In beiden Stichproben wurden weitere Screeningverfahren eingesetzt und mit allen Patienten, bei denen der Verdacht auf ein Alkoholproblem bestand, zusätzlich das SCAN-Interview (Schedules for Clinical Assessment in Neuropsychiatry) durchgeführt. Für alle drei Patientengruppen wurde die Alkoholtrinkmenge mit einem Frequenz-Menge-Index ermittelt. Auf Basis der Datenanalyse aller drei Stichproben wurde die Testversion bestimmt, die hinsichtlich Reliabilität, Validität und Ökonomie am besten abschnitt. Als endgültige Testversion wurden sieben Items ausgewählt, von denen zwei dem CAGE und fünf dem MAST entstammen (Rumpf et al., 1997, 2001).

Aufbau und Auswertung

Die sieben Items des LAST zum Trinkverhalten sowie zu Folgeproblemen sind als Fragen formuliert und dichotom mit „ja" oder „nein" zu beantworten (Rumpf et al., 2001). Beispielitem: „Sind Sie immer in der Lage, Ihren Alkoholkonsum zu beenden, wenn Sie das wollen?"

Mit Ausnahme von Item 1 sind die Items nach ansteigender Schwierigkeit angeordnet, d. h. zunehmend weniger Probanden stimmen den Items zu.

In der Auswertung wird für jede Ja-Antwort der Items 2 bis 7 und für eine Nein-Antwort bei Item 1 ein Punkt vergeben. Anschließend wird ein Summenwert gebildet, der zwischen 0 und 7 liegen kann. Der Cut-Off-Wert wurde für die Anwendung in klinischen Stichproben auf zwei und für die Anwendung in der Allgemeinbevölkerung auf einen Itempunkt festgelegt (Demmel & Scheuren, 2002). Die Testautoren gehen davon aus, dass bei einer Summe über dem Cut-Off-Wert ein Alkoholmissbrauch oder eine Alkoholabhängigkeit vorliegt. Sie empfehlen in diesem Fall, eine weiterführende Diagnostik an das Screening anzuschließen (Rumpf et al., 2001).

Gütekriterien

Insgesamt schneidet der LAST hinsichtlich Validität und Ökonomie besser ab als vergleichbare Screeningverfahren (Rist et al., 2004). Aufgrund der dichotomen Antwortmöglichkeiten und der standardisierten Auswertung kann der Fragebogen als hinreichend objektiv gelten.

Zur Überprüfung der Testgüte wurden die Daten der drei bereits beschriebenen Teilstichproben herangezogen: Für alle drei Stichproben galt eine tägliche Trinkmenge > 20 g (Frauen) bzw. > 30 g (Männer) reinen Alkohols als riskanter Konsum. Es wurden jeweils die Patienten mit dem SCAN-Interview untersucht, die im Screening ein positives Ergebnis zeigten. Anschließend wurden Diagnosen nach ICD-10 bzw. DSM-III-R gestellt (Rumpf et al., 2001).

Die Werte der internen Konsistenz (Cronbachs α) des LAST lagen in den beiden Krankenhausstichproben zwischen $\alpha = .80$ und $.81$ bzw. in der Stichprobe aus den Allgemeinarztpraxen bei $\alpha = .69$. Die Reliabilität des Verfahrens kann damit als zufriedenstellend bis gut beurteilt werden.

Die Gültigkeit des Verfahrens wurde im Sinne der Vorhersagevalidität anhand der Sensitivität und Spezifität bestimmt. Die Sensitivität des Verfahrens lag in den Krankenhausstichproben zwischen 82 % und 87 % bei einer Spezifität von 88 % bis .91 %. In der Stichprobe aus den Allgemeinarztpraxen erreichte der LAST eine Sensitivität von 63 % bei einer Spezifität von 93 %. In den weiblichen Teilstichproben fielen Sensitivität, Spezifität und Treffsicherheit etwas höher aus (Rumpf et al.,

2001). Es zeigten sich keine bedeutsamen Unterschiede zwischen den nach Abteilungen (chirurgische versus internistische Station) getrennten Teilstichproben, lediglich in der Entwicklungsstichprobe erwies sich die Sensitivität des LAST in der internistischen Abteilung als höher.

Die Testautoren stellen die Validitätsmaße des LAST denen der in die Entwicklung eingegangenen Verfahren CAGE und MAST gegenüber. Im Vergleich der drei Diagnosegruppen (Alkoholabhängigkeit, Alkoholmissbrauch, Verdacht auf Alkoholabhängigkeit oder -missbrauch), fällt die Sensitivität des LAST höher aus, während die Spezifität etwas unter der der beiden Ursprungsverfahren liegt (Rumpf et al., 2001).

Weitere Belege der Kriteriumsvalidität liefern die Korrelationen zwischen dem LAST-Gesamtwert und dem Alkoholkonsum (in der Entwicklungsstichprobe mit $N = 1\,167$ Patienten, $r = .45$; Rumpf et al., 1997). Darüber hinaus konnten Volz und Kollegen (1998) signifikante Korrelationen des LAST mit Laborparametern nachweisen, die als biologische Marker übermäßigen Alkoholkonsums gelten. Da es sich um ein Screeningverfahren handelt, wurden keine Analysen zur Faktorenstruktur durchgeführt (Demmel & Scheuren, 2002).

Vergleichswerte/ Normen

Für den LAST wurde anhand der drei Stichproben ($N = 2\,378$ Patienten aus Allgemeinkrankhäusern und Arztpraxen) ein Cut-Off-Wert für die Gruppe der 18- bis 64-Jährigen ermittelt (Rumpf et al., 1997). Vergleichswerte lassen sich aus dem Manual für die Stichproben ablesen (Rumpf et al., 2001). Bevölkerungsrepräsentative Normwerte liegen bislang nicht vor.

WWW-Ressourcen

Es liegen keine zusätzlichen Ressorcen vor.

Literatur

Behrendt, K., Kunstmann, W., Wanek, V. & Weissinger, V. (2012). Früherkennung und Frühintervention bei alkoholbezogenen Störungen. Konsenspapier des Schnittstellenausschusses des Drogen- und Suchtrats. *Sucht, 58,* 203–205.

Demmel, R. & Scheuren, B. (2002). Lübecker Alkoholabhängigkeits- und -missbrauchs Screening-Test (LAST). *Zeitschrift für Klinische Psychologie und Psychotherapie, 31,* 146–147.

Ewing, J. A. (1984). Detecting alcoholism: The CAGE questionnaire. *Journal of the American Medical Association, 252,* 1905–1907.

John U., Hapke, U. & Rumpf, H.-J. (2001). Missbrauch oder Abhängigkeit von Alkohol. Frühdiagnostik und Frühintervention in der Praxis. *Deutsches Ärzteblatt, 98,* 2438–2442.

John, U., Meyer, C., Bischof, G., Freyer-Adam, J., Grothues, J. & Rumpf, H.-J. (2014). Hilfen zu problematischem Alkoholkonsum – Noch kommen wir zu spät. *Sucht, 60,* 107–113.

Rist, F., Demmel, R., Hapke, U., Kremer, G. & Rumpf, H.-J. (2004). Riskanter schädlicher und abhängiger Alkoholkonsum: Screening, Diagnostik, Kurzintervention. Leitlinien der AWMF. *Sucht, 50,* 102–112.

Rumpf, H.-J., Hapke, U., Hill, A. & John, U. (1997). Development of a screening questionnaire for the general hospital and general practices. *Alcoholism: Clinical and Experimental Research, 21* (5), 894–898.

Rumpf, H.-J., Hapke, U. & John, U. (2001). *Lübecker Alkoholabhängigkeits- und -missbrauchs-Screening-Test (LAST)*. Göttingen: Hogrefe.

Rumpf, H.-J., Meyer, C., Hapke, U., Bischof, G. & John, U. (2000). Inanspruchnahme suchtspezifischer Hilfen von Alkoholabhängigen und -missbrauchern: Ergebnisse der TACOS-Bevölkerungsstudie. *Sucht, 46,* 9–17.

Selzer, M. L. (1971). The Michigan Alcoholism Screening Test: The quest for a new diagnostic instrument. *American Journal of Psychiatry, 127,* 1653–1658.

Volz, M., Rist, F. & Alm, B. (1998). Screening auf Alkoholprobleme in einer chirurgischen Abteilung mit Hilfe des Kurzfragebogens LAST. *Sucht, 44,* 310–321.

Autoren des Beitrags Lena M. Becker und Elmar Brähler

Kontaktdaten der Erstautorin

M.Sc. Lena M. Becker
Gärtnerstraße 24a
12207 Berlin
lena.mb@gmx.de

LSAS

Liebowitz-Soziale-Angst-Skala

Autoren des Testverfahrens	Ulrich Stangier und Thomas Heidenreich
Quelle	Consbruch, K. von, Stangier, U. & Heidenreich, T. (in Vorb.). *Skalen zur Sozialen Angststörung (SOZAS)*. Göttingen: Hogrefe.
Vorgänger-/Originalversionen	*Originalversion:* Liebowitz, M. R. (1987). Social phobia. *Modern Problems of Pharmacopsychiatry, 22,* 141–173.
Kurzversionen	keine
Kurzbeschreibung	Die LSAS ist ein international weit verbreitetes Fremdeinschätzungsinstrument zur Beurteilung des Ausmaßes von Vermeidung und Angst bei Sozialer Phobie/Sozialer Angststörung. Grundlage für die Fremdbeurteilung ist ein Interview, das ein ausreichendes Maß an klinischer Erfahrung bezüglich Sozialer Angststörung voraussetzt. Die LSAS liegt auch als Selbstbeurteilungsinstrument vor, das jedoch nur in englischer Sprache validiert wurde (Baker et al., 2002; Rytwinski et al., 2009).
Anwendungsbereich	Die LSAS ist für das Screening von Sozialer Phobie/Sozialer Angststörung entwickelt worden und stellt das Standardinstrument für die Evaluation von Behandlungen der Sozialen Angststörung in der Psychotherapieforschung dar. Die Skala ist für die Anwendung bei Erwachsenen konzipiert. Es gibt zusätzlich eine englischsprachige Version für Kinder und Jugendliche (LSAS-CA; Masia-Warner et al., 2003).
Bearbeitungszeit	Durchführungszeit: 15 bis 20 Minuten; Auswertungszeit: 5 Minuten.
Theoretischer Hintergrund	Die Subskalen der LSAS beziehen sich auf die Unterscheidung von Leistungs- und Interaktionssituationen, die auch in den Definitionen von Sozialer Angststörung im DSM-5 enthalten sind. Die Zuordnung basiert auf einer A-priori-Einteilung von Liebowitz (1987) in 13 Leistungssituationen und 11 Soziale Interaktionssituationen. Soziale Interaktionssituationen sind Situationen, in denen Probanden mit anderen Menschen in einen direkten sozialen Kontakt treten. Leistungssituationen sind Situationen, in denen sich Personen der Beobachtung und kritischen Bewertung anderer ausgesetzt sehen. Somit ermöglicht die Subskala *Leistungsangst* der LSAS auch grundsätzlich eine Möglichkeit, die im DSM-5 enthaltene zusätzliche Spezifizierung einer Leistungsangst, definiert als Reden oder Handeln in der Öffentlichkeit, zu erfassen. Die LSAS erfasst jedoch nicht Kognitionen und physiologische Reaktionen von Personen mit Sozialer Angst.

Bezug zur Psychotherapie	Die LSAS kann sowohl zur Zwischen- als auch Abschlussmessung verwendet werden, um Interventionen (z. B. Verhaltensexperimente oder habituationsbasierte Exposition), Behandlungsphasen oder die Gesamtbehandlung zu evaluieren. Eine Reduktion des Gesamtwertes auf ≤ 30 (Kriterium für Remission) kann als Therapieerfolg gewertet werden. Zusätzlich zum Remissionskriterium wurde in pharmakologischen Studien auch eine Reduktion in der LSAS um mindestens 31 % als Ansprechen auf die Behandlung gewertet.
Testentwicklung	Die LSAS wurde 1987 von Liebowitz auf der Grundlage von DSM-III und klinischer Erfahrung entwickelt. Die deutsche Version von Stangier und Heidenreich wurde 2002 durch Rückübersetzung einer bilingualen Person vom Testautor autorisiert.
Aufbau und Auswertung	Die LSAS enthält 24 Beschreibungen von Interaktions- (11 Items) und Leistungssituationen (13 Items), die vom Interviewer für die letzte Woche eingeschätzt werden in Bezug auf: – die erlebte Angst (0 = keine, 1 = geringe, 2 = mäßige, 3 = schwere) und – die Vermeidung (0 = nie, 1 = gelegentlich, nämlich in 10 bis 33 % der Fälle, 2 = oft, nämlich in 33 bis 67 % der Fälle, 3 = in der Regel, in 67 bis 100 % der Fälle). Aufgrund dieser Einschätzungen können durch die Aufsummierung der Werte vier Subskalen gebildet werden: *Furcht/Angst vor sozialer Interaktion*, *Furcht/Angst vor Leistung*, *Vermeidung sozialer Interaktion* und *Vermeidung von Leistung*. Durch Addition der Subskalenwerte erhält man die übergeordneten Skalen *Furcht/Angst gesamt* und *Vermeidung gesamt* (Wertebereich je 0 bis 72) sowie einen LSAS-Gesamtwert (Wertebereich 0 bis 144). Aufgrund der A-priori-Einteilung von Liebowitz (1987) können zusätzlich die Angst- und Vermeidungswerte der 13 Leistungssituationen (z. B. an öffentlichen Plätzen essen) und 11 Interaktionssituationen (z. B. eine Party besuchen) jeweils zu den Subskalen *Leistungsangst* (Wertebereich 0 bis 78) und *Interaktionsangst* (Wertebereich 0 bis 66) zugeordnet werden.
Gütekriterien	*Objektivität:* Die Durchführungsobjektivität wird zwar durch die Anschaulichkeit und Konkretheit der Iteminhalte und den hierdurch eingeschränkten Spielraum für den Interviewer grundsätzlich hergestellt, aufgrund des Fehlens von detaillierten Ausführungsinstruktionen zum Interview selbst jedoch eingeschränkt. Empfohlen wird, Informationen über die Lebensgeschichte des Patienten, sein Verhalten und seine emotionalen Reaktionen in der Untersuchungssituation oder Informationen von Dritten zu berücksichtigen (Lipsitz & Liebowitz, 2004). Sollte der Patient in der vorangegangenen Woche eine spezifische Situation nicht erlebt haben (gegebenenfalls auch aufgrund von Vermeidung), wird die Einschätzung von *Angst* und *Vermeidung* aufgrund eines hypothetischen Aufsuchens vorgenommen. Die Auswertungs- und Interpretationsobjektivität können aufgrund der eindeutigen Anweisungen zur

Auswertung, der vorhandenen Vergleichswerte und Cut-Off-Werte als gegeben angesehen werden.

Reliabilität: Die von Heimberg et al. (1999) ermittelten Werte für interne Konsistenzen sind für die englischsprachige Originalversion sowohl hinsichtlich der Gesamtskala als auch hinsichtlich der Subskalen als gut einzustufen (LSAS-Gesamt: $\alpha = .96$, Subskalen: $.81 < \alpha < .92$). Die hohe interne Konsistenz der Gesamtskala und der Subskalen wurde in einer weiteren Methodenstudie sowohl für die Fremd- als auch für die Selbstbeurteilungsversion bestätigt (Fresco et al., 2001). Die Gesamtskala der deutschen Version weist ebenfalls eine hohe interne Konsistenz von $\alpha = .91$ auf. Die Retest-Reliabilität wurde bislang nur für die Selbstbeurteilungsvariante der LSAS untersucht und erbrachte zufriedenstellende Kennwerte (Baker et al., 2002).

Validität: Durch die Berücksichtigung eines breiten Spektrums von Leistungssituationen und sozialen Situationen, die bei Personen mit Sozialer Phobie angstbesetzt sein können, ist die LSAS inhaltlich valide. Da die LSAS ein breites Spektrum von Situationen erfasst, die bei Personen mit Sozialer Phobie mit Angst verbunden sind, kann die Inhaltsvalidität grundsätzlich als gegeben angesehen werden.

Jedoch bestätigen die Analysen zur faktoriellen Validität der Originalversion nicht die angenommene zweifaktorielle Struktur *(Leistungs-* versus *Interaktionsangst)*. Safren et al. (1999) fanden Hinweise auf eine vierfaktorielle Struktur, in der neben dem Faktor Soziale Interaktion auch Öffentliches Reden, Beobachtetwerden durch andere und Essen und Trinken in der Öffentlichkeit unterschieden werden können. Aufgrund der hohen Interkorrelationen wird deshalb die Unterscheidung der beiden Dimensionen eher kritisch und die Verwendung der Subskalen nicht als klinisch sinnvoll angesehen (Heimberg & Holaway, 2007). Untersuchungen zur faktoriellen Validität der deutschen Version der LSAS liegen bisher noch nicht vor.

Durchgängig hohe Korrelationen mit konstruktnahen Selbstbeurteilungsmaßen (Soziale-Interaktions-Angst-Skala, SIAS; Soziale-Phobie-Skala, SPS; Soziale Phobie und Angst Inventar, SPAI; Soziale-Phobie-Inventar, SPIN) belegen die hohe konvergente Validität sowohl für die Originalversion (Brown et al., 1995; Fresco et al., 2001; Heimberg et al., 1999) als auch für die deutschsprachige Version (Consbruch et al., in Vorb.; Heidenreich & Stangier, 2002; Sosic et al., 2008).

Die diskriminative Validität wurde u. a. durch eine Studie belegt, in der der LSAS-Gesamtwert Patienten mit Sozialer Phobie deutlich von Patienten mit Generalisierter Angststörung und Kontrollpersonen ohne psychische Störung unterschied (Heimberg & Holaway, 2007).

Die Therapiesensitivität wurde durch eine Vielzahl von pharmakologischen Studien wie auch Studien zur Effektivität von Psychotherapie sowohl für die englischsprachige Originalversion (Davis et al., 2014) als auch die deutsche Version (Stangier et al., 2011) belegt. Die Ergebnisse legen nahe, dass die LSAS eine deutlich höhere Veränderungssensitivität aufweist als Selbstbeurteilungsmaße.

Vergleichswerte/ Normen	Normen liegen nicht vor, jedoch lassen sich aufgrund der Studien mit der englischsprachigen Originalversion Cut-Off-Werte ableiten.

Hinweise auf das Vorliegen einer Sozialen Phobie nach DSM-IV wurden von Mennin et al. (2002) aufgrund von Receiver-Operating-Characteristic-Analysen für den LSAS-Gesamtwert abgeleitet. Danach ergab sich eine hohe Übereinstimmung mit der Diagnose einer nicht generalisierten Sozialen Phobie nach DSM-IV bei einem Cut-Off-Wert von > 30 und für die Zusatzcodierung „Generalisiert" ein Cut-Off-Wert von > 60.

Die Spezifizierung „Generalisiert" wurde jedoch im DSM-5 durch die Spezifizierung „Nur Leistungsangst" ersetzt, definiert als ausschließlich auf Reden oder Handeln in der Öffentlichkeit gerichtete Angst. Somit bezieht sich die Spezifizierung nunmehr auf einen eher selteneren Subtyp und begründet sich eher qualitativ durch Situationsmerkmale als durch das quantitative Ausmaß angstauslösender Situationen. Inwiefern die LSAS-Subskala *Leistungsangst* eine Hilfe bei der Bestimmung dieses neu definierten Subtyps leisten kann, ist noch unklar. Explorative Auswertungen eigener Studiendaten sprechen dafür, dass erhöhte Werte in der Subskala *Leistungsangst* (≥ 40) und geringe Werte in der Subskala *Interaktionsangst* (≤ 30) die DSM-5-Spezifizierung „Nur Leistungsangst" nahelegen. Aufgrund der unklaren faktoriellen Validität sind jedoch weitere Studien notwendig, um Cut-Off-Werte für Subskalen zu definieren.

Unabhängig von einer Subtypenbestimmung legen es auch die Ergebnisse in deutschsprachigen Studien nahe, einen Gesamtwert der LSAS von > 60 als deutlichen Hinweis auf das Vorliegen einer Sozialen Angststörung zu werten. Es sollte jedoch darauf hingewiesen werden, dass in den deutschsprachigen Studien tendenziell etwas geringere Durchschnittswerte bei Stichproben von Patienten mit Sozialer Angststörung gefunden wurden; möglicherweise kann auch bereits ein LSAS-Gesamtwert von > 55 die Diagnose ausreichend korrekt vorhersagen. |
| **WWW-Ressourcen** | Es liegen keine zusätzlichen Ressourcen vor. |
| **Literatur** | Baker, S. L., Heinrichs, N., Kim, H. J. & Hofmann, S. G. (2002). The Liebowitz Social Anxiety Scale as a self-report instrument: a preliminary psychometric analysis. *Behaviour Research and Therapy, 40,* 701–715.

Brown, E. J., Heimberg, R. G. & Juster, H. R. (1995). Social phobia subtype and avoidant personality disorder: Effect on severity of social phobia, impairment, and outcome of cognitive-behavioral treatment. *Behavior Therapy, 26,* 467–486.

Consbruch, K. von, Stangier, U. & Heidenreich, T. (in Vorb.). *Skalen zur Sozialen Angststörung (SOZAS).* Göttingen: Hogrefe.

Davis, M. L., Smits, J. A. J. & Hofmann, S. G. (2014). Update on the efficacy of pharmacotherapy for social anxiety disorder: a meta-analysis. *Expert Opinion on Pharmacotherapy, 15,* 2281–2291.

Fresco, D. M., Coles, M. E., Heimberg, R. G., Liebowitz, M. R., Hami, S., Stein, M. B. et al. (2001). The Liebowitz Social Anxiety Scale: A comparison of the psychometric properties of self-report and clinician-administered formats. *Psychological Medicine, 31,* 1025–1035. |

Heidenreich, T. & Stangier, U. (2002). Störungsspezifische Diagnostik der Sozialen Phobie. In U. Stangier & T. Fydrich (Hrsg.), *Soziale Phobie und Soziale Angststörung: Psychologische Grundlagen, Diagnostik und Therapie* (S. 66-86). Göttingen: Hogrefe.

Heimberg, R. G. & Holaway, R. M. (2007). Examination of the known-groups validity of the Liebowitz Social Anxiety Scale. *Depression and Anxiety, 24,* 447–454.

Heimberg, R. G., Horner, K. J., Juster, H. R., Safren, S. A., Brown, E. J., Schneier, F. R. et al. (1999). Psychometric properties of the Liebowitz Social Anxiety Scale. *Psychological Medicine, 29,* 199–212.

Liebowitz, M. R. (1987). Social phobia. *Modern Problems of Pharmacopsychiatry, 22,* 141–173.

Lipsitz, J. D. & Liebowitz, M. R. (2004). Assessing social anxiety disorder with rating scales: Practical utility for the clinician. In B. Bandelow & D. J. Stein (Eds.), *Social Anxiety Disorder* (pp. 93–115). New York: Marcel Dekker.

Masia-Warner, C., Storch, E. A., Pincus, D. B., Klein, R. G., Heimberg, R. G. & Liebowitz, M. R. (2003). The Liebowitz Social Anxiety Scale for children and adolescents: An initial psychometric investigation. *Journal of the American Academy of Child & Adolescent Psychiatry, 42* (9), 1076–1084.

Mennin, D. S., Fresco, D. M., Heimberg, R. G., Schneier, F. R., Davies, S. O. & Liebowitz, M. R. (2002). Screening for social anxiety disorder in the clinical setting: using the Liebowitz Social Anxiety Scale. *Journal of Anxiety Disorders, 393,* 1–13.

Rytwinski, N. K., Fresco, D. M., Heimberg, R. G., Coles, M. E., Liebowitz, M. R., Cissell, S. et al. (2009). Screening for social anxiety disorder with the self-report version of the Liebowitz Social Anxiety Scale. *Depression and Anxiety, 26,* 34–38.

Safren, S. A., Heimberg, R. G., Horner, K. J., Juster, H. R., Schneier, F. R. & Liebowitz, M. R. (1999). Factor structure of social fears: the Liebowitz Social Anxiety Scale. *Journal of Anxiety Disorders, 13,* 253–270.

Sosic, Z., Gieler, U. & Stangier, U. (2008). Screening for social phobia in medical in- and outpatients with the German version of the Social Phobia Inventory (SPIN). *Journal of Anxiety Disorders, 22* (5), 849–859.

Stangier, U., Schramm, E., Heidenreich, T., Berger, M. & Clark, D. M. (2011). Cognitive therapy versus interpersonal psychotherapy in social phobia: A randomized controlled trial. *Archives of General Psychiatry, 68,* 692–700.

Autor des Beitrags

Ulrich Stangier

Kontaktdaten des Autors

Prof. Dr. Ulrich Stangier
Goethe-Universität Frankfurt am Main
Institut für Psychologie
Klinische Psychologie und Psychotherapie
Varrentrappstr. 40–42
60486 Frankfurt am Main
stangier@psych.uni-frankfurt.de

MDBF
Mehrdimensionaler Befindlichkeitsfragebogen

Autoren des Testverfahrens	Rolf Steyer, Peter Schwenkmezger, Peter Notz und Michael Eid
Quelle	Steyer, R., Schwenkmezger, P., Notz, P. & Eid, M. (1997). *Der Mehrdimensionale Befindlichkeitsfragebogen (MDBF)*. Göttingen: Hogrefe. Das Copyright liegt beim Hogrefe Verlag.
Vorgänger-/ Originalversionen	keine
Kurzversionen	Es existieren zwei Kurzformen (je 12 Items).
Kurzbeschreibung	Es handelt sich um ein dreidimensionales Selbstbeurteilungsverfahren, wobei keine übergreifenden Persönlichkeitseigenschaften erfasst werden, sondern die aktuelle Befindlichkeit.
	Die drei (bipolaren) Dimensionen sind: 1. *Gute – Schlechte Stimmung (GS)*, 2. *Wachheit – Müdigkeit (WM)* sowie 3. *Ruhe – Unruhe (RU)*.
	Zu jeder Dimension gehören acht (Langform) bzw. vier (Kurzformen) Items. Der MDBF liegt als Papier-Bleistift-Version und als computergestützte Version vor. Potenzielle Anwender sind Psychotherapeuten, Gesundheitswissenschaftler und Forscher auf dem Gebiet der Emotionsregulation.
Anwendungsbereich	Der Test eignet sich für Jugendliche und Erwachsene. Anwendungsgebiete sind Therapieevaluation, Grundlagenforschung zur Emotionspsychologie, Psychophysiologie und Psychopharmakologie sowie angewandte Forschung zur Gesundheitspsychologie, Sportpsychologie, Onkologie (Warm et al., 2008) und Behandlung von Essstörungen (Brytek-Matera, 2013). Da der Fragebogen ein exakt ausgewogenes Verhältnis positiv und negativ gepolter Items enthält, kann er auch zur Analyse von Urteilsverhalten (z. B. Zustimmungseffekte) verwandt werden.
Bearbeitungszeit	Langform: 4 bis 8 Minuten; Kurzformen: je 2 bis 5 Minuten.
Theoretischer Hintergrund	Die im Test abgebildete Befindlichkeit bezieht sich auf das aktuelle Erleben und Empfinden einer Person (Steyer et al., 1999). Im Vergleich zum Gefühl (z. B. Freude über..., Furcht vor...) ist Befindlichkeit weniger auf ein konkretes Objekt gerichtet, stattdessen wird die Stimmungslage unabhängig von Objekten oder Situationen beschrieben. Im Vergleich zum Motiv (Motivation zu bestimmtem Verhalten) hat die Befindlichkeit

MDBF

keine Komponente der Zielgerichtetheit. Gegenüber Persönlichkeitseigenschaften ist die Befindlichkeit weniger stabil über verschiedene Situationen oder Zeitpunkte hinweg, da sie explizit die momentane innere Situation beschreibt.

Im Vergleich zum Befindlichkeitsfragebogen Positive and Negative Affect Schedule (PANAS) thematisiert der MDBF nicht nur den Valenzaspekt, sondern auch den Aktivitätsaspekt der Befindlichkeit. Der Fragebogen ist dreidimensional konzipiert. Diese drei Dimensionen sind keineswegs unabhängig. Allen Skalen liegen Bewertungen zugrunde (positive Bewertungen für *Gute Stimmung*, *Wachheit* und *Ruhe*). Aufgrund der hohen Korrelationen zwischen den drei Skalen wird bei Hinz et al. (2012) auch eine Gesamtskala der drei Dimensionen berechnet.

Bezug zur Psychotherapie

Der Fragebogen kann zur Evaluation von Therapieverläufen genutzt werden. Durch seine Kürze eignet er sich insbesondere für wiederholte Messungen der Befindlichkeit, womit z. B. die Effekte therapeutischer Interventionen (einzelner Sitzungen oder einer Serie von Sitzungen) überprüft werden können.

Testentwicklung

Ausgehend von einem Itempool aus bekannten Adjektivlisten wurden die geeignetsten Items (Adjektive) nach inhaltlichen und formalen Kriterien ausgewählt und in einer längsschnittlichen Untersuchung mit drei Messwiederholungen an einer Stichprobe von $N = 503$ Personen untersucht. Die Stichprobe (Altersbereich von 17 bis 77 Jahren, 58 % Frauen) bestand etwa zur Hälfte aus Studierenden; akademische Berufe waren überrepräsentiert. In der statistischen Analyse wurden auch Latent-State-Modelle verwendet. Weitere Details zur Testentwicklung sind im Manual sowie bei Steyer et al. (1991) aufgeführt.

Die beiden Kurzformen A und B wurden so entwickelt, dass sie als Parallelformen eingesetzt werden können. Für die Kurzform A wurde eine Studie zur Gewinnung von Referenzwerten durchgeführt (Hinz et al., 2012). Die Personenstichprobe ($N = 2\,443$) kann dabei als repräsentativ für die deutsche Allgemeinbevölkerung ab 16 Jahren gelten. Das mittlere Alter der Stichprobe betrug 51.1 Jahre, 54 % waren Frauen.

Aufbau und Auswertung

Die Langform (24 Items) setzt sich aus den beiden Kurzformen A und B (je 12 Items) zusammen. Jede Skala enthält gleich viele positiv gepolte und negativ gepolte Items (z. B. „wohl" und „unwohl"). Das Antwortformat ist fünfstufig und reicht von 1 = überhaupt nicht bis 5 = sehr. Verbale Etikettierungen der Zwischenstufen existieren nicht. Die Skalenwerte ergeben sich als Summe der (gegebenenfalls umgepolten) Itemscores und liegen damit zwischen 8 und 40 (Langform) bzw. 4 und 20 (Kurzformen). Hohe Scores in den Skalen bedeuten dabei gute Stimmung, ausgeprägte Wachheit bzw. ausgeprägte Ruhe. Die Auswertung geschieht mit einer Schablone zur Zuordnung der Items zu den Skalen und zur Kennzeichnung der Items, welche umkodiert werden müssen.

Gütekriterien

Die Objektivität kann als gegeben vorausgesetzt werden. Die Reliabilität (Cronbachs α) liegt zwischen $\alpha = .90$ und $.94$ (Langform) bzw. $\alpha = 79$

und .88 (Kurzformen), erfasst anhand der Manual-Stichprobe der $N = 503$ Personen und gemittelt über die vier Messzeitpunkte. Für die Kurzform A ergab sich in der Stichprobe der Allgemeinbevölkerung ($N = 2\,443$) eine Reliabilität zwischen $\alpha = .78$ und .86.

Die Konsistenzen (traitbedingte Varianzanteile im Sinne der Latent-State-Trait-Theorie) liegen zwischen $r = .25$ und .38; die Messgelegenheitsspezifitäten zwischen $r = .55$ und .70 (Manual-Stichprobe). Für die Stichprobe der Allgemeinbevölkerung ergab die konfirmatorische Faktorenanalyse (KFA) gemäß der laut Manual postulierten dreidimensionalen Struktur einen unbefriedigenden Modellfit. Eine weitere KFA prüfte ein Modell mit zwei korrelierenden Faktoren, welche der Itemorientierung (positiv versus negativ) entsprachen. Zusätzlich wurden innerhalb der Faktoren Korrelationen zwischen denjenigen Items zugelassen, die einer gemeinsamen Skala angehörten. Damit ergaben sich die folgenden Koeffizienten: CMIN/DF: 16.53; GFI: .95; NFI: .95; CFI: .96; TLI: .94 und RMSEA: .079.

Die vier Messzeitpunkte der Manual-Stichprobe ermöglichen für jede Skala die Berechnung von sechs Formen von Retest-Korrelationen. Diese liegen zwischen $r = .26$ und .39 (Skala *GS*), zwischen $r = .22$ und .29 (Skala *WM*) und zwischen $r = .30$ und .51 (Skala *RU*). Da es sich bei den Befindlichkeitsdimensionen nicht um Persönlichkeitseigenschaften handelt, sollen diese Retest-Korrelationen nicht als Reliabilitätsmaße interpretiert werden.

Die drei Befindlichkeitsdimensionen korrelieren stark untereinander, mit Koeffizienten zwischen $r = .70$ und .75 (Stichprobe der Allgemeinbevölkerung). Diese Korrelationen bleiben auch nach Auspartialisierung von Alter und Geschlecht bestehen.

Vergleichswerte/Normen

Für die Stichprobe des Manuals ($N = 503$) werden für Lang- und Kurzformen Mittelwerte für alle vier Messzeitpunkte angegeben. Für die bevölkerungsrepräsentative Stichprobe ($N = 2\,443$) werden für die Kurzform A Mittelwerte getrennt nach Altersgruppen und Geschlecht berichtet. Außerdem finden sich hier Auswertungen zur Abhängigkeit vom Bildungsstand.

WWW-Ressourcen

http://www.metheval.uni-jena.de/forschung_daten.php

Unter dieser Adresse lässt sich der Originaldatensatz als SPSS-Datei kostenfrei herunterladen, welcher der Erstellung des Manuals zugrunde lag. Außerdem werden Informationen zu einer englischsprachigen Form (mit anderem Antwortformat) mitgeteilt.

Literatur

Brytek-Matera, A. (2013). Coping and defensive functioning in patients with eating disorders. Comparative structural analysis based on optimal scaling procedures. *Annales Médico-Psychologiques, Revue Psychiatrique, 171,* 673–679.

Hinz, A., Daig, I., Petrowski, K. & Brähler, E. (2012). Die Stimmung in der deutschen Bevölkerung: Referenzwerte für den Mehrdimensionalen Befindlichkeitsfragebogen MDBF. *Psychotherapie, Psychosomatik, Medizinische Psychologie, 62,* 52–57.

Steyer, R., Schmitt, M. & Eid, M. (1999). Latent State-Trait-Theory and research in personality and individual differences. *European Journal of Personality, 13,* 389–408.

Steyer, R., Schwenkmezger, P., Notz, P. & Eid, M. (1991). *Befindlichkeitsmessung und Latent-State-Trait-Modelle.* Arbeitsbericht zum DFG-Projekt Ste 411/3-1.

Warm, M., Gatermann, C., Kates, R., Mallmann, P., Paepke, S., Harbeck, N. et al. (2008). Postoperative sense of well-being and quality of life in breast cancer patients do not depend on type of primary surgery. *Onkologie, 31,* 99–104.

Autor des Beitrags

Andreas Hinz

Kontaktdaten des Autors

Prof. Dr. Andreas Hinz
Universität Leipzig
Abteilung für Medizinische Psychologie und Medizinische Soziologie
Philipp-Rosenthal-Str. 55
04103 Leipzig
andreas.hinz@medizin.uni-leipzig.de

Munich ED-Quest

Munich Eating and Feeding Disorder Questionnaire

Autoren des Testverfahrens	Manfred Fichter und Norbert Quadflieg
Quelle	Fichter, M. M., Quadflieg, N., Gierk, B., Voderholzer, U. & Heuser, J. (2015). The Munich Eating and Feeding Disorder Questionnaire (Munich ED-Quest) DSM-5/ICD-10: Validity, Reliability, Sensitivity to Change, and Norms. *European Eating Disorder Review, 23,* 229–240.
Vorgänger-/ Originalversionen	Der Fragebogen ist eine Neuentwicklung, der die aktuellen Diagnosekriterien des DSM-5 und neben Essstörungen auch Fütterstörungen berücksichtigt.
Kurzversionen	Es ist möglich, nur die für die Diagnostik von Essstörungen erforderlichen 30 Items zu verwenden.
Kurzbeschreibung	Der Munich ED-Quest ist ein Selbstbeurteilungsverfahren mit 65 Items, die teilweise untergliedert sind. Diese erfassen Symptome gestörten Essverhaltens und Symptome von Fütterstörungen.
Anwendungsbereich	Der Munich ED-Quest ist ein Fragebogen für Jugendliche und Erwachsene (12 bis 65 Jahre). Er kann zur klinischen Diagnostik (auch im Verlauf) sowie im Rahmen epidemiologischer Studien, insbesondere zur Identifikation von Hochrisikogruppen, eingesetzt werden. Der Fragebogen liegt in deutscher und englischer Sprache vor.
Bearbeitungszeit	Die Beantwortung des Munich ED-Quest dauert circa 20 Minuten, bei Verwendung nur der für die Diagnostik von Essstörungen erforderlichen Items circa 8 Minuten.
Theoretischer Hintergrund	Ausgehend von den Diagnosesystemen DSM-5 (American Psychiatric Association, 2013) und ICD-10 (WHO/Dilling et al., 1991) werden alle relevanten Symptome essgestörten Verhaltens und viele Symptome von Fütterstörungen deskriptiv erfasst und auf einer Schweregradskala eingeschätzt bzw. Häufigkeitsangaben gemacht.
Bezug zur Psychotherapie	Mittels vorliegender Auswerte-Algorithmen ist es möglich, aus den Angaben im Munich ED-Quest Summenwerte der Skalen, den Schweregrad der Essstörung und Diagnosen von Ess- und Fütterstörungen nach DSM-5 und ICD-10 zu erstellen. Eine empfehlenswerte Verwendung des Fragebogens ist die Beantwortung durch den Patienten vor dem Erstgespräch, sodass das Erstgespräch auf den Antworten im Fragebogen aufgebaut werden kann. Daraufhin kann ein Therapieprogramm erstellt werden, welches auf die individuelle Problemlage des Patienten abgestimmt ist (Indikationsdiagnostik). Die differenzierte

Schweregradskalierung des Munich ED-Quest ermöglicht auch eine Verlaufsmessung während einer Psychotherapie.

Testentwicklung

Die Entwicklung des Munich ED-Quest folgte im Wesentlichen den Diagnosekriterien des DSM-5 und ICD-10. Die Items wurden von klinischen Experten nahe am Text des DSM-5 entwickelt und mittels Faktorenanalysen auf ihre interne Struktur untersucht.

Aufbau und Auswertung

Grundsätzlich sind die Fragen des Munich ED-Quest auf einer fünfstufigen Schweregradskala (0 = Symptom nicht vorhanden, 1 = Symptom leicht oder selten vorhanden, 2 = Symptom deutlich oder des Öfteren vorhanden, 3 = Symptom stark oder häufig vorhanden, 4 = Symptom sehr stark oder sehr häufig vorhanden) einzuschätzen. Einige Items sind als ja/nein-Fragen konzipiert oder fragen nach der durchschnittlichen Häufigkeit von Verhaltensweisen. Auch Fragen zum Gewicht einschließlich maximalem und minimalem Gewicht sind im Fragebogen enthalten.

Die Items des Munich ED-Quest erfassen zwei Zeiträume. Zum einen wird die Symptomausprägung in den letzten 3 Monaten (Jetzt-Zustand) erfragt, zum anderen die Zeit vor den letzten 3 Monaten (früher). Faktorenanalysen ergaben folgende Skalen, zu denen Summenwerte gebildet werden (Fichter et al., 2015):
– *Beschäftigung mit Figur und Gewicht (preoccupation with figure and weight)* (33 Items; Bsp.: „Ich beschäftigte mich in Gedanken viel mit Schlanksein, Abnehmen und damit, wie andere meine Figur bewerten."),
– *Essattacken und Erbrechen (bingeing and vomiting)* (12 Items; Bsp.: „Während der Essattacken hatte ich das Gefühl, nicht mehr aufhören zu können oder nicht kontrollieren zu können, was und wie viel ich esse."),
– *Unangemessene gegensteuernde Maßnahmen (inappropriate compensatory behavior)* (15 Items; Bsp.: „Ich habe Abführmittel eingenommen, um eine Gewichtszunahme zu vermeiden.").

Es kann jeweils ein Gesamtwert gebildet werden. Höhere Skalenwerte bedeuten höhere Symptomschweregrade.

Außerdem ist die Erstellung von verschiedenen Diagnosen zu gestörtem Essverhalten und Fütterstörungen nach DSM-5 möglich, z. B. Anorexia nervosa, Bulimia nervosa, Binge-Eating-Störung, Störung mit Vermeidung oder Einschränkung der Nahrungsaufnahme (Syndrom) sowie alle anderen näher bezeichneten Fütter- oder Essstörungen.

Nach den Forschungskriterien der ICD-10 (WHO/Dilling et al., 1994) können die Diagnosen Anorexia nervosa, atypische Anorexia nervosa und Bulimia nervosa gestellt werden.

Gütekriterien

Der Munich ED-Quest wurde an $N = 605$ Männern und Frauen, die wegen einer Essstörung in einer psychosomatischen Klinik behandelt wurden, auf die Testgütekriterien hin überprüft.

Objektivität: Durch die Standardisierung ist die Durchführungs-, Auswertungs- und Interpretationsobjektivität sichergestellt.

Reliabilität: Die interne Konsistenz ist sehr gut. Folgende Werte wurden ermittelt: *Beschäftigung mit Figur und Gewicht:* $\alpha = .94$ (Jetzt-Zustand), .98 (früher); *Essattacken und Erbrechen:* $\alpha = .97$ (Jetzt-Zustand), .97 (früher); *Unangemessene gegensteuernde Maßnahmen:* $\alpha = .89$ (Jetzt-Zustand), .93 (früher) und Gesamtwert: $\alpha = .94$ (Jetzt-Zustand), .97 (früher),

Die Retest-Reliabilität lag mit Werten von mindestens .89 ebenfalls im sehr hohen Bereich.

Validität: Vergleiche mit anderen Selbsteinschätzungsskalen zu Essstörungssymptomen und zur allgemeinen Psychopathologie zeigten eine befriedigende bis hohe konvergente und diskriminative Konstruktvalidität des Munich ED-Quest. Die Eignung als diagnostisches Screeninginstrument wurde durch Receiver-Operating-Characteristic-Analysen belegt. Es wurden definierte Cut-Off-Werte für alle Skalen mit positiven Vorhersagewerten von mindestens .90 berechnet. Der Diagnose-Algorithmus des Munich ED-Quest wurde durch Expertendiagnosen (SIAB-EX) mit positiven Vorhersagewerten von .98 bei Anorexia nervosa und .89 bei Bulimia nervosa bestätigt.

Vergleichswerte/Normen

Es liegen Vergleichswerte (Mittelwerte mit Standardabweichungen sowie Perzentile) von 605 wegen Essstörungen behandelten Männer und Frauen – auch getrennt für Anorexia nervosa und Bulimia nervosa – vor. Des Weiteren liegen diese Daten auch für klinische Kontrollen (psychosomatische Patienten ohne Essstörungen) und für 547 gesunde junge Frauen vor.

WWW-Ressourcen

Unter der folgenden Adresse kann die deutsche und englische Fassung des Munich ED-Quest mit Vorlagen zur Auswertung heruntergeladen werden:
http://www.klinikum.uni-muenchen.de/Klinik-und-Poliklinik-fuer-Psychiatrie-und-Psychotherapie/en/forschung/epidemiologie/AssessmentInstrumentsOfEatingDisorders/index.html

Literatur

American Psychiatric Association (2013). *Diagnostic and statistical manual of mental disorders, Fifth Edition.* Arlington, VA: American Psychiatric Association.

Fichter, M. M., Quadflieg, N., Gierk, B., Voderholzer, U. & Heuser, J. (2015). The Munich Eating and Feeding Disorder Questionnaire (Munich ED-Quest) DSM-5/ICD-10: Validity, Reliability, Sensitivity to Change, and Norms. *European Eating Disorder Review, 23,* 229–240.

WHO/Dilling, H., Mombour, W. & Schmidt, M. H. (1991). *Internationale Klassifikation psychischer Störungen, ICD-10 Kapitel V (F), Klinisch-diagnostische Leitlinien.* Bern: Huber.

WHO/Dilling, H., Mombour, W., Schmidt, M. H. & Schulte-Markwort, E. (1994). *Internationale Klassifikation psychischer Störungen, ICD-10 Kapitel V (F), Forschungskriterien.* Bern: Huber.

Munich ED-Quest

Autoren des Beitrags	Norbert Quadflieg und Manfred Fichter
Kontaktdaten des Erstautors	Dipl.-Psych. Norbert Quadflieg Psychiatrische Universitätsklinik München Forschungsbereich Epidemiologie und Evaluation Nussbaumstr. 7 80336 München norbert.quadflieg@med.uni-muenchen.de

MVS-G
Material Values Scale – Deutsche Version

Autorinnen des Testverfahrens	Astrid Müller und Martina de Zwaan
Quelle	Müller, A., Smits, D. J. M., Claes, L., Gefeller, O., Hinz, A. & de Zwaan, M. (2013). The German version of the Material Values Scale. *GMS Psycho-Social-Medicine, 10*, 1–9. Der Fragebogen und die Auswertungssyntax sind auf Anfrage bei der Erstautorin erhältlich.
Vorgänger-/ Originalversionen	*Originalversion Material Values Scale (MVS):* Richins, M. & Dawson, S. (1992). Materialism as a consumer value: measure development and validation. *Journal of Consumer Research, 19*, 303–316. *Vorgängerversion der MVS-G:* Richins, M. (2004). The Material Values Scale: a re-inquiry into its measurement properties and the development of a short form. *Journal of Consumer Research, 31*, 209–219. Die deutsche Fassung der MVS bezieht sich auf die von Marsha Richins (2004) überarbeitete und auf 15 Items gekürzte Version.
Kurzversionen	keine
Kurzbeschreibung	Die MVS-G ist ein Selbsterhebungsinstrument zur Erfassung der materiellen Werteorientierung. Der Fragebogen enthält 15 Items, die auf die zwei Subskalen *Centrality/Success* (9 Items) und *Happiness* (6 Items) verteilt sind.
Anwendungsbereich	Der Test eignet sich für Erwachsene. Zu den Anwendungsbereichen zählen Diagnostik und Grundlagenforschung (Müller et al., 2014).
Bearbeitungszeit	Die Durchführungszeit beträgt circa 5 bis 10 Minuten.
Theoretischer Hintergrund	Der Fragebogen misst materielle Werteorientierung. Damit sind persönliche Überzeugungen hinsichtlich der Bedeutsamkeit materieller Güter gemeint. Nach Richins und Dawson (1992) bildet sich das Konstrukt auf den drei Hautdimensionen *Centrality, Success* und *Happiness* ab. *Centrality* bezieht sich auf die zentrale Bedeutung von materiellen Besitzgütern für das eigene Leben. *Success* reflektiert das Ausmaß, in dem man Erfolg und Lebensleistung anhand von Besitztum definiert. *Happiness* spiegelt die Überzeugung wider, dass die Aneignung von Besitztümern in Lebenszufriedenheit und Wohlbefinden resultiert. Studien haben gezeigt, dass eine hohe materielle Werteorientierung zu den Prädiktoren von pathologischem Kaufen zählt (Müller et al., 2014).

MVS-G

Bezug zur Psychotherapie	Die MVS-G eignet sich vor allem zur diagnostischen Abklärung sowie zur Erfassung des Zusammenhanges zwischen materieller Werteorientierung und anderen psychischen Aspekten wie z. B. Kaufsucht oder Persönlichkeitsstörungen (Müller et al., 2014).
Testentwicklung	Die ursprüngliche dreidimensionale Originalversion der Material Values Scale (MVS) besteht aus 18 Items, die auf den drei Faktoren *Centrality*, *Success* und *Happiness* laden (Richins & Dawson, 1992). Richins (2004) überarbeitete die Originalversion und stellte eine auf 15 Items gekürzte Version vor. Diese 15-Item-Version wurde durch eine autorisierte Hin- und Rückübersetzung (professionelles Übersetzungsbüro) ins Deutsche übertragen. Die englische Rückübersetzung wurde von der Originalautorin Marsha Richins verifiziert. Zur Überprüfung der Faktorenstruktur wurden Daten einer Bevölkerungsstichprobe (N = 2 295) herangezogen. Die Ergebnisse der konfirmatorischen Faktorenanalyse ergaben eine unzureichende Anpassungsgüte des Drei-Faktoren-Modells. Hingegen war der Modelfit für eine Lösung mit nur zwei Faktoren gut. Der erste Faktor wurde gebildet, indem die Faktoren *Centrality* und *Success* aus der Originalversion zu einer Dimension zusammengefügt wurden. Der zweite Faktor *Happiness* entspricht dem dritten Faktor der Originalversion.
Aufbau und Auswertung	Die MVS-G besteht aus 15 Items, die auf einer Likert-Skala von 1 = unzutreffend bis 5 = zutreffend beantwortet werden. Vier der 12 Items sind invertiert und müssen vor der Auswertung umkodiert werden. Anschließend kann der Summenwert über einfaches Aufaddieren ermittelt werden. Höhere Summenscores in der MVS-G stehen für eine stärkere Ausprägung materieller Werte.
Gütekriterien	Es kann von einer guten Reliabilität der MVS-G und der beiden Subskalen ausgegangen werden mit Cronbachs $\alpha > .81$ in der Bevölkerungsstichprobe. Zur Untersuchung der Konstruktvalidität wurde bei Patienten mit pathologischem Kaufen (N = 52) und bei Studenten (N = 347) der Zusammenhang zwischen MVS-G und einer Kaufsuchtskala sowie einer Depressionsskala ermittelt. Es wurde eine signifikante positive Korrelation zwischen MVS-G und Kaufsuchtskala ($r > .37$; konvergente Validität), nicht jedoch zwischen MVS-G und Depressionsskala ($r < .15$; divergente Validität) gefunden. Die MVS-G diskriminiert zuverlässig zwischen Gruppen mit hohen und eher niedrigeren materiellen Werten. So berichteten Patienten mit Kaufsucht erwartungskonform signifikant höhere MVS-G Werte als Studenten oder als die Bevölkerungsstichprobe.
Vergleichswerte/ Normen	Mittelwerte wurden sowohl für die Bevölkerungsstichprobe (N = 2 295) als auch für ambulante Patienten mit pathologischem Kaufen (N = 52) und für Studenten (N = 347) berichtet (Müller et al., 2013).
WWW-Ressourcen	Es liegen keine zusätzlichen Ressourcen vor.

Literatur	Müller, A., Claes, L., Georgiadou, E., Möllenkamp, M., Voth, E. M., Faber, R. J. et al. (2014). Is compulsive buying related to materialism, depression or temperament? Findings from a sample of treatment-seeking patients with compulsive buying. *Psychiatry Research, 216* (1), 103–107. Müller, A., Smits, D. J. M., Claes, L., Gefeller, O., Hinz, A. & de Zwaan, M. (2013). The German version of the Material Values Scale. *GMS Psycho-Social-Medicine, 10,* 1–9. Richins, M. (2004). The Material Values Scale: a re-inquiry into its measurement properties and the development of a short form. *Journal of Consumer Research, 31,* 209–219. Richins, M. & Dawson, S. (1992). Materialism as a consumer value: measure development and validation. *Journal of Consumer Research, 19,* 303–316.
Autorinnen des Beitrags	Astrid Müller und Martina de Zwaan
Kontaktdaten der Erstautorin	Prof. Dr. med. Dr. phil. Astrid Müller Medizinische Hochschule Hannover Klinik für Psychosomatik und Psychotherapie Carl-Neuberg-Str. 1 30625 Hannover mueller.astrid@mh-hannover.de

NEQ
Night Eating Questionnaire

Autoren des Testverfahrens	Adrian Meule, Kelly Costello Allison und Petra Platte
Quelle	Meule, A., Allison, K. C. & Platte, P. (2014). A German version of the Night Eating Questionnaire (NEQ): Psychometric properties and correlates in a student sample. *Eating Behaviors, 15,* 523–527. Die Nutzung ist kostenfrei.
Vorgänger-/ Originalversionen	*Englischsprachige Originalversion:* Allison, K. C., Lundgren, J. D., O'Reardon, J. P., Martino, N. S., Sarwer, D. B., Wadden, T. A. et al. (2008). The Night Eating Questionnaire (NEQ): psychometric properties of a measure of severity of the Night Eating Syndrome. *Eating Behaviors, 9,* 62–72.
Kurzversionen	keine
Kurzbeschreibung	Der Night Eating Questionnaire (NEQ) ist ein aus 14 Fragen bestehendes Selbstbeurteilungsinstrument zur Erfassung von Symptomen des Night Eating Syndroms (NES). Der NEQ beinhaltet vier Subskalen zur Erfassung von *morgendlicher Appetitlosigkeit, abendlichem Überessen, Stimmung und Schlafproblemen* und *nächtlichem Essen.* Aus 13 der 14 Fragen lässt sich ein Gesamtwert berechnen, der aufgrund inhaltlicher und psychometrischer Überlegungen meist der Betrachtung der Subskalen vorgezogen wird.
Anwendungsbereich	Der Test eignet sich für Erwachsene. Gegebenenfalls ist er auch bei Jugendlichen einsetzbar, wobei die psychometrischen Eigenschaften in dieser Population noch nicht getestet wurden. Das Einsatzziel besteht für gewöhnlich im Verwenden als Screeninginstrument bei abendlichem/nächtlichem Überessen.
Bearbeitungszeit	Die Durchführungszeit beträgt 2 bis 5 Minuten.
Theoretischer Hintergrund	Das NES wurde erstmals von Stunkard (1955) beschrieben. Im Jahr 2013 wurde es in das DSM-5 in der Restkategorie der anderen spezifizierten Essstörungen aufgenommen (American Psychiatric Association, 2013). Wesentliche Merkmale umfassen (1) den Konsum von mindestens 25 % der täglichen Nahrungsaufnahme nach dem Abendessen *oder* mindestens zwei Episoden nächtlichen Essens pro Woche, (2) Bewusstheit über diese Nahrungsaufnahme und (3) mindestens drei der folgenden Merkmale: morgendliche Appetitlosigkeit; ein starker Drang zwischen dem Abendessen und dem Zubettgehen oder nachts zu essen; Schlafprobleme; ein Glaube, dass etwas gegessen werden muss, um (wieder) einschlafen zu können; Stimmungsverschlechterung zum Abend hin (Allison et al., 2010).

Bezug zur Psychotherapie	Der Fragebogen dient der Erfassung von Symptomen des NES. Es existieren Cut-Off-Werte, bei deren Überschreitung ein Vorliegen eines NES wahrscheinlich ist. Zur weiteren Absicherung wird für eine Diagnosestellung allerdings die Anwendung von Interviewverfahren empfohlen (Lundgren et al., 2012).
Testentwicklung	Der NEQ wurde mehrfach revidiert, was u. a. mit Veränderungen der diagnostischen Kriterien des NES im Zusammenhang steht (vgl. Allison et al., 2008, 2010; Vander Wal, 2012). Die aktuellste Version des NEQ wurde in drei unterschiedlichen Stichproben evaluiert (Allison et al., 2008). Die Faktorstruktur und interne Konsistenz wurde online an $N = 1\,980$ Personen untersucht, die sich auf einer Webseite für Betroffene nach dem NES erkundigten. Konvergente Validität wurde an $N = 81$ Ambulanzpatienten mit NES untersucht. Der positive Vorhersagewert wurde an $N = 194$ adipösen Kandidaten für bariatrische Chirurgie getestet. Die deutschsprachige Übersetzung wurde anhand einer Stichprobe von vorwiegend weiblichen Studierenden ($N = 729$; Meule et al., 2014b) evaluiert.
Aufbau und Auswertung	Der NEQ besteht aus 14 Items. Zwei zusätzliche Items erfragen eine Beeinträchtigung bzw. ein Leiden aufgrund des nächtlichen Essens; diese werden allerdings nicht in die Auswertung miteinbezogen. Jedes Item wird auf einer Skala von 0 bis 4 kodiert, wobei sich die verbalen Etikettierungen der Antwortkategorien zwischen den Items unterscheiden. Drei Items (Nr. 1, 4, 14) sind invertiert formuliert und werden daher umgepolt. Bei Item Nr. 7 zur Erfassung der Stimmung existiert eine zusätzliche, sechste Antwortmöglichkeit („Meine Stimmung schwankt nicht über den Tag hinweg"), die ebenfalls mit 0 kodiert wird. Der Fragebogen enthält zwei Abbruchkriterien, sodass bei Beantwortung des Items Nr. 9 bzw. Nr. 12 mit 0 die jeweils folgenden Items nicht mehr ausgefüllt werden müssen und ebenfalls mit 0 kodiert werden. Item Nr. 13 erfasst die Bewusstheit über das nächtliche Essen und dient somit der Abgrenzung einer schlafbezogenen Essstörung, wird aber nicht in die Auswertung miteinbezogen. Die Subskala *morgendliche Appetitlosigkeit* besteht aus zwei Items (Nr. 1, 2), *abendliches Überessen* aus drei Items (Nr. 3 bis 5), *Stimmung und Schlafprobleme* aus drei Items (Nr. 6 bis 8) und *nächtliches Essen* aus fünf Items (Nr. 9 bis 12, 14). Nach Umpolung der drei invertiert formulierten Items und Auffüllen der nicht beantworteten Items nach den Abbruchkriterien, werden die Antworten der Items 1 bis 12 und 14 zu einem Gesamtwert aufsummiert. Die Werte können somit zwischen 0 und 52 variieren. Höhere Werte repräsentieren eine ausgeprägtere Night-Eating-Symptomatik.
Gütekriterien	Die vierfaktorielle Struktur der englischsprachigen Version konnte für die deutschsprachige Version größtenteils bestätigt werden. Ein Item („Welchen Anteil Ihrer täglichen Nahrungsaufnahme konsumieren Sie nach dem Abendessen?") lud allerdings nicht wie bei der Originalversion auf dem Faktor *morgendliche Appetitlosigkeit*, sondern auf dem Faktor *abendliches Überessen*, was inhaltlich also durchaus zu rechtfertigen ist. Aufgrund der geringen internen Konsistenzen der Subska-

len wird allerdings ohnehin die Verwendung des Gesamtwertes empfohlen (Allison et al., 2008; Lundgren et al., 2012; Meule et al., 2014b). Die interne Konsistenz der Gesamtskala ist als akzeptabel zu bezeichnen (meist $\alpha \geq .70$).

Die spanischsprachige Version wies eine gute Retest-Reliabiliät nach 2 Wochen (r_{tt} = .86; Moizé et al., 2012) auf. Die deutschsprachige Version zeigte eine zufriedenstellende Retest-Reliabilität nach 3 Wochen (r_{tt} = .77; Meule et al., 2014b).

Belege für die konvergente Validität fanden sich anhand von mittelhohen, positiven Zusammenhängen mit Instrumenten zur Erfassung problematischen Essverhaltens (z. B. Essstörungssymptomatik, emotionales Essverhalten). Diskriminante Validität zeigte sich anhand von kleinen Zusammenhängen mit verwandten, aber nicht essensbezogenen Konstrukten (z. B. zirkadiane Präferenz, Impulsivität; Allison et al., 2008; Meule et al., 2014b). Weiterhin korrelierten die NEQ-Werte positiv mit der täglichen, prozentualen Kalorienaufnahme nach 18 Uhr, welche anhand eines Essenstagebuchs über 7 Tage hinweg erfasst und berechnet wurde (Allison et al., 2008). Der positive Vorhersagewert des NEQ wurde mithilfe eines Interviewverfahrens zur Feststellung des Vorliegens eines NES überprüft, woraus zwei Cut-Off-Werte abgeleitet wurden (vgl. nächster Abschnitt; Allison et al., 2008).

Vergleichswerte/ Normen

Im englischsprachigen Raum lagen die mittleren NEQ-Werte in klinischen Stichproben (z. B. Menschen mit Bulimia nervosa oder Adipositas) etwa zwischen 20 und 30 und bei Menschen mit NES bei über 30 (Lundgren et al., 2012, S. 200). Allison und Kollegen (2008) errechneten anhand verschiedener Stichproben Cut-Off-Werte von 25 (hohe Sensitivität) und 30 (hohe Spezifität). Die Prävalenz des NES in der Allgemeinbevölkerung liegt bei etwa 1 bis 1.5 % (Vander Wal, 2012).

In der Validierungsstudie zur deutschsprachigen Übersetzung lag der Mittelwert bei M = 11.6 (SD = 4.4; Range 2–34). Anhand des Cut-Offs von 25 betrug die Prävalenz des NES 1.2 %.

In einer repräsentativen deutschen Stichprobe (N = 2 460; de Zwaan et al., 2014) mit Teilnehmern im Alter zwischen 14 und 92 Jahren lag der Mittelwert bei M = 9.4 (SD = 4.6; Range 0–36). Dieser unterschied sich zwischen verschiedenen Altersgruppen nicht (Meule et al., 2014a). Anhand des Cut-Offs von 25 betrug die Prävalenz des NES 1.1 %.

WWW-Ressourcen

http://adrianmeule.wordpress.com/resources/

Literatur

Allison, K. C., Lundgren, J. D., O'Reardon, J. P., Geliebter, A., Gluck, M. E., Vinai, P. et al. (2010). Proposed diagnostic criteria for night eating syndrome. *International Journal of Eating Disorders, 43,* 241–247.

Allison, K. C., Lundgren, J. D., O'Reardon, J. P., Martino, N. S., Sarwer, D. B., Wadden, T. A. et al. (2008). The Night Eating Questionnaire (NEQ): psychometric properties of a measure of severity of the Night Eating Syndrome. *Eating Behaviors, 9,* 62–72.

American Psychiatric Association (2013). *Diagnostic and statistical manual of mental disorders, Fifth Edition.* Arlington, VA: American Psychiatric Association.

de Zwaan, M., Müller, A., Allison, K. C., Brähler, E. & Hilbert, A. (2014). Prevalence and correlates of night eating in the German general population. *PLOS ONE, 9* (5), e97667.

Lundgren, J. D., Allison, K. C., Vinai, P. & Gluck, M. E. (2012). Assessment Instruments for Night Eating Syndrome. In J. D. Lundgren, K. C. Allison & A. J. Stunkard (Eds.), *Night Eating Syndrome – Research, Assessment, and Treatment* (pp. 197–217). New York: The Guilford Press.

Meule, A., Allison, K. C., Brähler, E. & de Zwaan, M. (2014a). The association between night eating and body mass depends on age. *Eating Behaviors, 15,* 683–685.

Meule, A., Allison, K. C. & Platte, P. (2014b). A German version of the Night Eating Questionnaire (NEQ): Psychometric properties and correlates in a student sample. *Eating Behaviors, 15,* 523–527.

Moizé, V., Gluck, M. E., Torres, F., Andreu, A., Vidal, J. & Allison, K. (2012). Transcultural adaptation of the Night Eating Questionnaire (NEQ) for its use in the Spanish population. *Eating Behaviors, 13,* 260–263.

Stunkard, A. J., Grace, W. J. & Wolff, H. G. (1955). The Night-eating Syndrome – a pattern of food intake among certain obese patients. *American Journal of Medicine, 19,* 78–86.

Vander Wal, J. S. (2012). Night eating syndrome: a critical review of the literature. *Clinical Psychology Review, 32,* 49–59.

Autor des Beitrags Adrian Meule

Kontaktdaten des Autors

Dr. Adrian Meule
Universität Salzburg
Fachbereich Psychologie
Hellbrunner Straße 34
A-5020 Salzburg
adrian.meule@sbg.ac.at

NISS
Need Inventory of Sensation Seeking

Autoren des Testverfahrens	Marcus Roth, Philipp Hammelstein und Elmar Brähler
Quelle	Roth, M., Hammelstein, P. & Brähler, E. (2014). *Need Inventory of Sensation Seeking (NISS). Ein Fragebogen zur Erfassung des dispositionalen Bedürfnisses nach Stimulation.* Göttingen: Hogrefe. Das Copyright liegt beim Hogrefe Verlag.
Vorgänger-/ Originalversionen	*Englischsprachige Version:* Roth, M. & Hammelstein, P. (2012). The Need Inventory of Sensation Seeking (NISS). *European Journal of Psychological Assessment, 28* (1), 11–18.
Kurzversionen	keine
Kurzbeschreibung	Das NISS ist ein zweidimensionales Selbstbeurteilungsverfahren zur Erfassung des Persönlichkeitsmerkmals Sensation Seeking, welches 17 Items umfasst. Sensation Seeking, verstanden als dispositionales Bedürfnis nach Stimulation, wird auf zwei Subskalen erfasst: – *Bedürfnis nach Stimulation (need for stimulation)* und – *Vermeidung von Ruhe (avoidance of rest).* Der Fragebogen liegt als Papierversion vor. Potenzielle Anwender sind Psychotherapeuten, Psychologen, Mediziner, Pädagogen und andere mit diagnostischen Testverfahren vertraute Berufsgruppen.
Anwendungsbereich	Der Fragebogen ist zur Erfassung von Sensation Seeking als dispositionales Bedürfnis nach Stimulation bei Jugendlichen ab 14 Jahren und Erwachsenen geeignet und kann gleichermaßen in der Forschung und bei praktisch-angewandten Fragestellungen eingesetzt werden. Hier eignet sich das Verfahren zur Individualdiagnostik (z. B. in verschiedenen Patienten- bzw. Klientenpopulationen) und kann in unterschiedlichen Bereichen, wie beispielsweise in der klinischen Psychologie (Drogenkonsum, Abhängigkeit, Glücksspielsucht, Rückfallprophylaxe), der Gesundheitspsychologie (Risikosport, Drogenprävention, sexuelles Risikoverhalten) und der Verkehrspsychologie Anwendung finden. Das Verfahren kann als Einzel- oder Gruppentestung durchgeführt werden.
Bearbeitungszeit	Die Durchführungszeit beträgt etwa 5 Minuten. Für die Handauswertung und die Berechnung der Skalenwerte werden ebenfalls etwa 5 Minuten benötigt.
Theoretischer Hintergrund	Entwickelt wurde das Konstrukt von Zuckerman (1979, 1994). Er definiert Sensation Seeking als Persönlichkeitseigenschaft, die gekenn-

zeichnet ist von der Suche nach abwechslungsreichen, neuartigen, komplexen und intensiven Sinneseindrücken und der Bereitschaft, dafür auch Risiken in Kauf zu nehmen, wie beispielsweise körperliche oder gesetzliche Risiken. Aufgrund Zuckermans Definition wird Sensation Seeking oftmals mit erhöhter Risikobereitschaft, impulsiven Verhaltensweisen und Delinquenz in Verbindung gebracht (vgl. z. B. Liebe, 2014; Roth & Hammelstein, 2003).

Im Fokus einer Vielzahl bisheriger Untersuchungen zu Sensation Seeking steht vor allem Risiko- und normbrechendes Verhalten. Es konnte beispielsweise gezeigt werden, dass eine hohe Sensation Seeking-Ausprägung mit einer erhöhten Wahrscheinlichkeit für den Konsum illegaler Drogen, die Ausübung von Risikosportarten und risikoreicher sexueller Praktiken sowie für antisoziale und delinquente Verhaltensweisen einhergeht (Hammelstein, 2008; Roth & Hammelstein, 2003). Daneben existieren aber auch Untersuchungen, die beispielsweise Zusammenhänge zur Mediennutzung und kulturell-ästhetischen Präferenzen berichten (Burst, 2003; Zuckerman, 1994), ferner finden sich negative Korrelationen zu Ängstlichkeit und Depressivität (Möller & Huber, 2003) sowie Hinweise auf eine stresspuffernde Wirkung von Sensation Seeking (Smith et al., 1992). Geschlechter- und Altersunterschiede zeigen sich in der Form, dass bei Männern und Jugendlichen Sensation Seeking insgesamt höher ausgeprägt ist.

Während das ursprüngliche Konzept von Zuckerman (1979, 1994) an typischen Verhaltensweisen ausgerichtet ist, stellen Roth und Hammelstein (2012) einen Gegenentwurf vor. Dabei berufen sie sich auf Arnetts (1994) Konzeption von Sensation Seeking und den Bedürfnisbegriff von Grawe (2002). Sie stellen die Abhängigkeit konkreten Verhaltens vom situationsspezifischen Kontext und der individuellen Sozialisation heraus und postulieren eine Bereinigung des Konstrukts um die Einbeziehung konkreter Verhaltensweisen. Diesen Perspektivwechsel berücksichtigend, modellieren die Autoren des NISS das Konstrukt als basale motivationale Disposition. Die Items zur Erfassung des Konstrukts sind dementsprechend frei von konkreten Verhaltensweisen, die der Befriedigung des Stimulationsbedürfnisses dienen; die Iteminhalte sind hingegen abstrakt gehalten und beschreiben entweder den Zielzustand eines Bedürfnisses nach intensiver Stimulation oder körperlicher Anspannung und Aktivierung oder beziehen sich als invertierte Items auf ein Bedürfnis nach Erholung und Ruhe.

Bezug zur Psychotherapie

Das Verfahren kann zur Diagnostik in der Psychotherapie genutzt werden. Eingesetzt wurde es bereits zur Untersuchung von pathologischem Glücksspiel, Angst- und Borderline-Störungen. In einer Studie an $N = 30$ stationären Patienten mit der Primärdiagnose des pathologischen Glücksspiels erwies sich die Subskala *Bedürfnis nach Stimulation* des NISS als prädiktiv für die Schwere der Symptome (Hammelstein & Roth, 2010). Hammelstein (2008) untersuchte 30 Angstpatienten, diese wiesen im Mittel ein niedrigeres Stimulationsbedürfnis als Kontrollprobanden auf, ebenfalls erfasst mit der Subskala *Bedürfnis nach Stimulation*. Ein Vergleich von 20 Patienten mit Borderline-Persönlichkeitsstörung (BPS) mit Kontrollprobanden zeigt auf deskriptiver Ebene eine höhere Ausprägung des Stimulationsbedürfnisses bei BPS-Patienten (Hammelstein, 2008).

Testentwicklung

Theoretischer Ausgangspunkt für die Entwicklung des NISS ist die von Roth und Hammelstein (2012) formulierte Kritik an der Sensation-Seeking Scale Form V (Zuckerman et al., 1978) sowie am Arnett Inventory of Sensation Seeking (Arnett, 1994). Die Items beider Verfahren bestehen aus sehr spezifischen Verhaltensbeschreibungen (z. B. „gern Wasserski laufen lernen", dt. Übersetzung von Beauducel und Brocke, 2003), was nach der Neukonzeption vermieden werden soll. Roth und Hammelstein (2012) übernehmen zwar Arnetts Sensation Seeking-Konzept, setzen dies aber auch auf Itemebene konsequent um, wobei die Bedürfniskonzeption von Grawe (2002) in die Konstruktion einfließt. Die Items des NISS beziehen sich allesamt auf einen allgemein formulierten Zielzustand des Stimulationsbedürfnisses und erfragen die Erwünschtheit dieses Zustandes.

Dem Verfahren liegt die Klassische Testtheorie zugrunde. Auf Basis der zwei von Roth und Hammelstein (2012) ermittelten Faktoren wurden entsprechend zwei Subskalen konstruiert, von denen die Subskala *Bedürfnis nach Stimulation* einerseits das dispositionale Bedürfnis nach körperlicher Anspannung, Aktivierung und Stimulation widerspiegelt und die Subskala *Vermeidung von Ruhe* andererseits die überdauernde Tendenz, Erholung und Ruhe zu vermeiden, abbilden soll.

Aufbau und Auswertung

Insgesamt umfasst der Fragebogen 17 Items, von denen 11 Items die Subskala *Bedürfnis nach Stimulation* und 6 Items die Subskala *Vermeidung von Ruhe* bilden. Die Iteminhalte, welche der Subskala *Bedürfnis nach Stimulation* zugeordnet sind, beschreiben einen Zielzustand des zugrunde liegenden Stimulationsbedürfnisses in Form von körperlicher Anspannung oder Aktivierung (z. B.: „Ich mag Situationen, in denen vor Aufregung mein Herz klopft" oder „Ich mag es, starken Eindrücken ausgesetzt zu sein"). Die Items der Subskala *Vermeidung von Ruhe* sind allesamt invertiert und spiegeln ein Bedürfnis nach Erholung und Ruhe wider (z. B.: „Ich mag es, in Ruhe auszuspannen" oder „Ich mag es, einmal gar nichts zu tun und gar nichts zu erleben"). Der Grad der Zustimmung zu diesen Aussagen wird bezogen auf das letzte halbe Jahr auf einer fünfstufigen Antwortskala erfasst, wobei alle Zwischenstufen verbal etikettiert sind: 1 = fast nie, 2 = selten, 3 = manchmal, 4 = häufig, 5 = fast immer (Roth et al., 2014).

Die Auswertung erfolgt über die Aufsummierung der skalenkonstituierenden Itemscores, aus der die Kennwerte für die einzelnen Subskalen sowie ein Gesamtwert berechnet werden. Eine Schablone zeigt die Zuordnung der Items zu den Subskalen sowie die invertierten Items. Die Gesamtskala lässt sich als Quantifizierung eines allgemeinen Bedürfnisses nach Stimulation interpretieren, während die Subskala *Bedürfnis nach Stimulation* im Sinne der Bedürfnistheorie von Grawe (2002) als Annäherungsziel und die Subskala *Vermeidung von Ruhe* entsprechend als Vermeidungsziel interpretiert werden kann.

Gütekriterien

Die Objektivität des Verfahrens in Bezug auf Durchführung, Auswertung und Interpretation ist durch die Standardisierung von Instruktion und Items, eindeutigen Auswertungsanweisungen sowie durch die Angabe von Normwerten gewährleistet.

Die Reliabilität anhand der internen Konsistenz (Cronbachs α) ist als sehr gut zu beurteilen. Basierend auf der repräsentativen Normstichprobe wurden die Reliabilitätswerte für verschiedene Alters- und Geschlechtergruppen berechnet. Für die Gesamtskala ergeben sich hier Koeffizienten von $\alpha = .87$ bis .91, für die Subskala *Bedürfnis nach Stimulation* liegen die Werte zwischen $\alpha = .93$ und .95 und für die Subskala *Vermeidung von Ruhe* zwischen $\alpha = .84$ und .89. (Roth & Hammelstein, 2012; Roth et al., 2007, 2009, 2014). Befunde zur Retest-Reliabilität liegen nicht vor.

Untersuchungen zur faktoriellen Validität wurden an deutsch- und englischsprachigen Stichproben durchgeführt, hier konnte die zweifaktorielle Struktur bestätigt werden (Roth & Hammelstein, 2012; Roth et al., 2007). Die inhaltliche Validität kann durch die theoriegeleitete Itemkonstruktion als gegeben vorausgesetzt werden.

Zur Beurteilung der konvergenten Validität wurde der Zusammenhang des NISS mit den bislang gebräuchlichsten Verfahren zur Erfassung von Sensation Seeking ermittelt, hierbei wurden die Sensation Seeking Scale Form V (SSS-V; Zuckerman et al., 1978) und das Arnett Inventory of Sensation Seeking (AISS; Arnett, 1994) bei einer Stichprobe von Jugendlichen der gymnasialen Oberstufe ($N = 324$; 57 % weiblich) im Alter von 15 bis 19 Jahren ($M = 16.96$) eingesetzt (Liebe, 2014). Die Gesamtskala des NISS sowie die Subskala *Bedürfnis nach Stimulation* weisen nur mittlere positive Zusammenhänge zu den Gesamtskalen des SSS-V und des AISS auf. Allerdings zeigen sich stabile Beziehungen der Subskala *Bedürfnis nach Stimulation* zu allen Subskalen der beiden anderen Verfahren, was dafür spricht, dass hier möglicherweise ein hinter diesen Subfacetten liegendes basales Konstrukt auf Bedürfnisebene gemessen wird, anstatt nur eine weitere Facette von Sensation Seeking (Roth et al., 2014). Diese moderaten Korrelationen könnten demnach auf die Neukonzeption des Messinstruments zurückzuführen sein. Für die Subskala *Vermeidung von Ruhe* finden sich keine substanziellen Korrelationen mit den anderen Verfahren, wobei vermutet wird, dass es sich hierbei um eine bisher nur unzureichend abgedeckte Dimension handelt. Weitere Details hierzu finden sich bei Roth et al. (2014).

Fragen der diskriminanten Validität von Sensation Seeking-Maßen werden beispielsweise in Zusammenhang mit dem Konstrukt der Impulsivität diskutiert (Liebe, 2014). Hieb et al. (2012) konnten zeigen, dass die Subskala *Vermeidung von Ruhe* keinen Zusammenhang mit Impulsivität aufweist. Die Subskala *Bedürfnis nach Stimulation* korreliert hingegen signifikant mit Impulsivität, jedoch zeigt sich für diese Subskala faktorenanalytisch ein stärkerer Zusammenhang zur Intensitätsfacette von Sensation Seeking als zu Maßen der Impulsivität (vgl. auch Liebe, 2014).

Bisherige Studien zur Kriteriumsvalidität zeigen überzeugende Ergebnisse, insbesondere für die Subskala *Bedürfnis nach Stimulation*;

die Subskala *Vermeidung von Ruhe* weist keine signifikanten Korrelationen auf (Hammelstein & Roth, 2010; Roth & Hammelstein, 2012; vgl. auch Roth et al., 2009). In Validierungsstudien zu pathologischem Glücksspiel und zur beruflichen Veränderungsbereitschaft erwies sich das NISS als überlegen gegenüber der SSS-V (Hammelstein & Roth, 2010; Roth & Hammelstein, 2012; Roth et al., 2014). Weitere Validierungsstudien sind bei Roth et al. (2014) zusammengestellt.

Vergleichswerte/ Normen

Normwerte werden im Manual für Frauen und Männer getrennt und aufgegliedert nach drei Altersgruppen (14–39, 40–59 und 60–79 Jahre) als Rohwerte, T-Werte und Prozentrangnormen angeboten. Die bevölkerungsrepräsentative Normstichprobe bestand aus N = 2 339 Personen (53 % Frauen) im Alter von 14 bis 79 Jahren (M = 47.9; Roth et al., 2014).

WWW-Ressourcen

Es liegen keine zusätzlichen Ressourcen vor.

Literatur

Arnett, J. (1994). Sensation seeking: A new conceptualization and a new scale. *Personality and Individual Differences, 16,* 289–296.

Beauducel, A. & Brocke, B. (2003). Sensation Seeking Scale Form V – Merkmale des Verfahrens und Bemerkungen zur deutschsprachigen Adaptation. In M. Roth & P. Hammelstein (Hrsg.), *Sensation Seeking – Konzeption, Diagnostik und Anwendung* (S. 77–99). Göttingen: Hogrefe.

Burst, M. (2003): Sensation Seeking in der Medienpsychologie. In M. Roth & P. Hammelstein (Hrsg.), *Sensation Seeking – Konzeption, Diagnostik und Anwendung* (S. 235–252). Göttingen: Hogrefe.

Grawe, K. (2002). *Psychological therapy.* Cambridge, MA: Hogrefe.

Hammelstein, P. (2008). *Das Stimulationsbedürfnis (Sensation Seeking) im klinischen und differentialpsychologischen Kontext.* Lengerich: Pabst Science Publishers.

Hammelstein, P. & Roth, M. (2010). Testing the validity of the Need Inventory (NISS) within a clinical context: The role of pathological gambling. *Journal of Research in Personality, 44,* 661–664.

Hieb, V., Liebe, N. & Roth, M. (2012). What's the sensation seeker really seeking for? Konzepte, Dimensionen und Subtypen verschiedener Sensation Seeking-Maße. In R. Riemann (Hrsg.), *Abstracts zum 48. Kongress der Deutschen Gesellschaft für Psychologie in Bielefeld* (S. 123). Lengerich: Pabst.

Liebe, N. (2014). *Wie impulsiv ist ein Sensation Seeker? Eine theoretische Analyse und eine empirische Studie zur diskriminanten Validität von Impulsivität und Sensation Seeking im Kontext von Stressreaktionen.* Unveröffentlichte Dissertation, Universität Duisburg-Essen.

Möller, A. & Huber, M. (2003). Sensation Seeking – Konzeptbildung und -entwicklung. In M. Roth & P. Hammelstein (Hrsg.), *Sensation Seeking – Konzeption, Diagnostik und Anwendung* (S. 5–28). Göttingen: Hogrefe.

Roth, M. & Hammelstein, P. (Hrsg.) (2003). *Sensation Seeking – Konzeption, Diagnostik und Anwendung.* Göttingen: Hogrefe.

Roth, M. & Hammelstein, P. (2012). The Need Inventory of Sensation Seeking (NISS). *European Journal of Psychological Assessment, 28* (1), 11–18.

Roth, M., Hammelstein, P. & Brähler, E. (2007). Beyond a youthful behavior style – Age and sex differences in sensation seeking based on need theory. *Personality and Individual Differences, 43,* 1839–1850.

Roth, M., Hammelstein, P. & Brähler, E. (2009). Towards a multi-methodological approach in the assessment of sensation seeking. *Personality and Individual Differences, 46,* 247–249.

Roth, M., Hammelstein, P. & Brähler, E. (2014). *Das Need Inventory of Sensation Seeking (NISS). Ein Fragebogen zur Erfassung des dispositionalen Bedürfnisses nach Stimulation.* Göttingen: Hogrefe.

Smith, R. E., Ptacek, J. T. & Smoll, F. L. (1992). Sensation seeking, stress, and adolescent injuries. *Journal of Personality and Social Psychology, 62,* 1016–1024.

Zuckerman, M. (1979). *Sensation seeking: Beyond the optimum level of arousal.* Hillsdale, NY: Erlbaum.

Zuckerman, M. (1994). *Behavioral expressions and biosocial bases of sensation seeking.* New York: Cambridge University Press.

Zuckerman, M., Eysenck, S. & Eysenck, H. J. (1978). Sensation seeking in England and America: Cross-cultural, age, and sex comparisons. *Journal of Consulting and Clinical Psychology, 46,* 139–149.

Autoren des Beitrags   Victoria Schönefeld und Marcus Roth

Kontaktdaten der   Dipl.-Psych. Victoria Schönefeld
Erstautorin   Universität Duisburg-Essen
Institut für Psychologie
Differentielle Psychologie
Berliner Platz 6–8
45127 Essen
victoria.schoenefeld@uni-due.de

OBQ-D
Obsessive-Beliefs Questionnaire – Deutsche Version

Autoren des Testverfahrens	Andrea Ertle, Karina Wahl, Antje Bohne, Steffen Moritz, Andreas Kordon und Dietmar Schulte
Quelle	Ertle, A., Wahl, K., Bohne, A., Moritz, S., Kordon, A. & Schulte, D. (2008). Dimensionen zwangsspezifischer Einstellungen. Der Obsessive-Beliefs Questionnaire (OBQ) für den deutschen Sprachraum analysiert. *Zeitschrift für Klinische Psychologie und Psychotherapie, 37*, 263–271. Die deutsche Version des Fragebogens steht kostenlos zur Verfügung.
Vorgänger-/ Originalversionen	*Englischsprachige Originalversion:* – Obsessive Compulsive Cognitions Working Group (2003). Psychometric Validation of the Obsessive-Beliefs Questionnaire and the Interpretation of Intrusions Inventory: Part I. *Behaviour Research and Therapy, 41*, 863–878. – Obsessive Compulsive Cognitions Working Group (2005). Psychometric validation of the Obsessive Beliefs Questionnaire and the Interpretation of Intrusions Inventory – Part II: Factor analyses and testing of a brief version. *Behaviour Research and Therapy, 43*, 1527–1542.
Kurzversionen	keine
Kurzbeschreibung	Es handelt sich um ein dreidimensionales Selbstbeurteilungsinstrument, welches für die Zwangsstörung relevante, dysfunktionale Einstellungen erfasst. Im Einzelnen erfassen die drei Skalen: – *Bedeutsamkeit von Gedanken* (5 Items) und *Notwendigkeit, Gedanken zu kontrollieren* (2 Items), – *Perfektionismus* (9 Items) und *Unsicherheitsintoleranz* (1 Item), – *Gefahrenüberschätzung* (7 Items). Der Fragebogen liegt als Papier-Bleistift-Verfahren vor. Potenzielle Anwender sind Forscher im Bereich der Klinischen Psychologie oder Psychotherapeuten.
Anwendungsbereich	Der Test ist für Jugendliche und Erwachsene geeignet. Der OBQ-D kann grundlagenorientiert (Exner et al., 2014) oder in der Psychotherapieforschung (Ertle et al., 2009) sowie zur praktischen Therapieplanung und Evaluation im Bereich der Zwangsstörung eingesetzt werden.
Bearbeitungszeit	Die Durchführungszeit beträgt 5 bis 10 Minuten.
Theoretischer Hintergrund	Im kognitiv-behavioralen Modell zur Erklärung der Entstehung und Aufrechterhaltung der Zwangsstörung (Salkovskis, 1985) stellen dysfunk-

tionale Einstellungen und daraus resultierende dysfunktionale Interpretationen von auftretenden Intrusionen das zentrale Element dar.

Eine Vielzahl als relevant erachteter Einstellungen wurde von der Obsessive Compulsive Cognitions Working Group (OCCWG, 1997; Frost & Steketee, 2002) in sechs Konstrukten zusammengefasst:
- Bedeutsamkeit von Gedanken (Überzeugung, dass das Auftreten eines Gedankens besonders bedeutsam ist, ein Gedanke ein Ereignis hervorrufen kann, ein Gedanke einem Wunsch entspricht),
- Notwendigkeit, Gedanken zu kontrollieren (Überzeugung, dass Gedanken kontrolliert werden können, Gedanken unter Kontrolle sein müssen),
- Perfektionismus (Überzeugung, dass es eine perfekte Lösung für jedes Problem gibt, es möglich und notwendig ist, Dinge perfekt zu machen, auch kleinste Fehler ernsthafte Konsequenzen haben),
- Überhöhte subjektive Verantwortlichkeit (Überzeugung, dass es entscheidend von der eigenen Person abhängt, ob subjektiv bedeutsame negative Ereignisse eintreten oder verhindert werden können),
- Gefahrenüberschätzung (Überzeugung, dass die Wahrscheinlichkeit oder Ernsthaftigkeit eines möglichen Schadens sehr hoch einzuschätzen ist) und
- Unsicherheitsintoleranz (Überzeugung, dass es notwendig ist, sich sicher zu sein, unvorhersehbare Veränderung schlecht bewältigen zu können, in mehrdeutigen Situationen nicht angemessen funktionieren zu können).

Die dysfunktionale Interpretation auftretender Intrusionen in einer der durch die Konstrukte beschriebenen Weise resultiert – so das Modell – in kontraproduktiven Strategien, wie Gedankenunterdrückung, Vermeidungsverhalten, Zwangshandlungen, negativen Emotionen oder selektiver Aufmerksamkeit, die ihrerseits die dysfunktionale Interpretation auftretender Intrusionen auf der Basis dysfunktionaler Einstellungen verstärken. Da die Konstrukte nicht unabhängig voneinander sind, ist die Berechnung eines Gesamtwerts des OBQ-D sinnvoll.

Bezug zur Psychotherapie

Der Fragebogen kann im Rahmen der kognitiven Verhaltenstherapie der Zwangsstörung eingesetzt werden, um die relevanten, zu modifizierenden dysfunktionalen Einstellungen zu erfassen. Der Einsatz des Fragebogens im Verlauf oder am Ende der Therapie kann von Nutzen sein, um zu prüfen, ob neben der Symptomatik auch die als Vulnerabilitätsfaktoren angesehenen zwangstypischen Einstellungen zurückgegangen sind.

Testentwicklung

In mehreren Schritten entwickelte die OCCWG (2001, 2003, 2005) im theoretischen Rahmen der Klassischen Testtheorie den OBQ, der vor allem im englischsprachigen Raum, aber auch darüber hinaus validiert wurde. Zunächst wurde ein umfangreicher Itempool erstellt, dessen einzelne Items jeweils einen relevanten Aspekt nur einer der sechs dysfunktionalen Einstellungen und keine emotionale Reaktion erfassen sollten. Faktorenanalysen, Untersuchung der psychometrischen Eigen-

OBQ-D

schaften und Betrachtung der Skaleninterkorrelationen an verschiedenen klinischen und nicht klinischen Stichproben führten über eine 87-Item-Langform des englischsprachigen OBQ schließlich zur 44-Item-Kurzform, wobei durch ein Zusammenführen von Dimensionen die Items schließlich den drei oben genannten Skalen zugeordnet wurden.

Ziel der deutschen Adaption des OBQ war es, ein reliables und valides Instrument zu erhalten, das dem Originalfragebogen möglichst ähnlich sein sollte. Mittels der Back-translation-Technik (Brislin, 1970) wurden die 44 Items übersetzt. Die empirische Prüfung wurde insgesamt an $N = 435$ Personen, die sowohl aus einer klinischen ($N = 65$ Patienten mit Primärdiagnose Zwangsstörung, $N = 64$ Patienten mit Primärdiagnose Panikstörung/Agoraphobie, $N = 59$ Patienten mit Primärdiagnose Major Depression) als auch einer nicht klinischen Stichprobe ($N = 247$ überwiegend Studierende) bestand, vorgenommen. So können für beide Populationen Aussagen über die psychometrischen Eigenschaften des OBQ-D getroffen werden. Die Patienten waren im Durchschnitt 39 Jahre alt und zu 56 % weiblich. Die nicht klinischen Teilnehmer waren im Durchschnitt 27 Jahre alt und zu 75 % weiblich.

Die klinischen Probanden wurden mittels strukturierter Verfahren diagnostiziert (Strukturiertes Klinisches Interview für DSM-IV [SKID-I] von Wittchen et al., 1997 bzw. Mini International Neuropsychiatric Interview [MINI] von Lecrubier et al., 1997). Alle Studienteilnehmer füllten neben den 44 deutschen Items des OBQ folgende Symptomfragebögen aus: Obsessive Compulsive Inventory-Revised (OCI-R; Foa et al., 2002), Beck Angst-Inventar (BAI; Beck et al., 1988), Panik und Agoraphobieskala (PAS; Bandelow, 1995) und Beck Depressions-Inventar (BDI; Beck & Steer, 1987). Es wurden eine konfirmatorische und eine explorative Faktorenanalyse, Trennschärfen für die Items, Cronbachs α und Retest-Reliabilität, Kriteriumsvalidität, konvergente sowie diskriminante Validität für die drei Skalen berechnet (Ertle et al., 2008). Aufgrund der Ergebnisse wurde eine nochmals gekürzte deutsche Version mit 24 Items erstellt, die nur einen eingeschränkten Bereich der ursprünglichen Konstruktbreite widerspiegeln.

Aufbau und Auswertung

Die 24 Items des OBQ-D sind als Statements formuliert (z. B. „Schlimme Gedanken zu haben heißt, dass ich seltsam oder unnormal bin.") und werden auf einer siebenstufigen Likert-Skala hinsichtlich ihrer Zustimmung beurteilt. Die sieben Stufen werden in der Instruktion mit Etiketten versehen (von 1 = sehr starke Ablehnung bis 7 = sehr starke Zustimmung). Alle Items sind gleichermaßen gepolt. Wegen der unterschiedlichen Längen der drei Skalen *Bedeutsamkeit von Gedanken und Notwendigkeit, Gedanken zu kontrollieren*, *Perfektionismus und Unsicherheitsintoleranz* und *Gefahrenüberschätzung* bietet sich eine Auswertung per Skalenmittelwert an, sodass diese unmittelbar miteinander vergleichbar sind. Der Mittelwert über alle Items bildet den Gesamtwert. Der Range liegt somit sowohl für die Einzelskalen als auch für die Gesamtskala zwischen 1 und 7. Hohe Werte werden als starke Ausprägung zwangsrelevanter dysfunktionaler Einstellungen und damit als Vulnerabilität für die Entwicklung einer Zwangsstörung interpretiert.

Gütekriterien

Die Objektivität des OBQ-D ist durch standardisierte Itemvorgaben sowie den festgelegten Auswertungsalgorithmen gesichert. Da die konfirmatorische Faktorenanalyse keine Passung der Daten zu der von der OCCWG vorgegebenen Struktur ergab, folgte eine explorative Faktorenanalyse mit obliminer Rotation. Items mit geringer Ladung wurden von der Skalenbildung ausgeschlossen. Eine Kreuzvalidierung der jetzigen Struktur steht aus.

Die interne Konsistenz der Skalen (Cronbachs α) liegt zwischen .81 und .92 für die klinische und zwischen .79 und .92 für die nicht klinische Stichprobe. Die Retest-Reliabilität der Skalen (14-tägiges Intervall) liegt für die nicht klinische Stichprobe zwischen .71 und .83.

Analysen zur Kriteriumsvalidität zeigen, dass alle drei Skalen Patienten mit einer Zwangsstörung gut von Personen ohne psychische Störung unterscheiden, allerdings nicht durchgehend von den anderen Patientengruppen. Die Korrelationen zwischen den Skalen des OBQ-D und den Symptommaßen fallen moderat aus, was vermutlich auf die Unterschiedlichkeit der Konstrukte (Einstellungen versus Symptome) zurückzuführen ist. Die Betrachtung der Differenzen zwischen Interskalenkorrelationen spricht für eine diskriminante Validität der OBQ-D-Skalen, eher hinsichtlich Depressivität als Ängstlichkeit. Die psychometrischen Kennwerte sind insgesamt vergleichbar mit denen des englischsprachigen Originals.

Vergleichswerte/Normen

Weder für die englischsprachige Version noch für den OBQ-D liegen Normen vor. Patienten mit einer Zwangsstörung erzielten auf der Skala *Bedeutsamkeit von Gedanken und Notwendigkeit, Gedanken zu kontrollieren* des OBQ-D einen Mittelwert von $M = 3.2$ (nicht klinische Probanden: $M = 1.8$), auf der Skala *Perfektionismus und Unsicherheitsintoleranz* einen Wert von $M = 4.6$ (nicht klinische Probanden: $M = 3.3$) und auf der Skala *Gefahrenüberschätzung* einen Wert von $M = 4.7$ (nicht klinische Probanden: $M = 3.8$).

WWW-Ressourcen

Der OBQ-D steht kostenfrei zur Verfügung unter:
https://www.psychologie.hu-berlin.de/mitarbeiter/1682038/obq

Literatur

Bandelow, B. (1995). Assessing the efficacy of treatments for panic disorder and agoraphobia. II. The Panic and Agoraphobia Scale. *International Clinical Psychopharmacology, 10,* 73–81.

Beck, A. T., Epstein, N., Brown, G. & Steer, R. A. (1988). An inventory for measuring clinical anxiety: psychometric properties. *Journal of Consulting and Clinical Psychology, 56,* 893–897.

Beck A. T. & Steer, R. A. (1987). *Manual for the Beck Depression Inventory.* San Antonio, TX: The Psychological Corporation.

Brislin, R. W. (1970). Back-translation for cross-cultural research. *Journal of Cross-Cultural Psychology, 1,* 185–216.

Ertle, A., Joormann, J., Wahl, K. & Kordon, A. (2009). Sagt das Ausmaß dysfunktionaler Kognitionen den Therapieerfolg voraus? *Zeitschrift für Klinische Psychologie und Psychotherapie, 38,* 44–51.

Ertle, A., Wahl, K., Bohne, A., Moritz, S., Kordon, A. & Schulte, D. (2008). Dimensionen zwangsspezifischer Einstellungen. Der Obsessive-Beliefs Questionnaire (OBQ) für den deutschen Sprachraum analysiert. *Zeitschrift für Klinische Psychologie und Psychotherapie, 37,* 263–271.

Exner, C., Zetsche, U., Lincoln, T. M. & Rief, W. (2014). Imminent danger? Probabilistic classification learning of threat-related information in Obsessive-Compulsive-Disorder. *Behavior Therapy, 45,* 157–167.

Foa, E. B., Huppert, J. D., Leiberg, S., Langner, R., Kichic, R., Hajcak, G. et al. (2002). The Obsessive-Compulsive Inventory: Development and validation of a short version. *Psychological Assessment, 14,* 485–495.

Frost, G. & Steketee, G. (Eds.). (2002). *Cognitive approaches to obsessions and compulsions. Theory, assessment, and treatment.* Amsterdam: Pergamon.

Lecrubier, Y., Sheehan, D., Weiller, E., Amorim, P., Bonora, L., Sheehan, K. et al. (1997). The mini international neuropsychiatric interview (MINI). A short diagnostic review: Reliability and validity according to the CIDI. *European Psychiatry, 12,* 224–231.

Obsessive Compulsive Cognitions Working Group (1997). Cognitive assessment of obsessive-compulsive disorder. *Behaviour Research and Therapy, 35,* 667–681.

Obsessive Compulsive Cognitions Working Group (2001). Development and initial validation of the Obsessive-Beliefs Questionnaire and the Interpretation of Intrusions Inventory. *Behaviour Research and Therapy, 39,* 987–1006.

Obsessive Compulsive Cognitions Working Group (2003). Psychometric Validation of the Obsessive-Beliefs Questionnaire and the Interpretation of Intrusions Inventory: Part I. *Behaviour Research and Therapy, 41,* 863–878.

Obsessive Compulsive Cognitions Working Group (2005). Psychometric validation of the Obsessive Beliefs Questionnaire and the Interpretation of Intrusions Inventory – Part II: Factor analyses and testing of a brief version. *Behaviour Research and Therapy, 43,* 1527–1542.

Salkovskis, P. M. (1985). Obsessional-compulsive problems: A cognitive-behavioural analysis. *Behaviour Research and Therapy, 23,* 571–583.

Wittchen, H.-U., Zaudig, M. & Fydrich, T. (1997). *Strukturiertes Klinisches Interview für DSM-IV. Achse I: Psychische Störungen (SKID-I).* Göttingen: Hogrefe.

Autorin des Beitrags

Andrea Ertle

Kontaktdaten der Autorin

Dr. Andrea Ertle
Humboldt-Universität zu Berlin
Institut für Psychologie
Unter den Linden 6
10099 Berlin
andrea.ertle@hu-berlin.de

OCI-R
Obsessive-Compulsive Inventory-Revised

Autoren des Testverfahrens	Sascha Gönner, Willi Ecker und Rainer Leonhart
Quelle	Gönner, S., Ecker, W. & Leonhart, R. (2009). *Obsessive-Compulsive Inventory-Revised (OCI-R) – Deutsche Adaptation*. Frankfurt am Main: Pearson.
Vorgänger-/ Originalversionen	Foa, E. B., Huppert, J. D., Leiberg, S., Langner, R., Kichic, R., Hajcak, G. et al. (2002). The Obsessive-Compulsive Inventory: development and validation of a short version. *Psychological Assessment, 14*, 485–496.
Kurzversionen	keine
Kurzbeschreibung	Das OCI-R ist ein Selbstbeurteilungsinstrument zur mehrdimensionalen Erfassung der Schwere von Zwangssymptomen. Es deckt ein breites Spektrum von Zwangssymptomen ab. Die sechs Symptomdimensionen bzw. Skalen sind: (1) *Waschen*, (2) *Kontrollieren*, (3) *Ordnen*, (4) *Horten*, (5) *Mentales Neutralisieren mit Zahlen* und (6) *Zwangsgedanken*. Das Verfahren ist mit insgesamt 18 Items sehr kurz und ökonomisch. Jede Skala umfasst drei Items, sodass die Symptomschwere in den einzelnen inhaltlichen Dimensionen einfach und direkt vergleichbar ist. Potenzielle Anwender sind Psychotherapeuten, Psychologen und klinische Forscher.
Anwendungsbereich	Das OCI-R ist zur Anwendung bei Jugendlichen und Erwachsenen geeignet. Es kann in der klinischen Praxis und in der Forschung eingesetzt werden. Zu den Anwendungsgebieten zählen: – diagnostisches Screening von Zwangspatienten, – Einschätzung der Schwere einer Zwangsstörung, – Einschätzung der Schwere spezifischer Zwangssymptome, Feststellung der Hauptsymptombereiche eines Zwangspatienten, – Unterscheidung verschiedener Subtypen von Zwangspatienten, – Verlaufs- und Therapieerfolgsmessung (global oder symptomspezifisch), – klinische Forschung, Gruppenvergleiche.
Bearbeitungszeit	Durchführungszeit: unter 5 Minuten; Auswertungsdauer: unter 5 Minuten.
Theoretischer Hintergrund	Obwohl die Zwangsstörung als nosologische Einheit angesehen wird, handelt es sich im Vergleich zu anderen psychischen Erkrankungen um eine inhaltlich sehr heterogene Kategorie. Die Betroffenen zeigen ganz unterschiedliche Symptominhalte (Mataix-Cols et al., 2005). Manche Patienten haben nur ganz spezifische Zwänge, andere ein breites Spektrum unterschiedlicher Zwangsgedanken und Rituale. Strukturelle

OCI-R

Analysen belegen, dass ein dimensionales Modell zur Beschreibung der phänomenologischen Vielfalt von Zwangssymptomen am besten geeignet ist (vgl. Abramowitz et al., 2010). Es wird mittlerweile davon ausgegangen, dass sich einzelne Symptomdimensionen hinsichtlich Ätiologie, Verlaufsform, Komorbidität, Genetik und Neurobiologie unterscheiden (vgl. Gönner et al., 2010). Dem OCI-R liegt ein solches dimensionales Modell der Zwangssymptomatik zugrunde. Das OCI-R erfasst die sechs wichtigsten Symptombereiche der Zwangsstörung, wie sie im DSM-IV-Feldversuch (Foa et al., 1995) identifiziert worden sind: Kontaminationsbefürchtungen und Waschzwänge, Kontrollzwänge, Symmetriepräferenzen und Ordnungszwänge, Zwangsvorstellungen, zwanghaftes Horten und mentales Neutralisieren (vgl. Huppert et al., 2007). Inhaltlich wurde vereinzelt am OCI-R kritisiert, dass es vorwiegend Zwangshandlungen erfasst und Zwangsgedanken weniger umfassend abbildet (Grabill et al., 2008).

Bezug zur Psychotherapie

In der klinischen Praxis kann das OCI-R zum diagnostischen Screening von Zwangsstörungen und spezifischen Zwangssymptomen, zur Identifikation der Hauptsymptome eines Zwangspatienten und zur Therapieerfolgsmessung eingesetzt werden. Die differenzialdiagnostische Abgrenzung von Zwängen und anderen psychischen Erkrankungen ist oft schwierig. Manche Betroffene können ihr Problem gar nicht als behandlungsbedürftige psychische Erkrankung einordnen oder versuchen, ihre Symptome vor professionellen Helfern zu verbergen, da sie sich schämen und ihre Symptome als abnorm, sinnlos oder völlig konträr zu eigenen Wertvorstellungen erleben. Zwangsstörungen werden häufig nicht erkannt oder richtig diagnostiziert und erhalten daher keine (passende) Behandlung (Grabill et al., 2008). Beispielsweise wurde in einer Studie nur bei einem Drittel der Zwangspatienten von den behandelnden Psychiatern tatsächlich auch die Diagnose gestellt (Wahl et al., 2010). Da in der Routineversorgung aufgrund des hohen Zeitaufwands nur selten strukturierte diagnostische Interviews eingesetzt werden, kann der Einsatz des OCI-R wesentlich zu einer Verbesserung der kategorialen Diagnostik beitragen, auch wenn die Diagnose im klinischen Interview abgesichert werden muss und nicht alleine aufgrund der Skalenwerte gestellt werden darf. Da in den beiden vergangenen Jahrzehnten einige wirksame kognitiv-verhaltenstherapeutische Behandlungsansätze für spezifische Subtypen der Zwangsstörung entwickelt und publiziert worden sind (Überblick vgl. Abramowitz et al., 2007), wird die valide Erfassung der einzelnen Symptomdimensionen auch in der psychotherapeutischen Praxis immer wichtiger, um die Hauptsymptome von Patienten zuverlässig zu identifizieren, die Therapieplanung zu unterstützen und Behandlungseffekte nicht nur global, sondern auch symptomspezifisch abzubilden.

Testentwicklung

Das OCI-R und seine Vorgängerversion, das Obsessive-Compulsive Inventory (OCI; Foa et al., 1998), wurden von einer Forschergruppe um Edna Foa am Center for the Treatment and Study of Anxiety an der University of Pennsylvania in Philadelphia entwickelt. Ihr Ziel war es, ein Instrument zu konstruieren, das nicht die psychometrischen Mängel früherer Instrumente aufweist und gleichzeitig die häufigsten Zwangssymptome erfasst. Das OCI erfasste anhand von 42 Items sieben Symptomdimension: Waschen, Kontrollieren, Zweifeln, Ordnen, Horten, gedankliches Neutralisieren und Zwangsgedanken. Obwohl das OCI gute psychometrische Eigenschaften besaß, hatten sich Foa et al. (2002) bereits kurze Zeit später für eine Revision entschieden, insbesondere weil sich Durchführung und Interpretation aufgrund zweier hoch korrelierter Gesamtskalen (Häufigkeit und Schwere) als schwierig erwiesen haben. Das OCI-R wurde anhand einer gemischten Stichprobe (Zwangsstörung: N = 215; Angststörungen/PTSD: N = 243; nicht ängstliche Kontrollpersonen: N = 677) entwickelt und validiert. Die weniger valide Häufigkeitsskala wurde eliminiert, die Itemzahl wurde für jede Subskala faktorenanalytisch auf drei reduziert. Alle OCI-Skalen konnten repliziert werden, mit Ausnahme der Skala Zweifeln, die deutlich mit der Skala Kontrollieren konfundiert war und eliminiert wurde. Die originale Sechs-Faktoren-Struktur des OCI-R konnte in ganz unterschiedlichen Sprachen und kulturellen Kontexten repliziert werden, die psychometrischen Eigenschaften und die Validität wurden in einer Vielzahl von Studien in klinischen und nicht klinischen Stichproben untersucht (Überblick vgl. Overduin & Furnham, 2012). Es hat sich rasch zu einem der international am häufigsten eingesetzten Messverfahren für Zwangssymptome entwickelt. Das englischsprachige Original wurde zunächst von den Autoren ins Deutsche übersetzt. Die Übersetzung wurde von zwei weiteren Experten auf ihre Stimmigkeit hin überprüft. Eine unabängige Rückübersetzung ins Englische wurde von den Autoren des englischsprachigen Originals überprüft und autorisiert (vgl. Gönner et al., 2007). Faktorenstruktur, psychometrische Eigenschaften und Validität der deutschen Fassung wurden in verschiedenen Stichproben (Zwangsstörung: N = 175; Angst- und/oder depressive Störungen: N = 214; nicht klinische Kontrollpersonen: N = 320) untersucht. Die Sechs-Faktoren-Struktur konnte in den deutschen Stichproben repliziert werden (Gönner et al., 2008).

Aufbau und Auswertung

Jede der sechs Skalen *(Waschen, Kontrollieren, Ordnen, Horten, Mentales Neutralisieren mit Zahlen* und *Zwangsgedanken)* umfasst drei Items. Für jedes Item wird auf einer fünfstufigen Likert-Skala (0 = gar nicht, 1 = wenig, 2 = mittel, 3 = stark und 4 = sehr stark) eingeschätzt, wie stark im vergangenen Monat die Beeinträchtigung oder der Leidensdruck durch ein bestimmtes Zwangssymptom war. Durchführung und Auswertung sind sehr einfach. Der Gesamtwert wird als Summe der 18 Items berechnet (Wertebereich: 0–72), die Subskalenwerte jeweils als Summe der drei zugehörigen Items (Wertebereich: 0–12).

Gütekriterien

Die Objektivität kann als gegeben vorausgesetzt werden. Die guten psychometrischen Eigenschaften und die Validität des OCI-R und seiner Subskalen konnten in zahlreichen internationalen Studien in klinischen und nicht klinischen Stichproben gezeigt werden (Überblick vgl. Gönner et al., 2009b; Overduin & Furnham, 2012). Im Folgenden werden die Ergebnisse für die deutsche Version berichtet. Für die Gesamtskala und die Subskalen ergeben sich hohe interne Konsistenzen

(Zwangsstichprobe: $.83 \leq \alpha \leq .95$), mit Ausnahme der Subskala *Neutralisieren*, deren interne Konsistenz aber noch zufriedenstellend ausfällt (Zwangsstichprobe: $\alpha = .76$). Eine eher schwache interne Konsistenz der Subskala *Neutralisieren* hat sich auch in internationalen Studien als Schwachstelle des Verfahren erwiesen (vgl. Huppert et al., 2007). Test-Retest-Reliabilitäten wurden für die deutsche Übersetzung bisher noch nicht untersucht, für die Originalversion fallen sie sehr zufriedenstellend aus (z. B. Foa et al., 2002). Die Subskalen korrelieren hoch mit dem Gesamtwert, untereinander aber nur gering bis moderat, dies ist ein Hinweis auf die Konstruktvalidität des Verfahrens. Hohe Korrelationen der Gesamtskala und der Subskalen mit korrespondierenden Skalen und moderate Korrelationen mit Depressions- und Angstmaßen sprechen für eine gute konvergente und divergente Validität, mit Ausnahme der Subskala *Zwangsgedanken*, für die die konkurrente Validität nicht zufriedenstellend ausfällt. In internationalen Studien haben sich auch für die Gesamtskala teilweise deutliche Konfundierungen mit Angst- und Depressionsskalen ergeben, allerdings stellen Konstruktüberlappungen mit Angst und Depression seit jeher eine Schwierigkeit bei der Messung von Zwangssymptomen und insbesondere von Zwangsgedanken dar. Allerdings konnten Gönner et al. (2008) zeigen, dass die divergente Validität mit Depressions- bzw. Angstskalen in einer Stichprobe mit hohem Anteil komorbider depressiver bzw. Angststörungen unterschätzt wird. Das OCI-R erwies sich auch als sehr effektives Screeninginstrument, um Zwangspatienten von Angst- und depressiven Patienten und von nicht klinischen Kontrollpersonen zu unterscheiden. Anhand des optimalen Cut-Off-Wertes konnten 84 % der Zwangspatienten und 82 % der Gesunden korrekt klassifiziert werden. Darüber hinaus können Zwangspatienten mit bestimmten Hauptsymptomen auf den korrespondierenden Subskalen sehr zuverlässig (Youden-Index-Range = .74 bis .93) von Zwangspatienten mit anderen Symptomen, von Angstpatienten und depressiven Patienten und von nicht klinischen Kontrollpersonen unterschieden werden (Gönner et al., 2009a, 2009b). Diese Ergebnisse weisen auf eine gute Kriteriumsvalidität des OCI-R und seiner Subskalen hin. Der OCI-R hat sich auch als sensitiv für die Messung von Therapieeffekten erwiesen. Die Veränderungen sind nur moderat mit Veränderungen in anderen Symptombereichen (Depression und allgemeiner psychischer Beschwerdedruck) konfundiert (Gönner et al., in prep.).

Vergleichswerte/ Normen

Im deutschen Sprachraum liegen für den OCI-R und die einzelnen Subskalen Referenzwerte (Mittelwert und Standardabweichung) für Patienten mit Zwängen, für verschiedene Subtypen der Zwangsstörung, für Patienten mit Angst- und depressiven Störungen und für nicht klinische Kontrollpersonen vor. Für das Original existieren auch Referenzwerte für Zwangspatienten vor und nach einer Expositionsbehandlung. Da jede Subskala aus drei Items gebildet wird, können die Summenwerte der einzelnen Skalen einfach miteinander verglichen werden und für einzelne Probanden kann ein Symptomprofil erstellt werden. Weiterhin werden für den Gesamtwert und die einzelnen Subskalen Prozentrangnormen für Zwangspatienten ($N = 175$) und Gesunde

(N = 320) berichtet und für die beiden Subskalen *Kontrollieren* und *Waschen* auch Prozentrangnormen für Patienten mit korrespondierenden Hauptsymptomen, d. h. für Patienten, die vorwiegend unter Kontroll- bzw. Waschzwängen leiden. Anhand von Cut-Off-Werten können (1) Zwangspatienten von klinischen oder nicht klinischen Kontrollpersonen (auf der Gesamtskala) sowie (2) Zwangspatienten mit bestimmten Hauptsymptomen von Zwangspatienten mit anderen Symptominhalten und von klinischen und nicht klinischen Kontrollpersonen (jeweils auf der korrespondierenden Subskala) sehr zuverlässig unterschieden werden.

WWW-Ressourcen Es liegen keine zusätzlichen Ressourcen vor.

Literatur

Abramowitz, J. S., Deacon, B. J., Olatunji, B. O., Wheaton, M. G., Berman, N. C. et al. (2010). Assessment of obsessive-compulsive symptom dimensions: Development and evaluation of the Dimensional Obsessive-Compulsive Scale. *Psychological Assessment, 22* (1), 180–198.

Abramowitz, J. S., McKay, D. & Taylor, S. (2007). *Obsessive-compulsive disorder. Subtypes and spectrum conditions.* Amsterdam: Elsevier.

Foa, E. B., Huppert, J. D., Leiberg, S., Langner, R., Kichic, R., Hajcak, G. et al. (2002). The Obsessive-Compulsive Inventory: Development and validation of a short version. *Psychological Assessment, 14,* 485–496.

Foa, E. B., Kozak, M. J., Goodman, W. K., Hollander, E., Jenike, M. A. & Rasmussen, S. A. (1995). DSM-IV field trial: Obsessive-compulsive disorder. *American Journal of Psychiatry, 152,* 90–96.

Foa, E. B., Kozak, M. J., Salkovskis, P. M., Coles, M. E. & Amir, N. (1998). The validation of a new obsessive-compulsive disorder scale: The Obsessive-Compulsive Inventory. *Psychological Assessment, 10,* 206–214.

Gönner, S., Ecker, W. & Leonhart, R. (2009a). Diagnostic discrimination of OCD patients with different main symptom domains from each other and from anxious and depressive controls. *Journal of Psychopathology and Behavioural Assessment, 31,* 159–167.

Gönner, S., Ecker, W., Leonhart, R. & Limbacher, K. (2010). Multidimensional assessment of OCD: Integration and revision of the Vancouver Obsessional-Compulsive Inventory and the Symmetry Ordering and Arranging Questionnaire. *Journal of Clinical Psychology, 66* (7), 739–757.

Gönner, S., Gönner, S. & Ecker, W. (in prep.). *Measuring Change in OCD: Sensitivity and specificity of four self-report measures.*

Gönner, S., Hahn, S., Leonhart, R., Ecker, W. & Limbacher, K. (2009b). Lassen sich verschiedene Typen der Zwangsstörung anhand korrespondierender Symptomskalen korrekt klassifizieren? Kriteriumsvalidität und diagnostische Genauigkeit des OCI-R. *Verhaltenstherapie, 19,* 251–258.

Gönner, S., Leonhart, R. & Ecker, W. (2007). Das Zwangsinventar OCI-R – die deutsche Version des Obsessive-Compulsive Inventory-

Revised: Ein kurzes Selbstbeurteilungsinstrument zur mehrdimensionalen Messung von Zwangssymptomen. *Psychotherapie, Psychosomatik, Medizinische Psychologie, 57,* 395–404.

Gönner, S., Leonhart, R. & Ecker, W. (2008). The Obsessive-Compulsive Inventory-Revised (OCI-R): Validation of the German version in a sample of patients with OCD, anxiety disorders, and depressive disorders. *Journal of Anxiety Disorders, 22,* 734–749.

Grabill, K., Merlo, L., Duke, D., Harford, K.-L., Keeley, M. L., Geffken, G. R. et al. (2008). Assessment of obsessive-compulsive disorder: A review. *Journal of Anxiety Disorders, 22,* 1–17.

Huppert, J. D., Walther, M. R., Hajcak, G., Yadin, E., Foa, E. B., Simpson, H. B. et al. (2007). The OCI-R: Validation of the subscales in a clinical sample. *Journal of Anxiety Disorders, 21,* 394–406.

Mataix-Cols, D., Rosario-Campos, M. C. do & Leckman, J. F. (2005). A multidimensional model of obsessive-compulsive disorder. *American Journal of Psychiatry, 162,* 228–238.

Overduin, M. K. & Furnham, A. (2012). Assessing obsessive-compulsive disorder (OCD): A review of self-report measures. *Journal of Obsessive-Compulsive and Related Disorders, 1* (4), 312–324.

Wahl, K., Kordon, A., Kuelz, K. A., Voderholzer, U., Hohagen, F. & Zurowski, B. (2010). Obsessive-Compulsive Disorder is still an unrecognised disorder: A study on the recognition of OCD in psychiatric outpatients. *European Psychiatry, 25,* 374–377.

Autor des Beitrags	Sascha Gönner
Kontaktdaten des Autors	Dr. phil. Dipl.-Psych. Sascha Gönner Grafengasse 2 88212 Ravensburg praxis@drgoenner.de www.drgoenner.de

OPD-SF
Operationalisierte Psychodynamische Diagnostik – Strukturfragebogen

Autoren des Testverfahrens	Johannes C. Ehrenthal, Ulrike Dinger, Miriam Komo-Lang, Mathias Klinkerfuß, Tilman Grande, Lena Horsch und Henning Schauenburg
Quelle	Ehrenthal, J. C., Dinger, U., Horsch, L., Komo-Lang, M., Klinkerfuß, M., Grande, T. et al. (2012). Der OPD-Strukturfragebogen (OPD-SF): Erste Ergebnisse zu Reliabilität und Validität. *Psychotherapie, Psychosomatik, Medizinische Psychologie, 62*, 25–32.
Vorgänger-/Originalversionen	keine
Kurzversionen	Neben der Langversion OPD-SF (95 Items) existiert eine Screeningversion OPD-SFK (12 Items). Die Items der Screeningversion laden auf den drei Skalen *Selbstwahrnehmung*, *Beziehungsmodell* und *Kontaktgestaltung* mit jeweils vier Items.
Kurzbeschreibung	Es handelt sich um ein mehrdimensionales Selbstbeurteilungsverfahren, das Persönlichkeitsdysfunktion bzw. strukturelle Einschränkungen der Persönlichkeit im Sinne der Operationalisierten Psychodynamischen Diagnostik (OPD-2; Arbeitskreis OPD, 2006) abbildet. Die Langversion umfasst acht übergeordnete Skalen mit jeweils 8 bis 17 Items, die äquivalent zur OPD-Strukturachse Fähigkeiten zur Wahrnehmung, Regulierung, Kommunikation und Bindungsfähigkeit jeweils in Bezug auf das Selbst und andere Personen abbilden. Von den ursprünglich 24 Subskalen der OPD-Strukturachse konnten im OPD-SF 21 Skalen mit jeweils drei bis sieben Items realisiert werden.
Anwendungsbereich	Zielpopulation sind zumeist Erwachsene, wobei der Einsatz bei Jugendlichen möglich ist. Anwendungsbereiche sind die klinische Psychologie und Psychotherapie, Psychosomatik, Psychiatrie, Medizin- und Gesundheitswissenschaften, Sozialpsychologie und Persönlichkeitspsychologie. Ein Einsatz in forensischen Stichproben wird aktuell erprobt.
Bearbeitungszeit	Langversion: 10 bis 25 Minuten; Screeningversion: 1 Minute.
Theoretischer Hintergrund	Das Konzept der strukturellen Störung wurde initial entwickelt, um eine dimensionale Diagnostik der Persönlichkeitsfunktion von Persönlichkeitsakzentuierung bis hin zu Persönlichkeitsstörungen zu ermöglichen. Struktur wird durch die OPD als die „Verfügbarkeit über psychische Funktionen in der Regulierung des Selbst und seiner Beziehung zu den inneren und äußeren Objekten" definiert (Arbeitskreis OPD, 2006). Strukturelle Störungen sind damit gleichsam Handwerkszeugstörungen, die sich im Kontext aversiver interaktioneller Erfahrungen herausbilden (Ehrenthal & Grande, 2014). Die durch Experten auf Basis eines klinischen Interviews eingeschätzte Strukturachse der OPD

OPD-SF

hat sich in über 17 unabhängigen Studien mit mehr als 2 000 Patienten und Probanden als reliables und valides Instrument bewährt und ist in der klinischen Diagnostik weit verbreitet (Zimmermann et al., 2012).

Bezug zur Psychotherapie

Der Gegenstandsbereich des OPD-SF ist in mehrfacher Hinsicht für die psychotherapeutische Forschung und Praxis relevant. Zunächst ist die Frage nach einer dimensionalen Erfassung von Persönlichkeitsfunktion und deren Einschränkung diagnostisch relevant. So wurden aktuell im Zusammenhang mit den Diskussionen um die Diagnostik von Persönlichkeitsstörungen in DSM-5 und ICD-11 neue Konstrukte entwickelt, die eine hohe konzeptuelle Ähnlichkeit wie auch empirische Übereinstimmung mit der OPD-Strukturachse aufweisen (Kim et al., 2014; Zimmermann et al., 2015). Zudem wirken sich strukturelle Einschränkungen der Persönlichkeit negativ auf das Behandlungsergebnis aus (Grilo et al., 2010; Koelen et al., 2012), sodass eine Anpassung psychotherapeutischer Strategien nötig wird (z. B. Dammann, 2014; Fiedler, 2007; Rudolf, 2014). Zuletzt hilft die dimensionale Abbildung von Persönlichkeitsdysfunktion bei Therapieplanung und Evaluation (Ehrenthal, 2014; Schauenburg et al., 2012).

Testentwicklung

Die Skalen der Langversion wurden rational konstruiert und mit Mitteln der Klassischen Testtheorie überprüft. Zunächst wurden über 200 Items generiert und eine vorläufige Version mit 160 Items an einer stationären Stichprobe (circa $N = 200$) vor allem bzgl. der internen Validität getestet. Daraus wurde eine vorläufige Version mit 96 Items zusammengestellt und in einer Stichprobe mit $N = 1\,110$ Personen ($N = 204$ in stationärer Psychotherapie, $N = 172$ in ambulanter Psychotherapie/auf Therapieplatzsuche, $N = 734$ ohne Psychotherapie) untersucht. Aus den Ergebnissen wurde die Endversion mit 95 Items erstellt (Ehrenthal et al., 2012).

Die Screeningversion wurde mit exploratorischer und konfirmatorischer Faktorenanalyse an einem Teil der Originalstichprobe der Langversion entwickelt und im anderen Teil der Originalstichprobe sowie einer unabhängigen Klinikstichprobe ($N = 210$) überprüft. Daten einer bevölkerungsrepräsentativen Stichprobe ($N = 2\,500$) liegen vor.

Aufbau und Auswertung

Der Fragebogen OPD-SF beinhaltet neben einer kurzen Instruktion 95 Aussagen, die auf einer Skala von 0 = trifft gar nicht zu bis 4 = trifft völlig zu eingeschätzt werden sollen. Damit ist die Skalierung nicht identisch mit dem Expertenrating, in welchem die Struktur auf einer Skala von 1 bis 4 eingeschätzt wird. Aus den Items werden entsprechende Mittelwerte für die 21 einzelnen Subskalen gebildet, die in den acht übergeordneten Skalen zusammengefasst werden. Insgesamt acht Items müssen vorher invertiert werden. Höhere Werte bedeuten stärkere strukturelle Einschränkungen in der entsprechenden Skala. Die acht übergeordneten Skalen sind:
- *Selbstwahrnehmung* (3 Subskalen, 12 Items; Bsp. für Affektdifferenzierung: „In mir herrscht oft ein solches Gefühlschaos, dass ich es gar nicht beschreiben könnte."),

- *Objektwahrnehmung* (3 Subskalen, 17 Items; Bsp. für Realistische Objektwahrnehmung: „Ich bin wohl oft ziemlich ‚blauäugig'".),
- *Selbstregulierung* (3 Subskalen, 13 Items; Bsp. für Impulssteuerung: „Manchmal bin ich so voller Wut, dass ich für nichts garantieren kann."),
- *Regulierung des Objektbezugs* (2 Subskalen, 12 Items; Bsp. für Antizipation: „Es passiert mir öfter, dass ich in Fettnäpfchen trete."),
- *Kommunikation nach innen* (3 Subskalen, 11 Items; Bsp. für Körperselbst: „Mein Körper ist mir im Grunde fremd."),
- *Kommunikation nach außen* (3 Subskalen, 12 Items; Bsp. für Affektmitteilung: „Zwischen mir und anderen Menschen kommt es oft zu Missverständnissen."),
- *Bindungsfähigkeit an innere Objekte* (2 Subskalen, 8 Items; Bsp. für Internalisierung: „Ich muss öfters an bestimmte Menschen denken, die mir schaden könnten.") und
- *Bindungsfähigkeit an äußere Objekte* (2 Subskalen, 8 Items; Bsp. für Bindungen lösen: „Nach Trennungen und Verlusten verliere ich völlig den Boden unter mir.").

Die Screeningversion beinhaltet dieselbe Instruktion und 12 Items aus dem Originalfragebogen. Zur erleichterten Auswertung wird ein Summenscore zur Berechnung von Subskalen und Gesamtwert verwendet.

Gütekriterien

OPD-SF und OPD-SFK können als objektiv in Bezug auf Durchführung und Auswertung gelten.

Für die Langversion liegt die interne Konsistenz (Cronbachs α) in der Originalstichprobe (Ehrenthal et al., 2012) für die Gesamtskala bei $\alpha = .96$, zwischen $\alpha = .72$ und .91 für die übergeordneten Skalen und zwischen $\alpha = .65$ und .89 für die Subskalen. Die interne Konsistenz der Screeningversion liegt bei $\alpha = .88$ in der Originalstichprobe und bei $\alpha = .89$ in der unabhängigen Klinikstichprobe. Die konfirmatorische Faktorenanalyse der Screeningversion zeigte einen für eine Kurzform akzeptablen Modellfit in der Originalstichprobe und der unabhängigen Klinikstichprobe (Ehrenthal et al., 2015). Beide Varianten des Fragebogens differenzieren zwischen klinischen und nicht klinischen Stichproben, zwischen Patienten mit versus ohne Persönlichkeitsstörungen und korrelieren erwartungskonform mit unsicherer Bindung und basalen Persönlichkeitsdimensionen, auch nach statistischer Kontrolle der Symptombelastung (Ehrenthal et al., 2012, 2015). Hinsichtlich der konvergenten Validität fanden Zimmermann et al. (2015) ebenfalls hohe Übereinstimmungen zwischen OPD-SF und General Assessment of Personality Disorder (GAPD; Hentschel & Livesley, 2013). Höhere Werte im OPD-SFK waren mit einer in der Vorgeschichte erhöhten Inanspruchnahme stationärer und tagesklinischer Behandlungen assoziiert (Ehrenthal et al., 2015).

Der Gesamtwert der Langversion des OPD-SF korreliert zu .62 mit dem Expertenrating für das strukturelle Integrationsniveau der Persönlichkeit nach OPD-2. Interviewrating und die Selbsteinschätzung tragen jeweils inkrementell zur Vorhersage der Anzahl von Persönlichkeitsstörungen bei (Dinger et al., 2014).

Daten zur Stabilität sind aus der Primärliteratur nicht zu ermitteln. Allerdings fanden sich im Verlauf einer circa achtwöchigen stationären Psychotherapie signifikante Veränderungen im OPD-SF, dabei waren die Effekte jedoch nur ein Drittel so groß wie die Symptomveränderung (Ehrenthal, 2014).

Vergleichswerte/Normen

Vergleichswerte für den OPD-SF liegen aus der Originalstichprobe (Ehrenthal et al., 2012), für den OPD-SFK aus der Originalstichprobe, einer unabhängigen Klinikstichprobe (Ehrenthal et al., 2015) und einer bevölkerungsrepräsentativen Stichprobe vor.

WWW-Ressourcen

OPD-SF und OPD-SFK können kostenfrei bezogen werden unter: www.strukturdiagnostik.de

Literatur

Arbeitskreis OPD (2006). *Operationalisierte Psychodynamische Diagnostik OPD-2. Das Manual für Diagnostik und Therapieplanung.* Bern: Huber.

Dammann, G. (2014). Psychotherapeutischer Prozess und Persönlichkeitsstörungen. *Psychotherapeut, 59,* 119–129.

Dinger, U., Schauenburg, H., Hörz, S., Rentrop, M., Komo-Lang, M., Klinkerfuß, M. et al. (2014). Self-report and observer ratings of personality functioning: a study of the OPD system. *Journal of Personality Assessment, 96,* 220–225.

Ehrenthal, J. C. (2014): Strukturdiagnostik – Neue Ergebnisse aus der Forschung für die Praxis. *Psychodynamische Psychotherapie, 13,* 103–114.

Ehrenthal, J. C., Dinger, U., Horsch, L., Komo-Lang, M., Klinkerfuß, M., Grande, T. et al. (2012). Der OPD-Strukturfragebogen (OPD-SF): Erste Ergebnisse zu Reliabilität und Validität. *Psychotherapie, Psychosomatik, Medizinische Psychologie, 62,* 25–32.

Ehrenthal, J. C., Dinger, U., Schauenburg, H., Horsch, L., Dahlbender, R. & Gierk, B. (2015). Entwicklung einer 12-Item-Version des OPD-Strukturfragebogens (OPD-SFK). *Zeitschrift für Psychosomatische Medizin und Psychotherapie, 61,* 262–274.

Ehrenthal, J. C. & Grande, T. (2014). Fokusorientierte Beziehungsgestaltung in der Psychotherapie von Persönlichkeitsstörungen – ein integratives Modell. *PiD – Psychotherapie im Dialog, 3,* 80–85.

Fiedler, P. (2007). *Persönlichkeitsstörungen.* Weinheim: Beltz.

Grilo, C. M., Stout, R. L., Markowitz, J. C., Sanislow, C. A., Ansell, E. B., Skodol, A. E. et al. (2010). Personality disorders predict relapse after remission from an episode of major depressive disorder: a 6-year prospective study. *Journal of Clinical Psychiatry, 71,* 1629–1635.

Hentschel, A. G. & Livesley, W. J. (2013). The General Assessment of Personality Disorder (GAPD): Factor Structure, Incremental Validity of Self-Pathology, and Relations to DSM-IV Personality Disorders. *Journal of Personality Assessment, 95,* 479–485.

Kim, Y. R., Blashfield, R., Tyrer, P., Hwang, S. T. & Lee, H. S. (2014). Field trial of a putative research algorithm for diagnosing ICD-11 personality disorders in psychiatric patients: 1. Severity of personality disturbance. *Personality and Mental Health, 8,* 67–78.

Koelen, J. A., Luyten, P., Eurelings-Bontekoe, L. H. M., Diguer, L., Vermote, R., Lowyck, B. et al. (2012). The impact of level of personality organization on treatment response: a systematic review. *Psychiatry: Interpersonal and Biological Processes, 75*, 355–374.

Rudolf, G. (2014). *Psychodynamische Psychotherapie: Die Arbeit an Konflikt, Struktur und Trauma.* Stuttgart: Schattauer.

Schauenburg, H., Dinger, U., Komo-Lang, M., Klinkerfuß, M., Horsch, L., Grande, T. et al. (2012). Der OPD-Strukturfragebogen (OPD-SF). In S. Doering & S. Hörz (Hrsg.), *Handbuch der Strukturdiagnostik. Konzepte, Instrumente, Praxis* (S. 284–307). Stuttgart: Schattauer.

Zimmermann, J., Dahlbender, R. W., Herbold, W., Krasnow, K., Meiwes Turrión, C., Zika, M. et al. (2015). Der OPD-Strukturfragebogen erfasst die allgemeinen Merkmale einer Persönlichkeitsstörung. *Psychotherapie, Psychosomatik, Medizinische Psychologie, 65*, 81–83.

Zimmermann, J., Ehrenthal, J. C., Cierpka, M., Schauenburg, H., Doering, S. & Benecke, C. (2012). Assessing the Level of Structural Integration using Operationalized Psychodynamic Diagnosis (OPD): Implications for DSM-5. *Journal of Personality Assessment, 94*, 522–532.

Autoren des Beitrags

Johannes C. Ehrenthal, Lena Horsch, Henning Schauenburg und Ulrike Dinger

Kontaktdaten des Erstautors

Dr. phil. Dipl.-Psych. Johannes C. Ehrenthal
Universitätsklinikum Heidelberg
Klinik für Allgemeine Innere Medizin und Psychosomatik
Thibautstr. 2
69115 Heidelberg
johannes.ehrenthal@med.uni-heidelberg.de

OQ®-45.2
Outcome-Questionnaire-45.2

Autor des Testverfahrens	Michael J. Lambert
Quelle	Lambert, M. J., Hannover, W., Nisslmuller, K., Richard, M. & Kordy, H. (2002). Fragebogen zum Ergebnis von Psychotherapie: Zur Reliabilität und Validität der deutschen Übersetzung des Outcome Questionnaire 45.2 (OQ-45.2). *Zeitschrift für Klinische Psychologie und Psychotherapie, 31,* 40–47.
Vorgänger-/ Originalversionen	*Originalversion:* Lambert, M. J., Kahler, M., Harmon, C., Burlingame, G. M., Shimokawa, K. & White, M. M. (2013). *Administration and scoring manual for the Outcome-Questionnaire-45.* Salt Lake City, UT: OQ Measures. Der OQ®-45.2 bildet einen Bestandteil der OQ-Analyst Software. Die Nutzung der Software ist kostenpflichtig.
Kurzversionen	Neben der Langform (45 Items) existieren zwei Kurzformen mit 30 Items (OQ®-30.2) bzw. 10 Items (OQ®-10.2).
Kurzbeschreibung	Der OQ®-45.2 ist ein Selbstbeurteilungsverfahren, welches zur kontinuierlichen Messung des Therapiefortschritts und des Therapieergebnisses entwickelt wurde. Ausgehend von der Konzeptualisierung von Lambert (1983) wird Therapiefortschritt entlang der drei Aspekte *Symptombelastung, Interpersonale Beziehungen* und *Soziale Integration* überprüft. Die übliche Form ist die elektronische Version im Rahmen der OQ-Analyst Software. Potenzielle Anwender sind Psychotherapeuten und Forscher auf dem Gebiet der Psychotherapieforschung.
Anwendungsbereich	Der OQ®-45.2 ist zum Einsatz auf drei Ebenen entwickelt worden: 1. zur Messung der aktuellen Beeinträchtigungsschwere, 2. als Ergebnismaß zur Anwendung vor und nach einer Intervention oder zur kontinuierlichen Überprüfung des Therapiefortschritts und 3. zur Unterstützung computerisierter Entscheidungshilfen zur adaptiven Behandlungsplanung. Die Zielpopulation sind erwachsene Psychotherapiepatienten ab 18 Jahren.
Bearbeitungszeit	Die Durchführungszeit beträgt im Durchschnitt etwa 5 bis 10 Minuten.
Theoretischer Hintergrund	Der OQ®-45.2 dient der kontinuierlichen Messung des Therapiefortschritts und -ergebnisses. Da nahezu alle Erwachsenen, die eine psychotherapeutische Behandlung aufsuchen, Symptome von Angst und Depression berichten, misst die Hälfte der Items Kernaspekte dieser

Symptomgruppen (Regier et al., 1988). Da eine zufriedenstellende Lebensqualität und Wohlbefinden von positivem interpersonellen Funktionieren abhängen (z. B. Beiser, 1974) und weiterhin die am häufigsten in einer Therapie bearbeiteten Probleme interpersoneller Natur sind (Horowitz, 1979; Horowitz et al., 1988), erfassen ein Viertel der Items Störungen der interpersonellen Beziehungen mit nahestehenden Personen. Schließlich misst das letzte Viertel der Items das Funktionieren in sozialen Rollen (z. B. auf der Arbeit, in der Schule, in der Haushaltsführung, in Freizeitaktivitäten). Der Erfassung dieses Bereiches liegt die Annahme zugrunde, dass intrapsychische Probleme und Symptome die Ausübung sozialer Rollen beeinträchtigt (z. B. Beiser, 1974; Frisch et al., 1992; Kopta et al., 1994).

Bezug zur Psychotherapie

Der OQ®-45.2 wurde als veränderungssensitives Instrument zur Verlaufs- und Ergebnismessung ambulanter Psychotherapien entwickelt. Es liegen valide Algorithmen vor, die es ermöglichen, auf der Grundlage sogenannter erwarteter Therapieverlaufskurven Behandlungsmisserfolge vorherzusagen. Auf dieser Grundlage werden Therapeuten mittels eines Ampelsystems frühzeitig über ein erhöhtes Risiko für ein negatives Therapieergebnis gewarnt und können in der Folge mithilfe des Assessment for Signal Clients (OQ®-ASC, Lambert et al., 2007) die jeweiligen Problembereiche genauer spezifizieren.

Testentwicklung

Die Auswahl der Items war durch drei Überlegungen motiviert: Erstens erfassen die ausgewählten Items häufig auftretende Probleme über eine große Bandbreite verschiedener Störungen hinweg. Zweitens wurden die Items so gewählt, dass sie Symptome abfragen, die sehr wahrscheinlich bei unterschiedlichen Patienten mit verschiedenen Problemen und Diagnosen auftreten. Drittens messen die Items persönlich und sozial relevante Charakteristika, die die Lebensqualität des individuellen Patienten beeinflussen. Des Weiteren wurde die Anzahl der Items in der Form limitiert, dass der Bogen für Patienten keine Bürde darstellt und sich gut für den wiederholten Einsatz während der Therapie eignet.

Die Items der Skala *Symptombelastung* wurden auf der Grundlage einer Studie des National Institute for Mental Health, die die häufigsten Typen psychischer Störungen in fünf verschiedenen Einzugsbereichen der USA identifizierte (Regier et al., 1988), und einer landesweiten Sichtung von Versicherungsakten im Hinblick auf die Häufigkeit vergebener DSM-III-R-Störungen ausgewählt. Die epidemiologische Studie von 1988 (N = 18 571) ergab, dass nahezu 12 % der Gesamtstichprobe die Kriterien für eine Angststörung oder eine Affektive Störung erfüllten. Die Auswertung der Krankenkassendaten (N = 2 145) ergab, dass circa ein Drittel der vergebenen Diagnosen in den Bereich der Affektiven Störungen fallen. Ein weiteres Drittel der Patienten hatte irgendeine Form der Angststörung diagnostiziert bekommen. Die Items der Skala *Interpersonale Beziehungen* erfassen Freundschaften, Familie, Familienleben und Ehe. Weiterhin wird versucht, Spannungen, Isolation, Unangemessenheit und Rückzug in interpersonalen Beziehungen zu messen. Diese Items wurden aus der Ehe- und Familientherapieliteratur sowie aus der Forschung zu interpersonalen Problemen abgelei-

OQ®-45.2

tet (Horowitz et al., 1991). Die Items der Skala *Soziale Integration* wurden so entwickelt, dass die Patienten ihre persönliche Zufriedenheit mit der Ausübung ihrer gesellschaftlichen Aufgaben (Arbeit, Studium, Freizeit) angeben.

Das Manual und die Items der Originalversion wurden im Rahmen einer Rückübersetzungsprozedur mithilfe eines seit mehr als 10 Jahren in Deutschland lebenden amerikanischen Staatsbürgers ins Deutsche übersetzt (Lambert et al., 2002).

Aufbau und Auswertung

Der OQ®-45.2 fragt anhand von 45 Items nach dem Befinden in der letzten Woche (einschließlich heute). Die Items werden den folgenden drei Skalen zugeordnet:
- *Symptombelastung* (Bsp.: „Ich fühle mich interessenlos."),
- *Interpersonale Beziehungen* (Bsp.: „Ich bin wegen Ärger in der Familie beunruhigt.") und
- *Soziale Integration* (Bsp.: „Ich fühle mich von der Arbeit/Ausbildung gestresst.").

Der Gesamtwert und die Skalenwerte werden durch Addition der jeweiligen Items gebildet. Neun Items müssen vor der Addition umkodiert werden. Das Antwortformat ist fünfstufig (0 = nie bis 4 = fast immer). Höhere Werte zeigen eine stärkere psychische Belastung an. Fehlende Werte sollen durch den gerundeten Mittelwert aller vorhandenen Items ersetzt werden.

Als Cut-Off-Wert zur Unterscheidung klinischer und nicht klinischer Stichproben (Jacobsen & Truax, 1991) ist ein Gesamtscore von 63/64 angegeben (Lambert et al., 2013).

Gütekriterien

Die Reliabilität (Cronbachs α) der deutschen Version liegt für die Unterskalen bei .90 *(Symptombelastung)*, .81 *(Interpersonale Beziehungen)*, .59 *(Soziale Integration)* und für den Gesamtwert bei .93, erfasst anhand einer nicht klinischen Stichprobe (N = 232; Lambert et al., 2002). Die Retest-Reliabilität über einen Zeitraum von 2 Wochen in einer Substichprobe dieser nicht klinischen Normstichprobe (N = 207) beträgt r_{tt} = .81 für den Gesamtwert, r_{tt} = .87 für die Skala *Symptombelastung*, r_{tt} = .81 für die Skala *Interpersonale Beziehungen* und r_{tt} = .71 für die Skala *Soziale Integration*.

In einer Reihe von Studien wurde die faktorielle Struktur des OQ®-45.2 untersucht. Die aktuelleren dieser Studien legen als beste Lösung eine vierfaktorielle Bi-Faktor-Struktur nahe (Bludworth et al., 2010; Lo Coco, 2008). Nach dieser luden alle Items auf einem gemeinsamen globalen Faktor. Zusätzlich luden die jeweiligen Items der theoretisch angenommenen Subskalen auf drei separaten Faktoren. Diese faktorielle Struktur betont die intendierte Wichtigkeit des Gesamtscores als übergeordneten Indikator für die generelle psychische Beeinträchtigungsschwere.

Zur Prüfung der konvergenten Validität der deutschen Version wurden die Subskalen sowie der Gesamtwert der nicht klinischen Bevölkerungsstichprobe (N = 232) mit dem Globalen Symptom Index (GSI) der Symptom-Checkliste-90-R (SCL-90-R; Franke, 1995), dem Inventar Interpersonaler Probleme (IIP-D; Horowitz et al., 2000), dem Fragebogen zur sozialen Integration (FSI; Wietersheim et al., 1989) und dem Fragebogen zur Lebenszufriedenheit (FLZ; Fahrenberg et al., 1986) korreliert. Die Korrelationen des Gesamtwertes liegen mit den Gesamtwerten für diese Instrumente in einem akzeptabel hohen Bereich (von $r = .58$ mit dem FSI bis $r = .75$ mit dem FLZ). Die höchste Korrelation ($r = .76$) zeigt sich zwischen der Skala *Symptombelastung* und dem GSI des SCL-90-R. Die weiterhin theoretisch angenommen Korrelationen der Subskalen *Interpersonale Beziehungen* und *Soziale Integration* mit dem IIP-D bzw. dem FSI liegen in einem mittleren Bereich ($r = .55$ bzw. $.45$).

Hinsichtlich der Kriteriumsvalidität konnten Haug et al. (2004) Folgendes zeigen: Patienten, deren OQ®-45.2-Gesamtwert sich bezogen auf ihre Belastung vor der Therapie nach der Therapie reliabel verbessert (Jacobsen & Truax, 1991) hatte, berichteten seltener Suizidgedanken (2.6 % versus 8.4 %) und schätzten sich seltener als arbeitsunfähig ein (12.6 % versus 27.6 %) gegenüber Patienten ohne Besserung.

Die Konstruktvalidität des OQ®-45.2 hängt maßgeblich von seiner Fähigkeit ab, Veränderungen nach Interventionen, wie einer Psychotherapie, abzubilden (Veränderungssensitivität). Eine gute Veränderungssensitivität konnte der OQ®-45.2 in zwei großangelegten Vergleichen der Veränderungsraten der Item-, Skalen- und Gesamtscores zwischen amerikanischen Stichproben mit und ohne Behandlung zeigen (Vermeesch et al., 2000, 2004). Auch in deutschen ambulanten und stationären Settings konnte die Veränderungssensitivität des OQ®-45.2 entsprechend gezeigt werden (Haug et al., 2004).

Vergleichswerte/Normen

Für die deutsche Version liegen Normdaten einer nicht klinischen Bevölkerungsstichprobe ($N = 232$) vor (Haug et al., 2004; Lambert et al., 2002). Weiterhin liegen Daten einer Stichprobe von $N = 615$ Bahnpendlern (Haug et al., 2004), einer ambulanten Stichprobe ($N = 671$; Kordy & Puschner, 2000; Puschner & Kordy, 2001) und einer stationären Stichprobe ($N = 960$; Haug et al., 2004) vor.

Im Manual der englischen Originalversion werden Normdaten für den Gesamtscore und die Subskalen für verschiedene Stichproben (studentische Stichproben aus drei amerikanischen Städten, Stichprobe aus universitären Beratungseinrichtungen, ambulante Psychotherapiepatienten, stationäre Patienten) nach Alters- und Geschlechtsgruppen sortiert berichtet.

WWW-Ressourcen

Unter der folgenden Adresse finden sich weitere Informationen und zugeschnittene Angebote der OQ-Analyst Software:
https://www.oqmeasures.com.

Literatur

Beiser, M. (1974). Components and correlates of mental well-being. *Journal of Health and Social Behavior, 15,* 320–327.

Bludworth, J. L., Tracey, T. J. & Glidden-Tracey, C. (2010). The bilevel structure of the Outcome Questionnaire–45. *Psychological Assessment, 22* (2), 350–355.

Fahrenberg, J., Myrtek, M., Wilk, D. & Kreutel, K. (1986). Multimodale Erfassung der Lebenszufriedenheit: Eine Untersuchung an Herz-Kreislauf-Patienten. *Psychotherapie, Psychosomatik, Medizinische Psychologie, 36* (11), 347–354.

Franke, G. H. (1995). *Die Symptom-Checkliste von L. R. Derogatis – Deutsche Version (SCL-90-R)*. Göttingen: Beltz Test.

Frisch, M. B., Cornell, J., Villanueva, M. & Retzlaff, P. J. (1992). Clinical validation of the quality of life inventory: A measure of life satisfaction for use in treatment planning and outcome assessment. *Psychological Assessment, 4,* 92–101.

Haug, S., Puschner, B., Lambert, M. J. & Kordy, H. (2004). Veränderungsmessung in der Psychotherapie mit dem Ergebnisfragebogen (EB-45). *Zeitschrift für Differentielle und Diagnostische Psychologie, 25* (3), 141–151.

Horowitz, L. M. (1979). On the cognitive structure of interpersonal problems treated in psychotherapy. *Journal of Consulting and Clinical Psychology, 47* (1), 5–15.

Horowitz, L. M., Locke, K. D., Morse, M. B., Waikar, S. V., Dryer, D. C., Tarnow, E. et al. (1991). Self-derogations and the interpersonal theory. *Journal of Personality and Social Psychology, 61* (1), 68–79.

Horowitz, L. M., Rosenberg, S. E., Baer, B. A., Ureño, G. & Villasenor, V. S. (1988). Inventory of interpersonal problems: Psychometric properties and clinical applications. *Journal of Consulting and Clinical Psychology, 56,* 885–892.

Horowitz, L. M., Strauß, B. & Kordy, H. (2000). *Inventar zur Erfassung interpersonaler Probleme – Deutsche Version* (2., überarb. und neu norm. Aufl.). Göttingen: Beltz Test.

Jacobson, N. S. & Truax, P. (1991). Clinical significance: A statistical approach to defining meaningful change in psychotherapy research. *Journal of Consulting and Clinical Psychology, 59,* 12–19.

Kopta, S. M., Howard, K. I., Lowry, J. L. & Beutler, L. E. (1994). Patterns of symptomatic recovery in psychotherapy. *Journal of Consulting and Clinical Psychology, 62* (5), 1009–1016.

Kordy, H. & Puschner, B. (2000). Aktive ergebnisorientierte Qualitätssicherung als Mittel zur Optimierung psychotherapeutischer Versorgung. In H. J. Freyberger, G. Heuft & D. J. Ziegenhagen (Hrsg.), *Ambulante Psychotherapie: Tranzparenz, Effizienz, Qualitätssicherung* (S. 97–117). Stuttgart: Schattauer.

Lambert, M. J. (1983). Introduction to assessment of psychotherapy outcome: Historical perspective and current issues. In M. J. Lambert, E. R. Christensen & S. S. DeJulio (Eds.), *The assessment of psychotherapy outcome* (pp. 3–32). New York: Wiley-Interscience.

Lambert, M. J., Bailey, R. J., Kimball, K., Shimokawa, K., Harmon, S. C. & Slade, K. (2007). *Clinical support tools manual—Brief version-40.* Salt Lake City, UT: OQ Measures.

Lambert, M. J., Hannover, W., Nisslmuller, K., Richard, M. & Kordy, H. (2002). Fragebogen zum Ergebnis von Psychotherapie: Zur Reliabilität und Validität der deutschen Übersetzung des Outcome Questionnaire 45.2 (OQ-45.2). *Zeitschrift für Klinische Psychologie und Psychotherapie, 31,* 40–47.

Lambert, M. J., Kahler, M., Harmon, C., Burlingame, G. M., Shimokawa, K. & White, M. M. (2013). *Administration and scoring manual for the Outcome-Questionnaire-45.* Salt Lake City, UT: OQ Measures.

Lo Coco, G., Chiappelli, M., Bensi, L., Gullo, S., Prestano, C. & Lambert, M. J. (2008). The factorial structure of the outcome questionnaire-45: a study with an Italian sample. *Clinical Psychology & Psychotherapy, 15* (6), 418–423.

Puschner, B. & Kordy, H. (2001). Der Zugang zur ambulanten Psychotherapie – eine Evaluation des Gutachterverfahrens. *Verhaltenstherapie und psychosoziale Praxis, 33* (3), 487–502.

Regier, D. A., Boyd, J. H., Burke, Jr. J. D., Rae, D. S. , Myers, J. K., Kramer, M. et al. (1988). One month prevalence of mental disorders in the United States. *Archives of General Psychiatry, 45,* 977–986.

Vermeersch, D. A., Lambert, M. J. & Burlingame, G. M. (2000). Outcome Questionnaire-45: Item sensitivity to change. *Journal of Personality Assessment, 14,* 242–261.

Vermeersch, D. A., Whipple, J. L., Lambert, M. J., Hawkins, E. J., Burchfield, C. M. & Okiishi, J. C. (2004). Outcome questionnaire: Is it sensitive to changes in counseling center clients? *Journal of Counseling Psychology, 51* (1), 38–49.

Wietersheim, J. von, Ennulat, A., Probst, B., Wilke, E. & Feiereis, H. (1989). Konstruktion und erste Evaluation eines Fragebogens zur sozialen Integration. *Diagnostica, 35,* 359–363.

Autoren des Beitrags Michael J. Lambert, Julian Rubel und Wolfgang Lutz

Kontaktdaten des Erstautors

Prof. Michael J. Lambert
Brigham Young University
272 TLRB
84602 Provo, Utah, USA
michael_lambert@byu.edu

OSV-S
Skala zum Onlinesuchtverhalten

Autoren des Testverfahrens	Kai W. Müller, Manfred E. Beutel und Klaus Wölfling
Quellen	Das Verfahren wurde u. a. publiziert in: Wölfling, K., Müller, K. & Beutel, M. (2010). Diagnostische Testverfahren: Skala zum Onlinesuchtverhalten bei Erwachsenen (OSVe-S). In D. Mücken, A. Teske, F. Rehbein & B. te Wildt (Hrsg.), *Prävention, Diagnostik und Therapie von Computerspielabhängigkeit* (S. 212–215). Lengerich: Pabst. Die spezifische Version, die sich ausschließlich auf Computerspielsucht bezieht, findet sich in der Jugendversion in: Wölfling, K., Müller, K. W. & Beutel, M. E. (2011). Reliabilität und Validität der Skala zum Computerspielverhalten (CSV-S). *Psychotherapie, Psychosomatik, Medizinische Psychologie, 61,* 216–224. Beide Verfahren, in der jeweiligen Version für Kinder/Jugendliche und Erwachsene, können über die Testautoren bezogen werden.
Vorgänger-/ Originalversionen	Das Verfahren beruht auf dem Fragebogen zum Computerspielverhalten bei Kindern (CSVK; Thalemann et al., 2004), einer Langversion, die speziell zur Erfassung (suchtartiger) Computerspielnutzung durch Kinder konzipiert wurde.
Kurzversionen	Es existiert eine Kurzversion (OSV_{SHORT}-S) des Verfahrens, welche fünf Items beinhaltet und an einer repräsentativen Stichprobe validiert wurde.
Kurzbeschreibung	Die OSV-S wurde konzipiert, um die Nutzung von Internetanwendungen (z. B. Online-Computerspiele, Soziale Netzwerke, Online-Glücksspiele) unter klinischen Gesichtspunkten (suchtartige Nutzung) zu klassifizieren. Es handelt sich um ein Selbsteinschätzungsinstrument, das sich für Forschungszwecke und zur klinischen Anwendung eignet. Das Verfahren orientiert sich an den diagnostischen Kriterien des Pathologischen Glücksspiels nach DSM. Eine Klassifikation des Nutzungsverhaltens wird über die Berechnung von Cut-Off-Werten ermöglicht, welche über Erhebungen an klinischen Stichproben und Kreuzvalidierung mit einem externen unabhängigen Expertenurteil (therapeutische Einschätzung nach einem diagnostischen Erstgespräch) ermittelt wurden. Das Verfahren trägt der Multidimensionalität des Konstrukts Internetsucht Rechnung. In einem vorgeschalteten Filteritem wird der Proband/ Patient nach der vorrangig genutzten Internetanwendung befragt. Alle folgenden Antworten zu den diagnostischen Items beziehen sich danach auf die angegebene Hauptanwendung.

Darüber hinaus existiert mit der Skala zum Computerspielverhalten (CSV-S) eine spezifische Version des Verfahrens, die sich ausschließlich auf Computerspielsucht bezieht und die Nutzung sowohl von Online- als auch Offline-Computerspielen einschließt, in ihrem inhaltlichen Aufbau jedoch identisch ist mit der allgemeinen Fragebogenversion.

Anwendungsbereich

Es existieren altersspezifische Versionen für Kinder bzw. Jugendliche (Alter: 11 bis 17 Jahre) und eine Erwachsenenversion (ab dem 18. Lebensjahr). Beide Versionen sind inhaltlich identisch und unterscheiden sich lediglich in der Anrede und den beigefügten Beispielen zu einzelnen Items.

Das Verfahren kann zu Forschungszwecken in klinischen und nicht klinischen Populationen eingesetzt werden. Für den klinischen Einsatz existiert zudem eine standardisierte klinische Interviewversion (Checkliste zum Onlinesuchtverhalten, OSV-C; Wölfling et al., 2012), welche eine Kreuzvalidierung der Selbstangaben ermöglicht.

Bearbeitungszeit

Die Bearbeitungszeit beträgt etwa 5 Minuten. Die Auswertung erfolgt über eine spezifische Gewichtung und Aufsummierung der diagnoserelevanten Items. Die Auswertung kann elektronisch (Auswertungssyntax) oder per Hand mittels Schablone erfolgen.

Theoretischer Hintergrund

Das Konstrukt der substanzungebundenen Abhängigkeitserkrankungen (Verhaltenssucht-Modell) geht davon aus, dass sich ein psychisches Abhängigkeitsgeschehen unabhängig von der Zufuhr einer psychotropen Substanz entwickeln kann. Maßgeblich für die Pathogenese sind belohnende Effekte, die sich durch das exzessive Ausführen einer bestimmten Tätigkeit (z. B. Glücksspiel, Kaufen, Internetnutzung) ergeben und auf psychischer Ebene eine positive Verstärkung und auf neurobiologischer Ebene eine Sensitivierung des Belohnungssystems zur Folge haben. Hieraus wird gefolgert, dass auf phänomenologischer Ebene Parallelen zwischen substanzgebundenen und -ungebundenen Abhängigkeitserkrankungen erwachsen, die sich in diagnostizierbaren Kriterien manifestieren. Hierzu zählen:
- die starke kognitiv-emotionale Eingenommenheit vom Verhalten,
- die Steigerung der Nutzungshäufigkeit oder -dauer (Toleranz),
- das Empfinden aversiver Zustände bei Konsumverhinderung oder -unterbrechung (Entzug),
- die verminderte Steuerungsfähigkeit über das Verhalten (Kontrollverlust),
- die Fortführung des Konsums trotz assoziierter negativer Konsequenzen,
- der Verlust alternativer Interessen aufgrund der Nutzung,
- die vorrangige Nutzung des Verhaltens zur Regulation aversiver Zustände (Emotionsregulation) und
- das Erleben eines dominanten Drangs zur Nutzung (Verlangen).

Epidemiologische und klinische Daten der letzten Jahre haben gezeigt, dass die suchtartige Nutzung von Internetanwendungen (Internetsucht) eine neuartige Variante aus dem Spektrum der Verhaltenssüchte darstellt. Hierbei wird zumeist nicht das Internet wahllos, exzessiv und unkontrolliert genutzt, sondern die suchtartige Nutzung spezifischer Internetanwendungen (z. B. Online-Spiele, Soziale Netzwerke, Online-Erotikangebote) steht im Vordergrund. Klinische Daten zeigen, dass Internetsucht zu einer erheblichen Einschränkung der Lebensqualität, Verminderung des psychosozialen Funktionsniveaus und erheblichen psychopathologischen Belastungen führt, was die Behandlungswürdigkeit dieses neuen Störungsbildes unterstreicht.

Bezug zur Psychotherapie

Das Verfahren kann innerhalb klinischer Stichproben eingesetzt werden, um Aussagen über das Vorliegen einer (komorbiden) Computerspiel- und Internetsucht treffen zu können. Daneben ist ein Einsatz auch über den Verlauf einer Psychotherapie möglich, wodurch eine Evaluation der Therapieeffekte bzw. -fortschritte vorgenommen werden kann.

Testentwicklung

Die Verfahrensentwicklung erfolgte in einer mehrstufigen Prozedur. Ein Pool relevanter Items wurde auf Grundlage der von der American Psychiatric Association (APA) für das Störungsbild Pathologisches Glücksspiel definierten Kriterien erarbeitet und in eine Langversion integriert, welche zunächst an zwei Stichproben Jugendlicher ($N = 323$, Altersdurchschnitt 11.8 Jahre; $N = 221$, Altersdurchschnitt 14.2 Jahre) auf ihre psychometrischen Eigenschaften getestet wurde (Thalemann et al., 2004; Wölfling et al., 2008). Daraufhin erfolgte eine Selektion jener Items mit den höchsten Trennschärfen und eine inhaltliche Anpassung der Items in eine Jugend- bzw. Erwachsenenversion, welche einer Pilotstichprobe von $N = 109$ Patienten (Jugendliche und Erwachsene) einer Spezialambulanz für Verhaltenssüchte vorgelegt wurden und auf ihre klinische Relevanz hin überprüft wurden. Basierend auf einer Kreuzvalidierung mit einem externen Therapeutenurteil zum Vorliegen internetsüchtigen Verhaltens wurden vorläufige Cut-Off-Werte bestimmt, welche im Rahmen mehrerer epidemiologischer Erhebungen an bevölkerungsrepräsentativen Stichproben Jugendlicher und Erwachsener statistisch überprüft wurden. Der letzte Entwicklungsschritt stellte eine erneute Überprüfung der Cut-Off-Werte an einer weiteren klinischen Stichprobe von $N = 290$ Patienten (Altersrange: 18 bis 64 Jahre) einer Verhaltenssuchtambulanz dar.

Aufbau und Auswertung

Das Verfahren setzt sich aus 14 Kernitems, die zur Klassifikation wesentlich sind, zusammen. Die Items operationalisieren die oben dargestellten Kernmerkmale suchtartigen Verhaltens (Bsp. für Kontrollverlust: „Wie häufig hatten Sie das Gefühl, dass Sie zu viel oder zu lange online waren?"). Zusätzlich werden Maße zur zeitlich ausufernden (exzessiven) Nutzung des Internets erhoben. Um die Problemanwendung zu spezifizieren, werden zudem Nutzungsgewohnheiten hinsichtlich verschiedener Internetaktivitäten erfragt und über ein Zusatzitem die Einschätzung hinsichtlich des übermäßigen Konsums erhoben („Würden Sie sagen, dass Sie manche Onlineangebote in übermäßigem Umfang nutzen? Wenn ja, welche Onlineangebote sind das?").

Die diagnoserelevanten Items sind auf fünfstufigen Likert-Skalen angelegt (0 = nicht zutreffend bis 4 = absolut zutreffend). Items nach dem Auftreten negativer Konsequenzen sind im dichotomen Format gehalten (Bsp.: „Sind aufgrund Ihres Onlineverhaltens wiederholt negative Folgen oder Probleme in folgenden Bereichen aufgetreten ... Probleme in Beruf, Ausbildung oder Schule [z. B. schlechtere Beurteilungen, Fehlzeiten]?", 0 = nein, 1 = ja).

Die Auswertung erfolgt über die Bildung klinischer Cut-Off-Werte, zu deren Bestimmung eine Gewichtung der diagnoserelevanten Items und deren Aufsummierung notwendig ist. Auf Basis der aktuellen Untersuchungen werden folgende Cut-Off-Werte vorgeschlagen:
- 0.0 bis 6.5 Punkte: unauffälliges Nutzungsverhalten,
- 7.0 bis 13.0 Punkte: riskantes Nutzungsveralten (bei Jugendlichen) bzw. moderat abhängiges Nutzungsverhalten (bei Erwachsenen),
- ab 13.5 Punkte: suchtartiges Nutzungsverhalten.

Gütekriterien

Die Überprüfung der psychometrischen Qualität des Verfahrens, inklusive der spezifischen Version CSV-S, ist anhand verschiedener methodischer Zugänge und Stichproben erfolgt. Die Durchführungsobjektivität des Verfahrens ist über die standardisierten schriftlichen Instruktionen und die Auswertungsobjektivität über die standardisierten Auswertungsregeln gewährleistet. Die Reliabilität des Verfahrens wurde sowohl an bevölkerungsrepräsentativen Stichproben, als auch an repräsentativen Stichproben Jugendlicher überprüft. Die interne Konsistenz (Cronbachs α) liegt in nicht klinischen Stichproben zwischen .89 und .91 (z. B. Müller et al., 2014b). Überprüfungen der Validität liegen in verschiedenen Bereichen vor. Die faktorielle Validität wurde sowohl im Erwachsenenbereich (Müller et al., 2014b) als auch im Jugendbereich überprüft (Wölfling et al., 2011). Die Faktorenlösungen legen eine einfaktorielle Struktur der OSV-S nahe, durch welche zwischen 39.2 % und 43.9 % der Varianz aufgeklärt wird. Kuss et al. (2014) führten eine erfolgreiche Überprüfung der konvergenten Validität durch, indem sie die OSV-S an einer Stichprobe von 2 257 Personen mit einem alternativen Verfahren zur Internetsucht kombinierten. Hinweise auf die Konstruktvalidität liegen aus verschiedenen Studien vor. In Erhebungen an klinischen Stichproben (81 Patienten einer allgemeinen Kinder- und Jugendpsychiatrie sowie 1 826 Patienten aus der stationären Rehabilitation für Suchterkrankungen; Müller et al., 2012; Wölfling et al., 2013) zeigten sich Zusammenhänge zwischen der OSV-S und assoziierten psychischen Symptomen. In einer Erhebung an 290 ambulanten Patienten einer Spezialambulanz wiesen Patienten, die über die OSV-S als internetsüchtig klassifiziert wurden, ein vermindertes psychosoziales Funktionsniveau und erhöhte Symptombelastungen auf. Die CSV-S wurde u. a. in einer internationalen repräsentativen Erhebung an 12 938 Jugendlichen (14 bis 17 Jahre; Müller et al., 2015) validiert, die Zusammenhänge zwischen der CSV-S und psychopathologischer Symptombelastung aufzeigte. Kuss und Kollegen (2014) wiesen nach, dass der Score der OSV-S signifikant mit klinischen Korrelaten für internetsüchtiges Verhalten korreliert. Unter Verwendung bildgebender Verfahren wurden zudem signifikante Zusammenhänge zwischen der Klassifikation mittels der OSV-S und im EEG abgeleiteten ereigniskorrelierten Potenzialen identifiziert, welche als Indikatoren für veränderte Belohnungsverarbeitungsprozesse bei Suchterkrankungen gelten (Duven et al., 2015).

Eine klinische Validierung (Müller et al., 2014a) wurde durchgeführt, um die diagnostische Güte der OSV-S zu ermitteln. Hierzu wurde bei 290 Patienten einer Verhaltenssuchtambulanz das Vorliegen internetsüchtigen Verhaltens über die Einschätzung eines verblindeten Therapeuten im Rahmen eines einstündigen Erstgesprächs beurteilt und die diagnostischen Urteile mit dem Score der OSV-S abgeglichen. Auf Basis der klinischen Cut-Off-Werte von 7 Punkten ergab sich eine Sensitivität von 80.5 % und eine Spezifität von 82.4 %.

Vergleichswerte/ Normen

Neben den vorgeschlagenen Richtwerten (Cut-Off-Werte) zur klinischen Klassifikation des Internet- und Computerspielverhaltens existieren geschlechts- und altersspezifische Mittelwerte und Prozenträngen aus repräsentativen Stichproben.

WWW-Ressourcen

Es liegen keine zusätzlichen Ressourcen vor.

Literatur

Duven, E., Müller, K. W., Beutel, M. E. & Wölfling, K. (2015). Altered reward processing in pathological computer gamers – ERP-results from a semi-natural gaming-design. *Brain and Behavior, 5,* 13–23.

Kuss, D. J., Shorter, G. W., van Rooij, A. J., Griffiths, M. D. & Schoenmakers, T. (2014). Assessing internet addiction using the Parsimonious Internet Addiction Components Model – A preliminary study. *International Journal of Mental Health and Addiction, 12,* 351–366.

Müller, K. W., Ammerschläger, M., Freisleder, F. J., Beutel, M. E. & Wölfling, K. (2012). Suchtartige Internetnutzung als komorbide Störung im jugendpsychiatrischen Setting: Prävalenz und psychopathologische Symptombelastung. *Zeitschrift für Kinder- und Jugendpsychiatrie und Psychotherapie, 40,* 331–339.

Müller, K. W., Beutel, M. E. & Wölfling, K. (2014a). A contribution to the clinical characterization of Internet Addiction in a sample of treatment seekers: Validity of assessment, severity of psychopathology and type of co-morbidity. *Comprehensive Psychiatry, 55,* 770–777.

Müller, K. W., Glaesmer, H., Brähler, E., Wölfling, K. & Beutel, M. E. (2014b). Internet addiction in the general population. Results from a German population-based survey. *Behaviour and Information Technology, 33,* 757–766.

Müller, K. W., Janikian, M., Dreier, M., Wölfling, K., Beutel, M. E., Tzavara, C. et al. (2015). Regular gaming behavior and internet gaming disorder in European adolescents: Results from a cross-national representative survey of prevalence, predictors and psychopathological correlates. *European Child and Adolescent Psychiatry, 24,* 565–574.

Thalemann, R., Albrecht, U., Thalemann, C. N. & Grüsser, S. M. (2004). Fragebogen zum Computerspielverhalten bei Kindern (CSVK): Entwicklung und psychometrische Kennwerte. *Psychomed, 16* (4), 226–233.

Wölfling, K., Beutel, M. E., Koch, A., Dickenhorst, U. & Müller, K. W. (2013). Comorbid Internet Addiction in male clients of inpatient addiction rehabilitation centres: Psychiatric symptoms and mental comorbidity. *Journal of Nervous and Mental Disease, 201,* 934–940.

Wölfling, K., Beutel, M. E. & Müller, K. W. (2012). Construction of a standardized clinical interview to assess internet addiction: First findings regarding the usefulness of AICA-C. *Journal of Addiction Research and Therapy,* S6:003. DOI:10.4172/2155-6105.S6-00

Wölfling, K., Müller, K. W. & Beutel, M. E. (2011). Reliabilität und Validität der Skala zum Computerspielverhalten (CSV-S). *Psychotherapie, Psychosomatik, Medizinische Psychologie, 61,* 216–224.

Wölfling, K., Thalemann, R. & Grüsser-Sinopoli, S. M. (2008). Computerspielsucht: Ein psychopathologischer Symptomkomplex im Jugendalter. *Psychiatrische Praxis, 35,* 226–232.

Autoren des Beitrags Klaus Wölfling, Manfred E. Beutel und Kai W. Müller

Kontaktdaten des Erstautors

Dr. Dipl.-Psych. Klaus Wölfling
Universitätsmedizin der Johannes Gutenberg-Universität Mainz
Klinik und Poliklinik für Psychosomatische Medizin und Psychotherapie
Ambulanz für Spielsucht
Untere Zahlbacher Straße 8
55131 Mainz
woelfling@uni-mainz.de

PAS
Panik- und Agoraphobie-Skala

Autor des Testverfahrens	Borwin Bandelow
Quelle	Bandelow, B. (2016). *Panik- und Agoraphobie-Skala (PAS)* (2., akt. Aufl.). Göttingen: Hogrefe. Das Copyright liegt beim Hogrefe Verlag.
Vorgänger-/ Originalversionen	*Vorgängerversion:* Bandelow, B. (1997). *Panik- und Agoraphobie-Skala (PAS)*. Göttingen: Hogrefe. *Englischsprachige Version:* Bandelow, B. (1999). *Panic and Agoraphobia Scale (PAS). Manual.* Seattle: Hogrefe & Huber.
Kurzversionen	keine
Kurzbeschreibung	Die PAS ist in zwei Versionen mit identischen Fragen verfügbar: für die Fremdbeurteilung durch den Untersucher und für die Selbstbeurteilung durch den Patienten. Die PAS ist kompatibel mit den Klassifikationssystemen ICD-10 und DSM-5. Übersetzungen in Afrikaans, Arabisch, Chinesisch, Dänisch, Englisch, Französisch, Hebräisch, Italienisch, Japanisch, Koreanisch, Niederländisch, Polnisch, Portugiesisch, Russisch, Schwedisch, Serbokroatisch, Spanisch, Türkisch und Ungarisch sind verfügbar. Validierungen der französischen und türkischen Übersetzung liegen vor (Roberge et al., 2003; Tural et al., 2002).
Anwendungsbereich	Der Einsatz ist bei Jugendlichen und Erwachsenen ab 15 Jahren mit einer Panikstörung mit oder ohne Agoraphobie (nach DSM-5 oder ICD-10) möglich. Die Skala wurde in zahlreichen Behandlungsstudien angewendet: in Psychotherapiestudien (z. B. Cammin-Nowak et al., 2013; Casey et al., 2005; Gloster et al., 2011; Marchand et al., 2012; Starcevic et al., 2004) und Medikamentenstudien (z. B. Aoki et al., 2014; Broocks et al., 1998; Pande et al., 2000; Stahl et al., 2003; Wedekind et al., 2010). Hier zeigte sich eine gute Sensitivität für Zustandsänderungen und Differenzen zwischen Behandlungs- und Kontrollgruppen. Die Skala wurde außerdem in über 150 weiteren wissenschaftlichen Studien angewendet. Die europäische Zulassungsbehörde European Medicines Agency (EMA) empfiehlt die Anwendung der PAS oder einer vergleichbaren Skala in Zulassungsstudien für Medikamente.

PAS

Bearbeitungszeit

Die Fremdbeurteilungsskala kann in 5 bis 10 Minuten ausgefüllt werden. Die Selbstbeurteilungsversion wird vom Patienten in 5 bis 20 Minuten bearbeitet.

Theoretischer Hintergrund

Die Panikstörung mit oder ohne Agoraphobie gehört zu den häufigsten psychischen Störungen überhaupt (12-Monats-Prävalenz circa 6 %).

Bezug zur Psychotherapie

Die PAS kann zur Diagnostik, Schweregradbestimmung und Überprüfung des Therapieerfolgs in Praxis und Klinik sowie in der Forschung (Psychotherapie- oder Medikamentenstudien) eingesetzt werden.

Mithilfe der Subskalen der PAS können differenzielle Wirkungen von Therapien separat betrachtet werden (z. B. Reduktion der Panikattackenfrequenz, Besserung des agoraphoben Vermeidungsverhaltens).

Testentwicklung

Die Skala wurde an einer Normstichprobe von 452 Patienten mit Panikstörung nach ICD/DSM mithilfe der Itemanalyse, Faktorenanalyse und logistischen Regression untersucht.

Aufbau und Auswertung

Die Skala besteht aus 13 Fragen (Items) mit je fünf Antwortmöglichkeiten (0 bis 4). Der Gesamtwert, der durch Addition aller Itemwerte errechnet wird, dient zur Schweregradbestimmung (Wertebereich 0 bis 52).

Fünf Komponenten, die die Lebensqualität bei Panikpatienten einschränken, wurden in den fünf Subskalen berücksichtigt:
- *Panikattacken* (Bsp.: Häufigkeit von Panikattacken),
- *Agoraphobische Vermeidung* (Bsp.: Häufigkeit des Vermeidungsverhaltens),
- *Antizipatorische Angst* (Bsp.: Häufigkeit der antizipatorischen Angst),
- *Einschränkung* (Bsp.: Familie und Partnerschaft, soziale und Freizeitaktivitäten, Arbeit) und
- *Gesundheitsbefürchtungen* (Bsp.: Sorge, durch Panikattacken einen gesundheitlichen Schaden zu erleiden).

Diese fünf Subskalen tragen mit je zwei bis drei Items zum Gesamtschweregrad bei.

Gütekriterien

Objektivität: Die Interrater-Reliabilität der Fremdbeurteilungsversion beträgt $r = .78$.

Reliabilität: Die interne Konsistenz (Cronbachs α) liegt bei $\alpha = .85$ für die Fremdversion und $\alpha = .86$ für die Selbstbeurteilungsversion. Die Test-Retest-Reliabilität der Fremdversion beträgt $\alpha = .73$.

Validität: Die Spearman-Rang-Korrelation der PAS-Fremd- mit der Selbstbeurteilungsversion beträgt $r = .90$. Die Korrelation der Fremdbeurteilungsversion mit der Clinical Global Impression Scale (CGI, Panikstörung) lag bei $r = .91$ und mit der Hamilton Anxiety Scale (HAMA) bei $r = .63$. Die Korrelation der Selbstbeurteilungsversion mit dem Globalen Patientenurteil (PGI) betrug $r = .76$ und mit dem State-Trait-Angstinventar (STAI) $r = .58$.

Vergleichswerte/ Normen

An 452 Patienten mit Panikstörung wurden folgende Mittelwerte gemessen:
- Fremdbeurteilungsversion: $M = 23.6$ ($SD = 10.6$),
- Selbstbeurteilungsversion: $M = 23.5$ ($SD = 10.3$).

Aufgrund eines Vergleichs mit einer fünfstufigen Clinical Global Impression Scale wurde folgende Schweregradeinteilung errechnet:
- Fremdbeurteilungsversion: 0 bis 6 Punkte = grenzwertig bzw. Remission, 7 bis 17 Punkte = leicht, 18 bis 28 Punkte = mittel, 29 bis 39 Punkte = schwer und 40 Punkte und mehr = sehr schwer.
- Selbstbeurteilungsversion: 0 bis 8 Punkte = grenzwertig bzw. Remission, 9 bis 18 Punkte = leicht, 19 bis 28 Punkte = mittel, 29 bis 39 Punkte = schwer und 40 Punkte und mehr = sehr schwer.

WWW-Ressourcen

Es liegen keine zusätzlichen Ressourcen vor.

Literatur

Aoki, A., Ishiguro, S., Watanabe, T., Ueda, M., Hayashi, Y., Akiyama, K. et al. (2014). Factors affecting discontinuation of initial treatment with paroxetine in panic disorder and major depressive disorder. *Neuropsychiatric Disease and Treatment, 10,* 1793–1798.

Broocks, A., Bandelow, B., Pekrun, G., George, A., Meyer, T., Bartmann, U. et al. (1998). Comparison of aerobic exercise, clomipramine, and placebo in the treatment of panic disorder. *American Journal of Psychiatry, 155,* 603–609.

Cammin-Nowak, S., Helbig-Lang, S., Lang, T., Gloster, A. T., Fehm, L., Gerlach, A. L. et al. (2013). Specificity of homework compliance effects on treatment outcome in CBT: Evidence from a controlled trial on panic disorder and agoraphobia. *Journal of Clinical Psychology, 69,* 616–629.

Casey, L. M., Newcombe, P. A. & Oei, T. P. S. (2005). Cognitive mediation of panic severity: The role of catastrophic misinterpretation of bodily sensations and panic self-efficacy. *Cognitive Therapy and Research , 29,* 187–200.

Gloster, A. T., Wittchen, H. U., Einsle, F., Lang, T., Helbig-Lang, S., Fydrich, T. et al. (2011). Psychological treatment for panic disorder with agoraphobia: A randomized controlled trial to examine the role of therapist-guided exposure in situ in CBT. *Journal of Consulting and Clinical Psychology, 79,* 406–420.

Marchand, A., Belleville, G., Fleet, R., Dupuis, G., Bacon, S. L., Poitras, J. et al. (2012). Treatment of panic in chest pain patients from emergency departments: efficacy of different interventions focusing on panic management. *General Hospital Psychiatry, 34,* 671–680.

Pande, A. C., Pollack, M. H., Crockatt, J., Greiner, M., Chouinard, G., Lydiard, R. B. et al. (2000). Placebo-controlled study of gabapentin treatment of panic disorder. *Journal of Clinical Psychopharmacology, 20,* 467–471.

Roberge, P., Marchand, L., Grenier, S. & Marchand, A. (2003). Validation of the French-Canadian version of the Panic and Agoraphobia Scale. *Canadian Journal of Behavioural Science/Revue canadienne des sciences du comportement, 35,* 61–66.

Stahl, S. M., Gergel, I. & Li, D. (2003). Escitalopram in the treatment of panic disorder: a randomized, double-blind, placebo-controlled trial. *Journal of Clinical Psychiatry, 64,* 1322–1327.

Starcevic, V., Linden, M., Uhlenhuth, E. H., Kolar, D. & Latas, M. (2004). Treatment of panic disorder with agoraphobia in an anxiety disorders clinic: factors influencing psychiatrists' treatment choices. *Psychiatry Research, 125,* 41–52.

Tural, U., Fidane, H., Alkin, T. & Bandelow, B. (2002). Assessing the severity of panic disorder and agoraphobia: validity, reliability and objectivity of the Turkish translation of the Panic and Agoraphobia Scale (P&A). *Journal of Anxiety Disorders, 16,* 331–340.

Wedekind, D., Broocks, A., Weiss, N., Engel, K., Neubert, K. & Bandelow, B. (2010). A randomized, controlled trial of aerobic exercise in combination with paroxetine in the treatment of panic disorder. *World Journal of Biological Psychiatry, 11,* 904–913.

Autor des Beitrags

Borwin Bandelow

Kontaktdaten des Autors

Prof. Dr. med. Dipl.-Psych. Borwin Bandelow
Universitätsmedizin Göttingen
Klinik für Psychiatrie und Psychotherapie
von-Siebold-Str. 5
37075 Göttingen
sekretariat-bandelow@med.uni-goettingen.de

PHQ-15

Gesundheitsfragebogen für Patienten –
Modul Somatische Symptome

Autoren des Testverfahrens	Kurt Kroenke, Robert L. Spitzer und Janet B. W. Williams
Quelle	Kroenke, K., Spitzer, R. L. & Williams, J. B. W. (2002). The PHQ-15: Validity of a new measure for evaluating the severity of somatic symptoms. *Psychosomatic Medicine, 64,* 258–266. Der PHQ-15 ist frei erhältlich und kann beim Erstautor angefordert werden. Er kann ohne Gebühren für nicht kommerzielle Zwecke eingesetzt werden.
Vorgänger-/ Originalversionen	Der PHQ-15 ist eines der Module des Gesundheitsfragebogens für Patienten (PHQ-D), der in einer Komplettversion und in einer Kurzform vorliegt. Dies sind die autorisierten deutschen Versionen des PRIME-MD Patient Health Questionnaire (PHQ; Spitzer et al., 1999) bzw. PRIME-MD Brief Patient Health Questionnaire (Brief PHQ; Spitzer et al., 1999), welche eine Weiterentwicklung des 1994 eingeführten PRIME-MD (Spitzer et al., 1994) darstellen.
Kurzversionen	Es existiert eine Kurzform mit acht Items: Somatic Symptom Scale–8 (SSS-8; Gierk et al., 2014).
Kurzbeschreibung	Der PHQ-15 ist eines der Module des Gesundheitsfragebogens für Patienten (PHQ-D) und wird dazu eingesetzt, den Schweregrad somatischer Symptome in einem begrenzten Zeitraum (letzte 4 Wochen) zu erfassen. Der Skalensummenwert *Somatische Symptome* umfasst 15 somatische Symptome, welche sowohl den 15 häufigsten körperlichen Beschwerden ambulanter Patienten als auch den wichtigsten DSM-IV-Kriterien für die Somatisierungsstörung entsprechen. Im DSM-5 wird das Kriterium der organischen Erklärbarkeit der Körpersymptome bei der Diagnostik der Somatoformen Störungen verlassen, da es sich nicht als relevant erwiesen hat, ob für das somatische Symptom eine organische Ursache vorliegt oder nicht. Entsprechend kann der Punktwert des PHQ-15, der keine organische Erklärbarkeit der Körpersymptome voraussetzt, sowohl zur Messung des Schweregrades der somatischen Symptome als auch zur Messung des Schweregrades der Somatisierung verwendet werden.
Anwendungsbereich	Der PHQ-15 kann als psychodiagnostisches Instrument in der klinischen Praxis und im Rahmen von Forschungsfragen eingesetzt werden. Er eignet sich sowohl zur Erstdiagnostik als auch zur Verlaufsbeurteilung von somatischen Symptomen.
Bearbeitungszeit	Die Bearbeitungszeit beträgt circa 2 Minuten. Innerhalb einer ebenfalls circa zweiminütigen Auswertungszeit lässt sich ein valider Skalensummenwert zur somatischen Symptomschwere bestimmen.

Theoretischer Hintergrund

Psychische Störungen liegen nach aktuellen Untersuchungen bei 20 % bis 35 % der Patienten vor, die wegen körperlicher Beschwerden in ärztliche Behandlung kommen (Ormel et al., 1994). Sie sind eine häufige Ursache für subjektiven Leidensdruck, somatische Symptome (Simon et al., 1999), verlängerte Krankenhausaufenthalte (Saravay & Lavin, 1994) und verringerte Produktivität am Arbeitsplatz (Broadhead et al., 1990). Für die Diagnostik psychischer Störungen wird ausreichend Zeit benötigt, die im ärztlichen Alltag nicht immer zur Verfügung steht. Zeitmangel kann ein Grund für eine niedrige Sensitivität der primärärztlichen Diagnostik von psychischen Störungen sein: Aufgrund von Analysen muss davon ausgegangen werden, dass über 50 % der psychischen Störungen bei körperlich erkrankten Patienten unerkannt und damit unbehandelt bleiben (Zimmermann & Mattia, 1999). Ein Screening auf psychische Komorbidität beim Arztbesuch kann eine adäquate Diagnostik, Behandlung und Verlaufskontrolle von betroffenen Patienten ermöglichen (U.S. Preventive Services Task Force, 2002). Mit dem Gesundheitsfragebogen für Patienten (PHQ-D) liegt ein Screeninginstrument vor, welches in Kombination mit dem ärztlichen Gespräch eine valide und zeitökonomische Diagnostik psychischer Störungen ermöglicht. Das Modul des PHQ-15 stellt dabei im Besonderen ein nützliches Screeninginstrument sowohl zur Messung des Schweregrades der somatischen Symptome als auch zur Messung des Schweregrades der Somatisierung dar. Durch seinen Einsatz kann somit ein Beitrag zur Verbesserung der Diagnostik und Therapie von psychischen Störungen innerhalb und außerhalb der Primärmedizin geleistet werden.

Bezug zur Psychotherapie

Mit dem PHQ-15 liegt ein Screeninginstrument vor, welches in Kombination mit dem ärztlichen oder psychotherapeutischen Gespräch eine valide und zeitökonomische Erfassung des Schweregrades der somatischen Symptome und der Somatisierung ermöglicht. Da der Fragebogen schnell und einfach auszufüllen und auszuwerten ist, können die diagnostischen Informationen direkt im Gespräch aufgegriffen und zur Diagnostik und Planung der weiteren Behandlung verwendet werden. Der PHQ-15 beruht ausschließlich auf den Selbstangaben des Patienten, sodass die Fragebogendiagnose im Gespräch mit dem Patienten unbedingt zusätzlich validiert werden muss. Dabei sollte geklärt werden, ob der Patient die Fragebogenitems richtig verstanden hat. Außerdem sollten ergänzende eigen- und/oder fremdanamnestische Informationen hinzugezogen werden, um die diagnostische Sicherheit zu erhöhen. Mit dem PHQ-15 alleine können nicht alle Informationen, die für eine vollständige Psychodiagnostik notwendig sind, erhoben werden. Die Diagnostik findet auf Syndromebene, nicht auf Störungsebene statt.

Testentwicklung

Der Gesundheitsfragebogen für Patienten (PHQ-D) liegt in einer Komplettversion und in einer Kurzform vor. Es sind die autorisierten deutschen Versionen des PRIME-MD Patient Health Questionnaire (PHQ; Spitzer et al., 1999) bzw. PRIME-MD Brief Patient Health Questionnaire (Brief PHQ; Spitzer et al., 1999). Diese Instrumente stellen eine Weiterentwicklung des 1994 eingeführten PRIME-MD (Spitzer et al., 1994)

PHQ-15

dar, der insgesamt acht klinische Diagnosen erfasst. Die deutsche Übersetzung erfolgte in Kooperation mit den Originalautoren nach State-of-the-Art-Kriterien in mehreren Schritten von Übersetzung und Rückübersetzung.

Aufbau und Auswertung

Der Skalensummenwert *Somatische Symptome* umfasst 15 körperliche Symptome, welche sowohl den 15 häufigsten körperlichen Beschwerden von ambulanten Patienten als auch den wichtigsten DSM-IV-Kriterien für die Somatisierungsstörung entsprechen. Der Fragebogen basiert auf einem Selbsturteil des Ausmaßes der Beeinträchtigung durch diese körperlichen Symptome in den letzten 4 Wochen. Gebildet wird der Summenwert aus den 13 Items des somatoformen Moduls des PHQ-D und zwei Items des Depressionsmoduls des PHQ-D. Letztere werden einbezogen, da sie nach den wichtigen somatischen Symptomen Schlafstörung und Müdigkeit/Energielosigkeit fragen. Die 13 Items des somatoformen Moduls werden mit 0 = nicht beeinträchtigt, 1 = wenig beeinträchtigt oder 2 = stark beeinträchtigt bewertet. Den beiden Items aus der Depressionssektion werden entsprechend die Werte 0 = überhaupt nicht, 1 = an einzelnen Tagen oder 2 = an mehr als der Hälfte der Tage oder beinahe jeden Tag zugewiesen. Der Skalensummenwert liegt somit zwischen 0 und 30. Ein berechneter Skalensummenwert zwischen 0 bis 4 Punkten kann dabei als minimale somatische Symptomstärke/Somatisierung interpretiert werden. Werte von 5 bis 9 zeichnen eine milde Symptomstärke/Somatisierung und Werte zwischen 10 und 14 eine mittelgradig ausgeprägte Symptomstärke/Somatisierung aus. Der Wertebereich zwischen 15 und 30 kann schließlich als schwer ausgeprägte Symptomstärke/Somatisierung interpretiert werden.

Gütekriterien

Objektivität: Bei selbst auszufüllenden Fragebogen ist in der Regel eine hohe Durchführungsobjektivität gegeben. Auch Auswertungs- und Interpretationsobjektivität können als gewährleistet angesehen werden.

Reliabilität: Die interne Reliabilität des PHQ-15 ist mit einem Cronbachs $\alpha = .80$ als sehr gut zu bewerten (Kroenke et al., 2002).

Validität: Der PHQ-15 stellt ein valides Instrument zur Erfassung der somatischen Symptomschwere/Somatisierung dar, welches bislang in über 40 Studien in unterschiedlichen Behandlungssettings eingesetzt wurde (Kroenke et al., 2010).

Kriteriumsvalidität: Für den PHQ-15 wurden in einer Studie mit 906 Patienten der Primärversorgung eine Sensitivität von 78 % und eine Spezifität von 71 % für Somatoforme Störungen gemäß DSM-IV ermittelt (van Ravesteijn et al., 2009).

Änderungssensitivität: Es gibt Hinweise für eine Änderungssensitivität des PHQ-15 aus klinischen und Längsschnittstudien (Kroenke et al., 2006).

Konvergente Validität: Es finden sich substanzielle Interkorrelationen mit Maßen zur Erfassung der Depressivität (PHQ-9: r = .65 bis .75), der gesundheitsbezogenen körperlichen und psychischen Lebensqualität (SF-12: r = -.53 bis -.68) sowie der Lebenszufriedenheit (r = -.37) (Kocalevent et al., 2013). In der Originalvalidierung an N = 6 000 Patienten aus der Primärversorgung gingen höhere Skalensummenwerte im PHQ-15 mit höherer Beeinträchtigung in der Lebensqualität (SF-20), einem ausgeprägteren Inanspruchnahmeverhalten gesundheitsbezogener Leistungen sowie vermehrten Krankschreibungen einher (Löwe et al., 2008).

Klinische Validität: Beim Vergleich der Skalensummenwerte des PHQ-15 in einer Stichprobe von Patienten mit unterschiedlichen Angststörungen lag der Skalensummenwert bei Patienten ohne Angststörung bei M = 6.0, bei Patienten mit Generalisierter Angststörung bei M = 14.0, bei Patienten mit Panikstörung und Posttraumatischer Belastungsstörung bei M = 12.0 und bei Patienten mit Sozialer Angststörung bei M = 13.0 (Kroenke et al., 2002).

Innerhalb einer deutschen Validierungsstudie (Gräfe et al., 2004) wurden Summenwerte des PHQ-15 an 357 allgemeinmedizinischen/internistischen Patienten und 171 psychosomatischen Patienten untersucht. Patienten mit einer psychischen Störung (gemäß SKID-I) hatten eine durchschnittliche somatische Symptomschwere von 9.8 (SD = 5.4), Patienten ohne psychische Störung einen Wert von 6.4 (SD = 3.9) und unterschieden sich signifikant von der Gruppe mit psychischen Störungen (p < .001). Die somatische Symptomschwere lag bei der psychosomatischen Patientengruppe bei 9.7 (SD = 5.5) und bei den medizinischen Patienten bei 7.1 (SD = 4.4). Auch diese Gruppen unterschieden sich signifikant hinsichtlich ihrer Symptomschwere (p ≤ .001).

Vergleichswerte/Normen

Es liegen Normwerte von einer repräsentativen Stichprobe von N = 5 031 Personen aus der deutschen Normalbevölkerung vor. Die Daten wurden zwischen 2003 und 2008 erhoben. Normwerte liegen für beide Geschlechter sowie für verschiedene Altersgruppen vor (Kocalevent et al., 2013).

WWW-Ressourcen

Der PHQ-15 ist als Instrument kostenlos zu beziehen unter:
https://www.uke.de/kliniken-institute/institute/institut-und-poliklinik-f%C3%BCr-psychosomatische-medizin-und-psychotherapie/forschung/arbeitsgruppen/index.html

Literatur

Broadhead, W. E., Blazer, D. G., George, L. K. & Tse, C. K. (1990). Depression, disability days, and days lost from work in a prospective epidemiologic survey. *Journal of the American Medical Association, 264,* 2524–2528.

Gierk, B., Kohlmann, S., Kroenke, K., Spangenberg, L., Zenger, M., Brähler, E. et al. (2014). The Somatic Symptom Scale–8 (SSS-8). A Brief Measure of Somatic Symptom Burden. *Journal of the American Medical Association: Internal Medicine, 174,* 399–407.

Gräfe, K., Zipfel, S., Herzog, W. & Löwe, B. (2004). Screening psychischer Störungen mit dem „Gesundheitsfragebogen für Patienten (PHQ-D)". Ergebnisse der deutschen Validierungsstudie. *Diagnostica, 50,* 171–181.

Kocalevent, R.-D., Hinz, A. & Brähler, E. (2013). Standardization of a screening instrument (PHQ-15) for somatization syndromes in the general population. *BMC Psychiatry, 13,* 91.

Kroenke, K., Messina, N., Benattia, I., Graepel, J. & Musgnung, J. (2006). Venlafaxine extended release in the short-term treatment of depressed and anxious primary care patients with multisomatoform disorder. *Journal of Clinical Psychiatry, 67,* 72–80.

Kroenke, K., Spitzer, R. L. & Williams, J. B. (2002). The PHQ-15: Validity of a New Measure for Evaluating the Severity of Somatic Symptoms. *Psychosomatic Medicine, 64,* 258–266.

Kroenke, K., Spitzer, R. L., Williams, J. B. & Löwe, B. (2010). The Patient Health Questionnaire somatic, anxiety, and depressive symptom scales: a systematic review. *General Hospital Psychiatry, 32,* 345–359.

Löwe, B., Spitzer, R. L., Williams, J. B., Mussell, M., Schellberg, D. & Kroenke, K. (2008). Depression, anxiety and somatization in primary care: syndrome overlap and functional impairment. *General Hospital Psychiatry, 30,* 191–199.

Ormel, J., Korff, M. von, Üstün, T. B., Pini, S., Korten, A. & Oldehinkel, T. (1994). Common mental disorders and disability across cultures. Results from the WHO Collaborative Study on Psychological Problems in General Health. *Journal of the American Medical Association, 272,* 1741–1748.

Saravay, S. M. & Lavin, M. (1994). Psychiatric comorbidity and length of stay in the general hospital. A critical review of outcome studies. *Psychosomatics, 35,* 233–252.

Simon, G. E., Korff, M. von, Piccinelli, M., Fullerton, C. & Ormel, J. (1999). An international study of the relation between somatic symptoms and depression. *New England Journal of Medicine, 341,* 1329–1335.

Spitzer, R. L., Kroenke, K. & Williams, J. B. (1999). Validation and utility of a self-report version of PRIME-MD: The PHQ primary care study. *Journal of the American Medical Association, 282,* 1737–1744.

Spitzer, R. L., Williams, J. B., Kroenke, K., Linzer, M., deGruy, F. V. 3rd, Hahn, S. R. et al. (1994). Utility of a new procedure for diagnosing mental disorders in primary care. The PRIME-MD 1000 study. *Journal of the American Medical Association, 272,* 1749–1756.

U.S. Preventive Services Task Force (2002). Screening for Depression: Recommendations and Rationale. *Annual Internal Medicine, 136,* 760–764.

van Ravesteijn, H., Wittkampf, K., Lucassen, P., van de Lisdonk, E., van den Hoogen, H., van Weert, H. et al. (2009). Detecting somatoform disorders in primary care with the PHQ-15. *Annual Family Medicine, 7,* 232–238.

Zimmermann, M. & Mattia, J. I. (1999). Psychiatric diagnosis in clinical practice: is comorbidity being missed? *Comprehensive Psychiatry, 40,* 182–191.

Autoren des Beitrags	Anne Toussaint und Bernd Löwe
Kontaktdaten der Erstautorin	Dr. Anne Toussaint Universitätsklinikum Hamburg-Eppendorf Martinistraße 52 20246 Hamburg a.toussaint@uke.de

PHQ-9

Gesundheitsfragebogen für Patienten – Modul Depressivität

Autoren des Testverfahrens	Kurt Kroenke, Robert L. Spitzer und Janet B. W. Williams
Quelle	Kroenke, K., Spitzer, R. L. & Williams, J. B. (2001). The PHQ-9: validity of a brief depression severity measure. *Journal of General Internal Medicine, 16* (9), 606–613. Der PHQ-9 ist kostenlos für nicht kommerzielle Zwecke verfügbar.
Vorgänger-/ Originalversionen	PHQ-9 ist die Abkürzung für die neun Items umfassende Depressionsskala des Patient Health Questionnaire (PHQ). Der Fragebogen wurde englischsprachig als Teil des PRIME-MD Patient Health Questionnaire zur Diagnose häufiger psychischer Erkrankungen erstellt (Spitzer et al., 1994, 1995) und liegt auch als deutsche Übersetzung PHQ-D vor (Gräfe et al., 2004; Löwe et al., 2002). Der PHQ-D enthält über den PHQ-9 hinaus beispielsweise Module zur Diagnostik von Angststörungen (GAD-7) oder zu somatischen Beschwerden (PHQ-15).
Kurzversionen	Der PHQ-9 liegt als Screeninginstrument auch in einer Kurzform PHQ-8 und einer Ultrakurzform PHQ-2 (Löwe et al., 2005) vor. Der PHQ-8 enthält nicht das Item 9 des PHQ-9, bei dem nach Todeswünschen und Suizidalität gefragt wird.
Kurzbeschreibung	Der PHQ-9 ist ein Selbstbeurteilungsinstrument zum Screening depressiver Symptomatik. Er besteht aus neun Fragen zur Häufigkeit depressiver Symptome im Verlauf der letzten 2 Wochen. Der Fragebogen wurde hinsichtlich einer möglichst kurzen Bearbeitungs- und Auswertungszeit gestaltet, in der die neun Diagnosekriterien einer Major Depression nach DSM-IV jeweils mit einer Frage erfasst werden. Der Fragebogen enthält ein Item zu Suizidgedanken, das auch allein als Screeningfrage für akute Suizidalität eingesetzt werden kann. Für den Test liegen seit 2001 zahlreiche Validierungs- und Normierungsstudien aus den USA und aus Deutschland vor. Die um ein Item gekürzte Version PHQ-8 wurde in den USA an über 198 000 Personen validiert (Kroenke et al., 2009). Er wurde vielfach in der klinischen Forschung eingesetzt.
Anwendungsbereich	Der PHQ-9 ist ein weit verbreitetes Screeninginstrument für das Vorliegen einer Major Depression und für die Erfassung des Schweregrades depressiver Symptomatik. Er kann auch ohne Einbußen der psychometrischen Qualität telefonisch durchgeführt werden (DeJesus et al., 2007; Ryan et al., 2013). Der Test kann auch zur Verlaufsbeurteilung depressiver Symptome eingesetzt werden (Löwe et al., 2004a). Der PHQ-9 wird weiterhin in der Forschung angewendet, beispielsweise als Outcome für Veränderungsmessungen in empirischen Therapieevaluationen. Er kann zwi-

schen Patienten mit anhaltender Depression, teilweiser Remission und vollständiger Remission unterscheiden, wie an einer deutschen Stichprobe ($N = 434$) nachgewiesen wurde (Löwe et al., 2004c). Allerdings werden in der Literatur verschiedene Definitionen zur Erfassung signifikanter klinischer Veränderungen unterschieden (McMillan et al., 2010). In der Forschung und bei klinischen Populationen kann auch die Anwendung des PHQ-8 anstelle des PHQ-9 sinnvoll sein, wenn Suizidalität extrem unwahrscheinlich erscheint (Kroenke & Spitzer, 2002).

Bearbeitungszeit

Die Durchführungszeit beträgt etwa 2 Minuten.

Theoretischer Hintergrund

Neben einer rein kategorialen Diagnostik einer depressiven Störung ist es in der Therapieevaluationsforschung bedeutsam, quantitative Veränderungen bei Patienten über den Therapieverlauf erfassen zu können. Der PHQ-9 bietet diese Möglichkeit der Quantifizierung des Schweregrades einer Depression sowie den Vergleich mit Bevölkerungsnormen (Rief et al., 2004).

Bezug zur Psychotherapie

Der PHQ-9 ist schnell ausfüll- und auswertbar. Die Ergebnisse können damit direkt im Patientengespräch aufgegriffen werden. Der Test kann weiterhin zur Veränderungsmessung im Therapieverlauf eingesetzt werden, wobei eine Veränderung von fünf und mehr Skalenpunkten als bedeutsame klinische Veränderung angesehen wird (Löwe et al., 2004c).

Testentwicklung

Der PHQ-9 ist Teil des PHQ-D (Löwe et al., 2002), der wiederum eine Übersetzung des PRIME-MD Patient Health Questionnaire ist (Spitzer et al., 1994). Dieser Fragebogen sollte für die Primärversorgung ein leicht einsetzbares Screening für verschiedene psychische Störungen ermöglichen. Der PHQ-9 enthält für alle neun Kriterien einer Major Depression nach DSM-IV jeweils eine Frage. Die Testentwicklung erfolgte nach inhaltlichen Kriterien, wobei in der Erforschung der Testgüte der Kriteriumsvalidität beim Entdecken depressiver Patienten mit hoher Sensitivität und Spezifität die höchste Priorität zukam. Die deutsche Übersetzung des PHQ-9 erfolgte in mehreren Schritten der Übersetzung und Rückübersetzung (Löwe et al., 2002). Es liegen umfangreiche Untersuchungen zur Testgüte im deutschsprachigen Raum vor (vgl. Abschnitt zu den Gütekriterien). Eine Modifikation des PHQ-9 bezieht den Berichtszeitraum auf die schlimmste Depressionsphase im Leben des Patienten (Cannon et al., 2007). Die Studie ($N = 526$) zeigte einen hohen Zusammenhang zwischen dem PHQ-9 Ergebnis und der durch das SKID nachweisbaren „lifetime mood disorder". Weiterentwicklungen zielen außerdem auf die Konstruktion einer gemeinsamen Metrik für Beck Depression Inventory-II (BDI-II), Center for Epidemiologic Studies Depression Scale (CES-D) und PHQ-9 (Choi et al., 2014). Eine weitere Studie hat mit Methoden der Item-Response-Theorie eine gemeinsame Metrik für mehrere Depressionsskalen entwickelt, welche den Vergleich von Punktwerten dieser Skalen ermöglicht (Wahl et al., 2014).

PHQ-9

Aufbau und Auswertung

Der PHQ-9 erfasst mit seinen neun Items die neun DSM-IV-Kriterien einer Major Depression. Beispielsweise wird gefragt, wie häufig Niedergeschlagenheit, Schwermut und Hoffnungslosigkeit im Verlauf der letzten 2 Wochen auftraten. Die Testinstruktion lautet: „Wie oft fühlten Sie sich im Verlauf der letzten 2 Wochen durch die folgenden Beschwerden beeinträchtigt?". Die vier Urteilsstufen aller Items sind: 0 = überhaupt nicht, 1 = an einzelnen Tagen, 2 = an mehr als der Hälfte der Tage und 3 = beinahe jeden Tag. Der Testsummenscore liegt im Bereich zwischen 0 und 27. Ein Summenscore von ≥ 10 wird üblicherweise als Cut-Off für das Depressionsscreening verwendet (Kroenke, 2012). Die Summenwerteskala lässt sich auch in vier Kategorien der Stärke der depressiven Symptomatik einteilen: 0–4 minimal, 5–9 mild, 10–14 mittelgradig, 15–27 schwer (Kroenke et al., 2001).

Gütekriterien

Objektivität: Die Durchführung des Tests ist einfach und die Auswertungsvorschrift eindeutig. Es kann eine hohe Durchführungs- und eine hohe Auswertungsobjektivität angenommen werden. Der PHQ-9 kann problemlos telefonisch durchgeführt werden (Pinto-Meza et al., 2005).

Reliabilität: Für den PHQ-9 kann eine hohe Reliabilität als gegeben angenommen werden. Die interne Konsistenz wird mit $\alpha = .87$ geschätzt (Kocalevent et al., 2013). Die Test-Retest-Reliabilität wird zwischen $r_{tt} = .81$ und .96 geschätzt und ein Veränderungswert von 5 auf der Summenwerteskala des PHQ-9 wird als klinisch relevante Veränderung bei Personen angesehen, die eine Depressionsbehandlung erhalten (Löwe et al., 2004c). Bei einer amerikanischen Stichprobe ($N = 3\,000$) zeigte sich eine Test-Retest-Reliabilität von $r_{tt} = .84$ (Kroenke et al., 2001).

Validität: Der Test ist inhaltlich valide, weil die neun Fragen direkt nach den für eine DSM-IV-Diagnose relevanten Symptomen fragen. Hinsichtlich der Konstruktvalidität zeigt der PHQ-9 vorhersagbare Zusammenhänge mit anderen klinisch relevanten Größen, wie beispielsweise mit dem allgemeinen Funktionsstatus (SF-20) und mit der Inanspruchnahme medizinischer Versorgungsleistungen (Kroenke et al., 2001). Der PHQ-9 wurde weiterhin erfolgreich als Outcome in empirischen Studien zur Veränderungsmessung eingesetzt. In einer Studie an Patienten mit Major Depression, anderer Depression und ohne Depression zeigte sich, dass der PHQ-9-Wert sich bei Verbesserung einer Depressionsdiagnose auf Grundlage des SKID auch entsprechend verbessert (Löwe et al., 2004a). McMillan et al. (2010) schlagen als Kriterium für die Feststellung einer klinisch signifikanten Verbesserung auf Grundlage des PHQ-9 die Kombination aus Remissionskriterium (PHQ-9-Summenscore < 10) und einer Verbesserung des PHQ-9-Wertes um mindestens 5 Punkte nach einer Behandlung vor. Die Validität wurde auch für die Ultrakurzform PHQ-2 nachgewiesen (Kroenke et al., 2003; Löwe et al., 2005).

Bezüglich der Kriteriumsvalidität ist der PHQ-9 in Sensitivität und Spezifität anderen Instrumenten zum Depressionsscreening (Well-Being-Index, Hospital Anxiety and Depression Scale) leicht überlegen, wie an einer deutschen, mit dem SKID klassifizierten Stichprobe ($N = 501$) nachgewiesen wurde (Löwe et al., 2004b). Eine weitere Validierungsstudie an einer deutschen Stichprobe ($N = 528$) auf Grundlage einer SKID-Diagnose der Patienten liefern Gräfe et al. (2004). Verschiedene Validierungsstudien und Metaanalysen mit jeweils $N > 5\,000$ liefern für den Summenwert 10 als Cut-Off Schätzungen der Sensitivität im Bereich von 77 % bis 88 % und der Spezifität im Bereich von 88 % bis 94 % (Gilbody et al., 2007; Kroenke et al., 2001, 2010). Allerdings wurden auch die Summenscores von 8 bis 11 als sinnvolle Cut-Off-Werte mit Sensitivitäten zwischen 82 % und 89 % sowie Spezifitäten zwischen 83 % und 89 % metaanalytisch ($N = 7\,180$) nachgewiesen (Manea et al., 2012).

Vergleichswerte/Normen

An einer repräsentativen deutschen Stichprobe ($N = 2\,066$, 14 bis 93 Jahre) wurde ein PHQ-9-Mittelwert von $M = 3.56$ mit einer Standardabweichung von $SD = 4.08$ festgestellt; die Basisrate für Depression in der Bevölkerung wird dabei mit 3.8 % angegeben (Rief et al., 2004). Neuere Normdaten an einer deutschen repräsentativen Stichprobe ($N = 5\,018$) schätzen bei Frauen ($M = 3.1$, $SD = 3.5$) einen größeren Mittelwert als bei Männern ($M = 2.7$, $SD = 3.5$; Kocalevent et al., 2013). Eine repräsentative Erhebung des PHQ-8 an 198 678 Personen in den USA lieferte eine Depressionsprävalenz von 8.6 % der Personen mit einem Summenscore ≥ 10 (Kroenke et al., 2009).

WWW-Ressourcen

Der PHQ-9 ist als Instrument kostenlos zu beziehen unter:
https://www.uke.de/kliniken-institute/institute/institut-und-poliklinik-f%C3%BCr-psychosomatische-medizin-und-psychotherapie/forschung/arbeitsgruppen/index.html

Literatur

Cannon, D. S., Tiffany, S. T., Coon, H., Scholand, M. B., McMahon, W. M. & Leppert, M. F. (2007). The PHQ-9 as a brief assessment of lifetime major depression. *Psychological Assessment, 19* (2), 247–251.

Choi, S. W., Schalet, B., Cook, K. F. & Cella, D. (2014). Establishing a common metric for depressive symptoms: linking the BDI-II, CES-D, and PHQ-9 to PROMIS depression. *Psychological Assessment, 26* (2), 513–527.

DeJesus, R. S., Vickers, K. S., Melin, G. J. & Williams, M. D. (2007). A system-based approach to depression management in primary care using the Patient Health Questionnaire-9. *Mayo Clinic Proceedings, 82* (11), 1395–1402.

Gilbody, S., Richards, D., Brealey, S. & Hewitt, C. (2007). Screening for depression in medical settings with the Patient Health Questionnaire (PHQ): a diagnostic meta-analysis. *Journal of General Internal Medicine, 22* (11), 1596–1602.

Gräfe, K., Zipfel, S., Herzog, W. & Löwe, B. (2004). Screening psychischer Störungen mit dem „Gesundheitsfragebogen für Patienten (PHQ-D)". *Diagnostica, 50* (4), 171–181.

Kocalevent, R.-D., Hinz, A. & Brähler, E. (2013). Standardization of the depression screener patient health questionnaire (PHQ-9) in the general population. *General Hospital Psychiatry, 35* (5), 551–555.

Kroenke, K. (2012). Enhancing the clinical utility of depression screening. *Canadian Medical Association Journal, 184* (3), 281–282.

Kroenke, K. & Spitzer, R. L. (2002). The PHQ-9: a new depression diagnostic and severity measure. *Psychiatric Annals, 32* (9), 509–515.

Kroenke, K., Spitzer, R. L. & Williams, J. B. (2001). The PHQ-9: validity of a brief depression severity measure. *Journal of General Internal Medicine, 16* (9), 606–613.

Kroenke, K., Spitzer, R. L. & Williams, J. B. (2003). The Patient Health Questionnaire-2: validity of a two-item depression screener. *Medical Care, 41* (11), 1284–1292.

Kroenke, K., Spitzer, R. L., Williams, J. B. & Löwe, B. (2010). The Patient Health Questionnaire Somatic, Anxiety, and Depressive Symptom Scales: a systematic review. *General Hospital Psychiatry, 32* (4), 345–359.

Kroenke, K., Strine, T. W., Spitzer, R. L., Williams, J. B., Berry, J. T. & Mokdad, A. H. (2009). The PHQ-8 as a measure of current depression in the general population. *Journal of Affective Disorders, 114* (1–3), 163–173.

Löwe, B., Kroenke, K. & Gräfe, K. (2005). Detecting and monitoring depression with a two-item questionnaire (PHQ-2). *Journal of Psychosomatic Research, 58* (2), 163–171.

Löwe, B., Kroenke, K., Herzog, W. & Gräfe, K. (2004a). Measuring depression outcome with a brief self-report instrument: sensitivity to change of the Patient Health Questionnaire (PHQ-9). *Journal of Affective Disorders, 81* (1), 61–66.

Löwe, B., Spitzer, R. L., Gräfe, K., Kroenke, K., Quenter, A., Zipfel, S. et al. (2004b). Comparative validity of three screening questionnaires for DSM-IV depressive disorders and physicians' diagnoses. *Journal of Affective Disorders, 78* (2), 131–140.

Löwe, B., Spitzer, R., Zipfel, S. & Herzog, W. (2002). *Gesundheitsfragebogen für Patienten (PHQ-D). Komplettversion und Kurzform. Testmappe mit Manual, Fragebögen, Schablonen* (2. Aufl.). Karlsruhe: Pfizer GmbH.

Löwe, B., Unützer, J., Callahan, C. M., Perkins, A. J. & Kroenke, K. (2004c). Monitoring depression treatment outcomes with the patient health questionnaire-9. *Medical Care, 42* (12), 1194–1201.

Manea, L., Gilbody, S. & McMillan, D. (2012). Optimal cut-off score for diagnosing depression with the Patient Health Questionnaire (PHQ-9): a meta-analysis. *Canadian Medical Association Journal, 184* (3), E191–E196.

McMillan, D., Gilbody, S. & Richards, D. (2010). Defining successful treatment outcome in depression using the PHQ-9: a comparison of methods. *Journal of Affective Disorders, 127* (1–3), 122–129.

Pinto-Meza, A., Serrano-Blanco, A., Peñarrubia, M. T., Blanco, E. & Haro, J. M. (2005). Assessing depression in primary care with the PHQ-9: can it be carried out over the telephone? *Journal of General Internal Medicine, 20* (8), 738–742.

Rief, W., Nanke, A., Klaiberg, A. & Braehler, E. (2004). Base rates for panic and depression according to the Brief Patient Health Questionnaire: a population-based study. *Journal of Affective Disorders, 82* (2), 271–276.

Ryan, T. A., Bailey, A., Fearon, P. & King, J. (2013). Factorial invariance of the Patient Health Questionnaire and Generalized Anxiety Disorder Questionnaire. *British Journal of Clinical Psychology, 52* (4), 438–449.

Spitzer, R. L., Kroenke, K., Linzer, M., Hahn, S. R., Williams, J. B., deGruy, F. V. 3rd et al. (1995). Health-related quality of life in primary care patients with mental disorders. Results from the PRIME-MD 1000 Study. *Journal of the American Medical Association, 274* (19), 1511–1517.

Spitzer, R. L., Williams, J. B., Kroenke, K., Linzer, M., deGruy, F. V. 3rd, Hahn, S. R. et al. (1994). Utility of a new procedure for diagnosing mental disorders in primary care. The PRIME-MD 1000 study. *Journal of the American Medical Association, 272* (22), 1749–1756.

Wahl, I., Löwe, B., Bjorner, J. B., Fischer, F., Langs, G., Voderholzer, U. et al. (2014). Standardization of depression measurement: a common metric was developed for 11 self-report depression measures. *Journal of Clinical Epidemiology, 67,* 73–86.

Autoren des Beitrags Marco Lehmann und Bernd Löwe

Kontaktdaten des Erstautors

Dr. Marco Lehmann
Universitätsklinikum Hamburg-Eppendorf
Martinistraße 52
20246 Hamburg
ma.lehmann@uke.de

POCA-G
Processes of Change Alcohol – Deutsche Version

Autoren des Testverfahrens	Carlo C. DiClemente, Joseph P. Carbonari, Robert C. Addy und Mary M. Velasquez
Quelle	Freyer, J., Bott, K., Riedel, J., Wedler, B., Meyer, C., Rumpf, H.-J. et al. (2006). Psychometric properties of the ‚Processes of Change' Scale for alcohol misuse and its short form (POC-20). *Addictive Behaviors, 31*, 821–832. Die deutsche Version kann bei den Autoren angefordert werden (Prof. Dr. Ulrich John; E-Mail: ujohn@uni-greifswald.de).
Vorgänger-/ Originalversionen	DiClemente, C. C., Carbonari, J. P., Addy, R. C. & Velasquez, M. M. (1996). *Alternate Short forms of a Processes of Change Scale For alcoholism Treatment.* Poster presented at The Fourth International Congress on Behavioral Medicine, Washington, DC.
Kurzversionen	Für den deutschen Sprachraum existiert eine auf 20 Items gekürzte Version, mit je zwei Items pro Subskala: Freyer, J., Bott, K., Riedel, J., Wedler, B., Meyer, C., Rumpf, H.-J. et al. (2006). Psychometric properties of the ‚Processes of Change' scale for alcohol misuse and its short form (POC-20). *Addictive Behaviors, 31*, 821–832.
Kurzbeschreibung	Bei dem POCA-G handelt es sich um ein klinisches Selbstbeurteilungsverfahren aus dem Bereich der Alkoholrehabilitation, das auf den theoretischen Annahmen des Transtheoretischen Modells basiert. Erfasst werden Strategien der Verhaltensänderung („processes of change"), die alkoholabhängige Patienten anwenden, um ihr Gesundheitsverhalten in Bezug auf Alkohol zu ändern (Freyer et al., 2003). Mit 40 Items werden 10 basale Veränderungsprozesse (kognitiv-affektive und verhaltensorientierte Prozesse) erhoben. Der Befragte gibt an, wie oft er die beschriebenen Veränderungsprozesse einsetzt (DiClemente et al., 1996).
Anwendungsbereich	Der Test wurde für den Einsatz bei erwachsenen, alkoholabhängigen Personen entwickelt (Freyer et al., 2003). Potenzielle Anwendungsbereiche sind die öffentliche Gesundheitsvorsorge, die Klinische Psychologie, die Gesundheitspsychologie sowie die primäre, sekundäre und tertiäre Prävention (DiClemente et al., 1996, Freyer et al., 2006).
Bearbeitungszeit	Die Durchführungs- und Auswertungszeit liegen bei jeweils 5 bis 10 Minuten.
Theoretischer Hintergrund	Ausgangspunkt für die Entwicklung des POCA-G war das Transtheoretische Modell (TTM) der Verhaltensänderung nach Prochaska (1979). Das TTM beschreibt Einstellungs- und Verhaltensänderungen in Hin-

blick auf ein konkret definiertes Problemverhalten, z. B. Gesundheitsverhaltensweisen wie Tabakrauchen oder Alkoholkonsum, anhand sukzessive aufeinander aufbauender und qualitativ unterschiedlicher Stufen („stages of change"). Es werden fünf Stufen der Verhaltensänderung definiert, die vom Individuum durchlaufen werden, wobei ein Rückschritt auf die vorherige Stufe jederzeit möglich ist. Die Stadien der Verhaltensänderung umfassen: Absichtslosigkeit, Absichtsbildung, Vorbereitung, Handlung und Aufrechterhaltung (Prochaska, 1979).

In Abhängigkeit von der aktuellen Stufe werden durch das Individuum bestimmte Strategien oder Prozesse eingesetzt („processes of change"), um eigene Erfahrungen, sich selbst oder die Umwelt zu modifizieren (Prochaska & DiClemente, 1984).

Nach dem TTM werden 10 grundlegende Prozesse der Verhaltensänderung unterschieden, die den zwei übergeordneten Bereichen kognitiv-affektiv und verhaltensorientiert zugeordnet sind. Zu den kognitiv-affektiven Prozessen zählen das Steigern des Problembewusstseins, das emotionale Erleben, die Neubewertung der persönlichen Umwelt, die Selbstneubewertung und das Wahrnehmen förderlicher Umweltbedingungen. Die verhaltensorientierten Prozesse beinhalten die Selbstverpflichtung, die Kontrolle der Umwelt, die Gegenkonditionierung, das Nutzen hilfreicher Beziehungen und die Selbstverstärkung (Freyer et al., 2003; Prochaska, 1979).

Die Forschung im Bereich des Alkoholkonsums beschäftigt sich überwiegend mit den verhaltensorientierten und kognitiv-affektiven Faktoren zweiter Ordnung und ihrer Interaktion mit den unterschiedlichen Stufen. Mit dem POCA-G liegt ein Erhebungsinstrument vor, mit dem die 10 grundlegenden Veränderungsprozesse erhoben und den Faktoren zweiter Ordnung zugeordnet werden können (Freyer et al., 2003).

Bezug zur Psychotherapie

Nach dem TTM sind die Veränderungsprozesse entscheidend für eine sowohl allein als auch in einer Therapie herbeigeführte Verhaltensänderung. Nach Prochaska (1979) entsprechen die identifizierten Veränderungsstrategien den Interventionsstrategien unterschiedlicher Therapieschulen, beispielsweise sei das Steigern des Problembewusstseins eine Strategie auf Basis Freudscher Tradition. Dem Ansatz des TTM zufolge fördert der Einsatz der Veränderungsprozesse den Übergang in ein höheres Stadium sowie die allgemeine Änderungs- und Behandlungsmotivation (Prochaska & DiCemente, 1984). In Anwendung dieser Annahme auf den psychotherapeutischen Behandlungsrahmen wird empfohlen, die Aufmerksamkeit in der Therapie auf die phasentypischen Anforderungen, Strategien und Ziele zu richten. Von Behandlerseite bedeutet dies, eine bedarfsgerechte Intervention, in der die Betonung und Förderung des richtigen Veränderungsprozesses in Abhängigkeit von der jeweiligen Veränderungsphase erfolgen sollte (de Jong-Meyer & Engberding, 1996). Mithilfe des POCA-G können in diesem Zusammenhang innerhalb einer Therapie der Alkoholsucht die grundlegenden 10 Prozesse der Verhaltensänderung erfasst werden. Der Fragebogen liefert dem behandelnden Therapeuten Hinweise auf die Strategien, die von einem Patienten bereits angewendet bzw. nicht

POCA-G

angewendet werden. Damit kann er wichtige Informationen für die Behandlungsplanung und Evaluation bereitstellen.

Testentwicklung

Die Entwicklung der englischen Originalversion des Processes of Change (POCA) erfolgte im Zuge des Projektes Matching Alcoholism Treatments to Client Heterogenity (MATCH) in Orientierung an den Prinzipien der Klassischen Testtheorie (DiClemente et al., 1996). Anhand der Daten von $N = 952$ Probanden wurden aus einer ersten 65 Items umfassenden Version faktoranalytisch zwei Versionen mit je 20 Items zu 10 Veränderungsprozessen gewonnen. Die beiden Kurzversionen und die 40 Items umfassende Version erreichten eine akzeptable Anpassung für ein Messmodell mit zwei Dimensionen zur Repräsentation kognitiv-affektiver versus verhaltensorientierter Prozesse (DiClemente et al., 1996).

Die Übertragung des POCA ins Deutsche erfolgte in einer Übersetzungs-Rückübersetzungs-Prozedur mit anschließender inhaltlicher Prüfung durch Experten im Rahmen der Studie Transitions in Alcohol Consumptions and Smoking (TACOS; Freyer et al., 2006; Hapke et al., 1998).

Die deutsche Version weist an zwei Stellen Unterschiede zur englischen Originalversion auf: Ein Item aus dem Bereich der verhaltensorientierten Prozesse wurde verändert, da es die Nutzung von TV-Werbekampagnen gegen Alkohol abfragte, die es in Deutschland in solcher Form nicht gibt. Darüber hinaus wurde ein Item aus der Analyse ausgeschlossen (Freyer et al., 2006).

Die Daten der TACOS-Studie, erhoben zu drei Testzeitpunkten (Basis, Follow-up nach 30 und 36 Monaten), wurden zu einer ersten teststatistischen Evaluation des POCA-G herangezogen.

In der Basiserhebung wurden $N = 4\,075$ Personen (18 bis 64 Jahre) mit dem Münchener Composite International Diagnostic Interview (M-CIDI) u. a. zu Alkoholkonsum, -missbrauch und -abhängigkeit befragt. Anhand der Richtlinien der British Medical Association wurden Personen mit Risikokonsum identifiziert (Frauen: 20 g; Männer: 30 g reiner Alkohol täglich). Insgesamt $N = 203$ Befragte aus der Erhebung waren nach dieser Definition Risikokonsumenten. Von diesen bearbeiteten $N = 113$ ($M = 45.64$ Jahre, 56 % Männer) in den beiden Nachfolgeerhebungen den POCA-G. In einer konfirmatorischen Faktorenanalyse konnte die dimensionale Struktur der Langversion für den deutschen Sprachraum nicht repliziert werden (Freyer et al., 2003).

In einer weiteren Untersuchung verglichen Freyer und Kollegen die Testgüte der Kurzversion (20 Items) mit denen der Langversion. Die Kurzversion wurde gewonnen, indem aus jeder der 10 Skalen die zwei Items mit den schlechtesten Itemstatistiken entfernt wurden. Die Stichprobe schloss Patienten aus Allgemeinkrankenhäusern (18 bis 64 Jahre) ein, die in einem ersten Screening positiv auf Alkoholprobleme getestet wurden. Anschließend wurde mittels des M-CIDI die endgültige Stichprobe ausgewählt. Sie bestand aus $N = 653$ Patienten ($M = 40.73$ Jahre, 93.3 % Männer), bei denen Alkoholmissbrauch oder -abhängigkeit vorlag. Zur Überprüfung der Validität wurde zusätzlich zu den Veränderungsprozessen die Stufe der Veränderung nach dem TTM mithilfe des

Readiness to Change Questionnaire (RCQ-G; Hannöver et al., 2003) eingeschätzt. In der Überprüfung der Testgüte war die Version mit 20 Items derjenigen mit 40 Items überlegen (Freyer et al., 2006).

Aufbau und Auswertung

Im POCA-G werden anhand von 40 Items 10 basale Veränderungsprozesse erhoben, die zwei Faktoren zweiter Ordnung zugeteilt sind. Jede der 10 Subskalen wird mit jeweils vier Items abgefragt.

Kognitiv-affektive Prozesse:
- *Steigern des Problembewusstseins* (Bsp.: „Ich lese Artikel in Zeitungen und Zeitschriften, die mir dabei helfen können, meine Trinkgewohnheiten zu ändern."),
- *Emotionales Erleben* (Bsp.: „Berichte über Alkohol und dessen Wirkung beunruhigen mich."),
- *Neubewertung der persönlichen Umwelt* (Bsp.: „Ich halte inne und denke darüber nach, wie mein Alkoholkonsum andere Menschen um mich herum beeinträchtigt."),
- *Selbstneubewertung* (Bsp.: „Ich denke daran, was für ein Mensch ich sein werde, wenn ich meine Trinkgewohnheiten geändert habe."),
- *Wahrnehmen förderlicher Umweltbedingungen* (Bsp.: „Ich bemerke Hinweise in der Öffentlichkeit, die auf Gefahren des Alkoholtrinkens hinweisen.").

Verhaltensorientierte Prozesse:
- *Gegenkonditionierung* (Bsp.: „Ich versuche an andere Dinge zu denken, wenn ich anfange, an alkoholische Getränke zu denken."),
- *Kontrolle der Umwelt* (Bsp.: „Ich halte mich von Orten fern, die für mich gewöhnlich etwas mit Alkoholtrinken zu tun haben."),
- *Nutzen hilfreicher Beziehungen* (Bsp.: „Ich kann mit mindestens einer vertrauensvollen Person über Erfahrungen mit meinem Alkoholkonsum sprechen."),
- *(Selbst-)Verstärkung* (Bsp.: „Ich belohne mich, wenn ich dem Wunsch, etwas Alkoholisches zu trinken, nicht nachgebe.") und
- *Selbstverpflichtung* (Bsp.: „Ich verspreche mir, meine Trinkgewohnheiten zu ändern.").

Der Befragte nimmt seine Einschätzung anhand einer fünfstufigen Ratingskala vor (1 = kommt nie vor, 2 = kommt selten vor, 3 = kommt gelegentlich vor, 4 = kommt häufig vor, 5 = kommt sehr häufig vor).

Da für die deutsche Übersetzung des POCA-G die Faktorenstruktur mit 10 Veränderungsprozessen erster Ordnung und zwei Faktoren zweiter Ordnung nicht bestätigt werden konnte, empfehlen Freyer und Kollegen den Gesamtscore des POCA-G für die Interpretation heranzuziehen (Freyer et al., 2003).

Gütekriterien

Die Durchführungsobjektivität kann aufgrund der standardisierten Instruktion zu Beginn des Fragebogens als gegeben betrachtet werden.

Die Testgüte der deutschen Version des POCA-G wurde in zwei Studien untersucht. In der ersten Untersuchung wurden mithilfe des M-CIDI aus einer bevölkerungsrepräsentativen Stichprobe $N = 113$ Per-

POCA-G

sonen mit einem riskanten Alkoholkonsum ausgewählt (M = 45.64 Jahre, 56 % männlich; Freyer et al., 2003). Bei der zweiten Stichprobe handelte es sich um N = 653 Patienten aus Allgemeinkrankenhäusern, die positiv hinsichtlich Alkoholproblemen gescreent wurden (M = 40.73 Jahre, 93.3 % männlich; Freyer et al., 2006). Innerhalb der deutschen Bevölkerungsstichprobe lag die Reliabilität für die Gesamtskala bei α = .96 und für die Subskalen zwischen α = .61 und .92 (Freyer et al., 2003). Für die Kurzskala berichten Freyer und Kollegen (2006) Reliabilitätswerte zwischen α = .40 und .89. Die interne Konsistenz der englischen Version lag in einer Reihe von Untersuchungen zwischen α = .87 und .91 für die Gesamtskala bzw. zwischen α = .69 und .92 für die Subskalen (Prochaska et al., 1988; Tejero et al., 1997; Sternberg, 2005).

Zur Prüfung der Konstruktvalidität untersuchten Freyer und Kollegen (2003, 2006) mittels univariater Varianzanalysen und Tukey-Post-hoc-Vergleichen, ob anhand der Ergebnisse des POCA-G die durch das TTM postulierte Interaktion der Prozesse der Verhaltensänderung mit den Stadien der Verhaltensänderung nachgewiesen werden kann. Zur Überprüfung dieser Annahme wurde anhand der deutschen Version des Readiness to Change Questionnaire (RTCQ) das aktuelle Stadium der Verhaltensänderung der Probanden erhoben. Theoriekonform zeigte sich ein Anstieg der kognitiv-affektiven Prozesse zwischen den Stadien der Absichtslosigkeit und der Absichtsbildung sowie ein Anstieg der verhaltensorientierten Prozesse im Handlungsstadium.

In der Überprüfung der angenommenen Faktorenstruktur (10 Faktoren erster und zwei Faktoren zweiter Ordnung) in einer Hauptkomponentenanalysen mit Varimax-Rotation konnte die für das englische Originalinstrument beobachtete Dimensionalität mit den Daten von Risikokonsumenten (N = 113) nicht repliziert werden (Freyer et al., 2003). Anhand der Daten der N = 653 Patienten aus Allgemeinkrankenhäusern wurde mittels konfirmatorischer Faktorenanalysen die Dimensionalität der Kurz- und der Langversion verglichen. Für die Langversion erreichte ein hierarchisches Modell (zwei Faktoren zweiter Ordnung) die beste, jedoch dennoch nicht zufriedenstellende Anpassung (CFI = .84). Demgegenüber erreichte die Kurzfassung eine zufriedenstellende Modellanpassung (CFI = .94; Freyer et al., 2006).

Vergleichswerte/ Normen

Die Mittelwerte und Standardabweichungen der einzelnen Items und der Skalen innerhalb deutscher Stichproben liegen für die Langversion aus den Untersuchungen von 2003 und 2005 sowie für die Kurzversion aus der Untersuchung von 2005 vor (Freyer et al., 2003, 2006).

WWW-Ressourcen

Es liegen keine zusätzlichen Ressourcen vor.
Die englische Originalversion sowie die gekürzten Versionen mit 20 und 9 Items können kostenfrei bezogen werden unter:
http://habitslab.umbc.edu/processes-of-change-questionnaire/

Literatur

de Jong-Meyer, R. & Engberding, M. (1996). Anwendung motivations- und volitionspsychologischer Konzepte auf Erklärung und Behandlung von Depressionen. In H. S. Reinecker & D. Schmelzer (Hrsg.),

Verhaltenstherapie, Selbstregulation, Selbstmanagement (S. 283–306). Göttingen: Hogrefe.

DiClemente, C. C., Carbonari, J. P., Addy, R. C. & Velasquez, M. M. (1996). *Alternate short forms of a Processes of Change Scale for alcoholism treatment.* Poster presented at The Fourth International Congress on Behavioral Medicine, Washington, DC.

Freyer, J., Bott, K., Riedel, J., Wedler, B., Meyer, C., Rumpf, H.-J. et al. (2006). Psychometric properties of the ‚Processes of Change' scale for alcohol misuse and its short form (POC-20). *Addictive Behaviors, 31,* 821–832.

Freyer, J., Schumann, A., Rumpf, H.-J., Meyer, C., Hapke, U. & John, U. (2003). Deutsche Version der Processes of Change Scale für Alkoholkonsum (POCA-G). In A. Glöckner-Rist, F. Rist & H. Küfner (Hrsg.), *Elektronisches Handbuch zu Erhebungsinstrumenten im Suchtbereich (EHES).* Version 3.00. Mannheim: ZUMA.

Hannöver, W., Rumpf, H.-J., Meyer, C., Hapke, U. & John, U. (2003). Der Fragebogen zur Änderungsbereitschaft bei Alkoholkonsum (RCQ-G). In A. Glöckner-Rist, F. Rist & H. Küfner (Hrsg.), *Elektronisches Handbuch zu Erhebungsinstrumente im Suchtbereich (EHES).* Version 3.00. Mannheim: ZUMA.

Hapke, U., Rumpf, H.-J., Meyer, C., Dilling, H. & John, U. (1998). Substance use, abuse and dependence among the adult population in a rural and urban region of northern Germany. *European Addiction Research, 4,* 208–209.

Prochaska, J. O. (1979). *Systems of Psychotherapy: A transtheoretical analysis.* Homewood, IL: Dorsey Press.

Prochaska, J. O. & DiClemente, C. C. (1984). *The transtheoretical approach: Crossing the traditional boundaries of therapy.* Homewood, IL: Dow Jones-Irwin.

Prochaska, J. O., Velicer, W. F., DiClemente, C. C. & Fava, J. L. (1988). Measuring the process of change: Applications to the cessation of smoking. *Journal of Consulting and Clinical Psychology, 56,* 520–528.

Sternberg, K. von (2005). Comparing the factorial structure, invariance, and predictive validity of Transtheoretical model constructs for alcohol use across restricted and unrestricted settings. *Texas Medical Center Dissertations, Abstracts International: Section B: The Sciences and Engineering, 66,* 3094.

Tejero, A., Trujols, J., Hernandez, E., Perez de los Cobos, J. & Casas, M. (1997). Processes of change assessment in heroin addicts following the Prochaska and DiClemente transtheoretical model. *Drug and Alcohol Dependence, 47,* 31–37.

Autoren des Beitrags	Lena M. Becker und Elmar Brähler
Kontaktdaten der Erstautorin	M.Sc. Lena M. Becker Gärtnerstraße 24a 12207 Berlin lena.mb@gmx.de

PPI-R

Psychopathic Personality Inventory-Revised –
Deutsche Version

Autoren des Testverfahrens	Georg W. Alpers und Hedwig Eisenbarth
Quelle	Alpers, G. W. & Eisenbarth, H. (2008). *Psychopathic Personality Inventory-Revised – Deutsche Version (PPI-R).* Göttingen: Hogrefe. Das Copyright liegt beim Hogrefe Verlag.
Vorgänger-/ Originalversionen	*Englischsprachige Originalversion:* Lilienfeld, S. O. & Widows, M. R. (2005). *Psychopathic Personality Inventory-Revised – Professional Manual.* Lutz, FL: Psychological Assessment Resources.
Kurzversionen	Es liegt eine Kurzform mit 40 Items vor (PPI-R-40): Eisenbarth, H., Lilienfeld, S. O. & Yarkoni, T. (2015). Using a genetic algorithm to abbreviate the Psychopathic Personality Inventory-Revised (PPI-R). *Psychological Assessment, 27,* 194–202.
Kurzbeschreibung	Das PPI-R ist ein gut etabliertes Selbstbeurteilungsverfahren zur Messung psychopathischer Persönlichkeitszüge und besteht aus 154 Items. Es kann als Papier-Bleistift-Verfahren oder computergestützt angewendet werden. Es eignet sich zur dimensionalen Erfassung psychopathischer Eigenschaften von Jugendlichen und Erwachsenen und beschreibt die Persönlichkeitseigenschaft anhand von acht inhaltlichen Subskalen: *Schuldexternalisierung, Rebellische Risikofreude, Stressimmunität, Sozialer Einfluss, Kaltherzigkeit, Machiavellistischer Egoismus, Sorglose Planlosigkeit* und *Furchtlosigkeit.*
Anwendungsbereich	Das PPI-R kann angewendet werden, um die dimensionale Ausprägung des Merkmals Psychopathie und dessen Teilaspekte zu erfassen. Das Verfahren eignet sich für die Planung des therapeutischen Vorgehens und für die Grundlagenforschung sowie für die klinische und forensische Forschung. Für legal-prognostische Aussagen ist das Verfahren nicht validiert.
Bearbeitungszeit	Durchführungszeit: 20 bis 30 Minuten; Auswertungszeit per Hand: 10 Minuten.
Theoretischer Hintergrund	Dem PPI-R liegt das Persönlichkeitskonstrukt Psychopathie im Sinne des US-amerikanisch geprägten Persönlichkeitskonstrukts „Psychopathy" zugrunde. Demnach ist unter Psychopathie eine dimensional ausgeprägte Persönlichkeitseigenschaft zu verstehen, die einen oberflächlich charmanten, egozentrischen, unverbindlichen und unehrlichen Menschen beschreibt, der keine Reue zeigt und ein geringes Maß an Furcht aufweist. Einer hoch psychopathischen Person fehlt es an emotionaler Schwingungsfähigkeit, an der Möglichkeit, aus Bestrafung

zu lernen, an Weitsicht und Planungsfähigkeit. Sie externalisiert Schuld und ist unfähig, Freundlichkeit wertzuschätzen (Cleckley, 1964). Hohe Ausprägungen von Psychopathie können mit der Antisozialen Persönlichkeitsstörung gemäß DSM-5 (American Psychiatric Association, 2013) in Verbindung stehen.

Für die Konstruktion des englischsprachigen Originals lagen neben der wissenschaftlichen Erstbeschreibung von Cleckley (1964) das Konzept von Hare (1991) sowie Beschreibungen von Lykken (1957) zugrunde. Die acht inhaltlichen Subskalen bilden die verschiedenen Aspekte der psychopathischen Persönlichkeit ab und gruppieren sich faktorenanalytisch wie folgt: *Selbstzentrierte Impulsivität* und *Furchtlose Dominanz* sowie den zusätzlichen Faktor Kaltherzigkeit.

Bezug zur Psychotherapie

Im psychotherapeutischen Kontext kann das Verfahren in verschiedener Art und Weise Anwendung finden. Im forensischen sowie im nicht forensischen Kontext kann bei dem Verdacht auf eine überdurchschnittliche Ausprägung von psychopathischen Persönlichkeitszügen die Messung anhand des PPI-R darüber Auskunft geben, auf welche Besonderheiten bei einer Intervention geachtet werden sollte. Dazu zählen insbesondere potenziell manipulatives Verhalten, geringes Lernen aus negativen Erfahrungen, aber auch eine hohe Belohnungsorientierung, impulsives Verhalten und ein geringer Zugang zu den eigenen Emotionen sowie zu emotionalen Reaktionen von anderen. Entsprechend können die Ergebnisse aus dem Verfahren sowohl zur strukturellen als auch zur inhaltlichen Planung der Psychotherapie beitragen. Zudem sind diese Informationen sowohl für das ambulante als auch insbesondere für das stationäre Setting relevant.

Testentwicklung

Für die deutschsprachige Version des PPI-R wurden zwei parallele Übersetzungen angefertigt, diese wurden abgeglichen und überarbeitet. Diese Version wurde rückübersetzt und vom Autor der Originalversion begutachtet. Anhand des Gutachtens wurde die deutsche Version nochmals überarbeitet und erneut rückübersetzt. Die Validierung dieser Version wurde anhand studentischer und forensischer Stichproben durchgeführt. Es liegt eine ausführliche Testrezension nach dem TBS-TK-System vor (Hallner et al., 2010).

Aufbau und Auswertung

Das PPI-R besteht aus 154 Items, die auf einer vierstufigen Skala (1 = falsch, 2 = eher falsch, 3 = eher richtig, 4 = richtig) beantwortet werden. Die Items sind folgenden acht inhaltlichen Subskalen zugeordnet:
- *Schuldexternalisierung* (Bsp.: „Ich bekomme für viele Dinge, für die ich nichts kann, die Schuld."),
- *Rebellische Risikofreude* (Bsp.: „Ich werde unruhig, wenn mein Leben zu vorhersehbar wird."),
- *Stressimmunität* (Bsp.: „Ich werde unter Druck nicht nervös."),
- *Sozialer Einfluss* (Bsp.: „Wenn ich Leuten begegne, kann ich schon allein mit einem Lächeln ihr Interesse für mich wecken."),
- *Kaltherzigkeit* (Bsp.: „Eine Freundschaft zu beenden ist [oder wäre] sehr schmerzhaft für mich."),

- *Machiavellistischer Egoismus* (Bsp.: „Wenn ich Regeln nicht ändern kann, versuche ich andere dazu zu bringen, ein Auge zuzudrücken."),
- *Sorglose Planlosigkeit* (Bsp.: „Ich habe nicht viel darüber nachgedacht, was ich mit meinem Leben anfangen will.") und
- *Furchtlosigkeit* (Bsp.: „Ich mag es, wenn mein Leben unvorhersehbar und überraschend ist.").

Zusätzlich werden mithilfe einer Validitätsskala Antworttendenzen erfasst. Anhand dieser Kontrollskalen sowie einer Konsistenzprüfung kann die Validität der Antworten des Probanden kontrolliert werden. Die Werte der Subskalen ergeben sich aus der Summation der zugehörigen Itemwerte; der Gesamtwert des PPI-R wird aus der Summe aller Itemwerte berechnet. Zusätzlich zum Gesamtwert und den acht Subskalen können noch die beiden Faktoren *Selbstzentrierte Impulsivität* und *Furchtlose Dominanz* ermittelt werden, die sich wiederum aus der Aufsummierung einzelner Subskalen ergeben. Höhere Werte auf allen Subskalen und im Gesamtscore stehen für höhere Ausprägungen psychopathischer Persönlichkeitszüge.

Gütekriterien

Objektivität: Das Verfahren besitzt aufgrund seiner Struktur und Anwendung eine hohe Durchführungs- und Auswertungsobjektivität. Die Bewertung von fehlenden Antworten und der Validitätsmaße kann die Auswertungsobjektivität verringern (Hallner et al., 2010).

Reliabilität: Die interne Konsistenz des Gesamtwerts des PPI-R ist ausreichend (Cronbachs α = .85), die der Subskalen ist zum Teil nur ausreichend (α = .72 bis .88; Eisenbarth & Alpers, 2007). Bisher wurden keine Test-Retest-Ergebnisse publiziert.

Validität: In verschiedenen Untersuchungen und über verschiedene Stichproben hinweg wurde die konvergente und diskriminante Validität des PPI-R nachgewiesen. Im Testhandbuch werden hohe positive Korrelationen mit entsprechenden Subskalen des Kieler Psychopathie Inventars (KPI-R) sowie negative Korrelationen mit dem Saarbrücker Persönlichkeitsfragebogen (SPF), der verschiedene Aspekte von Empathie misst, gezeigt (Alpers & Eisenbarth, 2008). Zusätzlich wurde belegt, dass die PPI-R-Werte mit nicht kooperativem Verhalten zusammenhängen (Mokros et al., 2008) sowie mit einer verringerten elektrophysiologischen Reaktion auf Feedback (Schulreich et al., 2013).

Vergleichswerte/ Normen

Es liegen Normwerte für gesunde Erwachsene vor, die auf studentischen Stichproben basieren (Alpers & Eisenbarth, 2008), sowie Normwerte für forensische Patienten und inhaftierte Straftäter (Eisenbarth & Alpers, 2015).

WWW-Ressourcen

Die Auswertungssyntax des PPI-R kann unter folgender Adresse abgerufen werden:
http://klips.psychologie.uni-mannheim.de/unterdokumente/alpers_eisenbarth_2008_ppi_r_syntax/alpers_eisenbarth_2008_ppi_r_syntax.zip

Literatur

Alpers, G. W. & Eisenbarth, H. (2008). *Psychopathic Personality Inventory-Revised – Deutsche Version (PPI-R)*. Göttingen: Hogrefe.

American Psychiatric Association (2013). *Diagnostic and Statistical Manual of Mental Disorders, Fifth Edition*. Arlington, VA: American Psychiatric Association.

Cleckley, H. (1964). *The Mask of Sanity*. Saint Louis, MO: The Mosby Company.

Eisenbarth, H. & Alpers, G. W. (2007). Validierung der deutschen Übersetzung des Psychopathy Personality Inventory (PPI). *Zeitschrift für Klinische Psychologie und Psychotherapie, 36* (3), 216–224.

Eisenbarth, H. & Alpers, G. W. (2015). Diagnostik psychopathischer Persönlichkeitszüge bei Straftätern: Interne Konsistenz und differenzielle Validität der deutschen Version des PPI-R im Maßregel- und Strafvollzug. *Zeitschrift für Klinische Psychologie und Psychotherapie, 44*, 45–53.

Hallner, D., Hasenbring, M. & Hoyer, J. (2010). TBS-TK Rezension: Psychopathic Personality Inventory – Revised, Deutsche Version (PPI-R). *Psychologische Rundschau, 61*, 224–226.

Hare, R. D. (1991). *The Psychopathy Checklist – Revised: Manual*. Toronto: Multi-Health Systems.

Lilienfeld, S. O. & Widows, M. R. (2005). *Psychopathy Personality Inventory Revised (PPI-R). Professional Manual*. Lutz, FL: Psychological Assessment Resources.

Lykken, D. T. (1957). A study of anxiety in the sociopathic personality. *Journal of Abnormal Psychology, 55* (1), 6–10.

Mokros, A., Menner, B., Eisenbarth, H., Alpers, G. W., Lange, K. W. & Osterheider, M. (2008). Diminished cooperativeness of psychopaths in a prisoner's dilemma game yields higher rewards. *Journal of Abnormal Psychology, 117* (2), 406–413.

Schulreich, S., Pfabigan, D. M., Derntl, B. & Sailer, U. (2013). Fearless Dominance and reduced feedback-related negativity amplitudes in a time-estimation task – further neuroscientific evidence for dual-process models of psychopathy. *Biological Psychology, 93* (3), 352–363.

Autoren des Beitrags

Hedwig Eisenbarth und Georg W. Alpers

Kontaktdaten der Erstautorin

Dr. Hedwig Eisenbarth
University of Southampton
Department of Psychology
Shackleton Building, Highfield Campus
Southampton SO17 1BJ
United Kingdom
H.Eisenbarth@soton.ac.uk

PSSI
Persönlichkeits-Stil- und Störungs-Inventar

Autoren des Testverfahrens	Julius Kuhl und Miguel Kazén
Quelle	Kuhl, J. & Kazén, M. (2009). *Das Persönlichkeits-Stil- und Störungs-Inventar (PSSI)* (2., vollst. überarb. und neu norm. Aufl.). Göttingen: Hogrefe. Das Copyright liegt beim Hogrefe Verlag.
Vorgänger-/ Originalversionen	*Vorgängerversion:* Kuhl, J. & Kazén, M. (1997). *Das Persönlichkeits-Stil- und Störungs-Inventar (PSSI)* (1. Aufl.). Göttingen: Hogrefe. Eine computergestützte Version ist im Hogrefe Testsystem erhältlich. Ferner ist eine Kinderversion bei den Autoren beziehbar (für Forschungszwecke). Es existiert eine tschechische Version (übersetzt von Prof. Svancara, Brno, die über die Testzentrale des Hogrefe Verlages bezogen werden kann). Darüber hinaus sind eine englische, spanische, portugiesische und russische Version für Forschungszwecke bei den Autoren erhältlich.
Kurzversionen	Es liegt eine Kurzversion des PSSI vor, die 14 Skalen à 4 Items enthält (56 Items insgesamt). Die Kurzversion ist für Forschungszwecke von den Autoren erhältlich.
Kurzbeschreibung	Das PSSI erfasst die relative Ausprägung von 14 Persönlichkeitsstilen, die als nicht pathologische Entsprechungen der in psychiatrischen diagnostischen Manualen beschriebenen Persönlichkeitsstörungen konzipiert sind (DSM-IV; ICD-10, plus Zusatzskalen). Die Skalen (mit je 10 Items) haben ausreichende interne Konsistenz und zeigen ein theoretisch stimmiges Netz von Beziehungen mit einer Vielzahl klinischer und nicht klinischer Verhaltensmerkmale, das eine gute Konstruktvalidität des Inventars etabliert. Die Diagnostik dispositioneller Stile ist sowohl in der klinischen Praxis (Beck & Freeman, 1993) als auch in vielen anderen Anwendungsfeldern (vgl. Schulz von Thun, 1989) nützlich (z. B. in der Arbeits- und Organisationspsychologie, in der Pädagogischen Psychologie). Die 2. Auflage des PSSI enthält eine Normierungsstichprobe von $N = 1\,943$ Probanden, Vergleichsdaten zu sämtlichen Persönlichkeitsskalen aus verschiedenen Patientengruppen und eine Aktualisierung der wichtigsten Forschungsergebnisse, die im Rahmen der Konstruktvalidierung des PSSI verfügbar sind.
Anwendungsbereich	Das PSSI ist anwendbar ab 12 Jahren, vorausgesetzt die sprachlichen Fähigkeiten zum Verständnis der Fragen sind gewährleistet.

Der Test unterstützt die Klassifikation von Persönlichkeitsstörungen (ab DSM-IV, Achse II; ICD-10). Er hilft bei der Selektion der Interventionsstrategie, bei der Prognose der Therapierbarkeit, der Qualitäts- und Prozesskontrolle in der Intervention sowie bei der Therapieerfolgsbeurteilung.

Abgesehen von der therapiebegleitenden Anwendung sowohl bei Persönlichkeitsstörungen (Giernalczyk, 1999) als auch bei Suchtpatienten (Schlebusch et al., 2006) und schulenübergreifend in der Psychotherapie (Ritz-Schulte et al., 2008) wird das Verfahren auch eingesetzt in der psychologischen Beratung (Schule, Laufbahnberatung, Lebensberatung etc.), Personalauswahl und -entwicklung sowie begleitend zum Coaching und in der wissenschaftlichen Forschung (www.impart.de; Kaschel & Kuhl, 2004; Kazén et al., 2013; Kuhl & Henseler, 2004; Ritz-Schulte & Kuhl, 2005).

Bearbeitungszeit

Zur Bearbeitung des PSSI benötigen gesunde Probanden circa 20 Minuten. Unter Zuhilfenahme des Schablonensatzes dauert die Auswertung des PSSI nur wenige (bis zu 15) Minuten.

Theoretischer Hintergrund

Die Persönlichkeits-Stile und -Störungen werden heute bevorzugt deskriptiv konzipiert (das heißt durch Merkmals- oder Symptomlisten). Die wissenschaftliche Herausforderung liegt jedoch darin, die Vielfalt der beschreibbaren Phänomene durch zugrunde liegende Gesetzmäßigkeiten und Mechanismen zu erklären. Aus der Theorie der Persönlichkeits-System-Interaktionen (PSI-Theorie; Kuhl, 2001) wurde ein solcher Ansatz abgeleitet (STAR-Modell).

Die PSI-Theorie erklärt das Verhalten der Menschen ganz anders, als wir das im Alltag gewohnt sind. Im Alltag, aber auch in der Psychologie, erklären wir das Verhalten der Menschen, indem wir auf ihre Überzeugungen, Wünsche oder Absichten, also auf psychische Inhalte verweisen. Die zentrale Aussage der PSI-Theorie ist nun, dass sowohl die Aktivierung psychischer Systeme (Extensionsgedächtnis, Objekterkennungsystem, Intentionsgedächtnis, Intuitive Verhaltenssteuerung) als auch der Informationsaustausch zwischen ihnen von Stimmungen und Gefühlen (das heißt von Affekten) abhängig ist (Kuhl, 2001, 2009).

Das STAR-Modell ist aus der PSI-Theorie abgeleitet worden und ordnet Stile und Störungen zwei affektiven Basisdimensionen zu (positiv und negativ). Die Anwendung der zwei Modulationsannahmen der PSI-Theorie ermöglicht es, die meisten Symptome von Persönlichkeitsstörungen abzuleiten, wenn man spezifische Annahmen über die mit jeder einzelnen Störung verbundenen Sensibilitäten für positive und negative Affekte macht. Im Unterschied zu Circumplexmodellen der Persönlichkeit (Conte & Plutchik, 1981), ist der Ausgangspunkt des STAR-Modells eine aus der experimentellen Persönlichkeitsforschung entwickelte Persönlichkeitstheorie (PSI-Theorie) über die Beziehungen zwischen motivationalen Basissystemen (Belohnungs- und Bestrafungssystemen) bzw. entsprechenden Basisaffekten einerseits und der Aktivierungsstärke und Interaktionsdynamik der kognitiven Makrosysteme andererseits (intentionales Denken, ganzheitliches Fühlen, unstimmigkeitssensible Objekterkennung und intuitive Verhaltenssteuerung). Die Anordnung der Stile und Störungen im STAR-Modell ist demnach das Ergebnis einer Deduktion aus den erwähnten Prozessannahmen. Die Anwendung der PSI-Theorie ist schulenübergreifend kompatibel mit verschiedenen Therapierichtungen (Kuhl, 2007, 2008; Ritz-Schulte et al., 2008).

Bezug zur Psychotherapie

Das PSSI kann in der Psychotherapie nicht nur zur Diagnose, sondern auch zur Planung und Evaluation von Therapieverläufen genutzt werden. Wie Luppa und Riedel-Heller (2010) zusammenfassend schreiben: „Da der PSSI den individuellen Persönlichkeitsstil von Klienten erfasst, ist sein Einsatz in der klinischen Praxis und Psychotherapie zur individuellen Auswahl der Beratungs- und Therapiemaßnahmen besonders zu empfehlen, da hiermit die Erfolgsaussichten von Interventionen erhöht sowie die Herstellung eines tragfähigen Therapiebündnisses erleichtert werden können." (S. 245). Erhöhte Werte der PSSI-Subskalen (über zwei Standardabweichungen über dem Mittelwert der Eichstichprobe) können auf eine Persönlichkeitsstörung hindeuten, was allerdings nur durch eine systematische klinische Diagnose festgestellt werden kann. Die Subskalen des PSSI korrelieren mit einer SKID-II-Diagnose in einer Stichprobe von 110 Jugendlichen im Alter von 14 bis 18 Jahren signifikant, die meisten über $r = .40$ (Salbach-Andrae et al., 2008). Das PSSI kann gut sowohl in der klinischen als auch in der allgemeinen Forschung angewandt werden (vgl. Abschnitt zu den Gütekriterien), insbesondere die Kurzversion des PSSI mit vier Items je Subskala.

Testentwicklung

Die ursprüngliche Skalenkonstruktion des PSSI orientierte sich im Wesentlichen an den deskriptiven Kriterien der Persönlichkeitsstörungen, wie sie im DSM-III-R und in der ICD-10 enthalten sind. Es wurde versucht, für jede Skala mindestens so viele positiv konnotierte Items zu finden, wie Items, die mehr die negativen Konnotationen der entsprechenden Störungskategorien widerspiegeln. Auf diese Weise sollte für jede Dimension eine gute Differenzierung über ein weites Spektrum von Ausprägungen innerhalb des Normalbereichs bis hin zu pathologischen Intensitäten erreicht werden. Die Items sind dem Konstruktionsprinzip entsprechend eng an dem jeweils beschriebenen Phänotyp orientiert und wurden nicht aufgrund existierender Korrelationen zwischen Items verschiedener Skalen zusammengefasst.

In acht aufeinanderfolgenden Entwicklungsversionen wurde für jede Skala eine Itemselektion nach den klassischen Konsistenzkriterien durchgeführt (Trennschärfe, interne Konsistenz). Insgesamt waren mehr als 400 Items zur Erfassung der 14 Dimensionen formuliert worden. Die 140 Items der aktuellen Version des PSSI sind das Ergebnis von acht Untersuchungen mit je 100 bis 300 überwiegend gesunden Probanden. Als Indikator für die Zuverlässigkeit der Messung wird auf die interne Konsistenz der einzelnen Skalen zurückgegriffen. Die meist um einen Wert von .80 angesiedelten Werte für Cronbachs α sind sehr zufriedenstellend.

Die tschechische Übersetzung ist autorisiert und durch professionelle Übersetzer geleistet worden (einschließlich Rückübersetzungsschleife).

Aufbau und Auswertung

Das PSSI wird mit der folgenden kurzen Instruktion eingeführt: „In diesem Fragebogen werden Sie eine Reihe von Aussagen vorfinden. Bitte beurteilen Sie für jede Aussage, ob sie im Allgemeinen auf Sie *gar nicht*, *etwas*, *überwiegend* oder *ausgesprochen* zutrifft. Bitte beantworten Sie die Aussagen möglichst spontan und überlegen Sie bitte nicht erst, welche Antwort ‚den besten Eindruck' machen könnte, sondern antworten Sie so, wie es für Sie persönlich zutrifft. Machen Sie bitte hinter jeder Frage nur ein Kreuz in das Kästchen, mit der für Sie am besten zutreffenden Antwort."

Der Test besteht aus 140 Items, die als Aussagen formuliert sind. Die Probanden geben jeweils den Grad ihrer Zustimmung auf einer Likert-Skala an (0 = trifft gar nicht zu, 1 = trifft etwas zu, 2 = trifft überwiegend zu, 3 = trifft ausgesprochen zu).

Die 10 Items der jeweils 14 Subskalen sind in einer alternierenden Reihenfolge präsentiert. Die Skalen sind (in Klammern steht die Bezeichnung der entsprechenden Persönlichkeitsstörung, PS):
- *Eigenwilliger Stil* (Paranoide PS),
- *Zurückhaltender Stil* (Schizoide PS),
- *Ahnungsvoller Stil* (Schizotypische PS),
- *Spontaner Stil* (Borderline PS),
- *Liebenswürdiger Stil* (Histrionische PS),
- *Ehrgeiziger Stil* (Narzisstische PS),
- *Selbstkritischer Stil* (Selbstunsichere PS),
- *Loyaler Stil* (Abhängige PS),
- *Sorgfältiger Stil* (Zwanghafte PS),
- *Kritischer Stil* (Negativistische PS),
- *Stiller Stil* (Depressive PS),
- *Hilfsbereiter Stil* (Selbstlose PS),
- *Optimistischer Stil* (Rhapsodische PS),
- *Selbstbehauptender Stil* (Antisoziale PS).

Beispielitems sind: „Viele Menschen nützen es aus, wenn man Schwäche zeigt" *(Eigenwilliger Stil)* oder „Meine Gefühle wechseln oft abrupt und impulsiv" *(Spontaner Stil)* oder „Wenn Leute sich gegen mich wenden, kann ich sie fertig machen" *(Selbstbehauptender Stil)*.

Das Prinzip der Skalenbildung ist die ungewichtete Addition der Itemwerte. Bei circa 10 % der Items werden Umpolungen vorgenommen. Fehlen bei einer Subskala mehr als drei Antworten, wird auf eine Auswertung dieser Skala verzichtet. Aussageeinheiten sind Skalenrohwerte und Normwerte. Zur Auswertung werden die Daten in Skalensummen und Prozenträngen angegeben. Es besteht die Möglichkeit, mithilfe der Normen (T-Werte) das Persönlichkeitsprofil grafisch darzustellen.

Bei Verwendung der computergestützten Version wird die Auswertung umgehend und automatisch durch das Programm vorgenommen.

Zur Interpretation der individuellen PSSI-Skalenwerte und des Profils eignen sich die im Manual enthaltenen Skalenbeschreibungen sowie die aus der PSI-Theorie abgeleiteten Funktionsmerkmale und Entwicklungsbedingungen jedes Persönlichkeitsstils.

Gütekriterien

Das PSSI ist wegen seiner standardisierten Instruktion und Normierung objektiv in Bezug auf Durchführung, Auswertung und Interpretation.

Sowohl die mittlere interne Konsistenz (Cronbachs α) als auch die mittlere Split-Half-Reliabilität nach Spearman-Brown über alle 14 PSSI-Subskalen liegen bei $\alpha = .81$ (Range: $\alpha = .73$ bis .85; $N = 1\,227$ gesunde Probanden). Die mittlere Test-Retest-Reliabilität in einem 6-wöchigen Zeitrahmen über alle Subskalen liegt bei .76 ($N = 283$ Patienten).

Faktorenanalytische Untersuchungen bestätigen die dem PSSI zugrunde liegenden theoretischen Annahmen.

Die mittlere interne Konsistenz der Subskalen der Kurzversion, jeweils mit 4 Items, liegt bei $\alpha = .73$ (Range: $\alpha = .64$ bis .79; $N = 1\,227$ gesunde Probanden).

Zur konvergenten, diskriminanten und prognostischen Validität des PSSI liegen zahlreiche korrelative Studien zum Zusammenhang zwischen den PSSI-Skalen und einer Vielzahl klinischer und nicht klinischer Merkmale vor (u. a. Suizidalität, Depressivität, psychosomatische Symptome, Hauterkrankungen, Bulimie, Magersucht, Autismus, Alkoholabhängigkeit, Strafverhalten, Persönlichkeitsdimensionen, Narzissmus, Big Five; vgl. Costa & Widiger, 1994). Des Weiteren wurden Studien zur Differenzierungsfähigkeit der PSSI-Skalen zwischen verschiedenen Patientengruppen und einer Kontrollgruppe durchgeführt (im Manual dargestellt, vgl. auch Cordero-Prantl, 2005).

Vergleichswerte/Normen

Das PSSI wurde an $N = 1\,943$ gesunden Jugendlichen und Erwachsenen normiert, erhoben innerhalb von 10 Jahren (1997 bis 2007). Die Probanden waren Universitätsstudenten, Schüler und Berufstätige.

Es liegen alters- und geschlechtsspezifische Prozentrang- und T-Werte in vier Altersbereichen vor (18 bis 25, 26 bis 45, 46 bis 55, 56 bis 82 Jahre) sowie altersspezifische Normen für den Bereich 14 bis 17 Jahre. Darüber hinaus liegen Vergleichsdaten (Mittelwerte und Standardabweichungen) für jede der 14 Subskalen des PSSI von insgesamt 673 Patienten mit verschiedenen Störungen vor (Depression, Angst, Zwang, Somatisierung, Probleme der Substanzabhängigkeit und der Impulskontrolle).

WWW-Ressourcen

Es liegen keine zusätzlichen Ressourcen vor.

Literatur

Beck, A. T. & Freeman, A. (1993). *Kognitive Therapie der Persönlichkeitsstörungen.* Weinheim: Beltz.

Conte, H. R. & Plutchik, R. (1981). A circumplex model of interpersonal personal traits. *Journal of Personality and Social Psychology, 40,* 701–711.

Cordero-Prantl, S. (2005). *Persönlichkeitsstile und psychische Erkrankung (Achse I und II): Zur Rolle von Bedürfnisfrustration, Stress, Affekten und Selbststeuerungsdefiziten.* Unveröffentlichte Dissertation, Universität Osnabrück.

Costa, P. T. & Widiger, T. A. (1994). *Personality disorders and the five-factor model of personality.* Washington, DC: American Psychological Association.

Giernalczyk, T. (1999). *Zur Therapie der Persönlichkeitsstörungen.* Tübingen: DGVT-Verlag.

Kaschel, R. & Kuhl, J. (2004). Motivational counseling in an extended functional context: Personality Systems Interaction Theory and Assessment. In W. M. Cox & E. Klinger (Eds.), *Handbook of motivational counseling: Motivating people for change* (pp. 99–119). Sussex: Wiley.

Kazén, M., Kuhl, J., Boermans, S. & Koole, S. L. (2013). Excelling at selling: The charming personality style predicts occupational activities, sales performance, and persuasive competence. *PsyCh Journal, 2,* 86–100.

Kuhl, J. (2001). *Motivation und Persönlichkeit: Interaktionen psychischer Systeme.* Göttingen: Hogrefe.

Kuhl, J. (2007). Der Sinn und das Selbst: Experimentelle Bestätigung logotherapeutischer Prinzipien. *Existenzanalyse, 15,* 22–41.

Kuhl, J. (2008). Braucht das Innere Team ein Gehirn? In F. Schulz von Thun & D. Kumbier (Hrsg.), *Impulse für Beratung und Therapie. Kommunikationspsychologische Miniaturen 1.* Reinbek: Rowohlt.

Kuhl, J. (2009). *Lehrbuch der Persönlichkeitspsychologie.* Göttingen: Hogrefe.

Kuhl, J. & Henseler, W. (2004). Systemdiagnostik: Assessment und Förderung persönlicher Kompetenzen. In J. Wegge & K.-H. Schmidt (Hrsg.), *Förderung von Arbeitsmotivation und Gesundheit in Organisationen* (S. 125–142). Göttingen: Hogrefe.

Luppa, M. & Riedel-Heller, S. G. (2010). Persönlichkeits-Stil- und Störungs-Inventar (PSSI) (2., überarb. und neu norm. Aufl.) von Julius Kuhl und Miguel Kazén (2009). *Diagnostica, 56* (4), 243–245.

Ritz-Schulte, G. & Kuhl, J. (2005). Funktionsanalytisches Verstehen von Patienten mit Persönlichkeitsstörungen. In R. Merod (Hrsg.), *Behandlung von Persönlichkeitsstörungen. Ein schulenübergreifendes Handbuch* (S. 145–189). Tübingen: DGVT-Verlag.

Ritz-Schulte, G., Schmidt, P. & Kuhl, J. (2008). *Persönlichkeitsorientierte Psychotherapie.* Göttingen: Hogrefe.

Salbach-Andrae, H., Bürger, A., Klinkowski, N., Lenz, K., Pfeiffer, E., Fydrich, T. et al. (2008). Diagnostik von Persönlichkeitsstörungen im Jugendalter nach SKID-II. *Zeitschrift für Kinder- und Jugendpsychiatrie und Psychotherapie, 36* (2), 117–125.

Schlebusch, P., Kuhl, J., Breil, J. & Püschel, O. (2006). Alkoholismus als Störung der Affektregulation: Ein Störungsmodell auf der Basis der PSI-Theorie. In R. Sachse & P. Schlebusch (Hrsg.), *Perspektiven Klärungsorientierter Psychotherapie.* Münster: Pabst.

Schulz von Thun, F. (1989). *Miteinander reden 2: Stile, Werte und Persönlichkeitsentwickung.* Reinbek: Rowohlt.

Autoren des Beitrags Julius Kuhl und Miguel Kazén

Kontaktdaten des Erstautors

Prof. Dr. Julius Kuhl
Universität Osnabrück
FB8 – Institut für Psychologie
Differentielle Psychologie und Persönlichkeitsforschung
Seminarstr. 20
49074 Osnabrück
julius.kuhl@uos.de

PSWQ-PW
Penn State Worry Questionnaire – Past Week

Autoren des Testverfahrens	Joachim Stöber und Jussara Bittencourt
Quelle	Stöber, J. & Bittencourt, J. (1998). Weekly assessment of worry: An adaptation of the Penn State Worry Questionnaire for monitoring changes during treatment. *Behaviour Research and Therapy, 36,* 645–656. Der Fragebogen ist frei verfügbar.
Vorgänger-/ Originalversionen	*Originalversion Penn State Worry Questionnaire (PSWQ):* Meyer, T. J., Miller, M. L., Metzger, R. L. & Borkovec, T. D. (1990). Development and validation of the Penn State Worry Questionnaire. *Behaviour Research and Therapy, 28,* 487–495. *Deutsche Vorgängerversion:* Stöber, J. (1995). Besorgnis: Ein Vergleich dreier Inventare zur Erfassung allgemeiner Sorgen. *Zeitschrift für Differentielle und Diagnostische Psychologie, 16,* 50–63.
Kurzversionen	Für den PSWQ (nicht aber den PSWQ-PW) existiert eine englischsprachige 5-Item-Kurzversion (umfasst Item 4, 5, 6, 12, 13): Topper, M., Emmelkamp, P. M. G., Watkins, E. & Ehring, T. (2014). Development and assessment of brief versions of Penn State Worry Questionnaire and the Ruminative Response Scale. *British Journal of Clinical Psychology, 53,* 402–421.
Kurzbeschreibung	Es handelt sich beim PSWQ-PW um ein eindimensionales Selbstbeurteilungsverfahren (Papier-Bleistift) zur Erfassung Pathologischer Besorgnis in der letzten Woche. Die 15 Items des PSWQ-PW werden zu einer Gesamtskala als Indikator exzessiven Sorgens in der letzten Woche zusammengefasst. Die Pathologische Besorgtheit wird unabhängig von spezifischen Sorgeninhalten (content-free) erhoben; der Schwerpunkt liegt insbesondere auf der Erfassung der Intensität und Unkontrollierbarkeit der Sorgen sowie der Reaktionen auf und die Bewältigung von Sorgen. Dabei ist der Fragebogen neben dem Screening für aktuelle Pathologische Besorgnis (state) insbesondere zur Evaluation von Behandlungen in der Psychotherapie, Gesundheitswissenschaft und Forschung geeignet.
Anwendungsbereich	Der Fragebogen ist für Jugendliche und Erwachsene gedacht. Haupteinsatzgebiet ist die Abbildung von Veränderungen exzessiven Sorgens im Rahmen einer Behandlung. Darüber hinaus kann das Ausmaß aktueller Pathologischer Besorgnis als Schweregradindikator der aktuellen Belastung abgebildet werden.
Bearbeitungszeit	Durchführungszeit: 5 bis 8 Minuten; Auswertungszeit: 5 Minuten.

PSWQ-PW

Theoretischer Hintergrund

Pathologische Besorgnis (engl. worrying) gilt als zentrales Kriterium der Generalisierten Angststörung, sie tritt aber auch bei anderen Angststörungen sowie bei Personen mit Depression oder Schlafstörung auf. Basierend auf dem Modell von Borkovec (1994) ist Pathologische Besorgnis zu verstehen als kognitive Vermeidungsreaktion, die beim Vorliegen emotionaler Bedrohung dazu führt, dass bildhafte Vorstellungen der bedrohlichen Situation unterdrückt werden und dadurch die autonome Erregung abnimmt. Dabei wird verhindert, dass die komplette Furchtstruktur im Gedächtnis aktiviert wird. Dieser kognitive Prozess führt somit über eine kurzfristige negative Verstärkung und Beeinträchtigung der Modifikationsmöglichkeiten der Furchtstruktur zur Aufrechterhaltung der Symptomatik.

Im Gegensatz zur Originalversion des PSWQ, der Pathologische Besorgnis als überdauerndes Persönlichkeitskonstrukt (trait) erhebt, erfasst der PSWQ-PW die Pathologische Besorgnis als veränderbares Konstrukt des aktuellen Befindens und Erlebens (state). Ein noch änderungssensitiveres Instrument zur Erfassung des täglichen Ausmaßes pathologischen Sorgens bieten Joos et al. (2012), wobei die gleichen Items dargeboten werden und die Person das Auftreten des erfragten Verhaltens für den Zeitraum eines Tages berichten soll.

Bezug zur Psychotherapie

Der PSWQ-PW eignet sich insbesondere zur Dokumentation und Evaluation von Verhaltensänderungen (im wöchentlichen Abstand) bezogen auf Pathologische Besorgnis während der Behandlung der Generalisierten Angststörung, von Schlafstörungen sowie Depression, aber auch bei anderen Störungen, die mit einem vermehrten Sich-Sorgen einhergehen.

Testentwicklung

Ausgehend von der deutschen Vorgängerversion des PSWQ (Stöber, 1995), bei dem die Person angibt, inwieweit die 16 gegebenen Aussagen typisch für sie sind, wurde der Bezugsrahmen der Antworten auf 1 Woche geändert. Dafür wurde die Instruktion dahingehend geändert, dass das Auftreten der mit den Sorgen einhergehenden Reaktionen „während der letzten Woche" eingeschätzt werden soll. Des Weiteren wurden die Items in die einfache Vergangenheitsform umformuliert. Darüber hinaus wurde das Itemformat in eine siebenstufige Skala geändert. Das Item 12 der Vorgängerversion des PSWQ („Ich war schon immer jemand, der sich viel Sorgen macht.") wurde ausgeschlossen, da sich dies nicht ohne Weiteres auf den geänderten Zeitrahmen übertragen ließ.

Die Überprüfung des Instruments erfolgte in einer kleinen, 12-wöchigen Behandlungsstudie (Stöber & Bittencourt, 1998; fünf Messzeitpunkte). Die Stichprobe bestand aus $N = 28$ Probanden, die als sogenannte „high worrier" zu bezeichnen sind (Rohwert in der deutschen Version des PSWQ [Stöber, 1995] im obersten Quartil der deutschen Normstichprobe).

Aufbau und Auswertung

Der PSWQ-PW setzt sich aus 15 Items zusammen. Die Items beinhalten Aussagen zum Auftreten von und zum Umgang mit Sorgen (z. B. „In der letzten Woche haben mir viele Situationen Sorgen gemacht.",

„In der letzten Woche fiel es mir leicht, sorgenvolle Gedanken zu vertreiben."). Die Person soll einen Wert auf einer siebenstufigen Skala (0 = nie, 1 = sehr selten, 2 = selten, 3 = manchmal, 4 = oft, 5 = sehr oft, 6 = fast immer) ankreuzen, die in der letzten Woche am ehesten auf sie zutraf. Die Antworten der Items 1, 3, 8, 10 und 11 werden umgepolt. Anschließend werden die Werte aller Items addiert und daraus der Gesamtwert *Pathologische Besorgnis während der letzten Woche* gebildet. Der Wertebereich liegt somit zwischen 0 und 90. Ein Cut-Off für diese Version des PSWQ wird nicht berichtet.

Gütekriterien

Durchführungs-, Auswertungs- und Interpretationsobjektivität können durch die Art des Fragebogens als gegeben angenommen werden.

Cronbachs α lag in der Validierungsstichprobe von $N = 28$ „high worriers" (fünf Messzeitpunkte) zwischen $\alpha = .84$ und .93. Die Retest-Reliabilität vor der Behandlung lag bei $r_{tt} = .59$ bzw. .60. Während der Behandlung lagen die Werte der Retest-Reliabilität mit r_{tt} zwischen .04 und .64 ($M = 0.29$) im Durchschnitt niedriger. In der Studie zeigte sich weiterhin, dass die Behandlung einen größeren Effekt auf die Art des Sich-Sorgens (PSWQ-PW) im Vergleich zum Inhalt der Sorgen (Worry Domains Questionnaire, WDQ-PW; Stöber, 1995) hat.

Die zur Bestimmung der konvergenten Validität berechneten Korrelationen zwischen PSWQ-PW und WDQ-PW (Stöber, 1995) lagen zu den verschiedenen Messzeitpunkten zwischen $r = .32$ und .81 ($M = 0.63$) und entsprechen den Korrelationen der beiden Originalversionen (Stöber, 1995). Die Korrelationen der Differenzwerte zwischen den beiden Fragen erreichten Werte zwischen $r = .32$ und .75 ($M = 0.52$). Des Weiteren wurde die Differenz des PSWQ-PW (vor versus Ende der Therapie) mit der des Veränderungsfragebogens des Erlebens und Verhaltens (VEV; Zielke & Kopf-Mehnert, 1978; zitiert nach Stöber & Bittencourt, 1998) korreliert ($r = .71$). Bei einer anschließenden regressionsanalytischen Analyse fand sich, dass die Veränderung im VEV nur durch die Veränderung im PSWQ-PW ($\beta = .54$), nicht aber durch die Veränderung im WDQ-PW prädiziert werden konnte.

Zur Validierung der Änderungssensitivität wurde geprüft, wie sich die Werte vor und während der Behandlung verändern. Hierbei zeigte sich, dass erst mit Beginn der Behandlung eine Veränderung der Pathologischen Besorgnis bezogen auf die letzte Woche einsetzt und die Werte kontinuierlich über die Behandlung abnehmen.

Reine Belege zur faktoriellen und diskriminanten Validität des PSWQ-PW sind aus der verfügbaren Primärliteratur nicht zu ermitteln, diese Angaben liegen aber für den Originalfragebogen PSWQ (traitbezogene Pathologische Besorgnis) vor. Dabei lässt sich die Eindimensionalität des PSWQ (Meyer et al., 1990) zumeist nicht bestätigen (u. a. Fresco et al., 2002; Olatunji et al., 2007; Stöber, 1995; van Rijsoort et al., 1999), wobei die fünf umzupolenden Items einen methodischen zweiten Faktor bilden, der von den Autoren als irrelevant konnotiert wird. Bezogen auf die diskriminante Validität berichten allerdings Carney et al. (2010) an einer Stichprobe von Patienten mit Insomnie, dass sich die Items des PSWQ-PW faktorenanalytisch von denen der Symptom-Focused Rumination Scale (adaptiert für die letzte Woche; Carney et al., 2010) zur Erfassung von Grübeln differenzieren lassen, wobei sich auch hier – unter Verwendung des PSWQ-PW – eine Differenzierung zwischen den positiv versus negativ gepolten Items zeigt.

Vergleichswerte/ Normen

Vergleichswerte für den PSWQ-PW liegen aus der Validierungsstichprobe (Stöber & Bittencourt, 1998) von $N = 28$ nicht klinischen Probanden vor, die als sogenannte „high worrier" zu bezeichnen sind. Diese Probanden wurden anhand eines Rohwerts in der deutschen Version des PSWQ (Stöber, 1995) im obersten Quartil der deutschen Normstichprobe in die Untersuchung eingeschlossen. Die Stichprobe hat einen Frauenanteil von 82 % und einen Altersdurchschnitt von 30 ± 10 Jahre.

Darüber hinaus finden sich Vergleichswerte in einer Studie von van Spijker et al. (2014), wobei der PSWQ-PW als sekundäres Outcome im Rahmen eines internetbasierten Treatments zur Reduktion suizidaler Gedanken eingesetzt wurde.

WWW-Ressourcen

Die PSWQ-PW kann kostenlos bezogen werden unter: http://www.erzwiss.uni-halle.de/gliederung/paed/ppsych/sdpswqpw.pdf

Literatur

Borkovec, T. D. (1994). The nature, functions, and origins of worry. In G. Davey & F. Tallis (Eds.), *Worrying: perspectives on theory assessment and treatment* (pp. 5–33). Sussex: Wiley & Sons.

Carney, C. E., Harris, A. L., Moss, T. G. & Edinger, J. D. (2010). Distinguishing Rumination from Worry in Clinical Insomnia. *Behaviour Research and Therapy, 48,* 540–546.

Fresco, D. M., Heimberg, R. G., Mennin, D. S. & Turk, C. L. (2002). Confirmatory factor analysis of the Penn State Worry Questionnaire. *Behaviour Research and Therapy, 40,* 313–323.

Joos, E., Vansteenwegen, D., Brunfaut, E., Bastiaens, T., Demyttenaere, K., Pieters, G. et al. (2012). The Penn State Worry Questionnaire – Past Day: Development and Validation of Measure Assessing Daily Levels of Worry. *Journal of Psychopathology and Behavioral Assessment, 34,* 35-47.

Meyer, T. J., Miller, M. L., Metzger, R. L. & Borkovec, T. D. (1990). Development and validation of the Penn State Worry Questionnaire. *Behaviour Research and Therapy, 28,* 487–495.

Olatunji, B. O., Schottenbauer, M. A., Rodriguez, B. F., Glass, C. R. & Arnkoff, D. B. (2007). The structure of worry: Relations between positive/negative personality characteristics and the Penn State Worry Questionnaire. *Journal of Anxiety Disorders, 21,* 540–553.

Stöber, J. (1995). Besorgnis: Ein Vergleich dreier Inventare zur Erfassung allgemeiner Sorgen. *Zeitschrift für Differentielle und Diagnostische Psychologie, 16,* 50–63.

Stöber, J. & Bittencourt, J. (1998). Weekly assessment of worry: An adaptation of the Penn State Worry Questionnaire for monitoring changes during treatment. *Behaviour Research and Therapy, 36,* 645–656.

van Rijsoort, S., Emmelkamp, P. & Vervaeke, G. (1999). The Penn State Worry Questionnaire and the Worry Domains Questionnaire: structure, reliability and validity. *Clinical Psychology and Psychotherapy, 6,* 297–307.

van Spijker, B. A. J., van Straten, A. & Kerkhof, A. J. F. M. (2014). Effectiveness of Online Self-Help for Suicidal Thoughts: Results of a Randomised Controlled Trial. *PlosOne, 9,* e90118.

Autorin des Beitrags   Franziska Einsle

Kontaktdaten der Autorin

Prof. Dr. Franziska Einsle
SRH Fachhochschule für Gesundheit Gera
Neue Str. 28–30
07548 Gera
franziska.einsle@srh-gesundheitshochschule.de

PTSD-7

Kurze Screeningskala für Posttraumatische Belastungsstörung

Autoren des Testverfahrens	Philip Siegrist und Andreas Maercker
Quelle	Siegrist, P. & Maercker, A. (2010). Deutsche Fassung der Short Screening Scale for DSM-IV Posttraumatic Stress Disorder. *Trauma & Gewalt, 3,* 208–213.
Vorgänger-/ Originalversionen	*Englischsprachige Originalversion:* Breslau, N., Peterson, E. L., Kessler, R. C. & Schultz, L. R. (1999). Short screening scale for DSM-IV posttraumatic stress disorder. *American Journal of Psychiatry, 156,* 908–911.
Kurzversionen	keine
Kurzbeschreibung	Die PTSD-7 ist ein kurzes Screeninginstrument, welches der Erfassung der Wahrscheinlichkeit einer Posttraumatischen Belastungsstörung (PTSD) dient. Wie alle Fragebögen und Screenings ermöglicht sie nicht die Vergabe einer PTSD-Diagnose, welche einer umfassenden klinischen Untersuchung bedarf. Das eigentliche traumatische Erlebnis wird in der Skala nicht erfragt und muss separat erfasst werden. Dank der hohen Zeitökonomie (7 Items) ist die PTSD-7 zum Einsatz in epidemiologischen Forschungsprojekten sowie zur Untersuchung von Risikogruppen geeignet.
Anwendungsbereich	Die PTSD-7 kann bei Jugendlichen und Erwachsenen ab 16 Jahren eingesetzt werden. Sie dient dem Screening der PTSD sowie einer Akuten Belastungsreaktion nach einem traumatischen Erlebnis und erhebt, wie häufig PTSD-Symptome während des vergangenen Monats auftraten. Die Skala liegt als Papier-Bleistift-Verfahren vor.
Bearbeitungszeit	Die Bearbeitungszeit liegt bei weniger als 2 Minuten. Die Handauswertung und Berechnung des Summenwertes dauern weniger als 1 Minute.
Theoretischer Hintergrund	Die PTSD-7 wurde nach dem Symptomprofil der PTSD im DSM-IV konstruiert (Saß et al., 1996), welche 17 Einzelsymptome aus drei Symptomgruppen umfasst (Intrusionen, Vermeidung/Abstumpfung und chronische innere Übererregung). Es wurden diejenigen sieben Items in die PTSD-7 Screeningskala eingeschlossen, welche über die höchste Sensitivität und Spezifität verfügten. Fünf Items sind dem Symptomcluster Vermeidung (Aktivitäts-/Situationsvermeidung, Interesseverminderung, Entfremdungsgefühl, Abstumpfung/Taubheit, eingeschränkte Zukunft) und zwei dem Symptomcluster Übererregung (Ein- und Durchschlafschwierigkeiten, übermäßige Schreckreaktion) zuzuordnen. Auf Einschluss von Intrusionssymptomen wurde verzichtet, da diese eine geringe Testsensitivität aufwiesen.

Ergänzend können zwei zusätzliche Items erhoben werden, welche das A-2-Kriterium der PTSD gemäß DSM-IV-Definition einschätzen (Hilflosigkeit während des traumatischen Erlebnisses und starke Angst bzw. Entsetzen).

Bezug zur Psychotherapie

Patienten, welche unter einer PTSD leiden, werden in der Gesundheitsversorgung häufig nicht erkannt. Um eine Behandlung dieser stark belasteten Gruppe möglich zu machen, muss insbesondere das primärmedizinische Setting die Aufmerksamkeit auf das Störungsbild PTSD richten, da traumatisierte Patienten in vielen Fällen dort zum ersten Mal mit dem Gesundheitssystem in Kontakt kommen, statt sich direkt an psychotherapeutische Einrichtungen zu wenden. Um die PTSD-Detektion zu erhöhen, bedarf es zeitökonomischer Instrumente, anhand derer Risikogruppen zuverlässig eingeschätzt werden können und die Indikation für eine psychotherapeutische Behandlung abgeklärt werden kann (Kimerling et al., 2006). Im deutschen Sprachraum ist die PTSD-7 diejenige PTSD-Kurzskala, die für ganz verschiedene Traumatisierungsarten (z. B. zwischenmenschlich, Unfälle, Katastrophen) konzipiert ist. Sie eignet sich auch für Verlaufsmessungen während einer Therapie. Mittels einer vorgeschalteten Checkliste oder einem Fragebogen (Maercker & Bromberger, 2005) werden vorgängig die traumatischen Ereignisse, auf die sich die PTSD-7 bezieht, erfragt.

Testentwicklung

Die Originalversion der PTSD-7 wurde in einer telefonischen Befragung einer repräsentativen amerikanischen Stichprobe von $N = 2\,181$ Personen entwickelt und validiert (Breslau et al., 1999). Zu Beginn des Interviews wurde die Lebenszeitprävalenz von 19 möglichen Traumatypen erfasst. Anschließend wurden alle 17 im DSM-IV aufgeführten Symptome der PTSD anhand standardisierter Items erhoben und davon diejenigen Items ausgewählt, welche die höchste Sensitivität und Spezifität aufwiesen. Dabei wurde die aus dem strukturierten Interview mit 17 Items abgeleitete PTSD-Diagnose als Validitätskriterium verwendet. Die optimale Anzahl der Items für die Kurzskala wurde anhand linearer Regressionsanalysen ermittelt. In ROC-Analysen wurde die beste Itemkombination ermittelt. Ein Cut-Off-Wert von > 4 auf der Skala definierte positive Fälle von PTSD mit einer Sensitivität von 80 % und einer Spezifität von 97 %. Eine weitere Validierung der PTSD-7 fand anhand einer Gruppe von $N = 134$ Patienten aus Grundversorgungskliniken statt. Nach Ausfüllen der Kurzskala wurden die Teilnehmenden anhand eines klinischen Interviews, der Clinician Administered PTSD Scale (CAPS; Blake et al., 1995), von Fachpersonen eingeschätzt. In Bezug auf die CAPS-Diagnose wies die PTSD-7 eine Sensitivität von 85 % sowie eine Spezifität von 84 % auf (Kimerling et al., 2006). Die deutsche Übersetzung wurde in verschiedenen epidemiologischen Projekten in Deutschland und der Schweiz verwendet (Maercker et al., 2008).

Aufbau und Auswertung

Die PTSD-7 erfragt, wie häufig sieben Symptome der PTSD während des vergangenen Monats auftraten (Bsp.: „Haben Sie sich bemüht, Aktivitäten, Menschen oder Orte zu meiden, die Sie an das Erlebnis erin-

PTSD-7

nern?", „Waren Sie nervös oder schreckhaft, z. B. wenn jemand hinter Ihnen Geräusche macht?"). Ausgewertet wird die deutsche Version der Skala auf einem vierstufigen Antwortformat, welches die Häufigkeit der Symptome erfasst (überhaupt nicht, einmal pro Woche oder seltener/manchmal, 2- bis 4-mal pro Woche/die Hälfte der Zeit, 5-mal pro Woche/fast immer). Die englische Originalversion schlägt eine dichotome Auswertung vor. Ein Symptom gilt als vorhanden, wenn es mindestens mit der Ausprägung 2- bis 4-mal pro Woche/die Hälfte der Zeit eingeschätzt wird. Ausgewertet wird der Summenscore, welcher Werte von 0 bis 7 annehmen kann. Wenn vier oder mehr Symptome mindestens 2- bis 4-mal pro Woche auftreten, deutet dies auf eine PTSD-Diagnose hin. Falls die zwei Zusatzitems zur Einschätzung der unmittelbaren Reaktion während des Traumas verwendet werden, so können sie im Sinne einer Validierung der PTSD-Diagnose betrachtet werden (d. h. es wird nur eine PTSD-Diagnose vergeben, wenn beide Items mit „Ja" beantwortet wurden). Sollte die Vergabe einer kategorialen PTSD-Diagnose nicht im Zentrum stehen, so kann der Schweregrad der Symptomatik anhand einer vierstufigen Codierung der Werte (1 bis 4) durchgeführt werden. Die möglichen Extremausprägungen liegen dann bei 7 und 28 Punkten.

Gütekriterien

Objektivität: Die Einleitung und Instruktionen der PTSD-7 sind standardisiert und entsprechen überwiegend der amerikanischen Originalskala. Die PTSD-7 kann folglich als objektiv eingeschätzt werden.

Reliabilität: Die interne Konsistenz der deutschen Fassung ergab ein Cronbachs α von .90 in der erwachsenen Bevölkerung und ein α von .68 in der älteren Bevölkerung der Schweiz (Maercker et al., 2008). Die geringere interne Konsistenz in der Schweizer Stichprobe ist auf die tiefe Prävalenz der PTSD und folglich eine Einschränkung der Symptomvarianz zurückzuführen. Zur Retest-Reliabilität der deutschsprachigen Skala liegen bisher keine Studien vor, bei der englischen Skala betrug sie $\alpha = .84$ über 1 Monat (Kimerling et al., 2006).

Validität: Eine hohe Korrelation von $r = .90$ zwischen der PTSD-7 und dem mittels SKID (Wittchen et al., 1997) erhobenen PTSD-Schweregrad weist auf eine hohe konvergente Validität hin (Menning et al., 2008). Zur faktoriellen Validität liegen noch keine Studien vor.

Vergleichswerte/Normen

Es liegen für die PTSD-7 noch keine Normwerte vor. In Prävalenzstudien wurde für die deutsche Bevölkerung im Alter von 18 bis 85 Jahren eine PTSD-Prävalenz von 2.3 % festgestellt (Maercker et al., 2012), während die ältere Schweizer Bevölkerung (> 65 Jahre) eine Prävalenz von 0.7 % aufwies (Maercker et al., 2008). In Siegrist und Maercker (2010) werden Gruppenmittelwerte und Standardabweichungen der Items berichtet.

WWW-Ressourcen

Die PTSD-7 kann kostenfrei bezogen werden unter:
http://www.psychologie.uzh.ch/fachrichtungen/psypath/Forschung Tools/Fragebogen.html

Literatur	Blake, D. D., Weathers, F. W. & Nagy, L. M. (1995). The development of a clinician-administered PTSD scale. *Journal of Traumatic Stress, 8*, 75–90.

Breslau, N., Petrson, E. L. Kessler, R. C. & Schulz, L. R. (1999). Short screening scale for DSM-IV posttraumatic stress disorder. *American Journal of Psychiatry, 156* (6), 908–911.

Kimerling, R., Ouimette, P., Prins, A., Nisco, P., Lawler, C., Cronkite, R. et al. (2006). Brief report: Utility of a short screening scale for DSM-IV PTSD in primary care. *Journal of General Internal Medicine, 21* (1), 65–67.

Maercker, A. & Bromberger, F. (2005). Checklisten und Fragebogen zur Erfassung traumatischer Ereignisse in deutscher Sprache. *Trier Psychologische Berichte, 32*.

Maercker, A., Forstmeier, S., Enzler, A., Krüsi, G., Hörler, E., Maier, C. et al. (2008). Adjustment disorders, posttraumatic stress disorder, and depressive disorders in old age: Findings from a community survey. *Comprehensive Psychiatry, 49* (2), 113–120.

Maercker, A., Forstmeier, S., Pielmaier, L., Spangenberg, L., Brähler, E. & Glaesmer, H. (2012). Adjustment disorders: Prevalence in a representative nationwide survey in Germany. *Social Psychiatry and Psychiatric Epidemiology, 47* (11), 1745–1752.

Menning, H., Renz, A., Seifert, J. & Maercker, A. (2008). Reduced mismatch negativity in posttraumatic stress disorder: A compensatory mechanism for chronic hyperarousal? *International Journal of Psychophysiology, 68* (1), 27–34.

Saß, H., Wittchen, H.-U. & Zaudig, M. (1996). *Diagnostisches und Statistisches Manual Psychischer Störungen – DSM-IV*. Göttingen: Hogrefe.

Siegrist, P. & Maercker, A. (2010). Deutsche Fassung der Short Screening Scale for DSM-IV Posttraumatic Stress Disorder. *Trauma & Gewalt, 3*, 208–213.

Wittchen, H.-U., Zaudig, M. & Fydrich, T. (1997). *Strukturiertes Klinisches Interview für DSM-IV (SKID)*. Göttingen: Hogrefe. |
| **Autoren des Beitrags** | Andreas Maercker und Rahel Bachem |
| **Kontaktdaten des Erstautors** | Prof. Dr. Dr. Andreas Maercker
Universität Zürich
Psychopathologie und Klinische Intervention
Binzmühlestr. 14/17
CH-8050 Zürich
maercker@psychologie.uzh.ch |

ROMA-P/T

Ressourcenorientierte Mikroprozess-Analyse Patient/Therapeut

Autoren des Testverfahrens	Christoph Flückiger und Martin grosse Holtforth
Quelle	Flückiger C. & grosse Holtforth, M. (2008). Ressourcenorientierte Mikroprozess-Analyse (ROMA) – Ressourcendiagnostik und Ressourcenaktivierung im Therapieprozess. *Zeitschrift für Klinische Diagnostik und Evaluation, 1* (2), 171–185. Die Interrater-Masken können beim Erstautor via E-Mail angefordert werden. Ratertrainings werden für Forschungszwecke unentgeltlich angeboten.
Vorgänger-/ Originalversionen	keine
Kurzversionen	keine
Kurzbeschreibung	Mehrdimensionales Video-Ratinginstrument zur Fremdbeurteilung ressourcenorientierter Aspekte von Patient und Therapeut während des Therapiegespräches. Das Instrument eignet sich zur Schulung ressourcenorientierter Mikroprozess-Steuerung sowie für die Prozess-Ergebnis-Forschung. Die Einschätzungen erfolgen von Minute zu Minute.
Anwendungsbereich	Das Verfahren kann innerhalb der Allgemeinen Interventionspsychologie, wie beispielsweise in der ambulanten und stationären Psychotherapie, bei Arzt-Patienten-Gesprächen und im erweiterten Beratungskontext, angewendet werden. Die ROMA-P/T eignet sich für die Beurteilung qualitativ akzeptabler Videoaufzeichnungen mittels computergestützter Eingabemasken.
Bearbeitungszeit	Nach einer Einführung und einem mehrstündigen Ratertraining (vorzugsweise von mehreren Personen für die Berechnung von Interrater-Reliabilitäten), kann die ROMA-P/T in der doppelten Zeit beurteilt werden (1 Therapiestunde = 1.5 bis 2 Stunden zur Einschätzung).
Theoretischer Hintergrund	Eine breite Sammlung klinisch relevanter ressourcenorientierter Aspekte während des Therapiegesprächs liegt dem Verfahren zugrunde. Die ROMA-P/T bezieht sich auf die folgenden drei ressourcenorientierten Bereiche (Flückiger & Wüsten, 2014): 1. *Potentiale Ressourcen* (z. B. Fähigkeiten und Fertigkeiten, positive Gefühle und Stimmungen, interpersonelle Ressourcen stärken), 2. *Motivationale Ressourcen* (z. B. positive Ziele konkretisieren, Lösungen vorwegnehmen), 3. *Probleme eingrenzen* (z. B. Ausnahmen erfragen, Reframing, Normalisierung).

ROMA-P/T

Bezug zur Psychotherapie

Das praxisnahe Ratinginstrument kann in verschiedensten klinischen Kontexten eingesetzt werden. Das Instrument eignet sich zur Schulung systematischer Verhaltensbeobachtung von Praktikern sowie für die Prozess-Ergebnis-Forschung. Die (Basis-)Kompetenz der systematischen Verhaltensbeobachtung kann den Aufbau von klinischem Expertenwissen begünstigen.

Testentwicklung

Die Entwicklung steht in der Reihe eines langjährigen Forschungsprogramms zu ressourcenorientierten Interventionen an der Universität Bern (Flückiger & Regli, 2007; Grawe, 2004). Die Ressourcenaspekte von Therapeut und Patient werden durch verschiedene Beurteiler gesondert erfasst. ROMA-P/T basiert auf relativ einfach erkennbaren verbalen und paraverbalen Ressourcenaspekten (resource units), welche am Ende einer Minute dokumentiert werden.

Aufbau und Auswertung

Die 13 Units können in drei Skalen aufsummiert werden *(Potentiale Ressourcen, Motivationale Ressourcen, Probleme eingrenzen)*. Am Ende jeder beobachteten Minute erfolgt eine Einschätzung, inwieweit ein oder mehrere Units beobachtet werden konnten (ja/nein), und danach erfolgt eine Einschätzung der Intensität auf einer Likert-Skala von -3 bis +3. Zusätzlich wird die paraverbale und nonverbale Affektivität während der Minute erfasst. Für spezifischere Emotionseinschätzungen kann ergänzend ein gesondertes Rating vorgenommen werden (Flückiger & Znoj, 2009).

Bei einer möglichen inferenzstatistischen Auswertung ist das geschachtelte Versuchsdesign (z. B. Minuten – Sitzungen – Patienten – Therapeuten) zu beachten; entsprechende Mehrebenen-Analysen sind zu modellieren.

Gütekriterien

Objektivität: Um die Gesprächsanteile der Beteiligten möglichst objektiv zu erfassen, soll das Verhalten von Patient und Therapeut gesondert durch unabhängige Rater vorgenommen werden.

Reliabilität: Die Interrater-Reliabilitäten zeigen sich in den verschiedenen Studien als zufriedenstellend (z. B. Flückiger & grosse Holtforth, 2008; Flückiger et al., 2009, 2014; Lakatos-Witt et al., 2012). Die Reliabilitäten der einzelnen Rater sind in jeder Untersuchung neu zu erfassen.

Validität: Die mittelstarken Binnenkorrelationen sowie die konvergenten Interkorrelationen zwischen den beiden Beurteilerperspektiven ergeben Hinweise auf die Konstruktvalidität der ROMA-P/T. Die moderaten Korrelationen sind ein Hinweis darauf, dass die verschiedenen Units unterschiedliche Prozessmerkmale erfassen. In den verschiedenen Studien erweisen sich die über die Therapiestunden aufsummierten Daten für das Sitzungs- und Therapieergebnis als prädiktiv (Vorhersagevalidität).

Vergleichswerte/ Normen

Psychotherapieprozesse sind kontextgebunden, was sich in spezifischen Wirkfaktorenmustern manifestieren kann. Die Prozesse sind über die Sitzungsminuten hinweg äußerst variabel (z. B. Flückiger et al., 2014).

WWW-Ressourcen

Es liegen keine zusätzlichen Ressourcen vor.

Literatur

Flückiger, C., Caspar, F., grosse Holtforth, M. & Willutzki, U. (2009). Working with the patient's strengths – A microprocess approach. *Psychotherapy Research, 19,* 213–223.

Flückiger, C. & grosse Holtforth, M. (2008). Focusing the therapist's attention on the patient's strengths – A preliminary study to foster a mechanism of change in outpatient psychotherapy. *Journal of Clinical Psychology, 64,* 876–890.

Flückiger, C. & Regli, D. (2007). Die Berner Ressourcen-Taskforce: Ein Praxis-Forschungs-Netzwerk zur Erkundung erfolgreicher Wirkfaktor-Muster. *Verhaltenstherapie und Psychosoziale Praxis, 39* (2), 307–320.

Flückiger, C. & Wüsten, G. (2014). *Ressourcenaktivierung – Manual für Psychotherapie, Coaching und Beratung* (2. Aufl.). Bern: Huber.

Flückiger, C., Zinbarg, R. E., Znoj, H. J. & Ackert, M. (2014). Resource activation in generalized anxiety disorder: An observer-based microprocess analysis of in-session outcomes. *Psychotherapy, 51,* 535–545.

Flückiger, C. & Znoj, H.J. (2009). Zur Funktion der nonverbalen Modulation der Therapeuten im Therapieprozess. *Zeitschrift für Klinische Psychologie und Psychotherapie, 38* (1), 4–12.

Grawe, K. (2004). *Neuropsychotherapie.* Göttingen: Hogrefe.

Lakatos-Witt, A., Flückiger, C., Weisensee, L. & Reinecker, H. (2012). Ressourcenaktivierung lernen und lehren. *Psychotherapie & Verhaltensmedizin, 33,* 133–149.

Autor des Beitrags

Christoph Flückiger

Kontaktdaten des Autors

PD Dr. Christoph Flückiger
Universität Bern
Institut für Psychologie
Fabrikstrasse 8
CH-3012 Bern
christoph.flueckiger@psy.unibe.ch

RS
Resilienzskala

Autoren des Testverfahrens	Karena Leppert und Bernhard Strauß
Quelle	Schumacher, J., Leppert, K., Gunzelmann, T., Strauß, B. & Brähler, E. (2005). Die Resilienzskala – Ein Fragebogen zur Erfassung der psychischen Widerstandsfähigkeit als Personmerkmal. *Zeitschrift für Klinische Psychologie, Psychiatrie und Psychotherapie, 53,* 16–39.
Vorgänger-/ Originalversionen	*Englischsprachige Originalversion Resilience Scale (RS):* Wagnild, G. M. & Young, H. M. (1993). Development and psychometric evaluation of the resilience scale. *Journal of Nursing Management, 1,* 165–178.
Kurzversionen	Es liegen eine 11- und eine 13-Item-Version vor, die Kurzfassungen der 25-Items umfassenden Original-Resilienzskala darstellen: Leppert, K., Koch, B., Brähler, E. & Strauß, B. (2008). Die Resilienzskala (RS) – Überprüfung der Langform RS-25 und einer Kurzform RS-13. *Klinische Diagnostik und Evaluation, 1,* 226–243. Die 13-Item-Version ist kostenfrei online verfügbar.
Kurzbeschreibung	Die RS ist ein Selbstbeurteilungsverfahren, das die persönliche Kompetenz und die individuelle Widerstandsfähigkeit als Teil des Bewältigungsverhaltens einschätzt. Sie erfasst damit Resilienz als Widerstandskraft und Fähigkeit, innere und äußere Ressourcen für die Bewältigung von Entwicklungen zu nutzen.
Anwendungsbereich	Die RS ist ein Instrument für Erwachsene, vornehmlich anwendbar im Zusammenhang mit klinischer Diagnostik von Bewältigungsverhalten und im Kontext gesundheitspsychologischer Fragestellungen.
Bearbeitungszeit	Die RS ist sehr zeitökonomisch. Die Langfassung (25 Items) kann bequem in 10 Minuten bearbeitet werden und ist in wenigen Minuten auswertbar. Die beiden Kurzfassungen (11 und 13 Items) nehmen entsprechend weniger Zeit in Anspruch.
Theoretischer Hintergrund	In der entwicklungspsychopathologischen Forschung wird das Phänomen der Resilienz seit Langem diskutiert. Resilienz gehört zu jenen Faktoren, die zu einer erfolgreichen Entwicklung beitragen (z. B. Bender & Lösel, 1998; Schore, 2007; Welter-Enderlin & Hildenbrand, 2006). Bezüglich der Resilienz gibt es zwei verschiedene Auffassungen, wonach Resilienz entweder einen interaktiven Prozess zwischen Individuum und Umwelt darstellt oder aber als ein zeitlich überdauerndes Personenmerkmal zu verstehen sei. Die Resilienzskala ist eher mit dem letztgenannten Aspekt von Resilienz verbunden.

RS

Bezug zur Psychotherapie

Mit der RS werden personenbezogene Aspekte erfasst, die im psychotherapeutischen Kontext als Ressourcen gesehen werden können. Es ist zu vermuten, dass die Resilienz auch partiell von prädiktiver Bedeutung für die Vorhersage des Behandlungserfolges in der Psychotherapie ist.

Testentwicklung

Die Skala wurde ursprünglich von Wagnild und Young (1993) entwickelt, um Resilienz in unterschiedlichen Settings und mit unterschiedlichen Stichproben zu erfassen. Die Entwicklung erfolgte auf der Basis einer qualitativen Studie bei älteren Frauen. Ursprünglich 50 Items, die aus dieser Studie resultierten, wurden nach Itemanalysen auf 25 Items reduziert, die zu einem Resilienz-Score zwischen 25 und 175 führen. Auf der Basis späterer Studien wurden Personen mit Werten über 145 als hoch resilient, Personen mit Werten unter 120 als niedrig resilient eingestuft.

Die deutsche Übersetzung erfolgte durch Karena Leppert, ursprünglich um die subjektive Belastung onkologischer Patienten im Zusammenhang mit Resilienz und die objektiven und subjektiven Nebenwirkungen in der Strahlentherapie zu erfassen (vgl. Strauss et al., 2007).

In der Folge wurden verschiedene Versionen der RS benutzt und in diversen klinischen Studien angewandt (z. B. Leppert et al., 2005; Strauss et al., 2007).

Aufbau und Auswertung

Die RS liegt in drei verschiedenen Versionen mit 11, 13 bzw. 25 Items vor. Die Items (Antwortformat 1 = nein, ich stimme nicht zu bis 7 = ja, ich stimme völlig zu) umfassen Aussagen zur Akzeptanz des Selbst und des Lebens mit Bezug zur Anpassungsfähigkeit, Balance, Flexibilität und Fähigkeit des Perspektivwechsels. Des Weiteren finden sich Aussagen zur persönlichen Kompetenz mit den Merkmalen Eigenständigkeit, Unabhängigkeit, Bestimmtheit, Unbesiegbarkeit, Beherrschung, Findigkeit und Ausdauer. Die zwei Hauptfaktoren *Persönliche Kompetenz* und *Akzeptanz des Selbst und des Lebens* finden sich auch in der deutschen Version wieder, wobei die Zwei-Faktoren-Struktur sich am besten in der 13-Item-Version abbildete. Ein Beispielitem für die Skala *Persönliche Kompetenz* ist: „Ich kann mehrere Dinge gleichzeitig bewältigen"; für die Skala *Akzeptanz des Selbst und des Lebens*: „Ich nehme die Dinge, wie sie kommen".

Gütekriterien

Die deutsche Übersetzung der RS wurde im Rahmen einer Repräsentativerhebung und im Zusammenhang mit zahlreichen klinischen Studien in Populationen von Patienten mit körperlichen Erkrankungen angewandt (vgl. Übersicht bei Leppert et al., 2008, 2013; Leppert & Strauß, 2011).

Objektivität: Die RS ist in ihrer Durchführung und Auswertung standardisiert und kann als objektiv eingeschätzt werden.

Reliabilität: Sowohl für die Originalskala ($\alpha = .91$) als auch für die deutsche Version (RS-25: $\alpha = .94$) ergaben sich sehr zufriedenstellende interne Konsistenzen. Die Test-Retest-Reliabilität wurde für die 11-Item-Kurzskala bestimmt und beträgt α = .61 für die Gesamtskala bzw. α = .59 für die Subskala *Kompetenz* und α = .69 für die Subskala *Akzeptanz*.

Validität: Die deutsche Fassung wurde mehrfach auf ihre Faktorenstruktur untersucht mit dem Ergebnis, dass sich für die RS-25 und die RS-11 jeweils eine Drei-Faktoren-Struktur und für die RS-13 eine Zwei-Faktoren-Struktur als die beste Lösung ergeben hat. Die Skalenbezeichnungen für diese Version sind *Kompetenz* bzw. *Akzeptanz*.

Zahlreiche Studien haben mittlerweile gezeigt, dass höhere Resilienzwerte auch einhergehen mit geringeren psychischen und körperlichen Beschwerden und einer erhöhten emotionalen Stabilität (Übersicht z. B. bei Wagnild, 2009). Die Skala trennt gut verschiedene Stichproben gesunder und kranker Personen. Die konvergente Validität ist durch Korrelationen mit anderen salutogenetischen Variablen (Selbstwirksamkeit, Kohärenzgefühl, Bindungssicherheit) und Persönlichkeitsmerkmalen mehrfach belegt. Eine Metaanalyse der Befunde mit der RS ist in Arbeit.

Vergleichswerte/ Normen

Normwerte liegen aus einer Repräsentativerhebung aus dem Jahr 2005 vor (Schumacher et al., 2005).

WWW-Ressourcen

Die 13-Item-Version der RS steht zusammen mit dem Material zur Auswertungsmethode kostenfrei zur Verfügung unter:
http://www.mpsy.uniklinikum-jena.de/mpsy_media/Downloads/Resilienzskala_RS13_inklAuswertung.pdf

Ferner betreibt G. Wagnild eine Webseite (http://www.resiliencescale.com/), auf der Studien aus dem „Resilience Center" in Montana und Informationen zur RS zu finden sind.

Literatur

Bender, D. & Lösel, F. (1998). Faktoren der psychisch gesunden Entwicklung junger Menschen. In J. Margraf, S. Neumer & J. Siegrist (Hrsg.), *Gesundheits- oder Krankheitstheorie?* (S. 119–145). Heidelberg: Springer.

Leppert, K., Gunzelmann, T., Schumacher, J., Strauß, B. & Brähler, E. (2005). Resilienz als protektives Persönlichkeitsmerkmal im Alter. *Psychotherapie, Psychosomatik, Medizinische Psychologie, 55,* 365–369.

Leppert, K., Koch, B., Brähler, E. & Strauß, B. (2008). Die Resilienzskala (RS) – Überprüfung der Langform RS-25 und einer Kurzform RS-13. *Klinische Diagnostik und Evaluation, 1,* 226–243.

Leppert, K., Richter, F. & Strauß, B. (2013). Wie resilient ist die Resilienz? Für die Psychotherapie relevante Ergebnisse. *Psychotherapie im Dialog, 14* (1), 52–55.

Leppert, K. & Strauß, B. (2011). Die Rolle von Resilienz für die Bewältigung von Belastungen im Kontext von Altersübergängen. *Zeitschrift für Gerontologie und Geriatrie, 44,* 313–317.

Schore, A. E. (2007). *Affektregulation und die Reorganisation des Selbst.* Stuttgart: Klett-Cotta.

Schumacher, J., Leppert, K., Gunzelmann, T., Strauß, B. & Brähler, E. (2005). Die Resilienzskala – Ein Fragebogen zur Erfassung der psychischen Widerstandsfähigkeit als Personenmerkmal. *Zeitschrift für Klinische Psychologie, Psychiatrie und Psychotherapie, 53,* 16–39.

Strauss, B., Brix, C., Fischer, S., Leppert, K., Füller, J., Röhrig, B. et al. (2007). The influence of resilience on fatigue in cancer patients undergoing radiation therapy (RT). *Journal of Cancer Research and Clinical Oncology, 133,* 511–518.

Wagnild, G. (2009). A review of the resilience scale. *Journal of Nursing Management, 17,* 105–113.

Wagnild, G. M. & Young, H. M. (1993). Development and psychometric evaluation of the resilience scale. *Journal of Nursing Management, 1,* 165–178.

Welter-Enderlin, R. & Hildenbrand, B. (Hrsg.). (2006). *Resilienz – Gedeihen trotz widriger Umstände.* Heidelberg: Carl-Auer.

Autoren des Beitrags   Bernhard Strauß, Jenny Rosendahl und Karena Leppert

Kontaktdaten des Erstautors

Prof. Dr. Dipl.-Psych. Bernhard Strauß
Klinikum der Friedrich-Schiller-Universität Jena
Institut für Psychosoziale Medizin und Psychotherapie
Stoystraße 3
07740 Jena
bernhard.strauss@med.uni-jena.de

RSES
Rosenberg Skala zum Selbstwertgefühl
(Rosenberg Self-Esteem-Scale)

Autor des Testverfahrens	Philipp Yorck Herzberg
Quelle	Collani, G. von & Herzberg, P. Y. (2003). Eine revidierte Fassung der deutschsprachigen Skala zum Selbstwertgefühl von Rosenberg. *Zeitschrift für Differentielle und Diagnostische Psychologie, 24,* 3–7.
Vorgänger-/ Originalversionen	*Englischsprachige Originalversion:* Rosenberg, M. (1965). *Society and the adolescent self-image.* Princeton, NJ: Princeton University Press. *Deutschsprachige Vorgängerversion:* Ferring, D. & Filipp, S.-H. (1996). Messung des Selbstwertgefühls: Befunde zur Reliabilität, Validität und Stabilität der Rosenberg-Skala. *Diagnostica, 42,* 284–292. *Zahlreiche Übersetzungen in mehr als 15 Sprachen, z. B.:* Pullmann, H. & Allik, J. (2000). The Rosenberg self-esteem scale: Its dimensionality, stability and personality correlates in Estonian. *Personality and Individual Differences, 28,* 701–715.
Kurzversionen	Die Single-Item Self-Esteem Scale (SISE) ist ein Item zur Messung des globalen Selbstwertgefühls und weist eine hohe Korrelation ($r > .80$) mit der RSES auf: Robins, R. W., Hendin, H. M. & Trzesniewski, K. H. (2001). Measuring Global Self-Esteem: Construct Validation of a Single-Item Measure and the Rosenberg Self-Esteem Scale. *Personality and Social Psychology Bulletin, 27,* 151–161.
Kurzbeschreibung	Die RSES ist das weltweit am häufigsten eingesetzte Verfahren zur Messung des globalen Selbstwertgefühls. Das globale Selbstwertgefühl ist mit zahlreichen positiven Verhaltensweisen und Kriterien assoziiert. Die RSES erfasst ökonomisch und reliabel das globale Selbstwertgefühl in der Selbstbeurteilung. Der Test ist in der klinischen Praxis und in der Forschung anwendbar.
Anwendungsbereich	Der Fragebogen ist für die Quantifizierung des globalen Selbstwertgefühls anwendbar. Bei der Entwicklung der RSES bestand die Zielpopulation aus Schülern der 7. bis 12. Klasse. Das Instrument ist mittlerweile auch zum Einsatz im Erwachsenenalter etabliert. Der Test kann sowohl bei unselektierten Bevölkerungs- als auch bei verschiedenen Klienten- bzw. Patientenpopulationen verwendet werden. Einsatzziele sind die Deskription der Ausgangslage eines Probanden, die Selektion und Deskription therapeutischer Zielbereiche, die Therapieerfolgsbeurteilung sowie die Dokumentation des Behandlungsverlaufs.

RSES

Bearbeitungszeit

Die Bearbeitungsdauer beträgt circa 2 Minuten. Die Handauswertung erfordert circa 1 Minute.

Theoretischer Hintergrund

Das Selbstwertgefühl ist die evaluative Komponente des Selbstkonzeptes und beschreibt die subjektive Bewertung der eigenen Persönlichkeit. Das globale Selbstwertgefühl steht für die Zufriedenheit mit sich selbst und ist eine zentrale Komponente der allgemeinen Lebenszufriedenheit und ein wichtiger Indikator für psychische Gesundheit.

Bezug zur Psychotherapie

Bei vielen psychischen Problemen und Störungen (z. B. Depression) ist das Selbstwertgefühl beeinträchtigt, daher sollte die Beeinträchtigung im Rahmen einer Psychotherapie quantifiziert werden. Geringes Selbstwertgefühl ist ein Risikofaktor für Depression (Steiger et al., 2014) und sollte daher zur Rückfallprophylaxe abgeklärt werden.

Testentwicklung

Die Entwicklung der RSES geht von einem eindimensionalen Selbstwertmodell aus. Die Items wurden nach dem Guttman-Typ erstellt und exploratorischen Faktorenanalysen unterzogen, die regelmäßig zwei Faktoren ergaben, auf denen jeweils die positiv respektive negativ formulierten Items luden. Die Ladungsmuster der Faktanalysen zeigten jedoch, dass diejenigen Items, die auf dem zweiten Faktor luden, vergleichsweise substanzielle Ladungen auf dem ersten Faktor aufwiesen. Diese beiden Faktoren weisen einen Anteil zwischen 40 % und 60 % gemeinsamer Varianz auf. Konfirmatorische Faktorenanalysen hingegen zeigen, dass das Konstrukt des globalen Selbstwertes, operationalisiert mittels der Selbstwert-Skala von Rosenberg, als zweidimensional angenommen werden muss (z. B. Collani & Herzberg, 2003b; Corwyn, 2000; Roth et al., 2008, Tafarodi & Milne, 2002). Eindimensionalität kann zumindest auf der Stufe eines Faktors 2. Ordnung angenommen werden, diese Interpretation wird auch durch Item-Response-Theorie-Analysen (partial credit model) an einer repräsentativen Stichprobe gestützt (Roth et al., 2008; vgl. auch Gray-Little et al., 1997).

Aufbau und Auswertung

Die RSES besteht aus 10 Items, von denen die Hälfte negativ formuliert ist. Zur Beantwortung der Fragen stehen verschiedene Antwortformate (Likert-Skalen, vier- bis siebenstufig) zur Verfügung, wobei das vierstufige Antwortformat am häufigsten verwendet wird. Der Fragebogen wird standardmäßig als Papier-Bleistift-Verfahren administriert. Vor der Bildung des Summenscores sind die fünf negativ formulierten Items umzukodieren.

Gütekriterien

Der Test ist aufgrund seiner Einfachheit und hohen Augenscheinvalidität objektiv in Bezug auf Durchführung, Auswertung und Interpretation. Aufgrund der Kürze ist die RSES ebenfalls ökonomisch.

Für die Normstichprobe von $N = 5\,024$ Highschool-Schülern der 10. Klasse beträgt die interne Konsistenz (Cronbachs α) .77.

Die mittlere interne Konsistenz über verschiedene Stichproben und Versionen liegt im Bereich von $\alpha = .83$ bis .88. Angaben zur Test-Retest-Reliabilität liegen für die deutsche Version nicht vor. Metaanalysen (Trzesniewski et al., 2003) zeigen, dass die Test-Retest-Reliabilität für

1-Jahres-Intervalle der RSES aufgrund der Veränderungen des globalen Selbstwertgefühls über die Lebensspanne erst ab der späten Adoleszenz und dem frühen Erwachsenenalter Werte von $\alpha > .60$ erreicht. Kürzere Intervalle weisen dementsprechend höhere Test-Retest-Reliabilität auf. Angaben zur Veränderungssensitivität liegen bislang nicht vor.

Die Konstrukt- und Kriteriumsvalidität der RSES gilt durch eine Vielzahl von Studien durch Zusammenhänge mit Messverfahren mit gleichem Gültigkeitsanspruch und inhaltlich abgeleiteten Kriterien als gegeben. Die faktorielle Validität der RSES wird kontrovers diskutiert, da regelmäßig zwei Faktoren bei Faktorenanalysen resultieren. Dissens besteht, ob die Faktoren inhaltlich oder als Artefakt der positiven und negativen Itemformulierungen zu interpretieren sind. Ein einheitliches Konstrukt Selbstwertgefühl kann jedoch zumindest auf der Stufe eines Faktors 2. Ordnung angenommen werden (Collani & Herzberg, 2003b; Roth et al., 2008).

Vergleichswerte/ Normen

Normen auf Basis einer repräsentativen Bevölkerungsstichprobe liegen für die Version von Ferring und Fillip (1996) mit einem sechsstufigen Antwortformat vor (Roth et al., 2008). Allerdings ist diese Version wenig gebräuchlich, da die Standardversion ein vierstufiges Antwortformat enthält und für den Einsatz die Version von Collani und Herzberg (2003a) empfohlen wird.

Die Normen basieren auf einer bundesweit repräsentativen Quotenstichprobe von $N = 4\,988$ Personen zwischen 14 und 92 Jahren (Rücklaufquote: 72.9 %). Die Werte liegen tabellarisch als T-Werte vor. Es gibt keine Geschlechts- oder Altersunterschiede in den Normen.

WWW-Ressourcen

Es liegen keine zusätzlichen Ressourcen vor.

Literatur

Collani, G. von & Herzberg, P. Y. (2003a). Eine revidierte Fassung der deutschsprachigen Skala zum Selbstwertgefühl von Rosenberg. *Zeitschrift für Differentielle und Diagnostische Psychologie, 24,* 3–7.

Collani, G. von & Herzberg, P. Y. (2003b). Zur internen Struktur des globalen Selbstwertgefühls nach Rosenberg. *Zeitschrift für Differentielle und Diagnostische Psychologie, 24,* 9–22.

Corwyn, R. F. (2000). The factor structure of global self-esteem among adolescents and adults. *Journal of Research in Personality, 34,* 357–379.

Ferring, D. & Filipp, S.-H. (1996). Messung des Selbstwertgefühls: Befunde zur Reliabilität, Validität und Stabilität der Rosenberg-Skala. *Diagnostica, 42,* 284–292.

Gray-Little, B., Williams, V. S. L. & Hancock, T. D. (1997). An item response theory analysis of the Rosenberg Self-Esteem scale. *Personality and Social Psychology Bulletin, 23,* 443–451.

Roth, M., Decker, O., Herzberg, P. Y. & Brähler, E. (2008). Dimensionality and norms of the Rosenberg Self-Esteem Scale in a German general population sample. *European Journal of Psychological Assessment, 24,* 190–197.

Steiger, A. E., Allemand, M., Robins, R. W. & Fend, H. A. (2014). Low and decreasing self-esteem during adolescence predict adult depression two decades later. *Journal of Personality and Social Psychology, 106,* 325–338. DOI: 10.1037/a0035133.

Tafarodi, R. W. & Milne, A. B. (2002). Decomposing global self-esteem. *Journal of Personality, 70,* 443–484.

Trzesniewski, K. H., Donnellan, M. B. & Robins, R. W. (2003). Stability of self-esteem across the life span. *Journal of Personality and Social Psychology, 84,* 205–220.

Autor des Beitrags	Philipp Yorck Herzberg
Kontaktdaten des Autors	Prof. Dr. Philipp Yorck Herzberg Helmut-Schmidt-Universität/Universität der Bundeswehr Hamburg Fakultät für Geistes- und Sozialwissenschaften Professur für Persönlichkeitspsychologie und Psychologische Diagnostik Holstenhofweg 85 22043 Hamburg herzberg@hsu-hh.de

RSQ-D
Response Styles Questionnaire – Deutsche Version

Autorinnen des Testverfahrens	Christine Kühner, Silke Huffziger und Susan Nolen-Hoeksema
Quelle	Kühner, C., Huffziger, S. & Nolen-Hoeksema, S. (2007). *Response Styles Questionnaire – Deutsche Version (RSQ-D)*. Göttingen: Hogrefe. Das Copyright liegt beim Hogrefe Verlag.
Vorgänger-/ Originalversionen	keine
Kurzversionen	Aus der ursprünglichen Langversion (21 Ruminationsitems, 11 Distraktionsitems) wurde im Rahmen umfangreicher psychometrischer Analysen eine 23-Item-Version des RSQ-D entwickelt, deren Einsatz aufgrund verbesserter Gütekriterien präferiert wird.
	Es existiert weiterhin eine Kurzform mit 10 Items (RSQ-10D): Huffziger, S. & Kühner, C. (2012). Die Ruminationsfacetten Brooding und Reflection. Eine psychometrische Evaluation der deutschsprachigen Version RSQ-10D. *Zeitschrift für Klinische Psychologie und Psychotherapie, 41,* 38–46. Der RSQ-10D ist ein zweidimensionales Selbstbeurteilungsverfahren und beinhaltet die 10 Items der Fragebogenversion von Treynor et al. (2003) zur Erfassung der Ruminationsfacetten *Brooding* (5 Items) und *Reflection* (5 Items).
Kurzbeschreibung	Beim RSQ-D handelt es sich um ein Selbstbeurteilungsverfahren zur Erfassung kognitiver und verhaltensbezogener Copingstile im Umgang mit trauriger oder niedergeschlagener Stimmung. Es liegt eine Langform (32 Items; Subskalen *Rumination* und *Distraktion*) und eine Kurzform (23 Items; Subskalen *Symptombezogene Rumination, Selbstfokussierte Rumination* und *Distraktion*) vor.
	Die übliche Erhebungsform ist die Papierversion. Zudem ist eine computergestützte Version verfügbar. Potenzielle Anwender sind klinische Grundlagen- und/oder Psychotherapieforscher sowie Psychotherapeuten.
Anwendungsbereich	Der Fragebogen eignet sich für Jugendliche ab 14 Jahren und Erwachsene. Er kann im Einzel- und Gruppensetting durchgeführt werden. Ziel ist die Erfassung potenzieller kognitiver Risiko- und Schutzfaktoren für die Entstehung und den Verlauf depressiver Störungen. Anwendungsbereiche sind die klinische Grundlagen- und Psychotherapieforschung (z. B. Bürger & Kühner, 2007; Diener et al., 2009; Huffziger & Kuehner, 2009; Huffziger et al., 2009; Kuehner & Buerger, 2005, Kuehner & Huffziger, 2012; Kuehner & Weber, 1999; Kuehner et al., 2007a, 2011) sowie die individuelle behandlungsbegleitende Diagnostik.

RSQ-D

Bearbeitungszeit

Die Durchführungs- und Auswertungszeit beträgt für den RSQ-D circa 8 Minuten (32 Items) bzw. circa 5 Minuten (23 Items) und für den RSQ-10D (10 Items) circa 3 Minuten.

Theoretischer Hintergrund

Der RSQ-D basiert auf der Response Styles Theorie (RST) von Susan Nolen-Hoeksema (vgl. Nolen-Hoeksema et al., 2008). Die Theorie postuliert zwei unterschiedliche Copingstile im Umgang mit niedergeschlagener oder depressiver Verstimmung: Rumination und Distraktion. Rumination bedeutet wiederholtes und anhaltendes Nachdenken über depressive Symptome und deren mögliche Ursachen und Konsequenzen, Distraktion beinhaltet dagegen kognitive oder verhaltensmäßige Ablenkung. Die RST nimmt an, dass Rumination zu einer Aufrechterhaltung oder Exacerbation depressiver Verstimmung führt, während Distraktion niedergeschlagene oder depressive Verstimmungen abschwächt und verkürzt. Mit dem RSQ-D werden Rumination und Distraktion als habituelle Copingstile erfasst. Aussagen der RST zu prädiktiven Effekten von Rumination und Distraktion wurden in einer Reihe von Studien mit dem RSQ bzw. dem deutschsprachigen RSQ-D bestätigt (z. B. Huffziger et al., 2009; Kuehner & Huffziger, 2012; Kuehner & Weber, 1999; Kuehner et al., 2011; Nolen-Hoeksema et al., 2008).

Bezug zur Psychotherapie

In der Psychotherapieforschung kann der Fragebogen im Rahmen von Interventionsstudien, z. B. zur Untersuchung möglicher Interventionseffekte auf kognitive Risikofaktoren der Depression, eingesetzt werden. Im Rahmen der individuellen behandlungsbegleitenden Diagnostik erlaubt der Einsatz des Fragebogens eine individuelle Einschätzung des kognitiven und verhaltensbezogenen Umgangs eines Patienten mit seinen depressiven Verstimmungen und dessen potenzielle Veränderung über die Therapie.

Testentwicklung

Die Entwicklung des RSQ-D erfolgte durch Kuehner und Weber (1999) und beinhaltete die Übersetzung und Rückübersetzung der $N = 32$ von Nolen-Hoeksema bereitgestellten nicht publizierten Originalitems unter Mitarbeit einer zweisprachigen Fachübersetzerin. Aufgrund der Ergebnisse explorativer Faktorenanalysen an depressiven Patienten nach stationärer Entlassung ($N = 138$, 53.6 % Frauen, Alter: 18 bis 70 Jahre) sowie an einer Gemeindestichprobe ($N = 315$, 52.7 % Frauen, Alter: 18 bis 70 Jahre) wurde die ursprüngliche Langform des RSQ-D (32 Items) auf 23 Items mit den Subskalen *Symptombezogene Rumination*, *Selbstfokussierte Rumination* und *Distraktion* reduziert (Bürger & Kühner, 2007). Im Rahmen der Klassischen Testtheorie wurden anhand dieser Stichproben weitere psychometrische Gütekriterien des Verfahrens bestimmt (Bürger & Kühner, 2007; Kühner et al., 2007b).

Für die Kurzform RSQ-10D (Huffziger & Kühner, 2012) wurden die von Treynor et al. (2003) extrahierten Subskalen *Brooding* und *Reflection* mit je fünf Items psychometrisch untersucht. In dieser Kurzform sind drei neue Ruminationsitems enthalten, die unter den ursprünglich von Nolen-Hoeksema empfohlenen Originalitems ($N = 32$) nicht aufgeführt waren. Hier zeigten konfirmatorische Faktorenanalysen einen akzeptablen Modellfit für das Brooding-Reflection-Model.

Aufbau und Auswertung

Alle Items beginnen mit der Formulierung „Wenn ich mich traurig oder niedergeschlagen fühle ..." und fragen dann nach bestimmten Gedanken oder Verhaltensweisen, die Personen in diesem Zustand üblicherweise zeigen. Pro Item wird auf einer vierstufigen Antwortskala (1 = fast nie, 2 = manchmal, 3 = oft, 4 = fast immer) die Häufigkeit dieser Gedanken bzw. Verhaltensweisen angekreuzt. Die Subskalenwerte ergeben sich als Summe der jeweils zugeordneten Einzelitems.

Der RSQ-D (23 Items) setzt sich aus den oben genannten Subskalen zusammen:
- *Symptombezogene Rumination* (8 Items; Bsp.: „...denke ich, warum komme ich nicht in Schwung?"),
- *Selbstfokussierte Rumination* (7 Items; Bsp.: „... gehe ich irgendwohin, wo ich allein bin, um über meine Gefühle nachzudenken") und
- *Distraktion* (8 Items; Bsp.: „... tue ich etwas, das mich in der Vergangenheit hat besser fühlen lassen.").

Darüber hinaus liegt dem Manual die ursprüngliche Langform mit 32 Items bei, hier lassen sich Skalenwerte für *Rumination* (21 Items) und *Distraktion* (11 Items) berechnen.

Der RSQ-10D (10 Items) besteht aus zwei Skalen:
- *Brooding* (5 Items; Bsp.: „... denke ich, warum reagiere ich immer so?"),
- *Reflection* (5 Items; Bsp.: „... schreibe ich auf, über was ich nachdenke und versuche es zu analysieren.").

Die Skalenwerte berechnen sich aus der Summation der jeweils fünf Einzelitems.

Gütekriterien

RSQ-D (23 Items):
Die Objektivität kann als gegeben vorausgesetzt werden. Die internen Konsistenzen (Cronbachs α) der einzelnen Subskalen liegen für depressive Patienten und Gesunde zwischen $\alpha = .75$ und $.88$, die Retest-Reliabilität nach 5 Monaten zwischen $r = .51$ und $.70$. Die entsprechenden Koeffizienten der Patienten- und Gemeindestichproben unterscheiden sich nicht signifikant.

Validität: Die faktoriell abgeleiteten Subskalen zeigen plausible Muster von Zusammenhängen mit konstruktnahen kognitiven Skalen (z. B. Fragebogen zur Dysfunktionalen und Funktionalen Selbstaufmerksamkeit, DFS, Hoyer, 2000; Fragebogen zur Erfassung dispositionaler Selbstaufmerksamkeit, SAM, Filipp & Freudenberg, 1989; Fragebogen zur Erfassung von Handlungs- und Lageorientierung, HAKEMP, Kuhl, 1994) sowie mit depressiver Symptombelastung (Beck Depressions-Inventar, BDI-II, Hautzinger et al., 2006; Fragebogen zur Depressionsdiagnostik nach DSM-IV, FDD - DSM-IV, Kühner, 1994; Strukturiertes Klinisches Interview für DSM-IV, Achse I: Psychische Störungen, SKID-I, Wittchen et al., 1997; Montgomery-Asberg Depression-Rating Scale, MADRS, Schmidtke et al., 1988). Depressive Personen weisen gegenüber Gesunden höhere Ausprägungen auf beiden Ruminationsskalen sowie niedrigere Distraktionstendenzen auf. Haupteffekte des Alters zeigten sich für die beiden Ruminationsskalen, nicht aber für die Subskalen *Distraktion*. Ältere Personen berichteten demnach über geringere Grübeltendenzen als Jüngere. Die Subskalen *Symptombezogene Rumination* und *Distraktion* zeigen weiterhin prädiktive Validität: Ein höheres Ausmaß an *Symptombezogener Rumination* und ein niedrigeres Ausmaß an *Distraktion* zur Baseline sagten höhere Depressivitätswerte nach 5 Monaten vorher, auch unter Kontrolle der Depressionswerte zur Baseline (Bürger & Kühner, 2007; Kühner et al., 2007b). In einer Längsschnittstudie mit vier Messzeitpunkten über 5 Jahre prädizierten diese Subskalen auch spezifische Facetten gesundheitsbezogener Lebensqualität (Kuehner & Huffziger, 2012).

RSQ-10D (10 Items):
Die Objektivität kann als gegeben vorausgesetzt werden. Die internen Konsistenzen (Cronbachs α) für *Brooding* und *Reflection* liegen zwischen α = .56 und .75, die Retest-Reliabilität über einen Zeitraum von 3 bis 6 Monaten zwischen r = .50 und .66.

Validität: Korrelationen mit konstruktnahen Skalen waren plausibel und legten eine geringere Dysfunktionalität von *Reflection* im Vergleich zu *Brooding* nahe. Depressive Patienten zeigten höhere *Brooding*-Werte als Gesunde, in den nicht klinischen Stichproben fanden sich (theoriekonform) höhere *Brooding*-Werte bei Frauen im Vergleich zu Männern.

Vergleichswerte/ Normen

Für die Stichproben des Manuals zum RSQ-D (Kühner et al., 2007b) werden für die drei Dimensionen *Symptombezogene Rumination*, *Selbstfokussierte Rumination* und *Distraktion* Verteilungsparameter (Mittelwerte, Standardabweichungen, Quartile), getrennt für depressive Patienten (N = 138) und Gesunde (N = 313), angegeben. Im Anhang des Manuals finden sich für die 32- und 23-Items-Version weiterhin Prozentrangnormen, getrennt für Patienten und Gemeindestichproben.

Für die Subskalen *Brooding* und *Reflection* der Kurzform RSQ-10D sind Mittelwerte und Standardabweichungen für klinische (N = 53) und nicht klinische Stichproben (N = 338) angegeben.

WWW-Ressourcen

Es liegen keine zusätzlichen Ressourcen vor.

Literatur

Bürger, C. & Kühner, C. (2007). Copingstile im Umgang mit depressiven Symptomen: Faktorenstruktur und psychometrische Gütekriterien der deutschen Version des Response Styles Questionnaire (RSQ). *Zeitschrift für Klinische Psychologie und Psychotherapie, 36*, 36–45.

Diener, C., Kuehner, C., Brusniak, W., Struve, M. & Flor, H. (2009). Effects of stressor controllability on psychophysiological, cognitive, and behavioural responses in patients with major depression and dysthymia. *Psychological Medicine, 39*, 77–86.

Filipp, S.-H. & Freudenberg, E. (1989). *Der Fragebogen zur Erfassung dispositionaler Selbstaufmerksamkeit (SAM-Fragebogen)*. Göttingen: Hogrefe.

Hautzinger, M., Keller, F. & Kühner, C. (2006). *Beck Depressions-Inventar. Revision (BDI-II)*. Frankfurt am Main: Pearson.

Hoyer, J. (2000). Fragebogen zur Dysfunktionalen und Funktionalen Selbstaufmerksamkeit (DFS). *Diagnostica, 46* (3), 140–148.

Huffziger, S. & Kuehner, C. (2009). Rumination, distraction, and mindful self-focus in depressed patients. *Behaviour Research and Therapy, 47*, 224–230.

Huffziger, S. & Kühner, C. (2012). Die Ruminationsfacetten Brooding und Reflection. Eine psychometrische Evaluation der deutschsprachigen Version RSQ-10D. *Zeitschrift für Klinische Psychologie und Psychotherapie, 41*, 38–46.

Huffziger, S., Reinhard, I. & Kuehner, C. (2009). A longitudinal study on rumination and distraction in formerly depressed inpatients and community controls. *Journal of Abnormal Psychology, 118*, 746–756.

Kühner, C. (1997). *Fragebogen zur Depressionsdiagnostik nach DSM-IV (FDD - DSM-IV)*. Göttingen: Hogrefe.

Kuehner, C. & Buerger, C. (2005). Determinants of subjective quality of life in depressed patients: the role of self-esteem, response styles, and social support. *Journal of Affective Disorders, 86*, 205–213.

Kuehner, C., Diener, C., Ubl, B. & Flor, H. (2011). Reproducibility and predictive value of the Post-Imperative Negative Variation during aversive learning in depression. *Psychological Medicine, 41*, 890–892.

Kuehner, C., Holzhauer, S. & Huffziger, S. (2007a). Decreased cortisol response to awakening is associated with cognitive vulnerability to depression in a nonclinical sample of young adults. *Psychoneuroendocrinology, 32*, 199–209.

Kuehner, C. & Huffziger, S. (2012). Response styles to depressed mood affect the long-term course of psychosocial functioning in depressed patients. *Journal of Affective Disorders, 136*, 627–633.

Kühner, C., Huffziger, S. & Nolen-Hoeksema, S. (2007b). *Response Styles Questionnaire – Deutsche Version (RSQ-D)*. Göttingen: Hogrefe.

Kuehner, C. & Weber, I. (1999). Responses to depressed mood in depressed patients: An investigation of Nolen-Hoeksema's Response Styles Theory. *Psychological Medicine, 29*, 1323–1333.

Kuhl, J. (1994). Action versus state orientation: Psychometric properties of the Action Control Scale (ASC-90). In J. Kuhl & J. Beckmann (Eds.), *Volition and personality: Action versus state orientation* (pp. 47–60). Seattle, WA: Hogrefe.

Nolen-Hoeksema, S., Wisco, B. E. & Lyubomirsky, S. (2008). Rethinking Rumination. *Perspectives on Psychological Science, 3*, 400–424.

Schmidtke, A., Fleckenstein, P., Moises, W. & Beckmann, H. (1988). Untersuchungen zur Reliabilität und Validität einer deutschen Version der Montgomery-Asberg Depression-Rating Scale (MADRS). *Schweizer Archiv für Neurologie und Psychiatrie, 139*, 51–65.

Treynor, W., Gonzalez, R. & Nolen-Hoeksema, S. (2003). Rumination reconsidered: a psychometric analysis. *Cognitive Therapy and Research, 27*, 247–259.

Wittchen, H. U., Zaudig, M. & Fydrich, T. (1997). *Strukturiertes Klinisches Interview für DSM-IV. Achse I: Psychische Störungen / Achse II: Persönlichkeitsstörungen (SKID-I und SKID-II).* Göttingen: Hogrefe.

Autorin des Beitrags	Christine Kühner
Kontaktdaten der Autorin	Prof. (apl.) Dr. Christine Kühner AG Verlaufs- und Interventionsforschung Abteilung Psychiatrie und Psychotherapie Zentralinstitut für Seelische Gesundheit J 5 68159 Mannheim christine.kuehner@zi-mannheim.de

SCL-90®-S
Symptom-Checklist-90®-Standard

Autorin des Testverfahrens	Gabriele Helga Franke
Quelle	Franke, G. H. (2014). *Symptom-Checklist-90®-Standard (SCL-90®-S)*. Göttingen: Hogrefe. Das Copyright liegt beim Hogrefe Verlag.
Vorgänger-/ Originalversionen	Die 90 Fragen umfassende Symptom-Checkliste wurde als Hopkins Symptom Checklist-90 (HSCL-90; Lipman et al., 1977, 1979) und auch als Symptom Checklist-90 (SCL-90 bzw. SCL-90-R; Derogatis & Cleary, 1977a, 1977b) eingeführt. Im deutschsprachigen Raum steht das Verfahren seit 1995 zur Verfügung (Franke, 1995); es wurde 2002 sowie 2014 mit jeweils aktuellen bevölkerungsrepräsentativen Normen publiziert (Franke, 2002, 2014).
Kurzversionen	Zwei sehr bekannte Kurzversionen sind das 53 Items umfassende Brief Symptom Inventory (BSI; Derogatis & Melisaratos, 1983), das seit 2000 in einer deutschen Version vorliegt (Franke, 2000) sowie das 18 Items umfassende Brief Symptom Inventory-18 (BSI-18; Franke et al., 2010, 2011). Das BSI behält die grundsätzliche Skalen- und Auswertungsstruktur der SCL-90®-S bei, während das BSI-18 nur noch die drei Skalen *Somatisierung*, *Depressivität* und *Ängstlichkeit* sowie einen globalen Kennwert umfasst. Weiterhin gibt es in der nationalen und internationalen Literatur eine Vielzahl verschiedener Kurzversionen, die zumeist für eine bestimmte Zielgruppe entwickelt wurde. Ein aktuelles Beispiel dafür ist eine 25 Items umfassende Kurzversion für den Einsatz bei Strafgefangenen (Dudeck et al., 2014).
Kurzbeschreibung	Mithilfe der SCL-90®-S kann die subjektiv empfundene Beeinträchtigung durch körperliche und psychische Symptome innerhalb der vergangenen 7 Tage erfasst werden. Sie gehört zu den weltweit am häufigsten eingesetzten Selbstbeurteilungsverfahren zur Erfassung der psychischen Belastung und bietet eine mehrdimensionale Auswertung mit der Möglichkeit der Messwiederholung. Sie wird zumeist als Papier-Bleistift-Verfahren genutzt, liegt jedoch auch in einer computergestützten Version vor (vgl. Franke, 1999). Ihr Einsatz ist immer möglich, wenn die Hypothese besteht, dass eine erhöhte psychische Belastung vorliegt.
Anwendungsbereich	Das Instrument kann im psychologischen, medizinpsychologischen (z. B. Gall et al., 2012), psychosozialen (z. B. Holm-Hadulla et al., 2009), psychotherapeutischen (z. B. Haase et al., 2008), psychiatrischen und medizinischen (z. B. Jauca et al., 2010) Kontext bei Jugendlichen und Erwachsenen zur Status- und Verlaufsdiagnostik in Einzel- oder Gruppentestung eingesetzt werden.

SCL-90®-S

Bearbeitungszeit

Die Testdauer umfasst bei einer milden Zeitdruckinstruktion („Überlegen Sie bitte nicht erst, welche Antwort den ‚besten Eindruck' machen könnte, sondern antworten Sie so, wie es für Sie persönlich zutrifft.") 10 bis 15 Minuten.

Die händische Auswertung dauert bei geübter Anwendung 15 bis 20 Minuten. Es liegt auch ein computergestütztes Auswertungsprogramm vor.

Theoretischer Hintergrund

Die psychische Belastung, deren Ursachenforschung in verschiedenen, zum Teil divergierenden theoretischen Modellen betrieben wird, kann mithilfe der SCL-90®-S, als kurzem Screeninginstrument, schnell und ökonomisch erfasst werden. Jede Skala misst eine Bandbreite psychischer Belastung von leicht bis schwer; daher darf sich die Interpretation nicht im Zitieren des Skalennamens erschöpfen.

Bezug zur Psychotherapie

Die SCL-90®-S wird häufig zu Beginn, im Verlauf und zum Ende ambulanter und/oder stationärer Psychotherapie eingesetzt (z. B. Franke et al., 2005).

Testentwicklung

Die Verfahrensentwicklung der SCL-90®-S begann in den 50er Jahren des vergangenen Jahrhunderts mit der Erfassung von Psychotherapie- und später von psychopharmakologischen Effekten mithilfe verschiedener Itemlisten durch verschiedene Autorengruppen. Die spezifischen Anforderungen der jeweiligen Studie führten immer wieder zu einer Modifikation des Itempools.

Nach Klassischer Testtheorie wurden anhand von explorativen Faktorenanalysen sowohl die 90 Fragen umfassende Hopkins Symptom Checklist-90 (HSCL-90; Lipman et al., 1977, 1979) als auch die Symptom Checklist-90 (SCL-90 bzw. SCL-90-R; Derogatis & Cleary, 1977a, 1977b) bestimmt. Im US-amerikanischen Raum wurde die klinische Stichprobe von ambulanten Psychiatriepatienten zur Berechnung der SCL-90-R (Derogatis & Cleary, 1977a) bislang nicht aktualisiert.

Im deutschsprachigen Raum wurden in den Jahren 1995, 2002 und 2014 jeweils neue Norm- sowie klinische Daten publiziert (Franke, 1995, 2002, 2014).

Aufbau und Auswertung

Die 90 Items werden in zufälliger Reihenfolge im Fragebogen präsentiert und in der Auswertung zu neun Skalen und drei globalen Kennwerten zusammengefasst. Jedes Item wird mit der Standardfrage „Wie sehr litten Sie in den vergangenen 7 Tagen unter ..." eingeleitet und soll auf einer fünfstufigen Likert-Skala zwischen 0 = überhaupt nicht bis 4 = sehr stark beantwortet werden. Die neun Skalen werden in alphabetischer Reihenfolge ausgewertet und in der einzelfallstatistischen Interpretation nach der Höhe der jeweiligen T-Werte hierarchisch gegliedert dargestellt:

– *Aggressivität/Feindseligkeit* (6 Items; Bsp.: „...Gefühlsausbrüchen, denen gegenüber Sie machtlos waren?") umfasst die Kategorien feindseligen Verhaltens: Gedanken, Gefühle und Handlungen sowie Aggressionen, Irritierbarkeit, Zorn und Verstimmung.

- *Ängstlichkeit* (10 Items; Bsp.: „...plötzlichem Erschrecken ohne Grund?") erfasst körperlich spürbare Nervosität bis hin zu starker, manifester Angst mit Nervosität, Spannung, Zittern, Panikattacken, Schreckgefühlen sowie Besorgnis und Furcht.
- *Depressivität* (13 Items; Bsp.: „...Neigung zum Weinen?") umfasst Traurigkeit bis hin zu schwerer depressiver Symptomatik. Die Bandbreite der klinischen Depression wird mit Fragen zur Dysphorie, gesunkenem Interesse, verringerter Motivation und dem Verlust vitaler Energie gemessen. Zusätzlich werden Hoffnungslosigkeit, Suizidgedanken und weitere kognitive sowie somatische Korrelate der Depression erfragt.
- *Paranoides Denken* (6 Items; Bsp.: „...dem Gefühl, dass man den meisten Leuten nicht trauen kann?") erfragt paranoide Züge als inhaltliche Denkstörung, wie z. B. Misstrauen, Minderwertigkeitsgefühle, Gedankenprojektionen, Feindseligkeit und Argwohn, Grandiosität, Einengung sowie Angst vor Autonomieverlust und wahnhafte Täuschung.
- *Phobische Angst* (7 Items; Bsp.: „...Furcht auf offenen Plätzen oder auf der Straße?") beinhaltet andauernde und unangemessene Furcht als Reaktion auf Personen, Plätze, Objekte oder Situationen, die zu Vermeidung und Flucht führen.
- *Psychotizismus* (10 Items; Bsp.: „...der Idee, dass irgendjemand Macht über Ihre Gedanken hat?") erfasst Isolation und Entfremdung bis hin zu Halluzinationen und Gedankenzerfall.
- *Somatisierung* (12 Items; Bsp.: „...Kopfschmerzen?") erfragt einfache körperliche Belastungen bis hin zu funktionellen Störungen: kardiovaskuläre, gastrointestinale oder respiratorische Symptome sowie Schmerzen und Beschwerden in der Grobmuskulatur.
- *Unsicherheit im Sozialkontakt* (9 Items; Bsp.: „...Schüchternheit oder Unbeholfenheit im Umgang mit dem anderen Geschlecht?") beschreibt leichte soziale Unsicherheit bis hin zum Gefühl völliger persönlicher Unzulänglichkeit.
- *Zwanghaftigkeit* (10 Items; Bsp.: „...dem Zwang, wieder und wieder nachzukontrollieren, was Sie tun?") erfragt leichte Konzentrationsstörungen bis hin zur ausgeprägten Zwanghaftigkeit.

Darüber hinaus gibt es 7 Zusatzfragen, die keiner Skala zugeordnet werden, jedoch in die Berechnung der globalen Kennwerte eingehen. Drei globale Kennwerte werden durch die Betrachtung des Antwortverhaltens bei allen Items bestimmt. Der GSI (global severity index) ist der Mittelwert der Antwortintensität bei allen 90 Items. Die PST (positive symptom total) berichtet, bei wie vielen Items eine psychische Belastung vorlag (Antwortverhalten > überhaupt nicht). Der PSDI (positive symptom distress index) setzt die Antwortintensität in Bezug zu den Items, bei denen eine Belastung berichtet wurde. In der internationalen Literatur wird gruppenstatistisch zumeist nur auf den GSI Bezug genommen. Der PSDI und die PST geben vor allem im Einzelfall Auskunft darüber, ob z. B. bei wenigen Items eine sehr hohe Belastung berichtet wurde (GSI und PSDI hoch, PST niedrig) oder ob bei vielen Items eine milde Belastung berichtet wurde (GSI und PST hoch, PSDI niedrig).

SCL-90®-S

Eine auffallende psychische Belastung kann nach der Falldefinition schnell erkannt werden, wenn der T-Wert von zwei Skalen und/oder von GSI größer oder gleich 63 ist. Eine mildere Variante dieser Falldefinition kann die Schwellen auf T-Werte größer oder gleich 60 herabsetzen.

Gütekriterien

Objektivität: Auswertungs-, Durchführungs- und Interpretationsobjektivität sind vollständig gegeben.

Reliabilität: Folgende Reliabilitätskoeffizienten der SCL-90®-S konnten in fünf Stichproben gezeigt werden:
- *Aggressivität/Feindseligkeit:* $r_{min} = .76$ und $r_{max} = .78$,
- *Paranoides Denken:* $r_{min} = .76$ und $r_{max} = .85$,
- *Phobische Angst:* $r_{min} = .78$ und $r_{max} = .87$,
- *Psychotizismus:* $r_{min} = .80$ und $r_{max} = .85$,
- *Somatisierung:* $r_{min} = .82$ und $r_{max} = .89$,
- *Unsicherheit im Sozialkontakt:* $r_{min} = .83$ und $r_{max} = .90$,
- *Zwanghaftigkeit:* $r_{min} = .85$ und $r_{max} = .91$,
- *Ängstlichkeit:* $r_{min} = .86$ und $r_{max} = .91$,
- *Depressivität:* $r_{min} = .89$ und $r_{max} = .92$.

Vor allem der globale Kennwert GSI erreichte durchgängig sehr gute Reliabilitätswerte von Cronbachs $\alpha = .97$ bis $.98$. Die Test-Retest-Reliabilität, gemessen als Korrelation zwischen zwei SCL-90®-S-Messungen bei 76 Studierenden im Abstand von 1 Woche, erbrachte befriedigende (*Ängstlichkeit, Somatisierung, Aggressivität/Feindseligkeit, Psychotizismus*) bis gute (*Depressivität, Zwanghaftigkeit, Paranoides Denken, Phobische Angst, Unsicherheit im Sozialkontakt*, GSI) Reliabilitätswerte, sodass sich das Verfahren nachweisbar für die Messwiederholung eignet.

Validität: Den Items kann Augenscheinvalidität zugesprochen werden und die Trennschärfen lagen im mittleren bis hohen Bereich. Problematisch bleiben die hohe Interkorrelation der Skalen sowie die Stichprobenabhängigkeit faktorenanalytischer Ergebnisse. Allerdings bedeutet die hohe Interkorrelation der Skalen letztlich, dass Symptomkomplexe zusammenhängend auftreten und im Grunde auch nur durch ein von außen angelegtes, deskriptives Raster wieder getrennt werden können. Vassend und Skrondal (1999) wiesen nach, dass ein hohes Maß an negativer Affektivität bzw. ein erhöhter Neurotizismuswert (mit anderen Worten: ein hoher Klagsamkeitsfaktor) zu weniger differenziertem Antwortverhalten und ein niedriger Wert bei negativer Affektivität hingegen zu differenzierterem und damit mehrdimensionalem Antwortverhalten führte. Diese Ansätze gilt es, in Zukunft genauer zu prüfen. Inhaltlich stimmige Korrelationen mit korrespondierenden psychodiagnostischen Verfahren sowie fehlende substanzielle korrelative Zusammenhänge mit divergierenden Konstrukten sprechen für die Validität der SCL-90®-S. Das Verfahren ist in der Lage, zwischen gesunden und verschiedenen Patientengruppen sowie aufgrund soziodemografischer Variablen auch innerhalb einer Gruppe zu trennen.

Vergleichswerte/ Normen	Anhand der bevölkerungsrepräsentativen, deutschsprachigen Normstichprobe (N = 2 025; 16 bis 75 Jahre aus den Jahren 2011 und 2012) wurden nach Geschlecht und Alter getrennte T-Normwerte für Erwachsene bestimmt. Weiterhin liegen separate geschlechtsspezifische T-Normwerte für Studierende (N = 1 061) vor. Klinische Vergleichsdaten werden für orthopädische Rehabilitationspatienten (N = 237) sowie für stationäre Psychotherapiepatienten (N = 1 263) berichtet.
WWW-Ressourcen	Weitere Informationen zur Symptom-Checklist finden sich unter: http://www.scl-90-r.de/
Literatur	Derogatis, L. R. & Cleary, P. A. (1977a). Confirmation of the dimensional structure of the SCL-90: a study in construct validation. *Journal of Clinical Psychology, 33,* 981–989. Derogatis, L. R. & Cleary, P. A. (1977b). Factorial invariance across gender for the primary symptom dimensions of the SCL-90. *British Journal of Social and Clinical Psychology, 16,* 347–356. Derogatis, L. R. & Melisaratos, N. (1983). The Brief Symptom Inventory: An introductory report. *Psychological Medicine, 13,* 595–605. Dudeck, M., Lathan, M., Drenkhahn, K., Jäger, S., Spitzer, C., Freyberger, H. J. et al. (2014). Eine Kurzversion des Brief Symptom Inventory (BSI-25-F) zum Einsatz bei Gefangenen im Langzeitstrafvollzug in verschiedenen europäischen Ländern. *Zeitschrift für Psychiatrie, Psychologie und Psychotherapie, 62* (3), 201–209. Franke, G. H. (1995). *Die Symptom-Checkliste von Derogatis – Deutsche Version – Manual (SCL-90-R).* Göttingen: Beltz Test. Franke, G. H. (1999). Effekte der Computeradministration bei der Symptom-Checkliste (SCL-90-R) unter besonderer Berücksichtigung der Itemreihenfolge. *Diagnostica, 45,* 147–153. Franke, G. H. (2000). *Brief Symptom Inventory – Deutsche Version. Manual (BSI).* Göttingen: Beltz Test. Franke, G. H. (2002). *Die Symptom-Checkliste von L. R. Derogatis – Deutsche Version (SCL-90-R)* (2., vollst. überarb. und neu norm. Aufl.). Göttingen: Beltz Test. Franke, G. H. (2014). *Symptom-Checklist-90®-Standard (SCL-90®-S).* Göttingen: Hogrefe. Franke, G. H., Ankerhold, A., Haase, M., Jäger, S., Tögel, C., Ulrich, C. et al. (2011). Der Einsatz des Brief Symptom Inventory 18 (BSI-18) bei Psychotherapiepatienten. *Psychosomatik, Psychotherapie, Medizinische Psychologie, 61,* 82–86. Franke, G. H., Hoffmann, T. & Frommer, J. (2005). Entspricht die Symptombesserung vier Wochen nach Behandlungsbeginn dem Erfolg in der Ein-Jahres-Katamnese? Eine Studie zur stationären psychodynamischen Psychotherapie. *Zeitschrift für Psychosomatische Medizin und Psychotherapie, 51,* 360–372. Franke, G. H., Jäger, S., Morfeld, M., Salewski, C., Reimer, J., Rensing, A. et al. (2010). Eignet sich das BSI-18 zur Erfassung der psychischen Belastung von nierentransplantierten Patienten? *Zeitschrift für Medizinische Psychologie, 19,* 30–37.

Gall, C., Müller, I., Franke, G. H. & Sabel, B. A. (2012). Psychological distress is associated with vision-related but not with generic quality of life in patients with visual field defects after cerebral lesions. *Mental Illness, 4,* e12.

Haase, M., Frommer, J., Franke, G. H., Hoffmann, T., Schulz-Muetzel, J., Jäger, S. et al. (2008). From symptom relief to interpersonal change: treatment outcome and effectiveness in inpatient psychotherapy. *Psychotherapy Research, 18,* 615–624.

Holm-Hadulla, R., Hofmann, F.-H., Sperth, M. & Funke, J. (2009). Psychische Beschwerden und Störungen von Studierenden. *Psychotherapeut, 54,* 346–356.

Jauca, R., Jäger, S. & Franke, G. H. (2010). Psychische Belastung, Lebenszufriedenheit und Krankheitsverarbeitung bei Frauen mit dem Polyzystischen Ovarsyndrom (PCOS). *Zeitschrift für Medizinische Psychologie, 19,* 38–47.

Lipman, R. S., Covi, L. & Shapiro, A. K. (1977). The Hopkins Symptom Checklist (HSCL): Factors derived from the HSCL-90. *Psychopharmacology Bulletin, 13,* 43–45.

Lipman, R. S., Covi, L. & Shapiro, A. K. (1979). The Hopkins Symptom Checklist (HSCL). *Journal of Affective Disorders, 1,* 9–24.

Vassend, O. & Skrondal, A. (1999). The problem of structural indeterminancy in multidimensional symptom report instruments. The case of SCL-90-R. *Behavior Research and Therapy, 37,* 685–701.

Autorin des Beitrags

Gabriele Helga Franke

Kontaktdaten der Autorin

Prof. Dr. habil. Gabriele Helga Franke
Hochschule Magdeburg-Stendal
Fachbereich Angewandte Humanwissenschaften
Osterburger Straße 25
39576 Stendal
gabriele.franke@hs-magdeburg.de

SEQ-D

Session Evaluation Questionnaire – Deutsche Version
(Stundenfragebogen)

Autor des Testverfahrens	William B. Stiles
Quelle	Hartmann, A., Leonhart, R., Hermann, S., Joos, A., Stiles, W. B. & Zeeck, A. (2013). Die Evaluation von Therapiesitzungen durch Patienten und Therapeuten. Faktorstruktur und Interpretation des SEQ-D. *Diagnostica, 59* (1), 45–59. Der SEQ-D steht kostenfrei zur Verfügung.
Vorgänger-/ Originalversionen	Stiles, W. B. (2000). Structure and Use of the Session Evaluation Questionnaire (Form 5). Verfügbar unter http://www.users.muohio.edu/stileswb/ Die zugrunde liegende Version des englischen SEQ führt die Versionsnummer 5.
Kurzversionen	keine
Kurzbeschreibung	Der SEQ ist ein Instrument zur Beschreibung der Sitzungsqualität einzelner Psychotherapiestunden und des unmittelbaren Sitzungsergebnisses hinsichtlich der Stimmung des Patienten. Der SEQ-D wird von den Patienten und/oder den Therapeuten unmittelbar nach einer Sitzung ausgefüllt. Dieselbe faktorielle Struktur des Bogens konnte sowohl für Patienten als auch für Therapeuten gefunden werden (Stiles et al., 1994). Zwei orthogonale Faktoren zu je fünf bipolaren Items messen die Qualität des Sitzungsprozesses: *Tiefe* und *Fluss*. Zwei weitere zueinander orthogonale Faktoren zu je fünf bipolaren Items messen die Stimmung nach der Sitzung: *Positivität* (versus Negativität) und *Erregung* (versus entspannte Ruhe). Sitzungsprozess und Sitzungsergebnis dürfen miteinander korrelieren, das heißt, es wird keine Orthogonalität aller vier Faktoren gefordert. Der gesamte Fragebogen passt auf eine DIN-A4-Seite. Eine computergestützte Präsentation ist möglich und erprobt (Reynolds et al., 2006). Die Anwendung erfolgte bisher hauptsächlich in der Psychotherapieprozessforschung (Stiles, 1980; Stiles et al., 2002). Als ökonomisches Verfahren kann der SEQ-D auch in der Praxis eingesetzt werden, z. B. um die Qualität von Sitzungen zu dokumentieren.
Anwendungsbereich	Hauptzielpopulation sind erwachsene Patienten/Klienten in dyadischer Psychotherapie. Ebenso ist ein Monitoring von Sitzungsqualität und unmittelbarem Sitzungsergebnis möglich (Stiles et al., 1990). Eine Erhebung der Sitzungsbeurteilung durch die Psychotherapeuten ist ebenfalls möglich (Dill-Standiford et al., 1988).

SEQ-D

Bearbeitungszeit

Die Durchführungszeit beträgt weniger als 5 Minuten. Es müssen vier einfache Summenscores berechnet werden. Der hauptsächliche Aufwand besteht in der Dateneingabe von 20 Zahlen pro Messung.

Theoretischer Hintergrund

Die Faktoren zum Sitzungsprozess haben keinen expliziten theoretischen Bezug. Der Faktor *Tiefe* erfasst ein evaluatives Urteil bezüglich „stark und wertvoll" versus „schwach und wertlos". Die Faktoren zum Sitzungsergebnis sollen basale Dimensionen von Stimmung und Emotion abbilden (Larsen & Diener, 1992; Reisenzein, 1994).

Bezug zur Psychotherapie

Es sind Aussagen zur Anwendung in der psychotherapeutischen Praxis und Forschung, zum Sitzungsverlauf *(Tiefe* und *Fluss)* sowie zum unmittelbaren Sitzungsergebnis *(Positivität* und *Erregung)* möglich.

Testentwicklung

Das Verfahren wurde nach der Klassischen Testtheorie entwickelt und in vielen Sprachen und Kulturen an Stichproben aus realen Behandlungen unterschiedlicher Therapieverfahren validiert (Stiles & Snow, 1984; Stiles et al., 2002).

Konfirmatorische Faktoranalysen an der niederländischen und deutschen Version erfolgten mit gutem Ergebnis für die beiden Faktoren des Sitzungsprozesses *(Tiefe* und *Fluss).* Für das Sitzungsergebnis konnte der Faktor *Positivität* repliziert werden. Als etwas problematisch erwies sich der Faktor *Erregung* (vgl. Hartmann et al., 2013, Hafkenscheid, 2009).

Aufbau und Auswertung

Der SEQ-D beinhaltet 21 bipolare Items. Je fünf Items bilden einen Faktor. Ein Item bleibt ohne Zuordnung. Die Faktoren sind:
- *Tiefe* (Bsp.: „Diese Stunde war nützlich.") und
- *Fluss* (Bsp.: „Diese Stunde war holprig.")

zur Beurteilung des Therapieverlaufs sowie
- *Positivität* (Bsp.: „Im Augenblick fühle ich mich glücklich.") und
- *Erregung* (Bsp.: „Im Augenblick fühle ich mich ruhig.")

zur Beurteilung des unmittelbaren Therapieergebnisses.

Die bipolaren Items werden auf einer siebenstufigen Skala eingeschätzt. Die jeweiligen Faktorwerte entsprechen dem mittleren Rating auf den je fünf Items im Range 1 bis 7 mit einem Mittelwert von 4.

Gütekriterien

Reliabilität: Cronbachs α der Skalen zeigten gute bis sehr gute interne Konsistenzen: *Tiefe* $\alpha = .91$, *Fluss* $\alpha = .93$, *Positivität* $\alpha = .89$, *Erregung* $\alpha = .78$ (Reynolds & Stiles, 2007). Die Retest-Reliabilität sollte für ein Prozessinstrument nicht zu hoch sein, damit Schwankungen von Sitzung zu Sitzung erfasst werden können.

Validität: Eine gute konvergente Validität konnte mit Maßen der therapeutischen Allianz hergestellt werden (Mallinckrodt, 1993). Nachweise zur diskriminanten Validität liegen nicht vor. Die internale Struktur des Instrumentes wurde in zwei unabhängigen Untersuchungen (Deutschland, Niederlande) durch konfirmatorische Faktoranalysen überprüft.

Vergleichswerte/ Normen	Für deutsche Untersuchungen liegen keine Normstichproben vor. Vergleichswerte aus vielen angloamerikanischen Untersuchungen finden sich bei Reynolds und Stiles (2007).
WWW-Ressourcen	Der SEQ-D kann kostenfrei bezogen werden unter: http://www.zpid.de/pub/tests/PT_9006553_Stundenfragebogen_SEQ-d5.pdf Die englische Version bzw. weitere Übersetzungen (z. B. Spanisch, Fränzösisch, Japanisch etc.) stehen kostenfrei zur Verfügung unter: http://www.users.miamioh.edu/stileswb/
Literatur	Dill-Standiford, T. J., Stiles, W. B. & Rorer, L. G. (1988). Counselor-client agreement on session impact. *Journal of Counseling Psychology, 35* (1), 47–55. Hafkenscheid, A. (2009). The impact of psychotherapy sessions: Internal structure of the Dutch Session Evaluation Questionnaire (SEQ). *Psychology and Psychotherapy: Theory, Research and Practice, 82* (1), 99–111. Hartmann, A., Leonhart, R., Hermann, S., Joos, A., Stiles, W. B. & Zeeck, A. (2013). Die Evaluation von Therapiesitzungen durch Patienten und Therapeuten. Faktorstruktur und Interpretation des SEQ-D. *Diagnostica, 59* (1), 45–59. Larsen, R. J. & Diener, E. (1992). Promises and problems with the circumplex model of emotion. In M. Clark (Ed.), *Emotion (Review of Personality and Social Psychology Vol. 13)* (pp. 25–59). Thousand Oaks, CA: Sage Publications. Mallinckrodt, B. (1993). Session impact, working alliance, and treatment outcome in brief counseling. *Journal of Counseling Psychology, 40* (1), 25–32. Reisenzein, R. (1994). Pleasure-Arousal Theory and the intensity of emotions. *Journal of Personality and Social Psychology, 67,* 525–539. Reynolds, D. J. J. & Stiles, W. B. (2007). Online Data Collection for Psychotherapy Process Research. *CyberPsychology & Behavior, 10* (1), 92–99. Reynolds, D. J. J., Stiles, W. B. & Grohol, J. M. (2006). An investigation of session impact and alliance in internet based psychotherapy: Preliminary results. *Counselling & Psychotherapy Research, 6* (3), 164–168. Stiles, W. B. (1980). Measurement of the impact of psychotherapy sessions. *Journal of Consulting and Clinical Psychology, 48* (2), 176–185. Stiles, W. B., Gordon, L. E. & Lani, J. A. (2002). Session evaluation and the Session Evaluation Questionnaire. In G. S. Tyron (Ed.), *Counseling based on process research: Applying what we know* (pp. 325–243). Boston, MA: Allyn & Bacon. Stiles, W. B., Reynolds, S., Hardy, G., Rees, A., Barkham, M. & Shapiro, D. (1994). Evaluation and description of psychotherapy sessions by clients using the Session Evaluation Questionnaire and the Session Impacts Scale. *Journal of Counseling Psychology, 41,* 175–185.

Stiles, W. B., Shapiro, D. A. & Firth-Cozens, J. A. (1990). Correlations of session evaluations with treatment outcome. *British Journal of Clinical Psychology, 29* (1), 13–21.

Stiles, W. B. & Snow, J. S. (1984). Dimensions of psychotherapy session impact across sessions and across clients. *British Journal of Clinical Psychology, 23* (1), 59–63.

Autoren des Beitrags   Armin Hartmann und William B. Stiles

Kontaktdaten des   PD Dr. Dipl.-Psych. Armin Hartmann
Erstautors   Universitätsklinikum Freiburg
Zentrum für Psychische Erkrankungen
Klinik für Psychosomatische Medizin und Psychotherapie
Hauptstraße 8
79104 Freiburg
armin.hartmann@uniklinik-freiburg.de

SESA
Skala zur Erfassung der Schwere der Alkoholabhängigkeit

Autoren des Testverfahrens	Ulrich John, Ulfert Hapke und Hans-Jürgen Rumpf
Quelle	John, U., Hapke, U. & Rumpf, H.-J. (2001). *Skala zur Erfassung der Schwere der Alkoholabhängigkeit (SESA).* Göttingen: Hogrefe. Das Copyright liegt beim Hogrefe Verlag.
Vorgänger-/ Originalversionen	Die SESA ist aus der Lübecker Alkoholabhängigkeitsskala (LAS) hervorgegangen: John, U., Veltrup, C., Schnofl, A., Bunge, S., Wetterling, T. & Dilling, H. (1992). Entwicklung eines Verfahrens zur Erfassung von Ausprägungen der Alkoholabhängigkeit aufgrund von Selbstaussagen: die Lübecker Alkoholabhängigkeitsskala (LAS). *Sucht, 38,* 291–303. Die LAS basierte auf den international einschlägigen Testentwicklungen Short Alcohol Dependence Data (SADD; Davidson & Raistrick, 1986), auf dem Severity of Alcohol Dependence Questionnaire (SADQ; Stockwell et al., 1983) und auf der Alcohol Dependence Scale (ADS; Skinner & Allen, 1982).
Kurzversionen	keine
Kurzbeschreibung	Die SESA ist ein Fragebogenverfahren zur Bestimmung der Schwere einer Alkoholabhängigkeit auf der Basis des Alkoholabhängigkeitssyndroms (Edwards & Gross, 1976), das auch der Definition einer Alkoholabhängigkeit in den internationalen Klassifikationssystemen ICD-10 und DSM-IV zugrunde liegt. Mit der neuesten Version DSM-5 hat sich zwar die Terminologie zu diesen Störungen geändert, aber das Verständnis von Abhängigkeit als dimensionales Konstrukt wurde der SESA im Vergleich zum DSM-IV angenähert. Die SESA ermöglicht die Einschätzung einer Schwere der Abhängigkeit mittels Einordnung in einen Prozentrang und bietet so differenzielle diagnostische Informationen zur Alkoholabhängigkeit in Therapie und Forschung.
Anwendungsbereich	Das Verfahren kann bei Personen, die als alkoholabhängig identifiziert sind, in der Altersgruppe von 18 bis 64 Jahren eingesetzt werden.
Bearbeitungszeit	Die Bearbeitung des Fragebogens nimmt 5 bis 10 Minuten in Anspruch.
Theoretischer Hintergrund	Zugrunde liegt die Definition des Abhängigkeitssyndroms von Edwards und Gross (1976). Mit der Definition wurde ein historischer Grundstein für die heute international übliche kriterienbezogene Diagnostik der Alkoholabhängigkeit gelegt.
Bezug zur Psychotherapie	Die SESA ist für alle therapeutischen Settings zu empfehlen, in denen Alkoholabhängige behandelt werden. Sie ist besonders geeignet für

SESA

die Evaluation von Therapie, z. B. bei Fragestellungen, ob ambulante Suchttherapie eher für leicht Abhängige und stationäre Suchttherapie eher für schwer Abhängige geeignet sei.

Testentwicklung

Die SESA wurde in drei Erhebungen entwickelt. Erhebung A umfasste 392 Alkoholabhängige in psychiatrischen Krankenhäusern, die gemäß ärztlichem Urteil und Münchner Alkoholismustest (MALT; Feuerlein et al., 1979) als Alkoholabhängige diagnostiziert waren. Ergebnis der Erhebung A war die Entwicklung der Version 1 der SESA auf der Basis der internationalen Ursprungsskalen. Erhebung B umfasste 225 Alkoholabhängige in Entzugsbehandlungsabteilungen psychiatrischer Krankenhäuser. Aufgrund der ausgefüllten Fragebögen wurden die Teststatistiken für die Version 1 der SESA erstellt. Sechs Subskalen *(Einengung des Trinkverhaltens, Toleranzsteigerung, Körperliche Entzugssymptome, Psychische Entzugssymptome [Verlangen], Alkoholkonsum zur Vermeidung von Entzugssymptomen und Wiederherstellung des Syndroms nach Abstinenz)* ließen sich statistisch bestätigen. Erhebung C umfasste 157 Alkoholabhängige in stationärer Behandlung in psychiatrischen Kliniken. Ergebnis der Studie war die Veränderung der Antwortkategorien mit eindeutigen Zeitangaben zum Auftreten der jeweils erfragten Symptome. Der Fragebogen wurde fünfstufig gestaltet; die Häufigkeit des Auftretens von Symptomen ist das Kriterium für die Definition der Schwere der Abhängigkeit. Die Gütekriterien wurden in drei weiteren Stichproben bestimmt: Teilstichprobe 1 enthielt 322 Alkoholabhängige in Entzugsbehandlung in einer psychiatrischen Klinik, Teilstichprobe 2 setzte sich aus 226 Alkoholabhängigen zusammen, die aufgrund einer systematischen Screeningdiagnostik in einem Allgemeinkrankenhaus mit chirurgischer und internistischer Abteilung identifiziert worden waren. In Teilstichprobe 3 waren 55 Alkoholabhängige aus einer repräsentativen Bevölkerungsstichprobe von 4 075 Erwachsenen. Die Diagnostik der Alkoholabhängigkeit wurde jeweils aufgrund standardisierter Verfahren gemäß den Kriterien der internationalen Klassifikationssysteme vorgenommen (Publikationslisten zu den einzelnen Untersuchungen finden sich unter: http://www.medizin.uni-greifswald.de/prevention). Auf der Basis der Untersuchungsresultate zu den drei Teilstichproben wurden die Testgütekriterien und die teststatistischen Daten berechnet sowie die Normierung der SESA vorgenommen. Dabei ergab sich auch eine leicht modifizierte Faktorenstruktur.

Aufbau und Auswertung

Die SESA besteht aus 28 Items, die mit 0 = nie, 1 = seltener als einmal im Monat, 2 = einmal pro Monat oder öfter, 3 = einmal pro Woche oder öfter, 4 = täglich bzw. mit 0 = nein oder 1 = ja zu beantworten sind. Die SESA umfasst folgende Subskalen:
- *Einengung des Trinkverhaltens* (4 Items; Bsp.: „Betrunken werden war wichtiger als meine nächste Mahlzeit."),
- *Körperliche Entzugssymptome* (3 Items; Bsp.: „Ich zitterte morgens stark am ganzen Körper, wenn ich nichts Alkoholisches zu trinken hatte."),
- *Alkoholkonsum zur Vermeidung von Entzugssymptomen* (3 Items; Bsp.: „Ich trank morgens Alkohol, um das Zittern loszuwerden."),

- *Psychische Entzugssymptome (Verlangen)* (8 Items; Bsp.: „Alkohol zog mich wie magisch an."),
- *Toleranzsteigerung* (4 Items; Bsp.: „Ich vertrug im Laufe der Jahre immer mehr Alkohol."),
- *Extreme Toleranzsteigerung* (2 Items, Bsp.: „Ich vertrug mindestens die zehnfache Menge gegenüber der Zeit, als ich begann Alkohol zu trinken."),
- *Toleranzumkehr* (4 Items, Bsp.: „Ich trank in letzter Zeit weniger Alkohol als früher, hatte aber die gleiche Wirkung.").

Eine weitere Subskala *Wiederherstellung des Syndroms nach Abstinenz* ist durchführbar, es liegen jedoch dafür keine Teststatistiken vor. Eine englische Version der SESA existiert.

Gütekriterien

Es liegen Gütekriterien aus drei Teilstichproben vor (insgesamt $N = 603$ alkoholabhängige Probanden).

Objektivität: Die standardisierte Darbietung gewährleistet die Durchführungsobjektivität. Die Selbstbeurteilungen in dem Fragebogen mit vorgegebenen Antwortmöglichkeiten sind vom Untersuchungsleiter unabhängig. Die Auswertungsobjektivität ist durch Vorgabe eines Auswertungsschemas gegeben.

Reliabilität: Die interne Konsistenz (Cronbachs α) beträgt $\alpha = .95$ für die Gesamtskala. Für die Subskalen ergeben sich Werte zwischen $\alpha = .71$ und .95. Der Split-Half-Reliabilitätskoeffizient nach Flanagan beträgt $r = .73$.

Validität: Aufgrund von Vergleichen mit international publizierten diagnostischen Verfahren zur Alkoholabhängigkeit erweisen sich die einzelnen SESA-Subskalen sowie die SESA insgesamt als valide. Die Validität wurde überprüft anhand der Verfahren: Münchner Alkoholismustest (MALT; Feuerlein et al., 1979), Michigan Alcoholism Screening Test (MAST; Selzer, 1971), Schedules for Clinical Assessment in Neuropsychiatry (SCAN; WHO, 1992) und Münchener Composite International Diagnostic Interview (M-CIDI; Wittchen et al., 1995). SCAN und M-CIDI erfassen die Kriterien des Abhängigkeitssyndroms und lassen Diagnosen gemäß ICD-10 und DSM-IV erstellen. Darüber hinaus wurde die SESA mit inhaltlich geeigneten Items aus dem Alcohol Use Disorders Identification Test (AUDIT; Saunders et al., 1993) verglichen. Weiterhin wurden SESA-Subskalen mit Angaben zum Alkoholkonsum sowie zu körperlichen Schäden, wie Leberschäden, geprüft. Die Zusammenhänge sprechen für die Validität.

Vergleichswerte/ Normen

Die Normwerttabellen der SESA ermöglichen die Einordnung des Probanden in eine Prozentrangskala. Die Normwerte existieren für die SESA insgesamt sowie für die einzelnen Subskalen, darüber hinaus für Patienten in Alkoholentzugsbehandlung, für Patienten eines Allgemeinkrankenhauses sowie für die Erwachsenenbevölkerung.

WWW-Ressourcen	Es liegen keine zusätzlichen Ressourcen vor.
Literatur	Davidson, R. & Raistrick, D. (1986). The validity of the Short Alcohol Dependence Data (SADD) questionnaire: a short self-report questionnaire for the assessment of alcohol dependence. *British Journal of Addiction, 81,* 217–222. Edwards, G. & Gross, M. M. (1976). Alcohol dependence: provisional description of a clinical syndrome. *British Medical Journal, 1,* 1058–1061. Feuerlein, W., Küfner, H., Ringer, C. & Antons, K. (1979). *Münchner Alkoholismustest (MALT).* Weinheim: Beltz Test. Saunders, J. B., Aasland, O. G., Babor, T. F., De La Fuente, J. R. & Grant, M. (1993). Development of the Alcohol Use Disorders Identification Test (AUDIT): WHO collaborative project on early detection of persons with harmful alcohol consumption part II. *Addiction, 88,* 617–629. Selzer, M. L. (1971). The Michigan Alcoholism Screening Test: the quest for a new diagnostic instrument. *American Journal of Psychiatry, 127,* 89–94. Skinner, H. A. & Allen, B. A. (1982). Alcohol dependence syndrome: measurement and validation. *Journal of Abnormal Psychology, 91,* 199–209. Stockwell, T., Murphy, D. & Hodgson, R. (1983). The Severity of Alcohol Dependence Questionnaire: its use, reliability and validity. *British Journal of Addiction, 78,* 145–155. WHO (1992). *Schedules for Clinical Assessment in Neuropsychiatry.* Genf: WHO. Wittchen, H.-U., Beloch, E., Garczynski, E., Holly, A., Lachner, G., Perkonigg, A. et al. (1995). *Münchener Composite International Diagnostic Interview (M-CIDI), Version 2.2.* München: Max-Planck-Institut für Psychiatrie.
Autoren des Beitrags	Ulrich John, Ulfert Hapke und Hans-Jürgen Rumpf
Kontaktdaten des Erstautors	Prof. Dr. phil. Dipl.-Psych. Ulrich John Universitätsmedizin Greifswald Institut für Sozialmedizin und Prävention Walther-Rathenau-Straße 48 17475 Greifswald ujohn@uni-greifswald.de

SIAB-S

Strukturiertes Inventar für Anorektische und Bulimische Essstörungen (Fragebogen zur Selbstbeurteilung)

Autoren des Testverfahrens	Manfred Fichter und Norbert Quadflieg
Quelle	Fichter, M. & Quadflieg, N. (1999). *Strukturiertes Inventar für Anorektische und Bulimische Essstörungen (SIAB). Fragebogen (SIAB-S) und Interview (SIAB-EX) nach DSM-IV und ICD-10.* Göttingen: Hogrefe. Das Copyright der deutschen Fassung liegt beim Hogrefe Verlag.
Vorgänger-/ Originalversionen	Der Fragebogen SIAB-S wurde auf der Basis des Strukturierten Interviews für Anorektische und Bulimische Essstörungen (SIAB-EX) entwickelt: – Fichter, M. M., Elton, M., Engel, K., Meyer, A. E., Mall, H. & Poustka, F. (1991). Structured Interview for Anorexia and Bulimia Nervosa (SIAB): Development of a New Instrument for the Assessment of Eating Disorders. *International Journal of Eating Disorders, 10,* 571–592. – Fichter, M. M., Herpertz, S., Quadflieg, N. & Herpertz-Dahlmann, B. (1998). Structured Interview for Anorexic and Bulimic Disorders for DSM-IV and ICD-10. Updated (Third) Revision. *International Journal of Eating Disorders, 24,* 227–249.
Kurzversionen	Es ist möglich, nur die für die Diagnostik von Essstörungen erforderlichen Items zu verwenden.
Kurzbeschreibung	Der SIAB-S ist ein Selbstbeurteilungsverfahren mit 87 Items, welche neben den Symptomen gestörten Essverhaltens auch die Bereiche Partnerschaft und soziale Integration, Sexualität und nicht essstörungsspezifische Psychopathologie (z. B. Angst, Depression) erfassen. Eine analoge Fassung liegt als Experten-Interview (SIAB-EX) vor.
Anwendungsbereich	Der SIAB-S ist ein Fragebogen für Jugendliche und Erwachsene (Altersbereich: 12 bis 65 Jahre). Er kann zur klinischen Diagnostik (auch im Verlauf) sowie im Rahmen epidemiologischer Studien insbesondere zur Identifikation von Hochrisikogruppen eingesetzt werden. Der SIAB-S (und SIAB-EX) liegt in deutscher und englischer Sprache vor.
Bearbeitungszeit	Die Beantwortung des SIAB-S dauert circa 20 Minuten, bei Verwendung nur der für die Diagnostik von Essstörungen erforderlichen Items circa 8 Minuten.
Theoretischer Hintergrund	Ausgehend von den Diagnose-Systemen DSM-IV (Saß et al., 1996) und ICD-10 (WHO/Dilling et al., 1991) werden alle relevanten Symptome essgestörten Verhaltens deskriptiv erfasst und – soweit die Items nicht ausschließlich differenziell-klassifikatorischen Zwecken dienen –

SIAB-S

auf einer Schweregradskala eingeschätzt. In gleicher Weise werden die Bereiche Partnerschaft und soziale Integration, Sexualität und nicht essstörungsspezifische Psychopathologie (z. B. Angst, Depression) beurteilt. Für das Experten-Interview SIAB-EX liegt dazu ein ausführliches Manual mit Hinweisen und Beispielen zur Einschätzung vor.

Bezug zur Psychotherapie

Mittels vorliegender Auswertungsalgorithmen ist es möglich, aus den Angaben im SIAB-S sowohl Summenwerte der Skalen, Schweregrad der Essstörung und anderer Beeinträchtigungen als auch Essstörungsdiagnosen nach DSM-IV und ICD-10 zu erstellen. Die Items des SIAB-S geben ein umfassendes Bild der Befindlichkeit und Lebenssituation des Patienten. Eine empfehlenswerte Verwendung des SIAB-S ist die Beantwortung durch den Patienten vor dem Erstgespräch, sodass das Erstgespräch auf den Antworten im Fragebogen aufgebaut werden kann. Für ein strukturiertes Erstgespräch steht das Experten-Interview SIAB-EX zur Verfügung. Auf den Ergebnissen des SIAB aufbauend kann ein Therapieprogramm erstellt werden, welches auf die individuelle Problemlage des Patienten abgestimmt ist (Indikationsdiagnostik). Durch die differenzierte Schweregradskalierung ist der SIAB-S auch zur Verlaufsmessung während einer Psychotherapie geeignet.

Testentwicklung

Anliegen des zunächst als Experten-Interview konzipierten SIAB war die Erstellung eines Interviews mit standardisierten Fragen einschließlich eines ausführlichen Manuals mit Beispielen und Hinweisen, um eine reliable deskriptive Erfassung von Essstörungen und weiterer Pathologie, wie sie häufig im Umfeld von Essstörungen auftritt, zu ermöglichen. Eine erste Fassung des SIAB-EX wurde 1991 von Fichter et al. veröffentlicht. Einige Items wurden dabei dem Goldberg-Interview (Goldberg et al., 1970), der Present State Examination (Wing et al., 1974) und dem Social Interview Schedule (Clare & Cairns, 1978) entnommen. Mit dem Erscheinen von Forschungskriterien zum ICD-10 und dem DSM-IV wurde eine umfassende Revision des SIAB-EX erforderlich. Diese wurde 1998 von Fichter et al. publiziert und enthielt gegenüber der Fassung von 1991 eine neue Faktorenstruktur. An der Stichprobe der 1998er Fassung des SIAB-EX wurde der SIAB-S weiterentwickelt und validiert. Für diesen wurde eine eigene Faktorenstruktur etabliert. Der SIAB-S enthält die gleichen Items wie das SIAB-EX in der einer Selbstauskunft angemessenen Form. In die Fassung von 1998 wurden Items zu atypischen, zeitlich gestreckten Essattacken (Grasen) aufgenommen, welche vor allem bei übergewichtigen Personen zu finden sind. Für Jugendliche liegt für das Experten-Interview eine spezielle Fassung vor, in der die Formulierungen an diese Altersgruppe angepasst sind.

Aufbau und Auswertung

Genauso wie im SIAB-EX sind die meisten Fragen des SIAB-S auf einer fünfstufigen Schweregradskala (0 = Symptom/Problem nicht vorhanden, 1 = Symptom/Problem leicht oder selten vorhanden, 2 = Symptom/Problem deutlich oder öfter vorhanden, 3 = Symptom/Problem stark oder häufig vorhanden, 4 = Symptom/Problem sehr stark oder sehr häufig vorhanden) zu beurteilen. Die Fragen des SIAB-S erfassen zwei

Zeiträume. Zum einen wird die Symptomausprägung in den letzten 3 Monaten (Jetzt) erfragt, zum anderen die Zeit vor den letzten 3 Monaten (Früher). Faktorenanalysen ergaben folgende Skalen, zu denen Summenwerte gebildet werden (Einzelheiten dazu in Fichter & Quadflieg, 2000):

Tabelle 1: Erfasste Skalen und Zeiträume im SIAB-S

Früher (vor 3 Monaten)	Jetzt (letzten 3 Monate)
– Bulimische Symptome	– Allgemeine Psychopathologie und Soziale Integration
– Allgemeine Psychopathologie	– Bulimische Symptome
– Schlankheitsideal	– Körperschema und Schlankheitsideal
– Sexualität und Soziale Integration	– Sexualität und Körpergewicht
– Körperschema	– Gegensteuernde Maßnahmen, Fasten, Substanzmissbrauch
– Gegensteuernde Maßnahmen, Substanzmissbrauch, Fasten und Autoaggression	– Atypische Essanfälle
– Atypische Essanfälle	

Zusätzlich kann jeweils ein Gesamtsummenwert gebildet werden. Des Weiteren ist die Erstellung von Essstörungsdiagnosen nach DSM-IV möglich: Anorexia nervosa (restriktiver und binge/purge Typ), Bulimia nervosa (purging und non-purging Typ), Binge-Eating-Störung und nicht näher bezeichnete Essstörung. Nach den Forschungskriterien der ICD-10 (WHO/Dilling et al., 1994) können die Diagnosen Anorexia nervosa, atypische Anorexia nervosa und Bulimia nervosa gestellt werden.

Gütekriterien

Der SIAB-S und das SIAB-EX wurden an $N = 377$ wegen Essstörungen in einer psychosomatischen Klinik behandelten Männern und Frauen auf die Testgütekriterien hin überprüft.

Objektivität: Bei SIAB-S und SIAB-EX ist durch die Standardisierung die Durchführungs-, Auswertungs- und Interpretationsobjektivität sichergestellt.

Reliabilität: Die interne Konsistenz der Skalen für die Früher-Erhebung liegt zwischen .69 und .94 (Cronbachs α) und ist damit als gut zu bezeichnen. Für die Jetzt-Erhebung variieren die Koeffizienten mit einer Ausnahme zwischen .74 und .92. Die Skala *Gegensteuernde Maßnahmen, Fasten, Substanzmissbrauch* (Jetzt) weist ein α von .34 auf, was auf die Heterogenität der in diesem Faktor erfassten Inhalte zurückzuführen sein dürfte. Im Vergleich zwischen Selbstauskunft SIAB-S und Experten-Interview SIAB-EX (vgl. Fichter & Quadflieg, 2000, 2001) ergaben sich meist gute Cohens Kappa-Werte zwischen .40 und .80. Die Eignung des SIAB-S als diagnostisches Screeninginstrument wurde durch einen positiven Vorhersagewert von .91 (für die Lebenszeit, also Jetzt und Früher kombiniert) belegt.

Mit Ausnahme der Skala *Körperschema* (Früher) zeigen die Skalen des SIAB-S mäßige Korrelationen mit dem Body Mass Index, Dauer der Essstörung und Lebensalter. Die Skala *Körperschema* (Früher) korrelierte hoch und negativ mit dem Body-Mass-Index. Niedriger, aber auch deutlich korrelierte die Skala *Atypische Essanfälle* (Früher) positiv mit dem Body-Mass-Index. Beide Ergebnisse sind nicht unerwartet.

Validität: Vergleiche mit anderen Selbsteinschätzungsskalen zu Essstörungssymptomen und zur allgemeinen Psychopathologie zeigten eine hohe konvergente und diskriminante Konstruktvalidität des SIAB-S.

Ein Vergleich der Skalen des SIAB-S (und des SIAB-EX) mit dem Experten-Interview Eating Disorder Examination (EDE) ergab hohe Korrelationen des SIAB-S-Gesamtwerts mit allen Skalen des EDE.

Vergleichswerte/ Normen

Für das SIAB-S und für das SIAB-EX liegen Vergleichswerte zu $N = 377$ wegen Essstörungen behandelten Männern und Frauen vor. Diese Daten liegen auch getrennt für Anorexia nervosa und Bulimia nervosa (DSM-IV) vor.

WWW-Ressourcen

Unter der nachfolgenden Adresse kann die englische Fassung des SIAB-S (und des SIAB-EX) kostenlos mit Vorlagen zur Auswertung heruntergeladen werden:
http://www.klinikum.uni-muenchen.de/Klinik-und-Poliklinik-fuer-Psychi atrie-und-Psychotherapie/en/forschung/epidemiologie/AssessmentIns trumentsOfEatingDisorders/index.html

Literatur

Clare, A. W. & Cairns, V. E. (1978). Design, development and use of a standardized interview to assess social maladjustment and dysfunction in community studies. *Psychological Medicine, 8,* 859–864.

Fichter, M. M., Elton, M., Engel, K., Meyer, A.E., Mall, H. & Poustka, F. (1991). Structured Interview for Anorexia and Bulimia Nervosa (SIAB): Development of a New Instrument for the Assessment of Eating Disorders. *International Journal of Eating Disorders, 10,* 571–592.

Fichter, M. M., Herpertz, S., Quadflieg, N. & Herpertz-Dahlmann, B. (1998). Structured Interview for Anorexic and Bulimic Disorders for DSM-IV and ICD-10. Updated (Third) Revision. *International Journal of Eating Disorders, 24,* 227–249.

Fichter, M. M. & Quadflieg, N. (2000). Comparing Self- and Expert Rating: A Self-report Screening Version (SIAB-S) of the Structured Interview for Anorexic and Bulimic Syndromes for DSM-IV and ICD-10 (SIAB-EX). *European Archives of Psychiatry and Clinical Neuroscience, 250,* 175–185.

Fichter, M. M. & Quadflieg, N. (2001). The Structured Interview for Anorexic and Bulimic Disorders for DSM-IV and ICD-10 (SIAB-EX). Reliability and Validity. *European Psychiatry, 16,* 38–48.

Goldberg, D. P., Cooper, P., Eastwood, R. R., Kedward, M. B. & Sheperd, M. (1970). A standardized psychiatric interview for use in community survey. *British Journal of Preventive Social Medicine, 24,* 18–23.

Saß, H., Wittchen, H.-U. & Zaudig, M. (1996). *Diagnostisches und Statistisches Manual Psychischer Störungen – DSM-IV.* Göttingen: Hogrefe.

WHO/Dilling, H., Mombour, W. & Schmidt, M. H. (1991). *Internationale Klassifikation psychischer Störungen. ICD-10 Kapitel V (F). Klinisch-diagnostische Leitlinien.* Bern: Huber.

WHO/Dilling, H., Mombour, W., Schmidt, M. H. & Schulte-Markwort, E. (1994). *Internationale Klassifikation psychischer Störungen. ICD-10 Kapitel V (F). Forschungskriterien.* Bern: Huber.

Wing, J. K., Cooper, J. E. & Sartorius, N. (1974). *The Description and Classification of Psychiatric Symptoms. An instruction manual for the PSE and CATEGO program.* London: Cambridge University Press.

Autoren des Beitrags

Manfred Fichter und Norbert Quadflieg

Kontaktdaten des Erstautors

Prof. Dr. Dipl.-Psych. Manfred Fichter
Schön Klinik Roseneck
Am Roseneck 6
83209 Prien/Chiemsee
und
Psychiatrische Universitätsklinik München
Forschungsbereich Epidemiologie und Evaluation
Nussbaumstr. 7
80336 München
mfichter@schoen-kliniken.de

SIAS
Soziale-Interaktions-Angst-Skala

Autoren des Testverfahrens	Ulrich Stangier und Thomas Heidenreich
Quelle	Consbruch, K. von, Stangier, U. & Heidenreich, T. (in Vorb). *Skalen zur Sozialen Angststörung (SOZAS)*. Göttingen: Hogrefe.
Vorgänger-/ Originalversionen	*Originalversion Social Interaction Anxiety Scale (SIAS):* Mattick, R. P. & Clarke, J. C. (1998). Development and validation of measures of social phobia scrutiny fear and social interaction anxiety. *Behaviour Research and Therapy, 36,* 455–470.
Kurzversionen	Es liegen derzeit vier publizierte Kurversionen vor, die von Carleton et al. (2014) ausführlich vergleichend psychometrisch untersucht wurden. Sämtliche Kurzversionen beziehen sich auch auf die Soziale-Phobie-Skala (SPS; vgl. Beitrag in diesem Band). Im Hinblick auf die psychometrischen Kennwerte wies die sechs Items umfassende Kurzform SIAS-6 die besten Eigenschaften auf.
Kurzbeschreibung	Die SIAS ist ein Selbstbeurteilungsverfahren mit 20 Items zur Erfassung von Sozialen Phobien. Erfasst werden Kognitionen und Angstsymptome in sogenannten Leistungs(performance)-Situationen, in denen Handlungen wie eine Rede halten, Essen, Trinken oder Schreiben einer kritischen Beobachtung unterzogen werden könnten. Befürchtet wird, dass entweder die Ausführung der Handlungen oder begleitende Symptome von Angst als unangemessen („peinlich") bewertet werden könnten.
Anwendungsbereich	Die SIAS ist ein Selbstbeurteilungsinstrument zur Erfassung von Sozialen Phobien, die sich auf Interaktionssituationen beziehen. Die Skala kann, ergänzend zur Sozialen Phobie Skala (SPS), zum Screening von Sozialer Angststörung/Sozialer Phobie, zur Erfassung von Sozialen Phobien bei anderen psychischen Störungen und zur Therapieevaluation eingesetzt werden.
Bearbeitungszeit	Die Beantwortung des Fragebogens dauert etwa 5 bis 10 Minuten.
Theoretischer Hintergrund	Soziale Angst ist ein Konstrukt, das eine Vielzahl unterschiedlicher Konzepte umfasst. Einigen dieser Konzepte, wie z. B. Schüchternheit, Ängste vor sexuellen Kontakten, Kommunikationsangst und interpersonale Angst, ist gemeinsam, dass sie eine Interaktion mit anderen Personen beinhalten (Leary, 1983). Beispiele für Interaktions-Situationen sind: mit Fremden sprechen oder Blickkontakt aufnehmen, Interaktionen mit einem potenziellen Beziehungs- und Sexualpartner, Umgang mit Autoritätspersonen, Reklamationen in Geschäften oder ein Telefongespräch führen. Die Ängste beziehen sich darauf, ungeschickt, lang-

weilig oder dumm zu wirken, nicht zu wissen, was man sagen könnte oder ignoriert zu werden. Die Reaktionen des Interaktionspartners sind, im Gegensatz zu Leistungssituationen, mit erhöhter Kontingenz auf das eigene Verhalten versehen (Leary, 1983).

Bezug zur Psychotherapie

Die SIAS kann zur Bestimmung klinisch relevanter Interaktionsängste als Indikationsinstrument für störungsspezifische Therapiemaßnahmen eingesetzt werden. Sie diskriminiert zwischen Sozialer Angststörung/ Sozialer Phobie und anderen Störungen und ist für die Evaluation von Therapieeffekten und Veränderungsmessung sehr gut geeignet.

Testentwicklung

Die SIAS wurde gemeinsam mit der SPS bereits 1989 von Mattick und Clarke entwickelt und in einer Therapiestudie (Mattick et al., 1989) eingesetzt. Beide Skalen wurden jedoch von den Autoren erst 1998 publiziert, nachdem sie bereits in der Forschung zur Sozialen Angststörung/ Sozialen Phobie eingesetzt wurden und sich gegenüber älteren, nicht störungsspezifischen Instrumenten als überlegen erwiesen hatten (Ries et al., 1998). Die Konstruktion von SIAS und SPS erfolgte durch Reduktion eines Itempools von 164 Items auf zunächst 38 Items zur Interaktionsangst und 37 Items zur Angst vor Beobachtung; der Itempool wurde aufgrund optimaler Trennschärfen schließlich auf jeweils 20 Items gekürzt (Mattick & Clarke, 1998). Die für beide Skalen getrennt durchgeführten Faktorenanalysen ergaben unidimensionale Faktorlösungen, die für die SIAS, nicht jedoch die SPS, in einer konfirmatorischen Faktorenanalyse auf gemeinsamer Itemgrundlage weitestgehend repliziert werden konnte (Safren et al., 1998). In der deutschsprachigen Übersetzung wurden alle 20 Items der SIAS beibehalten. Die faktorenanalytische Überprüfung an gemischten Stichproben (Patienten mit Sozialer Angststörung/Sozialer Phobie und anderen Störungen) bestätigt, dass SIAS und SPS ähnliche, aber nicht identische Aspekte sozialer Angst erfassen (Heidenreich et al., 2011).

Aufbau und Auswertung

Die Skala umfasst 20 Aussagen, deren Zutreffen auf einer fünfstufigen Skala von 0 = überhaupt nicht bis 4 = sehr stark eingeschätzt werden. Die Auswertung erfolgt durch Summation der Itemrohwerte, wobei drei Items invertiert werden.

Gütekriterien

Objektivität: Die SIAS ist in Durchführung und Auswertung standardisiert und deshalb als objektiv einzuschätzen.

Gütekriterien der englischsprachigen Originalversion:
Reliabilität: Die Retest-Reliabilität betrug nach 4 und 12 Wochen jeweils $r_{tt} = .92$. Die interne Konsistenz der SIAS betrug bei Soziophobikern Cronbachs $\alpha = .92$ (Mattick & Clarke, 1998) bzw. $\alpha = .86$ (Heimberg et al., 1992).

Konvergente Validität: Die SIAS weist hohe Korrelationen mit anderen Messinstrumenten zu sozialen Ängsten, einschließlich der SPS, auf, wobei die Korrelationen zu Maßen sozialer Interaktionsangst am höchsten sind (Heimberg et al., 1992, Brown et al., 1997).

SIAS

Kriteriumsvalidität: Im Vergleich zu anderen Instrumenten zeigt die SIAS die höchsten Korrelationen zu Kognitionen in verhaltensdiagnostischen Rollenspielen auf (Ries et al., 1998).

Diskriminative Validität: Die SIAS zeigte im Vergleich zu anderen störungsspezifischen Maßen die beste Diskrimination von Soziophobikern und anderen klinischen Gruppen (Brown et al., 1997; Heimberg et al., 1992; Ries et al., 1998). Die Trefferquote betrug bei unterschiedlichen klinischen Gruppen 75 %, wobei die Sensitivität 86 % und die Spezifität 70 % betrug (Brown et al., 1997).

Therapiesensitivität: Die gute Sensitivität für Therapieeffekte konnte in mehreren Studien belegt werden (Mattick et al., 1989), bei Effektstärken zwischen .83 (Ries et al., 1998) und .54 (Cox et al., 1998).

Gütekriterien der deutschsprachigen Version:
Die guten Ergebnisse zu den psychometrischen Qualitäten der Originalversion konnten in mehreren Studien mit der deutschsprachigen Version bestätigt werden (Consbruch et al., in Vorb.; Stangier et al., 2003, 2011).

Reliabilität: Die Retest-Reliabilität liegt über 3 Wochen bei $r_{tt} = .92$, die interne Konsistenz bei $\alpha = .94$.

Diskriminative Validität: Die Diskriminationsleistung liegt bezüglich Personen ohne psychische Störungen bei nahezu 90 %, bezüglich Personen mit Angststörungen bei knapp 80 % und übertrifft damit die Ergebnisse der amerikanischen Untersuchungen. Die richtige Unterscheidung von Personen mit depressiven Störungen gelingt bei 65 %.

Einige Untersuchungen weisen darauf hin, dass die Anwendung der SIAS auch in anderen klinischen Populationen von Nutzen sein kann. So diskriminierte die SIAS signifikant Paraphile von impulskontrollgestörten Sexualstraftätern und Gewalttätern ohne Sexualdelikt (Hoyer et al., 1999). Zusätzlich wurden Modifikationen von SIAS und SPS für spezifische soziale Ängste bei Alkoholabhängigen entwickelt und evaluiert (Wagner et al., 2004).

Therapiesensitivität: In Therapiestudien zum Vergleich von kognitiv-behavioraler Einzel- versus Gruppentherapie (Stangier et al., 2003) sowie zum Vergleich kognitiv-behavioraler mit interpersoneller Therapie (Stangier et al., 2011) bildete die SIAS hochsignifikante Therapieeffekte ab.

Vergleichswerte/ Normen

Eine Diskriminanzanalyse mit einem Cut-Off-Wert der SIAS von ≥ 34 ergab eine korrekte Zuordnung von jeweils 82 % der Soziophobiker und der Kontrollpersonen (Heimberg et al., 1992). Ergebnisse mit der deutschsprachigen Version zeigten gegenüber den amerikanischen Untersuchungen für Soziophobiker einen niedrigeren Mittelwert. Die Ergebnisse legen dementsprechend für die deutsche Version der SIAS einen Cut-Off-Wert von ≥ 30 nahe, bei einer korrekten Zuordnung von 90 % (Stangier et al., 1999).

WWW-Ressourcen Es liegen keine zusätzlichen Ressourcen vor.

Literatur

Brown, E. J., Turovsky, J., Heimberg, R. J., Juster, H. R., Brown, T. A. & Barlow, D. H. (1997). Validation of the Social Interaction Anxiety Scale and the Social Phobia Scale Across the Anxiety Disorders. *Psychological Assessment, 9,* 21–27.

Carleton, R. N., Thibodeau, M. A., Weeks, J. W., Sapach, M. J. T., Mc Evoy, P. M., Horswill, S. C. et al. (2014). Comparing short forms of the Social Interaction Anxiety Scale and the Social Phobia Scale. *Psychological Assessment, 26,* 1116–1126.

Consbruch, K. von, Stangier, U. & Heidenreich, T. (in Vorb.). *Skalen zur Sozialen Angststörung (SOZAS).* Göttingen: Hogrefe.

Cox, B. J., Ross, L., Swinson, R. P. & Direnfeld, D. M. (1998). A comparison of social phobia outcome measures in cognitive-behavioral group therapy. *Behaviour Modification, 22,* 285–297.

Heidenreich, T., Schermelleh-Engel, K., Schramm, E., Hofmann, S. G. & Stangier, U. (2011). The factor structure of the Social Interaction Anxiety Scale and the Social Phobia Scale. *Journal of Anxiety Disorders, 25* (4), 579–583.

Heimberg, R. G., Mueller, G., Holt, C. S., Hope, D. A. & Liebowitz, M. R. (1992). Assessment of anxiety in social interaction and being observed by others: The Social Interaction Anxiety Scale and the Social Phobia Scale. *Behavior Therapy, 23,* 53–73.

Hoyer, J., Kunst, H., Borchard, B. & Stangier, U. (1999). Paraphile versus impulskontrollgestörte Sexualstraftäter: Eine psychologisch valide Differenzierung? *Zeitschrift für Klinische Psychologie, 28,* 37–44.

Leary, M. R. (1983). Social anxiousness: The construct and its measurement. *Journal of Personality Asessment, 47,* 66–75.

Mattick, R. P. & Clarke, J. C. (1998). Development and validation of measures of social phobia scrutiny fear and social interaction anxiety. *Behaviour Research and Therapy, 36,* 455–470.

Mattick, R. P., Peters, L. & Clarke, J. C. (1989). Exposure and cognitive restructuring for social phobia: A controlled study. *Behavior Therapy, 20,* 3–23.

Ries, B. J., McNeil, D. W., Boone, M. L., Turk, C. L., Carter, L. E. & Heimberg, R. G. (1998). Assessment for contemporary social phobia verbal report instruments. *Behaviour Research and Therapy, 36,* 983–994.

Safren, S. A., Turk, C. L. & Heimberg, R. G. (1998). Factor structure of the Social Interaction Anxiety Scale and the Social Phobia Scale. *Behaviour Research and Therapy, 36,* 443–453.

Stangier, U., Heidenreich, T., Berardi, A., Golbs, U. & Hoyer, J. (1999). Die Erfassung sozialer Phobie durch die Social Interaction Anxiety Scale (SIAS) und die Social Phobia Scale (SPS). *Zeitschrift für Klinische Psychologie, 28,* 28–36.

Stangier, U., Heidenreich, T., Peitz, M., Lauterbach, W. & Clark, D. M. (2003). Cognitive therapy for social phobia: individual versus group treatment. *Bevahiour Research and Therapy, 41,* 991–1007.

Stangier, U., Schramm, L., Heidenreich, T., Berger, M. & Clark, D. M. (2011). Cognitive Therapy vs Interpersonal Psychotherapy in Social

Phobia: A randomized controlled trial. *Archives of General Psychiatry, 68,* 692–700.

Wagner, C., Heidenreich, T. & Stangier, U. (2004). Diagnostik von problemspezifischen sozialen Ängsten bei Alkoholkranken. *Zeitschrift für Klinische Psychologie und Psychotherapie, 33,* 308–315.

Autoren des Beitrags	Thomas Heidenreich, Katrin von Consbruch und Ulrich Stangier
Kontaktdaten des Erstautors	Prof. Dr. Thomas Heidenreich Hochschule Esslingen Fakultät Soziale Arbeit, Gesundheit und Pflege 73732 Esslingen thomas.heidenreich@hs-esslingen.de

SOC
Sense-of-Coherence-Fragebogen

Autoren des Testverfahrens	Thomas Abel, Thomas Kohlmann und Horst Noack
Quelle	Abel, T., Kohlmann, T. & Noack, H. (1995). *SOC-Fragebogen. Revidierte Fassung der Übersetzung von Noack, Bachmann u.a. (1987).* Bern: Abteilung für Gesundheitsforschung des Instituts für Sozial- und Präventivmedizin, Universität Bern. Das Copyright liegt beim Erstautor Thomas Abel (thomas.abel@ispm.unibe.ch).
Vorgänger-/ Originalversionen	*Deutsche Vorgängerversion:* Noack, H., Bachmann, N., Oliveri, M., Kopp, H. G. & Udris, I. (1991). *Fragebogen zum Kohärenzgefühl. Autorisierte Übersetzung des „Sense of Coherence Questionnaire" von Antonovsky (1987).* Bern: Institut für Sozial- und Präventivmedizin, Universität Bern. *Originalversion SOC-Scale:* Antonovsky, A. (1987). *Unraveling the mystery of health. How people manage stress and stay well.* San Francisco, CA: Jossey-Bass.
Kurzversionen	Es stehen zwei validierte Kurzversionen (SOC-13, SOC-9L) zur Verfügung. Den SOC-13 gibt es zusätzlich in einer für telefonische Befragungen adaptierten Form (SOC-13T). Für den Einsatz in Bevölkerungsstudien wurde eine 3-Item-Version vorgeschlagen (Schumann et al., 2003).
Kurzbeschreibung	Alle Versionen des Selbstbeurteilungsfragebogens erfassen in unterschiedlichem Differenzierungsgrad eine generelle Einstellung gegenüber dem Leben und der Welt. Diese dispositionelle Lebensorientierung setzt sich aus jeweils einer kognitiven (*Verstehbarkeit* – comprehensibility), einer kognitiv-affektiven (*Handhabbarkeit* – manageability) und einer motivationalen Komponente (*Sinnhaftigkeit* – meaningfulness) zusammen.
Anwendungsbereich	Der Fragebogen kann bei Jugendlichen (> 16 Jahre) und Erwachsenen sowohl im Rahmen der klinischen Diagnostik als auch in der bevölkerungsbezogenen epidemiologischen Gesundheitsforschung eingesetzt werden.
Bearbeitungszeit	Langform: circa 15 Minuten (SOC-29); Kurzformen: circa 10 Minuten (SOC-13) bzw. 5 Minuten (SOC-9L). In der computergestützten telefonischen Befragung (SOC-13T) ist mit einer Bearbeitungszeit von 5 bis 8 Minuten zu rechnen.

SOC

Theoretischer Hintergrund

Der Kohärenzsinn (auch Kohärenzerleben, -empfinden, -gefühl) ist der Kern des von Aaron Antonovsky entwickelten Konzepts der Salutogenese, in dem er sich mit der Entstehung und Aufrechterhaltung von Gesundheit beschäftigte und diese als subjektive Größe auf einem Kontinuum verortete. Innerhalb dieses Modells kommt dem SOC eine Schlüsselrolle als individuelle Bewältigungsressource für den gesundheitsförderlichen Umgang mit Stressoren zu. Antonovsky definierte den SOC als „...eine globale Orientierung, die ausdrückt, in welchem Ausmaß man ein durchdringendes, andauerndes und dennoch dynamisches Gefühl des Vertrauens hat, dass (1) die Stimuli, die sich im Verlauf des Lebens aus der inneren und äußeren Umgebung ergeben, strukturiert, vorhersagbar und erklärbar sind, (2) einem die Ressourcen zur Verfügung stehen, um den Anforderungen, die diese Stimuli stellen, zu begegnen, (3) diese Anforderungen Herausforderungen sind, die Anstrengung und Engagement lohnen." (Antonovsky, 1979). Diese allgemeine Art, die Welt zu betrachten, sich ihr zu nähern und Anforderungen zu begegnen ist sensu Antonovsky das Ergebnis aller biografisch relevanten Widerstandsressourcen (GRR), die einen flexiblen und adaptiven Umgang mit Stressoren ermöglichen. Für Antonovsky ist ein stark ausgeprägter SOC der Schlüssel für eine gesund erhaltende Lebensbewältigung. Er betonte, dass es sich dabei weder um eine Persönlichkeitseigenschaft (trait) noch um einen Copingstil handelt. Gemäß seiner Definition nannte er seine Skala zur Erfassung des SOC ursprünglich „Orientation to Life Questionnaire" (OLQ, deutsch: Fragebogen zur Lebensorientierung), für die sich bald die heutige Bezeichnung durchsetzte. Die Bedeutung des salutogenetischen Ansatzes und speziell der Auseinandersetzung mit dem SOC-Konzept ist in einer beachtlichen Zahl von theoretischen und empirischen Arbeiten kritisch gewürdigt worden. Dabei werden die Potenziale dieser theoretischen Neuorientierung auf die Gesundheit und auf die Ressourcen für die Gesunderhaltung betont. Es wird aber auch auf eine Reihe offener Fragen speziell im Bereich der Konstruktvalidierung hingewiesen (Bengel et al., 1998; Geyer, 1997). Der breite Wirkungskreis des Konzeptes zeigt sich u. a. in der Ausdehnung des Konstruktes auf andere Lebensbereiche, -kontexte und -abschnitte (z. B. arbeitsbezogenes Kohärenzgefühl: Work-SOC, Familien-Kohärenzsinn: FSOC, Gruppen-Kohärenzgefühl: GRSOC, Dortmunder Kinder SOC: DoK-SOC).

Bezug zur Psychotherapie

Anwendungsgebiete liegen im gesamten Bereich der klinischen und Gesundheitsforschung, in denen der Fragebogen z. B. zur Ressourcenanalyse verwendet werden kann. Die Beeinflussung des SOC durch psychologische Interventionen wurde für verschiedene chronische Krankheiten (Büchi et al., 1998; Cassileth, 1995; Pusswald et al., 2009) und im Rahmen gesundheitspolitischer Maßnahmen vorgeschlagen (Wainwright et al., 2007), wird wegen fehlender Cut-Off-Werte aber auch problematisch gesehen (Eriksson & Lindström, 2005).

Testentwicklung

Die als semantisches Differenzial konstruierten Originalinstrumente, eine Kurz- und eine Langform, wurden auf der Grundlage facettentheoretischer Überlegungen entwickelt, mehrfach empirisch getestet und überarbeitet (Antonovsky, 1987, 1993). Ausgangsmaterial des ursprünglich 36 Items umfassenden Itempools bildeten die Gedächtnisprotokolle aus 51 Tiefeninterviews mit schwer traumatisierten Personen. Bei den generisch zu formulierenden Items berücksichtigte Antonovsky neben den drei SOC-Komponenten vier weitere Stimulifacetten mit jeweils drei Ausprägungen: Zeitbezug (Vergangenheit, Gegenwart, Zukunft), Modus (instrumentell, kognitiv, affektiv), Ursprung (internal, external, internal und external) und Anforderung (konkret, diffus, abstrakt). Die Items sollten sich in ihrem Profil unterscheiden und genau einer Komponente zuzuordnen sein. Obwohl es sich beim SOC um ein dynamisches und alle persönlich zentralen Lebensbereiche (Konzept der flexiblen Grenzen) umfassendes Konstrukt handeln sollte, bilden die Items nur die vier für Antonovsky sinnstiftenden Lebensbereiche ab: die eigenen Gefühle, unmittelbare interpersonelle Beziehungen, existenzielle Fragen, die wichtigste eigene Tätigkeit. Trotz solcher Vorannahmen erwies sich der theoretische Modellansatz des mittlerweile in fast 50 Sprachen übersetzten und mindestens 15 verschiedenen Versionen verwendeten Fragebogens als kulturell gut übertragbar (Eriksson & Lindström, 2005).

Für den deutschsprachigen Raum liegen verschiedene Übersetzungsvorschläge vor, von denen sich bislang nur die hier vorgestellten und durch Antonovsky autorisierten Übersetzungen (Abel et al., 1995, basierend auf Noack et al., 1991) durchsetzen konnten. Basierend auf der Kurzversion wurde für die Anwendung in telefonischen Befragungen der SOC-13T entwickelt, dessen Formulierungen für ein besseres Hörverständnis leicht sprachlich vereinfacht wurden. Die Zwischenwerte der hier fünfstufigen Antwortvorgaben werden beim Vorlesen verbal benannt.

Aufbau und Auswertung

Alle Fragebogenversionen erfassen mit 29 (SOC-29), 13 (SOC-13) bzw. 9 (SOC-9L) Items alle drei inhaltlichen Komponenten des Kohärenzsinns:
- *Verstehbarkeit* (11/5/2 Items; Bsp.: „Kommt es vor, dass Sie das Gefühl haben, nicht genau zu wissen, was demnächst geschehen wird?"),
- *Sinnhaftigkeit* (8/4/3 Items; Bsp.: „Wie oft haben Sie das Gefühl, dass die Dinge, die Sie im täglichen Leben tun, wenig Sinn haben?"),
- *Handhabbarkeit* (10/4/4 Items; Bsp.: „Denken Sie, dass es immer Menschen geben wird, auf die Sie in der Zukunft zählen können?").

Die Fragen werden auf siebenstufigen (SOC-13T: fünfstufigen) Ratingskalen mit jeweils unterschiedlichen Polbezeichnungen beantwortet. Wegen der hohen Skaleninterkorrelationen und der unzureichend bestätigten faktoriellen Validität wird die ausschließliche Berechnung eines Gesamtwertes (SOC-29: 29 bis 203 Punkte, SOC-13: 13 bis 91 Punkte, SOC-9L: 8 bis 63 Punkte) empfohlen, wobei niedrige Werte für einen gering ausgeprägten Kohärenzsinn stehen. Das Problem der Abgrenzung eines stark ausgeprägten von einem rigiden SOC ist nach wie vor ungelöst (Singer & Brähler, 2007). Bis heute sind keine allgemeingültigen Cut-Off-Werte definiert worden (Eriksson & Lindström, 2005).

Gütekriterien

Objektivität: Die Objektivität der schriftlichen wie auch der mündlichen Befragung im Rahmen computergestützter Telefoninterviews kann wegen der standardisierten Erhebung und Auswertung als gegeben betrachtet werden.

Reliabilität: Alle Fragebogenversionen weisen eine gute bis sehr gute Reliabilität auf. Die berichteten internen Konsistenzen (Chronbachs α) liegen in der erwachsenen deutschen Allgemeinbevölkerung bei $\alpha = .91$ bis .92 (SOC-29), $\alpha = .85$ bis .86 (SOC-13) und $\alpha = .85$ bis .87 (SOC-9L; Hannöver et al., 2004; Schumacher et al., 2000b). Bei Anwendungen in klinischen Stichproben wurden Kennwerte von $\alpha = .89$ (SOC-29) bzw. $\alpha = .82$ (SOC-13; Mittag et al., 2001), in der computergestützten Telefonbefragung (SOC-13T) Werte von $\alpha = .75$ (Abel et al., 1999) und $\alpha = .72$ ermittelt (Karvonen et al., 1997).

Zur Retest-Reliabilität liegen für den deutschsprachigen Raum kaum Studien vor. Die Ergebnisse weniger internationaler Längsschnittstudien sind mit denen Antonovskys vergleichbar (Eriksson & Lindström, 2005). Danach erweist sich das Konstrukt bei Personen mit einem hoch ausgeprägten SOC-Wert als relativ stabil. Über die Lebensspanne steigende SOC-Werte sprechen allerdings für eine geringere Stabilität als von Antonovsky angenommen.

Validität: Das Konzept wurde seit Antonovsky wohl am umfassendsten von der Nordic School of Public Health analysiert. Die daraus hervorgegangenen Übersichtsarbeiten zur empirischen Studienlage der letzten 25 Jahre stützten die Theorie Antonovskys (Eriksson & Lindström, 2005, 2006). Sie legen nahe, dass dem SOC eine wesentliche moderierende und mediierende Rolle für die Erklärung von Gesundheit zukommt. Belegt werden deutlich positive Zusammenhänge zwischen dem SOC und diversen Maßen des Wohlbefindens und der subjektiven Gesundheit, wobei psychische Maße stärker als körperliche mit dem SOC korrelieren. Diese Befunde scheinen weitgehend unabhängig von Alter, Geschlecht, Bildung, Nationalität und kulturellem Hintergrund, nicht jedoch von materiellen Lebensbedingungen. Starke Überlappungen mit ähnlichen Konzepten (z. B. Selbstwirksamkeit, Optimismus, Mastery) wie auch nachweislich hohe negative Korrelationen mit Depressivität und Ängstlichkeit stellen die Konstruktvalidität jedoch in Frage und bedürfen wegen der Größe der Zusammenhänge weiterer Klärung (Geyer, 1997; Wydler et al., 2000).

Praktikabilität: Gemessen an den Verteilungseigenschaften und am Anteil unbeantworteter Fragen (< 1 %) sind alle Versionen und bisherigen Anwendungsformen als hinreichend praktikabel einzuschätzen. Die uneinheitliche formale Struktur der teils anspruchsvoll formulierten Fragen und die variierenden Ankerbezeichnungen der Antwortskalen werden in der Literatur problematisch gesehen und erfordern vom Befragten eine gewisse Konzentrationsleistung. Die daraufhin inhaltlich überarbeitete 19 Items umfassende fünfstufige SOC-Skala (SOC-HD; Schmidt-Rathjens et al., 1997) hat sich im deutschsprachigen Raum jedoch nicht etablieren können.

Vergleichswerte/ Normen	Für die Langform und beide Kurzformen liegen nach Alter und Geschlecht stratifizierte Normen vor, die auf repräsentativen Daten der deutschen Bevölkerung basieren (N = 2 005, 18 bis 92 Jahre sowie N = 4 002, 17 bis 64 Jahre; Hannöver et al., 2004; Schumacher et al., 2000a). Hannöver et al. (2004) ergänzten Auswertungen in Abhängigkeit des Vorliegens einer psychischen Diagnose. Für den SOC-13T sind bevölkerungsbezogene Referenzdaten aus telefonischen Erhebungen in einer deutschen und einer Schweizer Großstadt verfügbar (Abel et al., 1999).
WWW-Ressourcen	Der SOC steht kostenfrei zur Verfügung unter: http://www.salutogenesis.hv.se/files/soc29_fragebogen.pdf
Literatur	Abel, T., Kohlmann, T. & Noack, H. (1995). *SOC-Fragebogen. Revidierte Fassung der Übersetzung von Noack, Bachmann u.a. (1987).* Bern: Abteilung für Gesundheitsforschung des Instituts für Sozial- und Präventivmedizin, Universität Bern. Abel, T., Walter, E., Niemann, S. & Weitkunat, R. (1999). The Berne-Munich Lifestyle Panel. Background and baseline results from a longitudinal health lifestyle survey. *Sozial- und Präventivmedizin, 44,* 91–106. Antonovsky, A. (1979). *Health, stress, and coping.* San Francisco, CA: Jossey-Bass. Antonovsky, A. (1987). *Unraveling the mystery of health. How people manage stress and stay well.* San Francisco, CA: Jossey-Bass. Antonovsky, A. (1993). The structure and properties of the sense of coherence scale. *Social Science and Medicine, 36,* 725–733. Bengel, J., Strittmatter, R. & Willmann, H. (1998). *Was erhält Menschen gesund? Antonovskys Modell der Salutogenese – Diskussionsstand und Stellenwert.* Köln: Bundeszentrale für gesundheitliche Aufklärung. Büchi, S., Sensky, T., Allard, S., Stoll, T., Schneyder, U., Klaghofer, R. et al. (1998). Sense of coherence – a protective factor for depression in rheumatoid arthritis. *Journal of Rheumatology, 25,* 869–875. Cassileth, B. R. (1995). The aim of psychotherapeutic intervention in cancer patients. *Supportive Care in Cancer, 3,* 267–269. Eriksson, M. & Lindström, B. (2005). Validity of Antonovsky's sense of coherence scale: a systematic review. *Journal of Epidemiology & Community Health, 59,* 460–466. Eriksson, M. & Lindström, B. (2006). Antonovsky's sense of coherence scale and the relation with heath: a systematic review. *Journal of Epidemiology & Community Health, 60,* 376–381. Geyer, S. (1997). Some conceptual considerations on the sense of coherence. *Social Science and Medicine, 44,* 1771–1779. Hannöver, W., Michael, A., Meyer, C., Rumf, H.-J., Hapke, U. & John, U. (2004). Die Sense of Coherence Scale von Antononvsky und das Vorliegen einer psychiatrischen Diagnose. Ergänzungen zu den deutschen Normwerten aus einer bevölkerungsrepräsentativen Stichprobe. *Psychotherapie, Psychosomatik, Medizinische Psychologie, 54,* 179–186.

Karvonen, S., Abel, T., Calmonte, R. & Weitkunat, R. (1997). Die Erfassung des SOC im Telefoninterview – ein Vergleich von kulturellen und Geschlechterdifferenzen. *Das Gesundheitswesen, 59,* A71.

Mittag, O., Kolenda, K. D., Nordmann, K. J., Bernien, J. & Maurischat, C. (2001). Return to work after myocardial infarction / coronary artery bypass grafting: patients' and physicians' initial viewpoints and outcome 12 months later. *Social Science and Medicine, 52,* 1441–1450.

Noack, H., Bachmann, N., Oliveri, M., Kopp, H. G. & Udris, I. (1991). Fragebogen zum Kohärenzgefühl. Autorisierte Übersetzung des „Sense of Coherence Questionnaire" von Antonovsky (1987). Bern: Institut für Sozial- und Präventivmedizin, Universität Bern.

Pusswald, G., Fleck, M., Haubenberger, D., Auff, E. & Weber, G. (2009). Welche Rolle spielt das Kohärenzgefühl in der Krankheitsverarbeitung bei Morbus Parkinson? *Zeitschrift für Gerontologie & Geriatrie, 41,* 220–227.

Schmidt-Rathjens, C., Benz, D., Van Damme, D., Feldt, K. & Amelang, M. (1997). Über zwiespältige Erfahrungen mit Fragebogen zum Kohärenzsinn sensu Antonovsky. *Diagnostica, 43,* 327–346.

Schumacher, J., Gunzelmann, T. & Brähler, E. (2000a). Deutsche Normierung der Sense of Coherence Scale von Antonovsky. *Diagnostica, 48,* 208–213.

Schumacher, J., Wilz, G., Gunzelman, T. & Brähler, E. (2000b). Die Sense of Coherence Scale von Antonovsky – Teststatistische Überprüfung in einer repräsentativen Bevölkerungsstichprobe und Konstruktion einer Kurzskala. *Psychotherapie, Psychosomatik, Medizinische Psychologie, 50,* 472–482.

Schumann, A., Hapke, U., Meyer, C., Rumpf, H. J. & John, U. (2003). Measuring Sense of Coherence with only three items: A useful tool for population surveys. *British Journal of Health Psychology, 8,* 409–421.

Singer, S. & Brähler, E. (2007). *Die „Sense of Coherence Scale". Testhandbuch zur deutschen Version.* Göttingen: Vandenhoeck & Ruprecht.

Wainwright, N. W. J., Surtees, P. G., Welch, A. A., Luben, R. N., Khaw, K. & Bingham, S. A. (2007). Healthy lifestyle choices: could sense of coherence aid health promotion? *Journal of Epidemiology & Community Health, 61* (10), 871–876.

Wydler, H., Kolip, P. & Abel, T. (2000). *Salutogenese und Kohärenzgefühl: Grundlagen, Empirie und Praxis eines gesundheitswissenschaftlichen Konzepts.* Weinheim: Juventa.

Autoren des Beitrags Ines Buchholz, Thomas Abel und Thomas Kohlmann

Kontaktdaten der Erstautorin
Dipl.-Psych. Ines Buchholz
Universitätsmedizin Greifswald
Abteilung Methoden der Community Medicine
Walther-Rathenau-Str. 48
17475 Greifswald
ines.buchholz@uni-greifswald.de

SOMS
Screening für Somatoforme Störungen

Autoren des Testverfahrens	Winfried Rief und Wolfgang Hiller
Quelle	Rief, W. & Hiller, W. (2008). *Screening für Somatoforme Störungen (SOMS)* (2., vollst. überarb. und neu norm. Aufl.). Bern: Huber. Das Copyright liegt beim Verlag Hans Huber.
Vorgänger-/Originalversionen	*Vorgängerversion:* Rief, W., Schäfer, S. & Fichter, M. M. (1992). SOMS: Ein Screening-Verfahren zur Identifizierung von Personen mit Somatoformen Störungen. *Diagnostica, 38,* 228–241.
Kurzversionen	keine
Kurzbeschreibung	Es handelt sich um ein Selbstbeurteilungsverfahren zur Erfassung körperlicher Beschwerden, die nicht (oder nicht ausreichend) durch eine bekannte körperliche Krankheit erklärt werden können (sogenante medizinisch unerklärte somatische Symptome). Es liegen zwei Versionen vor.

Der SOMS-2 (Trait-Version) bezieht sich auf die vergangenen 2 Jahre und enthält 68 Items, die aus 53 körperlichen Beschwerden sowie 15 Ein- und Ausschlusskriterien bestehen. Es handelt sich um die klassifikationsrelevanten körperlichen Symptome für die Somatisierung, sodass eine Statusdiagnostik ermöglicht wird. Als besonderes Einsatzgebiet kann das Vorscreening von Patientengruppen bezüglich des etwaigen Vorliegens von Somatisierungssyndromen nach ICD-10 (oder DSM-5) gelten.

Die zweite Version, der SOMS-7T (State-Version), bezieht sich auf Beschwerden der letzten 7 Tage. Dabei wird die Intensität jedes der 53 Symptomitems fünffach gestuft erfasst, sodass der SOMS-7T zur Veränderungsdiagnostik geeignet ist.

Der SOMS liegt als Papier-Bleistift-Verfahren vor. Er kann in allen medizinischen, psychosomatischen und psychologisch-psychotherapeutischen Einrichtungen angewendet werden, in denen Patienten mit medizinisch unklaren Körperbeschwerden untersucht und behandelt werden. Von besonderem Nutzen kann der Einsatz des SOMS in Hausarztpraxen sein. |
| **Anwendungsbereich** | Der SOMS kann bei Personen ab 16 Jahren eingesetzt werden. Es erfolgt ein Screening, ob und in welchem Ausmaß eine somatoforme Symptomatik vorliegt und ob diese krankheitswertig ist (im Sinne einer Diagnosestellung). Das Verfahren eignet sich sowohl zur klinischen Statusdiagnostik (SOMS-2) als auch zur Veränderungsmessung (SOMS-7T). |

SOMS

Bearbeitungszeit

Da die Items übersichtlich angeordnet und sehr schnell zu beantworten sind, liegt die durchschnittliche Bearbeitungszeit bei 3 bis 10 Minuten. Die Auswertung kann per Hand in 5 bis 10 Minuten erfolgen.

Theoretischer Hintergrund

Der SOMS orientiert sich sehr stark an den modernen psychiatrischen Klassifikationssystemen ICD-10 und DSM-IV. Alle körperlichen Symptome, die in diesen Klassifikationen unter den Diagnosen Somatisierungsstörung und somatoforme autonome Funktionsstörung aufgeführt sind, werden auch im SOMS berücksichtigt. Somit gestattet der SOMS, Risikogruppen zu identifizieren, bei denen vermutlich ein Somatisierungssyndrom vorliegt. Im DSM-5 wurden zwar die Somatoformen Störungen als abgegrenzte einheitliche Störungsgruppe nicht berücksichtigt, der SOMS erlaubt jedoch auch nach diesem Klassifikationssystem eine systematische Symptomerhebung für die neu eingeführte Diagnose der Somatischen Belastungsstörung (Somatic Symptom Disorder).

Bezug zur Psychotherapie

Mithilfe des SOMS kann der oft langwierige Prozess des diagnostischen Interviews im Somatisierungsbereich deutlich verkürzt werden. Psychotherapeuten erhalten schnell Informationen, ob bei ihren Patienten eine ausgeprägte Somatisierungsneigung vorliegt. Zusätzlich kann die Verlaufsform des Fragebogens SOMS-7T eine Veränderungsmessung erlauben, um damit therapeutische Prozesse darzustellen. Als Ergänzung befinden sich im SOMS-Testmanual Tagesprotokolle und ein Befindlichkeitstagebuch, mit deren Hilfe tägliche Schwankungen der körperlichen Symptomatik und der erlebten Unannehmlichkeit protokolliert werden können. Im Sinne einer funktionalen Verhaltensanalyse kann das Symptomerleben mit anderen psychologischen Variablen wie Stimmung (Depressivität), Ängstlichkeit, Krankheitsängsten, Aktivitätsniveau sowie Auslösern und Konsequenzen in Beziehung gesetzt werden (Rief & Hiller, 2011).

Testentwicklung

Die Ursprungsversion des SOMS wurde orientierend am Klassifikationssystem DSM-III-R entwickelt (Rief et al., 1992). Im Zuge der späteren Einführung von DSM-IV und ICD-10 erfolgte eine Überarbeitung. Ein Großteil der Entwicklungsarbeit des Fragebogens wurde bei stationären Patienten einer psychosomatischen Klinik durchgeführt. Eine entsprechend große klinische Stichprobe lieferte Vergleichsdaten, die auch im Manual aufgeführt sind. Es erfolgten grundlegende psychometrische Analysen wie die Ermittlung der Itemhäufigkeiten, Item-Gesamtkorrelationen und Retest-Übereinstimmungen auf Symptomebene. Die Eignung des SOMS-7T für die Veränderungsmessung konnte u. a. an Prä-Post-Daten von über 300 stationären psychosomatischen Patienten belegt werden (Rief & Hiller, 2003). Weitere Erfahrungen konnten mit repräsentativen Stichproben aus der deutschen Bevölkerung gemacht werden. Aus diesen Studien liegen Daten von über 2 000 Personen für den SOMS-2 und von über 2 500 Personen für den SOMS-7T vor (Hiller et al., 2006; Rief et al., 2001). Zudem erfolgten diverse Untersuchungen zur Validität des Fragebogens, bei denen körperliche Symptome bei unterschiedlichen psychischen Störungen verglichen und andere Merkmale erhoben wurden, die als charakteristisch für die Somatoformen Störungen gelten. Diese Studien sind im Testmanual zusammengefasst. Aufgrund seiner großen Resonanz auch im internationalen Forschungsraum liegen mittlerweile diverse Übersetzungen des SOMS in andere Sprachen vor (u. a. Niederländisch, Portugiesisch, Russisch).

Aufbau und Auswertung

Der SOMS erfragt in seiner Trait-Version (SOMS-2) das Vorliegen von körperlichen Beschwerden während der vergangenen 2 Jahre (z. B. Bauchschmerzen, Rückenschmerzen, häufiger Durchfall, Sinnestäuschungen, sexuelle Gleichgültigkeit). Die positiv beantworteten Items können zu verschiedenen Beschwerdeindizes zusammengefasst werden:
- *Beschwerdenindex Somatisierung* (Gesamt-Symptomanzahl als klassifikationsunabhängiges Maß),
- *Somatisierungsindex DSM-IV* (Summe aller nach DSM-IV klassifikationsrelevanten Somatisierungssymptome),
- *Somatisierungsindex ICD-10* (Summe aller für die ICD-10-Diagnose Somatisierungsstörung klassifikationsrelevanten Symptome),
- *Somatisierungsindex Somatoform Autonomic Dysfunction (SAD)* (Summe aller körperlichen Symptome, die nach ICD-10 für die Diagnose der somatoformen autonomen Funktionsstörung klassifikationsrelevant sind).

Der zur Veränderungsmessung geeignete SOMS-7T wird zum einen durch Aufsummieren aller Itemantworten ausgewertet *(Intensitätsindex)*, daneben kann auch ausgezählt werden, bei wie vielen Items überhaupt Beschwerden angegeben werden *(Beschwerdenanzahl)*.

Gütekriterien

Die ursprünglichen Gütekriterien wurden an einer klinischen Stichprobe von 108 psychosomatischen Patienten sowie 101 gesunden Kontrollpersonen entwickelt. Zwischenzeitlich liegen aus verschiedenen Studien für beide Bereiche (Patientengruppen, repräsentative Bevölkerungsstichprobe) weitaus größere Stichproben vor.

Objektivität: Der SOMS ist in seiner Durchführung und Auswertung standardisiert und deshalb als objektiv einzuschätzen.

Reliabilität: Cronbachs α für den *Beschwerdenindex Somatisierung* des SOMS-2 kann mit $\alpha = .88$ als gut bezeichnet werden; für die einzelnen Somatisierungsindizes, die an den Klassifikationssystemen orientiert sind, liegt die interne Konsistenz zwischen $\alpha = .73$ und .79. Analysen der 72-Stunden Retest-Reliabilität erbrachten für den Beschwerdeindex einen Wert von $r_{tt} = .87$ (Rief et al., 1995).

Faktorielle Validität: In früheren Analysen wurde die faktorielle Validität der Symptomlisten überprüft. Die Ergebnisse waren zum Teil heterogen, jedoch spricht viel dafür, dass vor allem ein Hauptfaktor zugrunde liegt.

SOMS

Externe Validität: Die Summenscores im SOMS-2 zeigen deutliche Zusammenhänge zum Inanspruchnahmeverhalten medizinischer Dienste. Zur allgemeinen Psychopathologie (Symptom Checkliste SCL-90-R) zeigen sich erwartungsgemäß die höchsten Zusammenhänge mit der Subskala Somatisierung (für den Beschwerdeindex: $r = .57$). Beim Freiburger Persönlichkeitsinventar (FPI-R) zeigen sich hohe Zusammenhänge vor allem mit dem übergeordneten Faktor Emotionalität ($r = .33$) sowie dem Einzelfaktor Lebenszufriedenheit ($r = -.23$). Die höchsten Zusammenhänge mit dem FPI zeigen sich jedoch erwartungsgemäß mit dem Einzelfaktor Körperliche Beschwerden ($r = .51$ für den Beschwerdeindex). Auch für den SOMS-7T sind validierende Zusammenhänge zu assoziierten Merkmalen wie Depressivität, Hypochondrie und Beeinträchtigungen im Alltag gut belegt.

Validität im Sinne von Veridikalität: Es zeigen sich hohe Zusammenhänge zwischen den SOMS-Werten und den Ergebnissen von strukturierten psychiatrischen Interviews zur Klassifikation. So belegen die Kappa-Werte zur Übereinstimmung zwischen der Somatisierungsstörung (nach Interview) und dem SOMS befriedigende bis gute Zusammenhänge (z. B. für Somatisierungsstörung DSM-III-R: *Kappa* = .68). Eine besondere Stärke des Verfahrens liegt hierbei in der Sensitivität, die für die meisten Diagnosen bei über 90 % liegt. Der Somatisierungsindex nach Interview (Summe aller Somatisierungssymptome) korreliert mit dem Somatisierungsindex im SOMS zu $r = .75$ (Somatisierungsstörung nach DSM-IV); unter Berücksichtigung der Ausschlusskriterien steigt dieser Zusammenhang auf über .80 an.

Vergleichswerte/ Normen

Für den SOMS liegen nach Geschlecht differenzierende Normen aus Stichproben von bis zu mehr als 2 500 Personen vor. Diese beziehen sich zum einen auf eine Stichprobe aus der Allgemeinbevölkerung, zum anderen liegen auch Vergleichswerte einer stationären psychosomatischen Patientengruppe vor. Genaue Angaben zur Erhebung dieser großen Stichproben mit soziodemografischen Kennzeichen und Analysen zur Testvalidität können bei Rief et al. (2001) und Hiller et al. (2006) nachgelesen werden. Generell zeigten sich bei Frauen und höheren Altersgruppen höhere Testwerte als bei Männern, was mit der vielfach bestätigten allgemeinen Befundlage zum Auftreten von Somatisierungssymptomen in der Bevölkerung und in klinischen Einrichtungen übereinstimmt. Bei der Interpretation des SOMS sollte beachtet werden, dass somatoforme körperliche Beschwerden zu den häufigsten Symptomen psychosomatischer Störungen gehören. Im SOMS-7T gaben mehr als 80 % der Bevölkerungsstichprobe für mindestens ein körperliches Symptom wenigstens leichte Beschwerden in den letzten 7 Tagen an und 22 % berichteten von Beschwerden starker Intensität (Hiller et al., 2006).

WWW-Ressourcen

Es liegen keine zusätzlichen Ressourcen vor.

Literatur

Hiller, W., Rief, W. & Brähler, E. (2006). Somatization in the population: From mild bodily misperceptions to disabling symptoms. *Social Psychiatry and Psychiatric Epidemiology, 41,* 704–712.

Rief, W., Hessel, A. & Brähler, E. (2001). Somatization symptoms and hypochondriacal features in the general population. *Psychosomatic Medicine, 63,* 595–602.

Rief, W. & Hiller, W. (2003). A new approach to the assessment of the treatment effects of somatoform disorders. *Psychosomatics, 44,* 492–498.

Rief, W. & Hiller, W. (2011). *Somatisierungsstörung und medizinisch unklare körperliche Symptome* (2., akt. Aufl.). Göttingen: Hogrefe.

Rief, W., Hiller, W., Goebel, G. & Fichter, M. M. (1995). Zur zeitlichen Stabilität der Angaben hypochondrischer und somatoformer Symptome. *Diagnostica, 41,* 172–180.

Rief, W., Schäfer, S. & Fichter, M. M. (1992). SOMS: Ein Screening-Verfahren zur Identifizierung von Personen mit Somatoformen Störungen. *Diagnostica, 38,* 228–241.

Autoren des Beitrags

Wolfgang Hiller und Winfried Rief

Kontaktdaten des Erstautors

Univ.-Prof. Dr. Wolfgang Hiller
Universität Mainz
Psychologisches Institut
Wallstraße 3
55122 Mainz
hiller@uni-mainz.de

SPAI
Soziale Phobie und Angstinventar

Autor des Testverfahrens	Thomas Fydrich
Quelle	Das SPAI ist unveröffentlicht und kann kostenfrei beim Autor per E-Mailanfrage bezogen werden.
Vorgänger-/ Originalversionen	Turner, S. M., Beidel, D. C., Dancu, C. V. & Stanley, M. A. (1989). An empirically derived inventory to measure social fears and anxiety: The social phobia and anxiety inventory (SPAI). *Psychological Assessment: A Journal of Consulting and Clinical Psychology, 1,* 35–40.
Kurzversionen	keine
Kurzbeschreibung	Das SPAI ist ein störungsspezifisches Selbstbeurteilungsverfahren, mit dem kognitive, somatische und behaviorale Aspekte von Ängsten in sozialen Situationen erfasst werden. Die 22 Items entsprechen der Subskala *Soziale Phobie (SP)* der Originalversion und erlauben die Einschätzung des Schweregrades sozialer Ängste und Phobien.
Anwendungsbereich	Das SPAI kann ab dem 15. Lebensjahr eingesetzt werden. Es dient der dimensionalen Diagnostik sozialer Ängste und Phobien im Rahmen von Praxis und Forschung in den Bereichen der Klinischen Psychologie, Psychotherapie, Psychiatrie und Psychosomatik.
Bearbeitungszeit	Die Bearbeitungszeit dauert etwa 10 bis 15 Minuten. Für die Auswertung werden etwa 3 Minuten benötigt.
Theoretischer Hintergrund	Phobische Ausprägungen sozialer Ängste sind gekennzeichnet durch eine starke, kaum kontrollierbare Angst vor negativer Bewertung, vor Versagen in sozialen Situationen, Furcht, sich lächerlich zu machen oder von anderen gedemütigt zu werden, und Befürchtungen, dass Andere (physiologische) Anzeichen der Unsicherheit beobachten könnten. Solche Ängste gehen oft mit der Vermeidung einzelner oder vieler sozialer Situationen einher. Häufig kommt es zu physiologischen Angstreaktionen sowie ungünstigen, selbstabwertenden Gedanken. Soziale Phobien treten typischerweise in Leistungssituationen, im Zusammenhang mit sozialen Interaktionen und in weiteren öffentlichen Kontexten auf. Die Konstruktion der Originalversion des SPAI basiert auf dem verhaltenstheoretisch orientierten Modell von Goldfried und D'Zurilla (1969). Mit dem SPAI werden – diesem Konzept entsprechend – störungsspezifische Gedanken, Körperreaktionen und Verhaltensweisen für unterschiedliche, potenziell angstauslösende soziale Situationen in ihrer Häufigkeit und Intensität erfasst.

Bezug zur Psychotherapie

Das SPAI eignet sich zur standardisierten störungsspezifischen Diagnostik Sozialer Angst. Hierbei können die drei Dimensionen der Angstreaktion (Verhalten, Gedanken und Körperreaktionen) auf Itemebene differenziell eingeschätzt werden (Stangier & Fydrich, 2002). Es ist damit für die störungsspezifische Diagnostik bei Patienten mit sozialen Ängsten und Phobien hilfreich. Um den Schweregrad der sozialphobischen Problematik einzuschätzen, ist der Einsatz zu Therapiebeginn sinnvoll. Zur Beurteilung des Therapieverlaufs und -ergebnisses sollte das Verfahren mehrfach eingesetzt werden.

Testentwicklung

In Anlehnung an das verhaltenstheoretische Modell von Goldfried und D'Zurilla (1969) beziehen sich die Items des Inventars auf:
1. konkrete soziale Situationen,
2. Reaktionsbeobachtungen und -aufzählungen und
3. auf die Bewertung der Reaktionen.

Der ursprüngliche Itempool der amerikanischen Version wurde aus einer Reihe verfügbarer Fragebögen, Angaben (Beschwerdelisten) von Patienten mit Sozialen Phobien sowie aus den Kriterien des DSM-III bzw. DSM-III-R erstellt (Beidel et al., 1989; Turner et al., 1989a). Bei der Itemauswahl und Itemkonstruktion wurde auf mögliche Unterschiede sozialängstlicher Reaktionen in verschiedenen sozialen Situationen geachtet (Freunde, Autoritätspersonen, gegengeschlechtliche Personen, kleine oder große Gruppen). Die Ursprungsversion enthielt 41 situationsbezogene Items, 13 Items für die Erfassung somatischer Symptome sowie 9 Items bezogen auf spezifische Kognitionen. Neben einer ersten Expertenvalidierung wurde auf Basis itemanalytischer Auswertungen und der Differenzierungsfähigkeit der Items hinsichtlich unterschiedlicher klinischer und nicht klinischer Gruppen ein Inventar mit 45 Items zur Sozialen Angst und Phobie sowie weitere 13 Fragen zu agoraphobischem Erleben und Verhalten erstellt. Da sozialphobische und agoraphobische Ängste häufig gemeinsam auftreten, wurde die Subskala *Agoraphobie* in der Originalversion als Supressorvariable hinzugenommen. Unterschiedliche Untersuchungen zeigten in der amerikanischen Originalversion eine erhöhte diskriminante Validität des Gesamtwerts des SPAI, bei dem der Wert der *Agoraphobie (AG)* von dem der Skala *Soziale Phobie (SP)* substrahiert wurde (Turner et al., 1989a, 1989b).

Zur Entwicklung der deutschsprachigen Version wurden die Items im Übersetzungs-Rückübersetzungs-Verfahren übersetzt und das Inventar einer Stichprobe von $N = 158$ Studierenden unterschiedlicher Fächer vorgelegt. Auf der Basis von DSM-IV-Kriterien wurden in dieser Stichprobe Personen mit und ohne Soziale Phobien identifiziert und die Differenzierungsfähigkeit einzelner Testitems mittels t-Tests festgestellt. Die Ergebnisse und Testkennwerte dieser ersten Untersuchung zeigten, dass eine weitere Selektion und Reduktion der Itemanzahl ohne wesentliche Verluste hinsichtlich Reliabilität und Validität vorgenommen werden konnte. Es wurden daher 10 Items der Skala *Soziale Phobie* sowie drei Items der Skala *Agoraphobie* anhand der empirisch gewonnenen Itemkennwerte aus dem Itempool herausgenommen. Die

SPAI

verkürzte Version mit 22 Items für die Skala *Soziale Phobie* und 10 Items für die Skala *Agoraphobie* wurde einer zweiten Stichprobe mit N = 139 Studierenden vorgegeben. In weiteren klinischen und nicht klinischen Stichproben zeigte sich, dass die von Turner und Mitarbeitern postulierte Supressorfunktion der Skala *Agoraphobie* mit keinem unserer Ergebnisse bestätigt werden konnte. Daher wird zur Messung der sozialphobischen Symptomatik für die deutschsprachige Version nur die Skala *Soziale Phobie* vorgegeben (Kasten & Scheurich, 1996).

Aufbau und Auswertung

Das SPAI umfasst 22 Items (Bsp.: „Ich bin unsicher, wenn ich zum Mittelpunkt der Aufmerksamkeit werde."). Bei 13 der Items wird zwischen unterschiedlichen Personen bzw. Personengruppen (Fremden/Autoritätspersonen/Angehörigen des anderen Geschlechts/Menschen im Allgemeinen) differenziert. Neben dem Erleben von Unsicherheit werden ungünstige, beunruhigende Gedanken (Bsp.: „Die Leute werden merken, wie unsicher ich bin."), Vermeidungsverhalten (Bsp.: „Ich vermeide Situationen, in denen...") und Körperreaktionen (z. B. Schwitzen, Erröten, Zittern, Harndrang und Herzklopfen) erfasst. Die Angaben der Probanden beziehen sich auf die Häufigkeit des entsprechenden Erlebens bzw. Verhaltens, welche auf einer siebenstufigen Skala von 0 = nie bis 6 = immer angegeben wird.

Für die Auswertung werden zunächst die Itemwerte der 13 gruppierten Items durch Mittelwertbildung berechnet. Dies erlaubt eine Aussage über die Inhalte der entsprechenden Items. Der Gesamtwert ergibt sich durch die Mittelung aller Items (0 bis 6 Punkte). Ein Vergleich mit den Werten der Skala *Soziale Phobie* der amerikanischen Originalversion ist durch lineare Transformation (Interpolation, Multiplikation des erhobenen Wertes mit 22) möglich.

Gütekriterien

Die Gütekriterien des SPAI wurden an mehreren klinischen und nicht klinischen Stichproben untersucht.

Objektivität: Durch Standardisierung der Durchführung und Auswertung ist das Verfahren als objektiv einzuschätzen.

Reliabilität: Für das SPAI wurden sehr gute Reliabilitätskennwerte (Cronbachs α) festgestellt. In unterschiedlichen Stichproben (Studierende, Ratsuchende einer Beratungsstelle, klinische Stichproben) liegen die Werte der internen Konsistenz zwischen α = .93 und .96. Die Retest-Reliabilität betrug in einer studentischen Stichprobe r_{tt} = .82 bei einem Zeitintervall von 4 Monaten und an einer weiteren studentischen Stichprobe (N = 93) mit Durchführung nach 1 Woche bei r_{tt} = .93.

Validität: Die Inhaltsvalidität wurde u. a. durch Expertenvalidierung (Originalversion) dokumentiert. Hinsichtlich Höhe und Richtung wurden erwartungsentsprechende Korrelationen festgestellt. Mit verschiedenen Skalen zur Sozialen Angst/Phobie finden sich Korrelationen zwischen r = .84 (Fehlschlag- und Kritikangst des U-Fragebogens) und r = .82 (Skala Unsicherheit im Sozialkontakt der Symptom-Checklist-90®-Standard). Korrelationen mit konstruktnahen Verfahren betragen in einer studentischen Stichprobe $r = .76$ (Soziale-Phobie-Skala) und $r = .84$ (Soziale-Interaktions-Angst-Skala). Niedrigere Korrelationen mit konstruktfernen Maßen fanden sich für die Skala Phobische Angst der SCL-90-R ($r = .53$) und mittlere Korrelation mit Depressivität ($r = .60$ mit Beck Depressions-Inventar). Ebenfalls findet sich erwartungsgemäß eine inverse Korrelation ($r = -.73$) mit der Skala Seelische Gesundheit des Trierer Persönlichkeits-Fragebogens. Das SPAI zeigt weiterhin gute Diskriminationsfähigkeit zwischen sozialphobischen und nicht sozialphobischen Gruppen sowohl bei Studierenden als auch bei Patienten in zwei psychosomatischen Kliniken. Es trennt damit gut zwischen Patienten mit Sozialer Phobie und solchen ohne diese Diagnose. Weitere Befunde zur diskriminanten Validität bezüglich der spezifischen Trennschärfe von Sozialer Phobie, Agoraphobie und Depression liegen vor und sind zufriedenstellend (Schuiszils, 2015).

Vergleichswerte/ Normen

Es liegen Vergleichswerte (Mittelwerte, Standardabweichungen) für nicht klinische (studentische) Gruppen und für klinische Gruppen (ambulant und stationär) mit unterschiedlichen Diagnosen (Affektive Störungen, Angststörungen ohne Soziale Phobie, Soziale Phobie) vor.

WWW-Ressourcen

Es liegen keine zusätzlichen Ressourcen vor.

Literatur

Beidel, D. C., Turner, S. M., Stanley, M. A. & Dancu, C. V. (1989). The Social Phobia and Anxiety Inventory: Concurrent and external validity. *Behavior Therapy, 20,* 417–427.

Goldfried, M. R. & D'Zurilla, T. J. (1969). A behavioral-analytic model for assessing competence. In C. D. Spielberger (Eds.), *Current topics in clinical psychology* (Vol. 1, pp. 151–196). New York: Academic Press.

Kasten, E. & Scheurich, A. (1996). *Das „Social Phobia and Anxiety Inventory" – Adaptation und Evaluation für den deutschen Sprachraum.* Unveröffentlichte Diplomarbeit, Psychologisches Institut der Universität Heidelberg.

Schuiszils, R. (2015). *Psychometrische Untersuchungen zum Soziale Phobie und -angst Inventar (SPAI).* Unveröffentlichte Masterarbeit, Institut für Psychologie der Humboldt-Universität zu Berlin.

Stangier, U. & Fydrich, T. (Hrsg.). (2002). Soziale Phobie und Soziale Angststörung. Göttingen: Hogrefe.

Turner, S. M., Beidel, D. C., Dancu, C. V. & Stanley, M. A. (1989a). An empirically derived inventory to measure social fears and anxiety: The social phobia and anxiety inventory (SPAI). *Psychological Assessment: A Journal of Consulting and Clinical Psychology, 1,* 35–40.

Turner, S. M., Stanley, M. A., Beidel, D. C. & Bond, L. (1989b). The Social Phobia and Anxiety Inventory: Construct validity. *Journal of Psychopathology and Behavioral Assessment, 11,* 221–234.

Autor des Beitrags

Thomas Fydrich

Kontaktdaten des Autors	Prof. Dr. Thomas Fydrich Humboldt-Universität zu Berlin Institut für Psychologie Rudower Chaussee 18 12489 Berlin fydrich@hu-berlin.de

SPIN
Soziale-Phobie-Inventar

Autoren des Testverfahrens	Ulrich Stangier und Merith Steffens
Quelle	Consbruch, K. von, Stangier, U. & Heidenreich, T. (in Vorb.). *Skalen zur Sozialen Angststörung (SOZAS)*. Göttingen: Hogrefe.
Vorgänger-/ Originalversionen	*Originalversion Social Phobia Inventory (SPIN):* Connor, K. M., Davidson, J. R. T., Churchill, L. E., Sherwood, A., Foa, E. & Weisler, R. H. (2000). Psychometric Properties of the Social Phobia Inventory (SPIN). *British Journal of Psychiatry, 176,* 379–386.
Kurzversionen	Es existieren eine Langform (17 Items) und eine Kurzform (MINI-SPIN, 3 Items).
Kurzbeschreibung	Das SPIN ist ein Selbstbeurteilungsinstrument zur genauen diagnostischen Einordnung sozialer Angst. Dabei werden Angst in verschiedenen Situationen sowie Vermeidungsverhalten und begleitende physiologische Angstsymptome erfasst. Das Papier-Bleistift-Verfahren umfasst 17 Items und ist wegen seiner Kürze sehr ökonomisch. Hinsichtlich seiner Akzeptanz ist es als unproblematisch einzustufen.
Anwendungsbereich	Aufgrund der ökonomischen Form ist das SPIN ein gutes Screeninginstrument und eignet sich, um zwischen Menschen mit Sozialer Angststörung und Gesunden zu differenzieren. Es ist auch als Instrument zur differenzialdiagnostischen Abgrenzung zwischen Patienten mit sozialen Ängsten und anderen psychischen Störungen geeignet. Es kann unabhängig vom Bildungsniveau bei Patienten im Alter zwischen 18 und 75 Jahren im deutschsprachigen Raum angewendet und interpretiert werden.
Bearbeitungszeit	Durchführungszeit Langform: etwa 5 Minuten; Kurzform: 1 Minute.
Theoretischer Hintergrund	Durch einen großen symptomatischen Überlappungsbereich zu anderen psychischen Störungen (z. B. depressive Störungen, Agoraphobie, Panikstörung, Generalisierte Angststörung) wird die Diagnosestellung der Sozialen Angststörung erschwert und daher von Diagnostikern oft übersehen. Daraus folgt die Notwendigkeit eines fundierten und zuverlässigen Diagnostikinstruments, das durch seine störungsspezifischen Ratingskalen zur deutlichen Verbesserung der diagnostischen Einordnung beitragen kann.
Bezug zur Psychotherapie	Das SPIN differenziert zwischen Menschen mit Sozialen Ängsten und Gesunden sowie zwischen Patienten mit Sozialen Ängsten und anderen psychischen Störungen. Somit ist es zur diagnostischen Unterstützung zu Beginn der Therapie sowie als Indikationsinstrument für stö-

rungsspezifische Therapiemaßnahmen gut geeignet. Zudem ist es veränderungssensitiv und kann sehr gut für die Evaluation und Veränderungsmessung im Rahmen der Behandlung einer Sozialen Angststörung verwendet werden.

Testentwicklung

Connor et al. (2000) entwickelten die englische Version des SPIN mit 17 Items auf der Grundlage der Brief Social Phobia Scale (BSPS) von Davidson et al. (1997). Es wurden drei Subskalen (Angst in verschiedenen Situationen, Vermeidung in verschiedenen Situationen und situationsunabhängige physiologische Symptome) angenommen. Diese Struktur konnte aber in konfirmatorischen Faktorenanalysen nicht eindeutig nachgewiesen werden (Carleton et al., 2010; Connor et al., 2000; Radomsky et al., 2006).

In der deutschsprachigen Version werden die 17 Items des SPIN beibehalten. Diese wurden mithilfe eines Rückübersetzungsverfahrens ins Deutsche übertragen. Die zunächst erhaltene deutsche Übersetzung wurde von einem bilingualen klinischen Psychologen ins Englische rückübersetzt. Nach anschließender Diskussion wurde im Konsensverfahren die finale deutsche Version festgelegt. Für die deutsche Version konnten Sosic et al. (2008) mithilfe einer explorativen Faktorenanalyse ebenfalls nicht die angenommenen Subskalen nachweisen.

Die Kurzform wurde von Connor et al. (2000) als sehr ökonomisches Diagnoseinstrument für die Generalisierte Soziale Angststörung entwickelt.

Aufbau und Auswertung

Die Skala umfasst 17 Items, die mögliche Probleme beschreiben und hinsichtlich der Belastung während der letzten Woche eingeschätzt werden sollen. Die Einschätzung erfolgt auf einer fünfstufigen Skala von 0 = überhaupt nicht belastet bis 4 = extrem belastet.

Die Auswertung erfolgt durch Summenwertbildung. Aufgrund der unklaren Faktorenstruktur empfiehlt es sich, vorerst nur den Gesamtskalenwert zu verwenden.

Gütekriterien

Objektivität: Aufgrund der Standardisierung, der Kürze des SPIN, der eindeutigen Antwortformatierung und der einfachen Auswertung ist die Objektivität in der Durchführung und der Auswertung als hoch anzusehen. Die Interpretationsobjektivität ist durch die Bestimmung eines Cut-Off-Wertes ebenfalls gesichert.

Zur Bestimmung der psychometrischen Eigenschaften wurde das SPIN in zwei Studien untersucht. Studie 1 (Sosic et al., 2008) umfasste eine Stichprobe (Alter zwischen 18 und 75 Jahren) von 39 Patienten mit der Primärdiagnose Soziale Angststörung, 76 Patienten mit Depression oder Angststörungen (außer Sozialer Angststörung) und 49 Gesunden.

Bei Studie 2 (Stangier et al., 2011) handelte es sich um eine Therapievergleichsstudie mit 117 Patienten mit der Primärdiagnose Soziale Angststörung. 38 Patienten erhielten eine kognitive Verhaltenstherapie, weitere 38 Patienten eine interpersonelle Therapie und 41 Patienten wurden der Wartelistenkontrollgruppe zugeteilt.

Reliabilität: In Studie 1 zeigten sich sehr hohe interne Konsistenzen für die Gesamtstichprobe (Cronbach $\alpha = .95$) und für die Gruppe der Patienten mit Sozialer Angststörung ($\alpha = .91$). In Studie 2 lag die interne Konsistenz für die Gesamtstichprobe mit $\alpha = .89$ ebenfalls hoch.

In Studie 2 wurde mithilfe der Wartelistenkontrollgruppe ein hoher korrelativer Zusammenhang ($r = .80$) zwischen dem SPIN-Wert zum ersten Messzeitpunkt und dem SPIN-Wert zu Therapiebeginn gefunden.

Validität: Durch Receiver-Operating-Characteristic-Analysen mit den Daten aus Studie 1 (Sosic et al., 2008) ergab sich ein optimaler Cut-Off-Wert von 25 sowohl für die Diskrimination zwischen Patienten mit Sozialer Angststörung (Sensitivität: 85 %) und Gesunden (Spezifität: 12 %) als auch zwischen Patienten mit Sozialer Angststörung (Sensitivität: 85 %) und Patienten mit anderen psychischen Störungen (Spezifität: 32 %).

Konstruktvalidität: In beiden Studien wurden höhere korrelative Zusammenhänge des SPIN mit konstruktnahen Messinstrumenten (Liebowitz Social Anxiety Scale, LSAS: $r = .70$; Soziale-Phobie-Skala, SPS: $r = .80$; Social Interaction Anxiety Scale, SIAS: $r = .88$; Social Phobia Anxiety Inventory, SPAI: $r = .80$) gefunden, als mit konstruktfernen Instrumenten (Beck Depression-Inventory, BDI: $r = .38$; Symptom Checkliste-90-R, SCL-90-R: $r = .23$; Hamilton Rating Scale for Depression, HRSD: $r = .19$).

Prädikative Validität: Mittelwertvergleiche des SPIN zu den Prä- und Post-Messzeitpunkten der Behandlung in Studie 2 zeigen signifikante Mittelwertunterschiede ($T = 9.36$, $p < .01$). Die Berechnung der Effektstärke konnte eine gute Therapiesensitivität des SPIN ($d = 1.28$) nachweisen.

Faktorielle Validität: Sosic et al. (2008) konnten mithilfe einer explorativen Faktorenanalyse die angenommenen drei Subskalen nicht vorweisen. Allerdings lassen sich nach einer Hauptkomponentenanalyse mit Promax-Rotation drei Komponenten extrahieren, die inhaltlich drei Faktoren zugeordnet werden können: *Angst und Vermeidung sozialer Situationen*, *Angst vor Kritik und negativer Wirkung auf andere* und *Vermeidung von Aufmerksamkeit/im Mittelpunkt stehen*.

Die Kurzform (MINI-SPIN) zeigte bei einem Cut-Off-Wert von 6 eine Sensitivität von 89 % und eine Spezifität von 90 %.

Vergleichswerte/ Normen

Für die Interpretation der SPIN-Werte liegen Normwerttabellen vor, die anhand der Daten von Sosic et al. (2008) erhoben wurden und repräsentativ für die deutsche Bevölkerung zwischen 14 und 93 Jahren sind (Consbruch et al., in Vorb.). Die Prozentränge für Männer ($N = 967$) und Frauen ($N = 1\,092$) werden getrennt angegeben, da es hinsichtlich des Geschlechts Mittelwertunterschiede gibt. Ein Cut-Off-Wert von 25 weist auf das Vorliegen einer Sozialen Angststörung hin.

WWW-Ressourcen	Es liegen keine zusätzlichen Ressourcen vor.
Literatur	Carleton, R. N., Collimore, K. C., Asmundson, G. J. G., McCabe, R. E., Rowa, K. & Antony, M. M. (2010). SPINning factors: Factor analytic evaluation of the Social Phobia Inventory in clinical and nonclinical undergraduate samples. *Journal of Anxiety Disorders, 24* (1), 94–101. Connor, K. M., Davidson, J. R. T., Churchill, L. E., Sherwood, A., Foa, E. & Weisler, R. H. (2000). Psychometric Properties of the Social Phobia Inventory (SPIN). *British Journal of Psychiatry, 176,* 379–386. Consbruch, K. von, Stangier, U. & Heidenreich, T. (in Vorb.). *Skalen zur Sozialen Angststörung (SOZAS)*. Göttingen: Hogrefe. Davidson, J. R. T., Miner, C. M., de Veaugh-Geiss, J., Tupler, L. A., Colket, J. T. & Potts, N. L. S. (1997). The Brief Social Phobia Scale: a psychometric evaluation. *Psychological Medicine, 27,* 161–166. Radomsky, A., Ashbaugh, A., Saxe, M., Ouimet, A., Golden, E., Lavoie, S. et al. (2006). Psychometric properties of the French and English versions of the Social Phobia Inventory. *Canadian Journal of Behavioural Science, 38* (4), 354–360. Sosic, Z., Gieler, U. & Stangier, U. (2008). Screening for social phobia in medical in- and outpatients with the German version of the Social Phobia Inventory (SPIN). *Journal of Anxiety Disorders, 22* (5), 849–859. Stangier, U., Schramm, E., Heidenreich, T., Berger, M. & Clark, D. M. (2011). Cognitive therapy vs interpersonal psychotherapy in social anxiety disorder. *Archives of General Psychiatry, 68* (7), 692–700.
Autoren des Beitrags	Jihong Lin und Ulrich Stangier
Kontaktdaten der Erstautorin	M.Sc. Jihong Lin Goethe-Universität Frankfurt am Main Institut für Psychologie Klinische Psychologie und Psychotherapie Varrentrappstr. 40–42 60486 Frankfurt am Main lin@psych.uni-frankfurt.de

SPS
Soziale-Phobie-Skala

Autoren des Testverfahrens	Ulrich Stangier und Thomas Heidenreich
Quelle	Consbruch, K. von, Stangier, U. & Heidenreich, T. (in Vorb.). *Skalen zur Sozialen Angststörung (SOZAS)*. Göttingen: Hogrefe.
Vorgänger-/ Originalversionen	*Originalversion Social Phobia Scale (SPS):* Mattick, R. P. & Clarke, J. C. (1998). Development and validation of measures of social phobia scrutiny fear and social interaction anxiety. *Behaviour Research and Therapy, 36,* 455–470.
Kurzversionen	keine
Kurzbeschreibung	Die SPS ist ein Selbstbeurteilungsverfahren mit 20 Items zur Erfassung von Sozialen Phobien. Erfasst werden Kognitionen und Angstsymptome in sogenannten Leistungs-(performance) Situationen, in denen Handlungen wie eine Rede halten, Essen, Trinken oder Schreiben einer kritischen Beobachtung unterzogen werden könnten. Befürchtet wird, dass entweder die Ausführung der Handlungen oder begleitende Symptome von Angst als unangemessen („peinlich") bewertet werden könnten.
Anwendungsbereich	Die SPS ist ein Selbstbeurteilungsinstrument zur Erfassung von Sozialen Phobien, die sich auf Angst vor Beobachtung und negativer Bewertung eigener Handlungen durch andere, z. B. öffentliches Reden, beziehen. Die Skala kann, ergänzend zur Soziale-Interaktions-Angst-Skala (SIAS), zum Screening von Sozialer Angststörung/Sozialer Phobie, zur Erfassung von Sozialen Phobien bei anderen psychischen Störungen und zur Therapieevaluation eingesetzt werden.
Bearbeitungszeit	Die Beantwortung des Fragebogens dauert etwa 5 bis 10 Minuten.
Theoretischer Hintergrund	Soziale Ängste und Phobien werden als situationsbezogene Angststörungen aufgefasst, die in zwei Klassen von sozialen Situationen ausgelöst werden können: (1) soziale Interaktionen (vgl. Beitrag zur Soziale-Interaktions-Angst-Skala [SIAS] in diesem Band) und (2) Handlungen, die der wertenden Beobachtung durch andere ausgesetzt sein können. Während die Auslösung durch soziale Interaktionen erst mit dem DSM-III-R explizit berücksichtigt wurde, beschränkt sich die ursprüngliche Definition der Sozialen Phobie im DSM-III von 1980 im Wesentlichen auf die Angst vor dem Beobachtetwerden. Sie bezieht sich auf Situationen, in denen die Ausübung einer Handlung (englisch: performance) von anderen beobachtet und als peinlich bewertet werden könnte: öffentliches Reden, Essen, Trinken, Schreiben, in öffentlichen Toiletten urinieren, sich einer Prüfung unterziehen, einen Raum betreten, in dem

sich viele Personen aufhalten. Mit diesen Situationen ist häufig auch die Befürchtung verbunden, andere Personen könnten Symptome der Angst (Zittern, Schwitzen, Erröten) wahrnehmen. Aus lerntheoretischer Sicht ist das Verhalten in diesen Situationen, verglichen mit Interaktionssituationen, mit einer geringeren sozialen Rückmeldung, d. h. mit geringerer Kontingenz, verbunden (Leary, 1983). Es wird angenommen, dass Leistungssituationen aufgrund der geringeren Kontrolle über die Bewertung des eigenen Sozialverhaltens durch andere auch spezifische soziale Kompetenzen erfordern und besonders für den umschriebenen Subtyp der Sozialen Phobie gelten (Brown et al., 1997). Mit der Einführung des DSM-5 ändern sich die Kriterien für Soziale Phobie geringfügig gegenüber der DSM-IV-Version, indem zur besseren Spezifizierung statt eines generalisierten Subtyps nun der mithilfe der SPS identifizierbare Performanz-Subtyp berücksichtigt wird.

Bezug zur Psychotherapie

Die SPS diskriminiert gut zwischen Personen mit Sozialer Angststörung/ Sozialer Phobie und anderen Störungen. Sie kann als eine Informationsquelle zur Indikation für störungsspezifische Therapiemaßnahmen bei Sozialer Phobie herangezogen werden. Sie ist veränderungssensitiv und kann sehr gut für die Evaluation und Veränderungsmessung im Rahmen der Behandlung Sozialer Phobien verwendet werden.

Testentwicklung

Die SPS wurde gemeinsam mit der Social Interaction Anxiety Scale (SIAS) 1989 entwickelt, jedoch erst 1998 publiziert (vgl. Beitrag zur SIAS in diesem Band). Aufgrund a priori definierter Dimensionen wurden 37 Items zur Angst vor dem Beobachtetwerden auf 20 Items reduziert und als eindimensionale Faktorenstruktur bestätigt (Mattick & Clarke, 1998). Eine konfirmatorische Faktorenanalyse auf Grundlage der gemeinsamen Items von SIAS und SPS erbrachte jedoch Hinweise, dass die im SPS zusammengefassten Items zwei Dimensionen umfassen: von der Dimension *Angst vor Beobachtetwerden* konnte ein separater Faktor *Befürchtung, dass andere Personen Angstsymptome wahrnehmen* unterschieden werden (Carleton et al., 2009).

In der deutschsprachigen Übersetzung wurde die Skala in der von Mattick und Clarke (1998) konzipierten Form übernommen. Heidenreich et al. (2011) fanden bei der faktorenanalytischen Untersuchung der Skala ebenfalls leicht erhöhte Güteindizes für ein zweifaktorielles Modell, jedoch scheint das Vorliegen von zwei getrennten Dimensionen aufgrund einer hohen Korrelation zwischen den Faktoren eher unwahrscheinlich.

Aufbau und Auswertung

Die Skala umfasst 20 Aussagen, deren Zutreffen auf einer fünfstufigen Skala von 0 = überhaupt nicht bis 4 = sehr stark eingeschätzt wird. Die Auswertung erfolgt durch Summation der Itemrohwerte.

Gütekriterien

Objektivität: Aufgrund der Standardisierung ist von Objektivität der Durchführung und Auswertung auszugehen.

Gütekriterien der englischsprachigen Originalversion:
Reliabilität: Die Retest-Reliabilität beträgt r_{tt} = .91 nach 4 Wochen und r_{tt} = .91 nach 12 Wochen. Die interne Konsistenz (Cronbachs α) liegt bei α = .89 für Soziophobiker (Mattick & Clarke, 1998).

Konvergente Validität: Die SPS hängt in hohem Maße mit anderen Messinstrumenten zur sozialen Phobie, insbesondere zur Leistungsangst, zusammen (Brown et al., 1997).

Kriteriumsvalidität: Die SPS korreliert signifikant mit behavioralen Kriterien der sozialen Phobie (z. B. Rededauer in diagnostischen Rollenspielen; Ries et al., 1998).

Diskriminative Validität: Soziophobiker weisen signifikant höhere Werte in der SPS auf als andere klinischen Gruppen (Brown et al., 1997; Peters, 2000; Ries et al., 1998). Aufgrund eines Cut-Off-Wertes von ≥ 24 konnte eine richtige Zuordnung in 73 % der Fälle erzielt werden, bei einer Sensitivität von 76 % und einer Spezifität von 72 % (Brown et al., 1997).

Therapiesensitivität: Eine gute Therapiesensitivität der SPS berichten erstmals Mattick und Clarke (1989). Die SPS weist bei Ries et al. (1998) jedoch eher eine mittlere Therapiesensitivität auf (Effektstärke: .54).

Gütekriterien der deutschsprachigen Version:
Mit dem Testmanual zu den Skalen zur Sozialen Angststörung (SOZAS; Consbruch et al., in Vorb.) liegen umfangreiche Hinweise zu den Gütekriterien der deutschsprachigen Version der SPS vor.

Reliabilität: Bezogen auf Personen mit Sozialer Phobie, wurde von Stangier et al. (1999) für die deutschsprachige Version eine Retest-Reliabilität über 3 Wochen von r_{tt} = .94 und eine interne Konsistenz von α = .96 festgestellt, die auch mit Werten von Heinrichs et al. (2002) vergleichbar sind (r_{tt} = .92; α = .94).

Diskriminative Validität: Die SPS diskriminiert Personen mit Sozialer Phobie von Kontrollpersonen mit einer Trefferquote von 78 %, von Personen mit Angststörungen mit 68 % und von Personen mit depressiven Störungen mit 63 % (Stangier et al., 1999).

Therapiesensitivität: Im Gegensatz zu den eher moderaten Ergebnissen in den amerikanischen Therapiestudien zeigte die SPS sowohl in der Therapiestudie von Stangier et al. (2003) als auch in der Studie von Heinrichs et al. (2002) eine hohe Therapiesensitivität.

Vergleichswerte/ Normen

Auf der Basis eines Cut-Off-Wertes der SPS von ≥ 24 konnten 73 % der Soziophobiker und 88 % der Kontrollpersonen korrekt zugeordnet werden (Brown et al., 1997). In der deutschsprachigen Version ergaben sich geringere Mittelwerte als in amerikanischen Untersuchungen und ein optimaler Cut-Off-Wert von ≥ 20, der eine korrekte Zuordnung von

77 % erlaubte (Stangier et al., 1999). Zur Unterscheidung klinischer Subgruppen lässt sich nach Heinrichs et al. (2002) ein Cut-Off-Wert von $\geq$ 24 (zur Abgrenzung von Sozialer Phobie und anderen Störungen) bzw. von $\geq$ 30 (in Abgrenzung zu Patienten mit Panikstörung) identifizieren.

WWW-Ressourcen

Es liegen keine zusätzlichen Ressourcen vor.

Literatur

Brown, E. J., Turovsky, J., Heimberg, R. J., Juster, H. R., Brown, T. A. & Barlow, D. H. (1997). Validation of the Social Interaction Anxiety Scale and the Social Phobia Scale across the anxiety disorders. *Psychological Assessment, 9,* 21–27.

Carleton, R. N., Collimore, K. C., Asmundson, G. J. G., McCabe, R. E., Rowa, K. & Antony, M. M. (2009). Refining and validating the social interaction anxiety scale and the social phobia scale. *Depression and Anxiety, 26,* E71–E81.

Consbruch, K. von, Stangier, U. & Heidenreich, T. (in Vorb.). *Skalen zur Sozialen Angststörung (SOZAS).* Göttingen: Hogrefe.

Heidenreich, T., Schermelleh-Engel, K., Schramm, E., Hofmann, S. G., & Stangier, U. (2011). The factor structure of the social interaction anxiety scale and the social phobia scale. *Journal of Anxiety Disorders, 25* (4), 579–583.

Heinrichs, N., Hahlweg, K., Fiegenbaum, W., Frank, M., Schröder, B. & Witzleben, I. von (2002). Validität und Reliabilität der Social Interaction Anxiety Scale (SIAS) und der Social Phobia Scale (SPS). *Verhaltenstherapie, 12* (1), 26–35.

Leary, M. R. (1983). Social anxiousness: The construct and its measurement. *Journal of Personality Asessment, 47,* 66–75.

Mattick, R. P. & Clarke, J. C. (1998). Development and validation of measures of social phobia scrutiny fear and social interaction anxiety. *Behaviour Research and Therapy, 36,* 455–470.

Mattick, R. P., Peters, L. & Clarke, J. C. (1989). Exposure and cognitive restructuring for social phobia: A controlled study. *Behavior Therapy, 20,* 3–23.

Peters, L. (2000). Discriminant validity of the Social Phobia and Anxiety Inventory (SPAI), the Social Phobia Scale (SPS) and the Social Interaction Anxiety Scale (SIAS). *Behaviour Research and Therapy, 38* (9), 943–950.

Ries, B. J., McNeil, D. W., Boone, M. L., Turk, C. L., Carter, L. E. & Heimberg, R. G. (1998). Assessment for contemporary social phobia verbal report instruments. *Behaviour Research and Therapy, 36,* 983–994.

Stangier, U., Heidenreich, T., Berardi, A., Golbs, U. & Hoyer, J. (1999). Die Erfassung sozialer Phobie durch die Social Interaction Anxiety Scale (SIAS) und die Social Phobia Scale (SPS). *Zeitschrift für Klinische Psychologie, 28,* 28–36.

Stangier, U., Heidenreich, T. Peitz, M., Lauterbach, W. & Clark, D. M. (2003). Cognitive therapy for social phobia: individual versus group treatment. *Behaviour Research and Therapy, 41,* 991–1007.

Autoren des Beitrags	Katrin von Consbruch und Ulrich Stangier
Kontaktdaten der Erstautorin	Dr. Dipl.-Psych. Katrin von Consbruch Technische Universität Dresden IAP Hohe Straße 53 01187 Dresden consbruch@psychologie.tu-dresden.de

SSS-8
Somatic Symptom Scale–8

Autoren des Testverfahrens	Benjamin Gierk, Sebastian Kohlmann, Kurt Kroenke, Lena Spangenberg, Markus Zenger, Elmar Brähler und Bernd Löwe
Quelle	Gierk, B., Kohlmann, S., Kroenke, K., Spangenberg, L., Zenger, M., Brähler, E. et al. (2014). The Somatic Symptom Scale–8 (SSS-8): A Brief Measure of Somatic Symptom Burden. *JAMA Internal Medicine, 174* (3), 399–407. Die SSS-8 kann beim Erstautor per E-Mail angefordert werden (b.gierk@asklepios.com).
Vorgänger-/ Originalversionen	Es existiert eine Langversion (15 Items), der Patient Health Questionnaire-15: Kroenke, K., Spitzer, R. L. & Williams J. B. W. (2002). The PHQ-15: Validity of a New Measure for Evaluating the Severity of Somatic Symptoms. *Psychosomatic Medicine, 64* (2), 258–266.
Kurzversionen	keine
Kurzbeschreibung	Das Verfahren ist ein kurzer Selbstbeurteilungsfragebogen (8 Items) zur Erfassung Somatischer Symptombelastung. Personen schätzen auf einer fünfstufigen Likert-Skala ein, wie stark sie im Verlauf der letzten 7 Tage durch weit verbreitete somatische Symptome belastet waren. Aus den Antworten wird ein Summenwert gebildet (0 bis 32 Punkte), der anhand von Schweregradschwellen und Normwerten aus der Allgemeinbevölkerung interpretiert werden kann. Der SSS-8 liegt als Papier-Bleistift-Verfahren in deutscher und englischer Sprache vor. Potenzielle Anwender sind Psychotherapeuten, Ärzte und Forscher.
Anwendungsbereich	Die SSS-8 kann bei Personen ab 14 Jahren eingesetzt werden. Anwendungsbereiche sind klinische Versorgungseinrichtungen, in denen sich Behandler einen raschen Überblick über die somatische Symptombelastung und die Art der somatischen Symptome der Patienten verschaffen möchten. Durch die Kürze des Verfahrens eignet es sich auch für wissenschaftliche Studien, in denen für die Erfassung somatischer Symptombelastung nur wenig Untersuchungszeit zur Verfügung steht. Da der Summenwert der SSS-8 prädiktiv für die Inanspruchnahme medizinischer Versorgung ist (Gierk et al., 2014), ist das Instrument auch für versorgungswissenschaftliche Fragen relevant.
Bearbeitungszeit	Durchführungszeit: ≤ 1 Minute; Auswertungszeit: ≤ 1 Minute.
Theoretischer Hintergrund	Dem Instrument liegt die Annahme zugrunde, dass das Konstrukt somatische Symptombelastung mehrdimensional ist, dass jedoch ein Generalfaktor höherer Ordnung es erlaubt, einen Gesamtbelastungswert zu

berechnen. Der Generalfaktor setzt sich zusammen aus den latenten Dimensionen Schmerz (3 Items), kardiopulmonale Beschwerden (2 Items), Fatigue (2 Items) und einem Item zu gastrointestinalen Beschwerden.

Bezug zur Psychotherapie

Die SSS-8 gibt nach kurzer Durchführungszeit einen Überblick über das Vorliegen weit verbreiteter somatischer Symptome und die daraus resultierende somatische Gesamtbelastung von Patienten. Psychotherapeuten und Psychotherapieforscher können diese Information bei der Diagnosestellung Therapieevaluation einsetzen.

Testentwicklung

Der Fragebogen wurde von dem 15 Item langen, etablierten Patient Health Questionnaire-15 (PHQ-15) abgeleitet (Kroenke et al., 2002, 2010). Drei PHQ-15-Items wurden ausgeschlossen und fünf weitere Items zusammengefasst. Die Itemauswahl erfolgte auf der Basis von empirischen Befunden zu den PHQ-15 Items (Gierk et al., 2014). Als Auswahlkriterien wurden die Kommunalität mit anderen Items, die Prävalenz des Symptoms und die Assoziationen mit Funktionsfähigkeit, Lebensqualität und Inanspruchnahme medizinischer Versorgung herangezogen. Die Entwicklung der SSS-8 erfolgte nach Klassischer Testtheorie.

Empirisch wurde die SSS-8 in einer repräsentativen, deutschen Allgemeinbevölkerungserhebung im Jahre 2012 überprüft (Gierk et al., 2014). Dabei wurden $N = 2510$ Personen eingeschlossen, die älter als 13 Jahre alt waren. Das Verfahren liegt aktuell auf Deutsch und Englisch vor. Die Übersetzung erfolgte in mehreren Schritten (Vor- und Rückübersetzungen), bei denen Muttersprachler involviert waren.

Aufbau und Auswertung

Das Verfahren besteht aus einem einleitenden Satz („Wie stark fühlten Sie sich im Verlauf der letzten 7 Tage durch die folgenden Beschwerden beeinträchtigt?") und acht Items zu weit verbreiteten somatischen Symptomen. Personen nehmen ihre Einschätzung auf einer fünfstufigen Likert-Skala vor (0 = gar nicht, 1 = wenig, 2 = mittel, 3 = stark, 4 = sehr stark).

Beispielitems sind:
– „Bauchschmerzen oder Verdauungsbeschwerden" (Item 1),
– „Schmerzen in Armen, Beinen oder Gelenken" (Item 3),
– „Schmerzen im Brustbereich oder Kurzatmigkeit" (Item 5).

Die Auswertung erfolgt über die Bildung eines Summenwertes. Für die Interpretation stehen Schweregradschwellen (Wertebereich: 0 bis 3 = keine bis minimal, 4 bis 7 = niedrig, 8 bis 11 = mittel, 12 bis 15 = hoch, 16 bis 32 = sehr hoch) und Normwerte aus der Allgemeinbevölkerung zur Verfügung.

Gütekriterien

Die Durchführungs-, Auswertungs- und Interpretationsobjektivität lassen sich durch die klare Instruktion, die Bildung eines einfachen Summenwertes und die Verfügbarkeit von Schweregradschwellen und Normwerten als hoch einschätzen. Die interne Konsistenz der SSS-8 in der deutschen Allgemeinbevölkerung beträgt Cronbachs α = .81 (Gierk et al., 2014). Befunde zur Test-Retest-Reliabilität liegen noch nicht vor.

Die Inhaltsvalidität kann als hoch eingeschätzt werden, da die SSS-8 von dem bereits psychometrisch gut evaluierten PHQ-15 (Kroenke et al., 2010; Zijlema et al., 2013) abgeleitet wurde. Bezüglich der Konstruktvalidität wiesen Gierk et al. (2014) positive Zusammenhänge mit Depressivität, Ängstlichkeit und Inanspruchnahme medizinischer Versorgung sowie einen negativen Zusammenhang mit Wohlbefinden nach. Die faktorielle Validität wurde mit einer konfirmatorischen Faktorenanalyse überprüft. Hier zeigte sich eine akzeptable Modellpassung für die oben beschriebene latente Struktur. Eine konfirmatorische Mehrgruppen-Faktorenanalyse wies außerdem nach, dass die Faktorstruktur invariant für die Merkmale Alter und Geschlecht ist. Insgesamt kann die faktorielle Validität als hoch eingeschätzt werden. Informationen zu einem klinisch bedeutsamen Veränderungswert auf der SSS-8 (minimal clinical important difference) liegen noch nicht vor.

Vergleichswerte/ Normen

Es liegen Prozentrangnormen aus der deutschen Allgemeinbevölkerung vor (Gierk et al., 2014). Sie stammen aus einer repräsentativen Allgemeinbevölkerungserhebung (N = 2 510). Die Normen liegen getrennt für Alters- und Geschlechtsgruppen vor.

WWW-Ressourcen

Es liegen keine zusätzlichen Ressourcen vor.

Literatur

Gierk, B., Kohlmann, S., Kroenke, K., Spangenberg, L., Zenger, M., Brähler, E. et al. (2014). The Somatic Symptom Scale–8 (SSS-8): A Brief Measure of Somatic Symptom Burden. *JAMA Internal Medicine, 174* (3), 399–407.

Kroenke, K., Spitzer, R. L. & Williams J. B. W. (2002). The PHQ-15: Validity of a New Measure for Evaluating the Severity of Somatic Symptoms. *Psychosomatic Medicine, 64* (2), 258–266.

Kroenke, K., Spitzer, R. L., Williams, J. B. W. & Löwe, B. (2010). The Patient Health Questionnaire Somatic, Anxiety, and Depressive Symptom Scales: a systematic review. *General Hospital Psychiatry, 32* (4), 345–359.

Zijlema, W. L., Stolk, R. P., Löwe, B., Rief, W., White, P. D. & Rosmalen, J. G. (2013). How to assess common somatic symptoms in large-scale studies: A systematic review of questionnaires. *Journal of Psychosomatic Research, 74* (6), 459–468.

Autor des Beitrags

Benjamin Gierk

Kontaktdaten des Autors

Dipl.-Psych. Benjamin Gierk
Universitätsklinikum Hamburg-Eppendorf
Klinik für Psychiatrie und Psychotherapie
Martinistraße 52
20246 Hamburg
bgierk@uke.de

STADI

State-Trait-Angst-Depressions-Inventar

Autoren des Testverfahrens	Lothar Laux, Michael Hock, Ralf Bergner-Köther, Volker Hodapp und Karl-Heinz Renner
Quelle	Laux, L., Hock, M., Bergner-Köther, R., Hodapp, V. & Renner, K.-H. (2013). *Das State-Trait-Angst-Depressions-Inventar (STADI)*. Göttingen: Hogrefe. Das Copyright liegt beim Hogrefe Verlag.
Vorgänger-/ Originalversionen	Das STADI ist ein neu konstruiertes Verfahren, dessen Entwicklung besonders durch die Erfahrungen mit dem State-Trait-Angstinventar (STAI; vgl. Krohne, 2010; Laux et al., 1981; Spielberger, 1983) beeinflusst wurde.
Kurzversionen	keine
Kurzbeschreibung	Es handelt sich um ein Selbstbeurteilungsverfahren, mit dem *Angst* und *Depression* als Zustand (state) und als Eigenschaft (trait) erfasst werden. Angst wird unterteilt in *Aufgeregtheit* (affektive Komponente) und *Besorgnis* (kognitive Komponente), Depression wird unterteilt in die Komponenten *Euthymie* (freudige Stimmung; invertiert als *Anhedonie*, der Abwesenheit von Euthymie) und *Dysthymie* (traurige Stimmung). Das STADI liegt als Papier-Bleistift-Verfahren und in einer computergestützten Version vor. Es kann in allen Grundlagen- und Anwendungsbereichen der Psychologie eingesetzt werden.
Anwendungsbereich	Der Test eignet sich für Jugendliche (ab 16 Jahren) und Erwachsene. Er kann sowohl in Form einer Einzel- als auch im Rahmen einer Gruppentestung durchgeführt werden. Der State- und der Trait-Teil des Inventars können je nach Fragestellung zusammen oder unabhängig voneinander eingesetzt werden. Die Skalen eignen sich für diagnostische Fragestellungen in nahezu allen Berufsfeldern der Psychologie. Die Spanne reicht von der laborexperimentellen Grundlagenforschung bis zur Anwendung im klinisch-psychologischen Bereich. Während die Trait-Skalen der Feststellung der Ausprägung von Angst und Depression als Eigenschaften (Ängstlichkeit und Depressivität) dienen, erfassen die State-Skalen die Ausprägung des aktuell erlebten Angst- und Depressionszustands, der im zeitlichen Verlauf in Abhängigkeit von internen oder externen Einflüssen variiert. Die State-Skalen sind in einer Vielzahl von Situationen unterschiedlicher Art einsetzbar. Dazu gehören nicht nur das ganze Spektrum höchst heterogener Stresssituationen, sondern auch Situationen mit neutralem oder positivem Charakter. Ferner eignen sich die STADI-Skalen besonders für das breite Übergangsfeld zwischen dem klinischen und dem nicht klinischen Be-

reich – im Gegensatz zu vielen genuin klinischen Verfahren, deren extrem formulierte Iteminhalte eine Anwendung im nicht klinischen Bereich verhindern. Der Einsatz derselben Skalen in beiden Bereichen ermöglicht es zu untersuchen, inwieweit klinische Angst- und Depressionsstörungen Extremausprägungen normalpsychologischer Angst- und Depressionsintensitäten darstellen. Für Praxis und Theorie ebenfalls von Bedeutung ist die Möglichkeit, ein individuelles Profil mit typischen Profilen der Normierungsstichprobe zu vergleichen (vgl. Abschnitt Bezug zur Psychotherapie).

Bearbeitungszeit

Die Bearbeitungs- und Auswertungszeit für das STADI betragen im Durchschnitt jeweils circa 10 bis15 Minuten.

Theoretischer Hintergrund

Hinsichtlich der Frage nach der Differenzierbarkeit von Angst und Depression liefert die bisherige Theorienbildung als auch die empirische Forschung ein heterogenes Bild (vgl. Clark & Watson, 1991; Helmchen & Linden, 1986; Wittchen & Hoyer, 2011). Wegen sehr hoher Korrelationen zwischen Angst- und Depressionsskalen sowie beträchtlicher Komorbiditäten bei angst- und depressionsbezogenen klinischen Störungen wird eine empirische Unterscheidbarkeit der beiden Konstrukte auf der Ebene der Selbstbeurteilung von einigen Autoren sogar infrage gestellt (vgl. Zerssen, 1976). Vorrangiges Ziel der Konstruktion des STADI war es daher, zur Lösung des Problems der Differenzierbarkeit von Angst und Depression beizutragen. Gestützt auf explorative und konfirmatorische Faktorenanalysen sowie Modellvergleichen ergibt sich für das STADI folgendes Bild: Die vier Itemgruppen können den vier erwarteten Faktoren Aufgeregtheit, Besorgnis, Euthymie und Dysthymie sowohl für den State- als auch für den Trait-Bereich eindeutig zugeordnet werden. Das sogenannte ABED-Modell (vier unabhängige, aber korrelierte Faktoren erster Ordnung) zeigt für den Trait- und den State-Bereich eine sehr gute Passung. Dieses grundlegende Modell eignet sich als Basis für komplexere hierarchische Modelle: So wird die Struktur des STADI gut repräsentiert durch ein AD-Modell mit zwei Faktoren zweiter Ordnung (Angst und Depression), die wiederum Indikatoren eines Globalfaktors dritter Ordnung (Negative Affektivität) darstellen (G/AD-Modell). Bemerkenswert ist die Sonderstellung des Faktors Besorgnis: Verschiedene Validierungsbefunde sprechen dafür, dass Besorgnis nicht nur als eine Komponente der Angst aufgefasst, sondern auch im Depressionskonstrukt verankert werden kann.

Bezug zur Psychotherapie

Die Bestimmung von Trait-Angst und Trait-Depression erleichtert Aussagen zur differenziellen Indikation (vgl. Schmidt-Traub & Lex, 2005). Hier lautet die Grundfrage: Für welche Gruppen von Klienten mit unterschiedlichen Profilen hinsichtlich Trait-Aufgeregtheit, Trait-Besorgnis, Trait-Dysthymie und Trait-Euthymie erweist sich welche Form von Intervention als geeignet? Für die Praxis von besonderer Bedeutung ist die Möglichkeit, ein individuelles Profil mit den typischen Profilen der Normierungsstichprobe (sechs STADI-Cluster) zu vergleichen. Wenn ein individuelles Profil hohe Ähnlichkeit mit einem bestimmten Cluster (z. B. Cluster ängstlich) aufweist, vereinfacht dies Interpretation und

Therapieplanung. Je nach Höhe der Ausprägungen kann auch entschieden werden, ob sich eher eine Intervention mit präventivem oder bereits psychotherapeutischem Charakter anbietet.

Die Erfassung von State-Angst und State-Depression ermöglicht Aussagen über die unterschiedliche Verlaufsdynamik beider Zustände, z. B. dass Angsterleben den depressiven Zuständen häufig zeitlich vorausgeht (de Jong-Meyer, 2011; Hautzinger, 1986). Die State- aber auch die Trait-Skalen lassen sich zur Evaluation von Therapieverläufen einsetzen, wobei zu beachten ist, dass die Trait-Skalen theoriekonform nur auf massive Einflüsse, z. B. besonders wirksame Interventionen, ansprechen. Die Skalen eignen sich aufgrund ihrer Kürze insbesondere auch für wiederholte Messungen.

Testentwicklung

Ziel war es, ein State-Trait-Verfahren zu entwickeln, das im Gegensatz zum STAI zwischen der affektiven und der kognitiven Komponente der Angst unterscheidet (vgl. Hodapp et al., 2011; Liebert & Morris, 1967) und zusätzlich zur Angst die differenzierte Bestimmung der Depression ermöglichen sollte, um somit das vielfach beklagte Problem der Differenzierbarkeit beider Konstruktbereiche explizit im gleichen theoretisch-methodischen Kontext untersuchen zu können (vgl. Krohne, 2010). Im Falle der Depression sollte neben dem Dysthymiefaktor besonders das Alleinstellungsmerkmal von Depression, die *Anhedonie*, also die Abwesenheit positiver Affekte, erfasst werden (vgl. Clark & Watson, 1991; Spaderna et al., 2002; Spielberger, 1995). Die nach diesen Kriterien erstellten Vorformen des Inventars wurden in mehreren umfangreichen studentischen und nicht studentischen Stichproben mithilfe explorativer Faktorenanalysen sowie Item- und Reliabilitätsanalysen untersucht. Darüber hinaus wurde die unterschiedliche Sensitivität der Items gegenüber dem situativen Kontext erfasst. Die Struktur und psychometrische Qualität der Endform wurden dann anhand der Normierungsstichprobe und weiterer Stichproben detailliert überprüft.

Aufbau und Auswertung

Das STADI besteht aus zwei Teilen, die jeweils 20 Items enthalten. Der State-Teil erfasst den aktuellen Angst- und Depressionszustand einer Person gestützt auf vier Skalen mit jeweils fünf Items:
- *State-Aufgeregtheit* (Bsp.: „Ich bin nervös."),
- *State-Besorgnis* (Bsp.: „Ich mache mir Sorgen über das, was auf mich zukommt."),
- *State-Euthymie* (Bsp.: „Ich bin gut drauf."),
- *State-Dysthymie* (Bsp.: „Ich bin deprimiert.").

Für die Beschreibung des augenblicklichen Zustands mithilfe dieser Items steht den Teilnehmern eine Intensitätsskala von 1 = überhaupt nicht bis 4 = sehr zur Verfügung.

Der Trait-Teil dient der Erfassung der Eigenschaftsausprägung, also der überdauernden Neigung, Angst und Depression zu erleben. Jede der vier Subskalen besteht wiederum aus fünf Items:
- *Trait-Aufgeregtheit* (Bsp.: „Ich bin hektisch."),
- *Trait-Besorgnis* (Bsp.: „Ich fürchte mich vor dem, was auf mich zukommt."),

STADI

– *Trait-Euthymie* (Bsp.: „Ich genieße das Leben."),
– *Trait-Dysthymie* (Bsp.: „Ich bin traurig.").

Für die Selbstcharakterisierung mithilfe dieser Items steht eine Häufigkeitsskala von 1 = fast nie bis 4 = fast immer zur Verfügung.

Die Auswertung erfolgt mithilfe von Schablonen. Für jede Subskala wird der Skalenrohwert aus der Summe der zugehörigen fünf Itemscores berechnet. Zur Bestimmung der State-Depression bzw. der Trait-Depression wird der Wert für die Subskala *State-Euthymie* bzw. *Trait-Euthymie* invertiert. Die resultierenden Werte beschreiben das Ausmaß, in dem das Empfinden positiver Stimmung vermindert ist (State-Anhedonie bzw. Trait-Anhedonie). Die Summierung der Subskalenwerte für *Aufgeregtheit* und *Besorgnis* ergibt den Angstwert (State-Angst bzw. Trait-Angst), die Summierung der Subskalenwerte für *Dysthymie* und *Euthymie* (invertiert als Anhedonie) ergibt den Depressionswert (State-Depression bzw. Trait-Depression). Die Bestimmung eines Globalwertes (Negative Affektivität) aus jeweils vier State- und Trait-Skalen ist ebenfalls vorgesehen. Es sei darauf hingewiesen, dass dieser Globalwert außerordentlich hoch (meist höher als $r = .90$) mit dem Gesamtscore der STAI-State-Skala bzw. STAI-Trait-Skala korreliert. STAI und STADI erfassen mit dem Globalwert bzw. Gesamtscore also nahezu identische Konstrukte (Negative Affektivität), wobei der Vorteil des STADI u. a. darin zu sehen ist, dass mit ihm die Komponenten der Depression explizit erfasst werden, während beim STAI die Depression als mit der Angst konfundiertes Konstrukt nicht gemessen werden kann.

Die Interpretation der STADI-Werte basiert auf zwei einander ergänzenden Zugängen:
1. der im Rahmen der Validierungsstudien ermittelten inhaltlichen Bedeutung (gemessene Skalenkonstrukte),
2. einer formalen testmethodischen Beurteilung der STADI-Scores.

Die testmethodische Interpretation umfasst u. a. die Klärung folgender typischer Fragen der Einzelfalldiagnostik:
1. Ist ein individueller Testwert im Vergleich zur alters- und geschlechtsspezifischen Normstichprobe durchschnittlich, (weit) überdurchschnittlich oder (weit) unterdurchschnittlich ausgeprägt?
2. Hat sich ein STADI-Wert bei ein- und derselben Person z. B. nach einer therapeutischen Intervention signifikant verändert (intraindividueller Vergleich)?
3. Unterscheiden sich die STADI-Werte von zwei verschiedenen Personen bedeutsam voneinander (interindividueller Vergleich)?
4. Passt ein individuelles STADI-Profil zu einem der sechs in der Normierungsstichprobe ermittelten STADI-Cluster (vgl. Abschnitt Vergleichswerte/Normen)?

Gütekriterien

Objektivität: Da es sich um einen standardisierten Selbstbeschreibungsfragebogen handelt, ist eine hohe Durchführungs-, Auswertungs- und Interpretationsobjektivität gewährleistet.

Reliabilität: Die interne Konsistenz liegt zwischen $\alpha = .83$ und $.89$ für die vier State-Skalen und zwischen $\alpha = .81$ und $.87$ für die vier Trait-Skalen. Sie beträgt für State-Angst $\alpha = .90$ und State-Depression $\alpha = .87$, für Trait-Angst $\alpha = .88$ und Trait-Depression $\alpha = .89$. Beim Globalwert der State-Skalen liegt die interne Konsistenz bei $\alpha = .92$, beim Globalwert der Trait-Skalen bei $\alpha = .93$. Die Stabilitäten liegen für drei verschiedene Zeitintervalle vor (1 Woche, 4 Wochen, 14 Monate) und fallen im State-Bereich stets niedriger aus als im Trait-Bereich. Sie schwanken je nach Zeitintervall und Skala zwischen $r = .10$ und $.52$ für den State-Bereich und zwischen $r = .50$ und $.87$ für den Trait-Bereich.

Validität: Die faktorielle Validität wurde mit explorativen und konfirmatorischen Faktorenanalysen belegt. Konvergente und diskriminante Validität konnten auf der Basis testinterner und testexterner Analysen gesichert werden (vgl. Bergner-Köther, 2014). Ebenso gelang es, die Differenzierbarkeit von Traits und States für die STADI-Skalen mithilfe von Latent-State-Trait-Modellen (Steyer et al., 1999) nachzuweisen. Die unterschiedliche Sensitivität der State- und Trait-Skalen gegenüber dem situativen Kontext wurde für vorgestellte und reale Belastungssituationen aufgezeigt. Mit einer Reihe von Testverfahren (u. a. State-Trait-Angstinventar, Prüfungsangstfragebogen, NEO-Fünf-Faktoren-Inventar, Positive and Negative Affect Schedule, Angstbewältigungs-Inventar, Beck Depressions-Inventar, Beck Angst-Inventar, Symptom-Checkliste-90-R) konnten erwartungskonforme konvergente und diskriminante Zusammenhänge gesichert werden.

In einigen Untersuchungen mit klinischen Stichproben ergaben sich höhere Werte für Trait-Angst und Trait-Depression verglichen mit Probanden der Normierungsstichprobe. Weiterhin sanken bei einer Stichprobe mit Patienten verschiedener klinischer Diagnosen sowohl die State- als auch die Trait-Werte für Angst und Depression während eines mehrwöchigen Klinikaufenthalts deutlich ab. Geht man davon aus, dass sich intensive Psychotherapie auch auf Persönlichkeitseigenschaften auswirkt, erweist sich neben der nahe liegenden Reduktion bzw. Steigerung der State-Werte auch die Veränderung der Trait-Werte als plausibel.

Vergleichswerte/ Normen

Für Frauen und Männer werden Normtabellen (Prozentränge, T-Werte) für die Altersklassen 16 bis 23 Jahre, 24 bis 67 Jahre und 68 Jahre und mehr bereitgestellt, die auf einer umfangreichen ($N = 3\ 150$) bevölkerungsrepräsentativen Stichprobe basieren.

Mithilfe eines Klassifikationsverfahrens wurde für die Normierungsstichprobe nach typischen Profilen der vier Trait-Variablen des STADI gesucht. Sechs Cluster konnten bestimmt und entsprechend benannt werden: (1) positiv gestimmt, (2) unbeschwert, (3) durchschnittlich, (4) freudlos, (5) ängstlich und (6) depressiv-ängstlich.

WWW-Ressourcen

Weiterführende Informationen zum STADI sind zu finden unter:
http://mihock.github.io/stadi/

Literatur

Bergner-Köther, R. (2014). *Zur Differenzierung von Angst und Depression. Ein Beitrag zur Konstruktvalidierung des State-Trait-Angst-Depressions-Inventars.* Dissertation, Otto-Friedrich-Universität Bamberg.

Clark, L. A. & Watson, D. (1991). Tripartite model of anxiety and depression: psychometric evidence and taxonomic implications. *Journal of Abnormal Psychology, 100,* 316–336.

de Jong-Meyer, R. (2011). Depressive Störungen: Klassifikation und Diagnostik. In M. Perrez & U. Baumann (Hrsg.), *Lehrbuch Klinische Psychologie – Psychotherapie* (S. 852–861). Bern: Huber.

Hautzinger, M. (1986). Differentielle psychologische Theorien zu Angst und Depression. In H. Helmchen & M. Linden (Hrsg.), *Die Differenzierung von Angst und Depression* (S. 123–134). Berlin: Springer.

Helmchen, H. & Linden, M. (1986). *Die Differenzierung von Angst und Depression.* Berlin: Springer.

Hodapp, V., Rohrmann, S. & Ringeisen, T. (2011). *Der Prüfungsangstfragebogen (PAF).* Göttingen: Hogrefe.

Krohne, H. W. (2010). *Psychologie der Angst.* Stuttgart: Kohlhammer.

Laux, L., Glanzmann, P., Schaffner, P. & Spielberger, C. D. (1981). *Das State-Trait-Angstinventar (STAI). Theoretische Grundlagen und Handanweisung.* Weinheim: Beltz Test.

Liebert, R. M. & Morris, L. W. (1967). Cognitive and emotional components of test anxiety: A distinction and some initial data. *Psychological Reports, 20,* 975–978.

Schmidt-Traub, S. & Lex, P.-C. (2005). *Angst und Depression.* Göttingen: Hogrefe.

Spaderna, H., Schmukle, S. C. & Krohne, H. W. (2002). Bericht über die deutsche Adaption der State-Trait Depression Scales (STDS). *Diagnostica, 48,* 80–89.

Spielberger, C. D. (1983). *Manual for the State-Trait Anxiety Inventory.* Palo Alto, CA: Consulting Psychologists Press.

Spielberger, C. D. (1995). *State-Trait Depression Scales.* Palo Alto, CA: Mind Garden.

Steyer, R., Schmitt, M. & Eid, M. (1999). Latent state-trait theory and research in personality and individual differences. *European Journal of Personality, 13,* 389–408.

Wittchen, H.-U. & Hoyer, J. (Hrsg.). (2011). *Klinische Psychologie und Psychotherapie.* Berlin: Springer.

Zerssen, D. von (1976). *Paranoid-Depressivitäts-Skala / Depressiviäts-Skala (PD-S / D-S).* Weinheim: Beltz Test.

Autoren des Beitrags

Lothar Laux, Michael Hock, Ralf Bergner-Köther, Volker Hodapp und Karl-Heinz Renner

Kontaktdaten des Erstautors

Prof. Dr. Lothar Laux
Otto-Friedrich-Universität Bamberg
TRAc Trimberg Research Academy
An der Weberei 5
96047 Bamberg
lothar.laux@uni-bamberg.de

STEP

Stundenbogen für die Allgemeine und Differentielle Einzelpsychotherapie

Autor des Testverfahrens	Günter Krampen
Quelle	Krampen, G. (2002). *Stundenbogen für die Allgemeine und Differentielle Einzelpsychotherapie (STEP)*. Göttingen: Hogrefe. Das Copyright liegt beim Hogrefe Verlag.
Vorgänger-/ Originalversionen	keine
Kurzversionen	keine
Kurzbeschreibung	Mit den beiden STEP-Formen werden Wahrnehmungen bzw. das Erleben allgemeiner Wirkfaktoren in psychotherapeutischen Einzelsitzungen bei Patienten (Selbstbeurteilung; STEPP) und Psychotherapeuten (Fremdbeurteilung; STEPT) auf drei Dimensionen erfasst. Für die Patienten- und die Therapeutenperspektive umfassen beide STEP-Formen jeweils drei inhaltlich komplementäre Subskalen zu der in der Sitzung vom Patienten erlebten bzw. bei ihm durch den Therapeuten wahrgenommenen 1. *motivationalen Klärung* (STEPP-K und STEPT-K), 2. *aktiven Hilfe zur Problembewältigung* (STEPP-P und STEPT-P) und 3. *therapeutischen Beziehung* (STEPP-B und STEPT-B). Es liegen Papierversionen beider Fragebogen-Formen vor. Eine Computerversion ist im Hogrefe Testsystem (HTS) erhältlich, wobei auch Testing-on-Demand im Internet möglich ist.
Anwendungsbereich	Das Verfahren kann bei Psychotherapiepatienten im Erwachsenen- und Jugendalter (ab 14 Jahren) in ambulanten und stationären Settings sowie von deren Therapeuten unabhängig vom therapeutischen Schwerpunkt angewendet werden. Die ökonomisch einsetzbaren Skalen dienen der Prozessevaluation therapeutischer Verläufe und der differenziellen Indikationsstellung im Rahmen ambulanter und stationärer Einzelpsychotherapien. Zudem ergänzen sie die Dokumentation psychotherapeutischer Sitzungen und können sowohl bei Anwendungen therapeutischer Schwerpunktverfahren und ihrer eklektischen Kombination als auch in der allgemeinen und differenziellen Psychotherapie eingesetzt werden.
Bearbeitungszeit	Durchführungszeit am Ende von Therapiesitzungen: unter 5 Minuten. Auswertungszeit: etwa 5 Minuten (computerunterstützt kürzer).
Theoretischer Hintergrund	Die STEP basieren auf den konzeptuellen Bestandsaufnahmen allgemeiner (therapieschulenunspezifischer) Wirk- und Effektfaktoren psy-

chotherapeutischer Prozesse, die in der dritten Phase der Geschichte der Psychotherapie etwa von Frank (1973), Weinberger (1993) und Grawe (1995) vorgelegt wurden. Diese dritte Phase der Psychotherapiegeschichte ist durch Versuche geprägt, die Fokussierung auf einzelne Therapiemethoden oder -schulen (erste Phase) und deren eklektische Kombination (zweite Phase) dadurch zu überwinden, dass aufgrund taxonomischer bzw. theoretischer Überlegungen eine integrative, allgemeine und differenzielle Psychotherapie konzeptuell und praktisch möglich wird (vgl. hierzu Krampen, 2002a, 2002b). Dazu gehört das Mehrkomponenten-Modell der Wirkungsweise von Psychotherapie nach Grawe et al. (1994; Grawe, 1995, 1998), das Anbindungen an die Schematheorie und die Erwartungs-Wert-Theorien aufweist. Zentrale These ist, dass jede Form der Psychotherapie (und auch der Beratung; vgl. hierzu bereits Bommert & Plessen, 1978) auf (minimal) drei unspezifischen Wirkfaktoren basiert, die (a) am gesamten therapeutischen Prozess mit unterschiedlichem Gewicht beteiligt sind, dabei stetig zusammenwirken und gemeinsam für Therapieerfolge verantwortlich sind, (b) daher zu Behandlungsbeginn für die differenzielle Indikation und Therapieplanung direkt relevant sind und (c) in allen Phasen der Behandlung für die adaptive Indikation bedeutsam sind, damit im therapeutischen Prozess adaptiv und flexibel der jeweils indizierte Wirkfaktor verstärkt und der aktuell weniger indizierte Wirkfaktor zurückgenommen werden kann. Spezifiziert werden die entsprechenden Konstrukte als:

1. aktive Hilfe zur Problembewältigung (Problembewältigungsperspektive),
2. motivationale Klärung und persönliche Entwicklung des Patienten (Klärungsperspektive),
3. therapeutische Unterstützung und Beziehung (Beziehungsperspektive), die nach den Komponenten der Ressourcenaktivierung und Problemaktualisierung ausdifferenziert werden kann.

Bezug zur Psychotherapie

In der psychotherapeutischen Praxis dienen die STEP der Prozessevaluation therapeutischer Verläufe, der differenziellen Indikation spezifischer Therapiemaßnahmen im Behandlungsprozess sowie der Dokumentation von Therapiesitzungen. Hierauf wird in darauf bezogenen Empfehlungen eingegangen (z. B. Angermaier, 2010; Ubben, 2010).

Darüber hinaus sind die STEP breit im Rahmen der Psychotherapieforschung in Analysen therapeutischer Prozesse und Wirkungen einsetzbar. Anwendungen der STEP in der Forschung finden sich etwa in umfassend angelegten klinischen Studien zur Prozess- und Produktevaluation von Psychotherapie und Nachsorge (Beintner & Jacobi, 2011; Krampen, 2009) sowie in Auswertungen klinisch-psychologischer Längsschnittdaten mit hierarchisch-linearen Modellen (Göllner et al., 2010). Inzwischen wurden auch modifizierte Forschungsversionen der STEP für Anwendungen in der klinischen Supervision (STEP-SV; Zarbock et al., 2009) und in Gruppensettings (Pitschel-Walz et al., 2011) sowie zur summarischen Einschätzung der allgemeinen Wirkfaktoren für die gesamte Behandlung am Ende der Psychotherapie (Munz, 2014) vorgelegt.

Testentwicklung

Zielsetzung der Testentwicklung waren inhaltsvalide Kurzskalen, die für den wiederholten, ökonomischen Einsatz nach Therapiesitzungen geeignet sind. Dazu wurden nach Durchsicht vorliegender Stunden-/Sitzungsbögen für psychologische Interventionen, unter engem inhaltlichem Bezug auf die Beschreibungen der vier allgemeinen psychotherapeutischen Wirkfaktoren nach Grawe (1995, 1998), insgesamt jeweils 14 Items für die Patienten- und die komplementäre Therapeutenperspektive frei generiert bzw. aus vorliegenden Skalen modifiziert übernommen.

Separate Faktorenanalysen von 170 Stundenbögen ergaben für die Patienten- und die Therapeutenform sehr gut übereinstimmende dreifaktorielle Lösungen, auf denen jeweils 12 der ursprünglich 14 Items bedeutsam laden und die eindeutig als Faktoren der (1) Klärungsperspektive, (2) Problembewältigungsperspektive und (3) Beziehungsperspektive (jedoch ohne Differenzierung nach Problemaktualisierung und Ressourcenaktivierung) interpretiert werden können. Diese faktorenanalytischen Befunde ließen sich in mehreren unabhängigen klinischen Stichproben replizieren (Krampen, 2002a; Munz, 2014) und bilden neben den psychometrischen Kriterien der Klassischen Testtheorie die Basis der Testentwicklung.

Die gesamte Testentwicklung basiert auf multiplen STEP-Daten aus 12 verschiedenen Studien mit unabhängigen Stichproben, die insgesamt $N = 377$ ambulante und $N = 385$ stationäre erwachsene und jugendliche Psychotherapiepatienten mit verschiedenen psychischen Störungen sowie deren Therapeuten in unterschiedlichen Anwendungskontexten umfassen.

Aufbau und Auswertung

Die STEP enthalten für die Patienten- (STEPP) und die Therapeuten-Perspektive (STEPT) jeweils drei inhaltlich komplementäre Subskalen zu der in einer Therapiesitzung erlebten bzw. wahrgenommen
- *motivationalen Klärung beim Patienten* (Klärungsperspektive K; 5 Items;
  STEPP-K, Bsp.: „Im heutigen Gespräch erschienen mir einige meiner Probleme in einem neuen Licht.";
  STEPT-K, Bsp.: „Der/Die Patient/in hat heute einige seiner/ihrer Schwierigkeiten aus einer anderen Perspektive sehen können.").
- *aktiven Hilfe zur Problembewältigung* (Problembewältigungsperspektive P; 4 Items;
  STEPP-P, Bsp.: „Ich habe heute neue Verhaltensmöglichkeiten kennengelernt.";
  STEPT-P, Bsp.: „Der/Die Patient/in hat heute neue Verhaltensmöglichkeiten kennengelernt.").
- *therapeutischen Beziehung* (Beziehungsperspektive P; 3 Items;
  STEPP-B, Bsp.: „Ich fühlte mich heute vom Therapeuten/von der Therapeutin verstanden.";
  STEPT-B, Bsp.: „Der/Die Patient/in fühlte sich heute von mir verstanden.").

Die Items sind auf siebenstufigen Antwortskalen (1 = stimmt überhaupt nicht bis 7 = stimmt ganz genau) zu beantworten.

Die Auswertung erfolgt mit einer Klarsichtschablone oder computerunterstützt. Die Skalenrohwerte können in Prozentrangwerte (PR) und T-Werte transformiert und auf einem Auswertungsblatt als kombinierte Verlaufs- und Profilauswertung über jeweils 11 Therapiesitzungen zusammengefasst werden.

Gütekriterien

Durchführungs-, Auswertungs- und Interpretationsobjektivität können bei adäquater Anwendung als gegeben gelten.

Trotz geringer Itemanzahlen liegen die Koeffizienten für die interne Konsistenz ($.75 < \alpha < .92$) und die Testhalbierungsreliabilität ($.70 < r_{tt} < .86$) bei allen sechs Subskalen im hohen Bereich und genügen den Anforderungen für die Einzeldiagnostik. Dies gilt auch für die Profilreliabilitäten der drei STEPP- und der drei STEPT-Skalen ($_{prof}r_{tt}$ = .66 und .71). Die Test-Retest-Reliabilitäten (Stabilitätskoeffizienten) liegen dagegen bedeutend niedriger, was dem Ansatz der Verlaufsmessung entspricht.

Die über eine deduktiv-rationale Itemkonstruktion angestrebte Inhaltsvalidität der STEP-Items konnte in einer Expertenstudie durch freie Item-Skalen-Zuordnungen empirisch belegt werden. Auf der Konstruktebene (Skalenebene) ist die STEP-Struktur sowohl für die Patienten- als auch für die Therapeutenform faktorenanalytisch für die drei allgemeinen Wirkfaktoren anhand der Daten aus mehreren unabhängigen Patientenstichproben gesichert (Krampen, 2002a; Munz, 2014). Versuche, durch gezielte Itemergänzungen zu einer vier Wirkfaktoren umfassenden Skalenstruktur zu gelangen, sind bislang nicht gelungen (Munz, 2014).

Fundierte Hinweise auf die konvergente Validität der STEP liegen mit essenziellen, sinnhaft interpretierbaren Korrelationen zwischen den STEPP- und STEPT-Skalen sowie zu Außenvariablen wie etwa der globalen Zufriedenheit mit einer Therapiesitzung, der Therapiemotivation, Selbstaufmerksamkeit und Selbstwirksamkeit von Patienten (Krampen, 2002a) sowie ihrem therapiespezifischen Vertrauen und Therapieerfolg (Krampen, 2008; Munz, 2014) vor. Die diskriminante Valdität der STEP wird durch ihre Unabhängigkeit von der Tendenz, in sozial erwünschter Weise zu antworten, sowie durch geringe Korrelationen zu Indikatoren der allgemeinen Symptom- und Beschwerdebelastung belegt (Krampen, 2002a, 2006). Die Befundlage zur differenziellen Validität der STEP (etwa im Hinblick auf Patienten mit verschiedenen Störungsbildern, auf unterschiedliche Therapiesettings und Schwerpunktverfahren) bleibt zum Teil unklar und führt zur Hypothese, dass mit den STEP hoch individualisierte Verläufe von Psychotherapien abgebildet werden.

Vergleichswerte/ Normen

Zur Verfügung gestellt werden Vergleichswerte von STEP-Anwendungen in einer heterogenen Stichprobe von N = 592 ambulanten und stationären Psychotherapiepatienten und ihren Psychotherapeuten, die in Prozentrangwerte und T-Werte transformiert werden können. Die Vergleichswerte gehen auf 207 ambulant und 385 stationär durchgeführte Sitzungen Einzelpsychotherapie in unterschiedlichen Therapiephasen bei Patienten im Erwachsenen- und Jugendalter (ab 14 Jahren) mit verschiedenen psychischen Störungen zurück.

WWW-Ressourcen	Es liegen keine zusätzlichen Ressourcen vor.
Literatur	Angermaier, M. J. W. (2010). *Lösungsorientierte Gruppenpsychotherapie* (2. Aufl.). Weinheim: Beltz. Beintner, I. & Jacobi, C. (2011). Internetgestützte Nachsorge bei Bulimia nervosa: Behandlungsmanual und Studiendesign. *Psychotherapeut, 6*, 516–521. Bommert, H. & Plessen, U. (1978). *Psychologische Erziehungsberatung.* Stuttgart: Kohlhammer. Frank, J. (1973). *Persuasion and healing.* Baltimore, MD: John Hopkins University Press. Göllner, R., Gollwitzer, M., Heider, J., Zaby, A. & Schröder, A. (2010). Auswertung von Längsschnittdaten mit hierarchisch-linearen Modellen. *Zeitschrift für Klinische Psychologie und Psychotherapie, 39*, 179–188. Grawe, K. (1995). Grundriß einer Allgemeinen Psychotherapie. *Psychotherapeut, 40*, 130–145. Grawe, K. (1998). *Psychologische Therapie.* Göttingen: Hogrefe. Grawe, K., Donati, R. & Bernauer, F. (1994). *Psychotherapie im Wandel.* Göttingen: Hogrefe. Krampen, G. (2002a). *Stundenbogen für die Allgemeine und Differentielle Einzelpsychotherapie (STEP).* Göttingen: Hogrefe. Krampen, G. (2002b). Drei-Phasen-Modell zur Geschichte der Psychotherapie im 20. Jahrhundert. *Report Psychologie, 27*, 330–346. Krampen, G. (2006). *Änderungssensitive Symptomliste zu Entspannungserleben, Wohlbefinden, Beschwerden- und Problembelastungen (ASS-SYM).* Göttingen: Hogrefe. Krampen, G. (2008). *Veränderungsfragebogen zum Entspannungserleben und Befinden – Psychotherapie (VFE-PT).* Göttingen: Hogrefe. Krampen, G. (2009). Psychotherapeutic processes and outcomes in outpatient treatment of antisocial behavior: An integrative psychotherapy approach. *Journal of Psychotherapy Integration, 19*, 213–220. Munz, H. (2014). *Zur Rolle von Erwartungen in der Psychotherapie.* Uelvesbüll: Der Andere Verlag. Pitschel-Walz, G., Froböse, T., Krämer, S., Gsottschneider, A., Bäuml, J. & Jahn, T. (2011). Subjektives Wirksamkeitserleben in psychoedukativen Gruppen bei Schizophrenie. *Zeitschrift für Klinische Psychologie und Psychotherapie, 40*, 186–197. Ubben, B. (2010). *Planungsleitfaden Verhaltenstherapie.* Weinheim: Beltz. Weinberger, J. (1993). Common factors in psychotherapy. In G. Stricker & J. R. Gold (Eds.), *Comprehensive handbook of psychotherapy integration* (pp. 43–56). New York: Plenum. Zarbock, G., Drews, M., Bodansky, A. & Dahme, B. (2009). The evaluation of supervision: Construction of brief questionnaires for the supervisor and supervisee. *Psychotherapy Research, 19*, 194–204.
Autor des Beitrags	Günter Krampen

Kontaktdaten des Autors

Prof. Dr. Günter Krampen
Universität Trier
Fachbereich I – Psychologie
Lehrstuhl für Klinische Psychologie, Psychotherapie und Wissenschaftsforschung
Universitätsring
54286 Trier
krampen@uni-trier.de

SWE
Skala zur Allgemeinen Selbstwirksamkeitserwartung

Autoren des Testverfahrens	Matthias Jerusalem und Ralf Schwarzer
Quelle	Schwarzer, R. & Jerusalem, M. (Hrsg.). (1999). *Skalen zur Erfassung von Lehrer- und Schülermerkmalen. Dokumentation der psychometrischen Verfahren im Rahmen der Wissenschaftlichen Begleitung des Modellversuchs Selbstwirksame Schulen.* Berlin: Freie Universität Berlin. Die Nutzung ist kostenfrei.
Vorgänger-/ Originalversionen	Schwarzer, R. & Jerusalem, M. (1995). Generalized Self-Efficacy scale. In J. Weinman, S. Wright & M. Johnston (Eds.), *Measures in health psychology: A user's portfolio. Causal and control beliefs* (pp. 35–37). Windsor: NFER-Nelson.
Kurzversionen	Für Forschungszwecke kann bei Bedarf die Skala auf die Hälfte der Items nach Belieben gekürzt werden, ohne einen großen Verlust an psychometrischer Qualität in Kauf nehmen zu müssen.
Kurzbeschreibung	Die SWE ist ein Selbstbeurteilungsverfahren mit 10 Items zur Erfassung von allgemeinen optimistischen Selbstüberzeugungen. Es misst die optimistische Kompetenzerwartung, also das Vertrauen darauf, eine schwierige Lage zu meistern, wobei der Erfolg der eigenen Kompetenz zugeschrieben wird. Es sind auch bereichsspezifische Varianten publiziert, wie z. B. die schulbezogene SWE (Jerusalem & Mittag, 1999; Jerusalem & Satow, 1999), die Lehrer-SWE (Schmitz & Schwarzer, 2000) und die kollektive Lehrer-SWE (Schwarzer & Jerusalem, 1999; Schwarzer & Schmitz, 1999).
Anwendungsbereich	Die Skala SWE wird bei Erwachsenen und Jugendlichen eingesetzt (ab 12 Jahren bis ins hohe Alter). Sie dient der Persönlichkeitsdiagnostik auf Gruppenebene.
Bearbeitungszeit	Die Bearbeitungszeit variiert mit den Besonderheiten der jeweiligen Stichprobe und liegt im Durchschnitt bei 4 Minuten.
Theoretischer Hintergrund	Das Instrument ist auf der Grundlage des Selbstwirksamkeitskonzepts (perceived self-efficacy) entstanden, das Bandura erstmalig 1977 formuliert hatte und das einen wesentlichen Aspekt seiner sozial-kognitiven Theorie ausmacht (Bandura, 1997). Es ist eigentlich als ein situationsspezifisches Konstrukt gedacht, wobei der Grad an Spezifität jedoch sehr variieren kann. Die allgemeine Selbstwirksamkeitserwartung stellt dazu einen extremen Pol dar und beruht auf der Annahme, dass Menschen ihre Erfolgs- und Misserfolgserfahrungen sich selbst zuschreiben und danach generalisieren können. Dabei finden nicht nur

SWE

induktive Prozesse (von spezifisch zu allgemein), sondern auch deduktive Prozesse (von allgemein zu spezifisch) statt. Die Skala misst die subjektive Überzeugung, kritische Anforderungssituationen aus eigener Kraft erfolgreich bewältigen zu können. Dabei wird an neue oder schwierige Situationen aus allen Lebensbereichen gedacht sowie an Barrieren, die es zu überwinden gilt. Die SWE soll die konstruktive Lebensbewältigung vorhersagen (Jerusalem, 1990; Schwarzer, 1994).

Bezug zur Psychotherapie

In der psychotherapeutischen Praxis und Forschung kann die Anwendung sinnvoll sein, wenn es um ein Screening der Persönlichkeit geht sowie um die generelle Prognose der zukünftigen Lebensbewältigung und Befindlichkeit. Aber das Instrument ist nicht sehr änderungssensitiv, eignet sich also weniger zur Therapiekontrolle. Dafür müssen verhaltensspezifische Items entwickelt werden, die dem Kontext angepasst sind.

Testentwicklung

Im Jahre 1979 wurde einigen Hundert Schülern ein großer Itempool vorgegeben, der aufgrund von psychometrischen Kennwerten auf 20 Items reduziert wurde. In weiteren Studien an verschiedenen Populationen wurden die Kennwerte repliziert, sodass das Instrument seit 1981 in seiner ökonomischen 10-Item-Fassung verbreitet ist. Zahlreiche Studien haben die Eindimensionalität sowie den Nutzen der Skala als Prognoseverfahren bestätigt. Das Instrument liegt in 31 Sprachen vor (http://userpage.fu-berlin.de/~health/selfscal.htm).

Aufbau und Auswertung

Es handelt sich um eine eindimensionale Skala von 10 Items, die möglichst nach Zufall in ein größeres Erhebungsinstrument eingemischt werden sollten. Die Items, die alle gleichsinnig gepolt sind, werden meist vierstufig beantwortet: 1 = stimmt nicht, 2 = stimmt kaum, 3 = stimmt eher, 4 = stimmt genau (Beispielitem: „Wenn ein Problem auftaucht, kann ich es aus eigener Kraft meistern"). Jedes Item bringt eine internal-stabile Attribution der Erfolgserwartung zum Ausdruck. Darin liegt der entscheidende Unterschied zum dispositionalen Optimismus (Schwarzer, 1994, 1999). Der individuelle Testwert ergibt sich durch das Aufsummieren aller 10 Antworten, sodass ein Score zwischen 10 und 40 resultiert, wobei in den meisten Stichproben Werte über 29 als überdurchschnittlich gelten.

Gütekriterien

Im Laufe von drei Jahrzehnten haben zahlreiche Studien gute psychometrische Kennwerte für die Skala hervorgebracht. Einige davon sind dokumentiert in Schwarzer und Jerusalem (1999) sowie Schwarzer et al. (1999). Beim Vergleich von 23 Nationen streuen die internen Konsistenzen (Cronbachs α) zwischen $\alpha = .76$ und .90, in allen deutschen Stichproben zwischen $\alpha = .80$ und .90.

Die Skala ist eindimensional. Eine Zwei-Faktoren-Struktur lässt sich den Daten nicht besser anpassen als eine einfaktorielle Lösung.

Kriterienbezogene Validität ist gegeben durch zahlreiche Korrelationsbefunde mit anderen relevanten Variablen. Es gibt enge positive Zusammenhänge zum dispositionalen Optimismus und zur Arbeitszufriedenheit und enge negative Zusammenhänge zu Ängstlichkeit,

Depressivität, Burnout, Stresseinschätzungen (Bedrohung, Verlust), usw. Bei DDR-Übersiedlern wurden körperliche Beschwerden und Depressivität im Verlauf von zwei Jahren vorhergesagt, und bei Herzpatienten konnten die Genesung und die postoperative Lebensqualität nach 6 Monaten gut prognostiziert werden.

Vergleichswerte/Normen

Die Mittelwerte liegen für die meisten Stichproben bei circa 29 Punkten, die Standardabweichung bei ungefähr vier Punkten (vgl. Schwarzer & Jerusalem, 1999). Nationale Normen wurden publiziert von Hinz et al. (2006).

WWW-Ressourcen

Die SWE und Informationen zu dieser sind kostenfrei verfügbar unter:
- http://www.selbstwirksam.de/
- http://userpage.fu-berlin.de/~health/selfscal.htm
- http://userpage.fu-berlin.de/~health/faq_gse.pdf
- http://www.ralfschwarzer.de/
- http://userpage.fu-berlin.de/~health/self/selfeff_public.htm

Literatur

Bandura, A. (1997). *Self-efficacy: The exercise of control.* New York: Freeman.

Hinz, A., Schumacher, J., Albani, C., Schmid, G. & Brähler, E. (2006). Bevölkerungsrepräsentative Normierung der Skala zur Allgemeinen Selbstwirksamkeitserwartung. *Diagnostica, 52* (1), 26–32.

Jerusalem, M. (1990). *Persönliche Ressourcen, Vulnerabilität und Streßerleben.* Göttingen: Hogrefe.

Jerusalem, M. & Mittag, W. (1999). Selbstwirksamkeit, Bezugsnormorientierung, Leistung und Wohlbefinden in der Schule. In M. Jerusalem & R. Pekrun (Hrsg.), *Emotion, Motivation und Leistung* (S. 223–245). Göttingen: Hogrefe.

Jerusalem, M. & Satow, L. (1999). Schulbezogene Selbstwirksamkeitserwartung. In R. Schwarzer & M. Jerusalem (Hrsg.), *Skalen zur Erfassung von Lehrer- und Schülermerkmalen* (S. 15). Berlin: Freie Universität Berlin.

Schmitz, G. S. & Schwarzer, R. (2000). Selbstwirksamkeitserwartung von Lehrern: Längsschnittbefunde mit einem neuen Instrument. *Zeitschrift für Pädagogische Psychologie, 14* (1), 12–25.

Schwarzer, R. (1994). Optimistische Kompetenzerwartung: Zur Erfassung einer personalen Bewältigungsressource. *Diagnostica, 40* (2), 105–123.

Schwarzer, R. (1999). Self-regulatory processes in the adoption and maintenance of health behaviors: The role of optimism, goals, and threats. *Journal of Health Psychology, 4* (2), 115–127.

Schwarzer, R. & Jerusalem, M. (Hrsg.). (1999). *Skalen zur Erfassung von Lehrer- und Schülermerkmalen. Dokumentation der psychometrischen Verfahren im Rahmen der Wissenschaftlichen Begleitung des Modellversuchs Selbstwirksame Schulen.* Berlin: Freie Universität Berlin.

Schwarzer, R., Mueller, J. & Greenglass, E. (1999). Assessment of perceived general self-efficacy on the Internet: Data collection in cyberspace. *Anxiety, Stress, and Coping, 12,* 145–161.

Schwarzer, R. & Schmitz, G. S. (1999). Kollektive Selbstwirksamkeitserwartung von Lehrern. Eine Längsschnittstudie in zehn Bundesländern. *Zeitschrift für Sozialpsychologie, 30* (4), 262–274.

Autor des Beitrags Ralf Schwarzer

Kontaktdaten des Autors

Prof. Dr. Ralf Schwarzer
Freie Universität Berlin
Fachbereich Erziehungswissenschaft und Psychologie
Habelschwerdter Allee 45
14195 Berlin
ralf.schwarzer@fu-berlin.de

TAS-20/TAS-26
Toronto-Alexithymie-Skala

Autoren des Testverfahrens	TAS-26: Jörg Kupfer, Burkhard Brosig und Elmar Brähler TAS-20: Michael Bach, Doris Bach, Martina de Zwaan und Murat Serim
Quellen	*TAS-26:* Kupfer, J., Brosig, B. & Brähler, E. (2001). *Toronto-Alexithymie-Skala-26 (TAS-26). Deutsche Version.* Göttingen: Hogrefe. Das Copyright liegt beim Hogrefe Verlag. *TAS-20:* Bach, M., Bach, D., de Zwaan, M., Serim, M. & Böhmer, F. (1996). Validierung der deutschen Version der 20-Item Toronto-Alexithymie-Skala bei Normalpersonen und psychiatrischen Patienten. *Psychotherapie, Psychosomatik, Medizinische Psychologie, 46,* 23–28.
Vorgänger-/ Originalversionen	*Englische Originalversion der TAS-26:* Taylor, G. J., Ryan, D. P. & Bagby, R. M. (1985). Toward the development of a new self report alexithymia scale. *Psychosomatics, 44,* 191–199. *Englische Originalversion der TAS-20:* Bagby, R. M., Parker, J. D. A. & Taylor, G. J. (1994). The Twenty-Item Toronto Alexithymia Scale – I. Item selection and cross-validation of the factor structure. *Journal of Psychosomatic Research, 38,* 23–32.
Kurzversionen	Mit der TAS-6 existiert eine Kurzversion, deren Testkonstruktion auf der deutschen Version der TAS-20 basiert. Sie umfasst drei Skalen mit jeweils zwei Items, welche die Dimensionen *Schwierigkeit bei der Identifikation von Gefühlen*, *Extern orientierter Denkstil* und *Wichtigkeit emotionaler Introspektion* erfassen: Becker, L. M., Brähler, E. & Zenger, M. (2014). Toronto-Alexithymie-Skala-6 (TAS-6). In C. J. Kemper, E. Brähler & M. Zenger (Hrsg.), *Psychologische und sozialwissenschaftliche Kurzskalen. Standardisierte Erhebungsinstrumente für Wissenschaft und Praxis* (S. 313–316). Berlin: Medizinisch Wissenschaftliche Verlagsgesellschaft.
Kurzbeschreibung	Bei der TAS handelt es sich um ein Persönlichkeitsverfahren, dass per Selbstbeurteilung Störungen der Affektregulation im Sinne des Alexithymiekonstruktes erfasst (Bach et al., 1996; Gündel et al., 2000). Diese Störungen umfassen Defizite in der Wahrnehmung, Differenzierung und beim sprachlichen Symbolisieren von Emotionen sowie einen automatistisch-mechanistisch geprägten Denkstil (Gündel et al., 2000). Für den deutschen Sprachraum liegen zwei Versionen der Toronto-Alexithymie-Skala vor: die TAS-26 (26 Items) sowie die Übersetzung der weiterentwickelten TAS-20 (20 Items), die alexithyme Merkmale anhand der Dimensionen *Schwierigkeiten bei der Identifikation von Gefühlen*, *Schwierigkeiten bei der Beschreibung von Gefühlen* und Extern

orientierter Denkstil erfassen (Bach et al., 1996; Kupfer et al., 2001). Die Bearbeitung erfolgt als Papier-Bleistift-Verfahren in Einzel- oder Gruppentestung.

Anwendungsbereich

Die TAS kann zur Erhebung einer beeinträchtigten Affektwahrnehmung und -verarbeitung bei Jugendlichen und Erwachsenen ab 14 Jahren eingesetzt werden (Bach et al., 1996; Popp et al., 2008). Potenzielle Anwendungsfelder sind die Persönlichkeitsdiagnostik, die klinische Psychologie sowie Psychiatrie und Psychosomatik, aber auch wissenschaftliche Bereiche, wie die psychobiologische Grundlagenforschung oder kultur- und schichtvergleichende Studien (Kupfer et al., 2001).

Bearbeitungszeit

Der Test wird ohne festgelegte zeitliche Begrenzung durchgeführt. Die durchschnittliche Testdauer in der Einzeltestung beträgt 5 bis 10 Minuten (Kupfer et al., 2001).

Theoretischer Hintergrund

Das Konzept der Alexithymie hat seine Ursprünge in der psychoanalytisch-psychosomatischen Krankheitslehre. Der Begriff wurde 1972 von dem amerikanischen Psychiater P. E. Sifneos geprägt (Gündel et al., 2000). Zentrale Charakteristika sind eine eingeschränkte Emotionswahrnehmung und -differenzierung sowie eine gestörte sprachliche Symbolisierungsfähigkeit bezogen auf Affektzustände. Ein weiterer Aspekt des klinischen Erscheinungsbildes ist ein faktenzentrierter Denkstil (pensee operatoire). Alexithyme Personen haben Schwierigkeiten, Auftreten und Ursachen emotionaler Zustände zu erkennen und zu benennen (Kupfer et al., 2001; Schäfer et al., 2002). Körperliche Begleiterscheinungen von Affekten können sie nicht als solche einordnen, sondern nehmen primär die physiologische Empfindung wahr (Thompson, 2008). In ihrer Umwelt erscheinen sie als phantasielos und empathiearm, was Schwierigkeiten in der zwischenmenschlichen Beziehungsgestaltung nach sich zieht (Gündel et al., 2000). Lange Zeit wurde eine Spezifität der Alexithymie für psychosomatische Krankheitsbilder diskutiert. Heute wird sie als dimensionales, normalverteiltes Merkmal angesehen, das mit einem erhöhten Erkrankungsrisiko für psychische und psychosomatische Erkrankungen einhergeht (Bagby & Taylor, 1997; Schäfer et al., 2002; Thompson, 2008).

Bezug zur Psychotherapie

Die TAS liefert Hinweise auf Störungen der Affektwahrnehmung und -verarbeitung bei Patienten, die durch die Auswahl spezifischer therapeutischer Maßnahmen (z. B. Emotionstraining) Eingang in die Behandlungsplanung finden können. Darüber hinaus ermöglicht der Fragebogen Wiederholungsmessungen, sodass Therapieverläufe und -effekte erfasst werden können.

Testentwicklung

Basierend auf den Prinzipien der Klassischen Testtheorie entwickelten Taylor und Kollegen (1985) die erste Version der TAS-26. Ausgehend vom Alexithymiekonstrukt nach Sifneos formulierten sie 41 Items, aus denen 26 Items, verteilt auf vier Faktoren *(Schwierigkeiten bei der Identifikation von Gefühlen, Schwierigkeiten bei der Beschreibung von Gefühlen, Extern orientierter Denkstil, Reduzierte Tagträume)*, aufgrund ihrer zufriedenstellenden psychometrischen Güte ausgewählt wurden (Taylor et al., 1985). Die Weiterentwicklung des Verfahrens umfasste zwei Versionen: die TAS-23 (Taylor et al., 1992) und die TAS-20 (Bagby et al., 1994), wobei letztere sich international im praktischen Einsatz etablierte. Für die Konstruktion der TAS-20 wurden die ursprünglichen 26 Items um weitere 17 Items zu den Bereichen Vorstellungskraft, Tagträume, Imaginationsfähigkeit, extern orientierter Denkstil und Kommunikation von Emotionen ergänzt (Bagby et al., 1994). Aus diesem Itempool wurden schließlich 20 Items, verteilt auf drei Faktoren *(Schwierigkeiten bei der Identifikation von Gefühlen, Schwierigkeiten bei der Beschreibung von Gefühlen, Extern orientierter Denkstil)*, anhand statistischer Kriterien ausgewählt (Bagby et al., 1994).

Die TAS-20 wurde im Zuge einer internationalen Kreuzvalidierung durch Übersetzung und Rückübersetzung ins Deutsche übertragen und im Jahre 1996 an zwei nicht repräsentativen Stichproben (N = 306 Personen; Alter: 21 bis 93 Jahre) und einer psychiatrischen Stichprobe (N = 101 Personen; Alter: 18 bis 71 Jahre) validiert (Bach et al., 1996). Zwar ist die TAS-20 die im deutschen Sprachraum am häufigsten eingesetzte Form, insbesondere ihre faktorielle Validität ist jedoch häufiger Diskussionspunkt und wurde bereits von mehreren Autoren untersucht (Popp et al., 2008). Mittels explorativer Faktorenanalyse ermittelten Franz und Kollegen (2008) in einer repräsentativen deutschen Stichprobe (N = 1 859, 47.7 % männlich; Alter: 20 bis 69 Jahre) vier Faktoren, von denen drei den englischen Originalskalen entsprachen. Der zusätzliche vierte Faktor enthielt Items zur wahrgenommenen Bedeutung emotionaler Introspektion. In Anlehnung an diese Untersuchung verglichen Popp und Kollegen anhand der oben genannten Daten in einer konfirmatorischen Faktorenanalyse die Anpassung verschiedener faktorieller Modelle. Demnach weist für den deutschen Sprachraum eine dreifaktorielle Skalenlösung die beste und reliabelste Anpassung auf. Diese unterscheidet sich allerdings hinsichtlich der Faktorstruktur *(Schwierigkeiten bei der Identifikation und Beschreibung von Gefühlen, Extern orientierter Denkstil* und *Wichtigkeit emotionaler Introspektion)* von der kanadischen Originalversion (Popp et al., 2008).

Für die deutsche Version der TAS-26 wurden von Kupfer und Kollegen (2001) alle 26 Items der Originalversion möglichst wortgetreu, jedoch primär zugunsten der Verständlichkeit übersetzt und an einer repräsentativen Stichprobe mit N = 2 047 Probanden normiert. In Folge der daraus gewonnenen Ergebnisse zur Testgüte der TAS-26 werden die Items der Subskala *Reduzierte Tagträume* zwar zur Beantwortung vorgegeben, aber nicht ausgewertet und auch nicht in den Gesamtwert eingerechnet (Kupfer et al., 2001).

Aufbau und Auswertung

Die TAS umfasst in beiden deutschen Versionen jeweils drei Subskalen:
- *Schwierigkeiten bei der Identifikation von Gefühlen* (Bsp.: „Ich weiß nicht, was in mir vorgeht."),
- *Schwierigkeiten bei der Beschreibung von Gefühlen* (Bsp.: „Es fällt mir schwer, die richtigen Worte für meine Gefühle zu finden.") und
- *Extern orientierter Denkstil* (Bsp.: „Sich mit Gefühlen zu beschäftigen, finde ich sehr wichtig.").

Die Items werden anhand einer fünfstufigen Skala eingeschätzt (1 = trifft überhaupt nicht zu bis 5 = trifft vollständig zu). Durch Aufsummierung der Itemrohwerte wird ein Gesamtwert der Alexithymie bestimmt, wobei inverse Fragen komplementär verrechnet werden. In Anlehnung an Taylor et al. (1997) werden Personen ab einem um die Anzahl der Items korrigierten Gesamtwert von ≥ 3.00 als alexithym bezeichnet. Für die TAS-26 liegt ein Testhandbuch mit Auswertungsschablonen und Auswertungsbogen vor (Kupfer et al., 2001). Im Auswertungsbogen werden die Summen der Rohwerte sowie die im Manual angegebenen Normwerte notiert und in ein Diagramm zur Beurteilung der individuellen Skalenwerte als „stark ausgeprägt" oder „wenig ausgeprägt" eingetragen.

Gütekriterien

Aufgrund der standardisierten Testinstruktion, Durchführung und Auswertung kann die Objektivität beider Versionen der TAS als gewährleistet gelten.

TAS-26:
Die Testgüte wurde anhand der Normierungsstichprobe von $N = 2\,047$ Probanden und einer Stichprobe mit $N = 41$ Probanden überprüft (Kupfer et al., 2001). Die interne Konsistenz lag dabei zwischen $\alpha = .67$ und $.84$ für die Subskalen und bei $\alpha = .81$ für die Gesamtskala. Die Split-Half-Reliabilität betrug $r = .83$ für die Gesamtskala und zwischen $r = .65$ und $.84$ für die Subskalen. Hinsichtlich der faktoriellen Validität konnten in einer Hauptkomponentenanalyse drei Faktoren ermittelt werden, die 40 % der Gesamtvarianz erklären (Kupfer et al., 2001). Belege zur Konstruktvalidität der TAS-26 zeigen, dass ausgeprägte Alexithymie-Werte mit einem negativen Körperbild, Besorgnis über den eigenen Körper und körperlichen Missempfindungen sowie mit negativen Emotionen (Aggressivität, Erschöpfung, Niedergeschlagenheit) korrelieren. Darüber hinaus waren die TAS-Skalen in einer Studie mit $N = 41$ Probanden positiv mit interpersonalen Problemen und negativ mit dem Sense of Coherence assoziiert (Kupfer et al., 2001).

TAS-20:
Für die TAS-20 zeigte sich in verschiedenen Untersuchungen eine befriedigende Testgüte. Bach und Kollegen (1996) konnten an einer nicht klinischen ($N = 306$) und einer klinischen Stichprobe ($N = 101$) eine befriedigende interne Konsistenz der Gesamtskala (nicht klinisch: $\alpha = .70$, klinisch $\alpha = .78$) sowie eine zufriedenstellende Split-Half-Reliabilität (nicht klinisch: $r = .60$, klinisch: $r = .76$) und Retest-Reliabilität ($r = .71$ bei einem Zeitintervall von 1 Woche) für eine dreifaktorielle Lösung nachweisen. Auf Faktorebene lag die Reliabilität des ersten und zweiten Faktors in einem zufriedenstellenden bis hinreichenden Bereich ($\alpha = .72$ bzw. $.66$), während sie für den dritten Faktor gering ausfiel ($\alpha = .55$ bzw. $.45$).

Die faktorielle Validität wurde von mehreren Autoren mit teilweise unterschiedlichen Ergebnissen untersucht, die u. a. in Unterschieden zwischen den untersuchten Stichproben begründet sind.

Im Rahmen explorativer sowie konfirmatorischer Faktorenanalysen modellierten Parker et al. (1993) an einer Studentenstichprobe ($N = 306$) und Bach und Kollegen (1996) an den oben genannten Stichproben jeweils eine dreifaktorielle Struktur. In einer anderen Untersuchung mit psychogen erkrankten Patienten ($N = 419$) war hingegen eine mittels Hauptkomponentenanalyse ermittelte vierfaktorielle Lösung überlegen (Franz et al., 2001). In der Validierung der TAS-20 durch Popp und Kollegen (2008) erzielte in einer bevölkerungsrepräsentativen Stichprobe ($N = 1\,859$; Alter: 20 bis 69 Jahre) ein dreifaktorielles Modell die beste Anpassung, wobei die interne Konsistenz des Gesamttests $\alpha = .80$ betrug.

Hinweise auf die Konstruktvalidität der TAS-20 ergeben sich aus ihrer konvergenten Korrelation mit verschiedenen Außenkriterien, wie den Skalen Neurotizismus und Offenheit für neue Erfahrungen des NEO-Fünf-Faktoren-Inventars, den Skalen der Symptom-Checklist-90®-Standard und des Inventars zur Erfassung interpersonaler Probleme (Schäfer et al., 2002). Mittelwertvergleiche haben zudem Belege für die klinische Validität der TAS-20 geliefert: Bei psychiatrischen Patienten zeigten sich signifikant höhere Alexithymie-Werte als bei gesunden Vergleichsprobanden (Bach et al., 1996).

Vergleichswerte/Normen

TAS-26:
Es liegen deutsche repräsentative Normen von $N = 2\,047$ Personen im Alter zwischen 14 und 95 Jahren vor. Im Manual finden sich für die gesamte Normierungsstichprobe sowie für die drei nach Schulbildung unterschiedenen Teilstichproben Prozentränge, z- und T-Werte. Mittelwerte werden für die Subskalen und die Gesamtskala in Abhängigkeit von Alter und Geschlecht berichtet (Kupfer et al., 2001).

TAS-20:
Mittelwerte für eine klinische und eine nicht klinische Stichprobe wurden von Bach und Kollegen (1996) vorgestellt. Darüber hinaus finden sich bei Franz et al. (2001) Angaben zu den mittleren TAS-20-Werten, getrennt nach Geschlecht und Schulabschluss sowie Auswertungen in Abhängigkeit vom Alter.

WWW-Ressourcen

Es liegen keine zusätzlichen Ressourcen vor.

Literatur

Bach, M., Bach, D., de Zwaan, M., Serim, M. & Böhmer, F. (1996). Validierung der deutschen Version der 20-Item Toronto-Alexithymie-Skala bei Normalpersonen und psychiatrischen Patienten. *Psychotherapie, Psychosomatik, Medizinische Psychologie, 46,* 23–28.

Bagby, R. M., Parker, J. D. A. & Taylor, G. J. (1994). The Twenty-Item Toronto Alexithymia Scale – I. Item selection and cross-validation of the factor structure. *Journal of Psychosomatic Research, 38,* 23–32.

Bagby, R. M. & Taylor, G. (1997). Measurement and validation of the alexithymia construct. In G. J. Taylor, R. M. Bagby & J. D. A. Parker (Eds.), *Disorders of affect regulation: Alexithymia in medical and psychiatric illness* (pp. 46–66). Cambridge: Cambridge University Press.

Franz, M., Popp, K., Schäfer, R., Sitte, W., Schneider, C., Hardt, J. et al. (2008). Alexithymia in the German general population. *Social Psychiatry and Psychiatric Epidemiology, 43,* 54–62.

Franz, M., Schneider, C., Schäfer, R., Schmitz, N. & Zweyer, K. (2001). Faktorenstruktur und Testgütekriterien der deutschen Version der Toronto-Alexithymie-Skala bei psychosomatischen Patienten. *Psychotherapie, Psychosomatik, Medizinische Psychologie, 51,* 48–55.

Gündel, H., Ceballos-Baumann, A. O. & Rad, M. von (2000). Aktuelle Perspektiven der Alexithymie. *Nervenarzt, 71,* 151–163.

Kupfer, J., Brosig, B. & Brähler, E. (2001). *Toronto-Alexithymie-Skala-26 (TAS-26). Deutsche Version.* Göttingen: Hogrefe.

Parker, J. D. A., Bagby, R. M., Taylor, G. J. & Endler, N. S. (1993). Factorial validity of the 20-Item Toronto Alexithymia Scale. *European Journal of Personality, 7,* 221–232.

Popp, K., Schäfer, R., Schneider, C., Brähler, E., Decker, O., Hardt, J. & Franz, M. (2008). Faktorstruktur und Reliabilität der Toronto-Alexithymie-Skala (TAS-20) in der deutschen Bevölkerung. *Psychotherapie, Psychosomatik, Medizinische Psychologie, 58,* 208–214.

Schäfer, R., Schneider, C., Sitte, W. & Franz, M. (2002). Validitätshinweise der Deutschen Version der TAS-20. *Psychotherapie, Psychosomatik, Medizinische Psychologie, 57,* 34–41.

Taylor, G. J., Bagby, R. M. & Parker, J. D. A. (1992). The revised Toronto Alexithymia Scale: Some reliability, validity, and normative data. *Psychotherapy and Psychosomatics, 57,* 34–41.

Taylor, G. J., Bagby, R. M. & Parker, J. D. A. (1997). *Disorders of affect regulation. Alexithymia in medical and psychiatric illness.* Cambridge: Cambridge University Press.

Taylor, G. J., Ryan, D. P. & Bagby, R. M. (1985). Toward the development of a new self report alexithymia scale. *Psychosomatics, 44,* 191–199.

Thompson, J. (2008). Alexithymia: an imaginative approach. *Psychotherapy in Australia, 14* (4), 58–63.

Autoren des Beitrags Lena M. Becker und Elmar Brähler

Kontaktdaten der Erstautorin
M.Sc. Lena M. Becker
Gärtnerstraße 24a
12207 Berlin
lena.mb@gmx.de

TeF

Therapieerleben-Fragebogen für Patienten und Angehörige

Autoren des Testverfahrens	Michael Linden, Antje Lind und Constanze Quosh
Quelle	Linden, M., Lind, A. & Quosh, C. (2008). Der Therapieerleben-Fragebogen (TeF) für Patienten und Angehörige. *Verhaltenstherapie, 18,* 35–42.
Vorgänger-/ Originalversionen	keine
Kurzversionen	keine
Kurzbeschreibung	Der TeF erfasst, wie Patienten und Außenstehende, d. h. insbesondere mitbetroffene Angehörige, Psychotherapie subjektiv erleben und beurteilen. Das Erleben der Patienten und Angehörigen wird auf sechs Subskalen abgebildet.
Anwendungsbereich	Erwachsene Patienten und ihre Angehörigen.
Bearbeitungszeit	Die Durchführungszeit beträgt circa 10 Minuten.
Theoretischer Hintergrund	Psychotherapie kann ohne Mitwirkung des Patienten nicht wirksam werden. Eine wichtige intervenierende Variable sind die Therapiekonzepte und -wahrnehmungen der Patienten. Krankheits- und Therapiekonzepte von Patienten sind Prädiktoren für die Inanspruchnahme, den Verlauf und die Prognose der Behandlung. Von Krankheit und Therapie sind nicht nur die Patienten selbst, sondern oft auch die Angehörigen mit betroffen, was wiederum Rückwirkungen auf den Patienten hat. Im Vergleich zum Patienten können sich Angehörige beispielsweise einer Therapie ebenso oder sogar noch mehr ausgeliefert fühlen. Die Wahrnehmungen der Angehörigen können sowohl einen krankheitsförderlichen als auch krankheitshemmenden Einfluss haben. In der Psychotherapie sollte das soziale Netz daher grundsätzlich Beachtung finden.
Bezug zur Psychotherapie	Der TeF ermöglicht, das Therapieerleben der Psychotherapiepatienten zu erfassen. Zugleich kann auch das Psychotherapieerleben von Angehörigen abgebildet werden. Daraus können sich wichtige diagnostische und therapeutische Hinweise bezüglich der Dynamik zwischen dem Patienten, den Angehörigen und dem Therapeuten ergeben.
Testentwicklung	Eine erste Version umfasste 14 Skalen mit 119 Items. In einer Untersuchung an 51 Patienten und ihren Angehörigen erfolgte eine Itemreduktion unter Berücksichtigung von unvollständigen Antworten, Faktorenladungen, Trennschärfeindikatoren, Itemparallelität und dem

TeF

Zusammenhang mit soziodemografischen Variablen und Therapieverlaufsparametern.

Aufbau und Auswertung

Der TeF hat sechs Subskalen:
- *Ängste und Befürchtungen vor negativen Therapiefolgen* (7 Items),
- *Informiertheit über die Therapie* (6 Items),
- *Positive Auswirkungen der Therapie auf soziales Netz und Alltag* (4 Items),
- *Positive Auswirkungen auf die eigenen Kompetenzen* (7 Items),
- *Persönliches Engagement für die Therapie* (8 Items),
- *Misstrauen und Gefühle des Ausgeliefertseins gegenüber der Therapie* (8 Items).

Die Beantwortung der Items erfolgt auf einer fünfstufigen Likert-Skala (0 = stimme gar nicht zu, 1 = stimme eher nicht zu, 2 = teils/teils, 3 = stimme eher zu, 4 = stimme voll und ganz zu). Damit wird abgebildet, zu welchem Grad der Proband den Items bzw. einzelnen Dimensionen zustimmt (z. B. Negativfolgen sind überhaupt kein Thema oder sind ein bedeutsames Problem).

Gütekriterien

Objektivität: Die Objektivität kann als gegeben vorausgesetzt werden.

Reliabilität: Für die Reliabilität (Cronbachs α) wurden folgende Werte ermittelt: *Ängste und Befürchtungen vor negativen Therapiefolgen* $\alpha = .85$, *Informiertheit über die Therapie* $\alpha = .87$, *Positive Auswirkungen der Therapie auf soziales Netz und Alltag* $\alpha = .78$, *Positive Auswirkungen auf die eigenen Kompetenzen* $\alpha = .83$, *Persönliches Engagement für die Therapie* $\alpha = .83$ und *Misstrauen und Gefühle des Ausgeliefertseins gegenüber der Therapie* $\alpha = .79$.

Validität: Für die Validität sprechen Übereinstimmungen wie signifikante Unterschiede im Therapieerleben zwischen Patienten und Angehörigen. In der untersuchten Stichprobe stationär behandelter psychosomatischer Patienten zeigten *Ängste und Befürchtungen vor negativen Therapiefolgen, Positive Auswirkungen der Therapie auf soziales Netz und Alltag, Persönliches Engagement für die Therapie* sowie *Misstrauen und Gefühle des Ausgeliefertseins gegenüber der Therapie* gleiche Ausprägungen bei Patienten und Angehörigen, während Angehörige bzgl. der *Informiertheit über die Therapie* und *Positive Auswirkungen auf die eigenen Kompetenzen* signifikant geringe Werte hatten.

Vergleichswerte/ Normen

In der Skalenpublikation werden Mittelwerte für psychosomatische Patienten und ihre Angehörigen angegeben.

WWW-Ressourcen

Es liegen keine zusätzlichen Ressourcen vor.

Literatur

Linden, M., Lind, A. & Quosh, C. (2008). Der Therapieerleben-Fragebogen (TeF) für Patienten und Angehörige. *Verhaltenstherapie, 18,* 35–42.

Autor des Beitrags

Michael Linden

Kontaktdaten des Autors

Prof. Dr. Michael Linden
Institut für Verhaltenstherapie Berlin
Hohenzollerndamm 125
14199 Berlin
linden@ivb-berlin.de

TSEB
Tagesklinik- und Stationserfahrungsbogen

Autoren des Testverfahrens	Ulrike Dinger, Henning Schauenburg, Johannes C. Ehrenthal und Isa Sammet
Quelle	Dinger, U., Schauenburg, H., Ehrenthal, J. C., Nicolai, J. & Sammet, I. (2015). Inpatient and Dayclinic Experience Scale – a psychometric evaluation. *Zeitschrift für Psychosomatische Medizin und Psychotherapie, 61* (4), 327–341. Der Fragebogen und das Manuskript können von der Erstautorin angefordert werden. Der Einsatz für wissenschaftliche Zwecke ist frei.
Vorgänger-/ Originalversionen	Der TSEB stellt eine adaptierte, weiterentwickelte Kurzform des Stations-Erfahrungsbogens (SEB) dar: Sammet, I. & Schauenburg, H. (1999). *Stations-Erfahrungsbogen (SEB). Fragebogen zur Erfassung des Verlaufs stationärer Psychotherapie*. Göttingen: Beltz Test.
Kurzversionen	keine
Kurzbeschreibung	Der TSEB erfasst das patientenseitige Erleben therapierelevanter Aspekte während einer multimodalen tagesklinischen oder stationären Psychotherapie. Mit insgesamt 25 Items wird die Selbsteinschätzung der Patienten hinsichtlich verschiedener Aspekte der therapeutischen Beziehungen in der Tagesklinik bzw. auf der Station erfasst. Zusätzlich geben Patienten Auskunft über ihr Selbsterleben und über ihre kritische Einstellung zur Therapie inklusive Abbruchgedanken. Der Bogen ist therapieschulenübergreifend konzipiert und eignet sich besonders gut für eine wöchentliche Messung zur Erfassung des Verlaufs der genannten Variablen.
Anwendungsbereich	Der Fragebogen richtet sich primär an Erwachsene in tagesklinischer oder stationärer Psychotherapie. Er ist weder auf einzelne Störungsbilder noch auf bestimmte Therapieschulen begrenzt, kann also diagnose- und verfahrensübergreifend eingesetzt werden. Vorgeschlagene und bewährte Häufigkeit der Messungen ist eine wöchentliche Frequenz.
Bearbeitungszeit	Die Bearbeitungszeit beträgt 5 bis 10 Minuten.
Theoretischer Hintergrund	Der Bogen baut auf dem Konzept der therapeutischen Allianz von Bordin (1979) auf. Gemäß dem multimodalen Charakter stationärer Psychotherapien mit der Bedeutung von Gruppenprozessen wurden die therapeutischen Beziehungen um das Konzept der Gruppenkohäsion (Yalom, 1970) und der Beziehung zum therapeutischen Team erweitert. Die Skala *Selbsterleben* geht auf Banduras Arbeiten zur Selbstwirksamkeit zurück (Bandura, 1977).

Bezug zur Psychotherapie

Der Bogen gibt Auskunft über wesentliche psychotherapeutische Prozesse aus Sicht der Patientinnen und Patienten. Aus klinischer Sicht kann die Fragebogendiagnostik dem Therapeuten ein Feedback über das Gelingen der therapeutischen Prozesse oder über therapeutische Krisen geben. Für die Psychotherapieforschung ermöglicht der Bogen bei regelmäßiger, wiederholter Gabe die Abbildung von Veränderungsprozessen über die Zeit.

Testentwicklung

Der TSEB baut auf dem SEB von Sammet und Schauenburg (1999) auf. Für die Neuentwicklung wurde der ursprüngliche Bogen gekürzt (von 38 auf 25 Items). Zudem wurde die Anzahl der Items pro Skala angeglichen. Lediglich die Skala *Emotionale Bindung zum Einzeltherapeuten*, deren Items an den Helping Alliance Questionnaire von Luborsky (dt.: Bassler et al., 1994) angelehnt sind, blieb gegenüber dem ursprünglichen SEB unverändert. Drei Skalen wurden gestrichen (Akzeptanz der Regeln, Behandlungsintensität, Gruppenklima). Die Skalen *Kohäsion* und *Emotionale Bindung zum therapeutischen Team* wurden gekürzt, während die ursprüngliche Skala Selbstwirksamkeit um Aspekte des Selbstwertes ergänzt und in der neuen TSEB Version in *Selbsterleben* umbenannt wurde. Drei neue Skalen *Übereinstimmung zu Zielen und Aufgaben*, *Öffnungsbereitschaft* und *Kritische Einstellung* wurden ergänzt. Die Items für die Skala *Übereinstimmung zu Zielen und Aufgaben* wurden in Anlehnung an die Kurzform des Working Alliance Inventory (Wilmers et al., 2008) entwickelt. Die übrigen neuen Skalen wurden selbst generiert.

Der Bogen wurde in einem dreistufigen Verfahren evaluiert. Im ersten Schritt wurden an einer Stichprobe von 470 stationären Psychotherapiepatienten sowohl die Reliabilität der Skalen überprüft, als auch die Faktorenstruktur der Items mit einer explorativen Faktorenanalyse untersucht. Auf dieser Basis erfolgte eine Elimination von faktorenanalytisch nicht eindeutig ladenden Items, sodass die endgültige Version des Bogens 25 Items beinhaltet. Im zweiten Schritt erfolgte an einer zweiten, unabhängigen Stichprobe von 78 tagesklinischen und 222 stationären Psychotherapiepatienten eine konfirmatorische Überprüfung der postulierten Faktorenstruktur. Zuletzt wurde in einem dritten Schritt die Retest-Reliabilität bei 51 Patienten ($N = 28$ tagesklinisch, $N = 23$ stationär) geprüft.

Aufbau und Auswertung

Der Fragebogen umfasst 25 Items (sieben Skalen), die auf einer sechsstufigen Skala beantwortet werden. Den einzelnen Abstufungen sind dabei folgende Ausprägungen zugeordnet: 1 = stimmt gar nicht, 2 = stimmt kaum, 3 = stimmt eher nicht, 4 = stimmt etwas, 5 = stimmt überwiegend, 6 = stimmt genau. Die Skalen lauten wie folgt:
- *Emotionale Beziehung zum Einzeltherapeuten* (*therapeutic bond*; 4 Items) erfasst das Gefühl einfühlenden Verstehens durch den Therapeuten, gefühlsmäßige Nähe und Vertrauen zum Therapeuten.
- *Emotionale Beziehung zum therapeutischen Team* (*bond with individual therapist*; 4 Items) erfasst die therapeutische Atmosphäre, vermittelt durch das Therapeutenteam als Ganzes.

- *Übereinstimmung zu Zielen und Aufgaben* (*agreement on tasks and goals*; 4 Items) erfasst die Zielorientiertheit der Patienten und das gemeinsame Verständnis von Therapeut und Patientin oder Patient, welche therapeutischen Aufgaben zum Erreichen dieser Ziele notwendig sind.
- *Gruppenkohäsion* (*cohesion*; 4 Items) erfasst, ob sich der Patient durch die Mitpatienten unterstützt und verstanden fühlt und inwieweit er sich selbst als bezogen und gruppenzugehörig erlebt.
- *Öffnungsbereitschaft* (*self-disclosure*; 4 Items) erfasst die Erfahrung des Patienten, inneres Erleben und Gefühle in der Therapie mitteilen zu können.
- *Selbsterleben* (*positive self-view*; 3 Items) erfasst die Selbstwirksamkeit und den Selbstwert der Patienten.
- *Kritische Einstellung* (*critical attitude*; 2 Items) erfasst Unzufriedenheit mit der Behandlung und Gedanken an einen vorzeitigen Therapieabbruch.

Gütekriterien

Objektivität: Aufgrund der standardisierten Items ist die Auswertungsobjektivität gegeben.

Reliabilität: Sechs der sieben Skalen weisen eine gute interne Konsistenz auf (Cronbachs α zwischen .70 und .90). Lediglich die sehr kurze Skala *Kritische Einstellung* hat mit .60 nur eine moderate Konsistenz.

Validität: Die konfirmatorische Faktorenanalyse bestätigte das postulierte Modell mit akzeptablen bis guten Fit-Indizes. Allerdings korrelieren die Faktoren hoch untereinander, insbesondere die Skalen *Übereinstimmung zu Zielen und Aufgaben* und *Selbsterleben* korrelierten hoch.

Erste Analysen früher Prozessbeurteilungen mit dem Therapieergebnis zeigen moderate Korrelationen. Es liegen bisher keine Vergleiche mit verwandten Instrumenten vor.

Vergleichswerte/ Normen

Für den TSEB liegen bisher keine repräsentativen Normwerte vor. Die Mittelwerte aus der Evaluierungsstichprobe (470 stationäre Psychotherapiepatienten, Beurteilung am Ende der Therapie) sind wie folgt:
- *Emotionale Beziehung zum Einzeltherapeuten*: $M = 4.9$, $SD = 0.92$,
- *Emotionale Beziehung zum therapeutischen Team*: $M = 5.1$, $SD = 0.79$,
- *Gruppenkohäsion*: $M = 5.0$, $SD = 0.93$,
- *Übereinstimmung zu Zielen und Aufgaben*: $M = 4.8$, $SD = 0.97$,
- *Öffnungsbereitschaft*: $M = 4.5$, $SD = 1.03$,
- *Selbsterleben*: $M = 4.5$, $SD = 1.01$,
- *Kritische Einstellung*: $M = 2.2$, $SD = 1.19$.

WWW-Ressourcen

Es liegen keine zusätzlichen Ressourcen vor.

Literatur

Bandura, A. (1977). Self-efficacy: Toward a unifying theory of behavioral change. *Psychological Review, 84* (2), 191–215.

Bassler, M., Potratz, B. & Krauthauser, H. (1994). Der „Helping Alliance Questionnaire" (HAQ) von Luborsky. *Psychotherapeut, 40,* 23–32.

Bordin, E. S. (1979). The generalizability of the psychoanalytic concept of the working alliance. *Psychotherapy: Theory, Research & Practice, 16* (3), 252–260.

Sammet, I. & Schauenburg, H. (1999). *Stations-Erfahrungsbogen (SEB). Fragebogen zur Erfassung des Verlaufs stationärer Psychotherapie.* Göttingen: Beltz Test.

Wilmers, F., Munder, T., Leonhart, R., Herzog, T., Plassmann, R., Barth, J. et al. (2008). Die deutschsprachige Version des Working Alliance Inventory – short revised (WAI-SR) – Ein schulenübergreifendes, ökonomisches und empirisch validiertes Instrument zur Erfassung der therapeutischen Allianz. *Klinische Diagnostik und Evaluation, 1,* 343–358.

Yalom, I. D. (1970). *The theory and practice of group psychotherapy.* New York: Basic Books.

Autoren des Beitrags

Ulrike Dinger, Henning Schauenburg, Johannes C. Ehrenthal und Isa Sammet

Kontaktdaten der Erstautorin

Dr. rer. nat. Ulrike Dinger
Universitätsklinikum Heidelberg
Klinik für Allgemeine Innere Medizin und Psychosomatik
Thibautstr. 2
69115 Heidelberg
ulrike.dinger@med.uni-heidelberg.de

VEV
Veränderungsfragebogen des Erlebens und Verhaltens

Autoren des Testverfahrens	Manfred Zielke und Christiane Kopf-Mehnert
Quelle	Zielke, M. & Kopf-Mehnert, C. (1978). *Veränderungsfragebogen des Erlebens und Verhaltens (VEV)*. Weinheim: Beltz Test. Der Bezug ist kostenpflichtig.
Vorgänger-/ Originalversionen	keine
Kurzversionen	Kurzversion VEV-K mit 25 Items: Kriebel, R., Paar, G. H., Schmitz-Buhl, S. M. & Raatz, U. (2001). Veränderungsmessung mit dem Veränderungsfragebogen (VEV): Entwicklung einer Kurzform und deren Anwendung in der Psychosomatischen Rehabilitation. *Praxis Klinische Verhaltensmedizin und Rehabilitation, 53,* 20–32. Der Bochumer Veränderungsbogen-2000 (BVB-2000) mit 26 Items stellt eine überarbeitete und gekürzte Version des VEV dar: Willutzki, U., Ülsmann, D., Schulte, D. & Veith, A. (2013). Direkte Veränderungsmessung in der Psychotherapie. Der Bochumer Veränderungsbogen-2000 (BVB-2000). *Zeitschrift für Klinische Psychologie und Psychotherapie, 42,* 256–268.
Kurzbeschreibung	Der VEV erfasst mit 42 Items einen bipolaren Veränderungsfaktor des Erlebens und Verhaltens mit den beiden Polen Entspannung, Gelassenheit und Optimismus auf der einen Seite sowie Spannung, Unsicherheit und Pessimismus auf der anderen Seite. Der Fragebogen ermöglicht damit eine Kontrolle der Wirksamkeit psychologisch-therapeutischer Interventionen, indem der gegenwärtige Zustand mit dem Therapiebeginn verglichen wird.
Anwendungsbereich	Zielpopulation sind Jugendliche und Erwachsene, insbesondere in der Psychotherapie-Verlaufskontrolle.
Bearbeitungszeit	Die Durchführungszeit beträgt 10 bis 15 Minuten.
Theoretischer Hintergrund	Der Test hat nicht die Statusdiagnostik zum Gegenstand, sondern die direkte Erfassung der Änderung von Merkmalen des Erlebens und Verhaltens. Wird ein Statusfragebogen zweimal eingesetzt und werden daraus Differenzwerte zur Bewertung der Veränderung berechnet, so ergeben sich verschiedene statistische Probleme wie z. B. die statistische Regression (vgl. Stieglitz, 1986). Dieses Problem wird im vorliegenden Fragebogen durch ein direktes Abfragen umgangen.

Bezug zur Psychotherapie

Der Fragebogen wurde speziell zur Verlaufskontrolle in der Psychotherapie entwickelt. Inhaltlich beziehen sich die Items des VEV auf Sachverhalte, die für den psychotherapeutischen Prozess von besonderem Interesse sind. In einer Übersichtsarbeit (Zielke & Kopf-Mehnert, 2001a) werden Ergebnisse von 287 klinischen Studien mit dem VEV angegeben.

Testentwicklung

Von den 42 Items des Tests wurden 21 Items aus dem Q-Sort von Butler und Haigh (1954) entnommen. Weitere Items wurden aus Listen von Klientenäußerungen gewonnen, welche von mehreren Psychotherapeuten vor, während und nach den therapeutischen Sitzungen erstellt wurden. Die Äußerungen wurden in Komparativform gebracht, damit Änderungen gegenüber dem vorherigen Zustand direkt ausgedrückt werden können.

Die Analysestichprobe bestand aus fünf Gruppen (Psychotherapiepatienten, Wartegruppe, diagnostische Beratung, Neurotiker und Personen der Allgemeinbevölkerung). Im Abstand von 2 Monaten wurden für diese Gruppen Vor- und Nachtests durchgeführt. Es wurden diejenigen Items ausgewählt, deren Differenzen in der Patientenstichprobe deutlich größer waren als in der Normalstichprobe.

Eine revidierte Form des VEV (VEV-R-2001) wurde im Jahr 2001 vorgelegt (Zielke & Kopf-Mehnert, 2001b). Dabei wurden die 42 Items des Originalfragebogens übernommen, sie wurden jedoch bipolar umformuliert.

Aufbau und Auswertung

Der Test umfasst 42 Items und enthält Aussagen zu unterschiedlichen Aspekten der Selbstwahrnehmung in Form von Komparativurteilen, d. h. der Testand hat die gegenwärtige Situation explizit mit einer vergangenen Situation zu vergleichen. Die Items beziehen sich auf qualitativ relativ stabile Merkmale, um zwischen Einschätzungen unterscheiden zu können, die sich aufgrund einer veränderten Sichtweise des Klienten im Verlauf einer Psychotherapie ergeben.

Die Items des VEV bilden einen bipolaren Faktor mit den beiden Polen Entspannung, Gelassenheit und Optimismus sowie Spannung, Unsicherheit und Pessimismus auf der Gegenseite.

Zunächst muss ein Zeitpunkt als Referenzzeitpunkt festgelegt werden, mit dem der gegenwärtige Zustand zu vergleichen ist. Generell ist dies der Therapiebeginn. Die Testautoren bemerken, dass es nützlich ist, wenn der Testleiter darauf hinweist, dass weder der Zustand vor der Therapie noch der gegenwärtige Zustand direkt zu beurteilen ist, sondern ein interner Änderungsvergleich vorgenommen werden soll.

Die Items bestehen aus Aussagen (z. B. „Ich bin ruhiger geworden"). Diese Aussagen sind mit einer siebenstufigen Skala (+3 = stark, +2 = mittel, +1 = schwach, 0 = keine Änderung, -1 = schwach, -2 = mittel, -3 = stark) hinsichtlich der Änderung einzuschätzen.

Bei positiv formulierten Änderungsitems wie im obigen Beispiel ist das Antwortschema klar: Wer unruhiger geworden ist, kreuzt für das Beispielitem eine negative Zahl an. Bei negierend formulierten Items (z. B. „Ich fühle mich weniger gehetzt") ist jedoch für viele Probanden nicht klar, dass eine negative Zahl hier eine Negation der Aussage und damit eine Änderung in Richtung höherer Gehetztheit bedeutet. Die revidierte Fassung VEV-R-2001 löst das Problem, indem die Items bipolar vorgegeben werden (z. B. „Ich fühle mich gehetzter" auf der linken Seite und „Ich fühle mich weniger gehetzt" auf der rechten Seite der Itembeschreibung).

Die Testauswertung erfolgt mithilfe einer Schablone. Die Antworten zu den Items mit positivem Änderungsinhalt werden mit den Zahlen 7 (für +3) bis 1 (für -3) kodiert; für die Items mit den gegenläufig gepolten Items ist die Kodierung umgekehrt. Es ergibt sich ein Gesamtwert zwischen 42 und 294. Dieser kann auf der Rückseite des Auswertungsbogens in eine Grafik eingetragen werden und damit Art und Stärke der Änderung veranschaulichen.

Gütekriterien

Die Objektivität kann als gegeben vorausgesetzt werden. Die Reliabilität ist sehr hoch; die interne Konsistenz (Cronbachs α) liegt für die verschiedenen Gruppen zwischen $r = .96$ und $.99$ und die Testhalbierungsreliabilität zwischen $r = .95$ und $.99$. Für die revidierte Fassung wurde eine interne Konsistenz von $.98$ angegeben.

Zur Bestimmung der Kriteriumsvalidität wurden Korrelationen zwischen $r = .29$ und $.63$ für konstruktähnliche Veränderungsskalen ermittelt. Für die diskriminante Validität (Korrelationen zwischen Veränderungen im VEV und Veränderungen von Intelligenztestskalen des Leistungsprüfsystems, LPS) ergaben sich Werte zwischen $r = -.11$ und $-.18$. Zur Bestimmung der faktoriellen Validität wurden aus dem VEV und konstruktnahen Veränderungsskalen drei relevante Faktoren extrahiert. Für die revidierte Form (VEV-R-2001) wurde die Validität durch signifikante Korrelationen mit den Veränderungsbeurteilungen des Freiburger Fragebogens zur Krankheitsverarbeitung (VERA) nachgewiesen.

Vergleichswerte/ Normen

Es liegen keine Normwerte im Sinne einer Zuordnung von Rohwerten zu Standardwerten vor. Auf der Rückseite des Fragebogens ist aber eine Grafik enthalten, die eine vergleichende Beurteilung des Rohwerts erlaubt. Eine theoretische Nullveränderung wird angenommen, wenn alle Änderungsitems mit der mittleren, neutralen Antwortstufe angegeben werden (168 Punkte). Außerdem sind Grenzwerte angezeigt, ab denen ein Veränderungswert als signifikant zu betrachten ist. Die Signifikanzangaben beziehen sich dabei auf die Frage, inwieweit der Veränderungswert von demjenigen abweicht, der sich für die unbehandelte Wartegruppe ergab. Diese kritischen Grenzen haben jedoch nur für die Bezugspopulation der untersuchten Klientengruppe Gültigkeit. Die revidierte Version VEV-R-2001 nimmt die gleichen Grenzen an wie die Originalfassung.

WWW-Ressourcen

Es liegen keine zusätzlichen Ressourcen vor.

Literatur

Butler, J. M. & Haigh, G. V. (1954). Changes in the relation between self-concepts and ideal concepts consequent upon client-centered counselling. In C. Roges & R. F. Dymond (Eds.), *Psychotherapy and personality change* (pp. 55–76). Chicago, IL: University of Chicago Press.

Stieglitz, R.-D. (1986). *Erfassung von Veränderungen. Theoretische und empirische Beiträge* (Reihe Forschungsberichte Psychologie, Bd. 1). Berlin: Oberhofer.

Zielke, M. & Kopf-Mehnert, C. (2001a). 22 Jahre wissenschaftliche und klinische Erfahrungen mit dem Veränderungsfragebogen des Erlebens und Verhaltens VEV. *Praxis Klinische Verhaltensmedizin und Rehabilitation, 53,* 3–6.

Zielke, M. & Kopf-Mehnert, C. (2001b). Der VEV-R-2001: Entwicklung und testtheoretische Reanalyse der revidierten Form des Veränderungsfragebogens des Erlebens und Verhaltens (VEV). *Praxis Klinische Verhaltensmedizin und Rehabilitation, 53,* 7–19.

Autor des Beitrags

Andreas Hinz

Kontaktdaten des Autors

Prof. Dr. Andreas Hinz
Universität Leipzig
Abteilung für Medizinische Psychologie und Medizinische Soziologie
Philipp-Rosenthal-Str. 55
04103 Leipzig
andreas.hinz@medizin.uni-leipzig.de

WAI-SR
Working Alliance Inventory – Revidierte Kurzversion

Autoren des Testverfahrens	Fabian Wilmers und Thomas Munder
Quelle	Wilmers, F., Munder, T., Leonhart, R., Herzog, T., Plassmann, R., Barth, J. et al. (2008). Die deutschsprachige Version des Working Alliance Inventory – short revised (WAI-SR). *Klinische Diagnostik und Evaluation, 1*, 343–358. Der Fragebogen kann frei verwendet werden. Die Publikation enthält einen Abdruck des Fragebogens. Elektronische Exemplare sind bei den Autoren erhältlich. Dort ebenfalls erhältlich ist eine psychometrisch untersuchte, bislang jedoch unveröffentlichte Therapeutenversion.
Vorgänger-/ Originalversionen	*Englischsprachige Originalversion des WAI-SR:* Hatcher, R. L. & Gillaspy, J. A. (2006). Development and validation of a revised short version of the Working Alliance Inventory. *Psychotherapy Research, 16*, 12–25. *Englischsprachige Originalversion des WAI:* Horvath, A. O. & Greenberg, L. S. (1989). Development and validation of the Working Alliance Inventory. *Journal of Counseling Psychology, 36*, 223–233.
Kurzversionen	*Frühere Kurzversion des WAI (WAI-S):* Tracey, T. J. & Kokotovic, A. M. (1989). Factor structure of the Working Alliance Inventory. *Psychological Assessment, 1*, 207–210.
Kurzbeschreibung	Es handelt sich um ein kurzes Selbstbeurteilungsverfahren zur patientenseitigen Erfassung der therapeutischen Allianz basierend auf Bordins (1979) schulenübergreifender Theorie. Jede der drei von ihm definierten Dimensionen der therapeutischen Allianz *(Bindung, Übereinstimmung über therapeutisches Vorgehen* und *Therapieziele)* werden mit jeweils vier Items erfasst.
Anwendungsbereich	Der Test eignet sich für erwachsene Psychotherapiepatienten. Anwendungsgebiete sind die Evaluation des Therapieverlaufs, Psychotherapiestudien im Allgemeinen und solche zur therapeutischen Arbeitsbeziehung im Besonderen.
Bearbeitungszeit	Durchführungszeit: 2 bis 5 Minuten.
Theoretischer Hintergrund	Die Relevanz des Konzepts der therapeutischen Allianz (oder therapeutischen Arbeitsbeziehung) beruht auf ihrem in zahlreichen Studien nachgewiesenen Zusammenhang zum Therapieerfolg (Horvath et al., 2011). Unter verschiedenen Konzeptionen der therapeutischen Allianz

erwies sich diejenige von Bordin (1979) als besonders stimulierend, da sie unabhängig von einer bestimmten Therapieschule formuliert wurde. Als wichtige Bestandteile der therapeutischen Allianz formulierte er die Entwicklung einer emotionalen Bindung (bond), die Übereinstimmung bezüglich der Therapieziele (agreement on goals) und die Übereinstimmung bezüglich der therapeutischen Aufgaben (agreement on tasks). Bond im Sinne von Bordin bedeutet, dass die gemeinsame Arbeit auf gegenseitigem Vertrauen und gegenseitiger Verpflichtung basiert. Dies entspricht der von verschiedenen Autoren als wichtig erachteten emotionalen Basis der Zusammenarbeit (z. B. Fetscher, 1998). Die Goals-Komponente beinhaltet die Verständigung über die anzustrebenden Therapieziele und betont die Bedeutung einer diesbezüglichen Übereinstimmung. Die Tasks-Komponente bezieht sich einerseits auf die Abstimmung der angewandten Interventionen oder Techniken, andererseits auf die Vereinbarung der Rahmenbedingungen und Regeln der Therapie. Goals- und Tasks-Dimension beschreiben das gemeinsame Aushandeln der Therapieinhalte als Voraussetzung der aktiven Zusammenarbeit von Patient und Therapeut.

Das Working Alliance Inventory (WAI) von Horvath und Greenberg (1989) stellt eine Operationalisierung von Bordins Konzeption dar. Es ist das bei Weitem am häufigsten eingesetzte Instrument zu Erfassung der therapeutischen Allianz (Horvath et al., 2011).

Hatcher und Gillaspy (2006) untersuchten die Faktorenstruktur des WAI und entwickelten eine revidierte Kurzform (WAI-SR) die eine bessere Differenzierung der drei Subskalen ermöglichte.

Bezug zur Psychotherapie

Mit dem WAI-SR können differenzierte Aussagen zur aktuellen therapeutischen Arbeitsbeziehung getroffen werden.

Testentwicklung

Die deutschsprachige Version des WAI-SR wurde von klinischen Psychologen deutscher und englischer Muttersprache nach einem Übersetzungs-Rückübersetzungs-Design erstellt. Dabei fertigten zwei Teams unabhängig voneinander zwei deutschsprachige Versionen an, die auf ihre Übereinstimmung überprüft wurden.

Die Valididierungsstichprobe ($N = 331$) bestand aus stationären und ambulanten Patienten, die mit einem integrativ psychodynamischen Konzept oder kognitiv-verhaltenstherapeutisch behandelt wurden. Die Faktorenstruktur wurde mittels einer konfirmatorischen Faktorenanalyse untersucht und es wurden interne Konsistenzen für Sub- und Gesamtskalen berechnet. Zur Bestimmung der konvergenten Validität wurden Zusammenhänge mit dem Helping Alliance Questionnaire (HAQ; Bassler et al., 1995) bestimmt (für Details zur Psychometrik vgl. auch Munder et al., 2010).

Aufbau und Auswertung

Die drei Skalen werden mit je vier Items erfasst:
– *Bindung* (Bsp.: „Mein/e Therapeut/in und ich achten einander."),
– *Prozess* (Bsp.: „Ich glaube, dass es richtig ist, wie wir an meinem Problem arbeiten.") und
– *Ziele* (Bsp.: „Mein/e Therapeut/in und ich arbeiten gemeinsam daran, Therapieziele zu setzen.").

Die fünf Antwortstufen reichen von 1 = selten bis 5 = immer. Für die Auswertung werden jeweils die Skalenmittelwerte gebildet. Höhere Ausprägungen bedeuten eine stärkere therapeutische Allianz, niedrige Mittelwerte bedeuten eine schwächere therapeutische Allianz.

Gütekriterien

Objektivität: Die Objektivität kann bei diesem transparenten Selbsteinstufungsverfahren als gegeben vorausgesetzt werden.

Reliabilität: Die Reliabilität ist gut: interne Konsistenzen der Skalen (Cronbachs α) liegen zwischen α = .81 und .91.

Validität: Die Ergebnisse der konfirmatorischen Faktorenanalyse zeigen eine akzeptable bis gute Modellpassung bei ambulanten und stationären Patienten und entsprechen denen der amerikanischen Originalversion. Erwartete hohe Korrelationen mit der Skala Beziehungszufriedenheit des Helping Alliance Questionnaire (HAQ) sprechen für die konvergente Validität des WAI-SR.

Vergleichswerte/ Normen

Vergleichswerte sind Wilmers et al. (2008) zu entnehmen. Es sind Patienten eines Krankenhauses für Psychosomatische Medizin und Psychotherapie (N = 173), aus einer psychosomatischen Rehabilitationsklinik (N = 70) und einer psychotherapeutischen Ambulanz (VT; N = 88) befragt worden.

WWW-Ressourcen

Es liegen keine zusätzlichen Ressourcen vor.

Literatur

Bassler, M., Potratz, B. & Krauthauser, H. (1995). Der „Helping Alliance Questionnaire" (HAQ) von Luborsky. *Psychotherapeut, 40,* 23–32.

Bordin, E. S. (1979). The generalizability of the psychoanalytic concept of the working alliance. *Psychotherapy: Theory, Research and Practice, 16,* 252–260.

Fetscher, R. (1998). Die Bündniskonzepte. *Forum der Psychoanalyse, 14,* 203–224.

Hatcher, R. L. & Gillaspy, J. A. (2006). Development and validation of a revised short version of the Working Alliance Inventory. *Psychotherapy Research, 16,* 12–25.

Horvath, A. O., Del Re, A. C., Flückiger, C. & Symonds, D. (2011). Alliance in individual psychotherapy. *Psychotherapy, 48,* 9–16.

Horvath, A. O. & Greenberg, L. S. (1989). Development and validation of the Working Alliance Inventory. *Journal of Counseling Psychology, 36,* 223–233.

Munder, T., Wilmers, F., Leonhart, R., Linster, H. W. & Barth, J., (2010). Working Alliance Inventory-Short Revised (WAI-SR): Psychometric properties in outpatients and inpatients. *Clinical Psychology & Psychotherapy, 17,* 231–239.

Wilmers, F., Munder, T., Leonhart, R., Herzog, T., Plassmann, R., Barth, J. et al. (2008). Die deutschsprachige Version des Working Alliance Inventory – short revised (WAI-SR). *Klinische Diagnostik und Evaluation, 1,* 343–358.

Autoren des Beitrags	Fabian Wilmers und Thomas Munder
Kontaktdaten des Erstautors	Dr. Fabian Wilmers Basler Landstr. 113 79111 Freiburg i. Br. dr.f.wilmers@wilmers-kommunikation.de

WHO ASSIST

WHO Alcohol, Smoking and Substance Involvement Screening Test – Deutsche Version

Autoren des Testverfahrens	Christian G. Schütz, Marcel Daamen und Corinna van Niekerk
Quelle	Schütz, C. G., Daamen, M. & van Niekerk, C. (2005). Deutsche Übersetzung des WHO ASSIST Screening-Fragebogens. *Sucht, 51* (5), 265.
Vorgänger-/ Originalversionen	*Englische Originalversion:* WHO ASSIST Working Group (2002). The Alcohol, Smoking and Substance Involvement Screening Test (ASSIST): development, reliability and feasibility. *Addiction, 97* (9), 1183–1194.
Kurzversionen	keine
Kurzbeschreibung	Bei dem WHO ASSIST handelt es sich um ein von der World Health Organisation (WHO) entwickeltes, zeitökonomisches, standardisiertes Screeningverfahren, mit dem der individuelle Substanzkonsum und das damit verbundene Suchtrisiko erfasst werden können (Schütz et al., 2004). Das in schriftlicher Selbstauskunft oder als Interview durchzuführende Verfahren erfasst Häufigkeit, Verlangen, konsumbedingte Probleme und erfolglose Abstinenzversuche. Es werden alle relevanten Substanzklassen erfragt (Tabak, Alkohol, Cannabis, Kokain, Amphetamine, Inhalantien, Sedativa, Halluzinogene, Opiate und weitere Drogen). Acht Items werden separat für jede Substanzkategorie beantwortet, wodurch für jede Substanz eine gesonderte Risikoeinschätzung möglich ist. Für jede Substanzklasse kann ein Risikoscore (hoch, mittel, niedrig) berechnet werden. Richtlinien für die weitere Behandlung in Abhängigkeit von dem ermittelten Risikoniveau sind dem Testmaterial beigefügt (WHO ASSIST Working Group, 2002).
Anwendungsbereich	Der WHO ASSIST kann als Screeninginstrument bei Erwachsenen im Alter zwischen 18 und 60 Jahren eingesetzt werden (Schütz et al., 2005). Er eignet sich auch bei Personen mit Migrationshintergrund. Für die Anwendung in Einrichtungen der Primärversorgung entwickelt, soll er vor allem im Rahmen des Erstkontaktes durchgeführt werden (WHO ASSIST Working Group, 2002). Neben psychiatrischen Einrichtungen umfasst dies sämtliche Settings, in denen Betroffene bereits in einer frühen Phase der Konsumproblematik, beispielsweise wegen körperlicher oder sozialer Folgeprobleme, vorstellig werden (z. B. Hausarzt oder Sozialarbeiter). Das Screening eignet sich zudem für den Einsatz im Rahmen der Suchtforschung (Schütz et al., 2004, 2005).
Bearbeitungszeit	Das Interview dauert 5 bis 10 Minuten, in Abhängigkeit von Umfang und Aktualität der Konsumerfahrungen (Schütz et al., 2005).

Theoretischer Hintergrund

Alkohol-, Tabak- und Drogenmissbrauch zählen in den Industrieländern zu den 20 häufigsten gesundheitlichen Risiken. Damit einher geht ein deutlich erhöhtes Mortalitätsrisiko (Henry-Edwards et al., 2003; Humeniuk et al., 2008). Die frühzeitige Erkennung problematischen Substanzkonsums und die Einleitung einer adäquaten Behandlung nehmen im Rahmen der Gesundheitsförderung eine entscheidende Rolle ein (Schütz et al., 2005). In den meisten Ländern werden betroffene Personen mindestens einmal jährlich in Einrichtungen der Primärversorgung vorstellig, die dadurch die Funktion eines „Gatekeepers" einnehmen. Der Einsatz standardisierter Screeningverfahren kann die Wahrscheinlichkeit erhöhen, gefährdete Personen zu identifizieren und zeitnah weitere Behandlungsschritte einzuleiten (WHO ASSIST Working Group, 2002). Es existiert eine Reihe von Fragebögen zur Erfassung risikohaften Konsumverhaltens von Alkohol, Tabak und Drogen, die meisten beschränken sich jedoch auf eine bestimmte Substanzklasse (Schütz et al., 2005). Von der WHO wurde mit dem ASSIST daher ein Verfahren entwickelt, das eine substanzübergreifende Erfassung, insbesondere auch von illegalen Drogen, ermöglicht (Schütz et al., 2005).

Bezug zur Psychotherapie

Eine frühzeitige Identifikation von Personen mit Suchtrisiko und die Einleitung einer individuell angepassten Intervention haben eine positive Wirkung auf das Outcome der Behandlung. In Abhängigkeit von dem individuellen Risikoniveau, insbesondere für Patienten, die Drogen per Injektion konsumieren, beinhaltet der WHO ASSIST Empfehlungen für weitere Behandlungsschritte, wie z. B. die Weitervermittlung an niedergelassene Therapeuten oder spezialisierte Behandlungseinrichtungen. Darüber hinaus ist eine Anleitung für eine Kurzintervention Teil des Testmaterials (Schütz et al., 2005).

Testentwicklung

Mit dem Ziel, ein international einsetzbares, zeitökonomisches Screeningverfahren zur substanzübergreifenden Erfassung von Suchtmittelkonsum zu schaffen, wurde 1997 eine Arbeitsgruppe von der WHO gegründet. Auf Grundlage einer kritischen Inhaltsanalyse bereits vorhandener Fragebögen (vor allem dem Alcohol Use Disorders Identification Test, AUDIT) wurde ein vorläufiger Fragenkatalog (Version V1.0) mit 12 Fragen zusammengestellt (Henry-Edwards et al., 2003). Es folgte die teststatistische Überprüfung in zwei Phasen. In der ersten Phase (1997 bis 1999) wurde der Fragebogen in neun Ländern evaluiert. Vier Items wurden aufgrund geringer Praktikabilität und ungenügender Itemkennwerte verworfen. Die verbliebenen acht Items (V2.0) wurden in der zweiten Phase (2000 bis 2002), mit den Daten von $N = 1\,047$ Probanden ($M = 30.4$ Jahre, 66 % männlich) überprüft. Die Probanden stammten aus Versorgungszentren und Drogenbehandlungszentren in verschiedenen Ländern, u. a. Australien, Brasilien, Indien, Irland, Israel, USA und Zimbabwe. Im Zuge dieser Studie wurde erstmals die dem Testmaterial beigefügte Kurzintervention evaluiert. Nach einer weiteren Überarbeitung der Items und der Ergänzung mit weiterem Testmaterial (Antwortkarten, Informationsmaterial) wurde die aktuelle Version 3.0 vorgestellt (Schütz et al., 2005; WHO ASSIST Working Group, 2002).

WHO ASSIST

Für die deutsche Version des WHO ASSIST wurde die Version 2.0 nach den Richtlinien der WHO für die Übersetzungsprozedur ins Deutsche übertragen. Nach der Übersetzung und inhaltlichen Überarbeitung durch Suchtexperten wurde der Fragebogen rückübersetzt und ein weiteres Mal inhaltlich geprüft. Es folgte eine Feldtestung des Instruments durch die Universität Bonn mit $N = 17$ Patienten (Alter: 26 bis 71 Jahre, 10 Männer) psychiatrischer und allgemeinmedizinischer Einrichtungen. Im Anschluss an die Durchführung des Screenings wurden die Patienten aufgefordert, die Verständlichkeit der Fragen einzuschätzen. Diese Angaben dienten zu einer abschließenden Überarbeitung des Wortlauts der einzelnen Items (Schütz et al., 2005).

Der WHO ASSIST ist bislang in mehrere Sprachen, u. a. in Spanisch, Französisch und Portugiesisch, übersetzt worden (Schütz et al., 2004, 2005).

Aufbau und Auswertung

Mit acht Items werden für jede der vorgegebenen Substanzklassen (Tabak, Alkohol, Cannabis, Kokain, Amphetamine, Inhalantien, Sedativa, Halluzinogene, Opiate, sonstige selbst einzutragende Drogen) verschiedene Aspekte des Konsumverhaltens erfasst:
- Häufigkeit (sowohl bezogen auf die Lebensspanne als auch innerhalb der letzten 3 Monate), Art und Weise des Konsums (z. B. Injektion),
- Verlangen,
- konsumbedingte Probleme und Einschränkungen in sozialen und finanziellen Bereichen, Einschränkungen des allgemeinen Funktionsniveaus, Reaktionen des Umfeldes,
- erfolglose Abstinenzversuche.

Es werden Sprungregeln definiert, die eine Verkürzung des Fragebogens ermöglichen, falls Items auf eine Person nicht zutreffen. Die Fragen werden auf einer fünfstufigen Skala beantwortet (0 = nie, 2 = ein- bis zweimal in den letzten 3 Monaten, 3 = monatlich, 4 = wöchentlich, 6 = täglich). Im Testmaterial enthalten sind Antwortkarten mit Wahlalternativen für die Interviewform sowie zusätzliches Informationsmaterial für die Patienten zu gesundheitlichen Risiken. Neben dem Gesamtscores als globales Risikomaß können substanzspezifische Risikowerte ermittelt und anhand der Auswertungshinweise hinsichtlich des Behandlungsbedarfs interpretiert werden. Mithilfe des Gesamtscore kann das globale Risikoniveau (niedrig, mittel, hoch) durch einen Cut-Off-Wert bestimmt werden. Die WHO liefert Richtlinien zur Interpretation der Werte sowie Hinweise zur weiterführenden Behandlung. Daneben beinhaltet der WHO ASSIST Aufklärungsmaterial, das im Anschluss an das Screening mit dem Probanden besprochen werden kann (Henry-Edwards et al., 2003; Schütz et al., 2005).

Gütekriterien

Die Durchführungs-, Auswertungs- und Interpretationsobjektivität kann aufgrund der standardisierten Anwendungs- und Auswertungshinweise als gegeben angesehen werden.

Eine umfassende Überprüfung der Testgüte des deutschen WHO ASSIST steht bislang noch aus. Die folgenden Informationen beziehen sich daher überwiegend auf die psychometrischen Eigenschaften der englischen Originalversion (V3.0).

Für die Test-Retest-Reliabilität wurden in der ersten Testenwicklungsphase anhand einer Stichprobe von $N = 236$ Probanden (53.6 % männlich) mit einem mittleren Alter von 34 Jahren Übereinstimmungskoeffizienten ermittelt. Sie lagen für die einzelnen Substanzkategorien in einem befriedigenden Bereich zwischen .61 (Sedativa) und .78 (Opiate).

Die interne Konsistenz der Version 2.0 (8 Items) lag in der internationalen Stichprobe mit $N = 1\,074$ Probanden (Alter: 18 bis 45 Jahre; 66 % männlich) für das globale Risikoniveau mit $\alpha = .89$ in einem guten Bereich (WHO ASSIST Working Group, 2002). Belege der Konstruktvalidität und prädiktiven Validität wurden ebenfalls anhand der Daten der zweiten Evaluationsphase (V2.0) ermittelt (Humeniuk et al., 2008). Für die kongruente Validität des Instruments sprechen substanzielle Korrelationen der WHO-ASSIST-Werte mit den Skalen zur aktuellen Konsumabhängigkeit des Addiction Severity Index (ASI) sowie der Zusammenhang zwischen dem globalen Summenwert des WHO ASSIST und dem per Mini-International Neuropsychiatric Interview Plus (MINI-Plus) erhobenen Schweregrad von Missbrauch und Abhängigkeit (Humeniuk et al., 2008; Newcombe et al., 2005). Für die Konstruktvalidität sprechen zudem signifikant erhöhte Werte bei Personen, die die Diagnose einer Aufmerksamkeitsdefizit-/Hyperaktivitätsstörung oder einer Antisozialen Persönlichkeitsstörung haben, im Vergleich zu einer nicht klinischen Kontrollgruppe (Humeniuk et al., 2008).

Die diskriminante Validität des Verfahrens wurde untersucht, indem Probanden nach MINI-Plus-Diagnose eingeteilt wurden (Gruppen: ohne Diagnose, Missbrauch, Abhängigkeit). Die Gruppenmittelwerte waren zwischen dem globalen Risikoscore und den substanzspezifischen Kennwerten signifikant verschieden. Die im Anschluss durchgeführten Post-hoc-Vergleiche und Receiver-Operating-Characteristic-Analysen zeigten, dass die Skalen zwischen nicht problematischem Konsum und Missbrauch besser trennen, als zwischen Missbrauch und Abhängigkeit (Newcombe et al., 2005).

Für den Einsatz der deutschen Version des WHO ASSIST bei einer Stichprobe von $N = 106$ männlichen forensischen Patienten ($M = 18.6$ Jahre) berichten Kuska und Köhler (2010) von zufriedenstellenden bis guten Ergebnissen hinsichtlich Reliabilität und Validität.

Vergleichswerte/Normen

Es existieren bislang keine Normwerte für die deutsche Version des WHO ASSIST.

WWW-Ressourcen

Die deutsche Version des WHO ASSIST kann kostenlos über die Website der WHO bezogen werden:
http://www.who.int/substance_abuse/activities/assist_3.1/en/

Ein ausführliches Manual zum Einsatz des Screenings in der Primärversorgung findet sich unter:
http://www.who.int/substance_abuse/publications/en/

Literatur

Henry-Edwards, S., Humeniuk, R., Ali, R., Monteiro, M. & Poznyak, V. (2003). *Brief Intervention for Substance Use: A Manual for Use in Primary Care* (Draft Version 1.1 for Field Testing). Geneva: World Health Organization.

Humeniuk, R. E., Ali, R. A., Babor, T. F., Farrell, M., Formigoni, M. L., Jittiwutikarn, J. et al. (2008). Validation of the Alcohol, Smoking and Substance Involvement Screening Test (ASSIST). *Addiction, 103,* 1039–1047.

Kuska, S. K. & Köhler, D. (2010). Eingangsdiagnostik im Jugendstrafvollzug. In D. Köhler (Hrsg.), *Neue Entwicklungen der forensischen Diagnostik in Psychologie, Psychiatrie und Sozialer Arbeit* (S. 283–312). Frankfurt am Main: Verlag für Polizeiwissenschaft.

Newcombe, D. A., Humeniuk, R. E. & Ali, R. (2005). Validation of the World Health Organization Alcohol, Smoking and Substance Involvement Screening Test (ASSIST): report of results from the Australian site. *Drug and Alcohol Review, 24* (3), 217–226.

Schütz, C. G., Daamen, M. & van Niekerk, C. (2005). Deutsche Übersetzung des WHO ASSIST Screening-Fragebogens. *Sucht, 51* (5), 265.

Schütz, C. G., Indlekofer, F., Piechatzek, M., Daamen, M., Waszak, F., Lieb, R. et al. (2004). Ecstasykonsumenten: Neurokognitive und funktionelle Problemkonstellationen und Ansätze zu spezifischen Frühinterventionen. *Suchtmedizin, 6,* 67–72.

WHO ASSIST Working Group (2002). The Alcohol, Smoking and Substance Involvement Screening Test (ASSIST): development, reliability and feasibility. *Addiction, 97,* 1183–1194.

Autoren des Beitrags

Lena M. Becker und Elmar Brähler

Kontaktdaten der Erstautorin

M.Sc. Lena M. Becker
Gärtnerstraße 24a
12207 Berlin
lena.mb@gmx.de

WI

Whiteley-Index zur Erfassung hypochondrischer Merkmale

Autoren des Testverfahrens	Wolfgang Hiller und Winfried Rief
Quelle	Hiller, W. & Rief, W. (2004). *Internationale Skalen für Hypochondrie. Deutschsprachige Adaptation des Whiteley-Index (WI) und der Illness Attitude Scales (IAS)*. Bern: Huber. Das Copyright liegt beim Verlag Hans Huber.
Vorgänger-/ Originalversionen	*Originalversion Whiteley-Index (WI):* Pilowsky, I. (1967). Dimensions of hypochondriasis. *British Journal of Psychiatry, 113*, 89–93.
Kurzversionen	keine
Kurzbeschreibung	Es handelt sich um ein kurzes Fragebogenverfahren zur Erfassung hypochondrischer Merkmale (Krankheitsängstlichkeit). Mit 14 Items ist der WI ausgesprochen zeitökonomisch einsetzbar. Die Fragen beziehen sich auf das Vorliegen von Krankheitsängsten, Krankheitsüberzeugungen und dem Vorliegen von multiplen körperlichen Symptomen. Es sollen somit die kognitiven, affektiven und symptomatischen Merkmale von Gesundheitsängsten erfragt werden. Der WI liegt als Papier-Bleistift-Verfahren und in einer computergestützten Version vor. Er kann in allen medizinischen, psychosomatischen und psychologisch-psychotherapeutischen Einrichtungen angewendet werden, in denen Patienten mit belastenden Körperbeschwerden und assoziierten Befürchtungen untersucht und behandelt werden.
Anwendungsbereich	Der WI ist ein Verfahren für den Altersbereich ab 16 Jahren. Er wird vor allem in der klinischen Diagnostik eingesetzt, eignet sich aber auch zum Screening für Krankheitsängstlichkeit in nicht klinischen Populationen.
Bearbeitungszeit	Der WI ist mit nur 14 Items ausgesprochen kurz, sodass die Bearbeitungszeit üblicherweise nur wenige Minuten beträgt. Die Auswertung ist sehr übersichtlich und dauert per Hand meist weniger als 5 Minuten.
Theoretischer Hintergrund	Die Hypochondrie ist eine der ältesten Diagnosebegriffe. Betroffene leiden typischerweise unter ausgeprägten Ängsten und Überzeugungen, von einer schwerwiegenden körperlichen Krankheit betroffen zu sein. Es besteht jedoch eine mehr oder weniger ausgeprägte Einsicht in die Übertriebenheit dieser Ängste. Der Whiteley-Index wurde von dem australischen Psychiater Issy Pilowsky (1967) entwickelt, um Gesundheitsängste und damit einhergehendes Krankheitsverhalten zu erfassen (mittels des späteren weiter gefassten Illness Behavior Questionnaire). Es handelt sich um Kernmerkmale der Hypochondrie, die

jedoch auch bei verschiedenen anderen psychiatrischen und psychosomatischen Krankheitsbildern auftreten. In verschiedenen Arbeiten konnte gezeigt werden, dass gerade das Vorliegen von Gesundheitsängsten ein wichtiger Prädiktor für die Inanspruchnahme medizinischer Dienste darstellt. Werden die Gesundheitsängste in den Behandlungen nicht adäquat berücksichtigt, kommt es gehäuft zur Chronifizierung und weiterem Aufsuchen von Ärzten (Doctor-Shopping). Der WI verfügt über eine große konzeptuelle Nähe zu den klinischen Diagnosen der Hypochondrie bzw. Krankheitsangststörung nach ICD-10 und DSM-IV bzw. DSM-5. In der internationalen Forschung der letzten 20 bis 30 Jahre stellte der WI das am häufigsten eingesetzte Instrument zur Erfassung hypochondrischer Merkmale dar.

Bezug zur Psychotherapie

Die mit dem WI erhobenen Informationen eignen sich sowohl zur Eingangsdiagnostik als auch zur Veränderungsmessung. Erreichen Probanden im WI erhöhte Werte, so sollte der Bereich Gesundheitsängste in der Therapie auf jeden Fall Berücksichtigung finden, auch wenn das Vollbild einer Hypochondrie nicht vorliegt (Bleichhardt & Weck, 2010).

Testentwicklung

Die Originalversion wurde von Pilowsky (1967) an einer klinischen Stichprobe entwickelt und evaluiert. Es wurden solche Items ausgewählt, die zwischen Personen unterschieden, die von Pflegekräften als hochhypochondrisch versus nicht hypochondrisch eingeschätzt wurden. Auch konnte gezeigt werden, dass die spätere Langform des Illness Behaviour Questionnnaire keine grundsätzlichen Vorteile im Vergleich zu dem kürzeren WI erbringt. Faktorenanalytische Überprüfungen wurden von diversen internationalen Arbeitsgruppen vorgelegt. Als Grundlage dienten sowohl klinische als auch bevölkerungsrepräsentative Stichproben. Die deutsche Fassung wurde sorgfältig übersetzt und ebenfalls faktorenanalytisch überprüft sowie validiert. Als stabilste Lösung ergab sich eine Drei-Faktoren-Struktur mit den Faktoren *Krankheitsängste*, *Somatische Beschwerden* und *Krankheitsüberzeugungen*. Die Interkorrelation der drei Skalen ist nur mittelgradig mit Werten zwischen $r = .38$ und $.50$, sodass jede der Skalen genügend Spezifität für die abgrenzbare klinische Interpretation aufweist.

Aufbau und Auswertung

Die dichotom ja/nein-skalierten Items des WI lassen sich zu folgenden drei Skalen zusammenfassen:
- *Krankheitsängste* (6 Items; Bsp.: „Haben Sie Angst, krank zu werden?"). In diesen Faktor gehen Items ein, die vor allem Ängste, eine schwere Krankheit zu bekommen, beinhalten. Die damit erfasste Angstkomponente der Hypochondrie kann in der Regel durch adäquate Psychotherapie gut modifiziert werden.
- *Somatische Beschwerden* (3 Items; Bsp.: „Werden Sie durch eine Vielzahl von Schmerzen geplagt?"). Es werden unspezifische körperliche Beschwerden erfasst, die typischerweise mit Gesundheitsängsten einhergehen.
- *Krankheitsüberzeugung* (4 Items; Bsp.: „Können Sie dem Arzt nur schwer glauben, wenn er Ihnen sagt, dass kein Grund zur Besorgnis besteht?"). Die Items dieses Faktors erfassen vor allem die kog-

nitive Komponente des Überzeugtseins, eine schwere Krankheit zu haben. Dieses Merkmal kann durchaus auch als Vorstufe einer wahnhaften Ausprägung aufgefasst werden. Entsprechend ist dieses Hypochondrie-Merkmal durch therapeutische Einflüsse schwerer modifizierbar als andere Merkmale von Gesundheitsängsten.

Ein Item wird keiner Skala zugeordnet, geht jedoch mit in den Gesamtwert ein. Für die Ermittlung der Skalenscores werden alle mit „Ja" beantworteten Items mit einem Punkt gezählt. Daneben können auch die Antworten auf alle 14 Items zu einem Gesamtwert zusammengefasst werden. Für viele Fragestellungen ist der Gesamtwert zielführender, nicht zuletzt da seine Reliabilität und Validität höher sind als bei den Einzelskalen. Eine weitere Auswertungsmöglichkeit ist der Vergleich mit einem Cut-Off-Wert zur Identifikation krankheitswertiger hypochondrischer Störungen. Bei einem Punktwert ≥ 8 ergibt sich im Vergleich zur Klassifikation der Hypochondrie ein optimales Verhältnis von Sensibilität und Spezifität. Daher lauten die Interpretationsempfehlungen für den WI: 0 bis 6 Punkte = keine Hypochondrie, 7 Punkte = Verdacht auf Hypochondrie, 8 bis 14 Punkte = Hypochondrie.

Gütekriterien

Die deutsche Fassung des WI wurde an $N = 135$ Personen mit psychischen und psychosomatischen Störungen bei Behandlungsbeginn sowie an $N = 112$ Personen bei Behandlungsende überprüft (Rief et al., 1994). Retest-Reliabilitätswerte wurden in einer zusätzlichen Arbeit bei $N = 51$ psychosomatischen Patienten erhoben (Rief et al., 1995). Bei einer dritten Studie wurde der WI bei $N = 677$ stationären Patienten bei Klinikaufnahme eingesetzt.

Objektivität: Der WI ist in seiner Durchführung und Auswertung standardisiert und deshalb als objektiv einzuschätzen.

Reliabilität: Die Retest-Reliabilität (72 Stunden) beträgt für den Summenwert im WI $r_{tt} = .83$ und liegt für die einzelnen Faktoren zwischen .69 und .81. Bei stationären psychosomatischen Patienten zeigte sich sowohl im 30- als auch 50-Tage-Abstand eine Reliabilität von $r_{tt} = .92$. Die interne Konsistenz (Cronbachs α) betrug für den WI-Gesamtwert .80 und für die drei Subskalen .51 bis .76. Es ist zu berücksichtigen, dass aufgrund der geringen Itemzahlen keine hohen Werte der internen Konsistenz erwartet werden können.

Faktorielle Validität: Die Ergebnisse der deutschen Version wurden einer Hauptkomponentenanalyse unterzogen. Diese bestätigte größtenteils die von der englischen Originalversion vorgegebene Faktorenstruktur, wobei die Itemzuordnung sowohl inhaltlich als auch statistisch in der deutschen Fassung zum Teil besser gelingt. Durch die ähnliche Faktorenstruktur der englischen und deutschen Fassung kann die dimensionale Struktur als replizierbar bewertet werden.

Externe Validität: Das Persönlichkeitsmerkmal Gesundheitssorgen (erfasst mit dem Freiburger Persönlichkeitsinventar, FPI-R) zeigt nur eine mittlere Korrelation (r = .40) mit den Ergebnissen des WI. Bei den übergeordneten Persönlichkeitsfaktoren gibt es deutliche Zusammenhänge zur Skala Emotionalität (r = .49), während kein bedeutsamer Zusammenhang zur Extraversion besteht. Die Korrelationen zu anderen psychopathologischen Dimensionen (z. B. erfasst über die Symptom-Checkliste, SCL-90-R) bestätigen, dass die höchsten Zusammenhänge zu den Merkmalen Somatisierung (r = .49) und Ängstlichkeit (r = .44) bestehen, während die Zusammenhänge zum Merkmal Depressivität zwar ebenfalls bedeutsam, jedoch etwas niedriger sind (r = .39). Der WI zeigte ebenfalls die zu erwartenden mittleren Korrelationen mit Somatisierung (erfasst mittels des Screenings für Somatoforme Störungen, SOMS) sowie mit Maßen der erhöhten Empfindlichkeit gegenüber körperlichen Missempfindungen sowie Alltagsbeeinträchtigungen. Es liegt zudem eine Fülle von Ergebnissen internationaler Arbeitsgruppen vor, welche die Validität des WI in unterschiedlichen Einrichtungen und mit unterschiedlichen Kriterien eindrucksvoll belegen (z. B. Speckens et al., 1996). Auch für Veränderungsmessungen wurde der WI mehrfach mit Erfolg eingesetzt.

Validität im Sinne von Veridikalität: In verschiedenen Studien konnte gezeigt werden, dass Personen, die nach psychiatrischen Interviews als hypochondrisch eingeschätzt wurden, auch deutlich erhöhte Werte im WI haben.

Vergleichswerte/ Normen

Für den WI liegen bevölkerungsrepräsentative deutsche Normen sowie Vergleichswerte einer großen Stichprobe stationärer psychosomatischer Patienten vor. Die Studie in der deutschen Bevölkerung (Hinz et al., 2003; Rief et al., 2001) bestand aus 2 050 Personen im Alter zwischen 14 und 92 Jahren. Da signifikante Geschlechts- und Alterseffekte bestanden (höhere Werte bei Frauen und älteren Personen), wurden die Normen im Testhandbuch anhand dieser Variablen differenziert. Die Stichprobe der stationären Patienten bestand aus 743 Personen mit unterschiedlichen psychischen Störungen. Im Gegensatz zu den Ergebnissen der oben genannten repräsentativen Stichprobe bestand bei den stationären Patienten kein einheitlicher Alterseffekt und auch keine stärkere Hypochondrieausprägung bei Frauen.

WWW-Ressourcen

Es liegen keine zusätzlichen Ressourcen vor.

Literatur

Bleichhardt, G. & Weck, F. (2010). *Kognitive Verhaltenstherapie bei Hypochondrie und Krankheitsangst* (2. Aufl.). Berlin: Springer.

Hinz, A., Rief, W. & Brähler, E. (2003). Hypochondrie in der Allgemeinbevölkerung: Teststatistische Prüfung und Normierung des Whiteley-Index. *Diagnostica, 49,* 34–42.

Pilowsky, I. (1967). Dimensions of hypochondriasis. *British Journal of Psychiatry, 113,* 89–93.

Rief, W., Hessel, A. & Brähler, E. (2001). Somatization symptoms and hypochondriacal features in the general population. *Psychosomatic Medicine, 63,* 595–602.

Rief, W., Hiller, W., Geissner, E. & Fichter, M. M. (1994). Hypochondrie: Erfassung und erste klinische Ergebnisse. *Zeitschrift für Klinische Psychologie, 23,* 34–42.

Rief, W., Hiller, W., Goebel, G. & Fichter, M. M. (1995). Zur zeitlichen Stabilität der Angaben hypochondrischer und somatoformer Symptome. *Diagnostica, 41,* 172–180.

Speckens, A. E. M., Spinhoven, P., Sloekers, P. P. A., Bolk, J. H. & van Hemert, A. M. (1996). A validation study of the Whitely Index, the Illness Attitude Scales, and the Somatosensory Amplification Scale in general medical and general practice patients. *Journal of Psychosomatic Research, 40,* 95–104.

Autoren des Beitrags Wolfgang Hiller und Winfried Rief

Kontaktdaten des Erstautors

Prof. Dr. Wolfgang Hiller
Universität Mainz
Psychologisches Institut
Wallstraße 3
55122 Mainz
hiller@uni-mainz.de

WIFA-K
Wirkfaktoren-Skalen-Kurz

Autoren des Testverfahrens	Katrin von Consbruch, Christoph Flückiger und Jörg Wiltink
Quelle	Consbruch, K. von, Flückiger, C., Stangier, U., Beutel, M. E., Herpertz, S., Hoyer, J. et al. (2013). WIFA-k: Ein neues Messinstrument zur zeitökonomischen Erfassung allgemeiner Wirkfaktoren nach Grawe. *Psychotherapie, Psychosomatik, Medizinische Psychologie, 63,* 286–289. Die Interrater-Masken können bei den drei Hauptautoren via E-Mail angefordert werden. Ratertrainings werden für Forschungszwecke unentgeltlich angeboten.
Vorgänger-/ Originalversionen	Grawe, K., Regli, D., Smith, E. & Dick, A. (1999). Wirkfaktorenanalyse – ein Spektroskop für die Psychotherapie. *Verhaltenstherapie und psychosoziale Praxis, 31,* 201–225.
Kurzversionen	keine
Kurzbeschreibung	WIFA-K ist ein Video-Ratinginstrument zur Globalevaluation der vier Wirkfaktoren nach Grawe (1998). Die Einschätzungen erfolgen am Ende der gesichteten Stunde. Das Instrument eignet sich zur Prozess-Ergebnis-Forschung.
Anwendungsbereich	Das Verfahren kann in (1) der Allgemeinen Interventionspsychologie, beispielsweise in der ambulanten und stationären Psychotherapie, (2) in Arzt-Patienten-Gesprächen und in erweiterten Beratungskontexten eingesetzt werden.
Bearbeitungszeit	Durchführung: Nach einer Einführung und einem mehrstündigen Ratertraining (vorzugsweise von mehreren Personen für die Berechnung von Interrater-Reliabilitäten), kann die WIFA-K nach der Sichtung einer Therapiestunde zügig eingeschätzt werden.
Theoretischer Hintergrund	Die von Grawe (1998) postulierten vier allgemeinen Wirkfaktoren Ressourcenaktivierung, motivationale Klärung, Problembewältigung und Problemaktualisierung sind im deutschen Sprachraum gut eingeführte psychotherapeutische Konzepte.
Bezug zur Psychotherapie	Das praxisnahe Ratinginstrument kann in verschiedensten klinischen Kontexten eingesetzt werden. Die WIFA-K ist ein zeitökonomisches Verfahren zur Fremdeinschätzung allgemeiner Wirkfaktoren, welches ergänzend mit anderen Beobachtungsverfahren (vgl. Mikroprozess-Verfahren) oder in Kombination mit Selbstbeurteilungsbögen eingesetzt werden kann. Die Skala kann das Verständnis der Wirkungsweise von Psychotherapie erweitern.

Testentwicklung

Die Entwicklung der WIFA-K steht in der Reihe eines langjährigen Forschungsprogramms zur Erforschung der allgemeinen Wirkfaktoren an der Universität Bern (Grawe, 1998). Im Gegensatz zur Erfassung von Psychotherapieprozessen während der Sitzungen umfasst die WIFA-K die Gesamtevaluation am Ende der Therapiestunde.

Aufbau und Auswertung

Bei der WIFA-K steht das Verhalten des Therapeuten im Vordergrund. Die vier Items werden am Ende der Sitzung auf einer siebenstufigen Likert-Skala eingeschätzt. Die einzelnen detailliert beschriebenen Stufen werden anhand von Videobeispielen konkretisiert.

Bei einer möglichen inferenzstatistischen Auswertung ist das geschachtelte Versuchsdesign (z. B. Sitzungen – Patienten – Therapeuten) zu beachten; entsprechende Mehrebenen-Analysen sind zu modellieren.

Gütekriterien

Objektivität: Der praktisch-theoretische Hintergrund der Beurteiler kann in das Gesamturteil mit einfließen, dies insbesondere, weil die Globalskala die Gesamtstunde mit einschließt.

Reliabilität: Die Interrater-Reliabilitäten sind in einer ersten Pilot-Studie zufriedenstellend, wobei insbesondere die Problemaktualisierung im Verlauf einer einzelnen Therapiesitzung stark variieren kann und so das Globalurteil am Ende der Sitzung erschwert wird. Die Reliabilitäten der einzelnen Rater sind in jeder Untersuchung neu zu erfassen.

Validität: In den verschiedenen Studien erweisen sich die über die Therapiestunden aufsummierten Daten der Mikroprozess-Analysen für das Sitzungs- und Therapieergebnis als prädiktiv (vgl. Beitrag zur ROMA-P/T in diesem Band; Gassmann & Grawe, 2006; Smith & Grawe, 2003, 2005; Regli et al., 2000). Eine Validierung der Globalskalen am Ende der Stunde steht aus.

Vergleichswerte/Normen

Psychotherapieprozesse sind kontextgebunden, was sich in spezifischen Wirkfaktorenmustern manifestieren kann. Die Prozesse können über den Verlauf einer Therapiestunde und im Verlauf der Gesamttherapie stark variieren.

WWW-Ressourcen

Es liegen keine zusätzlichen Ressourcen vor.

Literatur

Gassmann, D. & Grawe, K. (2006). General change mechanisms. The relation between problem activation and resource activation in successful and unsuccessful therapeutic interactions. *Clinical Psychology and Psychotherapy, 13* (1), 1–11.

Grawe, K. (1998). *Psychologische Psychotherapie.* Göttingen: Hogrefe.

Regli, D., Bieber, K., Mathier, F. & Grawe, K. (2000). Beziehungsgestaltung und Aktivierung von Ressourcen in der Anfangsphase von Therapien. *Verhaltenstherapie und Verhaltensmedizin, 21* (4), 399–420.

Smith, E. & Grawe, K. (2003). What makes psychotherapy sessions productive? A new approach to bridging the gap between process research and practice. *Clinical Psychology and Psychotherapy, 10,* 275–285.

Smith, E. & Grawe, K. (2005). Which therapeutic mechanism works when? A step towards the formulation of empirically validated guidelines for therapists' session-to-session decisions. *Clinical Psychology and Psychotherapy, 12,* 97–111.

Autor des Beitrags Christoph Flückiger

Kontaktdaten des Autors
PD Dr. Christoph Flückiger
Universität Bern
Institut für Psychologie
Fabrikstrasse 8
CH-3012 Bern
christoph.flueckiger@psy.unibe.ch

Y-BOCS
Yale-Brown Obsessive Compulsive Scale

Autoren des Testverfahrens	Wayne K. Goodman, Steven A. Rasmussen, Lawrence H. Price, Carolyn Mazure, George R. Heninger und Dennis S. Charney
Quelle	Hand, I. & Büttner-Westphal, H. (1991). Die Yale-Brown Obsessive Compulsive Scale (Y-BOCS). *Verhaltenstherapie, 1,* 226–233.
Vorgänger-/ Originalversionen	*Englische Originalversion:* – Goodman, W. K., Rasmussen, S. A., Price, L. H., Mazure, C., Heninger, G. R. & Charney, D. S. (1986). *Yale-Brown Obsessive Compulsive Scale.* Unpublished Manuscript. – Goodman, W. K., Price, L. H., Rasmussen, S. A., Mazure, C., Fleischmann, R. L., Hill, C. L. et al. (1989). The Yale-Brown Obsessive Compulsive Scale, I: Development, use and reliability. *Archives of General Psychiatry, 46,* 1006–1011.
Kurzversionen	keine
Kurzbeschreibung	Die Y-BOCS ist ein halbstrukturiertes Interview zur Quantifizierung des Schweregrades von Zwangserkrankungen unabhängig vom spezifischen Inhalt der Symptomatik. Daneben ermöglicht die Y-BOCS-Symptomcheckliste eine qualitative Erfassung der vorliegenden Symptomatik.
Anwendungsbereich	Die Y-BOCS ermöglicht eine quantitative Erfassung des Schweregrades von Zwangserkrankungen sowie eine qualitative Abbildung eines sehr breiten Spektrums von Zwangssymptomen. Zur (differenzial-)diagnostischen Abklärung von Zwangserkrankungen ist sie nicht geeignet. Sie ist für den Einsatz bei Erwachsenen vorgesehen, weitere Beschränkungen hinsichtlich des Altersbereiches bestehen nicht. Außerdem wurde eine Selbstbeurteilungsskala entwickelt und evaluiert (Baer, 1993; Schaible et al., 2001). Eine Adaptation für Kinder liegt ebenfalls vor (Goletz & Döpfner, 2011). Seit einigen Jahren steht auch eine autorisierte deutsche Übersetzung (Cremer & Hand, 2001) der für pathologisches Glücksspielen modifizierten Y-BOCS, der PG-Y-BOCS (Pathological Gambling-modification of the Yale Brown Obsessive Compulsive Scale; DeCaria et al., 1998; Pallantini et al., 2005), zur Verfügung.
Bearbeitungszeit	Der Zeitaufwand für die Durchführung beträgt nach Einarbeitung zwischen 30 und 60 Minuten, der Zeitaufwand für die Auswertung beträgt maximal 5 Minuten.
Theoretischer Hintergrund	Aufgrund von Schwächen früherer Messinstrumente wurde die Y-BOCS mit dem Ziel entwickelt, ein spezifisches und veränderungssensitives Instrument zur quantitativen Einstufung des Schweregrades

Y-BOCS

von Zwangserkrankungen (nach DSM-III-R) unabhängig vom jeweiligen Ausprägungsgrad der einzelnen Zwangssymptomatik zu erhalten und außerdem eine qualitative Abbildung der bestehenden Symptomatik zu ermöglichen.

Bezug zur Psychotherapie

Im Rahmen einer Psychotherapie ermöglicht der Einsatz der Y-BOCS-Symptomcheckliste die systematische Erfassung einer Vielzahl von Zwangssymptomen und ist damit insbesondere am Beginn der Behandlung sehr nützlich. Das Y-BOCS-Interview dient der Evaluation des Therapieverlaufs. In der Forschung gilt die Y-BOCS als das Standardverfahren zur qualitativen Spezifizierung und Quantifizierung des Schweregrades von Zwangsstörungen.

Testentwicklung

Die Formulierung und Auswahl der einzelnen Items der Y-BOCS wurde durch die Autoren als Experten mit langjähriger klinischer Erfahrung hinsichtlich Zwangserkrankungen vorgenommen. Items, die depressive oder Angstsymptome erfassen, wurden ausgeschlossen, um die diagnostische Spezifität zu erhöhen, ebenso Items, die (zwanghafte) Persönlichkeitseigenschaften erfassen. Vor Fertigstellung der endgültigen Version wurden in einem Zeitraum von 6 Monaten mehrere Vorversionen getestet und überarbeitet.

Aufbau und Auswertung

Die Y-BOCS besteht aus einer Instruktion für den Interviewer, einer Symptomcheckliste, die eine systematische Erfassung eines breiten Spektrums von Zwangssymptomen (getrennt für die letzten 7 Tagen und für die Vergangenheit) ermöglicht, sowie weiteren 19 Items zur quantitativen Abbildung der Symptomatik. 10 Items erfassen den Schweregrad von *Zwangsgedanken* und *Zwangshandlungen* hinsichtlich Zeitaufwand, Beeinträchtigung im Alltagsleben, Leidensdruck durch, *Widerstand* gegen und Kontrolle über die Symptomatik auf fünf Stufen (0 = nicht vorhanden bis 4 = extrem ausgeprägt) für den Zeitraum der letzten 7 Tage. Daneben enthält die Y-BOCS Zusatzitems (Items 1b, 6b, 11 bis 19) zur Erfassung der symptomfreien Zeit, Einsicht in die Sinnlosigkeit der Zwangssymptomatik und Vermeidungsverhalten sowie konstruktnaher Bereiche wie das Vorliegen von Entscheidungsschwierigkeiten, ebenfalls auf fünf Stufen für den Zeitraum der letzten 7 Tage.

Für die Auswertung kann ein Gesamtscore (Items 1 bis 10 ohne 1b und 6b) berechnet werden. Darüber hinaus können Scores getrennt für *Zwangsgedanken* (Items 1 bis 5 ohne 1b) und *Zwangshandlungen* (Items 6 bis 10 ohne 6b) erstellt werden. Diese Vorgehensweise entspricht einer Empfehlung von Goodman et al. (1989a), die auf klinischer Erfahrung beruht. Eine alternative Auswertung, basierend auf neueren Befunden, wird von Moritz et al. (2002) vorgeschlagen (Summe Items 1 bis 3 zur Erfassung des Schweregrades von *Zwangsgedanken*, Summe Items 6 bis 8 zur Erfassung des Schweregrades von *Zwangshandlungen*, Summe Items 4 und 9 zur Erfassung des *Widerstandes*).

Gütekriterien

Objektivität: Die Objektivität kann als gegeben vorausgesetzt werden.

Reliabilität: Die Reliabilität der englischsprachigen Originalversion kann nach verschiedenen Untersuchungen als zufriedenstellend bis gut bezeichnet werden. Für die interne Konsistenz (Cronbachs α) ergab sich nach Goodman et al. (1989b) ein Durchschnittswert von $\alpha = .89$, andere Untersucher fanden ebenfalls akzeptable Werte (*Zwangsgedanken:* $\alpha = .77$; *Zwangshandlungen:* $\alpha = .51$; *Gesamtwert:* $\alpha = .69$; Woody et al., 1995). Die Interreliabilitätskoeffizienten für die ersten 10 Items sowie für den Gesamtscore bewegten sich nach Goodman et al. (1989b) zwischen .82 und .96. Mittlerweile liegen auch Daten zur Reliabilität der deutschen Fassung vor (Jacobsen et al., 2003). Für die interne Konsistenz wurde ein Wert von $\alpha = .80$ ermittelt, die Interreliabilitätskoeffizienten für die einzelnen Items und für den Gesamtwert lagen zwischen $\alpha = .74$ und .97.

Validität: Zur Validität liegen bislang nur Untersuchungen zur englischsprachigen Originalversion vor. Die Übereinstimmungsvalidität als Korrelation mit anderen Instrumenten zur Erfassung von Zwangssymptomatik sowie globalen klinischen Beurteilungen lag zwischen $r = .53$ und .74 (Goodman et al., 1989a; Kim et al., 1990). Untersuchungen zur diskriminanten Validität ergaben signifikante Korrelationen mit Fragebögen, die Angst und Depression erfassen (Hamilton Depression Rating Skala: $r = .60$; Hamilton Angst Skala: $r = .47$), und weisen somit darauf hin, dass die Y-BOCS für eine differenzialdiagnostische Abklärung nicht geeignet ist. Therapiebedingte Veränderungen können durch die Y-BOCS gut abgebildet werden (Kim et al., 1990; van Oppen et al., 1995). Arbeiten zur faktoriellen Validität der Y-BOCS ergaben keine konsistenten Befunde. McKay et al. (1995) sowie Amir et al. (1997) berichteten von zwei Faktoren, welche jedoch in beiden Studien unterschiedliche Inhalte reflektierten. Die Befunde von Anholt et al. (2010) und Kim et al. (1994) sprechen dagegen eher für eine dreifaktorielle Struktur, die neben den Dimensionen *Zwangsgedanken* und *Zwangshandlungen* eine Dimension des *Widerstandes* gegen die Symptomatik enthält. Die Ergebnisse einer eigenen Untersuchung (Moritz et al., 2002) bestätigen im Wesentlichen die Befunde von Kim et al. (1994).

Vergleichswerte/ Normen

Normen liegen bislang weder für die Originalversion noch für die deutsche Übersetzung vor. Als Cut-Off-Wert für eine klinisch ausgeprägte Symptomatik gilt ein Gesamtwert von 16 (bei gleichzeitig vorliegenden *Zwangsgedanken* und *Zwangshandlungen*) bzw. ein Gesamtwert von 10 (bei ausschließlichem Vorliegen von *Zwangsgedanken* oder *Zwangshandlungen*).

WWW-Ressourcen

Es liegen keine zusätzlichen Ressourcen vor.

Literatur

Amir, N., Foa, E. B. & Coles, M. E. (1997). Factor structure of the Yale-Brown Obsessive-Compulsive Scale. *Psychological Assessment, 9,* 312–316.

Anholt, G. E., van Oppen, P., Cath, D. C., Smit, J. H., den Boer, J. A., Verbraak, M. J. P. M. et al. (2010). The Yale-Brown Obsessive-Compulsive Scale: Factor structure of a large sample. *Frontiers in Psychiatry, 1,* 18.

Baer, L. (1993). *Alles unter Kontrolle – Zwangsgedanken und Zwangshandlungen überwinden.* Bern: Huber.

Cremer, J. & Hand, I. (2001). PG-YBOCS Symptomcheckliste. Autorisierte deutsche Übersetzung und Überarbeitung. In J. Cremer, M. Zorawski & I. Hand (Hrsg.), *SOGS und PG-YBOCS – zwei Messinstrumente zur Erfassung pathologischen Glücksspielens.* Kostenfreier download unter: www.vt-falkenried.de/Spielerprojekt

DeCaria, L. M., Hollander, E., Begaz, T., Schemeidler, J., Wong, C. M., Cartwright, C. et al. (1998). *Reliability and Validity of a gambling modification of the Yale-Brown Obsessive Compulsive Scale (PG-YBOCS): Preliminary findings.* Paper presentation at the 12th National Conference on Problem Gambling. Las Vegas, Nevada.

Goletz, H. & Döpfner, M. (2011). Children's Yale-Brown Obsessive Compulsive Scale (CY-BOCS). In C. Barkmann, M. Schulte-Markwort & E. Brähler (Hrsg.), *Klinisch-psychiatrische Ratingskalen für das Kindes- und Jugendalter.* Göttingen: Hogrefe.

Goodman, W. K., Price, L. H., Rasmussen, S. A., Mazure, C., Delgado, P., Heninger, G. R. et al. (1989a). The Yale-Brown Obsessive Compulsive Scale, II: Validity. *Archives of General Psychiatry, 46,* 1012–1016.

Goodman, W. K., Price, L. H., Rasmussen, S. A., Mazure, C., Fleischmann, R. L., Hill, C. L. et al. (1989b). The Yale-Brown Obsessive Compulsive Scale, I: Development, use and reliability. *Archives of General Psychiatry, 46,* 1006–1011.

Jacobsen, D., Kloss, M., Fricke, S., Hand, I. & Moritz, S. (2003). Reliabilität der deutschen Version der Yale-Brown Obsessive Compulsive Scale. *Verhaltenstherapie, 13,* 111–113.

Kim, S. W., Dysken, M. W. & Kuskowski, M. (1990). The Yale-Brown Obsessive-Compulsive Scale: a reliability and validity study. *Psychiatry Research, 34,* 99–106.

Kim, S. W., Dysken, M. W., Pheley, A. M. & Hoover, K. M. (1994). The Yale-Brown Obsessive-Compulsive Scale: measures of internal consistency. *Psychiatry Research, 51,* 203–211.

McKay, D., Danyko, S., Neziroglu, F. & Yaryura-Tobias, J. A. (1995). Factor structure of the Yale-Brown Obsessive Compulsive Scale: A two dimensional measure. *Behavior Research and Therapy, 33,* 865–869.

Moritz, S., Meier, B., Kloss, M., Jacobsen, D., Wein, C., Fricke, S. et al. (2002). Dimensional structure of the Yale-Brown Obsessive Compulsive Scale (Y-BOCS). *Psychiatry Research, 109,* 193–199.

Pallantini, S., DeCaria, C., Grant, J., Urpe, M. & Hollander, E. (2005). Reliability and validity of the pathological gambling adaptation of the Yale-Brown Obsessive-Compulsive Scale. *Journal of Gambling Studies, 21,* 431–443.

Schaible, R., Armbrust, M. & Nutzinger, D. O. (2001). Yale-Brown Obsessive Compulsive Scale: Sind Selbst- und Fremdrating äquivalent? *Verhaltenstherapie, 11,* 298–303.

van Oppen, P., Emmelkamp, P. M. G., van Balkom, A. J. L. M. & van Dyck, R. (1995). The sensitivity to change of measures for obsessive-compulsive disorder. *Journal of Anxiety Disorders, 9,* 241–248.

Woody, S. R., Steketee, G. & Chambless, D. L. (1995). Reliability and validity of the Yale-Brown Obsessive-Compulsive Scale. *Behaviour Research and Therapy, 33,* 597–605.

Autoren des Beitrags Susanne Fricke, Steffen Moritz und Iver Hand

Kontaktdaten der Erstautorin
PD Dr. Susanne Fricke
Psychotherapeutische Praxis
Eppendorfer Weg 204
20251 Hamburg
info@dr-susanne-fricke.de

Testverzeichnis nach Konstrukten

1. Störungsübergreifende Verfahren

Konstrukt	Bezeichnung des Testverfahrens	Abkürzung	Seite
Alexithymie	Toronto-Alexithymie-Skala	TAS-20/TAS-26	494
Kontrollüberzeugungen	Fragebogen zur Erhebung von Kontrollüberzeugungen zu Krankheit und Gesundheit	KKG	300
Körperbild	Dresdner Körperbildfragebogen	DKB-43/DKB-35	116
	Fragebogen zur Beurteilung des eigenen Körpers	FBeK	153
Körperliche Beschwerden/ Beeinträchtigung	Befindlichkeitsskala – Revidierte Fassung	Bf-SR/Bf-SR'	52
	Beschwerden-Liste – Revidierte Fassung	B-LR/B-LR'	69
	Beeinträchtigungs-Schwere-Score	BSS	90
	Skala zur Globalen Erfassung des Funktionsniveaus	GAF	198
	Gießener Beschwerdebogen	GBB-24	209
	General Health Questionnaire 28	GHQ-28	215
	Gießen-Test – II	GT-II	229
	Hopkins-Symptom-Checkliste-25 – Deutsche Version	HSCL-25	253
	Mehrdimensionaler Befindlichkeitsfragebogen	MDBF	318
	Outcome-Questionnaire-45.2	OQ®-45.2	355
	Gesundheitsfragebogen für Patienten – Modul Somatische Symptome	PHQ-15	371
	Symptom-Checklist-90®-Standard	SCL-90®-S	426
	Somatic Symptom Scale–8	SSS-8	475
Personale und soziale Ressourcen	Berner Ressourceninventar	BRI	81
	Experiences in Close Relationships – Revised, deutsche Version	ECR-RD	133
	Fragebogen zur Sozialen Unterstützung	F-SozU	180
	Ressourcenorientierte Mikroprozess-Analyse Patient/Therapeut	ROMA-P/T	409
	Resilienzskala	RS	412
	Rosenberg Skala zum Selbstwertgefühl (Rosenberg Self-Esteem-Scale)	RSES	416

Konstrukt	Bezeichnung des Testverfahrens	Abkürzung	Seite
	Sense-of-Coherence-Fragebogen	SOC	450
	Skala zur Allgemeinen Selbstwirksamkeitserwartung	SWE	490
Persönlichkeitsmerkmale	Beck Inventar für Kognitive Schemata	B-IKS	56
	Barratt Impulsiveness Scale – Deutsche Version	BIS-11	61
	Dimensional Assessment of Personality Pathology – Basic Questionnaire	DAPP-BQ	107
	Fragebogen zu Dissoziativen Symptomen	FDS	157
	Inventar zur Erfassung interpersonaler Motive	IIM	271
	Inventar zur Erfassung interpersonaler Probleme – Deutsche Version	IIP-D	275
	Impact Message Inventory	IMI-R	280
	Inventar der Persönlichkeitsorganisation	IPO-2001/ IPO-16	288
	Need Inventory of Sensation Seeking	NISS	333
	Operationalisierte Psychodynamische Diagnostik – Strukturfragebogen	OPD-SF	350

2. Störungsbezogene Verfahren

Konstrukt	Bezeichnung des Testverfahrens	Abkürzung	Seite
Abhängigkeit, Alkohol	Alcohol Abstinence Self-Efficacy Scale – Deutsche Version	AASE-G	19
	Fragebogen zur Erfassung von Alkoholkonsummotiven	DMQ-R	122
	Lübecker Alkoholabhängigkeits- und -missbrauchs-Screening-Test	LAST	308
	Processes of Change Alcohol – Deutsche Version	POCA-G	383
	Skala zur Erfassung der Schwere der Alkoholabhängigkeit	SESA	436
	WHO Alcohol, Smoking and Substance Involvement Screening Test – Deutsche Version	WHO ASSIST	515

Testverzeichnis nach Konstrukten

Konstrukt	Bezeichnung des Testverfahrens	Abkürzung	Seite
Abhängigkeit, Internet	Internetsuchtskala	ISS-20	294
	Skala zum Onlinesuchtverhalten	OSV-S	361
Abhängigkeit, Kauf	Compulsive Buying Scale – Deutsche Version	CBS-G	99
	Material Values Scale – Deutsche Version	MVS-G	326
Abhängigkeit, Nikotin	Fagerström-Test für Nikotinabhängigkeit	FTNA	184
	WHO Alcohol, Smoking and Substance Involvement Screening Test – Deutsche Version	WHO ASSIST	515
ADHS	ADHS-Screening für Erwachsene	ADHS-E	25
Angststörung/ Ängstlichkeit	Beck Angst-Inventar	BAI	41
	Skala dysfunktionaler Einstellungen	DAS	113
	Generalized Anxiety Disorder Scale	GAD-7	192
	General Health Questionnaire 28	GHQ-28	215
	Hospital Anxiety and Depression Scale – Deutsche Version	HADS-D	235
	Hamilton Anxiety Scale	HAMA	239
	Health Anxiety Questionnaire – Deutsche Version	HAQ	242
	Illness Attitude Scales	IAS	263
	Liebowitz-Soziale-Angst-Skala	LSAS	313
	Panik- und Agoraphobie-Skala	PAS	367
	Soziale-Interaktions-Angst-Skala	SIAS	445
	Soziale Phobie und Angstinventar	SPAI	461
	Soziale-Phobie-Inventar	SPIN	466
	Soziale-Phobie-Skala	SPS	470
	State-Trait-Angst-Depressions-Inventar	STADI	478
	Whiteley-Index zur Erfassung hypochondrischer Merkmale	WI	520
Anpassungsstörung	Adjustment Disorder – New Module Fragebogen zur Erfassung von Anpassungsstörungen	ADNM-20	29
Depressivität/ Depression	Allgemeine Depressionsskala	ADS	33
	Beck Depressions-Inventar – Revision	BDI II	49

Konstrukt	Bezeichnung des Testverfahrens	Abkürzung	Seite
	Bech-Rafaelsen-Melancholie-Skala	BRMS	86
	General Health Questionnaire 28	GHQ-28	215
	Hospital Anxiety and Depression Scale – Deutsche Version	HADS-D	235
	Hamilton Depression Rating Skala	HDRS	249
	Gesundheitsfragebogen für Patienten – Modul Depressivität	PHQ-9	377
	Penn State Worry Questionnaire – Past Week	PSWQ-PW	400
	Response Styles Questionnaire – Deutsche Version	RSQ-D	420
Essstörungen	Body Checking Questionnaire – Deutsche Version	BCQ	45
	Eating Attitudes Test	EAT-26D	127
	Eating Disorder Examination-Questionnaire	EDE-Q	139
	Eating Disorder Inventory-2	EDI-2	144
	Munich Eating and Feeding Disorder Questionnaire	Munich ED-Quest	322
	Night Eating Questionnaire	NEQ	329
	Strukturiertes Inventar für Anorektische und Bulimische Essstörungen (Fragebogen zur Selbstbeurteilung)	SIAB-S	440
Persönlichkeitsstörungen	Borderline-Persönlichkeits-Inventar	BPI	72
	Psychopathic Personality Inventory-Revised – Deutsche Version	PPI-R	389
	Persönlichkeits-Stil- und Störungs-Inventar	PSSI	393
Posttraumatische Belastungsstörung	Fragebogen zu Dissoziativen Symptomen	FDS	157
	Kurze Screeningskala für Posttraumatische Belastungsstörung	PTSD-7	405
Somatoforme Störung	Fragebogen zu körperbezogenen Ängsten, Kognitionen und Vermeidung	AKV	36
	Screening für Somatoforme Störungen	SOMS	456
Trauma	Childhood Trauma Questionnaire – Deutsche Version	CTQ	102
	Impact of Event Scale (Revidierte Form)	IES-R	268

Testverzeichnis nach Konstrukten

Konstrukt	Bezeichnung des Testverfahrens	Abkürzung	Seite
Zwangsstörung	Fragebogen zum zwanghaften Horten	FZH	188
	Hamburger Zwangsinventar – Kurzform	HZI-K	258
	Obsessive-Beliefs Questionnaire – Deutsche Version	OBQ-D	339
	Obsessive-Compulsive Inventory-Revised	OCI-R	344
	Yale-Brown Obsessive Compulsive Scale	Y-BOCS	528

3. Therapiebezogene diagnostische Verfahren

Konstrukt	Bezeichnung des Testverfahrens	Abkürzung	Seite
Psychotherapie allgemein, Motivation, Therapieziele, Beziehung etc.	Berner Inventar für Therapieziele	BIT	66
	Berner Therapeuten- und Patientenstundenbogen 2000	BTSTB-2000/ BPSTB-2000	78
	Bochumer Veränderungsbogen-2000	BVB-2000	95
	Fragebogen zur Analyse Motivationaler Schemata	FAMOS	149
	Fragebogen zur Evaluation von Psychotherapieverläufen	FEP	162
	Fragebogen zur Erfassung der Veränderungsbereitschaft	FEVER	167
	Fragebogen zur Messung der Psychotherapiemotivation	FMP	170
	Fragebogen zur Psychotherapiemotivation	FPTM	174
	Goal Attainment Scaling	GAS	204
	Gruppenfragebogen	GQ-D	221
	Group Readiness Questionnaire	GRQ	225
	Helping Alliance Questionnaire	HAQ	245
	Inkongruenzfragebogen	INK	284
	Klinisch Psychologisches Diagnosesystem 38	KPD-38	304
	Session Evaluation Questionnaire – Deutsche Version (Stundenfragebogen)	SEQ-D	432

Konstrukt	Bezeichnung des Testverfahrens	Abkürzung	Seite
	Stundenbogen für die Allgemeine und Differentielle Einzelpsychotherapie	STEP	484
	Therapieerleben-Fragebogen für Patienten und Angehörige	TeF	500
	Tagesklinik- und Stationserfahrungsbogen	TSEB	503
	Veränderungsfragebogen des Erlebens und Verhaltens	VEV	507
	Working Alliance Inventory – Revidierte Kurzversion	WAI-SR	511
	Wirkfaktoren-Skalen-Kurz	WIFA-K	525

Register der Testautorinnen und Testautoren

Testautor	Verfahren	Seite
Abel, Thomas	SOC	450
Addy, Robert C.	POCA-G	383
Allison, Kelly Costello	NEQ	329
Alpers, Georg W.	PPI-R	389
American Psychiatric Association	GAF	198
Bach, Doris	TAS-20	494
Bach, Michael	TAS-20	494
Bandelow, Borwin	PAS	367
Basler, Heinz-Dieter	FMP	170
Bassler, Markus	HAQ	245
Bech, Per	BRMS	86
Beck, Aaron T.	BAI	41
Beckmann, Dieter	GT-II	229
Beisenherz, Birgit	FMP	170
Benecke, Cord	IPO-2001/IPO-16	288
Bergner-Köther, Ralf	STADI	478
Beutel, Manfred E.	OSV-S	361
Bittencourt, Jussara	PSWQ-PW	400
Bleich, Stefan	FTNA	184
Bohne, Antje	OBQ-D	339
Bormann, Bianca	GQ-D, GRQ	221, 225
Brähler, Elmar	DKB-43/DKB-35, F-SozU, GBB-24, GT-II, HSCL-25, NISS, SSS-8, TAS-26	116, 180, 209, 229, 253, 333, 475, 494
Brosig, Burkhard	TAS-26	494
Buddeberg, Claus	FEVER	167
Burlingame, Gary M.	GQ-D, GRQ	221, 225
Buss, Ullrich	HADS-D	235
Carbonari, Joseph P.	AASE-G, POCA-G	19, 383
Caspar, Franz	BTSTB-2000/BPSTB-2000, IMI-R	78, 280
Chambless, Dianne L.	AKV	36
Charney, Dennis S.	Y-BOCS	528
Consbruch, Katrin von	WIFA-K	525
Daamen, Marcel	WHO ASSIST	515
Dammann, Gerhard	IPO-2001/IPO-16	288

Testautor	Verfahren	Seite
de Zwaan, Martina	CBS-G, FZH, MVS-G, TAS-20	99, 188, 326, 494
DiClemente, Carlo C.	AASE-G, POCA-G	19, 383
Dinger, Ulrike	ECR-RD, OPD-SF, TSEB	133, 350, 503
Driessen, Martin	CTQ	102
Ecker, Willi	OCI-R	344
Ehlers, Anke	AKV	36
Ehrenthal, Johannes C.	ECR-RD, OPD-SF, TSEB	133, 350, 503
Eid, Michael	MDBF	318
Einsle, Franziska	ADNM-20	29
Eisenbarth, Hedwig	PPI-R	389
Ertle, Andrea	OBQ-D	339
Fichter, Manfred	Munich ED-Quest, SIAB-S	322, 440
Fingerle, Helga	IMI-R	280
Flückiger, Christoph	BTSTB-2000/BPSTB-2000, ROMA-P/T, WIFA-K	78, 409, 525
Franke, Gabriele Helga	SCL-90®-S	426
Freyberger, Harald Jürgen	FDS	157
Fydrich, Thomas	B-IKS, F-SozU, SPAI	56, 180, 461
Gallas, Christine	KPD-38	304
Giegling, Ina	BIS-11	61
Gierk, Benjamin	SSS-8	475
Gönner, Sascha	OCI-R	344
Grande, Tilman	OPD-SF	350
Grawe, Klaus	BRI, FAMOS, INK	81, 149, 284
Goldberg, David P.	GHQ-28	215
Goodman, Wayne K.	Y-BOCS	528
grosse Holforth, Martin	BIT, FAMOS, INK, ROMA-P/T	66, 149, 284, 409
Hahn, André	ISS-20	294
Hamilton, Max	HAMA, HDRS	239, 249
Hammelstein, Philipp	NISS	333
Hand, Iver	HZI-K	258
Hapke, Ulfert	LAST, SESA	308, 436
Hasler, Gregor	FEVER	167
Haug, Severin	KPD-38	304
Hautzinger, Martin	ADS, BDI II, DAS	33, 49, 113

Register der Testautorinnen und Testautoren

Testautor	Verfahren	Seite
Havemann-Reinecke, Ursula	FTNA	184
Heidenreich, Thomas	LSAS, SIAS, SPS	313, 445, 470
Helmchen, Hanfried	BRMS	86
Heninger, George R.	Y-BOCS	528
Herrmann-Lingen, Christoph	HADS-D	235
Herzberg, Philipp Yorck	RSES	416
Hilbert, Anja	EDE-Q	139
Hiller, Wolfgang	IAS, SOMS, WI	263, 456, 520
Hinz, Andreas	GBB-24	209
Hock, Michael	STADI	478
Hodapp, Volker	STADI	478
Horowitz, Leonard M.	IIP-D	275
Horsch, Lena	OPD-SF	350
Hörz-Sagstetter	IPO-2001/IPO-16	288
Hostettler, Susanne	BTSTB-2000/BPSTB-2000	78
Huffziger, Silke	RSQ-D	420
Hughes, Sheryl O.	AASE-G	19
Hünerfauth, Thomas	KPD-38	304
Jauernig, Gerd	HZI-K	258
Jerusalem, Matthias	ISS-20, SWE	294, 490
John, Ulrich	LAST, SESA	308, 436
Joormann, Jutta	DAS	113
Joraschky, Peter	DKB-43/DKB-35	116
Kazén, Miguel	PSSI	393
Keller, Ferdinand	BDI II, DAS	49, 113
Kiesler, Donald	IMI-R	280
Kieresuk, Thomas J.	GAS	204
Klaghofer, Richard	FEVER	167
Klepsch, Rüdiger	HZI-K	258
Klinkerfuß, Mathias	OPD-SF	350
Kohlmann, Sebastian	SSS-8	475
Kohlmann, Thomas	SOC	450
Koller, Gabriele	BIS-11	61
Köllner, Volker	ADNM-20	29

Testautor	Verfahren	Seite
Komo-Lang, Miriam	OPD-SF	350
Kopf-Mehnert, Christiane	VEV	507
Kordon, Andreas	OBQ-D	339
Kordy, Hans	IIP-D, KPD-38	275, 304
Kornhuber, Johannes	FTNA	184
Krampen, Günter	STEP	484
Kroenke, Kurt	GAD-7, PHQ-15, PHQ-9, SSS-8	192, 371, 377, 475
Kuhl, Julius	PSSI	393
Kühner, Christine	BDI II, RSQ-D	49, 420
Kuntsche, Emmanuel	DMQ-R	122
Kupfer, Jörg	TAS-26	494
Lambert, Michael J.	OQ®-45.2	355
Laux, Lothar	STADI	478
Legenbauer, Tanja	BCQ	45
Leichsenring, Falk	BPI	72
Leonhart, Rainer	OCI-R	344
Leppert, Karena	RS	412
Lind, Antje	TeF	500
Linden, Michael	TeF	500
Locke, Kenneth D.	IIM	271
Löffler, Julia	GRQ	225
Lohaus, Arnold	KKG	300
Löwe, Bernd	GAD-7, SSS-8	192, 475
Lucock, Michael P.	HAQ	242
Lünenschloß, Klaus	HZI-K	258
Lutz, Wolfgang	FEP	162
Maercker, Andreas	ADNM-20, IES-R, PTSD-7	29, 268, 405
Margraf, Jürgen	AKV	36
Mazure, Carolyn	Y-BOCS	528
Meermann, Rolf	EAT-26D	127
Meisenzahl, Eva M.	BIS-11	61
Meixner-Dahle, Sabine	ISS-20	294
Meule, Adrian	NEQ	329
Möller, Hans-Jürgen	BIS-11	61

Register der Testautorinnen und Testautoren

Testautor	Verfahren	Seite
Montgomery, Rosario P. G.	AASE-G	19
Moritz, Steffen	OBQ-D	339
Morley, Stephen	HAQ	242
Moswald, Claudia	BCQ	45
Müller, Astrid	CBS-G, FZH, MVS-G	99, 188, 326
Müller, Kai W.	OSV-S	361
Munder, Thomas	WAI-SR	511
Noack, Horst	SOC	450
Nolen-Hoeksema, Susan	RSQ-D	420
Notz, Peter	MDBF	318
Nübling, Rüdiger	FPTM, HAQ	174, 245
Ostendorf, Fritz	DAPP-BQ	107
Paul, Thomas	EDI-2	144
Percevic, Robert	KPD-38	304
Petermann, Franz	ADHS-E, Bf-SR/Bf-SR', B-LR/B-LR', HSCL-25	25, 52, 69, 253
Platte, Petra	NEQ	329
Pöhlmann, Karin	DKB-43/DKB-35	116
Preuss, Ulrich W.	BIS-11	61
Price, Lawrence H.	Y-BOCS	528
Quadflieg, Norbert	Munich ED-Quest, SIAB-S	322, 440
Quosh, Constanze	TeF	500
Rainer, Barbara	EAT-26D	127
Rasmussen, Steven A.	Y-BOCS	528
Rathner, Günther	EAT-26D	127
Regli, Daniel	BTSTB-2000/BPSTB-2000	78
Renner, Karl-Heinz	STADI	478
Richter, Horst-Eberhard	GT-II	229
Richter-Appelt, Hertha	FBeK	153
Rief, Winfried	IAS, SOMS, WI	263, 456, 520
Roth, Marcus	NISS	333
Rujescu, Dan	BIS-11	61
Rumpf, Hans-Jürgen	LAST, SESA	308, 436
Sammet, Isa	TSEB	503
Schauenburg, Henning	ECR-RD, OPD-SF, TSEB	133, 350, 503

Testautor	Verfahren	Seite
Scheer, Jörn W.	GBB-24	209
Schepank, Heinz	BSS	90
Schmidt, Sören	ADHS-E	25
Schmitt, Gustel Matthias	KKG	300
Schneider, Wolfgang	FMP	170
Schulte, Dietmar	BVB-2000, OBQ-D	95, 339
Schulz, Holger	FPTM	174
Schütz, Christian G.	WHO ASSIST	515
Schützwohl, Matthias	IES-R	268
Schwarz, Michael	KPD-38	304
Schwarzer, Ralf	SWE	490
Schwenkmezger, Peter	MDBF	318
Serim, Murat	TAS-20	494
Sherman, Robert E.	GAS	204
Siegrist, Philip	PTSD-7	405
Smolka, Michael	BRMS	86
Snaith, R. Philip	HADS-D	235
Sommer, Gert	F-SozU	180
Soyka, Michael	BIS-11	61
Spangenberg, Lena	SSS-8	475
Spitzer, Carsten	CTQ, FDS	102, 157
Spitzer, Robert L.	GAD-7, PHQ-15, PHQ-9	192, 371, 377
Stangier, Ulrich	LSAS, SIAS, SPIN, SPS	313, 445, 466, 470
Steffens, Merith	SPIN	466
Steinhausen, Hans-Christoph	EAT-26D	127
Steyer, Rolf	MDBF	318
Stieglitz, Rolf-Dieter	BRMS, FDS	86, 157
Stiles, William B.	SEQ-D	432
Stöber, Joachim	PSWQ-PW	400
Strauß, Bernhard	FBeK, GQ-D, GRQ, IIM, IIP-D, RS	153, 221, 225, 271, 275, 412
Tamcan, Özgür	INK	284
Thiel, Andreas	EDI-2	144
Thomas, Andrea	IIM, IIP-D	271, 275
Trösken, Anne	BRI	81

Register der Testautorinnen und Testautoren

Testautor	Verfahren	Seite
Tuschen-Caffier, Brunna	EDE-Q	139
Ülsmann, Dominik	BVB-2000	95
Vandereycken, Walter	EAT-26D	127
van Niekerk, Corinna	WHO ASSIST	515
Veith, Andreas	BVB-2000	95
Velasquez, Mary M.	POCA-G	383
Vocks, Silja	BCQ	45
Wahl, Karina	OBQ-D	339
Watzke, Stefan	BIS-11	61
Werner, Martin	IMI-R	280
Williams, Janet B. W.	GAD-7, PHQ-15, PHQ-9	192, 371, 377
Williams, Paul	GHQ-28	215
Willutzki, Ulrike	BVB-2000	95
Wilmers, Fabian	WAI-SR	511
Wiltink, Jörg	WIFA-K	525
Wingenfeld, Katja	CTQ	102
Wolf, Markus	KPD-38	304
Wölfling, Klaus	OSV-S	361
Zaworka, Wolfgang	HZI-K	258
Zenger, Markus	SSS-8	475
Zerssen, Detlef von	Bf-SR/Bf-SR', B-LR/B-LR'	52, 69
Zetzsche, Thomas	BIS-11	61
Zielke, Manfred	VEV	507
Zimmermann, Johannes	IPO-2001/IPO-16	288
Zwahlen, Dominique	BTSTB-2000/BPSTB-2000	78

Diana Richter /
Elmar Brähler /
Jochen Ernst (Hrsg.)

Diagnostische Verfahren für Beratung und Therapie von Paaren und Familien

(Reihe: „Diagnostik für Klinik und Praxis", Band 8)
2015, 314 Seiten, Großformat,
€ 59,95 / CHF 75.–
ISBN 978-3-8017-2689-8
Auch als eBook erhältlich

Der Band bietet eine umfassende Übersicht über diagnostische Verfahren, welche in der Familien- und Paartherapie bzw. Beratung Anwendung finden.

Claus Barkmann /
Michael Schulte-Markwort /
Elmar Brähler (Hrsg.)

Klinisch-psychiatrische Ratingskalen für das Kindes- und Jugendalter

(Reihe: „Diagnostik für Klinik und Praxis", Band 6)
2011, 503 Seiten, Großformat,
€ 79,95 / CHF 109.–
ISBN 978-3-8017-2349-1
Auch als eBook erhältlich

Der Band liefert eine umfassende und systematische Sammlung aktueller diagnostischer Testverfahren zur Erfassung klinisch-psychiatrischer Störungen im Kindes- und Jugendalter.

Jürgen Bengel /
Markus Wirtz /
Christian Zwingmann (Hrsg.)

Diagnostische Verfahren in der Rehabilitation

(Reihe: „Diagnostik für Klinik und Praxis", Band 5)
2008, 390 Seiten, Großformat,
€ 59,95 / CHF 79.–
ISBN 978-3-8017-2095-7
Auch als eBook erhältlich

Der Band bietet eine umfassende Sammlung diagnostischer Verfahren im Bereich der Rehabilitation. Es werden sowohl krankheitsübergreifende Verfahren als auch Verfahren für ausgewählte Indikationsgebiete dargestellt.

Diana Richter /
Elmar Brähler /
Bernhard Strauß (Hrsg.)

Diagnostische Verfahren in der Sexualwissenschaft

(Reihe: „Diagnostik für Klinik und Praxis", Band 7)
2014, 220 Seiten, Großformat,
€ 59,95 / CHF 79.–
ISBN 978-3-8017-2526-6
Auch als eBook erhältlich

Der Band stellt eine umfassende Sammlung von diagnostischen Verfahren vor, die verschiedene Aspekte im Bereich der Sexualität erfassen und in der Sexuologie, Sexualmedizin und/oder Sexualtherapie angewendet werden können.

www.hogrefe.com

Rainer Sachse
Therapeutische Beziehungsgestaltung
2., akt. und erg. Auflage 2016,
124 Seiten,
€ 24,95 / CHF 32.50
ISBN 978-3-8017-2718-5
Auch als eBook erhältlich

Eine tragfähige Therapeut-Klient-Beziehung ist das zentrale Element einer erfolgreichen Therapie. Dieser Band erklärt, wie sie hergestellt und aktiv gestaltet werden kann.

Uta Deppe-Schmitz /
Miriam Deubner-Böhme
Auf die Ressourcen kommt es an
Praxis der Ressourcenaktivierung
2016, 249 Seiten, inkl. CD-ROM,
€ 34,95 / CHF 45.50
ISBN 978-3-8017-2611-9
Auch als eBook erhältlich

Der Praxisleitfaden zeigt auf, wie in der Verhaltenstherapie über den gesamten Therapieprozess hinweg systematisch Ressourcen aktiviert werden können, um das Wohlbefinden von Patienten zu fördern und störungsbezogene Problemlöseprozesse zu verbessern.

Hans Reinecker
Verhaltensanalyse
Ein Praxisleitfaden
2015, 116 Seiten,
€ 24,95 / CHF 32.50
ISBN 978-3-8017-2664-5
Auch als eBook erhältlich

Der Band informiert über die Grundlagen der Verhaltensdiagnostik und beschreibt praxisorientiert das Vorgehen bei der Verhaltensanalyse.

Barbara Rabaioli-Fischer
Biografisches Arbeiten und Lebensrückblick in der Psychotherapie
Ein Praxishandbuch
2015, 255 Seiten,
€ 34,95 / CHF 45.50
ISBN 978-3-8017-2625-6
Auch als eBook erhältlich

Das Praxishandbuch liefert einen Überblick über bewährte Methoden zum biografischen Arbeiten in der Psychotherapie und stellt verschiedene Lebensrückblickinterventionen dar.

Stefan Koch / Dirk Lehr /
Andreas Hillert
Burnout und chronischer beruflicher Stress
(Reihe: „Fortschritte der Psychotherapie", Band 60)
2015, VI/108 Seiten,
€ 19,95 / CHF 26.90 (Im Reihenabonnement € 15,95 / CHF 21.50)
ISBN 978-3-8017-2650-8
Auch als eBook erhältlich

Dieser Band zeigt Strategien auf, wie chronischer beruflicher Stress in der Therapie gezielt aufgegriffen und bearbeitet werden kann.

Larissa Wolkenstein /
Martin Hautzinger
Ratgeber Chronische Depression
Informationen für
Betroffene und Angehörige
(Ratgeber zur Reihe: „Fortschritte der Psychotherapie", Band 30). 2015,
95 Seiten, Kleinformat,
€ 9,95 / CHF 14.90
ISBN 978-3-8017-2516-7
Auch als eBook erhältlich

Der Ratgeber enthält zahlreiche Informationen zu chronischen Depressionen und informiert über Möglichkeiten der Behandlung und Selbsthilfe.

www.hogrefe.com